9783801204549-6

WILLY BRANDT
Berliner Ausgabe

WILLY BRANDT
Berliner Ausgabe
Herausgegeben von
HELGA GREBING, GREGOR SCHÖLLGEN
und HEINRICH AUGUST WINKLER
Im Auftrag der
Bundeskanzler-Willy-Brandt-Stiftung

BAND 1:
Hitler ist nicht Deutschland.
Jugend in Lübeck – Exil in Norwegen 1928 – 1940
BAND 2:
Zwei Vaterländer.
Deutsch-Norweger im schwedischen Exil –
Rückkehr nach Deutschland 1940 – 1947
BAND 3:
Berlin bleibt frei.
Politik in und für Berlin 1947 – 1966
BAND 4:
Auf dem Weg nach vorn.
Willy Brandt und die SPD 1947 – 1972
BAND 5:
Die Partei der Freiheit.
Willy Brandt und die SPD 1972 – 1992
BAND 6:
Ein Volk der guten Nachbarn.
Außen- und Deutschlandpolitik 1966 – 1974
BAND 7:
Mehr Demokratie wagen.
Innen- und Gesellschaftspolitik 1966 – 1974
BAND 8:
Über Europa hinaus.
Dritte Welt und Sozialistische Internationale
BAND 9:
Die Entspannung unzerstörbar machen.
Internationale Beziehungen und deutsche Frage 1974 – 1982
BAND 10:
Gemeinsame Sicherheit.
Internationale Beziehungen und deutsche Frage 1982 – 1992

WILLY BRANDT
Berliner Ausgabe
BAND 6
Ein Volk der guten Nachbarn
Außen- und Deutschlandpolitik
1966 – 1974

Bearbeitet von
FRANK FISCHER

Verlag J.H.W. Dietz Nachf. GmbH

Die Bundeskanzler-Willy-Brandt-Stiftung bedankt sich für die großzügige finanzielle Unterstützung der gesamten Berliner Ausgabe bei:
Frau Ursula Katz, Northbrook, Illinois
Alfried Krupp von Bohlen und Halbach-Stiftung, Essen
Otto Wolff von Amerongen-Stiftung, Köln
Stiftungsfonds Deutsche Bank im Stifterverband für die Deutsche Wissenschaft e. V., Essen
Stiftung Deutsche Klassenlotterie Berlin
Deutsche Druck- und Verlagsgesellschaft mbH, Hamburg
Bankgesellschaft Berlin AG
Herlitz AG, Berlin
Metro AG, Köln
Schering AG, Berlin

Bibliografische Information der Deutschen Bibliothek
Die Deutsche Bibliothek verzeichnet diese Publikation
in der Deutschen Nationalbibliografie;
detaillierte bibliografische Daten sind im Internet über
http://dnb.ddb.de abrufbar.

ISBN 3-8012-0306-9

© Copyright der deutschsprachigen Ausgabe
Verlag J.H.W. Dietz Nachfolger GmbH, Bonn
© Copyright für alle übrigen Sprachen
Bundeskanzler-Willy-Brandt-Stiftung, Berlin
Lektorat: Dr. Heiner Lindner
Umschlag und Layout-Konzept:
Groothuis & Consorten, Hamburg
Satz: Medienhaus Froitzheim AG, Bonn, Berlin
Druck und Verarbeitung: Ebner + Spiegel, Ulm
Printed in Germany 2005

Inhalt

Willy Brandt – Stationen seines Lebens   7

Vorwort der Herausgeber   11

FRANK FISCHER
Einleitung
  Ein Volk der guten Nachbarn
  Außen- und Deutschlandpolitik
  1966 – 1974   15

Verzeichnis der Dokumente   93

Dokumente   103

Anmerkungen   541

Anhang
  Quellen- und Literaturverzeichnis   616
  Abkürzungsverzeichnis   626
  Editionsgrundsätze   631
  Personenregister   636
  Sachregister   657
  Bildnachweis   675
  Angaben zum Bearbeiter und zu den Herausgebern   677

Willy Brandt – Stationen seines Lebens

1913	Am 18. Dezember in Lübeck als Herbert Ernst Karl Frahm geboren
1929	Mitglied der Sozialistischen Arbeiterjugend (SAJ) in Lübeck
1930	Eintritt in die SPD
1931	Wechsel zur Sozialistischen Arbeiterpartei Deutschlands (SAP); Vorsitzender ihres Jugendverbandes in der Hansestadt
1932	Abitur am Lübecker Reform-Gymnasium „Johanneum"
1933–1940	Exil in Norwegen; unter dem Namen Willy Brandt Widerstand gegen das NS-Regime; Mitglied der Exil-Leitung des SAP-Jugendverbandes und des Internationalen Büros revolutionärer Jugendorganisationen; seit 1939 Koordinator für Inlandsarbeit der SAP; zum „Federführenden" der SAP während des Krieges ernannt; umfangreiche journalistische und publizistische Tätigkeit
1936	Illegaler Aufenthalt in Berlin
1937	Beauftragter der SAP im Spanischen Bürgerkrieg
1938	Ausbürgerung durch die Nationalsozialisten
1939	Sekretär der norwegischen Volkshilfe
1940	Flucht ins Exil nach Schweden; norwegische Staatsbürgerschaft; umfangreiche publizistische Tätigkeit für den norwegischen Widerstand
1942–1945	Sekretär der „Kleinen Internationale" in Stockholm
1944	Eintritt in die Landesgruppe deutscher Sozialdemokraten in Schweden; Verbindungen zur Widerstandsgruppe des 20. Juli
1945	Nach Kriegsende Rückkehr nach Oslo

1945–1946	Berichterstatter für skandinavische Zeitungen aus Deutschland, u. a. über das Internationale Kriegsverbrechertribunal in Nürnberg
1947	Presseattaché an der norwegischen Militärmission in Berlin
1948	Vertreter des SPD-Parteivorstandes in Berlin; Wiedereinbürgerung
1949–1957, 1961	Vertreter Berlins im Deutschen Bundestag
1950–1969	Mitglied des Berliner Abgeordnetenhauses
1954–1958	Stellvertretender Landesvorsitzender der Berliner SPD
1955–1957	Präsident des Berliner Abgeordnetenhauses
1957–1966	Regierender Bürgermeister von Berlin
1957–1958	Vorsitzender des Bundesrats
1958–1963	Präsident des Deutschen Städtetages
1958–1964	Vorsitzender des Berliner Landesverbandes der SPD
1958–1992	Mitglied des Parteivorstandes der SPD
1960, 1964, 1969	Nominierung zum Kanzlerkandidaten der SPD
1962–1964	Stellvertretender Vorsitzender der SPD
1964–1987	Vorsitzender der SPD
1966–1969	Bundesminister des Auswärtigen und Vizekanzler in der Großen Koalition aus CDU/CSU und SPD
1966–1976	Vizepräsident der Sozialistischen Internationale
1969–1992	Mitglied des Deutschen Bundestages
1969	Wahl zum Bundeskanzler und Beginn der sozial-liberalen Ära
1970	Erste deutsch-deutsche Gipfeltreffen in Erfurt und Kassel; Unterzeichnung des Moskauer und des Warschauer Vertrages; Wahl zum „Mann des Jahres" durch „Time" (USA) und „L'Express" (Frankreich)
1971	Verleihung des Friedensnobelpreises; Ehrenbürger von Berlin

1972	Erfolgloses Misstrauensvotum der CDU/CSU gegen den Bundeskanzler; Sieg der SPD bei den vorgezogenen Wahlen zum Deutschen Bundestag; Wiederwahl zum Bundeskanzler; Ehrenbürger von Lübeck
1973	Inkrafttreten des Grundlagenvertrages; Beitritt beider deutscher Staaten zu den Vereinten Nationen; Unterzeichnung des Prager Vertrages
1974	Rücktritt vom Amt des Bundeskanzlers
1976–1992	Präsident der Sozialistischen Internationale
1977–1983	Vorsitzender der Nord-Süd-Kommission
1979–1983	Mitglied des Europäischen Parlaments
1983, 1987	Alterspräsident des Deutschen Bundestages
1985	Auszeichnung mit dem Albert-Einstein-Friedenspreis
1987–1992	Ehrenvorsitzender der SPD
1990	Ehrenvorsitzender der SPD in der DDR; Alterspräsident des ersten gesamtdeutschen Bundestages
1991	Auf Antrag Brandts und anderer Entscheidung des Deutschen Bundestages für Berlin als Sitz von Regierung und Parlament
1992	Am 8. Oktober in Unkel bei Bonn verstorben

Vorwort der Herausgeber

Willy Brandt zählt zu den großen Persönlichkeiten und bedeutenden Staatsmännern des 20. Jahrhunderts. Sein Name ist untrennbar verbunden mit der Sicherung des Friedens, der Verteidigung der Freiheit und dem unablässigen Bemühen um mehr soziale Gerechtigkeit. Seine Entwicklung vom jungen Linkssozialisten, den seine politische Überzeugung und der Kampf gegen die nationalsozialistische Diktatur in die Emigration führte, zum Regierenden Bürgermeister von Berlin, Vorsitzenden der SPD und später der Sozialistischen Internationale sowie zum Außenminister und Bundeskanzler der Bundesrepublik Deutschland ist eine der bemerkenswertesten Politikerkarrieren des 20. Jahrhunderts.

Die durch den Deutschen Bundestag 1994 ins Leben gerufene Bundeskanzler-Willy-Brandt-Stiftung, in deren Auftrag die Herausgeber die Berliner Ausgabe vorlegen, will mit dieser Edition die Bedeutung Willy Brandts für die Geschichte des 20. Jahrhunderts dokumentieren und einer breiten historisch-politisch interessierten Öffentlichkeit zugänglich machen. An diesem Zweck orientiert sich die auf zehn Bände angelegte Auswahl wichtiger Reden, Artikel und Briefe Willy Brandts.

Die Berliner Ausgabe wird jene innenpolitischen Weichenstellungen beleuchten, die wesentlich von Willy Brandt herbeigeführt wurden. Sie wird zugleich deutlich machen, dass sein vorrangiges politisches Interesse nicht erst seit seinen Berliner Tagen im Bereich der Deutschland- und Außenpolitik lag. Das Augenmerk der Dokumentation gilt weiter dem Parteiführer, der die SPD in ihrer Binnenstruktur modernisierte und einem neuen Denken öffnete, ihr neue Wählerschichten erschloss und später Ansehen und Gewicht der Sozialistischen Internationale, nicht zuletzt in den Ländern der „Dritten Welt", beträchtlich erhöhte. Immer wieder wird offenkundig, dass es bei Willy Brandt beides gibt: bemerkenswerte Konstanten seines Denkens und Handelns und zugleich ein hohes Maß an Flexibilität gegenüber konkreten zeitbedingten Anforderungen sowie die Fähigkeit zur Korrektur der eigenen Politik angesichts neuer Herausforderungen.

Willy Brandt beherrschte die unterschiedlichen Formen und Instrumente der politischen Meinungs- und Willensbildung gleichermaßen souverän. Große Reden auf Parteitagen, auf Marktplätzen, in Versammlungslokalen und Festhallen stehen neben Ansprachen vor einem intellektuellen Publikum und Zeitschriftenaufsätzen; kurze Briefe neben umfassenden grundsätzlichen Äußerungen, Radio- und Fernsehkommentare neben großen Büchern; konzentrierte und gezielte Diskussionsbemerkungen neben knappen, seinerzeit manchmal kaum wahrgenommenen Einmischungen in politische Entscheidungsprozesse. All das werden die Bände widerspiegeln.

Wie nur wenige deutsche Politiker im 20. Jahrhundert hat Willy Brandt nach dem Zusammenbruch der nationalsozialistischen Herrschaft das Weltgeschehen nicht nur beeinflusst, sondern entscheidend mitgestaltet. Er fühlte sich verpflichtet, sich der Last der deutschen Vergangenheit persönlich zu stellen, was ihm neben Anerkennung auch viel Anfeindung eintrug. Bis in die siebziger Jahre musste er sich politischer Diffamierung erwehren, die ihm als Emigranten und Widerstandskämpfer gegen den Nationalsozialismus galten. Auch dies werden die Bände belegen.

Maßgebliche Fundstellen für die Berliner Ausgabe sind der umfangreiche Nachlass im Willy-Brandt-Archiv im Archiv der sozialen Demokratie der Friedrich-Ebert-Stiftung sowie Parallelüberlieferungen im Archiv der sozialen Demokratie – wie SPD-Parteivorstandsakten, Deposita und Nachlässe anderer Politiker. Hinzu kommen zahlreiche einschlägige Bestände von Archiven, Bibliotheken und Stiftungen, wie diejenigen des Bundesarchivs, und natürlich Publikationen Willy Brandts. Jedem der zehn Bände ist eine umfangreiche Einleitung vorangestellt, in der die Texte in den historischen Zusammenhang eingeordnet und kritisch gewürdigt werden. Jeder Band hat einen Umfang von etwa 500 Druckseiten einschließlich eines Personen- und Sachregisters.

Die Berliner Ausgabe will ein facettenreiches Bild vom Leben und Werk Willy Brandts vermitteln. Die Herausgeber hoffen, dass es auf diese Weise gelingt, die Erinnerung an den bedeutenden Politiker und Staatsmann lebendig zu halten. Sie sind davon überzeugt, dass sein Denken und Wirken tiefe Spuren hinterlassen haben und auch unter den veränderten Bedingungen des 21. Jahrhunderts die politische Entwicklung beeinflussen.

Für die unverzichtbare und kollegiale Zusammenarbeit wissen sich die Herausgeber dem Leiter des Historischen Forschungszentrums der Friedrich-Ebert-Stiftung, Herrn Prof. Dr. Dieter Dowe, und dem Vorsitzenden des Vorstandes der Bundeskanzler-Willy-Brandt-Stiftung, Herrn Dr. Gerhard Groß, zu besonderem Dank verpflichtet.

Prof. Dr. Helga Grebing
Prof. Dr. Gregor Schöllgen
Prof. Dr. Heinrich August Winkler

FRANK FISCHER

Einleitung

„Ein Volk der guten Nachbarn"
Außen- und Deutschlandpolitik 1966 – 1974

> „In der Außenpolitik ist man als Realist ohne Phantasie ein Tropf. Wer aber in der Außenpolitik nicht auch Realist ist, der ist ein Träumer. Es gibt keinen Tag, der nicht neue Realitäten schafft, und ein verknöcherter, bis zur Erstarrung reaktionärer Tor wäre, wer glaubt, alle heutigen Realitäten bis ins Unendliche einfrieren zu können."[1]
> Willy Brandt

I. Eine „Partnerschaft auf Zeit": Willy Brandt als Außenminister der Großen Koalition 1966 bis 1969

Dass Willy Brandt am 1. Dezember 1966 das Amt des Außenministers in einer Regierung der Großen Koalition aus CDU/CSU und SPD antreten würde, war weder geplant noch vorherzusehen. Nach den Niederlagen in den Bundestagswahlen 1961 und 1965 schien er als Kanzlerkandidat verbraucht, seine bundespolitischen Ambitionen galten als erledigt. Es lag nicht an ihm, dass seine seitdem selbstgewählte Beschränkung auf Berlin und die SPD binnen Jahresfrist obsolet wurde.

Die Bundesregierung unter Kanzler Ludwig Erhard geriet jedoch nach dem Wahlsieg derart in Schwierigkeiten, dass sie ohne das Zutun der Opposition auseinanderbrach: Im Streit um die von der CDU erwogenen Steuererhöhungen kehrten am 27. Oktober 1966 nicht nur die vier FDP-Minister dem Kabinett den Rücken, auch maßgebliche Politiker der eigenen Partei ließen den glücklosen Bundeskanzler im Stich. Zum einen, weil er in seiner Paraderolle als Vater des Wirtschaftswunders kein Rezept gegen eine – für heutige Begriffe harmlose – Rezession wusste. Zum anderen fand er keinen Zugang zur Außenpolitik und der auf diesem Parkett gebotenen Entschlossenheit, wie sich vor allem während seines USA-Besuches Ende September 1966 beobachten ließ.[2] Nach dem Bruch der CDU/CSU-FDP-Koalition war Erhard bis zu seinem Rücktritt am 30. November 1966 Kanzler auf Abruf an der Spitze eines Minderheitskabinetts. Schon zuvor, am 10. November 1966, hatte die CDU/CSU-Bundestagsfraktion den bisherigen baden-württembergischen Ministerpräsidenten Kurt Georg Kiesinger zum Kanzlerkandidaten gekürt.

Am 26. November 1966 legte Kiesinger der SPD ein Koalitionsangebot auf den Tisch. Zwei Tage vorher hatte er zusammen mit dem stellvertretenden SPD-Vorsitzenden Herbert Wehner in der dritten und letzten Verhandlungsrunde den Durchbruch erzielt – in Abwesenheit Brandts, der widriger Witterungsverhältnisse wegen verspätet in Bonn ankam. Während sich Herbert Wehner und Helmut Schmidt bereits einig waren, dass jetzt die Chance ergriffen werden müsse, zeigte Willy Brandt sich reserviert: „Die Große Koalition behagte mir keineswegs. Doch wo wäre eine bessere Lösung gewesen?"[3] Die Alternative, das Zusammengehen mit der FDP, war für ihn nicht ohne Reiz, eine derartige „Kleinstkoalition" schien aber zu riskant. In der Nachtsitzung der SPD-Bundestagsfraktion am 26./27. November 1966 gab der Parteivorsitzende zu Protokoll, er habe „in der Bewertung beider Koalitionsmöglichkeiten sehr geschwankt. Jetzt aber sehe er nur die Chance: Große Koalition."[4]

So plausibel die Juniorpartnerschaft der CDU/CSU für die SPD machtstrategisch sein mochte, so wenig verlockend schien Brandt seine eigene Beteiligung. Eigentlich wollte er nur als Kanzler nach Bonn wechseln. Die Bereitschaft, die „liebgewonnene Berliner Aufgabe"[5] hinter sich zu lassen, war gering. Die Diffamierungen durch die CDU/CSU im letzten Wahlkampf waren nicht vergessen. Hinzu kam, dass die eigene gesundheitliche Krise vom Oktober 1966 Spuren hinterlassen hatte.

Am 28. November votierten die Spitzengremien der SPD mit 73 zu 19 Stimmen für das Zusammengehen mit der CDU/CSU. Am 1. Dezember 1966 trat die SPD mit neun Ministern in das neue Bundeskabinett ein, sieben weitere stellte die CDU, drei die CSU. Brandts Überlegungen, sich auf „das Gesamtdeutsche Ministerium zurückzuziehen"[6], hatten sich als ebenso unrealisierbar erwiesen wie seine Ambitionen auf das Forschungsministerium. In der „engeren Parteiführung", so Brandt, „herrschte die Meinung vor, der Vorsitzende habe den ‚zweitwichtigsten Posten' zu übernehmen. Das war das klassischste aller klassischen Ministerien – das des Auswärtigen."[7] Auch wenn das Auswärtige Amt traditionell konservativ geprägt war, fand sich Brandt dort auf Anhieb zurecht. Hinzu kam: Was ihm als Kanzlerkandidaten noch geschadet hatte – nämlich seine Emigrationszeit –, sollte sich nun, gerade im Ausland, als hilfreich erweisen. „Wer Sinn für Geschichte hat", so betonte Brandt in seiner An-

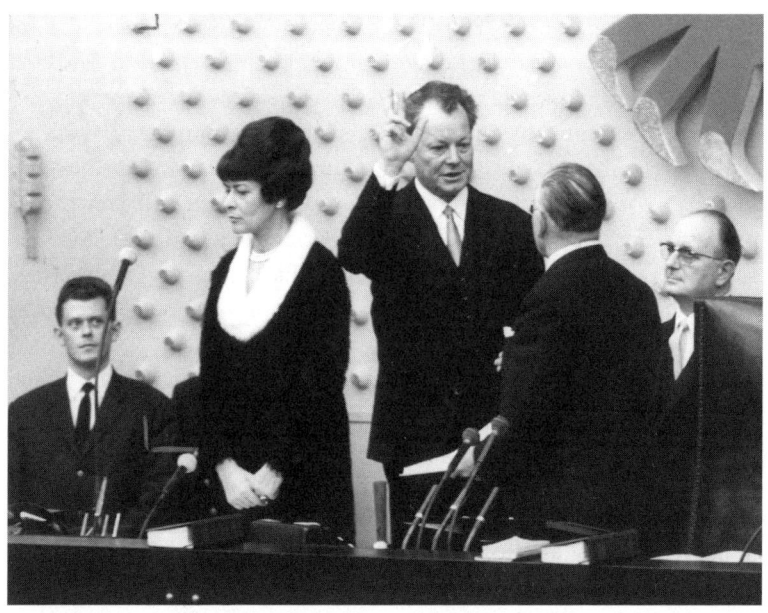

Vereidigung Willy Brandts als Außenminister der Bundesrepublik Deutschland, 1. Dezember 1966.

trittsrede, „wird ohnehin nicht leicht darüber hinweggehen, [...] daß ein Sozialdemokrat der deutsche Minister des Auswärtigen geworden ist."[8]

Brandts Ziele im Auswärtigen Amt

Was wollte der neue Außenminister? Am 6. Dezember 1966 brachte Brandt seine Überlegungen handschriftlich zu Papier, als Beitrag zur Regierungserklärung, die Bundeskanzler Kiesinger am 13. Dezember 1966 für die Große Koalition vortragen sollte. Unter der Überschrift „Ziel" notierte Brandt die lapidare Trias: „Rechte unseres Volkes wahren, Europa bauen, Frieden durch illusionslose Entspannung sichern".[9]

Wenn es um die deutsche Frage, um Europa, um Frieden und Entspannung zwischen West und Ost ging, musste er kein gedankliches Neuland betreten, sondern konnte sich auf seine bereits in den 50er Jahren konzipierte „Politik der kleinen Schritte" stützen, die auf „friedliche Koexistenz" zwischen den Blöcken abzielte und der deutschen Teilung die verstärkte Pflege der menschlichen Kontakte entgegensetzte: Denn nur auf diese Weise, betonte Brandt, könne man „ein Volk bleiben".[10] Als Regierender Bürgermeister von Berlin war er seit 1957 vollends zum international renommierten Politiker gereift und zu einer „Zentralfigur des Kalten Krieges in Deutschland"[11] geworden. Er kannte die Akteure und die Probleme der Weltpolitik, und er „dachte Europa von Berlin aus"[12], wie der britische Historiker Garton Ash beobachtete.

Seine grundsätzlichen Auffassungen hatte Brandt schon Anfang Juni 1966 dem Dortmunder SPD-Parteitag vorgetragen, der sein Comeback nach der Wahlniederlage von 1965 begründete: Auch als zweifach gescheiterter Kanzlerkandidat blieb er für seine Partei unverzichtbar und wurde mit 324 von 326 Stimmen im Parteivorsitz bestätigt. Der Außen- und Deutschlandpolitik Erhards, die sich von dem Grundsatz „Entspannung durch Wiedervereinigung" nicht trennen wollte, hielt er entgegen, dass auch auf dem Gebiet der Deutschlandpolitik die Preise ständig anzögen: „Der Weg der internationalen Rechthaberei oder in den weltpolitischen Schmollwinkel mag bequem sein, Erfolge kann er nicht bringen." Brandt zufolge musste man „davon ausgehen, daß das Selbstbestimmungsrecht nicht in einem Akt, sondern nur im Verlaufe eines Prozesses verwirklicht werden kann. [...] Etwas ganz anderes ist es, daß ein qualifiziertes, geregeltes und zeitlich begrenztes Nebeneinander der beiden Gebiete ins Auge gefaßt werden könnte, wenn durch internationale Entscheidungen die Weichen gestellt sind und im anderen Teil Deutschlands die freie Meinung sich entfalten kann. Es würde sich um einen Modus vivendi handeln mit der beharrlichen Aussicht zu weiteren positiven Lösungen." Dabei galt für ihn: „Wer den Ausgleich mit der Sowjetunion [...] anstrebt, der, gerade der darf die NATO nicht aushöhlen und abwerten, sondern muß sie am Leben erhalten und mit neuem politischen Inhalt füllen. [...] Wer das größere Europa anvisiert, der darf, gerade der darf den Prozeß des westeuropäischen Zusammenschlusses nicht erstarren oder verkümmern lassen." All diese Erwägungen fasste Brandt in der Erkenntnis zusammen, dass die „deutsche Politik an Gewicht und Einfluß gewinnt, wenn sie aktiv an der Entspannung in Europa mitarbeitet".[13]

Drei Prämissen legte Willy Brandt seinem außenpolitischen Wirken zugrunde. Erstens: Die Bundesregierung musste den globalen Entspannungstrend unterstützen. Zweitens: Eine Bundesregierung, der die nationale Einheit nur im Rahmen einer europäischen Einheit möglich schien, musste auf ein ‚entspanntes' Europa und die Überwindung der Ost-West-Teilung hinwirken. Die westeuropäische Integration, die Erweiterung der EWG, war ein wichtiges Etappenziel. Drittens: Eine Bundesregierung, die ihr verhärtetes Verhältnis zur Sowjetunion auflockern und die Abschottung der kommunistischen Staaten Ost- und Südosteuropas aufbrechen wollte, musste sich der Unterstützung ihrer westlichen Bündnispartner, voran der Vereinigten Staaten von Amerika, sicher sein.

Die Punkte „Westliche Verteidigungsgemeinschaft" und „Europa" bzw. „Weiterentwicklung der Westeuropäischen Gemeinschaften" rangierten daher in Brandts handschriftlichen Notizen vom 6. Dezember 1966 nicht zufällig *vor* den Ausführungen zu „Sowjetunion und Osteuropa". „Deutschland" – gemeint war das Bonner Verhältnis zur „DDR" – fand erst am Ende der Aufzeichnung Erwähnung. Den vorletzten Platz nahm die außereuropäische Welt jenseits der Ost-West-Beziehungen ein. Unter „Dritte Länder" vermerkte der künftige Außenminister und Vizekanzler knapp: „Einige grundsätzliche Bemerkungen"[14] und wies auf die wünschenswerte Wiederaufnahme der Beziehungen zu den arabischen Staaten hin, welche ihre Gesandten aus Bonn abberufen hatten, um gegen den Botschafteraustausch zwischen der Bundesrepublik und Israel am 12. Mai 1965 zu protestieren. Die Dritte Welt spielte für Brandt zu diesem Zeitpunkt noch nicht die herausragende Rolle späterer Jahrzehnte. Außer Zweifel stand für ihn aber, dass die Bundesrepublik „wirtschaftlich und kulturell weltweite Interessen wahrzunehmen"[15] habe.

Am 13. Dezember 1966 trug Bundeskanzler Kiesinger die mit Spannung erwartete Regierungserklärung der Großen Koalition vor. Im außenpolitischen Teil war das Bemühen um Kontinuität zur Regierung Erhard ebenso erkennbar wie der Einfluss des sozialdemokratischen Juniorpartners. Dem Verhältnis zur Sowjetunion, der Ostpolitik überhaupt, maß Kiesinger große Bedeutung bei. Er erneuerte das in der „Friedensnote" seines Vorgängers vom 25. März 1966[16] an fast alle Staaten der Welt – mit Ausnahme der DDR – gerichtete Angebot, förmliche Gewaltverzichtserklärungen auszutauschen, und zeigte sich bereit, „das ungelöste Problem der deutschen Teilung in dieses Angebot einzubeziehen"[17], vermied jedoch jeden Hinweis auf das völkerrechtliche Fortbestehen Deutschlands in den Grenzen von 1937.

Die Sozialdemokraten registrierten, dass der Kanzler ihren Begriff der „europäischen Friedensordnung" in seine Erklärung aufnahm. Was jedoch die von Brandt geforderten Fortschritte in den „deutschen Fragen" anbetraf, ging Kiesinger zwar über die Positionen Erhards hinaus, ließ aber keinerlei Zweifel daran, dass die Beweglichkeit seiner Fraktion an der Grenze unverrückbarer Rechtspositionen endet: „Wir wollen entkrampfen und nicht verhärten, Gräben überwinden und nicht vertiefen. Deshalb wollen wir die menschlichen, wirtschaftlichen und geistigen Beziehungen mit unseren Landsleuten im anderen Teil Deutschlands mit allen Kräften fördern. Wo dazu die Aufnahme von Kontakten zwischen Behörden der Bundesrepublik und solchen im anderen Teil Deutschlands notwendig ist, bedeutet dies keine Anerkennung eines zweiten deutschen Staates."[18] Ostpolitik ja, so durfte man den Kanzler verstehen, aber unter Ausschluss der DDR-Führung. Die Regierungserklärung konnte eben nur ein Kompromiss sein, der eine zeitlich begrenzte Vernunftehe besiegelte.

Die denkbar unterschiedlichen Lebensläufe seiner Mitglieder – Bundeskanzler Kurt Georg Kiesinger und Wirtschaftsminister Karl Schiller hatten der NSDAP angehört, der Minister für Gesamtdeutsche Fragen, Herbert Wehner, war hoher KPD-Funktionär gewesen, Außenminister Brandt hatte die Zeit des Dritten Reichs in der Emigration verbracht, Finanzminister Franz Josef Strauß sah sich als „Soldat vom ersten bis zum letzten Tag"[19] – hinderte das Kabinett nicht am innenpolitischen Erfolg. Die Skepsis, die Konrad Adenauer angesichts der Ministerriege befallen hatte – „ein bißchen jespenstisch, muß ich schon sagen"[20] –, erwies sich als unbegründet.

Gerade weil sich Kiesinger und Brandt um eine einvernehmliche Zusammenarbeit bemühten, wurde rasch klar, dass sie mehr voneinander trennte, als bei knapp zehn Jahren Altersdifferenz und den Unterschieden nach Herkommen und Beruf, Charakter und politischer Überzeugung zu erwarten gewesen wäre. Auf den 1904 geborenen, eloquenten, umfassend gebildeten schwäbischen Juristen wirkte der aus einfachsten Lübecker Verhältnissen aufgestiegene Brandt schwierig, verschlossen, wortkarg, fast undurchschaubar. Ein „Korken im Fluß", monierte der Kanzler, sei dieser Brandt, „der sich mit der Strömung treiben lasse".[21]

Viel besser verstand er sich mit Herbert Wehner, der zu Kiesingers wichtigstem Ansprechpartner in der SPD avancierte. Brandt dagegen – als Außenminister, Vizekanzler und Parteichef nominell der erste Sozialdemokrat im Kabinett – fühlte sich in Gegenwart des Kanzlers gereizt und gehemmt. „Zwischen Kiesinger und mir lag kein Graben, aber jener Abstand, den die unterschiedlichen Lebenswege und Lebensinhalte geschaffen hatten."[22] Zumindest in einem

„Partnerschaft auf Zeit" – Kurt Georg Kiesinger und Willy Brandt als Kanzler und Vizekanzler der Großen Koalition, 1968.

Punkt bestand Einvernehmen: „Der europäisch engagierte Reichsschwabe und ich waren uns darin einig, dass die bundesdeutsche Außenpolitik modifiziert, korrigiert und weiterentwickelt werden müsse."[23]

„Europa bauen" – Die Weiterentwicklung der westeuropäischen Gemeinschaft

Es entsprach der Rangfolge seiner politischen Zielsetzungen, dass Brandts erster internationaler Auftritt als Außenminister am 14. Dezember 1966 vor der Versammlung der Westeuropäischen Union (WEU) in Paris stattfand. Dabei erklärte er die wirtschaftliche und politische Einigung Europas zu einer Aufgabe, „der wir uns gerade jetzt energisch anzunehmen haben".[24] Als konkrete Schritte nannte der deutsche Außenminister die Neubelebung des deutsch-französischen Vertrages von 1963, die Verbesserung der Beziehungen zu den Mitgliedsstaaten der EWG und zu Großbritannien, das noch immer abseits stand. Ein Europa ohne die Briten würde ein Torso bleiben, außerstande, die ihm nach seiner Tradition, seinen geistigen und wirtschaftlichen Ressourcen angemessene Rolle in der Welt zu spielen. Londons erster Anlauf war im Januar 1963 am Veto de Gaulles gescheitert, der Frankreich europapolitisch weiter auf Obstruktionskurs hielt, die gemeinsame Agrarfinanzierung platzen ließ und demonstrativ den Sitzungen des EWG-Ministerrates fernblieb, was als „Politik des leeren Stuhls" Furore machte. Man musste kein Prophet sein, um dem zweiten Beitrittsantrag, den die britische Labour-Regierung unter Premier Harold Wilson nach sorgfältiger Vorbereitung am 10. Mai 1967 vorlegte, ein ähnliches Schicksal wie dem ersten vorherzusagen. Man sei sich, betonte Brandt, „darüber klar, daß der Beitritt Großbritanniens für beide Seiten schwierige Fragen aufwirft und nicht von heute auf morgen verwirklicht werden kann."[25]

Auch Brandts Gespräch mit de Gaulle am 15. Dezember 1966 hatte gezeigt, dass der Franzose mit seiner Vorstellung eines „Europas der Vaterländer" in nationalen Kategorien dachte, denen ein supranationaler europäischer Zusammenschluss fremd war. Großbritannien galt ihm mehr als Anhängsel der USA denn als Teil Europas. Immerhin gelang Brandt die Einigung über den Verbleib der französischen Truppen in Deutschland, der nach dem Ausscheiden Frankreichs aus der militärischen Struktur der NATO Anfang Juli 1966 neu geregelt werden musste.

Brandt setzte alles daran, die Erweiterung der Europäischen Gemeinschaft um Großbritannien und die anderen Beitrittskandidaten Irland, Dänemark und Norwegen voranzutreiben: „Wer meinen Terminkalender ansieht", erläuterte er im April 1967, „der weiß, daß dies ein Europa-Monat ist. Ich habe in der vergangenen Woche mich um diese Sache in Rom bemüht, gestern in Brüssel, morgen und übermorgen in London und Ende des Monats kommt Couve de Murville [der französische Außenminister] nach Bonn."[26] Dieses Drängen hatte seinen Anteil am beachtlichen Etappenerfolg auf dem langen Weg zur europäischen Integration, wie er auf der Gipfelkonferenz in Rom Ende Mai 1967 durch die Zusammenführung der drei Gemeinschaften der Montanunion, der EWG und der EURATOM und ihre Vereinigung zur Europäischen Gemeinschaft zum 1. Juli des Jahres gelang.

Im dritten Nahostkrieg allerdings, der am 5. Juni 1967 mit Luftangriffen Israels gegen die ägyptische Luftwaffe begann und sechs Tage später mit einer vernichtenden militärischen Niederlage Ägyptens, Jordaniens und Syriens sowie unter erheblichen territorialen Zugewinnen für die Israelis zu Ende ging, fanden die Europäer keine gemeinsame Position. Brandt betonte die Neutralität der Bundesrepublik, unterstrich die Existenzberechtigung Israels und sprach sich für eine Friedensregelung aus, die den arabischen Lebensinteressen gerecht werden müsse. Seine Forderung, dass Europas „beklagenswert geringe Rolle"[27] in diesem Konflikt durch verstärkte Konsultationen untereinander aufgewertet werden müsse, verhallte. Das Interesse der Konfliktparteien an einer europäischen Vermittlerrolle war übrigens gering, wie sich in den folgenden Jahren noch unübersehbar herausstellen sollte.

Die Nagelprobe auf die europäische Integration ging daneben. Am 27. November 1967 verkündete de Gaulle, dass in Anbetracht der britischen Wirtschaftslage der Eintritt Großbritanniens in den Gemeinsamen Markt nicht in Frage komme. Die zweite Absage de Gaulles an London machte deutlich, dass mit der Erweiterung nicht gerechnet werden konnte, solange im Elysée-Palast dieser – wie Brandt sich ausdrückte – „auch als Konservativer aus allen Rahmen fallende Franzose"[28] das Sagen hatte, für dessen visionäre Kraft der deutsche Sozialdemokrat gleichwohl durchaus Bewunderung empfand.

So blieb der Bundesregierung nichts weiter übrig, als auf die Zeit nach de Gaulle zu hoffen, mit Frankreich im Gespräch zu bleiben und Großbritannien die Wartezeit durch eine Reihe von Übergangsregelungen auf den Gebieten der wirtschaftlichen und technologischen Kooperation erträglich zu machen. In der Tat sollte de Gaulles Rücktritt Ende April 1969 eine neue Lage schaffen. Brandt blieb, gerade vor dem Hintergrund seiner vielfältigen Kontakte zu französischen Politikern verschiedener Couleurs, skeptisch: „Man würde sich großen Illusionen hingeben, wenn man glaubte, eine neue französische Regierung, ganz gleich, wo sie politisch steht, verfolge künftig nicht auch auf vielen Gebieten vermeintliche gaullistische Positionen weiter, die sich schlicht aus der Interpretation französischer Interessen ergeben."[29]

„Frieden durch illusionslose Entspannung sichern" –
Die Unterstützung des globalen Entspannungstrends

Die Initiative zur Entspannung ging von den beiden Supermächten aus. „Die hohe Zeit des Kalten Krieges", so Brandt, „war vorüber. Die Weltlage hatte sich verändert."[30] Daraus zogen die Mächtigen in Washington und in Moskau – zumal nach den Berlinkrisen in den Jahren 1958 bis 1962 und der Kubakrise des Herbstes 1962 – den Schluss, dass aus dem Kalten niemals ein heißer Krieg werden durfte. Sowohl die USA als auch die Sowjetunion verfügten über atomare Zerstörungspotenziale, die es erlaubten, jeden Angriff mit einem vernichtenden Gegenschlag zu vergelten. Kooperation statt Konfrontation, Aussöhnung statt Auseinandersetzung, Entspannung statt Eskalation lauteten die Gebote der Stunde. Seit Juni 1963 sollte der „Heiße Draht" zwischen Weißem Haus und Kreml weiteren Krisen die Spitze nehmen. Anfang August 1963 unterzeichneten die Außenminister der Sowjetunion, der USA und Großbritanniens in Moskau das Atomteststoppabkommen, dem auch die Bundesrepublik beitrat. Mit der Eskalation des Vietnam-Krieges – zwischen 1964 und 1966 stieg das US-amerikanische Truppenkontingent in Vietnam um das Zwanzigfache – verfestigte sich das Interesse Washingtons an der Stabilität in Europa und einem Einvernehmen mit der Sowjetunion.

„Unsere Aufgabe ist es", umriss der Amtsnachfolger Kennedys, Präsident Lyndon B. Johnson, am 7. Oktober 1966 die neue Ära, „eine Aussöhnung mit dem Osten zu erreichen."[31] Johnsons Vision schloss die westlichen Verbündeten ein, voran die Bundesrepublik Deutschland, die damit unter Druck geriet. Denn um sich mit der Sowjetunion und den Ostblockstaaten ins Benehmen zu setzen – von Aussöhnung gar nicht zu reden –, war die Bonner Ostpolitik von Ballast zu befreien, zu „entschlacken"[32], wie Brandt es nannte. Damit meinte er die Linderung des von Richard Löwenthal als deutschen „Sonderkonflikt"[33] beschriebenen Spannungsverhältnisses zum Osten, das durch die beiden Weltkriege und den Holocaust verursacht worden war. Die Entspannung ging über den Sonderwunsch der Deutschen nach nationaler Einheit hinweg. Die Politik der „Entspannung durch Wiedervereinigung" war nicht mehr zu halten. Wenn Bonner Politiker in Ost und West gehört werden wollten, dann mussten sie sich zu der Erkenntnis „Wiedervereinigung durch Entspannung" durchringen.

Doch für die Bonner Außenpolitik schienen die Hürden auf dem Weg nach Osten unüberwindlich hoch. In der Bukarester Erklärung vom Juli 1966 und auf der Karlsbader Konferenz im April 1967 knüpften die Sowjetunion und ihre Vasallen jedes diplomatische Entgegenkommen an die Erfüllung einer Palette von Forderungen und Vorbedingungen: Die Aufgabe der Hallstein-Doktrin und des Alleinvertretungsanspruches zählten ebenso dazu wie die Anerkennung der DDR und der bestehenden europäischen Grenzen, insbesondere der Oder-Neiße-Grenze. Darüber hinaus sollte die Bundesregierung das Münchener Abkommen von 1938 als von Anfang an rechtsungültig anerkennen.[34]

Die Sowjetunion machte zudem keinen Hehl daraus, dass für sie die deutsche Unterschrift unter den Atomwaffensperrvertrag, der um die Jahreswende 1966/67 zwischen Moskau, Washington und London erörtert wurde, eine *conditio sine qua non* bildete. Außenminister Gromyko brachte gar die antiquierten Feindstaatenklauseln der UN-Charta ins Spiel, die der Sowjetunion nach Moskauer Lesart ein Interventionsrecht gegenüber der Bundesrepublik verliehen. Die Amerikaner waren nur in der Form, nicht in der Sache konzilianter. Botschafter McGhee unterrichtete Bundeskanzler Kiesinger Mitte Januar 1967 über die besonderen Interessen des US-Präsidenten: „Das erste sei der Nichtverbreitungsvertrag. Das zweite sei die Ostpolitik, [...] die er für alle Beteiligten als höchst bedeutsam erachte."[35] Das Thema Nichtverbreitungs- bzw. Atomwaffensperrvertrag hielt die Regierung

Kiesinger/Brandt vom ersten bis zum letzten Tag in Atem und wuchs sich „zu einer Art psychologischer Zerreißprobe innerhalb der Großen Koalition"[36] aus.

Während der Außenminister und die SPD den Vertrag unterzeichnen wollten, wenn eine Reihe von Bedingungen erfüllt sei, sah sich Kiesinger einem Nein nicht nur aus dem rechten Flügel der Union, sondern auch aus der CSU gegenüber, wo von einem „Morgenthau-Plan im Quadrat" (Adenauer) und einem „Versailles [...] von kosmischen Ausmaßen"[37] oder einer „Vergewaltigung der atomaren Habenichtse" (Strauß) die Rede war. Der Kanzler lavierte, um sein Kabinett zusammenzuhalten. Ein verbindlicher Vertragsentwurf war ohnehin noch nicht in Sicht. Brandt feilte differenzierte Kriterien aus, denen der Vertrag gerecht werden sollte. Am 13. Dezember 1966 hatte er festgehalten: „Atomwaffen-Sperrvertrag wird nicht an uns scheitern, aber wir wollen Anteil haben an Ergebnissen von Atomrüstung (und Weltraumforschung) für zivile Produktion."[38] In der Folge fügte er weitere Punkte hinzu, wie die inhaltliche Verknüpfung zur nuklearen Abrüstung, da andernfalls der „Vorrang der Kernwaffenmächte [...] geradezu institutionalisiert" werde, den vertraglichen Ausschluss „nuklearer Erpressung" sowie die „Möglichkeit, ein [...] künftiges westeuropäisches Antiraketenverteidigungssystem offenzuhalten".[39]

Hinter der Wahrung dieser „europäischen Option"[40] stand die Befürchtung, das Atomwaffenmonopol der beiden Weltmächte werde die Teilung Europas in zwei Machtblöcke zementieren und der europäischen Einigung ebenso die Grundlage entziehen wie der Lösung der deutschen Frage. Weiterer Diskussionsbedarf ergab sich aus dem Verifikationsproblem: Die Abgrenzung der Zuständigkeiten und Kompetenzen zwischen den Organen der EURATOM in Brüssel und der Internationalen Atomenergiebehörde (IAEO) in Wien war umstritten. Am 1. Juli 1968 unterzeichneten die USA, die Sowjetunion, Großbritannien und eine Reihe weiterer Staaten einen Vertragstext, der die meisten von deutscher Seite eingebrachten Vorschläge berücksichtigte, etwa was die friedliche Nutzung der Kernenergie oder das Bekenntnis zu nuklearer Abrüstung anbetraf.[41]

Brandt war mit dem Ergebnis zufrieden. Aus seiner Sicht stand der Bonner Unterschrift nun nichts mehr im Wege, und er versuchte, Kiesinger von dieser „differenzierten, grundsätzlich positiven Haltung"[42] zu überzeugen. In seinem Schreiben vom 15. Juli 1968 bot er nochmals alle Argumente auf und wies darauf hin, dass „die Glaubwürdigkeit unserer Entspannungspolitik auf dem Spiel"[43] stehe. Es nützte nichts. Von Kanzler Kiesinger war in dieser Frage keine Entscheidung zu erreichen.

Ein erster Entspannungserfolg gelang der Bundesregierung Ende Januar 1967 mit der Aufnahme diplomatischer Beziehungen zu Rumänien, das der Sowjetunion gegenüber einen nationalen Emanzipationskurs steuerte. Damit tilgte Bonn zwar nur einen weißen Flecken auf der außenpolitischen Landkarte, aber relativierte zugleich die „Hallstein-Doktrin", welche vom völkerrechtlichen Alleinvertretungsanspruch für ganz Deutschland ausging und die Aufnahme diplomatischer Beziehungen zu einem Staat, der die DDR völkerrechtlich anerkannt hatte, unter abgestufte Sanktionen stellte. Mühsame Modifizierungen wie die „Geburtsfehlertheorie", der zufolge Rumänien den SED-Staat nur unter sowjetischem Zwang anerkannt habe, sollten einer weltweiten Anerkennungswelle der DDR vorbeugen.

Allerdings hatten die Bonner Ostpolitiker ihre Rechnung ohne den Wirt, sprich die Sowjetunion, gemacht. „Zu den objektiven Schwierigkeiten", konstatierte Brandt am 11. April 1967, gehöre „in erster Linie die ‚kalte Schulter', um noch einen sehr vorsichtigen Ausdruck zu verwenden, die uns die Regierung der Sowjetunion zuwendet; gehört das sich völlige Querlegen der Regierung in Ost-Berlin [...]".[44] Auf Drängen Walter Ulbrichts, der die Anerkennung der Bundesrepublik durch weitere Ostblockstaaten verhindern wollte, hatten sich die Außenminister des Warschauer Paktes im Februar 1967 darauf geeinigt, die Aufnahme diplomatischer Beziehungen zur Bundesrepublik künftig an die Bedingung zu knüpfen, dass die DDR zuvor ihr Verhältnis zu Bonn normalisiert hatte.

Mit der so genannten „Ulbricht-Doktrin", die von der Karlsbader Konferenz der kommunistischen Parteichefs im April 1967 bestätigt wurde, hatte das SED-Regime einen Abwehrriegel errichtet, der über Warschau und Prag, Budapest und Sofia nicht aufzubrechen war. Der im August 1967 vollzogene Austausch von Handelsmissionen mit Prag und der Ende Januar 1968 wieder aufgenommene Botschafteraustausch mit dem blockfreien Jugoslawien änderten daran nichts. Die Ostpolitik der Großen Koalition lief sich fest. Auch wenn Brandt beteuerte, man habe „einen langen Atem und die Hoffnung, daß die Vorteile einer Politik der Entspannung und Zusammenarbeit schließlich auf allen Seiten erkannt werden"[45]: Ohne grünes Licht aus Moskau blieben deutsche Annäherungsversuche an die Ostblockstaaten chancenlos. Die deutsch-sowjetischen Beziehungen aber stagnierten. Nach Erhards Friedensnote vom März 1966 hatten im Oktober und November Vorgespräche stattgefunden. Im Februar 1967 übermittelte die Bundesregierung dem sowjetischen Botschafter in Bonn, Zarapkin, einen Entwurf und setzte damit einen Austausch von Noten, Memoranden, Absichtserklärungen und immer neuen Entwürfen in Gang.[46]

Das papierne Pingpong konnte nicht über das sowjetische Desinteresse an einer Einigung hinwegtäuschen, das sich beispielsweise in dem Moskauer Schweigen zu der als „Signal von Reykjavik" bekannt gewordenen Erklärung des NATO-Ministerrats vom 25. Juni 1968 manifestierte. Diese Initiative folgte der im „Harmel-Bericht" vom Dezember 1967 fixierten neuen Doppelstrategie aus Sicherheit *und* Entspannung[47] und trug unverkennbar die Handschrift Brandts: Eine beiderseitige und ausgewogene Truppenverminderung im Herzen des Kontinents vermindere demnach nicht nur die Kriegsgefahr, sondern sei auch der schrittweisen Annäherung an das „Endziel einer dauerhaften Friedensordnung in Europa"[48] dienlich. Die Konferenz von Reykjavik war der Beginn der Bemühungen des westlichen Bündnisses um eine ausgewogene konventionelle Abrüstung in Europa, die unter dem Kürzel MBFR Gestalt annehmen sollten. Diese Ausgewogenheit würde der erdrückend überlegenen sowjetischen Seite die größeren Reduzierungen abverlangen – ein neuralgischer Punkt, an dem sich die Verhandlungen später tatsächlich festfahren sollten.

Am 11. Juli 1968 veröffentlichte die Sowjetunion nach einer Reihe polemischer Attacken gegen die Bundesrepublik und entgegen aller diplomatischer Gepflogenheiten den Notenwechsel zum Gewaltverzicht. Der Bundesregierung blieb keine andere Wahl, als ebenfalls die vertraulichen Dokumente zu publizieren. Der Gewaltverzichtsdialog war damit vorerst beendet.

Wenig später folgte ein weiterer schwerer Rückschlag. Am 21. August 1968 besetzte die sowjetische Armee, unterstützt von Truppen des Warschauer Paktes, die ČSSR und machte den Reformen des KPČ-Chefs Alexander Dubček und dessen Vision eines „Sozialismus mit menschlichem Antlitz" den Garaus. Die Zerschlagung des „Prager Frühlings" schien der Ostpolitik der Großen Koalition vollends den Boden zu entziehen, zumal die Sowjetunion die Aggression mit der absurden Unterstellung rechtfertigte, die Bundesregierung habe die Prager Kommunisten aufgewiegelt und deren Schicksal heraufbeschworen.

Außenminister Brandt, den die Nachricht von dem Einmarsch in Prag an Bord eines Schiffes in norwegischen Gewässern erreichte, protestierte: „Mit Empörung stehen wir der Tatsache gegenüber, dass die Tschechoslowakei – erneut! – durch fremde Truppen überrollt und besetzt worden ist." Die Entspannungspolitik habe einen „Rückschlag" erlitten, „der lange nachwirken" könne. Brandt fügte jedoch ein Jetzt-erst-recht an: „Unsere Politik war und bleibt darauf gerichtet, alles uns Mögliche zu tun, um den Frieden sicherer zu machen und damit auch die Sicherheit der Bundesrepublik zu festigen, die Zusammenarbeit zwischen den Staaten und Völkern zu verbessern, einer europäischen Friedensordnung den Weg zu ebnen."[49]

Die deutsch-sowjetischen Beziehungen hatten einen Tiefpunkt erreicht. Für Brandt stand dennoch fest: „Die Sowjet-Union ist und bleibt die große Macht, ohne die die europäischen Dinge letzten Endes nicht in Ordnung gebracht werden können."[50] So versuchte er „mit zusammengebissenen Zähnen"[51], den stockenden Dialog wieder in Gang zu setzen. Am 8. Oktober 1968 traf der bundesdeutsche Außenminister am Rande der New Yorker UN-Vollversammlung mit seinem Amtskollegen Andrej Gromyko zusammen und hoffte auf eine Initiative der sowjetischen Seite.⁵² Gromyko aber machte erneut jedes Entgegenkommen davon abhängig, dass Bonn die europäischen Grenzen, die Existenz der DDR und die Ungültigkeit des Münchener Abkommens von Anfang an anerkannte und den Nichtverbreitungsvertrag unterzeichnete. „Mein Gespräch mit Gromyko", so teilte Brandt dem ihm befreundeten schwedischen Außenminister Nilsson mit, „war nicht unnütz, aber es hat auch nicht recht deutlich werden lassen, wie man vorankommen könnte."⁵³

Anfang 1969 signalisierte die Sowjetunion überraschend ernsthaftes Interesse an verbesserten Beziehungen zur Bundesrepublik. Am 10. Januar empfing Brandt den sowjetischen Botschafter Zarapkin, der die Wiederaufnahme des Gewaltverzichtsdialoges anregte. Mitte März 1969 schlugen die Staaten des Warschauer Paktes in der Budapester Erklärung entspannungswillige Töne an und regten die Einberufung einer europäischen Sicherheitskonferenz unter Beteiligung der Mitglieder von NATO und Warschauer Pakt an. „In diesem Appell", registrierte Brandt, „steht plötzlich nicht mehr Anerkennung der DDR, sondern Anerkennung der Existenz der DDR. Und da steht nicht Anerkennung der Oder-Neiße-Linie, sondern Anerkennung der Unverletzlichkeit der Grenzen."⁵⁴

Der Meinungswandel in der sowjetischen Führung war in erster Linie auf die beendete „Flurbereinigung" in der ČSSR zurückzuführen – der „Prager Frühling" war vorbei und die Lage unter Kontrolle. Im Frühjahr 1969 bereitete der Kremlführung zudem der Konflikt mit China Kopfzerbrechen, seit März lieferten sich sowjetische und chinesische Truppen Feuergefechte entlang des Grenzflusses Ussuri. Ein Grund mehr, die Lage in Europa zu entspannen. Fast schienen die Rollen vertauscht. Musste bislang die Bundesregierung auf die Beantwortung ihrer Vorschläge warten, so musste sich diesmal die sowjetische Seite gedulden: Wegen eines Kompetenzgerangels zwischen Kanzleramt und Auswärtigem Amt konnte Bonn erst am 3. Juli 1969, also mit einem halben Jahr Verspätung, das sowjetische Papier vom 10. Januar des Jahres beantworten.⁵⁵ Am 12. September 1969, gut zwei Wochen vor der Bundestagswahl, bot die Sowjetunion schließlich die Aufnahme bilateraler

Verhandlungen in Moskau an und bekundete ihre Bereitschaft zu Gesprächen mit den drei Westalliierten über West-Berlin.

Wenn die Zusammenarbeit zwischen Kiesinger und Brandt immer schwieriger wurde, sich der Außenminister gar „auf die Rolle eines Vortragenden Legationsrates"[56] reduziert fühlte, lag dies nicht nur am Bundestagswahlkampf, der im Sommer 1969 auf Hochtouren kam. Von Beginn an war erkennbar, dass Kanzler und Außenminister in der Ost- und Deutschlandpolitik unterschiedliche Meinungen hegten. Bereits im Juli 1967 hatte Brandt die Zukunft des alten Kontinents ins Auge gefasst und ein mitteleuropäisches Sicherheitssystem vorweggenommen, dessen Quintessenz darin bestünde, „in Europa die beiden Pakte NATO und Warschauer Pakt stufenweise abzulösen und Neues an ihre Stelle zu setzen".[57] Dies hielt Kiesinger für futuristisch und empfand es als störend, derartiger Zukunftsmusik wegen kritische Nachfragen aus Washington beantworten zu müssen.

Weiteren Zündstoff lieferte eine improvisierte Redewendung, die Brandt während eines Rumänienbesuches Anfang August 1967 seiner Tischrede anfügte. Der Feststellung, dass man bei den „Bemühungen um eine europäische Friedensordnung von den gegebenen Realitäten auszugehen" habe, ließ er die spontane Bemerkung folgen, „dies gelte auch für die beiden politischen Ordnungen, die gegenwärtig auf deutschem Boden bestehen".[58] In den Ohren Kiesingers, vor allem aber weiter Teile seiner Fraktion, klang das nach einer verklausulierten Anerkennung der DDR und löste heftige Kritik aus, die Brandt in der Rückschau als „einen der Bonner Stürme im Wasserglas"[59] bewertete. Der Bundeskanzler nahm den Außenminister öffentlich in Schutz, drückte seinen Unwillen jedoch intern aus: „Sie wissen", schrieb er am 22. August 1967 an Brandt, „daß ich in den vergangenen Wochen bei verschiedenen Gelegenheiten meine Sorge über terminologische Unklarheiten bezüglich unserer Ostpolitik äußerte. [...] Mir scheint, daß es höchste Zeit ist, daß wir hier reinen Tisch machen und so bald wie möglich der deutschen Öffentlichkeit bestätigen, daß auch die Ostpolitik nach wie vor in Übereinstimmung mit meiner Regierungserklärung geblieben ist."[60]

In diesem Stile ging es seit Sommer 1967 hin und her: Brandt setzte Impulse, Kiesinger relativierte sie. An gutem Willen mangelte es beiden nicht. Brandt bekundete mehrfach, an den Grundlinien der vereinbarten Politik festhalten zu wollen, wie auch sein Interesse, „das Klima unserer Zusammenarbeit zu verbessern".[61] Das Problem war, dass Bundeskanzler und Außenminister zwar einem Kabinett angehörten, aber zwei Parteien vorstanden, die sich in ihrer Ost- und Deutschlandpolitik nun einmal stark unterschieden. Im März 1968 plädierte der SPD-Vorsitzende in seiner Rede auf dem Nürnberger SPD-Parteitag für die „Anerkennung bzw. Respektierung der Oder-Neiße-Linie bis zur friedensvertraglichen Regelung".[62] In der Kabinettssitzung, so berichtete Wehner, habe der Kanzler daraufhin „besonders das Wort Anerkennung moniert. Willy Brandt habe erwidert, dass man die Koalition fortführen wolle. Es könne aber nicht so sein, dass Parteitage nur Regierungserklärungen abzugeben hätten. Jede Partei müsse das Recht haben, eigenes Profil zu entwickeln."[63]

Außenpolitisch blieb Brandts Nürnberger Rede zunächst ohne Folgen. Erst am 17. Mai 1969 schlug PVAP-Chef Gomulka in einer viel beachteten Rede ein Abkommen zwischen Bonn und Warschau zur Regelung der polnischen Westgrenze vor. Demnach rechnete Polen offenbar nicht mit der Fortdauer der deutschen Teilung bis in alle Ewigkeit, denn erstens verlief die Oder-Neiße-Grenze nicht zwischen Polen und der Bundesrepublik und zweitens hatte die DDR bereits im Görlitzer Vertrag vom Juli 1950 diese Linie anerkannt. Brandt reagierte und bat den gerade vor einer Polenreise stehenden Manager Berthold Beitz, seine polnischen Gesprächspartner davon zu unterrichten, dass die Bundesregierung „von dem ernsthaften Willen beseelt" sei, „jede Möglichkeit zu prüfen, die sich in Richtung auf einen Ausgleich der Interessen Deutschlands und Polens eröffnen könnte".[64] Bei der Prüfung blieb es jedoch zunächst.

Wegen einer anderen Frage, ausgelöst durch einen entlegenen Ort, erreichten die Querelen in der Großen Koalition eine neue Qualität. Am 8. Mai 1969 anerkannte das erste nichtkommunistische Land die DDR: Kambodscha. Brandt mutmaßte, „daß ein großer Teil des deutschen Volkes natürlich gar nicht wußte, was das ist und wo das liegt"[65], plädierte aber dafür, von den Überbleibseln der „Hallstein-Doktrin" endlich Abschied zu nehmen.[66] Kiesinger dagegen wollte im Stile der 50er Jahre an der Doktrin festhalten und verlangte bei einem Koalitionsgespräch am 3. Juni 1969 den Abbruch der diplomatischen Beziehungen mit Kambodscha, sonst „drohe mittelfristig in der Anerkennungsfrage ein Erdrutsch".[67] Brandt zog daraufhin seinen Rücktritt in Betracht. Es bedurfte einer siebenstündigen Kabinettssitzung und einer Nachtklausur des informellen Kreßbronner Kreises, bis ein Kompromiss gefunden wurde, was ein Licht auf die zerbröckelnde äußere Handlungsfähigkeit der Koalition warf. Die Beziehungen sollten „eingefroren", nicht abgebrochen werden, die deutsche Botschaft in Pnom Penh unbesetzt, der abberufene Botschafter in Bonn bleiben. Ein merkwürdiger Vorgang, der als „Kambodschieren" in die Annalen des Auswärtigen Amtes eingehen sollte und erkennen ließ, dass die Tage der Großen Koalition gezählt waren.

„Rechte unseres Volkes wahren" – Willy Brandt und die Deutschlandpolitik der Großen Koalition

Nirgends fielen der Regierung Kiesinger/Brandt die ersten Schritte so schwer wie auf dem innerdeutschen Terrain. Nirgends waren die Gräben tiefer, die Hürden höher. Die „Rechte unseres Volkes wahren" – das meinte das Festhalten am Recht der Deutschen auf nationale Selbstbestimmung, auch im „anderen Teil Deutschlands"[68], wie Brandt 1967 formulierte. Früher gebräuchliche Wendungen wie „Zone" oder „SBZ" strich er aus seinem Wortschatz.

Die DDR-Führung folgte der Logik des Mauerbaus vom 13. August 1961, schottete sich gen Westen ab und verlangte von Bonn die volle diplomatische Anerkennung. In Brandts Notizen vom Dezember 1966 hieß es dazu kurz und bündig: „Diesseits völkerrechtlicher Anerkennung der ‚DDR': energisches Bemühen um innerdeutsche Regelungen im Interesse der Menschen"[69] – ein Satz, der für alle Bundesregierungen bis zum Ende der DDR 1989/90 gültig bleiben sollte.

Obgleich sich Kiesinger und Brandt der DDR gegenüber aufgeschlossener zeigten als alle ihre Amtsvorgänger, gelang es nicht, die Ost-Berliner Abwehrhaltung aufzulockern. Am 12. April 1967 ging die Regierung in die Offensive: Der Kanzler unterbreitete der SED-Führung einen Vorschlagskatalog zur Erleichterung des Alltags im geteilten Deutschland. Dazu zählten verbesserte Reisemöglichkeiten, Passierscheinregelungen, Familienzusammenführungen, die Ausweitung des innerdeutschen Handels und Verkehrs sowie der freie Austausch von Druckerzeugnissen. Der Bundesregierung, so hieß es abschließend, komme es „darauf an, alles zu tun, um die Spaltung Europas und Deutschlands im Wege der Verständigung zu beenden".[70] Die SPD flankierte dies mit einem Offenen Brief an die Delegierten des VII. SED-Parteitages, der die Vorschläge der Bundesregierung aufgriff und mit Blick auf Ulbricht betonte: „Wir gehen davon aus, daß keine Seite der anderen unzumutbare Vorbedingungen stellt. Diese Grundhaltung allein kann eine innerdeutsche und europäische Entspannung herbeiführen."[71]

Der Antwort des DDR-Ministerpräsidenten Willi Stoph vom 10. Mai 1967 war dieser Ratschlag nicht anzumerken. Seine Forderungsliste umfasste nach wie vor die Aufnahme normaler Beziehungen, die Anerkennung der innerdeutschen Grenze und die Aufgabe des Alleinvertretungsanspruches. Aufsehen erregte, dass der Kanzler Stophs Brief annahm und beantwortete. Am 17. Mai 1967 beschloss das Kabinett, künftig alle Schreiben aus Ost-Berlin zu empfangen und damit die gängige Praxis außer Kraft zu setzen, die Post aus „Pankow" sofort und ungeöffnet zurückgehen zu lassen. Insofern entbehrte Kiesingers rätselhafte Diktion vom Oktober 1967, wonach sich „da drüben etwas gebildet" habe, „ein Phänomen, [...] mit dessen Vertretern ich in einen Briefwechsel getreten bin"[72], nicht einer gewissen Komik, machte aber deutlich, dass die Übereinkunft im Prozeduralen an der Unversöhnlichkeit im Prinzipiellen nichts änderte. Das Muster stand fest: Je mehr sich Kiesinger unter Ausklammerung der Anerkennungsfrage um Annäherung an die DDR bemühte – im Juni 1967 schlug er Gespräche zwischen Beauftragten der Regierungen vor, ein Vierteljahr später bot er Verhandlungen über einen

Staatssekretär des Kanzleramts an, im Frühjahr 1968 erwog er gar ein persönliches Zusammentreffen mit Stoph –, um so abweisender reagierte die DDR-Führung und verschanzte sich hinter immer neuen Forderungen, von denen sie wusste, dass sie für Bonn unannehmbar waren.

Solange sich Moskau und Ost-Berlin einig waren, die Bundesrepublik aus der Entspannung herauszuhalten, solange konnte es keine Annäherung geben. Zudem bedienten sich Ost-Berliner Machthaber ungeniert ihres Zugriffs auf den Berlin-Verkehr, um Bonn unter Druck zu setzen. Nachdem im April 1968 Mitgliedern und Spitzenbeamten der Bundesregierung die Benutzung der Landwege nach Berlin untersagt worden war, kam es am 11. Juni 1968 zur Einführung des Pass- und Visumzwangs für Reisen zwischen der Bundesrepublik und West-Berlin, flankiert von der Erhöhung des Mindestumtauschsatzes für Besucher der DDR. Eine neue Berlin-Krise drohte. Brandt suchte am 18. Juni 1968 den sowjetischen Botschafter Abrassimow auf und protestierte gegen die Maßnahme, mit der „in tatsächlicher und politisch-psychologischer Hinsicht ein Anti-Entspannungseffekt erzielt" werde.[73] Die Reaktion Abrassimows, wonach „die ganze Aufregung [...] von Bonn aus verbreitet werde", ließ erkennen, dass die Ost-Berliner Aktion Rückendeckung aus Moskau hatte, wo man klare Fronten wünschte.

Für neue Abkühlungen sorgte die Bundespräsidentenwahl am 5. März 1969 in der Ostpreußenhalle unweit des Berliner Funkturms. Ein Vorgang, an dem die Sowjetunion und die DDR-Regierung massiven Anstoß nahmen, da er ihrer These von der politischen Selbstständigkeit West-Berlins zuwiderlief. Ungeachtet heftiger Störungen des Berlin-Verkehrs durch die DDR und durch tief fliegende sowjetische Düsenjäger wurde schließlich der 69-jährige Gustav Heinemann als Nachfolger Heinrich Lübkes und erster Sozialdemokrat mit den Stimmen der FDP zum Bundespräsidenten gewählt.

Brandt gewann aus den Querelen die Erkenntnis, „daß Moskau und Ost-Berlin zwei interdependente, aber doch voneinander zu trennende Faktoren" seien und warnte vor der „vereinfachten Darstellung: Wir werden das schon mit den Russen machen. Wir dürfen unsere Rolle gegenüber der Sowjet-Union nicht überschätzen." Die DDR sei mittlerweile ein „eigener, eigenwilliger Faktor" geworden; Moskau habe „größere Möglichkeiten, die DDR von etwas abzuhalten, als sie zu etwas zu veranlassen, was diese nicht will".[74] Wie auch immer: Das deutsch-deutsche Gespräch blieb bis zum Ende der Großen Koalition „ein Dialog zwischen Schwerhörigen".[75]

Die außenpolitische Bilanz der Großen Koalition

Bundeskanzler Kiesinger eröffnete Anfang August 1969 dem seit Januar amtierenden US-Präsidenten Nixon eine dürftige ostpolitische Bilanz: „Viel Erfolg habe es leider in der Ostpolitik nicht gegeben, abgesehen von Rumänien und Jugoslawien. Man habe gehofft, etwas mit den Franzosen gemeinsam machen zu können, doch sei daraus leider nichts geworden. Im übrigen habe der 21. August 1968 vieles zunichte gemacht."[76] Die ostpolitische Aufbruchstimmung, die der Kanzler in seiner Regierungserklärung vom 13. Dezember 1966 entfacht hatte, war verflogen und scheinbar Resignation eingekehrt.

Legt man die außenpolitischen Ziele – von der Entspannung vor allem des deutsch-sowjetischen Verhältnisses über den Ausbau der westeuropäischen Integration bis hin zu Fortschritten bei der Lösung der deutschen Frage – zugrunde, so blieb die Regierung der Großen Koalition, blieb Außenminister Brandt hinter den selbst geweckten Erwartungen zurück. Setzt man die bescheidenen Einflussmöglichkeiten der Bundesrepublik zu den beträchtlichen äußeren Widerständen ins Verhältnis und stellt in Rechnung, dass die kommunistischen Machthaber in Moskau im Bunde mit den Hardlinern in Ost-Berlin bis zur Jahreswende 1968/69 alles taten, um die Bonner Annäherungsversuche zu brüskieren, ergibt sich ein differenzierteres Bild. Solange der Kreml die Signale auf Rot schaltete, kam die Entspannung nicht in Fahrt. Als sich dies zu verändern begann, ließ das Trägheitsmoment der Großen Koalition den Stillstand fortdauern. Gesten mit Signalcharakter wie die Unterzeichnung des Atomwaffensperrvertrages oder die Aufgabe des Alleinvertretungsanspruches unterblieben. „Die CDU/CSU", so Brandt, „wollte, trotz besserer

Einsicht vieler ihrer Leute, ihre schon toten heiligen Kühe nicht beerdigen. Und der Kanzler sah sich nicht in der Lage, die Beerdigung der heiligen Kühe, von denen er wußte, daß sie tot sind, zu erzwingen."[77] Es sollte der Nachfolgeregierung vorbehalten bleiben, die sterblichen Überreste, um in Brandts Bild zu bleiben, unter die Erde zu bringen.

Die Außenpolitik der Großen Koalition blieb vornehmlich eine Funktion des Ost-West-Konflikts. Sie vermochte das Verhältnis der Bundesrepublik Deutschland zu ihren westlichen Verbündeten deutlich zu verbessern. Ostpolitisch wurde juristischer Ballast abgeworfen und konzeptionell vorgearbeitet. „Ohne die drei Jahre der Großen Koalition", so Egon Bahr, „wäre der Grundriß für die Ostpolitik nicht entworfen worden; er erlaubte den unmittelbaren Start zur operativen Umsetzung im Kanzleramt, scheinbar aus dem Stand."[78] Bahr dachte dabei an die unter seiner Federführung im Planungsstab des Auswärtigen Amtes gediehenen Planungsstudien zur „europäischen Sicherheit" und zur „Außenpolitik einer künftigen Bundesregierung" aus den Jahren 1968 und 1969, die der späteren sozial-liberalen Koalition, zusammen mit den einschlägigen Konzepten der Freidemokraten, in der Tat als außenpolitische Richtlinien dienen sollten.[79]

Bahrs Einschätzung, dass ohne die schwarz-rote Koalition der „Wahlerfolg 1969 kaum erreichbar gewesen" wäre, erscheint plausibel: „Auch Brandt brauchte die Zeit als Außenminister. Ohne die gebündelten Erfahrungen dort, nach innen wie nach außen, wäre er bei einem direkten Sprung ins Kanzleramt wohl gescheitert."[80] Das Amt des Außenministers wurde zum Sprungbrett an die Spitze der Regierung. So sah es auch Brandt, der meinte, dass der Werdegang eines Kanzlers vieler Zwischenstationen bedurfte: „Solche Figuren", betonte er, „kann man nicht aus der Retorte machen."[81]

Nachdem er sich von einer gesundheitlichen Krise zu Jahresanfang erholt hatte, ging Brandt mit neuem Mut und frischen Kräften in das Wahljahr 1969. Diesmal setzte er auf Sieg. Auf dem Godesberger SPD-Parteitag Mitte April 1969 hatte er zu Protokoll gegeben: „Meine Partei hat mich gefragt, ob ich die Richtlinien der Politik der nächsten Bundesregierung bestimmen will. Meine Antwort heißt Ja."[82] Dabei ließ der Außenminister und SPD-Vorsitzende keinen Zweifel daran, dass er im Falle eines Wahlsieges in puncto Gewaltverzicht und Nichtverbreitungsvertrag weiter gehen würde als die amtierende Koalition. Vor allem hielt er es für wichtig, dass „wir uns das Europathema nicht klauen lassen in diesem Sommer" – die SPD sei „immerhin die Partei, in deren Programm seit 1925 die Vereinigten Staaten von Europa stehen".[83]

Auf seine Außenministerzeit blickte Brandt gleichwohl in dem Gefühl zurück, das sich sowohl seine eigene wie auch die Bilanz des Regierungsbündnisses sehen lassen konnten. „Weder zurückliegende noch bevorstehende Kontroversen", schrieb er am 9. Oktober 1969 an Kiesinger, „werden mich abhalten, zu dem zu stehen, was wir seit Ende 1966 miteinander geleistet haben; es ist unserem Vaterland nicht schlecht bekommen. Die künftige Regierung wird sich auf das zu stützen haben, was durch die Große Koalition konzipiert, angepackt und zu einem nicht geringen Teil ja auch verwirklicht wurde."[84]

II. Der Marathon der tausend Tage – Die Außen- und Deutschlandpolitik der sozial-liberalen Koalition 1969 bis 1972

Sieg und Niederlage liegen oft nahe beieinander. Selten aber war der Grat so schmal wie an diesem Wahlsonntag, dem 28. September 1969. Erste Hochrechnungen sahen CDU und CSU als sichere Sieger, sahen Kiesinger als alten und neuen Kanzler. Dann plötzlich der Umschwung: Die SPD legte an Stimmen zu, erreichte am Ende 42,7 %. Die FDP verlor, rettete sich jedoch mit 5,8 % knapp über die Fünf-Prozent-Hürde. Die CDU/CSU behauptete sich wenigstens als stärkste Fraktion mit 46,1 %. Wie von Brandt erwartet, verpasste die NPD den Sprung ins Parlament. Kurz vor Mitternacht stellte sich der SPD-Vorsitzende den Fernsehkameras und legte den Freidemokraten eine gemeinsame Regierung nahe. Jetzt wollte Brandt Kanzler werden und machte keinen Hehl daraus. Auch Walter Scheel, der im Januar 1968 Erich Mende im Parteivorsitz der FDP nachgefolgt war, hatte sich vorab festgelegt. Angesichts miserabler Umfragewerte seiner Partei hatte er drei Tage vor der Wahl in einer Fernsehrunde unvermittelt die Bereitschaft der FDP zur Koalition mit der SPD erklärt. Noch in der Wahlnacht kamen Brandt und Scheel überein: „Wir machen es."[85]

Schon zwei Tage später saßen die Delegationen der beiden Parteien in der Residenz des Außenministers auf dem Bonner Venusberg zusammen. Die Einigung über die Außenpolitik fiel am leichtesten. Egon Bahr hatte für Willy Brandt auf vier Seiten die Substanz zusammengefasst; Walter Scheel stimmte dem Papier zu. „Damit war die Grundlage für die Außenpolitik der Koalition abgehakt. Es dauerte zehn Minuten."[86] Was die überfällige Öffnung nach Osten durch eine „Politik der kleinen Schritte" anging, stimmten die Positionen der FDP grundsätzlich mit denen der SPD überein. Die Einsicht in die Notwendigkeit einer Neuregelung der Beziehungen zur Sowjetunion sowie zu den Staaten des Warschauer Paktes einschließlich der DDR bildete die zentrale Basis der ersten sozial-liberalen Koalition. Einigkeit bestand auch in der Frage der Erweiterung der EG. Das gute Einvernehmen zwischen Willy Brandt und Walter Scheel – im Prinzipiellen wie im Persönlichen – sollte künftig Reibungsflächen zwischen Außenministerium und Kanzleramt verkleinern und der Koalition über manche innen- und außenpolitische Klippe hinweghelfen.

Die angehenden Regierungspartner wussten sich einig, dass der Atomwaffensperrvertrag sofort zu unterschreiben sei, der Gewaltverzichtsdialog mit Moskau forciert und die Hallstein-Doktrin aufgegeben werden müsse. In der Sitzung der SPD-Bundestagsfraktion am 3. Oktober 1969 referierte Brandt den Stand der Dinge. Wer erwartet hatte, dass er seinen Ehrgeiz als Bundeskanzler nur darin erblicken würde, den ost- und deutschlandpolitischen Immobilismus zu überwinden, horchte auf: „Er habe sich vorgenommen, vor allem ein Bundeskanzler der inneren Reformen zu werden"[87], kündigte Brandt an.

Die SPD stellte im verkleinerten sozial-liberalen Kabinett elf Minister, zuzüglich des Chefs des Bundeskanzleramtes im Range eines Bundesministers für besondere Aufgaben. Karl Schiller blieb

Willy Brandt leistet den Amtseid als Bundeskanzler, 21. Oktober 1969.

Wirtschaftsminister, Alex Möller übernahm das Finanzressort. Helmut Schmidt als Verteidigungsminister und Herbert Wehner als SPD-Fraktionsvorsitzender wurden fest in das sozial-liberale Projekt eingebunden. Das Ressort für „gesamtdeutsche Fragen", das nun Egon Franke leitete, firmierte neu als Ministerium für „innerdeutsche Beziehungen", womit zugleich der Verzicht auf den Alleinvertretungsanspruch in der Namensgebung zum Ausdruck gebracht wurde. Die FDP bekleidete mit Walter Scheel das Außen- und mit Hans-Dietrich Genscher das Innenministerium, das Landwirtschaftsministerium ging an den bayerischen Freidemokraten Josef Ertl.

Am 21. Oktober 1969 wurde Willy Brandt vom Deutschen Bundestag mit 251 von 495 Stimmen als erster Sozialdemokrat zum Bundeskanzler gewählt. Eine Woche später trug er seine erste Regierungserklärung vor, die in ihrem außenpolitischen Teil das Bekenntnis zum bewährten westlichen Bündnis mit der mutigen Ankündigung einer neuen Politik gegenüber dem Osten verknüpfte: „Unser Land braucht die Zusammenarbeit und Abstimmung mit dem Westen und die Verständigung mit dem Osten." Der feste Zusammenhalt des nordatlantischen Bündnisses sei die „Voraussetzung für das solidarische Bemühen, zu einer Entspannung in Europa zu kommen".[88] Besonderes Aufsehen erregte, dass Brandt den entscheidenden deutschlandpolitischen Schritt wagte: „Auch wenn zwei Staaten in Deutschland existieren, sind sie doch füreinander nicht Ausland; ihre Beziehungen zueinander können nur von besonderer Art sein."[89] Kein Bundeskanzler zuvor hatte die staatliche Existenz der DDR beim Namen genannt. Nicht umsonst verzeichnet das Protokoll an dieser Stelle „Beifall bei den Regierungsparteien" und „Unruhe bei der CDU/CSU". Für einen Augenblick wurde bereits die Kluft sichtbar, die in den folgenden Jahren zwischen Regierung und Opposition in dieser Frage aufbrechen sollte.

Trotzdem, so der Kanzler am 20. November 1969 im SPD-Parteivorstand, sei „nicht beabsichtigt, der DDR ein umfassendes Verhandlungsprogramm zu unterbreiten".[90] Die Blockadehaltung der SED-Spitze mache dies wenig aussichtsreich. Der Verhandlungsvorschlag an die Sowjetunion als Reaktion auf deren Aide-mémoire zum Thema

Gewaltverzicht vom 12. September 1969 und das Gesprächsangebot an Polen als Antwort auf die Gomulka-Rede vom 17. Mai 1969 erschienen chancenreicher. Über kurz oder lang würde die DDR-Führung ihre Blockadehaltung aufgeben müssen. Einen kräftigen Impuls wollte Brandt auch dem stagnierenden Projekt der westeuropäischen Integration geben. „Die Erweiterung der Europäischen Gemeinschaft muß kommen"[91], forderte er in seiner Regierungserklärung. Der Beitritt Großbritanniens stand nach wie vor auf der Brüsseler Tagesordnung; ein dritter vergeblicher Anlauf nach den von Frankreich vereitelten Anläufen der Jahre 1963 und 1967 hätte das endgültige Scheitern besiegelt. Entweder, so Brandts Überlegung, schaffe die Gemeinschaft den Sprung nach vorn, oder sie falle in die Bedeutungslosigkeit zurück. Auf der Gipfelkonferenz der sechs EG-Staaten Anfang Dezember 1969 in Den Haag würde sich entscheiden, in welche Richtung der Weg Europas führe.

Das außenpolitische Leitmotiv der sozial-liberalen Koalition verkündete Brandt im Schlusssatz seiner Regierungserklärung: „Wir wollen ein Volk der guten Nachbarn sein und werden im Inneren und nach außen."[92] Drei Jahre später, als die Legislaturperiode infolge vorgezogener Neuwahlen vorzeitig endete, war dieses Ziel erreicht. „Der Marathonlauf der tausend Tage", schrieb Egon Bahr später, „war gleichbedeutend mit der operativen Phase der bilateralen Ostverträge", die zum „Markenzeichen der sozial-liberalen Koalition"[93] wurden.

Einen neuen Anfang machen – Die ersten außenpolitischen Schritte der Regierung Brandt/Scheel

Wenn die sozial-liberale Regierung da weiter kommen wollte, wo die Große Koalition stecken geblieben war, nämlich bei der Öffnung nach Osten, dann bedurfte sie der westlichen Rückendeckung dringender denn je und durfte keine Sekunde in den Verdacht geraten, ein „Wanderer zwischen zwei Welten" zu sein. Daher reiste Egon Bahr noch vor der Kanzlerwahl nach Washington, um Henry Kissinger, den Sicherheitsberater des amerikanischen Präsidenten Nixon, am 13. Oktober 1969 über die geplante ostpolitische Offensive der neuen Bundesregierung zu unterrichten.

Die deutsche Initiative passte an und für sich gut zu den amerikanischen Vorstellungen. Nixon war ebenso wie Brandt entschlossen, der Entspannung neue Wege zu ebnen. In seiner Amtsantrittsrede am 20. Januar 1969 hatte der Präsident die Ablösung einer „Periode der Konfrontation" durch eine „Ära der Verhandlungen" angekündigt.[94] Zur Flankierung des Versuches, seinem Land den Weg aus dem vietnamesischen Sumpf zu bahnen, strebte Nixon eine umfassende Verständigung mit der Sowjetunion an. Dazu streckte er Verhandlungsfühler auf dem Gebiet der strategischen Atomraketen (SALT) sowie zur Lösung des Berlin-Problems aus. Die Bundesrepublik, so schärfte Kissinger Bahr ein, dürfe bei ihrer Ostpolitik nur nicht aus dem Ruder laufen – eine Befürchtung, die bei Kissinger anfänglich sehr stark ausgeprägt war. Er versicherte seinem deutschen Gesprächspartner jedoch zugleich, „dass wir mit Deutschland als einem Partner, nicht als einem Klienten verkehren wollen".[95] Kissinger und Bahr vereinbarten die Installierung eines „back channels", eines vertraulichen, direkten Gesprächskontaktes zwischen Weißem Haus und Kanzleramt, da, wie die Amerikaner fürchteten, Bonn „nicht dicht"[96] sei.

Den vertraulichen Kanal benutzte Brandt erstmals am 23. Oktober 1969, um Nixon für die Information zum Beginn der amerikanisch-sowjetischen SALT-Vorgespräche in Helsinki am 17. November 1969 zu danken: „Sie werden auf meiner Seite keine Einwände gegen den Start von SALT vorfinden. Ich habe nie Ihre Zusicherungen angezweifelt."[97] Der Kanzler verband mit der Beschränkung der strategischen Waffen die Hoffnung, die Rüstungsambitionen der Kernwaffenstaaten zu bremsen und Sicherheit und Stabilität in der Welt zu erhöhen. Nixon hatte gegen Brandts außenpolitische Kurskorrektur nichts einzuwenden, solange sie sich am westlichen Geleitzug orientierte. Am 5. Dezember 1969 schrieb er dem Kanzler: „Ihrer eindrucksvollen Regierungserklärung im Bundestag entnehme ich, daß Ihre Regierung sich sehr ernsthaft bemüht, zum Zusammenhalt und zur Stärke unserer westlichen Gemeinschaften bei-

„Zusammenarbeit und Abstimmung mit dem Westen, Verständigung mit dem Osten" – Willy Brandt und Walter Scheel begründen die sozial-liberale Koalition, September 1969.

zutragen und gleichzeitig versucht, seit langem bestehende Spannungen in Europa abzubauen. Dies ist auch unser Ziel. Wie Sie glaube ich auch, daß das Erste eine unerläßliche Voraussetzung für den Erfolg des Zweiten ist."[98]

Trotz großer Übereinstimmungen in der Sache war es jedoch schwierig, das notwendige Vertrauen des Weißen Hauses in die deutsche Entspannungsversion herzustellen. Wie Brandt ahnte, war Nixon der sozial-liberalen Regierung gegenüber nicht ohne Vorurteil. „Nicht einverstanden. Jede nichtsozialistische Regierung wäre besser"[99], kritzelte der Präsident im Juli 1970 unter ein Memorandum Kissingers, in dem festgestellt worden war, die US-Regierung besitze kein Interesse am Scheitern der sozial-liberalen Koalition.

Mit der Anerkennung der staatlichen Existenz der DDR und der Unterschrift unter den Atomwaffensperrvertrag, die am 28. November 1969 erfolgte, hatte sich die Bundesregierung gegenüber der Sowjetunion wieder ins Spiel gebracht. Der Vorschlag des NATO-Rates an die Staaten des Warschauer Paktes vom 4. Dezember 1969, sich über eine ausgewogene gegenseitige Truppenreduzierung in Europa zu einigen, kam gerade recht: Den Gewaltverzichtsverhandlungen, die Mitte November zwischen Bonn und Moskau vereinbart und am 8. Dezember 1969 begonnen wurden, stand nichts mehr im Wege. Ende November 1969 wurden zudem mit der Volksrepublik Polen Gespräche über die bilateralen Beziehungen verabredet, die am 5. Februar 1970 starteten. Am 16. Dezember 1969 schlugen die drei Westmächte Moskau schließlich vor, über Berlin zu sprechen.

Auch in der Europapolitik gab es wichtige Fortschritte. Noch im alten Jahr gelang Brandt der überfällige Vermittlungserfolg zwischen London und Paris. Schauplatz war der EG-Gipfel in Den Haag Anfang Dezember 1969, wo der deutsche Bundeskanzler gegen den französischen Präsidenten Pompidou die Erweiterung der Gemeinschaft um Großbritannien und die stufenweise Errichtung einer Wirtschafts- und Währungsunion im Grundsatz durchsetzte. Verhandlungen mit London sollten im Laufe des kommenden Jahres beginnen, ebenso mit Dänemark, Norwegen und Irland. „Nach außen", so erklärte Brandt im Februar 1970 intern, habe er „mehr dem Pompidou dafür gedankt, das hat sich auch bezahlt gemacht, aber ohne unsere eigenen Anstrengungen wär' das zu diesem Zeitpunkt noch nicht gekommen".[100] Diesen Durchbruch empfand er damals als wichtigstes außenpolitisches Ereignis seiner Regierungszeit. Dass sich in der öffentlichen Wahrnehmung die Gewichte mitunter verschoben und nur die Ostpolitik im Mittelpunkt der Berichterstattung stand, beklagte der Kanzler: „Dabei hat unsere tatsächliche Aktivität [...] sich ganz eindeutig auf Westeuropa bezogen."[101] Brandt warnte außerdem davor, die Komponenten seiner Außenpolitik isoliert zu betrachten: „Unsere Westpolitik, unsere Ostpolitik und unsere Europapolitik bilden ein einheitliches Ganzes."[102]

Die Verhandlungen über den Moskauer Vertrag 1970

Ohne den Machtwechsel in Bonn, ohne die Initiativen der neuen Bundesregierung wäre der deutsch-sowjetische Gewaltverzichtsdialog nicht so schnell wieder in Schwung gekommen. In der Eröffnungssitzung vom 8. Dezember 1969 beteuerte der sowjetische Außenminister Andrej Gromyko dem deutschen Botschafter Helmut Allardt gegenüber seine Bereitschaft, „über alles (mit Ausnahme der Exegese der Bibel) zu sprechen".[103] Doch Fortschritte stellten sich erst ein, als Brandt seinen ostpolitischen Chefberater Egon Bahr, seit Oktober 1969 Staatssekretär im Bundeskanzleramt, mit der Fortführung der heiklen Gespräche betraute. Bahr, den auch Außenminister Scheel für die beste Wahl hielt, nahm am 30. Januar 1970 anstelle Allardts gegenüber von Gromyko Platz. Sein Vorteil bestand darin, über die Verwirklichung eines politischen Konzepts verhandeln zu können, das er gemeinsam mit Willy Brandt seit den 1950er Jahren konzipiert hatte.[104] Kabinettsrichtlinien und Rückfragen in der Bonner Zentrale konnte Bahr notfalls entbehren, was der CDU/CSU-Opposition Anlass zur Kritik bot. Darüber hinaus verfügte er auch über einen „back channel" zum Kreml.

In über 50 äußerst schwierigen Verhandlungsstunden erörterten Bahr und Gromyko drei große Komplexe: erstens eine Gewaltverzichtsvereinbarung zwischen Bonn und Moskau, zweitens eine politische Vereinbarung zwischen der Bundesrepublik und Polen, verbunden mit der Frage der Oder-Neiße-Grenze, und drittens die Aufnahme der Beziehungen zwischen Bonn und Ost-Berlin, die aus bundesdeutscher Sicht keine völkerrechtliche Qualität besitzen durften.[105] Bei all dem, so Bahr, durften weder die besonderen Rechte der Vier Mächte für ganz Deutschland tangiert noch der deutsche Anspruch auf Selbstbestimmung und Wiedervereinigung aufgegeben werden. Gromyko dagegen verlangte die volle Anerkennung aller europäischen Grenzen sowie des SED-Staates und lehnte jede Erwähnung der deutschen Einheit ab. Bahrs Argument jedoch, dass eine völkerrechtliche Anerkennung der DDR durch Bonn schon deswegen nicht in Frage käme, weil sie die Rechte der Vier Mächte berühre, konnte sich auch Gromyko nicht verschließen. Die Besetzten könnten schließlich nicht über die Köpfe der Sieger hinweg Entscheidungen fällen und die dauerhafte Teilung Deutschlands verfügen. Bahr machte dem sowjetischen Außenminister klar, wie viel auf dem Spiel stand: Der Bundeskanzler habe „zu einem beachtlichen Teil den Erfolg seiner Regierung vom Erfolg dieser Gespräche abhängig gemacht".[106] Bei einem Scheitern der Sondierungen wäre die sozial-liberale Ostpolitik in den Startblöcken hängen geblieben und zumindest Außenminister Scheel zurückgetreten.[107]

Als Willy Brandt während seines ersten USA-Besuchs als Bundeskanzler am 10./11. April 1970 in Washington mit Präsident Nixon zusammentraf, wurden die deutsch-sowjetischen Sondierungen nur nebenbei besprochen. Beide Politiker kannten einander seit 1954, gehörten demselben Jahrgang an und empfanden keine Scheu voreinander. Auf Nachfrage des Präsidenten beurteilte Brandt die Chance, mit Moskau übereinzukommen, zurückhaltend. Das Gespräch drehte sich um die SALT-Verhandlungen sowie die Beziehungen zwischen den USA und der sich erweiternden EG. Für Brandt stand außer Zweifel, dass Westeuropa nur als Ganzes eine Chance hatte, mit Amerika auf Augenhöhe zu verkehren. Ein weiteres Thema bildete die eventuelle Reduzierung der amerikanischen Militärpräsenz in Europa, was Verhandlungen über eine einvernehmliche Truppenreduzierung mit dem Warschauer Pakt einmal mehr wünschenswert erscheinen ließ.

Der Bonner Ostpolitik stand der Präsident durchaus aufgeschlossen gegenüber. Nixon, so notierte Brandt, unterstrich, dass „er Vertrauen zu unserer Politik habe und wisse, dass wir nicht daran dächten, bewährte Freundschaften aufs Spiel zu setzen. Wir müssten allerdings damit rechnen, dass es in Frankreich und England – auch hier und da in den USA – einige Unsicherheit geben könne."[108] Amerikanischen Quellen zufolge formulierte Nixon schärfer: Ein lebenswichtiges Mitglied des Bündnisses wie die Bundesrepublik müsse sich stets darüber im Klaren sein, „dass sichere und unverzichtbare Freunde nicht vergrault oder misstrauisch gemacht werden dürften im Interesse neuer Freunde, deren Verlässlichkeit nicht gesichert"[109] sei. Zweifeln an der außenpolitischen Kontinuität seiner Regierung trat der Bundeskanzler entgegen: „Enge Beziehungen zu den USA", so erklärte er vor dem *National Press Club* am 10. April 1970, würden „in der Bundesrepublik als außenpolitische Priorität Nummer eins betrachtet".[110]

Das Thema Vietnam kam nur in einem Nebensatz Nixons zur Sprache. Brandt hielt sich dabei, wie schon vorher, zurück. Am 25. Juni 1970 hatte er eine Botschaft des Präsidenten, in der dieser die – militärisch erfolglose – Ausweitung der amerikanischen Kriegführung auf Kambodscha rechtfertigte, so beantwortet: „Ich möchte Ihnen versichern, daß meine Regierung Ihre Bemühungen, einen gerechten Frieden in Südostasien herbeizuführen, mit größter Anteilnahme verfolgt. Ihre Absicht, dieses Ziel wenn möglich durch Verhandlungen zu erreichen, hat unsere uneingeschränkte Unterstützung. Dabei hoffe ich wie Sie, daß die räumlich und zeitlich begrenzten Aktionen der US-Truppen in Kambodscha zu einem beschleunigten Ende des Krieges beitragen."[111] Was seine Haltung zu Vietnam anging, so sparte Brandt später nicht mit Selbstkritik: „In Wirklichkeit gingen unsere West-Loyalität und unser Sinn für die Kräfteverhältnisse so weit, daß wir zur vietnamesischen Tragödie schwiegen, obwohl es an besserer Einsicht nicht mangelte und obwohl die Schere im Kopf zu Lasten unserer Glaubwürdigkeit ging."[112]

Die von Nixon angedeutete Unsicherheit in Paris und London über die deutsche Ostpolitik spiegelte sich in den Äußerungen der dortigen Regierungschefs nicht wider. Präsident Pompidou beurteilte die Ziele der Kremlführung zwar skeptisch und mochte Unbehagen darüber verspüren, dass die Bundesrepublik Frankreich als Vorreiterin der europäischen Entspannung abgelöst hatte. Gleichwohl stärkte er Brandt ebenso den Rücken wie der britische Premier Wilson. Am 27. April 1970 versicherte Wilson den Kanzler einmal mehr „der vollen Unterstützung der Regierung Ihrer Majestät in Ihren Bemühungen, mit den Russen, Polen und Ostdeutschen Beziehungen herzustellen".[113] Bei Pompidou wurde im Vorfeld des Moskauer Vertrages zudem das Motiv spürbar, etwaigen sowjetischen Neutralisierungsversuchen durch die noch festere Einbindung der Bundesrepublik in die westliche Staatengemeinschaft vorzubeugen.

Am 22. Mai 1970, nach vierzehn Treffen zwischen Bahr und Gromyko, war der Durchbruch erreicht. Beide verständigten sich auf einen Zehn-Punkte-Katalog, der im Juni 1970 durch Indiskretion als „Bahr-Papier"[114] veröffentlicht wurde. Die ersten vier Leitsätze gingen in den Moskauer Vertrag ein: Die Anerkennung des europäischen Status quo, der Verzicht auf die Drohung mit oder die Anwendung von Gewalt, die Qualifizierung aller europäischen Grenzen als „unverletzlich" sowie die Unberührtheit früherer Verträge und Abkommen durch den deutsch-sowjetischen Vertrag. Die Punkte fünf bis zehn enthielten grundsätzliche Absichtsbekundungen: Die Zusicherung, dass der Moskauer Vertrag ein „einheitliches Ganzes" bilde mit den noch auszuhandelnden Bonner Abkommen mit Warschau, Prag und Ost-Berlin, die Bonner Einwilligung in ein Abkommen mit der DDR, in die Förderung des UN-Beitritts beider deutscher Staaten sowie in die deutsch-tschechoslowakische Einigung in der Frage des Münchener Abkommens. Die Beziehungen zwischen Bonn und Moskau sollten auf allen Gebieten fortentwickelt werden, und, zu guter Letzt, das Projekt einer Konferenz über Fragen der Sicherheit und Zusammenarbeit in Europa vorangetrieben werden.

Zwei Moskauer Zugeständnisse waren von eminenter Bedeutung: Gromyko lehnte es nicht mehr rundheraus ab, bei Vertragsunterzeichnung einen Brief entgegenzunehmen, in dem die Bundesregierung ihre Position zur Vereinigung der beiden deutschen Staaten „in ihrem gegenwärtigen Besitzstand"[115], wie sich Bahr Gromyko gegenüber ausdrückte, zur Kenntnis brachte. Zum zweiten konnte die Bundesregierung der sowjetischen Seite verständlich machen, dass mit einer Ratifizierung des Moskauer Vertrages im Bundestag *nur* für den Fall einer befriedigenden Regelung des Berlin-Problems zu rechnen war. Das Thema Berlin brannte der Bundesregierung auf den Nägeln, um so mehr, als es sich in den Behinderungen des Transitverkehrs seitens der DDR immer wieder aufs Neue manifestierte. Das Bundeskabinett verabschiedete am 7. Juni 1970 ein entsprechendes Junktim[116] zwischen Berlin und dem Moskauer Vertrag, zusammen mit den Verhandlungsrichtlinien für Außenminister Scheel, der die von Bahr ausgehandelte Vorverständigung in einer Schlussrunde vom 27. Juli bis zum 7. August in vertragliche Form brachte und unterschriftsreif machte.

Am 12. August 1970 unterzeichneten Brandt und Scheel für die Bundesrepublik, Kossygin und Gromyko für die Sowjetunion. „Der Moskauer Vertrag", so Brandts Einschätzung, „hatte prinzipielle und existentielle Bedeutung für die von mir geführte Bundesregierung. Nicht nur für uns in Bonn, auch europapolitisch wog schwer, dass das Gespenst der ewigen deutschen Gefahr" verschwand und die „antideutsche Karte aus dem interkommunistischen Spiel genommen wurde".[117] Der „Brief zur deutschen Einheit" konnte zwar nicht zum Bestandteil des Vertrages erhoben werden, wurde aber bei Vertragsunterzeichnung in Form einer einseitigen Erklärung der Bundesregierung von der Sowjetunion entgegengenommen.

Brandts Gespräche mit KPdSU-Chef Breschnew und Ministerpräsident Kossygin gaben Auskunft auf die Frage, was die Sowjetunion zur Kooperation bewogen hatte. In deren Äußerungen sah Brandt eine „gewisse Westfremdheit"[118] – was wiederum ihre Neigung zur Überschätzung der Bundesrepublik als Handelspartner erklärte. Breschnew und Kossygin, letzterer war für die stotternde sowjetische Wirtschaft zuständig, hatten gigantische Kooperationsprojekte nach dem Prinzip des Austauschs östlicher Bodenschätze gegen westliche Spitzentechnologie vor Augen. Da die Moskauer Wirtschaftsbeziehungen zu den USA minimal waren, richteten sich die Hoffnungen auf Bonn.[119]

Ein zweites sowjetisches Anliegen war, die Nachkriegsgrenzen von 1945 – zweieinhalb Jahrzehnte nach der bedingungslosen Kapitulation des Dritten Reiches gab es noch immer keinen Friedensvertrag – zu legitimieren. Deswegen wollten die Kremlherrscher durch eine große europäische Sicherheitskonferenz den Status quo in Europa bestätigen lassen. Dafür brauchte man die Bundesrepublik und deren Fürsprache bei den drei Westalliierten. Die Beteuerungen Breschnews, wonach die Sowjetunion Bonn nicht seinem wichtigsten Partner, den USA, entfremden wolle, änderten nichts daran, dass er ein fugenloses deutsch-amerikanisches Einvernehmen nicht für wünschenswert hielt. So erklärte sich sein Hinweis, „daß sich die zwischenstaatlichen und alle anderen Beziehungen am besten entwickeln, je selbständiger die Außenpolitik unseres Partners ist".[120] Hier offenbarte sich eine Tendenz sowjetischer Außenpolitik, die, beginnend in der zweiten Hälfte der 1970er Jahre und kulminierend in der Debatte um den NATO-Doppelbeschluss, darauf abhob, die Bundesrepublik vom westlichen Bündnis abzukoppeln.

Mit dem Moskauer Vertrag vom Sommer 1970 hatte die sozialliberale Regierung nicht nur „nichts verloren, was nicht längst verspielt worden war"[121], wie Brandt unter Anspielung auf den von Deutschland entfesselten und verlorenen Zweiten Weltkrieg dem deutschen Fernsehpublikum in einer Live-Übertragung aus Moskau mitteilte. Die Bundesregierung hatte sich das sowjetische Plazet zu ihrer Ostpolitik gesichert – ein Faktum, vor dem die Machthaber in Warschau, Prag und Ost-Berlin die Augen nicht mehr verschließen konnten.

Die deutsch-deutschen Sondierungen in Erfurt und Kassel 1970

Die prestigehungrige DDR-Führung, deren Staat auf Abgrenzung, nicht auf Annäherung dem Westen gegenüber beruhte, verfolgte die Bonner Entspannung mit zwiespältigen Gefühlen. Sie beargwöhnte die Normalisierungsbestrebungen gegenüber den Staaten des Warschauer Paktes und suchte sie zu hintertreiben, zumindest aber zu erschweren. Wenn schon Entspannung mit der Bundesrepublik, so sah es Staats- und Parteichef Walter Ulbricht, dann nur unter Verwirklichung der Ost-Berliner Bedingungen. Brandts Ostpolitik eröffnete der SED-Führung zwar die Chance der internationalen Aufwertung ihres Staates, drohte aber andererseits die staatstragende Mär von der Bundesrepublik als Hort von Revanchismus und Militarismus *ad absurdum* zu führen und das eigene System zu destabilisieren. In Reaktion auf Brandts Regierungserklärung vom 28. Oktober wandte sich Ulbricht am 17. Dezember 1969 mit einem deutsch-deutschen Vertragsentwurf an Bundespräsident Heinemann, der die Aufnahme gleichberechtigter diplomatischer Beziehungen, die Anerkennung der innerdeutschen Grenze, den Austausch von Botschaftern, die Achtung West-Berlins als selbstständiger politischer Einheit und den gemeinsamen Beitritt zur UNO vorsah.[122]

Bundeskanzler Brandt reagierte am 22. Januar 1970, indem er in einem Schreiben an DDR-Ministerpräsident Willi Stoph die Aufnahme von Gewaltverzichtsverhandlungen vorschlug und den Wunsch hinzufügte, „in Verhandlungen über praktische Fragen zu Regelungen zu kommen, die das Leben der Menschen im gespaltenen Deutschland erleichtern können".[123] Stoph verlangte am 11. Februar erneut die völkerrechtliche Anerkennung der DDR und schlug ein Treffen in Ost-Berlin vor. Beides kam für Brandt nicht in Frage. Schließlich einigte man sich auf eine Begegnung der beiden deutschen Regierungschefs am 19. März 1970 in Erfurt. Für Brandt ging es darum, die Ernsthaftigkeit seiner Politik zu beweisen – auch und gerade der Führungsriege im Kreml, wo Bahr mit Gromyko verhandelte. Die Parallelsondierungen in Moskau und Warschau setzten wiederum die DDR-Führung unter Druck, Fühlung mit Bonn aufzunehmen.

„Die Wahrhaftigkeit gebietet einzugestehen", so der Kanzler in seinem ersten Bericht zur Lage der Nation am 14. Januar 1970, dass „an eine baldige, grundlegende Änderung [...] der Teilung leider nicht zu denken" sei. In dieser geschichtlichen Phase müsse versucht werden, „zu einem geregelten Nebeneinander zwischen den beiden Staaten in Deutschland zu kommen".[124] Mit diesem Ziel fuhr Brandt am 19. März 1970 nach Erfurt. Die Schwierigkeiten, die auf dem ers-

Willy Brandt am Fenster des Erfurter Hofes, 19. März 1970.

ten innerdeutschen Gipfel lasteten, waren ebenso groß wie die Erwartungen. Nie zuvor hatte ein westdeutscher Bundeskanzler die DDR besucht, nie zuvor hatten deren Bewohner dem Besuch eines Staatsgastes mit größerer Spannung entgegengesehen. Vieles schien möglich, die Emotionen schlugen auf beiden Seiten hoch. All dies verdichtete sich spontan in einem Augenblick abseits des offiziellen Geschehens, als DDR-Bürger vor dem „Erfurter Hof" Brandts Namen skandierten. Brandt trat ans Hotelfenster und versuchte, die Menge mit einer vagen Geste des Bedauerns zu beruhigen. „Ich war bewegt und ahnte, daß es ein Volk mit mir war. Wie stark mußte das Gefühl der Zusammengehörigkeit sein, das sich auf diese Weise entlud!", schrieb er später und rechtfertigte seine Zurückhaltung mit der Abneigung, unerfüllbare Hoffnungen zu wecken.[125]

Sachliche Fortschritte gab es nicht, konnte es nicht geben. Das Vieraugen-Gespräch der ungleichen Regierungschefs schwankte zwischen Detail- und Grundsatzfragen hin und her, die beide gleichermaßen weit von den deutschen Realitäten entfernt waren. Auf die pragmatischen, auf die Verbesserung der Lebensbedingungen der Menschen im geteilten Deutschland abzielenden Vorstöße Brandts mochte Stoph nicht eingehen und beharrte auf der Anerkennungsfrage. „In sachlicher Hinsicht", so teilte der Bundeskanzler am 22. März 1970 Nixon mit, „ist das Ergebnis mager, obwohl ich selbst nicht mit mehr als mit einer zweiten Begegnung – diesmal im Mai in der Bundesrepublik Deutschland – gerechnet hatte."[126]

Unter diesen Auspizien war vom zweiten Treffen, das am 21. Mai 1970 in Kassel stattfand, noch weniger zu erwarten. Unter teils chaotischen Begleitumständen – vor dem Tagungshotel wurde die DDR-Flagge vom Mast gerissen, es kam zu heftigen Demonstrationen für und gegen die Anerkennung Ost-Berlins – wiederholte der SED-Politiker nachdrücklich und uneinsichtig seine Forderung nach völkerrechtlichen Beziehungen zwischen Bonn und Ost-Berlin. Er erklärte den Gewaltverzicht für unzureichend und konfrontierte den Kanzler mit angeblichen „Wiedergutmachungsverpflichtungen" der Bundesrepublik in Höhe von 100 Mrd. D-Mark, ein Schaden, der Ost-Berlin durch die bis zum 13. August 1961 offene Grenze und den vermeintlichen Bonner „Wirtschaftskrieg" entstanden sei. Brandt hielt mit einem 20-Punkte-Programm zur Linderung der innerdeutschen Teilung dagegen. Er offerierte einen gleichberechtigten Vertrag unterhalb völkerrechtlicher Anerkennung und machte Vorschläge zur Freizügigkeit im Reiseverkehr, zur Familienzusammenführung und zur Zusammenarbeit in Verkehrsfragen, beim Informationsaustausch sowie zur Kooperation in Bildung und Wissenschaft, Erziehung und Kultur, Umwelt und Sport.

Brandts zwanzigster Punkt enthielt die Regelung der gemeinsamen Mitgliedschaft und Mitarbeit in internationalen Organisationen – die einzige Position, die Stoph lieber heute als morgen verwirklicht gesehen hätte. Dieses Verlangen dämpfte der Bundeskanzler mit dem kühlen Hinweis, dass „Fortschritte in den Beziehungen zwischen den beiden Staaten erzielt sein müssten, bevor wir auf der internationalen Ebene weiterkämen".[127] Die Gipfeltreffen in Erfurt und Kassel gingen über rhetorisches Fingerhakeln nicht hinaus. Stoph formulierte das Wort der Stunde. Man müsse den Eindruck vermeiden, dass Kassel den Abbruch der Bemühungen bedeute: „Vielleicht sei eine Denkpause gut."[128] Ostpolitische Bewegung gab es anderswo.

Der Warschauer Vertrag 1970

Seit dem 5. Februar 1970 führte Staatssekretär Georg Ferdinand Duckwitz, den der Kanzler aus dem Ruhestand aktiviert hatte, Vorverhandlungen mit Polen – parallel zu denjenigen Bahrs in Moskau. Auf den deutsch-polnischen Beziehungen lastete die Bürde der Geschichte besonders schwer: Hitlers Vernichtungskrieg hatte in Polen sein erstes Opfer gefunden und allein dort sechs Millionen Tote gefordert. Warschau stellte eine zentrale Vorbedingung: die Bestätigung der Oder-Neiße-Linie durch Bonn. „Wir mußten verstehen", so Brandt, dass „Polen kein Staat auf Rädern mehr sein und in gesicherten Grenzen leben wollte".[129] Er maß der Aussöhnung mit Polen denselben historischen Rang zu wie der mit Frankreich und war bereit, den Warschauer Wünschen durch vertragliche Verpflichtungen Rechnung zu tragen, erwartete aber im Gegenzug humanitäre Zugeständnisse. Ihm kam es vor allem darauf an, wie er am 27. Oktober 1970 an den polnischen Ministerpräsidenten Cyrankiewicz schrieb, einen Weg zu finden, „der den Hoffnungen und Wünschen vieler in Polen lebender Menschen Rechnung trägt und ihnen die Wahl ihres ständigen Aufenthaltsortes freistellt".[130] Während die polnischen Behörden von wenigen zehntausend deutschstämmigen Ausreisewilligen ausgingen, ermittelte das Rote Kreuz eine Zahl, die etwa um ein Zehnfaches höher lag. Brandts Hoffnung – wer „deutsch ist, soll im Prinzip auch die Möglichkeit haben, neu zu optieren"[131] – erfüllte sich nicht. Die restriktive Vergabe von Ausreisegenehmigungen wurde sogar noch verschärft. Die polnische Regierung wollte von dieser Praxis nur gegen die Gewährung eines milliardenschweren Kredits abrücken; ein Handel, der erst von Helmut Schmidt am Rande des KSZE-Gipfels von Helsinki im August 1975 perfekt gemacht wurde.

Am 7. Dezember 1970 unterzeichneten Willy Brandt und Walter Scheel den Warschauer Vertrag, der im Grunde nichts anderes war als die Anwendung des Moskauer Abkommens auf die deutsch-polnischen Beziehungen. Den Kern bildete die Grenz- und die Gewaltverzichtsformel, welche die Unverletzlichkeit der „bestehenden Grenzen jetzt und in der Zukunft" garantierten und die Oder-Neiße-Linie ausdrücklich einschlossen.[132]

Die Unterschrift ging Brandt alles andere als leicht von der Hand. Schließlich hatte er immer beteuert, niemals hinter dem Rücken und auf Kosten der Vertriebenen Politik machen zu wollen. Für diejenigen, um deren Heimat es ging, überwog, bei aller Einsicht in die Notwendigkeit, der Schmerz um deren Verlust. Die Journalistin Marion Gräfin Dönhoff, der sozial-liberalen Koalition und Brandt zugetan, schlug dessen Einladung, ihn nach Warschau zu begleiten, mit Bedauern aus.[133] Der Kanzler antwortete mit einem Schreiben, das Einblick in seine Gefühlslage gab: „Ich habe es bedauert, dass Sie nicht mit in Warschau waren, aber seien Sie sicher, dass ich Sie gut habe verstehen können. Was das ‚Heulen' angeht: Mich überkam es an meinem Schreibtisch, als ich die Texte für Warschau zurechtmachte. Was ich dort und von dort nach hier sagte, ist wohl

„Wenn die Worte versagen" – Willy Brandts Kniefall vor dem Denkmal der Opfer des Warschauer Gettos, 7. Dezember 1970.

auch verstanden worden. Ich darf jedenfalls hoffen, dass Sie es verstanden haben und wissen: ich habe es mir nicht leicht gemacht."[134]
In seiner Fernsehansprache aus Warschau hatte Brandt sich am 7. Dezember 1970 klar zur deutschen Verantwortung für die Verbrechen des Nationalsozialismus in Polen bekannt. Zugleich hatte er erklärt, der Vertrag solle „einen Schlußstrich setzen unter Leiden und Opfer einer bösen Vergangenheit. Er soll eine Brücke schlagen zwischen den beiden Staaten und den beiden Völkern." Zur Anerkennung der Oder-Neiße-Grenze betonte Brandt: „Dieser Vertrag bedeutet nicht, daß wir Unrecht anerkennen oder Gewalttaten rechtfertigen. Er bedeutet nicht, daß wir Vertreibungen nachträglich legitimieren." Es ging um einen Neuanfang in den Beziehungen: „Wir müssen die Kette des Unrechts durchbrechen. Indem wir dies tun, betreiben wir keine Politik des Verzichts, sondern eine Politik der Vernunft."[135]

Wie ernst es Brandt war, im vollen Bewusstsein der deutschen Vergangenheit den Neuanfang im Verhältnis mit Polen zu wagen, wird durch nichts eindringlicher symbolisiert als durch seinen Kniefall vor dem Denkmal der Opfer des Warschauer Gettos: „Unter der Last der jüngsten deutschen Geschichte tat ich, was Menschen tun, wenn die Worte versagen; so gedachte ich der Millionen Ermordeter."[136]

Das Treffen Brandts mit Breschnew in Oreanda im September 1971

Der Vertrag mit Moskau war der Durchbruch, der mit Warschau die erste Bestätigung der sozial-liberalen Ostpolitik. Doch bereits im Spätsommer 1971 versuchten die Bonner Ostpolitiker, ihren Blick über die Phase der zweiseitigen Vertragspolitik hinaus zu richten. Nächste Etappe hin zur europäischen Friedensordnung war für sie die militärische Entspannung: Eine ausgewogene Reduzierung der Truppen und Rüstungen in Zentraleuropa sollte die Etablierung eines europäischen Sicherheitssystems ermöglichen. Zur Sondierung dieser Frage folgte Brandt einer Einladung Breschnews und reiste am 16. September 1971 in dessen Sommerresidenz nach Oreanda auf der Schwarzmeerhalbinsel Krim. In ungezwungener Atmosphäre sprachen die beiden Staatsmänner über 16 Stunden miteinander. „Die deutsche Seite", so Brandt, „wolle mehr als die Normalisierung der Beziehungen und Verstärkung des Handels. Sie wolle bessere politische Beziehungen, den Abbau der Konfrontation und in der Konsequenz eine Verringerung der Militärausgaben. [...] Man müsse an dieses Thema [...] über eine Übereinkunft über die gegenseitige Verringerung von Truppen und Rüstungen herangehen, ohne das Gleichgewicht zu gefährden, weil dies die ganze Sache unmöglich machen würde."[137]

Breschnew zeigte sich prinzipiell aufgeschlossen. Doch jede ernstliche Annäherung in den heiklen Fragen der Sicherheitspolitik bedurfte langwieriger Verhandlungen und setzte eine Bereitschaft zur Transparenz voraus, von der man weit entfernt war. Qualität und Quantität der militärischen Potenziale zählten nach wie vor zu den *arcana imperii*, und zwar auf beiden Seiten. Breschnews Vorschlag, künftige Verhandlungen müssten auch die kleinen Mitgliedsstaaten der beiden Bündnisse einschließen, barg weitere Komplikationen. Dem Kremlchef war das Hemd, die Legitimierung des sowjetischen Machtbereiches durch eine europäische Sicherheitskonferenz, näher als der Rock einer in weiter Ferne liegenden militärischen Entspannung in Europa. Brandts Versuch, bereits über die Substanz von MBFR-Gesprächen zu sprechen, wich Breschnew aus: „Der Generalsekretär entgegnete, dass er zu diesen Überlegungen nur schwer eine Antwort finde."[138]

Ein weiteres großes Thema bildete das zwei Wochen zuvor unterzeichnete Vier-Mächte-Abkommen über Berlin. Breschnew strich noch einmal die Zugeständnisse Moskaus heraus, wies Brandts Beschwerden über die intransigente Haltung der DDR-Führung zurück und konterte dann das faktische Junktim der Bundesregierung – Ratifizierung des Moskauer Vertrages erst nach Vorliegen einer Berlin-Regelung – mit einem Gegenjunktim: Alle Verbesserungen zwischen den beiden deutschen Staaten könnten „erst nach der Ratifizierung des [Moskauer] Vertrages ihre praktische Realisierung erfahren".[139] Kam der Vertrag nicht durch den Bundestag, war die Ostpolitik gescheitert. „Herr Breschnew wollte sich wohl vor allem vergewissern", so fasste Brandt in einem Schreiben an Präsident Nixon zusammen, „ob der Vertrag vom August vorigen Jahres auch wirklich ratifiziert werden würde, was ich bejaht habe."[140]

Das Vier-Mächte-Abkommen über Berlin 1971

„Wenn es mit Berlin nichts wird", hatte Egon Bahr seinem sowjetischen Gesprächspartner Valentin Falin am 12. August 1970 bedeutet, dann sei „der Versuch der Zusammenarbeit zwischen uns gescheitert. Berlin ist die innerste Substanz unserer Beziehungen".[141] Von sowjetischen Konzessionen für die „Inselstadt" machte die Bundesregierung die weiteren Schritte ihrer Ostpolitik abhängig. Gelang es nicht, die Lebensfähigkeit West-Berlins zu sichern und den Ostblock zur Anerkennung der juristischen und ökonomischen Bindung der Teilstadt an die Bundesrepublik zu veranlassen, die Ost-Berliner Behinderungen der Zufahrtswege zu beenden sowie die Außenvertretung West-Berlins durch Bonn sicherzustellen, dann war das Ganze die Mühe nicht wert.

Bereits als Außenminister hatte Brandt die drei Westmächte zu einem Meinungsaustausch mit der Sowjetunion über Berlin ermuntert. Als Bundeskanzler referierte er am 25. Februar 1970 Nixon, Pompidou und Heath gegenüber den Stand der Vorverhandlungen Bahrs und Duckwitz' in Moskau und Warschau und betonte, wie viel ihm an einem „einheitlichen Standpunkt" der Bundesregierung mit den Drei Mächten in der Berlinfrage liege: „Ich lege daher auf den baldigen Beginn von Vierer-Gesprächen über Berlin auf der Grundlage einer abgestimmten westlichen Position besonderen Wert."[142] Präsident Nixon machte in seiner Antwort vom 12. März 1970 deutlich, dass er Brandts Überlegungen teilte.[143] Für Nixon und Kissinger bot die Schlüsselrolle, welche die Vier-Mächte-Verhandlungen für die sozial-liberale Ostpolitik spielten, die beruhigende Gewissheit, deren Inhalt und Tempo beeinflussen zu können. Ähnlich dachten Pompidou und Heath. Brandt blieb dieses Grundbedürfnis der westlichen Hauptverbündeten nicht verborgen: Die betrachteten „ihre Lage so, daß sie mehr als einen Finger im Teig mit drin haben".[144]

Am 26. März 1970 trafen die Botschafter der drei Westmächte in der Bundesrepublik sowie der sowjetische Botschafter in der DDR im ehemaligen Gebäude des Alliierten Kontrollrats zu Berlin-Gesprächen zusammen. Nach über 30 offiziellen Sitzungsrunden der Botschafter, ungezählten inoffiziellen Zusammenkünften und Beratungen unter Beteiligung der Bundesregierung in der so genannten Bonner Vierergruppe unterzeichneten die Botschafter der Siegermächte am 3. September 1971 das Vier-Mächte-Abkommen über Berlin. Der größte Gewinn aus deutscher Sicht lag in der sowjetischen Zusicherung, der Transitverkehr von und nach West-Berlin werde künftig nicht nur „ohne Behinderungen", sondern in der „einfachsten und schnellsten Weise" vor sich gehen. Moskau anerkannte erstmals die „Bindungen" bzw. „Verbindungen" zwischen West-Berlin und der Bundesrepublik und schien Abstand von der

These zu nehmen, dass die Westsektoren eine selbstständige politische Einheit bildeten. Die übrigen Bestimmungen bekräftigten entweder den Status quo – so die Feststellung, dass der Westteil der Stadt kein Bestandteil der Bundesrepublik sei und „auch weiterhin nicht von ihr regiert werden"[145] könne –, oder waren zu verschmerzen, wie die Errichtung eines sowjetischen Generalkonsulats in West-Berlin.

Das Abkommen war ein Kompromiss mit Vorteilen für den Westen, dessen Bedeutung für Brandt speziell darin lag, dass „es in Zukunft keine Berlin-Krisen geben soll". Das Verschwinden der Mauer habe niemand erwarten können. „Man muß ausgehen von der Lage, wie sie ist, um in mühseliger Arbeit die Folgen der Spaltung Europas und unseres Vaterlandes zu mildern und hoffentlich sogar zu überwinden."[146] Auch wenn sich an der Anwendung des Abkommens in der Folge immer neue Debatten entzünden sollten – der Name Berlins fehlte fortan in der Liste der internationalen Spannungs- und Krisengebiete.

Zudem beendete das Abkommen die seit Kassel andauernde „Denkpause" in den innerdeutschen Beziehungen. Um in Kraft treten zu können, bedurfte es nicht nur der Ratifizierung des Moskauer und des Warschauer Vertrages, sondern einer Reihe deutsch-deutscher Zusatzvereinbarungen, die nur zwischen Bonn und Ost-Berlin ausgehandelt werden konnten: Die Deutschen aus Ost und West mussten sich an einen Tisch setzen. Bahr, der bereits dem Vier-Mächte-Abkommen hinter den Kulissen den Weg bereitet hatte, führte nun die Gespräche, die er mit dem DDR-Unterhändler Michael Kohl am 27. November 1970 begonnen hatte, als offizielle Verhandlungen weiter. Die Ende Mai 1971 von der SED-Spitze mit Rückendeckung Moskaus erzwungene ‚freiwillige' Ablösung Walter Ulbrichts durch den flexibleren Erich Honecker verbesserte die Chancen. Entsprechend den Vorgaben der „vier Götter"[147], wie Bahr sich ausdrückte, handelte er gemeinsam mit Kohl die Ausfüllungsvereinbarungen zum Vier-Mächte-Abkommen aus sowie ein Transitabkommen, das beide am 17. Dezember 1971 unterzeichneten. Am 26. Mai 1972 folgte, nunmehr in eigener Regie, der Verkehrsvertrag, der zugleich den ersten Staatsvertrag darstellte, den beide deutsche Staaten schlossen. DDR-Bürger unterhalb des Rentenalters durften nun in dringenden Familienangelegenheiten nach Westdeutschland reisen, Westdeutsche auch in ihren Privatfahrzeugen die Grenze passieren.

Der deutsch-deutsche Grundlagenvertrag und der Streit um die Ratifizierung der Ostverträge 1972

Auch der Verkehrsvertrag war nur eine Zwischenstation. Seit dem 15. Juni 1972 mühten sich Bahr und Kohl mit den Kernfragen des innerdeutschen Verhältnisses ab. Nach 59 Begegnungen einigten sie sich auf einen Grundlagenvertrag. Die DDR wollte das Eintrittsbillett für das internationale Parkett; die Bundesrepublik war bereit, es auszustellen, erwartete aber im Gegenzug humanitäre Erleichterungen. Bonn verabschiedete sich vom Alleinvertretungsanspruch. Beide Staaten seien gleichberechtigt, keiner, so hieß es im Text, könne fortan „den anderen international vertreten oder in seinem Namen handeln". Stattdessen gelte es, auf allen Gebieten „normale gutnachbarliche Beziehungen zueinander"[148] zu entwickeln. Ausland war die DDR für die Bundesrepublik Deutschland nicht, daher der Austausch von ständigen Vertretungen statt Botschaftern. Die Auffassungen zur nationalen Frage blieben unvereinbar, die Rechte und Verantwortlichkeiten der Vier Mächte bestanden fort, die Bundesregierung hielt, wie Außenminister Scheel betonte, an ihrem Ziel fest, „auf einen Zustand des Friedens in Europa hinzuwirken, in dem das deutsche Volk in freier Selbstbestimmung seine Einheit wiedererlangt".[149]

Für Brandt war der Grundlagenvertrag der Beginn einer neuen Epoche: „Mit dem Vertrag brechen wir das Eis auf, in dem das Verhältnis zwischen uns und der DDR für viele Jahre eingefroren war. Auf der Basis der Gleichberechtigung werden wir umfassend die Zusammenarbeit beginnen. [...] Vieles wird möglich werden, was bis gestern unvorstellbar war."[150] Das Tempo, mit dem der Grundlagenvertrag unter Dach und Fach kam, erklärte sich zum einen aus den äußeren Rahmenbedingungen: Am 22. November 1972 begannen in Helsinki die Vorgespräche zur „Konferenz über Sicherheit und Zusammenarbeit in Europa" (KSZE) – unter Beteiligung der DDR, die noch im Dezember des Jahres von über 20 Staaten, darunter die Schweiz, Schweden, Österreich und Belgien, diplomatisch anerkannt wurde. Die Bundesregierung musste sich also beeilen, wollte sie Ost-Berlin noch Konzessionen für die Erleichterung des internationalen Durchbruchs abhandeln.

Nicht minder großen Handlungsdruck übte die innenpolitische Konstellation aus. Aus Protest gegen die Ostpolitik hatten zehn Abgeordnete der Koalition den Rücken gekehrt. Als Fanal galt der Übertritt des Vertriebenenfunktionärs Herbert Hupka Ende Januar 1972 von der SPD zur CDU. Die Regierung Brandt/Scheel musste auf einem immer schmaler werdenden Grat balancieren. Am 27. April 1972 versuchte der CDU-Vorsitzende Rainer Barzel, die Gunst der Stunde zu nutzen und Brandt als Kanzler zu stürzen, indem er erstmals in der Geschichte der Bundesrepublik von der Möglichkeit des konstruktiven Misstrauensvotums Gebrauch machte. Auch wenn des Kanzlers zweckoptimistische Prognose, man werde „nach der heutigen Abstimmung weiterregieren"[151], in Erfüllung ging, weil Barzel zwei Stimmen zur absoluten Mehrheit fehlten, so blieb ein schaler Nachgeschmack zurück. Denn nicht nur die DDR-Staatssicherheit, auch Politiker der SPD hatten Oppositionsabgeordnete dafür bezahlt, gegen Barzel zu votieren: „Die Aktionen hatten Erfolg", schreibt Wolther von Kieseritzky, „Barzel war dauerhaft um die Kanzlerschaft gebracht, für die er ohne die Bestechung wohl eine Mehrheit gehabt hätte."[152]

Trotzdem besaß die Regierung Brandt/Scheel keine Mehrheit mehr, wie sich im Scheitern des Kanzlerhaushaltes am 28. April 1972 zeigte. Sie steckte in der Klemme, zumal noch vor der Sommerpause die Ostverträge durch den Bundestag ratifiziert werden sollten. Der Streit um die Ostpolitik hatte längst die Bahnen sachlicher Diskussion verlassen: „Aus dem Ringen miteinander um das Bessere durch Gespräche", so Barzel, „wurde der offene Kampf gegeneinander."[153] Der Kanzlerkandidat der CDU/CSU wollte dem Vertragswerk „so nicht" zustimmen, es sei denn, die Sowjetunion komme der Bundesrepublik entgegen, wenn es um die Anerkennung der Europäischen Gemeinschaft, das Selbstbestimmungsrecht des deutschen

Volkes, um mehr Freizügigkeit und um den vorläufigen Charakter der Verträge ging. Um die Abkommen von Moskau und Warschau am 17. Mai 1972 durch das Parlament zu bringen, musste sich die Regierung auf eine gemeinsame Entschließung mit der Opposition verständigen. Neben der Bekräftigung der Westbindung wurde in dem Allparteienpapier betont, dass die beiden Verträge nichts am Selbstbestimmungsrecht der Deutschen änderten, die Lösung der deutschen Frage nicht präjudizierten, keinen Friedensvertrag vorwegnähmen und „keine Rechtsgrundlage für die heute bestehenden Grenzen"[154] bildeten. Letzteres wurde in Warschau, wo man größten Wert auf die unverbrüchliche Festlegung der Oder-Neiße-Linie gelegt hatte, übel vermerkt. Brandt zufolge ging das Papier „bis an die Grenze dessen, was ich noch vertreten kann".[155]

Immerhin erfüllte es seinen Zweck. Die Verträge passierten das Nadelöhr des Bundestages, die Mehrheit der Unionsabgeordneten wählte die Stimmenthaltung – ein Schauspiel, das sich am 19. Mai im Bundesrat wiederholte. Am 3. Juni 1972 traten die Verträge in Kraft. Am selben Tag unterzeichneten die Außenminister der USA, Großbritanniens, Frankreichs und der Sowjetunion in Berlin das Schlussprotokoll zum Vier-Mächte-Abkommen, das damit ebenfalls in Kraft treten konnte.

Für Brandt war die Ratifizierung der Ostverträge ein großer, ein befreiender Erfolg. Die Kernelemente der Ostpolitik waren politische Realität geworden. Die Verträge konnten nicht mehr aus der Welt geschafft werden. Nicht auszudenken, wenn Brandts Friedenspolitik im April 1972 durch den Erfolg des oppositionellen Misstrauensvotums beendet worden wäre. „Erst jetzt", so schreibt Arnulf Baring zu Recht, „war die Hypothek abgelöst, die man Brandt mit dem Friedensnobelpreis 1971 aufgeladen hatte."[156] Dem Kanzler war diese Last sehr wohl bewusst gewesen, als er die Auszeichnung entgegennahm. Am 11. Dezember 1971 hatte er seinen Osloer Vortrag anlässlich der Preisverleihung mit der Bemerkung eröffnet, dass die Wahl des Nobelpreiskomitees in seinem Falle auf einen aktiven Politiker gefallen sei und insofern „nur sein weitergehendes Bemühen, nicht eine abgeschlossene Leistung gewürdigt"[157] werden könne.

Die Regierung Brandt/Scheel konnte sich nun der Aufgabe zuwenden, wieder eine solide Mehrheit im Bundestag zu erhalten. Der Weg dahin führte über die Vertrauensfrage des Kanzlers. Nachdem ihm, wie geplant, am 22. September 1972 im Bundestag durch Enthaltung der Koalitionsfraktionen das Vertrauen verweigert worden war, konnten das Parlament aufgelöst und Neuwahlen anberaumt werden. Brandts Porträt bildete den Mittelpunkt der sozialdemokratischen Wahlwerbung. Das Motto spiegelte die gewachsene internationale Reputation der Bundesrepublik wider: „Deutsche, wir können stolz sein auf unser Land. Wählt Willy Brandt!"[158] Das Ringen um die Ostverträge hatte die Schlagzeilen beherrscht und die Öffentlichkeit politisiert und polarisiert. Die Außenpolitik gab auch im Wahlkampf den Ausschlag, zumal die Koalition für weitere Erfolgsmeldungen sorgte. Am 11. Oktober 1972 vollzog Außenminister Walter Scheel die Aufnahme diplomatischer Beziehungen zur Volksrepublik China, eine Woche später trafen in Paris erstmals die Staats- und Regierungschefs der um Großbritannien, Dänemark und Irland erweiterten Europäischen Gemeinschaft zusammen. Für Brandt war dies ein bewegender Moment. Seine Vision vom Januar 1972, der zufolge „Westeuropa zum wirtschaftlich und sozial fortschrittlichsten Großraum"[159] werden könne, war der Wirklichkeit einen entscheidenden Schritt näher gekommen. Der Schulterschluss der Westeuropäer war freilich überfällig gewesen: Nur gemeinsam konnten sie einen Weg aus der internationalen Währungskrise finden, die Präsident Nixon mit seiner Aufkündigung der Gold-Konvertierbarkeit des Dollars Mitte August 1971 ausgelöst hatte.

Der Wahlsieg der Regierungsparteien vom 19. November 1972 fiel eindeutig aus. Mit 45,8 % der Stimmen stellte die SPD erstmals die stärkste Fraktion im Bundestag. Brandt und seine Partei standen im Zenit. Nie zuvor und nie seither sah sich die SPD mit einer derartigen Flut von Beitrittsanträgen konfrontiert. Der Kanzler hatte zu seiner Ost- und Friedenspolitik die Zustimmung erhalten, die er als unverzichtbare Voraussetzung für deren Gelingen betrachtete. „Nach unserer Überzeugung", so hatte er 1970 an Olof Palme geschrieben, „kann der Modus vivendi nur lebensfähig sein, wenn er von der

Mehrzahl der politisch interessierten Staatsbürger auch innerlich bejaht wird."¹⁶⁰ Die Verluste der CDU/CSU und die erklecklichen Zugewinne der FDP bescherten der Regierung jedenfalls eine parlamentarische Mehrheit, die jeden Rückfall in die Zitterpartien des Frühjahrs ausgeschlossen erscheinen ließ. Kanzler und Regierung saßen sicherer im Sattel denn je zuvor. Oder war dies nur eine Momentaufnahme? „Die sozial-liberale Koalition und Willy Brandt", merkte Egon Bahr im Rückblick an, „hatten am 19. November 1972 den Gipfel erreicht, ohne der Logik des Bildes entgehen zu können: Von nun an ging's bergab."¹⁶¹

III. Ein Sieg zerrinnt – Die Außen- und Deutschlandpolitik der sozialliberalen Koalition 1973/74

„Die Luft, die ich atmete, war dünn geworden"¹⁶², beschrieb Brandt die Stimmung an seinem 60. Geburtstag am 18. Dezember 1973. Der Wahlsieger von 1972 sah sich Vorwürfen ausgesetzt, die ihn der Führungsschwäche, Abgehobenheit und Krisenuntauglichkeit bezichtigten. Wie konnte es passieren, dass ein Kanzler, der drei Jahre mit knapper Mehrheit erfolgreich regiert und dies in einen klaren Wahlsieg umgemünzt hatte, nun binnen eines Jahres ins Straucheln geriet?

Es begann mit einem Fehlstart. Die Koalitionsverhandlungen nahmen ihren Lauf, ohne dass Brandt, der an einer Stimmbandoperation laborierte, seinen Einfluss geltend machen konnte. „Brandt war offensichtlich erschöpft"¹⁶³, bemerkte Kanzleramtsminister Ehmke. Am 18. Januar 1973 trug der Kanzler seine Regierungserklärung vor, der er zusammen mit Walter Scheel den letzten Schliff verliehen hatte. Im Vergleich mit derjenigen vom Oktober 1969 fiel sie zurückhaltend aus und würdigte das Erreichte.¹⁶⁴ Der Abbau des historischen Ballasts gegenüber den Staaten Osteuropas, die ersten Schritte zu einer Normalisierung der gegenseitigen Beziehungen, aber auch die Intensivierung der westeuropäischen Zusammenarbeit und die Verbesserung der transatlantischen Beziehungen ließen

Brandts Einschätzung gerechtfertigt erscheinen: „Der europäische Friede wurde gefestigt, auch durch unsere Arbeit. [...] Niemals lebte ein deutscher Staat in einer vergleichbar guten Übereinstimmung mit dem freien Geist seiner Bürger, mit seinen Nachbarn und den weltpolitischen Partnern."

Die Zwischenbilanz fiel aber nicht nur positiv aus. „Wir wissen allerdings", so Brandt mit Blick auf die nach wie vor sperrige DDR-Führung, „daß die Entspannung auch ihre eigenen Probleme produziert." Vertragliche Übereinkünfte mit den Staaten des Ostblocks, das hatten die letzten Monate gelehrt, waren eine Sache, ihre Umsetzung eine andere. Nach Jahrzehnten fehlender gutnachbarlicher Beziehungen waren Schwierigkeiten kaum überraschend.

An die erste Stelle seiner außenpolitischen Agenda rückte Brandt das Ziel der Europäischen Union und konnte sich dabei auf den Pariser Gipfel vom Oktober 1972 berufen. Nur ein einiges, vereinigtes Westeuropa, das stand für ihn fest, konnte auf Augenhöhe mit Amerika verkehren. Bei aller Übereinstimmung der transatlantischen Sicherheitsinteressen in Europa, so Brandt, ergäben sich auch „Unterschiedlichkeiten auf diesem Gebiet", und zwar aus der „unumstößlichen Tatsache, daß sich unsere Interessen in erster Linie auf unseren Kontinent konzentrieren, während die amerikanischen Verpflichtungen weltweit sind". Gerade deswegen hielt der Bundeskanzler einen konstruktiven Dialog zwischen der Europäischen Gemeinschaft und den USA für unabdingbar.

Auch wenn mit dem Prager Vertrag der Schlussstein im Gefüge der Ostpolitik noch ausstand und erst im Dezember 1973 nachgeliefert werden konnte, so durfte die bilaterale Phase der Entspannungspolitik als abgeschlossen gelten. Brandt rückte nun die mit den Kürzeln KSZE und MBFR verbundene nächste Etappe ins Blickfeld, die in Helsinki und in Wien soeben eingeläutet wurde. Er verkündete die Bereitschaft der Regierung, „trotz der ideologischen Gegensätze geduldig und illusionslos daran mitzuwirken, daß sich auf unserem Kontinent, und sei es auch nur in begrenzten Bereichen, nach und nach ein gemeinsamer Wille herausbildet." War die Regierungserklärung von 1969 ein Signal des Aufbruchs gewesen, so verstand sich die von 1973 als Manifest des Machbaren. Sie war durchaus dazu angetan, die nach dem Wahlsieg vom November 1972 überschäumenden Hoffnungen vor allem der Parteilinken in der SPD zu zügeln. Im Jahr 1973, so hatte es sich Außenminister Scheel gedacht, sollte die Koalition eine ruhigere Gangart einschlagen und sich die Zeit nehmen, dem Wahlvolk das bisher Erreichte vor Augen zu führen. Es kam anders. 1973 wurde ein Jahr der Hektik und der Krisen. Kanzler und Regierung hatten keine Gelegenheit, sich auf ihren Lorbeeren auszuruhen. Für Brandt standen allein in den ersten sechs Monaten Zusammenkünfte mit Pompidou, Heath, Nixon und Breschnew, ein Treffen mit dem jugoslawischen Staatspräsidenten Tito und – als erstem deutschen Regierungschef – ein Besuch in Israel auf dem Programm.

Transatlantische Disharmonien im Frühjahr 1973

Das europäisch-amerikanische Verhältnis wurde zu Beginn der zweiten Amtszeit Brandts auf mehreren Gebieten stark belastet. Am 18. Dezember 1972 hatten die USA in Vietnam die schwersten Bombenangriffe seit Kriegsbeginn geflogen. Tausende Menschen kamen ums Leben; militärisch blieb die Offensive indes erfolglos. In der Bundesrepublik verstärkte sich die Kritik an Brandts Schweigen zur Eskalation des Vietnamkrieges. Brandt hoffte auf ein Ende des Krieges und versuchte, seine Zurückhaltung zu rechtfertigen: „Die drängende Ungeduld, mit der die Menschen auch bei uns in Deutschland den Frieden für Vietnam erwarten, ist gut zu verstehen. Als Bundeskanzler habe ich es nicht für richtig gehalten, mich lautstarken Protesten anzuschließen, von denen manche auch einen falschen Klang hatten. Wir wählten andere Wege und andere Formen, um unseren Einfluß für Frieden und Menschlichkeit geltend zu machen."[165] Damit war in erster Linie humanitäre Unterstützung und Wiederaufbauhilfe gemeint. Das Schweigen sei ihm angesichts der nicht nur unsachlichen Kritik nicht leicht gefallen, räumte der Kanzler am 17. Januar 1973 vor seiner Fraktion ein: „Es musste in Kauf genommen werden, weil das Interesse der BRD, so wie ich es erkenne und in voller Verantwortung vertrete, für mich den eindeutigen Vorrang haben musste." Brandt zufolge ging es dabei nicht nur um den Vorrang der Bemühungen um den „widerspruchsvollen Abschluss jenes schrecklichen Krieges, sondern vor allem auch darum, dass wir nicht unnötig verschärfen durften, was mit den Begriffen KSZE und MBFR zusammenhängt".[166]

Im Frühjahr 1973 zeichneten sich zudem, allen Plänen für eine westeuropäische Wirtschafts- und Währungsunion zum Trotz, die Krisensymptome des Weltwährungssystems immer schärfer ab. Verwerfungen sowohl zwischen den Staaten Westeuropas als auch in deren Beziehungen zu den USA waren die Folge. Letzteres galt insbesondere für Frankreich, das zu Washington auf Distanz ging. Brandt bemühte sich um eine gemeinsame Position der EG, trieb den Ausbau der Europäischen Politischen Zusammenarbeit (EPZ) voran und forderte Nixon zu Maßnahmen gegen die Währungskrise auf. An erster Stelle mahnte der Kanzler die Stützung des angeschlagenen Dollars an, um die spekulativen Devisenzuflüsse in die Bundesrepublik einzudämmen. Andernfalls, so ließ er Nixon am 9. Februar 1973 wissen, seien gefährliche politische Auswirkungen zu befürchten: „Der Zusammenhalt der freien Welt würde wirtschaftlich, psychologisch und schließlich auch politisch in einem Moment bedroht, wo es angesichts der augenblicklichen Verhandlungen zwischen Ost und West ganz besonders darauf ankommt, auf der Grundlage der Geschlossenheit des Westens zu verhandeln."[167] Die Währungsturbulenzen, denen durch mehrmalige Aufwertungen der D-Mark nicht beizukommen war, destabilisierten die innenpolitische Lage in der Bundesrepublik und hatten ihren Anteil an den im Frühling 1973 beginnenden Streikwellen und Tarifkonflikten, die der Bundesregierung zu schaffen machen sollten.

Über die transatlantischen Disharmonien und die Köpfe der Europäer hinweg rief der designierte US-Außenminister Kissinger am Ostermontag, dem 23. April 1973, zur allgemeinen Überraschung das „Jahr Europas" aus und schlug die Ausarbeitung einer neuen Atlantik-Charta vor. Folgte man Kissinger, spielten die Westeuropäer, spielte die erweiterte EG, nur die zweite Geige: „Die USA haben glo-

Willy Brandt mit dem amerikanischen Präsidenten Richard Nixon, Ende April 1973.

bale Interessen und Verantwortungen. Unsere europäischen Freunde und Verbündeten haben regionale Interessen."[168] Das Fortbestehen der amerikanischen Sicherheitsgarantie und die Unterstützung für den europäischen Einigungsprozess suchte Kissinger an ein stärkeres wirtschafts- und verteidigungspolitisches Entgegenkommen der kontinentalen Verbündeten zu knüpfen. Für Brandt bildete Kissingers Vorgehen ein Ärgernis: Es sei „weder mit uns abgestimmt" gewesen, „noch konnte es sonst eine geglückte Operation genannt werden. Als einer, der sich seit Jahr und Tag für ein geordnetes Verhältnis zwischen der Europäischen Gemeinschaft und den Vereinigten Staaten eingesetzt hat, empfand ich die Querele aus und mit Washington als besonders deprimierend."[169]

Brandts Besuch in den USA vom 29. April bis 3. Mai 1973 fand unter ungünstigen Vorzeichen statt. Nixon stand im Schatten der Watergate-Affäre, der Bundeskanzler dagegen wirkte selbstbewusst und versuchte, die Ebenbürtigkeit der EG bereits als Tatsache vorwegzunehmen. „Auch wenn die Vereinigung Europas noch bei weitem nicht abgeschlossen ist", erklärte er Nixon, „werden Sie doch die Realität unseres Wunsches spüren, diesem Europa schon jetzt so zu begegnen, daß es der eine große Partner sein wird."[170] Die Bereitschaft jedoch, Wünsche für Realitäten zu nehmen, hielt sich bei Nixon in engen Grenzen. Adressaten seiner Europapolitik waren und blieben die Einzelstaaten. Zustand und Zukunft der Ost-West-Beziehungen beurteilte er pessimistisch. Nixon, so Brandt, „sieht als Problem, dass sich keine ungerechtfertigte Euphorie der Entspannung entwickeln darf, die Tendenzen des Isolationismus oder der einseitigen Abrüstung in den USA fördern. [...] Dabei ist er überzeugt, dass die Sowjetunion keinen Krieg will, aber immer noch oder erneut versucht sein könnte, Europa und Amerika zu trennen."[171]

Nixons Skepsis hatte seine Ursache darin, dass die Détente mit der Unterzeichnung des SALT I-Abkommens sowie der gemeinsamen Grundsatzerklärung auf der „Basis des Grundsatzes der Gleichberechtigung"[172] anlässlich seines Moskaubesuches Ende Mai 1972 ihren Höhepunkt überschritten hatte. Die Beziehungen verschlechterten sich, weil die gemeinsamen Interessen erschöpft waren. Der Handelsaustausch stagnierte, zumal die USA im Oktober 1972 die Gewährung der Meistbegünstigungsklausel an Moskau von der künftigen Liberalisierung der sowjetischen Auswanderungspolitik abhängig gemacht hatten.

Ernüchterung und Stagnation in der Bonner Ostpolitik 1973/74

Die innerdeutsche Entspannung konnte vom globalen Trend nicht unberührt bleiben, um so weniger, als sich die Bundesrepublik ihrerseits in den Beziehungen zur Sowjetunion zunehmenden Schwierigkeiten gegenübersah. Brandts Schreiben an Breschnew vom 21. März 1973 rückte im Vorfeld von dessen Besuch in der Bundesrepublik die Aufmerksamkeit auf den springenden Punkt: Die Unterzeichnung einer Reihe von unterschriftsreifen Verträgen, etwa zum Kulturaustausch und zur wissenschaftlich-technischen Zusammenarbeit, drohte an einem Problem zu scheitern, das mit dem Vier-Mächte-Abkommen eigentlich ausgeräumt schien. „Leider ist es bisher nicht gelungen", konstatierte Brandt, „zu einer beide Seiten befriedigenden Regelung der Ausdehnung dieser Abkommen auf Berlin (West) und der sachlich gebotenen Einbeziehung von Berlin (West) in die vorgesehene Zusammenarbeit zu kommen."[173]

Breschnews Deutschlandbesuch vom 18. bis 22. Mai 1973 bot Gelegenheit, dieses Ziel weiterzuverfolgen. Einmal mehr warb der sowjetische Staats- und Parteichef anlässlich seines Besuches für eine Wirtschaftskooperation großen Stils. Brandt versuchte, die Vorstellungen Breschnews, der die Kompatibilität der sowjetischen Plan- mit der deutschen Marktwirtschaft ähnlich überschätzte wie später Gorbatschow, einzugrenzen.

Die verschlechterten Beziehungen zwischen Washington und Moskau spiegelten sich in dem Versuch der sowjetischen Seite wider, die Bundesrepublik und die USA gegeneinander auszuspielen. Ers-

Willy Brandt und Leonid Breschnew in Bonn, 18. Mai 1973.

tere, äußerte Breschnew mit Blick auf das Atlantische Bündnis, habe „gewisse Bindungen, gewisse Vereinbarungen. Er wolle das nicht Verpflichtungen nennen, sondern Vereinbarungen. [...] Man müsse jedoch ehrlich sein: Wenn diese Bindungen gegen die guten Beziehungen zur Sowjetunion gerichtet wären, so könne das in gewissem Maße zu einer Trübung führen, zu einem Misstrauen im Hinblick auf den gegenwärtigen Prozess."[174] Ein weiteres Thema bildeten die KSZE, die Ende Juni 1973 in Helsinki begann, und die Wiener MBFR-Verhandlungen. Dem Erfolg der KSZE maß Breschnew eine höhere Priorität als den Verhandlungen über Truppenreduktion bei und lehnte jegliche Verknüpfung der beiden Themenkreise ab.

Der Ertrag des ersten Besuches eines sowjetischen Parteichefs in der Bundesrepublik blieb bescheiden. Drei Abkommen – zur Entwicklung der wirtschaftlichen, industriellen und technischen Zusammenarbeit, zur kulturellen Zusammenarbeit und das Zusatzprotokoll zum Luftverkehrsabkommen – wurden unterzeichnet. Gromyko und Bahr einigten sich auf die Formel, dass „die strikte Einhaltung und volle Anwendung"[175] des Berlin-Abkommens sowohl für die Entspannung in Europa als auch für die Verbesserung der bilateralen Beziehungen unverzichtbar seien. Moskau beharrte jedoch – auch aus Rücksicht auf die SED-Führung – auf seiner Sicht West-Berlins als eigenständige politische Einheit und stellte sich quer, wenn es etwa um die Einbeziehung von in West-Berlin ansässigen Bundesinstituten in den Vertrag über die wissenschaftlich-technische Zusammenarbeit ging.

Verträge und Abkommen waren eine Sache, ihre Interpretation und Anwendung eine andere. Dies zeigte auch das Schicksal des deutsch-deutschen Grundlagenvertrages. Von der CDU/CSU-Opposition unverändert abgelehnt, wurde er am 11. Mai in dritter Lesung vom Parlament ratifiziert. Zwei Tage zuvor war Oppositionsführer Rainer Barzel zurückgetreten, nachdem er in der CDU/CSU-Fraktion mit seinem Antrag gescheitert war, dem Beitritt der Bundesrepublik zu den Vereinten Nationen zuzustimmen.

Das von der Bayerischen Staatsregierung angestrengte Normenkontrollverfahren führte Ende Juli 1973 zu der Entscheidung des

Bundesverfassungsgerichts, dass der bereits am 21. Juni in Kraft getretene Grundlagenvertrag mit dem Grundgesetz vereinbar war. Das Ost-Berliner Regime war damit am Ziel seiner Wünsche. Der internationalen Anerkennung stand nichts mehr im Wege. Am 18. September 1973 wurden die DDR und die Bundesrepublik als 133. bzw. 134. Mitglied in die Vereinten Nationen aufgenommen. Die Mitgliedschaft beider deutscher Staaten in der UNO, hatte Brandt im April 1970 betont, sei „nicht ein erster, sondern ein x-ter Schritt"[176], und damit auf die zuvor nötigen Verbesserungen in den innerdeutschen Beziehungen verwiesen. Davon konnte Ende 1973 keine Rede sein, wie die Verdoppelung der Mindestumtauschsätze unter Einbeziehung der Rentner am 5. November jedermann deutlich machte. Die DDR-Führung hatte wieder auf Abgrenzung umgeschaltet, gerade in den für Bonn so essenziellen humanitären Fragen wie Reiseerleichterungen, Familienzusammenführung, Häftlingsfreikauf. Normale gutnachbarliche Beziehungen, wie sie der Artikel 1 des Grundlagenvertrages in Aussicht stellte, sahen anders aus.

Die Blockadehaltung der DDR hatte den SPD-Fraktionschef Herbert Wehner auf den Plan gerufen. In Abstimmung mit Brandt traf er am 31. Mai 1973 mit seinem früheren kommunistischen Weggefährten und jetzigen SED-Chef Erich Honecker in der Schorfheide unweit Berlins zusammen. Wehner versuchte sich an der Lösung humanitärer Härtefälle und etablierte einen Kanal zu Honecker, auf dem nach und nach die ganze Bandbreite der Beziehungen verhandelt wurde.[177] Das schwierige Verhältnis Wehners zu Brandt schlug sich auch in seiner Unterredung mit Honecker nieder. Auf dessen Kritik an der Rede des Bundeskanzlers in der Ratifizierungsdebatte zum Grundlagenvertrag erklärte Wehner, „er billige diese Darlegungen von Willy Brandt nicht und halte sie für einen Fehler, aber auf Grund seiner Loyalität gegenüber dem Bundeskanzler müsse er sagen, daß Brandt mit diesen Ausführungen das Beste, wenn auch mit illusionären Absichten, verfolge".[178] Obwohl Wehner der Abgrenzungspolitik Honeckers einige Härten nahm, kam es zu keiner echten Verbesserung.

Immerhin konnte die sozial-liberale Ostpolitik Ende 1973 im Verhältnis zur ČSSR einen letzten großen Erfolg verbuchen. Gleichwohl waren auch hier die Schwierigkeiten unübersehbar. Wenn vom Beginn der Sondierungen Mitte Oktober 1970 bis zur Unterzeichnung eines Abkommens mit den tschechoslowakischen Kommunisten über drei Jahre ins Land gegangen waren, so lag dies zum einen daran, dass die Staatsführung unter KPČ-Chef Gustav Husák die Wiederauferstehung des „Prager Frühlings" verhindern wollte, der einen Pendelschwung in die Gegenrichtung bewirkt hatte. Zum anderen legte der Rechtsstreit um die Interpretation des Münchener Abkommens vom 29. September 1938 den Verhandlungen Steine in den Weg. Prag insistierte auf der Ungültigkeit des Abkommens von Anfang an („ex tunc"), was für die Bundesregierung aufgrund der rechtlichen Folgen für die Sudetendeutschen unannehmbar war. Schwierigkeiten machte zudem die Frage der Vertretung West-Berlins durch die Bundesrepublik, die schließlich in einem gesonderten Briefwechsel geregelt wurde.

Am 11. Dezember 1973 unterschrieben Willy Brandt und Walter Scheel in Prag einen Vertrag, der den Mustern von Moskau und Warschau folgte. Das Münchener Abkommen wurde für „nichtig" erklärt, der Gewaltverzicht ausgesprochen und die gemeinsame Grenze als unverletzlich definiert. Der Aufnahme diplomatischer Beziehungen stand nichts mehr im Wege. Der Bundesregierung war es auch im Falle der ČSSR gelungen, „eine Brücke über den Abgrund zu bauen"[179], wie Brandt formulierte. Die späte Einigung mit Prag setzte den Schlusspunkt unter die bilaterale Ostpolitik. Vier Jahre nach Brandts Amtsantritt hatte die Bundesregierung ihre Öffnung nach Osten vollzogen, mit allen Staaten des Warschauer Paktes, vom Sonderfall DDR einmal abgesehen, „normale" diplomatische Beziehungen aufgenommen und Botschafter ausgetauscht. Dass sich diese „Normalität" gegenüber den östlichen Regimen augenfällig von der Normalität etwa der deutsch-französischen Beziehungen unterschied, stand auf einem anderen Blatt.

Um die Beziehungen Bonns mit Moskau und Ost-Berlin war es Ende 1973 nicht gut bestellt. Der Kreml war aus Rücksicht auf die SED-Spitze nicht bereit, das Vier-Mächte-Abkommen mit Leben zu erfüllen. Durch die Verdoppelung der Mindestumtauschsätze hatte sich – Verkehrsvertrag hin, Grundlagenvertrag her – die Zahl der Einreisen von Bundesbürgern und West-Berlinern in die DDR halbiert. Nachdem Brandts Versuche, über Wehner im Verhältnis zu Ost-Berlin „Schritt für Schritt den Dingen wieder eine positivere Wendung zu geben"[180], ohne Ergebnis geblieben waren, wandte er sich Ende Dezember 1973 direkt an Breschnew. Alle Fortschritte dürften „nicht darüber hinwegtäuschen, daß wir in wesentlichen Punkten noch nicht den Stand der Beziehungen erreicht haben, den wir beide, davon bin ich überzeugt, als notwendig ansehen, wenn die Politik der Entspannung in Europa und in der Welt dauerhaften Erfolg haben soll". Die Beziehungen zur DDR waren der Punkt, der ihm „besondere Sorgen" machte: „Wir stehen unter dem Eindruck, daß die DDR seit ihrem Beitritt zu den Vereinten Nationen kaum noch geneigt ist, irgendwelche Anstrengungen zu machen, um zu einer Normalisierung mit der Bundesrepublik Deutschland zu kommen."[181]

Brandt musste zur Kenntnis nehmen, dass auch der Umweg über Moskau nicht zu den gewünschten Ergebnissen führte. Als im Januar 1974 die DDR-Führung auf die geplante Errichtung des Umweltbundesamtes in West-Berlin hin neue Restriktionen im Transitverkehr androhte, blieb dem Kanzler keine andere Wahl, als sich an Nixon zu wenden. „Eine Krise des Vier-Mächte-Abkommens", so der Kanzler am 28. Januar 1974, „würde nicht ohne Folgen für das Verhältnis zwischen Ost und West überhaupt bleiben können. Wenn Sie diese Auffassung teilen, so würde ich es für nützlich halten, wenn Sie dies die sowjetische Seite wissen ließen. Ich halte es für möglich, dass ein derartiger Schritt die Sowjetunion dazu veranlassen würde, der DDR nahezulegen, den Transitverkehr weiterhin reibungslos ablaufen zu lassen."[182]

Auch dieser Vorstoß Brandts fruchtete nichts. In Kissingers Gespräch mit Gromyko am 4. Februar 1974 bekräftigte der sowjetische Außenminister die Position der DDR, der zufolge die Errichtung des Bundesamtes für Umweltschutz in West-Berlin eine Verletzung des Vier-Mächte-Abkommens darstelle. Zwei Wochen später antwortete Nixon auf das Schreiben Brandts und plädierte dafür abzuwarten, wie die Sowjetunion auf die westlichen Eingaben reagiere.[183]

Nicht zuletzt wegen der Stagnation der Ostpolitik hatte sich der SPD-Fraktionsvorsitzende Herbert Wehner Ende September 1973 dazu hinreißen lassen, während einer Sowjetunion-Reise Kanzlerdemontage zu betreiben. Nicht nur hätten Kanzler und Außenminister in Ost-Berlin mit ihren Forderungen „überzogen", die „Nummer Eins", wetterte Wehner, sei „entrückt" und „abgeschlafft", bade „gern lau – so in einem Schaumbad".[184] Dass Brandt, den Wehners Entgleisung tief verletzte, sich nicht aufraffte, gegen den Urheber vorzugehen, schien die Berechtigung der Anschuldigungen zu untermauern. Am Ende stand eine halbherzige Aussöhnung. Brandt glaubte nichts weniger brauchen zu können als eine parteiinterne Kraft- und Machtprobe mit ungewissem Ausgang – nicht vor dem Hintergrund der innenpolitischen Verwerfungen, nicht vor dem Hintergrund der weltpolitischen Krise, die sich im Nahen Osten zusammenbraute.

Brandts Israel-Reise, der Nahost-Konflikt und die Energiekrise 1973

Am 7. Juni 1973 flog Brandt als erster amtierender Bundeskanzler nach Israel. Konrad Adenauer hatte sich bei seinem Besuch im Mai 1966 bereits im Ruhestand befunden. Brandts bis dahin einziger Israel-Besuch – als Regierender Bürgermeister von Berlin – lag 13 Jahre zurück. Als Bundeskanzler hatte er nun eine Gratwanderung zu meistern: Einerseits musste er der Last einer Geschichte standhalten, die den Holocaust, die Ermordung von sechs Millionen Juden durch Deutsche, einschloss. Als Emigrant und Widerstandskämpfer während des Dritten Reiches konnte Brandt dieser Dimension immerhin mit persönlicher Unbefangenheit gegenübertreten. Auf der anderen Seite beabsichtigte er, am Neutralitätskurs der Bundesregierung im Nahost-Konflikt festzuhalten und die besonderen Beziehungen zu Israel mit guten Beziehungen zu den arabischen Staaten zu verbinden, von deren Öl die Bundesrepublik abhängig war.

In Yad Vashem, der Gedächtnisstätte für die Opfer des Holocausts, bewies Brandt, wie schon mit seinem Kniefall in Warschau, Gespür für die richtige Geste. Mit verhaltener Stimme rezitierte er aus dem Alten Testament: „Barmherzig und gnädig ist der Herr, geduldig und von großer Güte ...". Nicht zuletzt wegen dieser Szene zählte Brandt diese Reise später „zu den entscheidenden Erfahrungen [seines] politischen Lebens."[185]

Im Vorfeld hatte sich der Kanzler der Unterstützung Nixons und Breschnews für den Besuch in Israel versichert, „damit ich dort meinen Einfluß im Sinne einer friedlichen Lösung geltend machen kann." Illusionen machte sich Brandt gleichwohl keine, wie er den jugoslawischen Staatspräsidenten Tito am 18. April 1973 wissen ließ, mit dem er die explosive Lage im Nahen Osten erörterte: „Unsere Möglichkeiten – die deutschen noch mehr als andere – sind aber sehr begrenzt. Wir haben von alters her ein gutes Verhältnis zu den Arabern, sind aber Israel gegenüber zu besonderer Ausgewogenheit verpflichtet; durch deutsche Schuld sind Millionen von Juden umgekommen."[186]

Seine Gespräche mit der israelischen Ministerpräsidentin Golda Meir machten deutlich, dass Tel Aviv ausschließlich auf die USA setzte und von anderen Vermittlern im Nahen Osten, etwa der Bundesrepublik, der EG oder gar der Sowjetunion, wenig hielt: Es stünde zu befürchten, dass „eine gemeinsame EG-Haltung in jedem Falle nicht ausgewogen sei. Israel würde es vorziehen, wenn die EG-Staaten jeder bei ihrer eigenen Haltung blieben."[187] Brandts Überlegung, ob nicht – einem Vorschlag Breschnews vom Mai 1973 folgend – die Sowjetunion gemeinsam mit den USA auf die verfeindeten Lager mäßigend einwirken sollten, stieß bei den Israelis auf wenig Gegenliebe. Die Hoffnung des Bundeskanzlers, der Geist der Entspannung ließe sich in außereuropäische Spannungsregionen exportieren, wurde enttäuscht.

Derweil war das europäisch-amerikanische Verhältnis weiterhin nicht zum Besten bestellt. Die Außenminister der Neun vermochten sich dem Vorschlag Kissingers für eine neue Atlantik-Charta angesichts der unilateralen Tendenzen der USA und aufgrund ihrer eigenen Schwierigkeiten, einen einheitlichen europäischen Standpunkt zu formulieren, nicht anzuschließen. Dies wiederum brüskierte die Amerikaner. „Ich muss Ihnen ehrlich sagen", ließ Nixon Brandt am 30. Juli 1973 wissen, „dass ich es verwunderlich finde, dass ein Unternehmen, dessen Ziel darin bestand, einen neuen Geist Atlanti-

Die israelische Ministerpräsidentin Golda Meir empfängt Willy Brandt in Tel Aviv, 7. Juni 1973.

scher Solidarität zu schaffen, und dessen Kern sein sollte, in jedem Stadium zusammenzuarbeiten, nun beinahe in eine europäisch-amerikanische Konfrontation verwandelt werden soll."[188] Seine geplante Europa-Reise wollte der US-Präsident so lange aussetzen, bis die Europäer eine adäquate Haltung gefunden hätten.

Die kriegerische Eskalation des Nahostkonflikts brachte dann im Herbst 1973 eine weitere Belastung der transatlantischen Beziehungen mit sich. Am 6. Oktober 1973, am Jom Kippur, einem der höchsten jüdischen Feiertage, begann mit den Angriffen ägyptischer und syrischer Truppen auf Israel der Vierte Nahostkrieg. Die beiden Weltmächte bezogen damit wieder an der Seite ihrer Klientelstaaten und indirekt gegeneinander Position. Der Krieg machte auch Brandts Bemühungen um eine friedliche Lösung des Nahost-Konfliktes zunichte.

Schwere Verstimmungen zwischen Washington und Bonn wurden ausgelöst, als die USA ihre NATO-Basen auf deutschem Boden als Drehscheiben für die Versorgung Israels mit Rüstungsgütern benutzten, ohne die Bundesregierung zu informieren, geschweige denn zu konsultieren. Die amerikanische Administration scherte sich keinen Deut um die deutsche Neutralität im Nahostkrieg. Nach Protesten des Auswärtigen Amtes wandte sich Brandt am 28. Oktober 1973 an Nixon, beschwerte sich über die „unzureichenden Informationen" und suchte zu verhindern, was längst schon passiert war, nämlich, dass es zu „schwerwiegenden Mißverständnissen zwischen uns oder innerhalb des Bündnisses kommt." Der Kanzler betonte die Loyalität innerhalb der Allianz, wies aber darauf hin, dass es „ein anderes Thema" sei, „wenn vom Boden der Bundesrepublik Deutschland aus – ohne daß man die Bundesregierung auch nur vollständig informiert, geschweige denn vorher fragt – über amerikanische Materialien verfügt wird, zu Zwecken, die eben nicht Teil der Bündnisverantwortung sind".[189]

Aus Nixons Antwort vom 30. Oktober 1973 sprach nicht nur Unwillen über die Haltung der Bundesregierung, sondern auch Besorgnis über die mit der deutschen Ostpolitik vermeintlich einhergehende Erosion des westlichen Bündnisses. Er glaube nicht, dass „wir solch eine feine Linie ziehen können, während die UdSSR so tief verstrickt war und immer noch ist und während die Krise sich auf das gesamte Spektrum der Ost-West-Beziehungen auszuweiten drohte". Zudem ließ Nixon durchblicken, dass sich die Bundesrepublik in den westlichen Geleitzug einzuordnen habe: „Eine differenzierte Entspannungspolitik, mit der die Alliierten hoffen, ihre Beziehungen zur UdSSR abzuschirmen, kann die Allianz nur spalten und letzten Endes zu verheerenden Konsequenzen für Europa führen."[190]

In Brandts Bericht zur Lage der Nation vom 24. Januar 1974 dominierten die Molltöne, nicht nur, was die mühseligen deutsch-deutschen Beziehungen anging: Die weltpolitische Großwetterlage hatte sich im Gefolge des Jom-Kippur-Krieges verschlechtert, die Folgen für Westeuropa waren gravierend. Die arabischen Staaten instrumentalisierten ihre Ölvorräte als Waffe gegen den Westen, indem sie die

Fördermengen drosselten und die Preise in die Höhe trieben. Die Bundesrepublik, zu 97 % auf den Import von Mineralöl angewiesen, hatte der Ölkrise – außer spektakulären Aktionen wie Sonntagsfahrverboten – wenig entgegenzusetzen. Für 1974 beliefen sich die Mehrkosten für die lebenswichtigen Öleinfuhren auf knapp 20 Mrd. D-Mark. Mittel, deren Fehlen nicht nur die inneren Reformen lähmte, sondern auch der deutschen Entwicklungspolitik in der Dritten Welt die Basis entzog, die Brandt als integralen Bestandteil weltweiter Friedenssicherung und „Aktivposten im Geflecht unserer Außenpolitik"[191] sah.

Einmal mehr bestätigte sich die alte Weisheit, dass sich in der Krise ein jeder selbst der Nächste ist. Die Wirtschaftsgemeinschaft der Neun fand keine einheitliche Haltung in der Energiepolitik und musste statt dessen einen schweren Rückschlag quittieren: Frankreich schied im Februar 1974 aus der so genannten Schlange der europäischen Gemeinschaftswährungen aus. Die Nahost- und Energiekrise belastete außerdem die Beziehungen zwischen der EG und den USA immer stärker. Nixon missbilligte, dass die Neun zwar einen europäisch-arabischen Dialog ins Leben rufen wollten, sich aber nicht auf eine Grundsatzerklärung zur europäisch-amerikanischen Zusammenarbeit einigen konnten. „Erneut scheint es so", schrieb er am 6. März 1974 an Brandt, „dass wir in die Richtung driften, eher als Widersacher denn als Partner miteinander umzugehen."[192]

Das Ende der Kanzlerschaft Willy Brandts im Mai 1974

Willy Brandt, der sich seiner außenpolitischen Erfolgsbilanz bislang sicher sein durfte, wirkte im Frühjahr 1974 niedergeschlagen. Nicht nur Mitarbeiter registrierten, dass er am Limit seiner Leistungsfähigkeit operierte und weitere Fehlschläge seine Kräfte überfordern könnten. Ähnliches galt auch für andere Mitglieder der Bundesregierung. Walter Scheel plante, aus gesundheitlichen Gründen das Außenministeramt aufzugeben. Auf dem Rückflug von der Unterzeichnung des Prager Vertrages Mitte Dezember 1973 hatte er den Kanzler wissen lassen, dass er als Kandidat für das Amt des Bundespräsidenten antreten würde, falls Brandt keine Ambitionen verspüre. Da Brandt sich für diesen aus seiner Sicht honorigen, aber mit weniger Machtfülle ausgestatteten Posten zu jung fühlte, war der Weg frei für Scheel. Am 15. Mai 1974 wurde er als Nachfolger Heinemanns zum Bundespräsidenten gewählt.

Es war mehr als eine Ironie, dass der Bundeskanzler, der mehr für die Anerkennung der DDR getan hatte als all seine Vorgänger zusammen, am Ende über einen Agenten stolperte, den der ostdeutsche Geheimdienst in seiner Nähe platzieren konnte. Der von den Medien aufgebauschte Spionage-Coup von nachrangiger Bedeutung enthüllte das Unvermögen der mit seiner Aufklärung befassten Bundesbehörden und war der Anlass für Brandts Rücktritt am 6. Mai 1974.[193] In den Reaktionen der östlichen wie der westlichen Staatsmänner überwogen Überraschung und Unverständnis. Breschnew bekundete noch Jahre später gegenüber Brandt, dass er dessen Schritt für überflüssig erachtet habe. Nixon mochte die innenpolitische Lage in der Bundesrepublik nicht kommentieren, versicherte aber den scheidenden Kanzler in einem Fernschreiben am 8. Mai 1974 seiner „aufrichtige[n] persönliche[n] Freundschaft".[194]

„Wenn Ärger, Widrigkeiten, Hindernisse, Rückschläge so überhandnehmen, daß die Last die Lust tötet, wird es Zeit, die Macht abzugeben"[195], analysierte Egon Bahr später. Diese Einstellung behielt für Brandt in der ersten Maiwoche des Jahres 1974 die Oberhand, so sehr er es auch in der Rückschau – mit sich, den beteiligten Personen und den Umständen gleichermaßen hadernd – für wünschenswert erachtete, in diesen entscheidenden Stunden seines Lebens anders gedacht, anders gehandelt zu haben. Ein Stoff, aus dem sich bis heute Legenden weben lassen.

Fazit: Realist mit Phantasie

Misst man die außenpolitische Bilanz Willy Brandts an den drei Grundsatzforderungen, die er Ende 1966 bei seinem Amtsantritt als Bundesminister des Auswärtigen erhoben hatte – Rechte unseres Volkes wahren, Europa bauen, Frieden durch illusionslose Entspannung sichern –, so ist das Erreichte beeindruckend. Die Ostverträge, der Grundlagenvertrag, das Berlin-Abkommen wahrten das Recht aller Deutschen auf Selbstbestimmung im vollen Einvernehmen mit dem Westen und unter widerstrebender Anerkennung durch den Osten. Sie begründeten einen Modus vivendi, der Krisen vermied und bis 1989/90, als er von einer unverhofften weltpolitischen Revolution aus den Angeln gehoben wurde, keiner Veränderung mehr bedurfte. Walter Scheel sieht es in der Rückschau als die historische Leistung der sozial-liberalen Koalition an, die Präambel des Grundgesetzes, wonach das „gesamte deutsche Volk" aufgefordert blieb, in „freier Selbstbestimmung die Einheit und Freiheit Deutschlands zu vollenden", aus ihrem über 20-jährigen Schattendasein befreit und in der politischen Wirklichkeit verankert zu haben.[196]

Mit der Schaffung des Europas der Neun – unter Einschluss Großbritanniens, auf den Brandt gegen die jahrelange Opposition Frankreichs besonders nachdrücklich hingewirkt hatte – erfüllte sich auch seine zweite Grundsatzforderung, nämlich den europäischen Einigungsprozess voranzutreiben. Die Wirtschafts- und Währungsunion wurde als gemeinsames Ziel festgeschrieben, auch wenn der Weg dorthin noch sehr lang und steinig war. Die transatlantischen Dissonanzen zwischen den USA und den Westeuropäern deckten insbesondere ökonomische Interessengegensätze auf; sie kündeten aber auch von der Tatsache, dass Europa in die politische Realität einzutreten begann – selbst wenn es, wie der Vierte Nahostkrieg schonungslos enthüllte, noch nicht mit einer Stimme zu sprechen, geschweige denn einheitlich zu handeln vermochte. „Die Zeit des Feiertags-Europäertums", so konnte Brandt Ende 1971 gleichwohl mit Berechtigung konstatieren, „ist vorbei; Europa ist unser Alltag."[197]

Die bilaterale Phase der Ostvertragspolitik trug ohne jeden Zweifel zur Realisierung der dritten Grundsatzforderung bei: zur Friedenssicherung und Entspannung. Die ansatzweise in die Wege geleitete multilaterale Fortsetzung führte, was die KSZE anging, am 1. August 1975 zur Unterzeichnung der Schlussakte von Helsinki, mit der zwar die europäischen Grenzen als unverletzlich festgeschrieben wurden, sich aber die östlichen Machthaber im Gegenzug zur prinzipiellen

Achtung der Menschenrechte und Grundfreiheiten bereit erklärten, was im Ergebnis zur inneren Erosion und schließlich zur Implosion ihrer Systeme führen sollte. Dass die Wiener MBFR-Verhandlungen über die Reduzierung von Truppen und Rüstungen in Zentraleuropa nach anderthalb Jahrzehnten ergebnislos versandeten, illustrierte zwar das langjährige sowjetische Desinteresse an diesbezüglichen Abrüstungsschritten, änderte jedoch an ihrer Wünschbarkeit, zumal aus deutscher Perspektive, nicht das Mindeste.

Misst man die außenpolitische Bilanz Brandts an den weitreichenden Zielsetzungen der beiden Regierungserklärungen vom Oktober 1969 und Januar 1973, so werden allerdings die Grenzen des Möglichen erkennbar. Das langfristige Ziel einer dauerhaften europäischen Friedensordnung, welche die Bündnisse ersetzen und die deutsche Frage einvernehmlich lösen sollte, blieb auf dem Papier, ebenso deren Vorstufe in Gestalt einer vertraglich vereinbarten Reduzierung der Truppen und Rüstungen in Europa. Selbst die bilaterale Ostvertragspolitik, in diesem *grand design* als Eröffnungszug vorgesehen, erbrachte in der praktischen Durchführung keine Normalisierung im Sinne eines gutnachbarlichen Miteinanders. Im Falle der DDR blieben die Ergebnisse am weitesten hinter den Erwartungen zurück. Bis zum Fall der Mauer, des Symbols von Unfreiheit und Unterdrückung schlechthin, im Herbst 1989 änderte sich an der grundsätzlichen Anomalität der Ost-West- wie der innerdeutschen Beziehungen wenig, auch wenn der DDR-Führung einzelne menschliche Erleichterungen abgehandelt werden konnten, z. B. beim Reiseverkehr und Kulturaustausch, beim Häftlingsfreikauf oder der Familienzusammenführung. Zudem wurde durch die KSZE-Schlussakte aufgrund ihrer Aussagen zur Achtung der Menschenrechte und Grundfreiheiten und zur Verbesserung des Informationsaustausches der totalitäre Anspruch der SED unterminiert.

Die mit dem Schlagwort „Wandel durch Annäherung" propagierte These, die kommunistischen Diktaturen könnten sich in dem Maße öffnen, wie die westlichen Staatsmänner konziliant mit ihnen umgingen, erfasste die Realität der kommunistischen Systeme nur zum Teil. Die größte Gefahr für die demokratisch illegitimen Machthaber in Moskau, Ost-Berlin, Prag, Warschau und anderswo kam nicht von außen, sondern von innen. Sie ging – wie sich in den zu Symbolen des Freiheitsstrebens geronnenen Jahreszahlen 1953, 1956, 1968, 1981 und letztlich 1989 manifestierte – von den eigenen Völkern aus, denen das System des „real existierenden Sozialismus" die Freiheit verweigerte. Solange diese immanente Spannungsquelle fortbestand, konnten sich die Staats- und Parteichefs vom Schlage Breschnews, Honeckers oder Husáks nicht entspannen, so sehr sich die westlichen Spitzenpolitiker auch um sie bemühten und so demonstrativ sie ihnen Anerkennung aussprechen und Gleichberechtigung attestieren mochten. Sie konnten dies um so weniger, als die durch die Ostpolitik der Bundesregierung eingeleitete und mit dem Helsinki-Prozess verbundene partielle Öffnung ihrer Staaten gegenüber westlichen Einflüssen deren Bewohnern die Möglichkeit des Systemvergleichs eröffnete, welcher immer gravierender zu Ungunsten des östlichen Gesellschaftsmodells ausfiel. Auf diesem indirekten Weg trug Brandts Ostpolitik zweifelsohne dazu bei, den Niedergang des Staatssozialismus zu beschleunigen. Beabsichtigt war dies freilich nicht: Es gebe „ganz sicher keinen notwendigen Zusammenhang zwischen Détente und innerer Freiheit in kommunistisch regierten Ländern", diagnostizierte Brandt im August 1973; auf ein „natürliches Absterben der Einparteienregime"[198] jenseits der Elbe mochte er nicht spekulieren. Gleichwohl markierte die im Frühjahr 1974 von der Bundesrepublik abgeschlossene Herstellung diplomatischer Beziehungen zu den Staaten des Ostblocks das Ende einer Entwicklung, wie sie die Große Koalition in ihrer Ostpolitik vergeblich angestrebt hatte – eines Endes zudem, das, in der Rückschau gesehen, der Anfang vom Ende der östlichen Parteidiktaturen war.

In der Außenpolitik, so betonte Brandt am 6. Oktober 1967 anlässlich der Feier des hundertsten Geburtstages von Walther Rathenau, bleibe ein Realist ohne Phantasie ein Tropf. Wer aber nicht „auch Realist" sei, disqualifiziere sich als Träumer. Wer gar glaube, die Realitäten des Tages „bis ins Unendliche einfrieren zu können", sei ein verknöcherter Tor. In der zwischen Hybris und Nemesis irrlichternden Geschichte der deutschen Außenpolitik des 19. und des 20. Jahrhunderts sind die Exponenten aller drei Kategorien, sind die

Tröpfe, die Träumer und die Toren, ungewöhnlich dicht gesät. Die Folgen – für Deutschland, für Europa, für die Welt – waren entsprechend. Nicht nur, aber insbesondere vor diesem Hintergrund bildete Willy Brandt, der Realist mit Phantasie und zukunftsweisendem politischen Gespür, in vieler Hinsicht eine Ausnahmeerscheinung. Die Geschichte, so wusste er, „kennt kein letztes Wort".[199] Der Historiker Golo Mann sah in ihm gegen Ende der Großen Koalition nicht umsonst den „besten Außenminister, den es gab, seit es ein deutsches Auswärtiges Amt gibt".[200]

In Verbindung mit einem Lebensweg, der dem Exilanten und entschiedenen Gegner Hitlers auch im Umgang mit der schweren Last der jüngsten deutschen Geschichte persönliche Unbefangenheit erlaubte, war Brandt als Bundeskanzler in der Lage, sich einer historischen Aufgabe erfolgreich anzunehmen. Nach Westen profilierte er sich zum Vorreiter der europäischen Integration, in den transatlantischen Beziehungen etablierte er ein neues deutsches Selbstbewusstsein. Im Verhältnis zum mächtigsten und wichtigsten außenpolitischen Partner, den USA unter Präsident Nixon, erwuchs daraus eine eigenständige Loyalität, die Meinungsverschiedenheiten nicht nur möglich, sondern konstruktiv austragbar machte.

Nach Osten hin tat Brandt mit der Anerkennung der Unverletzlichkeit der europäischen Nachkriegsgrenzen das Unvermeidliche mit Würde. Er vermochte es darüber hinaus, die moralischen Trümmerberge der katastrophalen Vergangenheit, sei es in Moskau, in Warschau oder in Jerusalem, so weit abzutragen, dass die Deutschen in der Bundesrepublik – ein gutes Vierteljahrhundert nach dem Holocaust und der Kapitulation des Dritten Reiches – wieder einen vollwertigen und respektierten Platz in der Völkerfamilie einnehmen konnten. Die „vielleicht wesentliche Aufgabe der neuen Bundesregierung", so hatte Egon Bahr Mitte Oktober 1969, in der Morgenröte der sozial-liberalen Koalition, Henry Kissinger erläutert, „werde es sein, daß die Deutschen ihr Maß fänden oder, wie Willy Brandt es einmal ausgedrückt hätte: Stolz ohne Überheblichkeit".[201]

Für die Deutschen ein neues Maß gefunden zu haben unter glaubwürdiger Auseinandersetzung mit den nationalsozialistischen

Verbrechen der Jahre 1933 bis 1945 – vielleicht liegt darin Brandts größtes und bleibendes Verdienst. Der erste sozialdemokratische Bundeskanzler gab seinen Landsleuten wieder eine Vorstellung, was patriotische Politik in und für Deutschland ist. „Ein guter Deutscher", so Brandt anlässlich der Verleihung des Friedensnobelpreises, könne „kein Nationalist sein. Ein guter Deutscher weiß, daß er sich einer europäischen Bestimmung nicht versagen kann. Durch Europa kehrt Deutschland heim zu sich selbst und zu den aufbauenden Kräften seiner Geschichte."[202]

Die Ära Brandt entließ die Bundesrepublik „in die demokratische Normalität".[203] Dieser Befund gilt nach innen – und nach außen, soweit dies im Rahmen der eingeschränkten äußeren Souveränität der Bundesrepublik „als mittlere Macht in der Mitte des geteilten Europa und als westeuropäischer Grenzstaat einer geteilten Nation"[204] eben möglich war. Unter Berücksichtigung dieser Begrenzung der Bonner Außenpolitik, die Brandt vom Anfang bis zum Schluss nur zu genau bewusst war, und in Anbetracht seiner lediglich viereinhalb Jahre währenden Kanzlerschaft war die bewältigte Wegstrecke immens. Die eigentliche Genugtuung seines politischen Lebens, resümierte Brandt, sehe er darin, „mitgetan zu haben, daß der deutsche Name, der Begriff des Friedens und die Aussicht auf europäische Freiheit zusammengedacht werden".[205] Wer hätte dies 1966 für möglich gehalten?

Zur Dokumentenauswahl

Der Auswahl der Dokumente für diesen Band lag das Bestreben zugrunde, das außen- und deutschlandpolitische Denken und Handeln Willy Brandts als Außenminister und Vizekanzler (1966 bis 1969) sowie als Bundeskanzler (1969 bis 1974) im Spiegel der Quellen sichtbar sowie die Entstehung und Entwicklung seiner Prämissen und Prioritäten über den gesamten Zeitraum hinweg nachvollziehbar zu machen. Der Intention der „Berliner Ausgabe" folgend, einen möglichst vielfältigen, facettenreichen Einblick in die Denk- und Arbeitsweise Brandts zu ermöglichen, wurde dabei großer Wert auf die Berücksichtigung verschiedener einschlägiger Quellentypen gelegt. Das Spektrum umfasst – neben gedruckten Quellen, Reden und Artikeln – Gesprächs- und Interviewvermerke, handschriftliche Notizen Brandts ebenso wie Protokolle, Briefe, Fernschreiben und Fotografien.

Eine gewisse Schwierigkeit ergab sich daraus, dass die vom Institut für Zeitgeschichte im Auftrag des Auswärtigen Amtes herausgegebene umfängliche Edition „Akten zur Auswärtigen Politik der Bundesrepublik Deutschland" (AAPD) bereits eine große Anzahl von Briefen und Vermerken Willy Brandts enthält. Unter Berücksichtigung dieses Umstandes wurde bei der Bearbeitung des vorliegenden Bandes der „Berliner Ausgabe" nach dem Prinzip verfahren, dass dieser unvollständig bliebe, wenn er auf eine Reihe signifikanter Dokumente nur deswegen verzichtete, weil sie bereits an anderer Stelle und in anderem Zusammenhang veröffentlicht worden sind. Es wurde durchgängig versucht, bei der Auswahl zwischen verschiedenen Varianten ein- und desselben Dokuments der Version mit dem größeren Quellenwert den Vorrang zu geben und beispielsweise, im Gegensatz zu den AAPD, die handschriftlichen Einfügungen Brandts im Text kenntlich zu machen (Dok. Nr. 33). In einzelnen Fällen gelang es zudem, die ausführliche und vollständige Version des Dokuments zu ermitteln und zu edieren (Dok. Nr. 38).

Zur Illustrierung des in der Einleitung dargestellten Befundes, dass Brandt während seiner Kanzlerschaft den Beziehungen zu den Vereinigten Staaten von Amerika unter der Präsidentschaft Richard Nixons die höchste außenpolitische Priorität beimaß, werden in diesem Band zum ersten Mal überhaupt die Schlüsselpartien des umfassenden Briefwechsels zwischen Brandt und Nixon der Öffentlichkeit vorgestellt: Neben einem knappen Dutzend Schreiben des Bundeskanzlers an den Präsidenten, darunter einige bisher unveröffentlichte, wurden die komplementären Korrespondenzen Nixons an Brandt in die Edition aufgenommen und damit der überaus intensive Gedankenaustausch beider Staatsmänner nachvollziehbar gemacht – analog zum Vorgehen bei Band 9, in dem der für die Jahre 1974 bis 1982 in ähnlicher Weise signifikante Schriftwechsel zwischen Brandt und Breschnew ediert wurde.

Den Editionsvorgaben entsprechend beruht die Dokumentenauswahl in erster Linie auf der Überlieferung aus dem Willy-Brandt-Archiv im Archiv der sozialen Demokratie der Friedrich-Ebert-Stiftung in Bonn. Zur Kommentierung, Flankierung und Ergänzung des umfangreichen Nachlasses Willy Brandts wurden die Protokolle und Unterlagen der SPD-Spitzengremien – Parteirat, Parteivorstand, Parteipräsidium, Bundestagsfraktion – ebenso herangezogen wie die Deposita sozialdemokratischer Politiker im AdsD, wie Egon Bahr, Horst Ehmke, Helmut Schmidt oder Hans-Jochen Vogel. Helmut Schmidt gewährte zudem Einblick in sein Privatarchiv, Berthold Beitz stellte ein Privatdokument zur Verfügung. Das Archiv für Christlich-Demokratische Politik der Konrad-Adenauer-Stiftung in St. Augustin ermöglichte die Einsichtnahme in den Nachlass Kurt Georg Kiesingers, das Bundesarchiv in Koblenz den Einblick in die Unterlagen Ulrich Sahms. Darüber hinaus konnten die Akten des Olof-Palme-Archivs, Stockholm, und der National Archives and Records Administration, Washington, ausgewertet werden, dort insbesondere die Papiere Richard Nixons, Henry Kissingers sowie des State Department. Zudem wurden die Akten der Stiftung Archiv der Parteien und Massenorganisationen der DDR im Bundesarchiv (SAPMO BArch), der Bundesbeauftragten für die Unterlagen des Staatssicherheitsdienstes der ehemaligen DDR (BStU), des Amherst College sowie des Parlamentsarchives (Auswärtiger Ausschuss des Deutschen Bundestages) ausgewertet.

Die als Faksimiles abgedruckten Dokumentenabbildungen sollen einen Eindruck von Brandts Arbeitsweise und seinem Umgang mit Texten bieten und verstehen sich, zusammen mit den ausgewählten Fotografien, als Dokumente von eigenem Wert.

Danksagung

Dieser Band verdankt seine Entstehung der Mitwirkung und Beteiligung vieler Personen und Einrichtungen. Für die begleitende, anregende und ermutigende Unterstützung bei der Arbeit an der Edition danke ich erneut den Herausgebern der „Berliner Ausgabe" und dem

Vorstand der Bundeskanzler-Willy-Brandt-Stiftung: besonders herzlich seinem Vorsitzenden Dr. Gerhard Groß sowie den Professoren Dr. Dieter Dowe, Dr. Helga Grebing, Dr. Gregor Schöllgen, Dr. Klaus Schönhoven und Dr. Heinrich August Winkler. Zu danken habe ich ebenfalls der Friedrich-Alexander-Universität Erlangen-Nürnberg, deren großzügige Förderung – wie schon bei Band 9 der Berliner Ausgabe – in der Schlussphase die materiellen Voraussetzungen abrundete.

Mein besonderer Dank gilt Dr. Carsten Tessmer, von dem ich die Bearbeitung des vorliegenden Bandes im vergangenen Jahr übernommen habe und der zu diesem Zeitpunkt nicht nur einen wichtigen Teil der Archivrecherchen durchgeführt, sondern auch eine erste Auswahl der Dokumente getroffen und deren Kommentierung vorgenommen hatte. Für die zeitgerechte Fertigstellung des Bandes erwies sich seine Arbeit als entscheidend.

Mein Dank gilt ebenso den Kollegen und Kolleginnen aus dem Bearbeiterkreis der „Berliner Ausgabe" und den gewohnt engagierten Mitarbeitern der Geschäftsstelle der Bundeskanzler-Willy-Brandt-Stiftung, voran Dr. Wolfram Hoppenstedt, Dr. Bernd Rother und Dr. Wolfgang Schmidt, die unermüdlich bereit waren, meinem Vorhaben in jeder Hinsicht den Weg zu ebnen und mir mit ganzer Kraft zur Seite zu stehen, sowie Dominik Rigoll für seine Recherchen in Berlin. Zu danken habe ich dem zuständigen Referenten des Willy-Brandt-Archivs, Harry Scholz, der meinen mitunter scheinbar nicht enden wollenden Nachfragen, Wünschen und Anliegen mit Geduld und großer Fachkenntnis begegnete, sowie den Mitarbeitern und Mitarbeiterinnen des Archivs der sozialen Demokratie und der Bibliothek der Bonner Friedrich-Ebert-Stiftung, Dr. Christoph Stamm, Barbara Richter und Wolfgang Stärcke; dem Archiv für Christlich-Demokratische Politik der Konrad-Adenauer-Stiftung, dem Bundesarchiv Koblenz, Frau Prause, Mitarbeiterin bei der Bundesbeauftragten für die Unterlagen des Staatssicherheitsdienstes der ehemaligen DDR (BStU), der Stiftung Archiv der Parteien und Massenorganisationen der DDR im Bundesarchiv (SAPMO BArch), dem Parlamentsarchiv, dem Bundeskanzleramt und nicht zuletzt

Dr. Klaus Misgeld vom Olof-Palme-Archiv in Stockholm sowie Heike Lemke vom Archiv Helmut Schmidt in Hamburg. Für wichtige Informationen zu einzelnen Archivalien der National Archives and Records Administration danke ich Herrn Dr. Bernd Schäfer vom Deutschen Historischen Institut in Washington und Herrn Dr. David Geyer (Washington).

Für aufschlussreiche Gespräche, weiterführende Hinweise oder die Einsichtnahme in persönliche Aufzeichnungen und Unterlagen danke ich – auch im Namen von Dr. Carsten Tessmer – Prof. Egon Bahr, Dr. Rainer Barzel, Prof. Dr. h.c. Berthold Beitz, Prof. Dr. Horst Ehmke, Dr. Ulrich Sahm, Walter Scheel, Dr. h.c. Helmut Schmidt. An der Entstehung des Manuskriptes waren in dankenswerter Art und Weise Andrea Bahr und Dirk Wagner beteiligt. Für ihre kritische Lektüre ebenso wie für ihre Hinweise und Anregungen danke ich Dr. Claus W. Schäfer und Dr. Friedrich Kießling, darüber hinaus in besonderer Weise Dr. Curd-Werner Wege. Einmal mehr zu danken habe ich Dr. Heiner Lindner, der das Manuskript betreut und sorgsam lektoriert hat.

Erlangen, im Oktober 2004   Frank Fischer

Verzeichnis der Dokumente

104	Nr. 1	6. Dezember 1966	Hs. Notizen des Bundesministers des Auswärtigen, Brandt, zur Regierungserklärung
107	Nr. 2	6. Dezember 1966	Rede des Bundesministers des Auswärtigen, Brandt, vor Mitarbeiterinnen und Mitarbeitern des Auswärtigen Amtes
111	Nr. 3	2. Februar 1967	Ausführungen des Bundesministers des Auswärtigen, Brandt, in der Sitzung des Auswärtigen Ausschusses des Deutschen Bundestages
118	Nr. 4	8. März 1967	Aus den Ausführungen des Bundesministers des Auswärtigen, Brandt, in der Sitzung des Auswärtigen Ausschusses des Deutschen Bundestages
126	Nr. 5	11. April 1967	Aus der Rede des Vorsitzenden der SPD und Bundesministers des Auswärtigen, Brandt, in der Sitzung der SPD-Bundestagsfraktion
130	Nr. 6	August 1967	Artikel des Bundesministers des Auswärtigen, Brandt, für *Außenpolitik*
138	Nr. 7	20. Oktober 1967	Interview des Bundesministers des Auswärtigen, Brandt, mit der *Stuttgarter Zeitung*
144	Nr. 8	6. November 1967	Schreiben des Bundesministers des Auswärtigen, Brandt, an den Bundeskanzler, Kiesinger
145	Nr. 9	8. März 1968	Aus der Rede des Bundesministers des Auswärtigen, Brandt, beim Liebesmahl des Ostasiatischen Vereins

151	Nr. 10	6. Juni 1968	Aus dem Schreiben des Bundesministers des Auswärtigen, Brandt, an den Bundeskanzler, Kiesinger
152	Nr. 11	1. Juli 1968	Interview des Bundesministers des Auswärtigen, Brandt, für *Der Spiegel*
155	Nr. 12	15. Juli 1968	Aus dem Schreiben des Bundesministers des Auswärtigen, Brandt, an den Bundeskanzler, Kiesinger
159	Nr. 13	24. Juli 1968	Aus dem Schreiben des Bundesministers des Auswärtigen, Brandt, an den Bundeskanzler, Kiesinger
160	Nr. 14	22. August 1968	Erklärung des Bundesministers des Auswärtigen und Vorsitzenden der SPD, Brandt, zu den Vorgängen in der Tschechoslowakei
165	Nr. 15	27. August 1968	Aus den Ausführungen des Bundesministers des Auswärtigen, Brandt, in der gemeinsamen Sitzung des Auswärtigen Ausschusses und des Ausschusses für gesamtdeutsche und Berliner Fragen des Deutschen Bundestages
178	Nr. 16	9. September 1968	Interview des Bundesministers des Auswärtigen, Brandt, für *Der Spiegel*
188	Nr. 17	10. September 1968	Aus dem Schreiben des Bundesministers des Auswärtigen, Brandt, an den Außenminister der Vereinigten Staaten von Amerika, Rusk
190	Nr. 18	26. September 1968	Aus der Rede des Bundesministers des Auswärtigen, Brandt, vor dem Deutschen Bundestag
208	Nr. 19	2. November 1968	Aus den Ausführungen des Vorsitzenden der SPD, Brandt, in der gemeinsamen Sitzung von Parteirat,

			Parteivorstand und Kontrollkommission der SPD
217	Nr. 20	21. November 1968	Schreiben des Bundesministers des Auswärtigen, Brandt, an den Bundeskanzler, Kiesinger
218	Nr. 21	21. November 1968	Aus dem Schreiben des Bundesministers des Auswärtigen, Brandt, an den schwedischen Außenminister, Nilsson
219	Nr. 22	10. März 1969	Interview des Bundesministers des Auswärtigen, Brandt, für *Der Spiegel*
227	Nr. 23	12. Mai 1969	Interview des Bundesministers des Auswärtigen, Brandt, für *Der Spiegel*
234	Nr. 24	20. Mai 1969	Schreiben des Bundesministers des Auswärtigen, Brandt, an den Bundeskanzler, Kiesinger
235	Nr. 25	4. Juni 1969	Schreibens des Bundesministers des Auswärtigen, Brandt, an den Vorsitzenden des Kuratoriums der Alfried Krupp von Bohlen und Halbach-Stiftung, Beitz
236	Nr. 26	23. Oktober 1969	Telegramm des Bundeskanzlers, Brandt, an den Präsidenten der Vereinigten Staaten von Amerika, Nixon
236	Nr. 27	28. Oktober 1969	Aus der Regierungserklärung des Bundeskanzlers, Brandt, vor dem Deutschen Bundestag
246	Nr. 28	14. November 1969	Telegramm des Bundeskanzlers, Brandt, an den Präsidenten der Vereinigten Staaten von Amerika, Nixon
247	Nr. 29	14. Januar 1970	Aus dem Bericht des Bundeskanzlers, Brandt, zur Lage der Nation vor dem Deutschen Bundestag

268	Nr. 30	30. Januar 1970	Aus der Aufzeichnung über das Gespräch des Bundeskanzlers, Brandt, mit dem französischen Staatspräsidenten, Pompidou
278	Nr. 31	31. Januar 1970	Schreiben des Bundeskanzlers, Brandt, an den Vorsitzenden des Präsidiums des Gesamtverbandes der Versicherungswirtschaft, Meyer
279	Nr. 32	12. März 1970	Schreiben des Präsidenten der Vereinigten Staaten von Amerika, Nixon, an den Bundeskanzler, Brandt
281	Nr. 33	19. März 1970	Vermerk des Bundeskanzlers, Brandt, über das Gespräch mit dem Vorsitzenden des Ministerrates der DDR, Stoph
288	Nr. 34	22. März 1970	Schreiben des Bundeskanzlers, Brandt, an den Präsidenten der Vereinigten Staaten von Amerika, Nixon
290	Nr. 35	27. März 1970	Schreiben des Präsidenten der Vereinigten Staaten, Nixon, an den Bundeskanzler, Brandt
291	Nr. 36	10./11. April 1970	Aus der Aufzeichnung des Bundeskanzlers, Brandt, über die Gespräche mit dem Präsidenten der Vereinigten Staaten von Amerika, Nixon
294	Nr. 37	20. April 1970	Interview des Bundeskanzlers, Brandt, für *Der Spiegel*
309	Nr. 38	21. Mai 1970	Vermerk des Bundeskanzlers, Brandt, über die Vieraugengespräche mit dem Vorsitzenden des Ministerrates der DDR, Stoph
315	Nr. 39	7. Juni 1970	Hs. Notizen des Bundesministers der Verteidigung, Schmidt, über Äußerungen des Bundeskanzlers,

			Brandt, in der Sitzung des Bundeskabinetts
318	Nr. 40	15. Juni 1970	Schreiben des Bundeskanzlers, Brandt, an den schwedischen Ministerpräsidenten, Palme
320	Nr. 41	12./13. August 1970	Hs. Aufzeichnung des Bundeskanzlers, Brandt, über seine Gespräche mit dem Generalsekretär des ZK der KPdSU, Breschnew, und dem sowjetischen Ministerpräsidenten, Kossygin, in Moskau
325	Nr. 42	13. August 1970	Hs. Schreiben des stellvertretenden SPD-Vorsitzenden und Bundesministers der Verteidigung, Schmidt, an den SPD-Vorsitzenden und Bundeskanzler, Brandt
327	Nr. 43	17. August 1970	Interview des Bundeskanzlers, Brandt, für *Der Spiegel*
334	Nr. 44	1. September 1970	Schreiben des Präsidenten der Vereinigten Staaten von Amerika, Nixon, an den Bundeskanzler, Brandt
336	Nr. 45	14. September 1970	Aus dem Protokoll der Sitzung des SPD-Parteivorstands
338	Nr. 46	7. Dezember 1970	Aus dem Interview des Bundeskanzlers, Brandt, mit *L'Express*
345	Nr. 47	13. Dezember 1970	Hs. Schreiben des Bundeskanzlers, Brandt, an die Journalistin Dönhoff
348	Nr. 48	14. Dezember 1970	Interview des Bundeskanzlers, Brandt, für *Der Spiegel*
351	Nr. 49	15. Dezember 1970	Schreiben des Bundeskanzlers, Brandt, an den Präsidenten der Vereinigten Staaten von Amerika, Nixon
353	Nr. 50	26. Dezember 1970	Schreiben des Bundeskanzlers, Brandt, an den Vorsitzenden des

354	Nr. 51	31. Dezember 1970	Präsidiums des Gesamtverbandes der Versicherungswirtschaft, Meyer Schreiben des Präsidenten der Vereinigten Staaten von Amerika, Nixon, an den Bundeskanzler, Brandt
356	Nr. 52	24. März 1971	Schreiben des Bundeskanzlers, Brandt, an den Vorsitzenden des American Council on Germany und Vorsitzenden des Beraterkomitees des Präsidenten der Vereinigten Staaten von Amerika für Abrüstungsfragen, McCloy
359	Nr. 53	15. Juni 1971	Vermerk des Bundeskanzlers, Brandt, über Gespräche mit dem Präsidenten der Vereinigten Staaten von Amerika, Nixon
368	Nr. 54	21. August 1971	Schreiben des Bundeskanzlers, Brandt, an den Präsidenten der Vereinigten Staaten von Amerika, Nixon
369	Nr. 55	3. September 1971	Rede des Bundeskanzlers, Brandt, anlässlich der Unterzeichnung des Vier-Mächte-Abkommens über Berlin für die deutschen Rundfunk- und Fernsehanstalten
371	Nr. 56	13. September 1971	Schreiben des Präsidenten der Vereinigten Staaten von Amerika, Nixon, an den Bundeskanzler, Brandt
372	Nr. 57	16. September 1971	Aus dem Vermerk des Bundeskanzlers, Brandt, über das Gespräch mit dem Generalsekretär des ZK der KPdSU, Breschnew
375	Nr. 58	17. September 1971	Aus der Aufzeichnung des Gesprächs des Bundeskanzlers, Brandt,

			mit dem Generalsekretär des ZK der KPdSU, Breschnew, in Oreanda
392	Nr. 59	18. September 1971	Aus der Aufzeichnung über das Gespräch des Bundeskanzlers, Brandt, mit dem Generalsekretär des ZK der KPdSU, Breschnew, in Oreanda
402	Nr. 60	19. September 1971	Schreiben des Bundeskanzlers, Brandt, an den Präsidenten der Vereinigten Staaten von Amerika, Nixon
404	Nr. 61	27. September 1971	Interview des Bundeskanzlers, Brandt, für *Der Spiegel*
416	Nr. 62	27. Januar 1972	Aus der Rede des Bundeskanzlers, Brandt, vor dem Auswärtigen Ausschuss des Deutschen Bundestages
428	Nr. 63	17. April 1972	Aus dem Interview des Bundeskanzlers, Brandt, für *Der Spiegel*
432	Nr. 64	28. Juni 1972	Schreiben des Bundeskanzlers, Brandt, an den französischen Staatspräsidenten, Pompidou
435	Nr. 65	7. Juli 1972	Schreiben des Bundeskanzlers, Brandt, an den belgischen Premierminister, Eyskens
437	Nr. 66	7. Juli 1972	Schreiben des Bundeskanzlers, Brandt, an den Präsidenten der Vereinigten Staaten von Amerika, Nixon
440	Nr. 67	8. August 1972	Schreiben des Präsidenten der Vereinigten Staaten von Amerika, Nixon, an den Bundeskanzler, Brandt
442	Nr. 68	17. Januar 1973	Hs. Notizen des Vorsitzenden der SPD und Bundeskanzlers, Brandt, für die Sitzung der SPD-Bundestagsfraktion

445	Nr. 69	18. Januar 1973	Aus der Regierungserklärung des Bundeskanzlers, Brandt, vor dem Deutschen Bundestag
455	Nr. 70	21. März 1973	Schreiben des Bundeskanzlers, Brandt, an den Generalsekretär des ZK der KPdSU, Breschnew
457	Nr. 71	2. April 1973	Aus dem Schreiben des Generalsekretärs des ZK der KPdSU, Breschnew, an den Bundeskanzler, Brandt
459	Nr. 72	1. Mai 1973	Vermerk des Bundeskanzlers, Brandt, über das Gespräch mit dem Präsidenten der Vereinigten Staaten von Amerika, Nixon
462	Nr. 73	18. Mai 1973	Aus der Aufzeichnung über das Gespräch des Bundeskanzlers, Brandt, mit dem Generalsekretär des ZK der KPdSU, Breschnew
473	Nr. 74	28. Mai 1973	Interview des Bundeskanzlers, Brandt, für *Der Spiegel*
482	Nr. 75	13. Juni 1973	Schreiben des Bundeskanzlers, Brandt, an den Präsidenten der Vereinigten Staaten von Amerika, Nixon
484	Nr. 76	18. Juni 1973	Aus der Erklärung des Bundeskanzlers, Brandt, vor dem Deutschen Bundestag zu seinem Israel-Besuch
486	Nr. 77	30. Juli 1973	Fernschreiben des Präsidenten der Vereinigten Staaten von Amerika, Nixon, an den Bundeskanzler, Brandt
488	Nr. 78	4. August 1973	Fernschreiben des Bundeskanzlers, Brandt, an den Präsidenten der Vereinigten Staaten von Amerika, Nixon

490	Nr. 79	22. August 1973	Aus dem Gespräch des Bundeskanzlers, Brandt, mit dem französischen Historiker Rovan
498	Nr. 80	26. September 1973	Rede des Bundeskanzlers, Brandt, vor der Vollversammlung der Vereinten Nationen
512	Nr. 81	28. Oktober 1973	Schreiben des Bundeskanzlers, Brandt, an den Präsidenten der Vereinigten Staaten von Amerika, Nixon
514	Nr. 82	30. Oktober 1973	Fernschreiben des Präsidenten der Vereinigten Staaten von Amerika, Nixon, an den Bundeskanzler, Brandt
516	Nr. 83	18. Dezember 1973	Schreiben des Bundeskanzlers, Brandt, an den Vorsitzenden der SPD-Bundestagsfraktion, Wehner
518	Nr. 83A	18. Dezember 1973	Vermerk des Bundeskanzlers, Brandt, zu seinem Schreiben an den Vorsitzenden der SPD-Bundestagsfraktion, Wehner
520	Nr. 84	30. Dezember 1973	Schreiben des Bundeskanzlers, Brandt, an den Generalsekretär des ZK der KPdSU, Breschnew
523	Nr. 85	28. Januar 1974	Schreiben des Bundeskanzlers, Brandt, an den Präsidenten der Vereinigten Staaten von Amerika, Nixon
525	Nr. 86	12. Februar 1974	Schreiben des Bundeskanzlers, Brandt, an den Vorsitzenden der SPD-Bundestagsfraktion, Wehner
528	Nr. 87	19. Februar 1974	Schreiben des Präsidenten der Vereinigten Staaten von Amerika, Nixon, an den Bundeskanzler, Brandt

530	Nr. 88	28. Februar 1974	Schreiben des Bundeskanzlers und Vorsitzenden der SPD, Brandt, an den Präsidenten der Regierungsjunta der Republik Chile, General Augusto Pinochet Ugarte
532	Nr. 89	6. März 1974	Fernschreiben des Präsidenten der Vereinigten Staaten von Amerika, Nixon, an den Bundeskanzler, Brandt
534	Nr. 90	8. März 1974	Schreiben des Bundeskanzlers, Brandt, an den Präsidenten der Vereinigten Staaten von Amerika, Nixon
536	Nr. 91	14. März 1974	Schreiben des Präsidenten der Vereinigten Staaten von Amerika, Nixon, an den Bundeskanzler, Brandt
539	Nr. 92	10. April 1974	Schreiben des Bundeskanzlers, Brandt, an den König der Belgier, Baudouin
540	Nr. 93	8. Mai 1974	Fernschreiben des Präsidenten der Vereinigten Staaten von Amerika, Nixon, an den Bundeskanzler, Brandt

Dokumente

Nr. 1
Hs. Notizen des Bundesministers des Auswärtigen, Brandt, zur Regierungserklärung
6. Dezember 1966[1]

AdsD, WBA, A 7, 17.

Ziel: Rechte unseres Volkes wahren,
   Europa bauen,
   Frieden durch ‹illusionslose›[2] Entspannung sichern
Bestandsaufnahme:
   Regierung will mit ihren Mitteln,
   im Zusammenwirken mit allen Seiten des Bundestages (also auch Opposition)
   + mit dem wissenschaftlichen Sachverstand
   zu einem klaren Bild des weltpolitischen Geschehens gelangen,
   dieses Bild der deutschen Öffentlichkeit vermitteln
   und das Volk mit ins Vertrauen ziehen.
Westliche Verteidigungsgemeinschaft:
   Bedeutung der NATO und der Freundschaft mit den USA für die Sicherheit der Bundesrepublik
   Dabei aber auch Neubewertung der strategischen und politischen Gesamtlage (Hinweis auf Dreier-Gespräche[3]) und Herausarbeiten der Partnerschaft Europa-Amerika.
   Militärische Sicherheit und Bemühen um Rüstungsverminderung als zwei Seiten derselben Medaille
Europa:
   Deutsch-franz[ösischen] Vertrag[4] nutzen bzw. mit mehr Leben erfüllen
   Regelung betr[effend] französ[ischer] Truppen (konkreter Hinweis möglich?)
   Neue Formen gemeinsamer Verteidigung mit Frankreich unbeschadet dessen Stellung ausserhalb der integrierten Verteidigung[5]

Notizen zur Regierungserklärung   6.12.1966

Ziel: Rechte unseres Volkes wahren,

Europa bauen,

Frieden durch illusionslose Entspannung sichern.

Bestandsaufnahme:

Regierung will mit ihren Mitteln,

im Zusammenwirken mit allen Seiten des Bundestages (also auch Opposition)

+ mit dem wissen-
schaftlichen Sachverstand

zu einem klaren Bild
des weltpolitischen 5

Erste Seite der Notizen Willy Brandts zur Regierungserklärung der Großen Koalition vom 6. Dezember 1966.

Gemeinsame Vorhaben mit Frankreich auf den Gebieten von Rüstungsproduktion, Atomenergie etc.

Gemeinsame Bemühungen um Weiterentwicklung der Westeurop[äischen] Gemeinschaften[6] und Kommunikation mit Osteuropa

Für Fusion der Westeurop[äischen] Gemeinschaften und zügigen Ausbau des Gemeinsamen Marktes

Neuer Ansatz, um die politische Einigung Europas voranzubringen (auch wenn dabei maximalistische Forderungen zurückgestellt werden müssen)

Positive Haltung gegenüber dem britischen Wunsch, der EWG beizutreten. Entsprechendes allgemein betr[effend] EWG/EFTA[7].

Europa als friedenssichernder Faktor und Interdependenz zwischen Überwindung der Teilung Europas und Lösung der deutschen Frage

Sowjetunion und Osteuropa:

Kossygins Äußerungen in Paris nicht ermutigend.[8] Trotzdem werden wir alles mögliche tun, um Misstrauen abzubauen, in den bilateralen Interessenbereichen voranzukommen und um Verständnis für unsere nationalen Belange zu ringen

Bemühen um Normalisierung der Beziehungen zu osteurop[äischen] Staaten

Gewaltverzicht – Weiterführung der Argumentation der „Friedensnote" vom März [19]66[9] (München[10], Grenzen?)

Handel, Kultur, Wissenschaft

Sicherheit:

Ausräumen des Missverständnisses, als wollten wir Mitbesitz an oder nationale Verfügungsgewalt über Atomwaffen[11]

Andererseits: In der Verteidigungsgemeinschaft muß es strategisches Mitspracherecht geben (inkl[usive] negatives Veto) – Aufgabenteilung in der Allianz

Bereit, unseren aktiven Beitrag zur mitteleurop[äischen] Entspannung zu leisten, wenn keine einseitige Veränderung der Kräfteverhältnisse

Atomwaffen-Sperrvertrag[12] wird nicht an uns scheitern,

aber wir wollen Anteil haben an Ergebnissen von Atomrüstung (und Weltraumforschung) für zivile Produktion
Dritte Länder:
Einige grundsätzliche Bemerkungen
Hinweis auf unseren Wunsch, Beziehungen zu arabischen Staaten wieder aufzunehmen?[13]
Deutschland:
Fortschritte in den deutschen Fragen mit Schritten auf dem Wege zur Rüstungsminderung zu verbinden suchen
Elemente einer friedensvertraglichen Regelung in das internationale Gespräch bringen
Diesseits völkerrechtlicher Anerkennung der „DDR": energisches Bemühen um innerdeutsche Regelungen im Interesse der Menschen (Vorschläge hierzu vom Gesamtd[eutschen] Ministerium)

Nr. 2
Rede des Bundesministers des Auswärtigen, Brandt, vor Mitarbeiterinnen und Mitarbeitern des Auswärtigen Amtes 6. Dezember 1966[1]

Bulletin des Presse- und Informationsamtes der Bundesregierung, Nr. 155 vom 9. Dezember 1966, S. 1254 f.

Lieber Herr Kollege Schröder, verehrter Herr Staatssekretär [Carstens], meine Damen und Herren!
Vermutlich ist bekannt, daß ich gern Regierender Bürgermeister von Berlin[2] gewesen bin. Trotzdem zögere ich nicht zu sagen:
Dieses Amt, die Verantwortung des Bundesaußenministers, habe ich gern übernommen. Nicht, um weitere Orden zu sammeln oder weil es mir gestatten würde, Reisen in Gegenden zu unternehmen, die ich ohnehin meist schon kenne. Was an mir liegt, soll geschehen,

damit der Minister möglichst oft hier im Amt sein kann. Aber ich weiß schon nach den ersten Terminbesprechungen, wie sehr das zu relativieren sein wird.

Ein Teil der Schwierigkeiten dieses Amtes besteht darin, daß es zu viele Leute gibt, die glauben, von Außenpolitik etwas zu verstehen, und daß es wohl leider zu wenige gibt, die etwas vom Charakter dieses Amtes verstehen. Ich gehöre zu den ersteren vielen, ohne mich schon zu den wenigen letzteren zählen zu können.

Aber ich habe mir vorgenommen, meine gegenwärtigen Ahnungen über dieses Amt zu vervollkommnen. Seinen Corpsgeist – wenn man es so nennen darf – werde ich mir überall dort zu eigen machen können, wo er mit meinen Überzeugungen von den Erfordernissen dieser Zeit nicht in Konflikt gerät. Wer Sinn für Geschichte hat, wird ohnehin nicht leicht darüber hinweggehen, was diese Art von Regierungsbildung bedeuten kann und daß ein ‹Mann meiner Überzeugungen›[3] der deutsche Minister des Auswärtigen geworden ist.[4]

In aller Offenheit, meine Damen und Herren: Auf meinen Auslandsreisen, ebenso wie als Regierender Bürgermeister von Berlin, habe ich erfahren, daß dieses Amt aufgeschlossener, – wenn man so will – moderner ist als sein Ruf. Dies würde ich heute nicht sagen, wenn ich es nicht vor Jahr und Tag bereits öffentlich gesagt hätte. Ich weiß, hier gibt es viel Hingabe an die Sache, hier gibt es Wissen und besten Willen, hier gibt es eigenwillige und hervorragende Köpfe; und gerade auch auf deren Mitarbeit möchte ich zählen können. Wenn ich um gute Zusammenarbeit bitte, so erwarte ich die rückhaltlose Äußerung abweichender, begründeter Meinungen ebenso wie die loyale Durchführung der getroffenen Entscheidungen. Dies gilt für die Zentrale ebenso wie für die Missionen.

Herr Staatssekretär Carstens und Herr Bundesminister Schröder haben uns schon daran erinnert, daß die neue Bundesregierung in der vergangenen Woche – als Partnerschaft auf Zeit – auf eine breite parlamentarische Grundlage gestellt worden ist.[5] Auf diese Weise sollen sonst miteinander ringende politische Kräfte zusammengefaßt werden, um schwierige und vordringliche Aufgaben nach innen und außen anzupacken. In einer solchen Großen Koalition wird auch die Stellung des Stellvertreters des Bundeskanzlers einige Arbeitszeit kosten. Ich hoffe sehr, daß das daraus erwachsende politische Gewicht unserem Amt nicht schlecht bekommen wird.

Es kann hier nicht meine Aufgabe sein, eine Art politischer Programmvorschau zu geben. Am außenpolitischen Teil der Regierungserklärung wird gerade gearbeitet.[6] Ich habe darüber gestern abend mit dem Herrn Bundeskanzler gesprochen. Wir werden heute im Hause darüber sprechen. Und dann hoffen wir, im Laufe der Woche damit voranzukommen. Die außenpolitischen Punkte in dem Papier, mit dem meine politischen Freunde und ich in die Koalitionsgespräche gegangen sind und diese – wenn man so will – bestritten haben,[7] sind bekannt. Sie setzen Akzente, die man in der Regierungserklärung wiederfinden wird.

Niemand will Bewährtes über Bord werfen, obwohl es sicher auch immer wieder unterschiedliche Meinungen darüber geben kann, und man von Zeit zu Zeit miteinander prüfen muß, was sich wirklich bewährt hat oder nicht, weil dies ja nicht nur vom eigenen guten Willen abhängt, sondern auch von dem, was um uns herum geschieht.

Meine – wie soll ich sagen – durch revolutionäre Ungeduld geprägten Jahre liegen lange hinter mir. Der Raum, in dem sich die deutsche Außenpolitik bewegt, ist begrenzt. Es wird unsere Aufgabe sein, ihn zu erweitern.

Die Stellung der Bundesrepublik Deutschland muß in den jetzt bestehenden Bindungen gefestigt werden. Es wird erforderlich sein, auch neue Streben einzuziehen. Für unsere Bundesrepublik gibt es keine Sicherheit ohne den Westen. Für eine gute deutsche Zukunft gibt es keine Lösung, ohne daß wir die Aussöhnung und gedeihliche Zusammenarbeit auch nach dem Osten hin erreichen. Das wird ein langer Weg, den illusionslos zu gehen uns keine Rückschläge abhalten dürfen. Dabei wird es leichter und schwerer zugleich sein, wenn wir unsere Situation mit der vergleichen, die ein Gustav Stresemann nach dem Ersten Weltkrieg vorgefunden hat.[8]

Das heutige Auswärtige Amt für alte, gleichbleibende und neue, sich wandelnde Aufgaben haben Konrad Adenauer, Heinrich von Brentano und Gerhard Schröder mit ihren Staatssekretären geschaffen. Ihnen allen weiß ich mich in menschlicher Hochachtung und in Respekt vor ihrer Leistung verbunden.

Ich möchte – ich denke für alle – Herrn Bundesminister Schröder für den eindrucksvollen Überblick über die Außenpolitik der letzten Jahre, den er uns hier gegeben hat, danken. Ich möchte ihm und Herrn Staatssekretär Carstens dafür danken, daß Sie es mir durch Ihre Worte so leicht gemacht haben, hier den Anschluß zu finden.

Ich möchte [von] hier aus alle Angehörigen unseres Auswärtigen Dienstes in allen Teilen der Welt grüßen, und ich möchte meine Bitte an Sie alle richten, Sie hier im Auswärtigen Amt und die Damen und Herren draußen in den Missionen in allen Teilen der Welt: Lassen Sie uns im Geiste guter Zusammenarbeit an die schweren Aufgaben herangehen, vor die die weltpolitische Entwicklung die Bundesrepublik Deutschland stellt. Ihr und einer friedlich-kooperativen Zukunft des deutschen Volkes zu dienen, sind wir gemeinsam verpflichtet.

Ich bitte Sie um gute Zusammenarbeit. Ich danke Herrn Bundesminister Schröder, Herrn Staatssekretär Carstens und wünsche Ihnen alles Gute. Auch in dem Sinne, von dem hier schon die Rede war: auf gute Zusammenarbeit!

Nr. 3
Ausführungen des Bundesministers des Auswärtigen, Brandt, in der Sitzung des Auswärtigen Ausschusses des Deutschen Bundestages
2. Februar 1967

Stenographisches Protokoll des Auswärtigen Ausschusses des Deutschen Bundestages, 5. Wahlperiode, 27. Sitzung vom 2. Februar 1967.

Bundesaußenminister Brandt trägt vor, die Bundesrepublik sei seit dem 16. September 1966 in mehreren Etappen durch den amerikanischen Partner über den Stand der Erörterungen zwischen den USA und der Sowjetunion betr[effend] den Abschluß des Vertrags über die Nichtverbreitung von Atomwaffen[1] unterrichtet worden. Die Amerikaner hätten versichert, daß ihre Verhandlungen mit den Sowjets nur ad referendum[2] geführt worden seien und die amerikanische Regierung noch nicht zugestimmt habe, also bisher auch nicht von einem gemeinsamen amerikanischen-sowjetischen Entwurf die Rede sein könne. Vorher werde es zu eingehenden Konsultationen mit den Alliierten kommen. Änderungen seien gewiß nur schwierig zu erreichen, aber prinzipiell noch möglich.

Diese Ausführungen des amerikanischen Botschafters ihm gegenüber in der vergangenen Woche[3] habe ihm gerade ein aus den Vereinigten Staaten zurückgekehrter Mitarbeiter seines Hauses bestätigt. Die Amerikaner seien nun daran interessiert, daß es im Kreise der Alliierten relativ rasch zu Konsultationen komme. Dann werde sich zeigen, ob es bei Beginn oder im Laufe der 18-Mächte-Abrüstungskonferenz zur Vorlage eines amerikanisch-sowjetischen Entwurfs komme.[4]

Die bisherigen deutsch-amerikanischen Gespräche zu diesem Thema, die in der Hauptsache in Washington geführt worden seien, dürften streng genommen nicht als Konsultationen bezeichnet werden. Bei seinem Besuch in Washington in der kommenden Woche werde auch dieses Thema zur Sprache kommen.[5]

Bisher habe die Bundesrepublik in einer Vielzahl von Fragen um Interpretation gebeten. Erst gestützt darauf seien Konsultationen möglich, bei denen Wünsche vorgebracht werden könnten, wozu man aber nicht nur die Texte, sondern auch die Intentionen und den Gang der Beratungen kennen müsse.

Die zwangsläufige Folge dieses Abkommens sei eine neue Art von Differenzierung in der Welt, wenn auch keine Allianzen aufgebrochen würden. Manche der nichtnuklearen Mächte würden sich zwangsläufig zusammenfinden, um aus ihrer Interessenlage heraus ihre Vorstellungen zu entwickeln. Darum habe die Bundesregierung in zwei Stufen zu den wichtigsten nichtnuklearen Staaten auf diplomatischem Wege Fühlung aufgenommen, um mit dem Ziel einer gewissen Abstimmung deren Haltung kennenzulernen. Dabei liege der Bundesrepublik aber nicht daran, den Eindruck eines ganging up der Nichtnuklearen hervorzurufen, auch nicht, als ob sie die Rolle eines gang leader spielen wolle.[6]

Die deutschen Botschafter trügen in den betreffenden Staaten folgende Überlegungen vor: 1. Deutschland sei an einer allgemein akzeptablen und damit umfassenden Regelung der Nichtverbreitung von Atomwaffen stark interessiert. 2. Es halte die Beendigung der Proliferation nicht nur horizontal, sondern auch vertikal für notwendig. 3. Bei den Sicherheitskontrollen – es sei noch nicht klar, ob ein solcher Vertrag Bestimmungen über Sicherheitskontrollen bei den nichtnuklearen Mächten enthalte – dürfe es im zivilen Bereich keine Diskriminierung der Nichtnuklearen geben.

4. Die Bundesrepublik wünsche, einen Nichtverbreitungsvertrag mit dem Problem der nuklearen Abrüstung zu verbinden; sonst würde der Vorrang der Kernwaffenmächte durch einen solchen Vertrag geradezu institutionalisiert. 5. Die Bundesrepublik wünsche, in einem solchen Vertrag oder seiner Präambel die Möglichkeit nuklearer Erpressung auszuschließen. Sie wünsche, daß das Recht auf qualitative Selbstverteidigung nicht angetastet werde. Weiter wünsche sie, daß die Nichtnuklearen nicht vom technologischen Fortschritt ausgeschlossen würden. – Schließlich habe die Bundesrepublik zusammen mit anderen vielfältige Interessen bei einer fle-

xiblen Gestaltung der Bestimmungen über die Laufzeit des Vertrages, über Rücktrittsmöglichkeiten, über eine Revision und eine periodische Überprüfung.

Auf diesen Schritt hin seien schon interessante Ergebnisse zu verzeichnen. Er werde noch am gleichen Tage den deutschen Botschafter in Indien[7] empfangen. Wegen des Ranges Indiens solle dieser nach einem Besuch in Bonn der indischen Regierung Einzelheiten erläutern.

Der Vertragsentwurf lasse sich noch nicht voll überblicken. Soweit das schon möglich sei, zeichne sich ein ziemlich vages Verhandlungsergebnis ab. Wahrscheinlich hätten diejenigen recht, die meinten, daß nur ein vager Text eine politisch gewollte Einigung zu diesem Gegenstand ermögliche und daß man späteren Streit bewußt in Kauf nehme, etwa darüber, was eine Kernwaffe sei, was Verfügungsgewalt bedeute, was eine indirekte Weitergabe sei.

Grundlage der Verhandlungen der Amerikaner mit den Sowjets sei, daß nach einem solchen Vertrag alles erlaubt sein solle, was nicht verboten sei, womit die Amerikaner also den umgekehrten Weg wie früher gegangen seien. Da die Sowjets diesen Weg für gangbar gehalten hätten, könne die Befürchtung aufkommen, daß dieser Weg besonders gefährlich sei. Davon sei er nicht überzeugt, vielmehr werde – aus der Interessenlage der Bundesrepublik heraus – dem wirklichen Leben besser Rechnung getragen, wenn man sich auf einen Verbotskatalog beschränke.

Bei flexibler Gestaltung und neuen Möglichkeiten habe er sowohl an Technologie als auch an Politik gedacht. Die Bestimmungen über den Rücktritt, die Revision, die nach fünf Jahren geplante Überwachungskonferenz seien bisher relativ eng und würden die deutschen Interessen[8] wohl nicht genügend sichern.

Im militärischen Bereich wäre nach Annahme des Entwurfs jede Weitergabe von Kernwaffen oder die Verfügungsgewalt über sie an Einzelstaaten, Allianzen und Staatenzusammenschlüsse verboten. Kernwaffen seien nach Meinung der Amerikaner atomare Sprengköpfe, nicht aber Raketen, die sich von Sprengköpfen trennen ließen. Nach deren Meinung lasse sich weiter nicht zwischen einer nuklearen Verteidigungswaffe und einer nuklearen Angriffswaffe unterscheiden. Daher würde sich das in einem solchen Vertrag festzulegende Verbot auch auf Atomminen und auf Abwehrraketen beziehen.

Wenn sich ein Verbot auch auf Allianzen und Staatenzusammenschlüsse beziehe, seien nukleare Gemeinschaftslösungen, die in den letzten Jahren im atlantischen Bereich denkbar gewesen seien, ausgeschlossen, sofern sie Sprengköpfe einbezögen.[9] Eine vorsorgliche Freigabe im Frieden wäre nicht möglich, auch nicht in Spannungs- und Krisenzeiten und bei bewaffneten Konflikten ohne formellen Kriegsbeginn wie z. B. in Korea oder Vietnam.[10]

Die beiden Mächte seien sich natürlich darüber im klaren, daß dieser Vertrag nicht für den Kriegsfall gedacht und dann außer Funktion sei.

Die Amerikaner unterstrichen stark, daß nach einem solchen Vertrag die Möglichkeit offenbleibe, daß das Eigentum und/oder die Verfügungsgewalt über Kernwaffen der europäischen Kernwaffenmächte auf einen europäischen Bundesstaat übergehen könnten, der sich zumindest auf den Gebieten der Außenpolitik und der Verteidigung wie ein Bundesstaat verhalte. Als Zwischenergebnis seiner Überlegungen äußert der Bundesaußenminister, ohne ein solches Ausmaß an politischer Dichte gebe es auch keine Gemeinschaftslösung. Sei dieses Ausmaß aber erreicht, gebe es dagegen auch von Seiten der Weltmächte kein Mittel. Hier stimmten die Interpretationen der amerikanischen Regierung mit denen von General de Gaulle voll überein, so sehr sich diese sonst in der Betrachtungsweise unterschieden.

Die Anwendung der Kernenergie für friedliche Zwecke müsse nach Ansicht der Amerikaner in einen Nichtverbreitungsvertrag eingezogen werden, da jede Vorrichtung zur Erzeugung von Kernexplosionen leicht in eine Waffe umzuwandeln sei. Außerdem werde nur ein kleiner Ausschnitt der zivilen Kernenergie in den Vertrag einbezogen, Kernenergieforschung und -industrie würden im übrigen nicht eingeschränkt. Die deutsche Beteiligung an der friedlichen Nutzung der Kernenergie sei sichergestellt.

Sofern überhaupt Bestimmungen über Sicherheitskontrollen in den Vertrag aufgenommen würden, seien bei Hinnahme des sowjetischen Wunsches keine Kontrollen auf dem Gebiet der Kernwaffenmächte zulässig, im übrigen aber nur durch die Internationale Atomenergiebehörde[11] in Wien. Für die Bundesrepublik ergebe sich dabei jedoch ein Problem auf Grund ihrer Mitgliedschaft zu EURATOM.

Bei der Diskussion hierüber sei Vorsicht geboten, da sonst mit Konflikten mit einigen Nichtnuklearen, mit denen anderenfalls eine Zusammenarbeit möglich sei, zu rechnen sei. Sowohl Indien als auch Schweden hätten erklärt, sie könnten bei einer internationalen Regelung nicht akzeptieren, daß sich eine Allianz oder der Teil einer Allianz nur selbst kontrolliere. Dann müsse unter Beibehaltung von EURATOM zwischen diesem und der Internationalen Atomenergiebehörde ein Verfahren ausgehandelt werden, damit bestimmte, international festgelegte Normen geltend gemacht werden könnten.

Von der Bundesrepublik näher stehende[r] Seite sei außerdem darauf verwiesen worden, daß bei isolierter Gleichstellung von EURATOM und Internationaler Atomenergiebehörde auch eine entsprechende Organisation der Arabischen Liga werde anerkannt werden müssen.

Die Frage nach den Folgen der Tatsache, daß gewisse Bestimmungen des Vertrages vage gehalten seien, könne er nicht abschließend behandeln. Die Amerikaner schienen in Kauf nehmen zu wollen, daß es nach Abschluß des Vertrages zu Streit über die Auslegung komme. Sie meinten, nicht ändern zu können, daß die Sowjets später zwar bestehende nukleare Arrangements, z. B. das der Bundesrepublik in der Allianz, angriffen, daß sie sich dabei aber nicht auf Vertragsverletzungen berufen könnten.

Trotzdem müsse die Bundesrepublik aufpassen, was auch bei den Gesprächen mit den Amerikanern eine Rolle spiele, daß die Unbestimmtheit eines Entwurfs nicht extensiven Interpretationen im Sinne der sowjetischen Forderung zugute komme. Sonst könnten die Sowjets nicht nur im propagandistischen Bereich, wo sie es ohnehin schon täten, unter Berufung auf den Vertrag behaupten, daß bestimmte Waffensysteme der deutschen Verteidigung, bestimmte Konsultationen und nukleare Arrangements unzulässig seien.

Die Bundesrepublik sei in dem nunmehr zu Ende gehenden Stadium der Interpretation und dem damit eingeleiteten Stadium der Konsultationen daran interessiert, daß vage Formulierungen, durch die ein tatsächlicher amerikanisch-sowjetischer Dissens überlagert werde, klargestellt würden, damit ihre Sicherheit, aber auch ihre wissenschaftlich-wirtschaftlichen Zukunftschancen nicht gefährdet würden. Ein Teil der Wünsche der Bundesrepublik berühre das Problem der Grenzen künftiger wissenschaftlicher und wirtschaftlicher Zusammenarbeit zwischen den Vereinigten Staaten und ihren Bündnispartnern. Niemand könne nach Einschätzung der Bundesrepublik die Weltmacht USA an der Zusammenarbeit hindern, solange das dem Vertrag selbst nicht widerspreche.

Vielleicht werde es nicht ausreichen, nur mit den Amerikanern zu sprechen und allein darauf zu vertrauen – worauf man sich an sich verlassen könne –, daß sie vor der Ratifizierung des Vertrages dem Kongreß im einzelnen berichteten und ihre Interpretation gäben und sie on record[12] setzen. Darüber hinaus werde vor den Beratungen im Kongreß zwischen der Bundesrepublik und den USA beider Meinung festgehalten werden müssen. Vielleicht werde dasselbe für Italien gelten. Wie die Allianz, wie die deutsch-amerikanische Zusammenarbeit weiter funktionieren sollten, müsse straffer und für die Beteiligten verbindlicher festgehalten werden, als manche es zunächst gemeint hätten. Ob die Bundesrepublik außerdem verlangen sollte, daß die Sowjets darauf einen Eid leisten sollten, könne man allerdings auch bezweifeln. Mit den bei den Konsultationen vorgebrachten Wünschen solle verhindert werden, daß die Sowjetunion ein Einmischungsrecht in die deutsche Wissenschaft und Wirtschaft und in die internationale Zusammenarbeit auf diesen Gebieten und in solche europäischen Lösungen erhielten, die jenen Mindestfordernissen entsprächen, zu denen er sich andeutungsweise geäußert habe.

Zur Erfüllung einer weiteren Gruppe von deutschen Wünschen reichten Interpretationen nicht, sondern dafür seien eine Änderung des Vertragsinhalts und eine genügend gut und stark ausgestaltete Präambel erforderlich, die außerdem durch die Absichtserklärungen eines beträchtlichen Teils der Zustimmenden ergänzt und abgestützt werden könnten. Diese Wünsche bezögen sich auf den Ausschluß einer Monopolstellung der Kernwaffenmächte bei der friedlichen Verwendung der Kernenergie, um einen wachsenden wissenschaftlich-technischen Abstand zwischen den Nuklearen und Nichtnuklearen zu verhindern. Hierzu könne unter Umständen sogar an ein besonderes Abkommen gedacht werden. Hierhin gehöre das schon erwähnte Problem der Sicherheitskontrollen und die Möglichkeit, ein – wenn das möglich sei – künftiges westeuropäisches Antiraketenverteidigungssystem offenzuhalten.

Für die amerikanische Führung sei im Augenblick wohl am bedrückendsten, ob sie durch sowjetische Maßnahmen in eine neue Phase des Wettrüstens hineingetrieben werde. Die Sowjets könnten ein solches System um Moskau und einige andere Zentren aufbauen, die Amerikaner müßten aber auf Grund der Struktur des Landes an vielen Punkten dasselbe tun, was aber ungeheure Mittel erfordere.

Wie beim Abschluß des Weltraumvertrages stelle sich das Problem der Unterzeichnung des Vertrages durch die SBZ[13], beim Weltraumvertrag sei dasselbe Verfahren wie beim Atomstoppabkommen angewendet worden.[14] Bei der Unterzeichnung sei jedoch in beiden Fällen für die ganze Welt deutlich geworden, daß die SBZ nur in Moskau unterschrieben habe, von dem sie abhängig sei, während die Bundesrepublik in allen drei Hauptstädten die Ratifikationsurkunden hinterlegt habe. Dieses Verfahren sei nach dem bisherigen Denken besser. Es gebe freilich auch andere Überlegungen dahin, ob es sich bei solchen Vorgängen wie diesen als ein Vorteil erweisen könne, wenn der andere quasi-staatlich organisierte Teil Deutschlands gebunden sei. Auf jeden Fall sei es übertrieben optimistisch zu meinen, für den neuen Vertrag ließen sich in dieser Beziehung günstigere Lösungen erreichen als bei den beiden bisher geschlossenen Verträgen.

Nr. 4
Aus den Ausführungen des Bundesministers des Auswärtigen, Brandt, auf der Sitzung des Auswärtigen Ausschusses des Deutschen Bundestages
8. März 1967

Stenographisches Protokoll des Auswärtigen Ausschusses des Deutschen Bundestages, 5. Wahlperiode, 29. Sitzung vom 8. März 1967.

Bundesaußenminister Brandt: Ich möchte zunächst über den gegenwärtigen Stand der Beratungen zum Thema des Nichtverbreitungsvertrages sprechen und werde danach die Frage stellen, ob der Ausschuß den Bericht zu diskutieren wünscht. Es wird natürlich nur ein Zwischenbericht sein können. Ich werde dann im zweiten Teil meines Berichts über unsere Beziehungen zu den osteuropäischen Staaten sprechen. Zunächst werde ich einige Ausführungen machen zum Stand unserer Verhandlungen mit den Amerikanern, zum Stand der Arbeiten unseres interministeriellen Arbeitsstabes, zur Ausgangssituation auf der Genfer Konferenz und zum unmittelbar bevorstehenden Besuch des amerikanischen Abrüstungsbeauftragten Foster in Bonn.[1]

Die Verhandlungen mit der amerikanischen Regierung sind am 22. Februar [1967] in Washington aufgenommen worden. Ich muß hier das Wort „Verhandlungen" unterstreichen, denn gesprochen hatten wir ja schon. Gestützt auf die Sondierungen, gestützt auf das, was wir daraufhin an Verhandlungszielen ausgearbeitet hatten, haben die Verhandlungen also am 22. Februar begonnen.

Unsere Botschaft hat im State Department unsere Wünsche vorgetragen. Diese Wünsche betreffen – wie sich jeder ausrechnen kann – militärische Fragen, solche des Bündnisses, solche des deutschamerikanischen Verhältnisses und vor allem die Sicherung der unbehinderten friedlichen Nutzung der Kernenergie im Vertragstext selbst sowie in der Präambel eines Nichtverbreitungsvertrages, ferner Vereinbarungen mit den Amerikanern gleichzeitig und im Zusammenhang mit dem Vertrag, z. B. über die Sicherstellung der ausreichenden Versorgung mit Kernbrennstoffen, und schließlich eine verbindliche Interpretation durch die Amerikaner.[2]

Die amerikanische Seite hat Verständnis für unsere Sorgen und Wünsche gezeigt und sogleich eine detaillierte Antwort nach eingehender Prüfung unserer Darlegungen zugesagt. Am gleichen Tage, an dem die Verhandlungen in Washington aufgenommen wurden, hat der amerikanische Botschafter dem Bundeskanzler und mir eine oral note, eine Verbalnote, überreicht.[3] [...][4]

Inzwischen haben wir am letzten Wochenende – darauf komme ich gleich zurück – eine zweite oral note bekommen mit dem Entwurf einer Präambel zum Nonproliferation-Vertrag. Vorgestern ist noch eine dritte oral note eingegangen, die sich insbesondere mit den wissenschaftlichen Aspekten des Problems befaßt.

Die amerikanische Seite hat die Absprache bestätigt, die zwischen Herrn Rusk und mir am 8. Februar [1967] in Washington getroffen worden ist.[5] Das heißt, die amerikanische Seite hat bestätigt, daß sie die Absicht habe, die endgültigen Interpretationen, die uns und den anderen gegeben werden – die endgültigen! jetzt sind es vorläufige, weil wir uns dazu ja noch äußern wollen und hoffentlich auch ausreichend äußern können –, der Sowjetunion schriftlich zur Kenntnis zu geben, ohne jedoch die Sowjets zu einer Stellungnahme dazu aufzufordern. Es geht jetzt ein bißchen hin und her zwischen Washington und Bonn. Wir haben absichtlich heute früh – obwohl Herr Foster morgen nach Bonn kommt und den Bundeskanzler und mich sehen wird[6] – in Washington von uns aus weitere Formulierungsvorschläge übereichen lassen, damit die Dinge an beiden Orten gleichzeitig im Gespräch sind.

[...][7]

Unter Berücksichtigung der schon bisher eingenommenen Verhandlungslinie, über die ich dem Ausschuß das vorige Mal berichtet habe,[8] wurden folgende Verhandlungsziele vorgeschlagen. Falls ein Kontrollartikel unvermeidlich ist, sollte er weltweit akzeptabel gemacht werden, und zwar zum einen durch Festlegung eines Satzes in der Richtung, daß die Sicherung durch die IAEO den ausschließlichen Zweck hätte, die Herstellung von Kernwaffen und anderen nuklearen Sprengkörpern zu verhindern, zum anderen durch die zwischen Atomwaffenmächten und nicht-nuklearen Staaten festzulegende Nichtdiskriminierung, d. h. gleiche Kontrollen im gesamten zivilen Bereich.

Zur Verhandlungslinie gehört weiter die dauerhafte Sicherung der Interessen von Euratom. Es gehört ferner dazu, daß bei Kontrollverfahren kein perfektionistisch-dogmatisches, sondern ein evolutionär-pragmatisches Vorgehen angestrebt werden soll, d. h. möglichst wenig personelle Kontrolle, dafür moderne automatische Kontrollen an den für den Brennstoff-Zyklus wichtigen Punkten. Hier besteht auch die Chance, von deutscher wissenschaftlicher Seite Beiträge zur Lösung künftiger internationaler Kontrollaufgaben einbringen zu können.

Ein weiteres Verhandlungsziel: wegen der Monopolstellung der Vereinigten Staaten bindende Zusicherungen bezüglich ausreichender Versorgung mit Kernbrennstoffen in einem Liefervertrag, für dessen Inhalt die wissenschaftlichen Berater noch Anregungen geben werden. Weiter: bindende Zusicherungen zur Teilhabe am spin-off[9], Übernahme der Regelungen des schon erwähnten lateinamerikanischen Vertrages[10] betreffend Interpretation dessen, was Kernwaffen sind – Artikel 5 –, keine Behinderung oder Beschränkung im zivilen Bereich – Artikel 18 – sowie die ausdrückliche Verpflichtung zur Förderung der friedlichen Nutzung der Kernenergie. Hier darf ich übrigens gleich anfügen: Wenn man sich – wie wir und andere es aus guten Gründen tun – besonders auf den lateinamerikanischen Vertrag bezieht, so wird man eines auch nicht übersehen dürfen, daß sich nämlich die Lateinamerikaner voll auf den Boden der IAEO und der dort vorgesehenen Regelung gestellt haben. Andererseits ändert das, wenn man es im Augenblick auch in den Zusammenhang mit einbezieht, nichts daran, daß die Dinge bei uns anders liegen.

[...][11]

Was Genf[12] selbst angeht, so laufe ich, wenn ich hier ein paar Dinge zusammenfasse – bevor ich dann zu den interessanteren

Punkten komme – Gefahr, dem aufmerksamen Zeitungsleser nicht viel Neues sagen zu können. Die Verhandlungen in Genf sind ja nicht geheim. Trotzdem mag es nützlich sein, in wenigen Sätzen zusammenzufassen, was sich bisher ergeben hat.

Das Bemerkenswerte war – ich will damit jetzt gar nicht werten, ob es gut oder nicht gut war –, daß nicht, wie manche vorher angenommen haben, zu Beginn dieser Konferenzrunde ein amerikanisch-sowjetischer Vorschlag auf den Tisch gelegt wurde oder werden konnte, sondern daß Meinungen ausgetauscht worden sind und weiter ausgetauscht werden und daß dann nebenher über diesen Vertrag gesprochen wird. Keiner kann heute sagen, wann es dann so weit sein wird. Ich persönlich würde mich nicht wundern, wenn wir in den Frühsommer hineinkämen, bevor ein Entwurf unterbreitet werden könnte. Aber ich werde gleich auch Gründe dafür nennen, daß es auch etwas früher geschehen könnte.

Präsident Johnson ist in seiner Botschaft, die Foster zur Beginn dieser Runde der Genfer Konferenz vorgetragen hat, auf eine Reihe der Wünsche und Bedenken eingegangen, die wir und andere in den vergangenen Wochen vorgebracht haben.[13] Der sowjetische Delegierte Roschtschin hat in seiner Eröffnungsrede[14] einigen Ländern, besonders der Bundesrepublik Deutschland, vorgeworfen, Presseerklärungen gegen den Abschluß eines Nichtverbreitungsvertrages abzugeben. Lord Chalfont hat von britischer Seite versucht, die Bedenken der Nicht-Nuklearmächte hinsichtlich der friedlichen Nutzung zu zerstreuen. Die schwedische Delegierte Frau Myrdal hat – wie ich dem Ausschuß schon einmal glaube angedeutet zu haben – ein Paket unterbreitet und den schwedischen Wunsch klar gemacht, die Verhandlungen gleichzeitig über Nonproliferation, vollständigen test-ban, Abrüstung, Verbot der Entwicklung und Produktion chemischer und bakteriologischer Waffen und Einstellung der Produktion spaltbaren Materials für militärische Zwecke voranzutreiben, d. h. sie wünscht eine vertikale Nonproliferation.[15]

[...][16]

Ich komme zu folgendem Ergebnis. Das ist allerdings kein sehr befriedigendes Ergebnis, weil wir mitten in den Dingen drinstehen.

[...]¹⁷ Es ist keine schöne Situation für den Außenminister, hier einen Überblick geben zu müssen. Ich kann ja nur berichten, was sich jetzt tut und was sich abzeichnet. Jedenfalls bitte ich den Ausschuß zu glauben, daß es bei uns in diesen Wochen an Aktivität nicht gefehlt hat. Für die Zeit vor Dezember 1966 zeichne ich nicht verantwortlich. Es hat ja in der öffentlichen Debatte manchmal so ausgesehen, als ob dieses Thema im Dezember 1966 angefangen hätte, ein Thema zu sein. Das Thema liegt an sich seit zwei oder drei Jahren auf dem Tisch. Wie ich jetzt feststelle, hatte es von Ende Oktober bis Anfang Dezember [1966] eine Gesprächspause in Washington gegeben. Das will ich jetzt gar nicht nachträglich untersuchen. Das ist nicht die Schuld unseres Botschafters gewesen, sondern da war bei uns manches nicht mehr aktiv, nicht mehr mobil genug. Ich will jetzt nicht auf andere etwas abwälzen: ich kann aber nur für die Runde verantwortlich zeichnen, die Mitte Dezember begonnen hat.

Wir sind auf dem Wege – hoffentlich tun wir das gut genug –, das zu klären, was geklärt werden muß, und auch das zu ergänzen und zu verändern, was ergänzt und verändert werden muß. [...]¹⁸ Ich habe aber den Eindruck, daß die deutsche Öffentlichkeit in zunehmendem Maße die ganze Schwierigkeit der Materie sieht und auch sieht, daß manche Dinge, die damals vorgebracht worden waren – auch mit Schlagworten verbunden vorgebracht worden waren –, so einfach nicht sind.

Ich selbst werde mir in der Absprache mit dem Bundeskanzler zu überlegen haben, ob – wenn sich die Situation noch so lange hinzieht, wie ich es für möglich halte, vielleicht sogar bis zum Frühsommer, bevor sie auf den Tisch kommt – nicht im Frühjahr, im späteren Frühjahr jedenfalls, vielleicht aber auch schon im nächsten Monat, eine Situation eintreten könnte, in der, ohne daß man auf Vertragstexte oder Texte von Vertragsentwürfen Bezug nimmt, eine Art öffentlicher Zwischenbilanz von deutscher Seite gezogen werden müßte, um der interessierten deutschen Öffentlichkeit zu helfen und durch öffentliche Erörterungen auch ein paar unserer Positionen abzusichern.

[...]¹⁹

Bundesaußenminister Brandt: Ich habe dem Ausschuß am 19. Januar [1967] über den damaligen Stand unserer Osteuropa-Politik berichtet. Jetzt wird in der Öffentlichkeit gelegentlich die Auffassung vertreten, nach Aufnahme der diplomatischen Beziehungen zu Rumänien[20] seien unsere Bemühungen, die Beziehungen auch zu anderen Staaten aufzunehmen, festgefahren. Die Analyse der jüngsten Ereignisse in jenem Teil Europas, vor allen Dingen auch der Warschauer Außenministerkonferenz am 8. Februar [1967][21], deutet jedoch darauf hin, daß eine so negative Beurteilung nicht berechtigt erscheint.

Die Warschauer Außenministerkonferenz hatte ein für die Gegner des rumänischen Schrittes – wenn man so will: Kurses – nur ein mageres Ergebnis. Im Warschauer Kommuniqué fehlten die üblichen Formulierungen über einen einheitlichen Standpunkt. Das Treffen wurde offiziell als „freundlicher Meinungsaustausch" bezeichnet, der in einer „Atmosphäre kollegialer Zusammenarbeit und vor allem gegenseitigen Einverständnisses" stattgefunden habe. Im östlichen Sprachgebrauch bedeutet dies, daß keine Übereinstimmung erzielt wurde. Ostberlin hat in seiner Wiedergabe des Kommuniqués einen Übersetzungstrick angewendet, indem es im deutschen Text die Formulierung „volles gegenseitiges Einverständnis" in die Formulierung „völliges Einvernehmen" umgewandelt hat.

Die Bundesrepublik Deutschland und ihre Ostpolitik wurden im Kommuniqué der Warschauer Pakt-Mächte[22] nicht erwähnt. Die Sowjetunion beabsichtigte offensichtlich, durch diese Konferenz die Zone und Polen, die durch die Gegnerschaft zur Ostpolitik der Bundesrepublik in eine selbstgewählte Isolierung zu geraten drohten, zu beruhigen. Moskau war ferner daran interessiert, die zutage tretenden Gegensätze und Meinungsunterschiede unter den Staaten des Warschauer Paktes nicht zu verschärfen, sondern zu überbrücken. Konkrete Bedingungen für die Aufnahme diplomatischer Beziehungen der übrigen osteuropäischen Staaten zur Bundesrepublik wurden in Warschau nicht festgelegt. Dagegen betont seither eine Reihe dieser Staaten – möglicherweise auf Grund einer Absprache in Warschau –, daß das Verhältnis zu uns nur normalisiert werden könne, wenn wir zu einem völligen atomaren Verzicht, zur Anerkennung der Zone und der Oder-Neiße-Linie bereit seien.

Diese Forderungen wurden aber bereits in der Bukarester Erklärung derselben Mächtegruppe im Juli vorigen Jahres[23] erhoben und standen der Aufnahme diplomatischer Beziehungen zwischen Rumänien und uns nicht entgegen. Sie werden im übrigen Osteuropa auch heute nicht als Vorbedingung für die Aufnahme diplomatischer Beziehungen, sondern für das, was man dort „Normalisierung" nennt – Normalisierung jetzt als etwas interpretiert, das mehr sei als diplomatische Beziehungen –, dargestellt. Die drei Punkte werden zumindest nach unserer Einschätzung und nach unseren Informationen von mehr als einer Regierung im Ostblock ins Feld geführt, um die Vertreter Ostberlins zu beruhigen.

Den gleichen Zweck verfolgen anscheinend auch die angekündigten Freundschaftsverträge zwischen Warschau und Ostberlin und zwischen Prag und Ostberlin. Darüber läßt sich natürlich Endgültiges erst sagen, wenn der Text dieser Verträge[24] vorliegt.

Die Warschauer Pakt-Staaten sind untereinander durch eine Anzahl bilateraler Verträge verbunden, die in den ersten Nachkriegsjahren geschlossen wurden. Die Sowjetzone gehört diesem Vertragssystem bisher nicht an und macht wohl in dieser Hinsicht einen Nachholbedarf geltend.

Die Sache stellt sich uns im einzelnen so dar. Unsere Bereitschaft, die ich hier nicht noch einmal zu interpretieren brauche, ist außer von der Zone, von Polen und zu einem wesentlichen Teil auch von Prag aus mit einer verschärften Polemik beantwortet worden. Kossygin[25] hat sich in London entsprechend geäußert; die polnische Haltung hat sich verschärft. Das hat sich bei den Reisen Rapackis nach Paris und London[26] sowie in dem gezeigt, was andere polnische Vertreter und die polnische Presse zum Ausdruck gebracht haben. Der deutschen Regierung wird die Aufrichtigkeit des Willens zur Entspannung abgesprochen, und mancher gewinnt noch mehr als früher den Eindruck, daß Gomulka die Angst vor einer aggressiven Bundesrepublik als Rechtfertigung seines Regimes benötigt.

Es gibt auch auf polnischer Seite nuanciertere Standpunkte. Es gibt – abgesehen von dem, was Rapacki nicht-öffentlich gesagt, und dem, was er, bevor er Großbritannien verließ, öffentlich gesagt hat – einige Anzeichen dafür, daß sich auf längere Sicht eine realistischere Beurteilung unserer Entspannungsbemühungen auch in Warschau durchsetzen könnte. Auch die letzte Kossygin-Rede schlägt insofern nicht jede Tür zu.[27]

Was die anderen Staaten angeht, so möchte ich sagen, daß mit der Fortführung der im Januar [1967] in Budapest begonnenen Gespräche zu rechnen ist.[28] Es besteht kein Anlaß zu der Annahme, daß die Ungarn bei zukünftigen Verhandlungen über die Aufnahme diplomatischer Beziehungen unannehmbare Bedingungen stellen werden. – Die Äußerungen des bulgarischen Außenministers vor zwei Tagen in Kopenhagen[29] – auf mich wartet in Bonn ein persönlicher Brief des dänischen Ministerpräsidenten[30] zu dem, was nicht-öffentlich gesagt worden ist – berechtigen zu der Hoffnung, daß auch die Kontakte, die in Sofia aufgenommen worden sind, fortgesetzt werden können.[31]

Übrig bleibt im Augenblick der etwas anders geartete jugoslawische Fall. Wir überprüfen die Situation und die Möglichkeiten.[32] Ich habe selbst für den Bundeskanzler eine Stellungnahme dazu ausgearbeitet.[33] Wir werden uns, was die nächste Zukunft angeht, auf eine Reihe von Dingen konzentrieren müssen, die im beiderseitigen Interesse liegen und die einer Normalisierung der Beziehungen in wirtschaftlicher, kultureller und auch darüber hinaus reichender Hinsicht dienen werden, ohne unseren Haushalt zu strapazieren. Ich möchte an einer sogenannten Zwischenlösung für Jugoslawien nicht mitwirken. Es ist in mancherlei Hinsicht nicht der Sinn der Sache, diplomatische Beziehungen mit sehr viel Geld zu bezahlen. Das darf mit dieser Operation nicht verbunden sein. Wir haben die volle Unterstützung der Verbündeten. Wo immer wir ihre Hilfe brauchen, bekommen wir sie, wie ich meine, loyal.

Zum Besuch Wilsons habe ich vorhin schon gesagt, daß wir primär über die EWG gesprochen haben.[34] Ich habe vor dem Bundestag eine kurze Wertung gegeben.[35] Wir haben den Eindruck gewonnen

oder sind in dem Eindruck bestärkt worden, daß die Briten es ernst meinen mit ihrem Bestreben, in die Europäische Wirtschaftsgemeinschaft hineinzukommen. Wir glauben, daß die Fragen, die sich dabei stellen, auf dem Wege von Verhandlungen zu lösen sein müssen.
[...]36

Nr. 5
Aus der Rede des Vorsitzenden der SPD und Bundesministers des Auswärtigen, Brandt, in der Sitzung der SPD-Bundestagsfraktion 11. April 1967

AdsD, SPD-Bundestagsfraktion, 5. Wahlperiode, Fraktionssitzungen 21.2.–11.4.1967, Protokoll über die Fraktionssitzung vom 11. April 1967 in Bonn, Bundeshaus.

[...]1
Ich habe 1965 während des Bundestagswahlkampfes2 einmal versucht, den Begriff der zweiten Bewährungsprobe zu interpretieren und zu sagen, es käme dabei auf drei Kriterien an:
1. Modernisierung
2. Demokratisierung
3. das Erwachsen-Sein der Deutschen in der Welt.
[...]3
Bleibt das dritte Kriterium: Mündigkeit in der Welt, ohne daß man sich dabei übernimmt; vernünftige Interpretation der eigenen Interessen und ihre Durchsetzung allein oder mit anderen, so gut das geht. Die Anfangserfolge sind darin zu sehen, daß diese Regierung sich für den Generalnenner der Friedenssicherung und der Entspannung ausgesprochen hat; daß wir zumindest in Ansätzen eine Ostpolitik zu verzeichnen haben; daß wir dabei sind, unser Verhältnis zu Frankreich, USA und anderen Faktoren der westlichen Welt realis-

tischer zu gestalten. Das Ansehen der Bundesrepublik, das im Schwinden begriffen war, hat zugenommen. Ich gebe allerdings zu, daß wir es auf manchen Gebieten bisher nur mit atmosphärischen Verbesserungen zu tun haben und daß die Gefahr einer politischen Isolierung der Bundesrepublik noch nicht völlig gebannt ist. Deutlicher als zur Zeit der Regierungsbildung zeigen sich uns heute objektive und subjektive Schwierigkeiten, denen wir gegenüber stehen. Zu den objektiven Schwierigkeiten gehört in erster Linie die „kalte Schulter", um noch einen sehr vorsichtigen Ausdruck zu verwenden, die uns die Regierung der Sowjetunion zuwendet; gehört das sich völlige Querlegen der Regierung in Ost-Berlin in einer Situation, wo es eine Regierung gibt, die manches von dem anpacken könnte oder möchte, was die Sozialdemokraten als Opposition auf ihrem Dortmunder Parteitag[4] entwickelt hatten. Die Frage ist jedoch, liebe Genossen, ob nicht in Wirklichkeit das, was ich soeben objektive Schwierigkeiten nannte, auf etwas anderes zurückgeht, als was dahinter vermutet wurde. Vermutet wurde dahinter bisher vor allem die Furcht Ost-Berlins, isoliert zu werden, und der Wunsch Warschaus und Moskaus, aus noch nicht einmal ganz denselben Gründen hier eine Solidaritätsposition aufzubauen. Die Frage ist, ob die eigentlichen objektiven Schwierigkeiten nicht zu suchen sind in der politischen Zerfallskrise des westlichen Bündnisses; ob nicht auf dem Hintergrund der Situation im Westen die sowjetische Führung sich gesagt hat, daß es sich für sie ganz gut auszahlen könnte, den Versuch zu machen, aus dieser Art von Behandlung der Bundesrepublik Deutschland und aus einem Entspannungsvorgang bilateraler Art – mehrfach bilateraler Art, der sich um die Bundesrepublik herumvollzieht – für sich Vorteil zu ziehen und die Bundesrepublik dann in eine Lage zu bringen, in der sie sich von ungünstigeren Ausgangspunkten her arrangieren muß. [. . .][5]

Nehmen wir also das Nichtverbreitungsthema. Dort haben wir große Mühe, das zu halten oder wieder durchzusetzen, was im Januar schon einmal Regierungspolitik zu sein schien und wofür es im Auswärtigen Ausschuß des Bundestages eine breite Mehrheit gab, wie sich in drei Sitzungen ergeben hat.[6] [. . .][7]

Das zweite Beispiel ist auch schon genannt worden. Es ist gar keine Frage, daß die Regierungserklärung etwas vorsichtiger war als die sozialdemokratische Plattform in der Frage der Erweiterung der Europäischen Gemeinschaft um England und andere beitrittswillige Staaten und daß es bei unseren Koalitionspartnern etwas stärkere Hemmungen auf diesem Gebiet gibt. Wer meinen Teminkalender ansieht, der weiß, daß dies ein Europa-Monat ist. Ich habe in der vergangenen Woche mich um diese Sache in Rom bemüht, gestern in Brüssel, morgen und übermorgen in London und Ende des Monats kommt Couve de Murville nach Bonn, nachdem es wieder eine französische Regierung gibt.[8] Ich sage Euch hier nur eins, und ich weiß, daß ich darin mit dem Fraktionsvorsitzenden voll übereinstimme: Unsere Politik bleibt, meine Politik bleibt, wenn die Engländer dabei sind, genau so zu sprechen, als wenn die Engländer nicht dabei [sind]; in Paris zu dieser Frage nicht anders zu sprechen als in London; nicht darauf aus zu sein, durch übersteigerte Zusagen an die Engländer für zwei Tage gute Überschriften in der englischen Presse zu bekommen und hinterher dazustehen als jemand (Beifall), der nicht in der Sache die Dinge weiterbewegen will.

Aber man könnte auch das innerdeutsche Thema als drittes Kriterium nennen, wo die Hemmungen, über den Formelkram hinwegzukommen, besonders stark sind. Mir hat es sehr gefallen, was der frühere finnische Ministerpräsident Paasikivi in seinem Erinnerungsbuch[9] schreibt über seine Moskauer Jahre 1939 – 1941. Nach dem für die Finnen verlorengegangenen Winterkrieg hatten die ihn als Gesandten nach Moskau geschickt, und er mußte dieses schwierige Geschäft dort auf sich nehmen, ganz mühsam auszuhandeln, was auszuhandeln war. Und da saßen die Juristen – ich will jetzt nicht alle über einen Kamm scheren –, aber eine bestimmte Gruppe solcher saß also in Helsingfors im Außenministerium und berichtete immer, was er da vorbringen sollte an Rechtsargumenten. Und dann telegrafierte er eines Tages nach Hause an seinen Ministerpräsidenten: Sagen Sie mal den Mitarbeitern im Außenamt: Der Kreml ist kein Amtsgericht. Das läßt sich also unschwer auch auf andere Zusammenhänge und auf andere geographische Punkte übertragen.

Ich bin der Meinung, wir müssen beharrlich und geduldig an unserer Ostpolitik bleiben. Wir werden in diesem Jahr noch einige Fortschritte dann erzielen, aber nur dann, wenn wir wissen, daß eine über allgemeine Grundhaltungen hinausgehende, auf eine europäische Friedensordnung ausgerichtete West-West-Politik die Voraussetzung einer erfolgreichen Ost-West-Politik ist. Diesen Zusammenhang müssen wir uns klarmachen. Manches wird jetzt noch ein bißchen mühsamer. In der CDU bestehen alte Gegensätze weiter. Da werden Regierungsmitglieder bedrängt aus den Kreisen der Anhänger der Fraktion oder im Lande, und, ohne daß ich jetzt die Schwierigkeiten der CDU im Einzelnen zu erklären hätte, manches ist den Kollegen dort so ungewohnt. [...][10] Es ist einfach eine ungewohnte Situation für eine Partei, die so lange Jahre allein oder fast allein regiert hat, sich auf eine Partnerschaft auch in solchen Fragen einzustellen, und vieles wird für uns nur ganz mühsam durchzusetzen sein.
[...][11]

Im übrigen, liebe Genossen, noch eine Schlußbemerkung. Ich verstehe, das klang ja auch hier in einer Fraktionssitzung schon einmal an, ich verstehe Fragen, die sich schon jetzt auf das Jahr 1969 beziehen. Aber ich halte es, ehrlich gesagt, für erheblich verfrüht, daß wir unsere Aufmerksamkeit jetzt darauf lenken. Meine Arbeitshypothese ist – mehr als eine Arbeitshypothese kann man nicht haben in solchen Fragen –, daß diese Regierung hält bis 1969. Sollte ich mich irren, werde ich eine neue Arbeitshypothese vortragen.
[...][12]

Nr. 6
Artikel des Bundesministers des Auswärtigen, Brandt, für
Außenpolitik
August 1967

Außenpolitik. Zeitschrift für internationale Fragen 18 (1967) 8, S. 449–454.

Entspannungspolitik mit langem Atem

Seit einigen Jahren ist Europa nicht mehr von großen internationalen Krisen erschüttert worden. Die Politik wird in unserem Erdteil nicht mehr allein und auch nicht in erster Linie von der Konfrontation zweier Militärblöcke bestimmt. Die erstarrten politischen Fronten beginnen sich aufzulockern. Ein allmählicher Abbau der militärischen Konfrontation erscheint denkbar.

Diese Entwicklung wäre nicht eingetreten, wenn die westlichen Alliierten in den großen Krisen der jüngsten Vergangenheit nicht zusammengestanden und bereit gewesen wären, einen Angriff gemeinsam abzuwehren. Ist nun, da die Bedrohung nachgelassen hat, die NATO überflüssig geworden? Hat sie sich selbst überflüssig gemacht? Ich glaube nicht. Sie hat ihre militärische Aufgabe erst dann erfüllt, wenn unsere politische gelöst ist. Es gilt jetzt, das Erreichte zu sichern und eine dauerhafte, gerechte Friedensordnung in Europa zu errichten.

Wir befinden uns in den entscheidenden Jahren zwischen zwei Epochen, in denen der Kurs für lange Zeit festgelegt wird. Nur selten geschieht das in spektakulären Konferenzbeschlüssen oder in großen politischen Grundsatzentscheidungen. Es sind nicht immer Kriege, Krisen und revolutionäre Bewegungen, die den Lauf der Geschichte bestimmen. Nietzsche sagte einmal: „Gedanken, die auf Taubenfüßen kommen, lenken die Welt."[1] Das Wort mag auf die Entwicklung in Europa während der letzten Jahre zutreffen. Sie verlief fast unmerklich.

Während in den sowjetischen Überlegungen zur Nahost-Politik[2] wieder weltrevolutionäre Parolen laut wurden, sind die revolutionären Ziele in der sowjetischen Europapolitik zurückgetreten. Von

Krisen in unserem Kontinent scheint man sich nicht mehr viel zu versprechen. Eine darauf hinzielende Politik würde weder bei den Regierungen noch bei den Völkern Osteuropas Anklang finden. Die nationalen Interessen gewinnen bei ihnen größeres Gewicht. Die Lage ist komplexer geworden und bringt neue Probleme mit sich. Dennoch sollten wir uns erinnern, daß noch vor wenigen Jahren ein Zustand, wie er heute besteht, als erstrebenswert galt. Und er ist in der Tat ein großer Fortschritt gegenüber der Zeit des Kalten Krieges und der politischen Erstarrung. Wir haben nicht viel, aber etwas mehr Bewegungsspielraum gewonnen. Es bestehen heute vielfältige Beziehungen zwischen den Partnern der westlichen Allianz und den Staaten Osteuropas. Wenn seit der Karlsbader Konferenz[3] und dem arabisch-israelischen Krieg in einigen osteuropäischen Hauptstädten uns gegenüber noch mehr Zurückhaltung zu spüren ist als vorher, hoffen wir doch, den Dialog intensivieren zu können und damit mehr zu erreichen als nur eine Unterbrechung in dem Duell zwischen Ost und West.

Obwohl aus mancherlei Gründen in einer schwierigeren Ausgangslage als alle Alliierten, verfolgt die deutsche Regierung diese Politik mit Nachdruck. Wir haben immer wieder betont, daß wir weder die osteuropäischen Staaten gegeneinander ausspielen noch irgendeinen Staat dieses Raumes isolieren wollen – auch den anderen Teil Deutschlands nicht. Wenn Ostberlin heute fürchtet, in die Isolierung zu geraten, so ist das allein der Ostberliner Politik zuzuschreiben, die sich durch ihre dogmatische, belehrende Art sowie durch ihre Versuche, ihre Verbündeten im Warschauer Pakt zu bevormunden und ihnen die Aufnahme diplomatischer Beziehungen zu uns zu untersagen oder zu erschweren, selbst isoliert.

Wir wünschen eine solche Isolierung nicht, sondern bemühen uns im Gegenteil darum, auch dieses Gebiet in den europäischen Entspannungsprozeß einzubeziehen. In einer Umwelt, die die Barrieren zwischen den Staaten zu überwinden sucht, sollen unsere Landsleute im anderen Teil Deutschlands nicht gezwungen werden, als einzige abgekapselt leben zu müssen. Daher haben wir Ostberlin im April sechzehn Vorschläge für eine Ausweitung der innerdeutschen Kontakte unterbreitet, die sich verwirklichen lassen, ohne daß eine Seite von der anderen die Aufgabe ihres politischen Standpunktes verlangt. Denn wir sind der Meinung, daß sich ungeachtet der großen Unterschiede unserer politischen Systeme und Standpunkte auch innerhalb Deutschlands viele Probleme lösen lassen.

In seinem Brief[4] an den Vorsitzenden des Ministerrats, Herrn Stoph, hat Bundeskanzler Kiesinger wiederholt, daß, solange grundsätzliche Meinungsunterschiede eine Lösung der deutschen Frage unmöglich machen, es im Interesse des Volkes, des Friedens und der Entspannung notwendig ist, innerdeutsche Vereinbarungen zu treffen, die die menschlichen, wirtschaftlichen und kulturellen Verbindungen zwischen den Deutschen in beiden Teilen unseres Vaterlandes erleichtern. Wir setzen uns für das Wohl der Landsleute ein, die unter einem Regime leben, das sie sich nicht ausgesucht haben. Auch wenn die Träger der politischen Macht drüben sich zunächst noch so sehr sperren, werden sie auf die Dauer nicht an dem Weg vorbeikommen, auf dem allein Ansehen und Achtung zu gewinnen sind. Um es mit einem Satz zu sagen: Je mehr Freiheit das Ostberliner Regime den Menschen gewähren würde, desto mehr anerkennende Zustimmung könnte es in der Welt finden.

Für eine Allianz, die in einer Periode internationaler Spannung und zur Abwehr einer Gefahr geschlossen worden war, bringt eine Politik der Entspannung naturgemäß einige Fragen mit sich, die von der Allianz gelöst werden müssen. Ein Abbau der Spannungen zwischen Ost und West ist nützlich und wünschenswert, unsere Politik zielt aber weiter. Sie sieht ihre Aufgabe darin, in einer Phase der *détente* die Spannungsursachen zu beseitigen und eine Situation zu schaffen, die nach menschlicher Voraussicht keinen Grund zu neuen gefährlichen Spannungen bietet. Die Periode der Entspannung, auf die wir hinarbeiten, soll dazu genutzt werden, die europäische Sicherheit solide zu begründen und eine dauerhafte Friedensordnung in Europa herzustellen, das heißt: auch die Deutschland-Frage zu lösen und eine Einigung über dringende, über Europa hinausgehende Fragen anzustreben.

Ich hatte festgestellt, daß die revolutionären Ziele in der sowjetischen Europapolitik zurückgetreten seien; dennoch darf man den Einfluß der Ideologie auf kommunistische Führungen weiterhin nicht unterschätzen. Wenn sie die Politik der nicht-kommunistischen Staaten und Gemeinschaften analysieren, wird ihr Blick noch häufig von ideologischen Vorurteilen verstellt. Die Karlsbader Konferenz[5], die von einem völlig verzeichneten Bild des Westens und seiner politischen Absichten ausging, ist dafür ein bezeichnendes Beispiel. Noch folgenschwerer wirkten sich die ideologischen Vorurteile in der sowjetischen Beurteilung der Situation im Nahen Osten aus. Solche Vorurteile schränken auch die Bereitschaft zur Entspannung und Zusammenarbeit ein. Sie sitzen tief, und es wird nicht leicht sein, sie zu überwinden.

Ob unsere Bemühungen Erfolg haben und eine Periode der Entspannung einleiten werden, läßt sich heute noch nicht sagen. Es gibt einige Zeichen, die uns ermutigen, unsere Politik geduldig fortzusetzen. Aber es gibt andererseits das fortwährende Bestreben der führenden Kreise in Moskau und Ostberlin, ihre Bundesgenossen auf eine Politik festzulegen, deren Ziel es ist, eine Entspannung im Verhältnis zur Bundesrepublik Deutschland zu verhindern oder zumindest zu erschweren, die Auflösung der NATO zu fördern und die USA aus Europa herauszudrängen. Wir dürfen die Möglichkeit nicht ausschließen, daß dieser politische Kurs durchgesetzt werden kann, wobei allerdings offenbleiben muß, wie lange.

Die uns gegenüber angewandte Taktik ist zu offensichtlich, als daß sie täuschen könnte. Während die Führung der sowjetischen Politik viele NATO-Mitglieder in Ruhe läßt oder zu Entspannungsschritten ermutigt, richtet sie ihre Angriffe vorzugsweise gegen zwei Mitglieder der westlichen Allianz: gegen die USA und gegen uns. Auf der Luxemburger Ministerkonferenz der NATO im Juni[6] herrschte jedoch Einigkeit darüber, daß eine Entspannung zwischen Ost und West nur möglich ist, wenn sie prinzipiell und tatsächlich alle Staaten der Allianz umfaßt.

Natürlich wird das Verhältnis der NATO-Staaten zur Sowjetunion und ihren Verbündeten nie uniform sein. Das wäre nicht einmal wünschenswert. Auf der Luxemburger Konferenz und bei anderen Gelegenheiten habe ich darauf hingewiesen, daß unsere Politik gegenüber dem Osten elastisch bleiben muß. Für ihren Erfolg wird entscheidend sein, daß jeder einzelne in seinen Kontakten die Allianz im Auge behält, für seine Verbündeten eintritt und ihren politischen Weg erleichtert. Die Beschlüsse der Karlsbader Konferenz[7] haben gezeigt, daß ihre Urheber hoffen, die NATO zersplittern und ihr den Todesstoß versetzen zu können. Ihnen muß offensichtlich erst die Hoffnung genommen werden, bevor sie sich nicht nur taktisch mit einer Politik der Entspannung befreunden können.

NATO und Entspannungspolitik sind keine Alternativen, die einander ausschließen. Im Gegenteil, der Bestand der NATO – also ihr politisches Gewicht und ihre Bereitschaft, unser Gebiet gegen jeden Angriff zu verteidigen – hat den Nachweis erbracht, daß eine Politik der Spannung und der Krisen keinen Gewinn bringt. Man würde die Basis der Entspannungspolitik verkleinern, wenn man die NATO schwächte und ihre Wirksamkeit verminderte. Es wäre leichtfertig, sie zu beeinträchtigen, und das, was erreicht wurde, aufs Spiel zu setzen.

Es gibt verschiedene Hinweise, daß die sowjetische Führung und einige ihrer Verbündeten gebannt auf das Jahr 1969 blicken in der Hoffnung, die Allianz werde dann auseinanderfallen und der Osten könne diesen Prozeß in seinem Sinne beeinflussen.[8] Wer diese Hoffnung hegt, wird zu der Einsicht gebracht werden müssen, daß er einer Illusion nachjagt. Die Allianz ist auf unbeschränkte Dauer abgeschlossen. Ich gehe davon aus, daß sie weiterbestehen und daß auch eine Veränderung des Warschauer Paktes die westlichen Alliierten keineswegs veranlassen würde, ihr Bündnis aufzugeben. Solange keine dauerhafte und gerechte europäische Friedensordnung hergestellt ist, ist es nicht entscheidend, ob die Warschauer-Pakt-Organisation bestehenbleibt oder durch ein System bilateraler Beistandspakte ersetzt wird. Anders gesagt: eine europäische Friedensordnung wird auch das Problem der bilateralen Pakte nicht ausklammern können.

Unsere Entspannungspolitik darf nicht so verstanden werden, als unterschätze und vernachlässige sie die Rolle des westlichen Bündnisses. Wir haben im Gegenteil davor gewarnt, den Bilateralismus in den Ost-West-Beziehungen überwuchern zu lassen. Wir haben uns statt dessen dafür eingesetzt, das Bündnis in seiner Gesamtheit auf die neuen Aufgaben einzustellen.

Bundeskanzler Kiesinger hat kürzlich (vor der Deutschen Gesellschaft für Auswärtige Politik) von einer Entwicklung gesprochen, die sich folgerichtig auf eine allmähliche Entspannung hin entwickeln müsse, „zu einem Interessenausgleich zwischen den Bündnissen im Westen und im Osten und schließlich zu einer Art von Zusammenarbeit"[9]. Selbst hatte ich darauf hingewiesen, daß ein europäisches Sicherheitssystem im Prinzip nach zwei Modellen denkbar sei: entweder, indem es vom Weiterbestehen der gegenwärtigen Bündnisse ausgeht und sie in ein bestimmtes Verhältnis zueinander bringt, oder, indem man daran geht, die Pakte stufenweise abzulösen und Neues an ihre Stellen zu setzen.[10]

Vieles spricht dafür, vom ersten „Modell" auszugehen, wenn sich dieses Thema einmal als ein solches der praktischen Politik stellen wird. Aber es ist gut, daß innerhalb der Allianz schon jetzt über die Fragen eines künftigen europäischen Sicherheitssystems und einer künftigen europäischen Friedensordnung nachgedacht und diskutiert wird. An diesen Arbeiten sind wir vital interessiert, und wir haben uns um unsere eigenen, konstruktiven Beiträge zu bemühen.

Bundeskanzler Kiesinger hat auch von der „kritischen Größenordnung" eines vereinigten Deutschland gesprochen und daraus geschlossen, „daß daher der Prozeß des Zusammenwachsens der getrennten Teile Deutschlands in den Vorgang der allmählichen Abschwächung und Überwindung des Ost-West-Konflikts in Europa eingebettet sein müsse"[11]. Nichts wäre jedoch falscher als die Annahme, wir glaubten neuerdings an eine isolierte Lösung der deutschen Fragen. Worum es tatsächlich geht, ist jene Perspektive, die hinausführt über den Abbau der Spannungen und über das Bannen der Kriegsgefahr, über ein Sicherheitssystem hin zu einer dauerhaften und gerechten Friedensordnung.

Wir wissen also, daß sich die deutschen Fragen nur im Zusammenhang mit einer gesamteuropäischen Friedensregelung lösen lassen und nur in einem Zustand des Ausgleichs zwischen Ost und West gefördert werden können. Wir machen unsere Politik der Entspannung nicht von Fortschritten in der Deutschland-Frage abhängig. Um so mehr bedauern wir, daß die führenden Kreise in Moskau und Ostberlin diese Frage aus der europäischen Entspannung ausklammern wollen und daß sie das tun, was sie der deutschen Politik bisher vorgeworfen haben, nämlich politische Vorbedingungen zu stellen.

Noch vor einem Jahr waren sie es, die Bonn aufforderten, um seinen Willen zur Entspannung zu beweisen, diplomatische Beziehungen zu den osteuropäischen Staaten aufzunehmen. Wir haben uns bereit erklärt, diplomatische Beziehungen mit diesen Staaten herzustellen, haben eine Reihe von Vorschlägen zur Abrüstung und Sicherheit gemacht, haben den Austausch von Gewaltverzichtserklärungen angeboten, die auch den Gewaltverzicht gegenüber dem anderen Teil Deutschlands einschließen. Wir haben, um auch jenen Teil Deutschlands an den Erfolgen einer Entspannung teilnehmen zu lassen, weitgehende praktische Vorschläge für eine Ausweitung der innerdeutschen Kontakte unterbreitet.[12]

Nun aber hört man aus dem Mund sowjetischer und osteuropäischer Politiker, unsere ausgestreckte Hand „enthalte einen Stein" und unsere Angebote seien nur ein „Werkzeug im Kampf gegen die sozialistischen Länder Osteuropas und ein Mittel, Spaltung in ihre Reihen zu tragen und die DDR zu isolieren". Unsere Politik sei „eine Politik der Revanche und des Militarismus". Unter anderem wird erklärt, die Beziehungen zu uns ließen sich erst normalisieren, wenn wir die „DDR" als Staat und Berlin als „besondere staatliche Einheit" anerkennen und wenn die NATO aufgelöst werde. Damit werden Bedingungen gestellt, von denen man wissen muß, daß sie nicht realistisch sind.[13]

Gewiß hat unsere Politik bei fortschrittlich und realistisch denkenden Staatsmännern Osteuropas auch Verständnis gefunden. Einige Reaktionen enthielten, selbst wo sie negativ waren, vielsagende

Nuancen und Einschränkungen. Mit Bukarest haben wir Botschafter ausgetauscht, und die deutsch-rumänischen Handelsbeziehungen entwickeln sich gut. Aber nicht nur die Rumänen haben sich davon überzeugen können, daß unsere Hand keineswegs „einen Stein enthält"[14], wie Generalsekretär Breschnew meinte. Sie bleibt auch den anderen osteuropäischen Staaten gegenüber ausgestreckt. Wer sie ergreift, mit dem werden wir zum gemeinsamen Nutzen unserer Völker und Wirtschaften zusammenarbeiten. Es ist uns sehr ernst mit dem Wunsch, gerade auch zur Sowjetunion die Beziehungen zu verbessern. Entspannung ist nicht möglich, wenn nur eine Seite bereit ist, die Spannungen zu beseitigen. Wir haben praktische und konkrete Vorschläge zur Entspannung gemacht. Unsere Allianz unterstützt uns dabei, denn sie tritt, ohne ihre Sicherheitsaufgaben zu vernachlässigen, für eine Normalisierung des Verhältnisses zur Sowjetunion und den osteuropäischen Staaten ein. Diese Politik wird erschwert, wenn die andere Seite ihre Bereitschaft zur Entspannung von Bedingungen abhängig macht, die Zweifel erwecken, ob überhaupt eine Entspannung gewollt wird. Was die Bundesregierung betrifft, wiederhole ich: Wir haben unsere Hand ausgestreckt, und sie bleibt ausgestreckt. Wir stellen keine Bedingungen, und wir drängen nicht. Wir haben einen langen Atem und die Hoffnung, daß die Vorteile einer Politik der Entspannung und Zusammenarbeit schließlich auf allen Seiten erkannt werden.

Nr. 7
Interview des Bundesministers des Auswärtigen, Brandt, mit der *Stuttgarter Zeitung*
20. Oktober 1967

Stuttgarter Zeitung, Nr. 243 vom 20. Oktober 1967, S. 3.

Europa darf England nicht abweisen

Interview mit Außenminister Willy Brandt/Von Reinhard Appel, Bonn

Frage: Herr Minister, die Frage des britischen Beitritts zur Europäischen Wirtschaftsgemeinschaft (EWG)[1] enthält Konfliktstoff. Schon die Frage der Prozedur der Verhandlungen bereitet Schwierigkeiten. Der britische Außenminister Brown hat gestern den französischen Geschäftsträger in London empfangen und ihm nach Zeitungsmeldungen erklärt, daß England Verhandlungen wolle und sogenannte Vorgespräche ablehne.[2] Wissen Sie einen Mittelweg?
Brandt: So weit sind wir noch nicht. Jetzt kommt erst die Sitzung des EWG-Ministerrats in Luxemburg am kommenden Montag und Dienstag[3], und es gehört nicht viel Phantasie dazu, sich vorzustellen, daß man bei dieser Zusammenkunft unter den Sechs noch nicht fündig werden wird. Wir werden den Versuch machen, einen Fragenkatalog anzuführen, aus dessen Beantwortung man ablesen können muß, wie die sechs Regierungen zu den Hauptpunkten des Sachverständigenberichts der EWG-Kommission stehen; also ob zum Beispiel alle sechs Regierungen der Meinung sind, daß die Fragen der Währungspolitik, des Agrarmarktes und der Commonwealth-Bindungen die eigentlich schwergewichtigen unter den auszuhandelnden Fragen sind; oder, um ein anderes Beispiel zu nennen, ob alle Sechs der Konklusion des Berichts der EWG-Kommission zustimmen, daß Verhandlungen aufgenommen werden könnten, wenn der politische Wille dazu vorhanden sei. Dann werden wir sehen, ob es noch einer weiteren oder noch zweier weiterer Sitzungen bedarf.

Dann wird die Frage der Verhandlungen entstehen. Ich weiß nicht genau, was zwischen Brown und dem französischen Geschäftsträger gesprochen worden ist, da ich darüber noch keinen Bericht gesehen habe, außer den Andeutungen in der Presse. Ich kann mir vorstellen, daß die englische Seite nicht abgespeist werden möchte, um das mal so zu nennen, durch exploratorische Gespräche an Stelle von Verhandlungen, um die man gebeten hat und über die zu befinden ist, wenn Beitrittsgesuche vorliegen – negativ oder positiv zu befinden ist. Aber es ist ja doch denkbar, daß Verhandlungen, wenn sie aufgenommen würden, ergänzt oder unterbrochen werden könnten dadurch, daß die EWG-Kommission über eine Reihe wichtiger technischer Einzelfragen mit den englischen Vertretern Detailgespräche führt. Ich nenne wieder ein Beispiel: Unsere deutschen Experten sind der Meinung, daß die Brüsseler Kommission die Wirtschaftslage in England etwas zu ungünstig dargestellt habe. Das kann man ja wohl nur im Gespräch mit den Engländern selbst klären. Hier geht es um Fakten, Statistiken, Vorausberechnungen und so weiter.[4]
Zwischenfrage: Kann man das auch bilateral klären?
Brandt: Das kann man auch bilateral machen. Aus meinem Gedankengang würde sich ergeben, daß dieses wichtige technische Problem nicht notwendigerweise in dem großen Kreis der sechs Regierungsdelegationen plus Engländer, oder gar bloß Engländer plus drei weiterer plus Europäischer Kommissionen mit ihren Mitarbeitern erörtert werden müßte. Fragen dieser Art könnten unter Umständen beim Ministerrat abgegeben werden, und die Kommission könnte mit den Engländern und Deutschen gemeinsam die Thematik prüfen und dann darüber berichten. Aber man kann das wirklich erst im einzelnen nennen und besser einschätzen, wenn der nächste Ministerrat oder auch noch ein weiterer stattgefunden hat.
Frage: Gehen Sie davon aus, daß wenigstens bis zum Ende des Jahres Verhandlungen aufgenommen werden sollten, oder möchten Sie sich nicht auf einen Zeitpunkt festlegen?
Brandt: Nach meiner Einschätzung des sachlichen Fragenkomplexes und auch auf Grund der Analysen, die wir angestellt haben mit den anderen Ressorts, müßte es möglich sein, noch in diesem Jahr in

Verhandlungen einzutreten. Aber es kommt ja dabei bekanntlich nicht nur auf uns an, sondern es kommt darauf an, daß alle Sechs dafür sein müssen.
Frage: Herr Minister, Sie haben Außenminister Rusk zum Thema Atomsperrvertrag einen Brief geschrieben.[5] *In der Oeffentlichkeit ist der Eindruck entstanden, daß wir jetzt unter Zeitdruck gesetzt werden sollen, wobei auch die Behauptung eine Rolle spielt, daß der amerikanische Präsident bis zu den Wahlen in den USA*[6] *den Vertrag unter Dach und Fach haben möchte. Sehen Sie sich für die Bundesregierung unter Druck gesetzt?*
Brandt: Nein, das würde ich nicht sagen. Zunächst, was den Brief angeht, so passiert es häufiger einmal, daß ich dem einen oder anderen Außenminister einen Brief schreibe, wenn man meint, daß das nützen kann. Hier zeigt sich aber wieder einmal, daß sich in Washington Dinge offenbar noch weniger vertraulich behandeln lassen, als es bei uns der Fall ist. Das erleichtert die Arbeit nicht. Es gibt in der Außenpolitik, in der Diplomatie gewisse Vorgänge, die man besser klärt, wenn sie nicht vorzeitig auf den Markt getragen werden. Zur Sache selbst: Ich habe ja vor dem Bundestag in der vorigen Woche gesagt, die Wahrscheinlichkeit spreche dafür, daß der Vorgang in den nächsten Wochen von der Genfer Abrüstungskommission nach New York in den politischen Ausschuß der Vereinten Nationen übergehe.[7] In einer solchen Situation – der Artikel drei, der Kontrollartikel[8], ist ja noch offen – liegt es auf der Hand, daß man dazu noch einmal seine Meinung sagt. Die Amerikaner haben sich ja an die Europäische Kommission, jetzt im Sinne der Euratom-Kommission, gewandt – aber nicht auf uns als Bundesrepublik allein oder in erster Linie bezogen –, da mag es sein, daß einige Herren in Amerika nicht richtig verstanden haben, daß man in Brüssel nicht jeden Tag gleich zusammenkommt. Wir haben der Kommission unsererseits Anregungen gegeben. Wir haben außerhalb der Ministerratssitzung in der nächsten Woche im Kreis der sechs Außenminister oder, wenn man es ganz genau nehmen will, der fünf plus eins – der fünf nichtnuklearen, aber zusammen mit unserem französischen Kollegen – eine Zusammenkunft in dieser Angelegenheit.[9] Mit dem französischen Außenminister[10] habe ich mich noch einmal darüber unter-

halten, wie man, wenn es zu dem Atomsperrvertrag kommt, die Euratom-Kontrollen erhalten könne. Ich will etwas hinzufügen: Das, was man Verifikation nennt, was also bedeuten würde, daß im Bereich von Euratom alles seine Ordnung hat, daß beispielsweise nicht schlapper kontrolliert wird – in Wirklichkeit wird [sich] das Gegenteil herausstellen –, wie verhindert man, daß dabei das Element der Euratom-Kontrollen wegfällt, denn dann würde die europäische Atomgemeinschaft (Euratom) überhaupt angeschlagen werden, und sie ist ja ohnehin nicht das stärkste Glied der europäischen Gemeinschaften, mit denen wir es jetzt zu tun haben. Dabei geht es, nebenbei gesagt, auch um Interessen, die nicht nur die fünf EWG-Staaten berühren, die zum Unterschied von Frankreich nicht Nuklearmächte sind, sondern auch um französische. Denken Sie nur daran, wie sich ein Kontrollartikel auf die Einfuhr von jenem spaltbaren Material auswirken würde, das man für die friedliche Nutzung der Atomenergie braucht. Ich glaube, unsere französischen Nachbarn sehen jetzt auch klarer als vorher, daß auch französische Interessen berührt werden.

Frage: Ein anderes Thema: die Deutschlandpolitik. Rechnen sie mit einer weiteren Antwort von Herrn Stoph auf das jüngste Schreiben von Bundeskanzler Kiesinger?[11]

Brandt: Ich würde mich sehr wundern, wenn es nicht zu einer neuen Aeußerung von dort käme. Aber über den Zeitpunkt kann man nichts sagen. Die haben ihre eigene Art, Sachen zu behandeln. Das vorige Mal[12] hat es ja auch ein bißchen lange gedauert. Bis zum Beginn der Sommerferien hörte man, daß drüben in den Führungsgremien in Ostberlin mehrheitlich entschieden worden sei, nicht zu antworten. Dann hat sich das während des Sommers geändert, allerdings so, daß dann zwar geantwortet worden ist, aber mit den Argumenten derer, die nicht antworten wollten. Ich glaube schon, wenn ich mir das im Zusammenhang so durchdenke, daß es eine neue Aeußerung geben wird. Aber damit ist leider noch kein Fortschritt in der Sache zu vermuten oder zu erwarten.

Frage: Es sei denn, die Aeußerung würde sich darauf beziehen, daß man einverstanden ist, mit Staatssekretären zu verhandeln?

Brandt: Das wäre vernünftig, aber wir müssen uns, glaube ich, noch darauf einstellen, daß die Vernunft noch klein geschrieben wird auf dem Wege zur innerdeutschen Entkrampfung.
Frage: Könnte es nicht sein, Herr Minister, daß die DDR einfach noch nicht so weit ist, daß sie eine Politik, die eine Entkrampfung bewirkt und in der Praxis doch dann zum Beispiel auch zu Reiseerleichterungen führen soll, einfach noch nicht akzeptieren kann, weil sich das Regime noch nicht so stabilisiert hat, daß es sich eine solche Politik leisten könnte? Kurz gesagt: ist die Zeit für diese Politik vielleicht noch nicht reif?
Brandt: Da mag was dran sein. Ich glaube, was immer die Motive sein mögen, sieht es jedenfalls so aus, als ob die führende Gruppe in Ostberlin bis auf weiteres die Isolierung will und nicht die Kommunikation. Aber ich habe Grund anzunehmen, daß das auch in den führenden Gruppen in Ostberlin nicht einheitlich beurteilt wird. Darum muß das, was ist, nicht so bleiben. Nicht nur auf Grund des Faktors, den Sie durch Ihre Frage andeuten, sondern auch auf Grund der Meinungsbildung drüben. Wenn sich Ostberlin diese Politik aus objektiven Gründen noch nicht zutraut, also umfassendere Regelungen zu treffen, dann wäre aber doch nicht einzusehen, warum sie es sich nicht überlegten, partielle Regelungen anzustreben. Mehr haben wir uns ja auch bis auf weiteres nicht vorstellen können, sowohl auf den Kontakt mit Menschen wie auf den Güteraustausch und kulturelle Kontakte bezogen. Vernünftig wäre – wie gesagt, wenn Vernunft eine Rolle spielte –, daß man sich in Ostberlin fragte, wo gibt es Gebiete, auf denen es die Interessen beider Ordnungen zulassen, daß sich etwas ändert an dem, was ist. Nur wenn die Frage so gestellt wird und wenn sie für einige Teilgebiete positiv beantwortet werden würde, könnten Fortschritte erreicht werden.
Frage: Herr Minister, in Ihrem jüngsten Interview mit dem „Stern"[13] *habe ich gelesen, daß Sie in der Frage des Gewaltverzichts so weit gehen, auch Gewaltverzichtsvereinbarungen mit dem anderen Teil Deutschlands abzuschließen. Ich habe den Bundeskanzler vor einiger Zeit danach befragt und er hat ausdrücklich „nein" gesagt.*
Brandt: Das habe ich so nicht in Erinnerung. In der Sache kann es hier keine Meinungsverschiedenheit geben und es gibt sie auch nicht,

zumal da schon in der Regierungserklärung vom Dezember[14] vergangenen Jahres gesagt wurde, ohne uns allerdings auf die Prozedur öffentlich festzulegen, daß wir die Problematik der deutschen Teilung, wie es dort heißt, einbeziehen wollen in dieses Bemühen um Gewaltverzicht[15], und seitdem haben wir bei mehr als einer Gelegenheit gesagt: Wir sind bereit, gegenüber der Sowjetunion und ihren Verbündeten, eine Politik des Gewaltverzichts zu betreiben und sie in geeignete rechtliche Formen zu bringen. Was den anderen Teil Deutschlands angeht, so halte ich die Formel nicht für eine öffentliche Diskussion geeignet. Außerdem gibt es nicht nur eine Formel, auch wenn das gilt, wovon der Bundeskanzler und ich gleichermaßen vor dem Bundestag gesprochen haben, wozu wir stehen, daß es nämlich keine völkerrechtliche Anerkennung der DDR für uns gibt, keine Anerkennung als Ausland für uns gibt. Ich sage noch einmal, es gibt mehr als eine Form, durch die klargestellt werden könnte, daß der Gewaltverzicht auch für den innerdeutschen Bereich gilt.

Frage: Das schließt jedenfalls ein, daß man bilaterale Vereinbarungen mit der Sowjetunion und allen ihren Verbündeten, einschließlich der DDR, abschließen könnte?

Brandt: Wir hätten uns vorstellen können, der Sowjetunion und ihren Verbündeten gegenüber gemeinsam einen Gewaltverzicht auszusprechen, aber es gibt wohl auch im ost- und südosteuropäischen Block, wenn man von der DDR-Frage absieht, Partner, die Wert darauf legen, daß sie als eigene Nationalstaaten gewertet werden und in Erscheinung treten. Wenn Sie sich noch einmal den ersten Brief von Kiesinger an Stoph ansehen würden, dann fänden Sie dort den Beweis für diesen Hinweis.[16] Ein Gewaltverzicht wäre bei Ausklammerung des Anerkennungskomplexes auch für die beiden Ordnungen auf deutschem Boden möglich oder könnte auch an anderer Stelle zur Kenntnis gebracht werden. Ich will mich jetzt absichtlich nicht auf die Form einlassen, in der das möglich wäre, es gibt wie gesagt mehr als eine Form dafür, wenn man es will.

Nr. 8
Schreiben des Bundesminister des Auswärtigen, Brandt, an den Bundeskanzler, Kiesinger
6. November 1967[1]

AdsD, WBA, A 7, 13.

Sehr geehrter Herr Bundeskanzler,
Sie haben sicher erfahren, daß ich in den letzten Tagen das Bett hüten musste. Der Arzt besteht auf Schonung in den nächsten zwei Wochen. Ich werde aber morgen zur Kabinettssitzung kommen und auch an dem Gespräch mit den Fraktionsvorsitzenden teilnehmen.

Es ist wichtig, daß solche Gespräche regelmäßig fortgesetzt werden. Dadurch wird es leichter werden, zwischen den Partnern der großen Koalition zu einer kontinuierlichen Verständigung über Inhalt und Form dessen zu kommen, was wir gemeinsam zu verantworten haben.

Auch als Außenminister habe ich den dringenden Wunsch, daß Reibungsverluste vermieden werden und an den Grundlinien der vereinbarten Politik festgehalten wird.

Zu einem aktuellen Thema: Einige Zeitungen haben es so dargestellt, als hätten Sie auf Ihrer Pressekonferenz am 3. November [1967] ein auf das Thema des Gewaltverzichts beschränktes Gespräch mit der Sowjetunion für nicht sinnvoll erklärt.[2] Die Überlegungen, die nach einer sorgfältigen Prüfung des sowjetischen Aide-mémoires[3] in meinem Hause angestellt worden sind, kommen zu dem Ergebnis, daß ein solches Gespräch geführt werden sollte; selbstverständlich nicht, indem wir uns auf diesem Umweg eine völkerrechtliche Anerkennung der DDR aufnötigen lassen. Ich teile diese Auffassung und ‹werde Ihnen bald über die Vorstellungen für eine Rückäußerung an die Adresse der Sowjetunion berichten›[4].

Ich möchte über die erwähnte Einzelfrage hinaus betonen, daß mir sehr daran liegt, das Klima unserer Zusammenarbeit zu verbessern. Dies ist im Interesse der Bundesrepublik erforderlich. Nur in

partnerschaftlicher Zusammenarbeit werden wir die Aufgaben meistern, die sich die Regierung im Innern und nach außen gestellt hat.
Mit freundlichen Grüßen
Ihr
‹gez[eichnet].: Brandt›⁵

Nr. 9
Aus der Rede des Bundesministers des Auswärtigen, Brandt, beim Liebesmahl des Ostasiatischen Vereins
8. März 1968

Bulletin des Presse- und Informationsamtes der Bundesregierung, Nr. 32 vom 9. März 1968, S. 253–256.

China-Handel überschritt Milliardengrenze

[...]¹
Gelegentlich wird gesagt, die Bundesregierung lasse die Asienpolitik zu kurz kommen. Sie sei zu sehr in Anspruch genommen von den Problemen Europas und der Ost-West-Beziehungen. Nun ist es richtig, daß die Bemühungen um den westeuropäischen Zusammenschluß uns stark beschäftigen. So muß ich morgen früh schon wieder in Brüssel sein, um für eine Formel zu werben, die den Engländern und den Skandinaviern den Weg in den Gemeinsamen Markt ebnen kann.² Es ist auch richtig, daß wir der östlichen Komponente unserer Ostpolitik viel Aufmerksamkeit widmen, ohne dabei die freundschaftlichen Beziehungen zu den Vereinigten Staaten und unsere Stellung in der atlantischen Allianz zu vernachlässigen. Nicht richtig ist, daß wir unsere weltweiten Interessen vernachlässigen.

Weltweite Interessen

Wir sind bekanntlich keine Weltmacht, aber wir haben wirtschaftlich und kulturell weltweite Interessen wahrzunehmen; und wir sind vital an allem interessiert, was den Weltfrieden angeht. Hieraus ergibt sich, daß Asien in unserer Außenpolitik einen hohen Rang einnimmt.

Die Bundesregierung der Großen Koalition hat keinen Zweifel aufkommen lassen, daß die Aktivierung und Weiterentwicklung der deutschen Politik auch für die Asienpolitik gelten würde. Dieser Teil unserer auswärtigen Politik ist unerläßlicher Bestandteil unserer Bemühungen um Entspannung, Friedenssicherung und Kooperation. Die Bedeutung Asiens – dieses von Krisen geschüttelten und zugleich im Aufbau begriffenen volkreichsten Erdteils – für das Weltgeschehen und damit auch für uns kann nicht hoch genug eingeschätzt werden. Wir alle fühlen die Rückwirkungen tragischer Konflikte und empfinden, wie sehr die Welt schicksalhaft zusammenwächst.

Inhalt und Sinn unserer Asienpolitik ist es:
– die politische und wirtschaftliche Zusammenarbeit erhalten und fördern zu helfen;
– unsere wirtschaftlichen Interessen zum beiderseitigen Nutzen wirksam zu vertreten;
– Verständnis zu wecken für unsere Entspannungspolitik und ihr Ziel: die friedliche Überwindung der europäischen und der deutschen Spaltung.

Wir sind uns bewußt,
– daß unseren politischen und wirtschaftlichen Möglichkeiten in Asien Grenzen gesetzt sind,
– daß wir uns an den Grundsatz der Nichteinmischung in innere Probleme der asiatischen Staaten zu halten haben,
– daß unsere Politik darauf gerichtet sein muß, bei Konflikten mäßigend zu wirken und nur der friedlichen Zusammenarbeit zu dienen.

Im März 1967 gab die dritte Ostasienreise des Bundespräsidenten mit Staatsbesuchen in Korea, Malaysia und Nepal sowie Afghanistan Gelegenheit, unsere traditionelle wirtschaftliche und kulturelle Präsenz in den besuchten Ländern und darüber hinaus in ganz Asien politisch zu unterstreichen und das Interesse für ganz Deutschland zu vertiefen.[3]

Wertvoller Erfahrungsaustausch

Selbst konnte ich wenige Monate nach der Übernahme des auswärtigen Ressorts in Tokio eine Botschafterkonferenz für den süd- und ostasiatischen Raum durchführen.[4] Sie wurde zu einem wertvollen Erfahrungsaustausch und hat mir sehr dabei geholfen, die heutigen Notwendigkeiten unserer Politik klarer zu sehen.

Dieser Konferenz im Mai 1967 gingen die deutsch-japanischen Konsultationen in Tokio voraus, bei denen wir im Geiste der Freundschaft, die die beiden Nationen verbindet, weltpolitische und bilaterale Fragen erörterten.[5] Es ergab sich dabei ein erfreulicher Stand der deutsch-japanischen Beziehungen und eine Bekräftigung des Willens, die vertrauensvolle Zusammenarbeit auf einer Mehrzahl von Gebieten noch zu verstärken. Japan hat – wie wir alle wissen – nicht nur einen erstaunlichen wirtschaftlichen Aufschwung genommen. Es ist – und das begrüßen wir – in zunehmendem Maße bereit, sich im südostasiatischen Bereich zu engagieren und sich damit um die regionale politische Stabilisierung zu bemühen.

Ende November 1967 konnte die erste Reise eines Bundeskanzlers nach Asien mit Schwerpunkt im südasiatischen Bereich stattfinden.[6] Sie führte – wie Sie sich erinnern werden – nach Indien, Birma, Ceylon sowie Pakistan. Diese Reise hat einen sehr harmonischen Verlauf genommen. Als wichtige Ergebnisse möchte ich nennen:
- die Stärkung des gegenseitigen Vertrauens durch die offenen Aussprachen der Regierungschefs über weltpolitische und bilaterale Fragen;
- die positive Aufnahme unserer Entspannungs- und Deutschlandpolitik;
- die Vereinbarung jährlicher Konsultationen der Außenminister oder ihrer Stellvertreter mit Indien und Pakistan.

Für die Wiederaufnahme der deutsch-jugoslawischen diplomatischen Beziehungen[7] als einem weiteren Schritt unserer illusionslosen, konstruktiven Osteuropa-Politik war die Haltung mehrerer Partner in Asien von erheblichem Gewicht. Diese Einzelfrage zeigt, wie eng der europäische und der weltpolitische Standort der Bundesrepublik miteinander verflochten sind.

Keine machtpolitischen Ziele

Entscheidend für unsere Haltung in der dritten Welt ist, daß wir in keinem Kontinent machtpolitische Ziele verfolgen und daß wir eintreten für die Beendigung und die Verhinderung von Konflikten. Jeder Konflikt, auch wenn er nicht den Umfang und die Schrecken des Vietnam-Krieges erreicht, auch wenn nicht unmittelbar die Supermächte engagiert sind, belastet die Lage in Europa. Wir haben ein Eigeninteresse an der friedlichen Lösung der Konflikte in anderen Teilen der Welt.

Umgekehrt gilt es, die Völker Asiens – ebenso wie die Lateinamerikas und Afrikas – davon zu überzeugen, daß die europäische Einigung in ihrem eigenen Interesse liegt, weil ein in Sicherheit geordnetes Europa ein kraftvolles Element der Stabilität in der Welt wäre. Und Stabilität ist es, was die Nationen der dritten Welt brauchen, was die ganze Welt braucht, damit die Menschheit, die sich täglich um die Einwohnerzahl einer mittleren Stadt vermehrt, menschenwürdig existieren kann.

Die Ziele unserer europäischen Politik – der Ausbau und die Erweiterung der Europäischen Gemeinschaften, die friedliche Überwindung der Spaltung unseres Kontinents und die Schaffung einer dauerhaften und gerechten europäischen Friedensordnung – sind alles andere als eigensüchtige Ziele. Ihre Verwirklichung wird allen zugute kommen, nicht zuletzt den Völkern Asiens, die noch so große und schwierige Aufgaben zu lösen haben. Ganz konkret gesprochen: Wir in Europa und gerade auch wir in Deutschland werden uns den partnerschaftlichen Aufgaben wesentlich stärker zuwenden können, wenn unsere Kräfte nicht mehr so stark durch Spaltung und Rüstung beansprucht werden.

Unsere Osteuropa-Politik begegnet großen Schwierigkeiten. Aber wir kommen langsam voran, nicht nur in Bukarest und Belgrad. Nach dem Austausch von Handelsvertretungen mit der Tschechoslowakei[8] sind wir jetzt – Albanien ausgenommen – in allen osteuropäischen Ländern präsent. Wir sind dort der wichtigste westliche Handelspartner; dabei sind noch nicht alle Möglichkeiten wirtschaftlicher Zusammenarbeit erschöpft.

Vorwürfe gehen ins Leere

Wir haben für unsere realistischen Bemühungen viel Zustimmung im Westen und in der dritten Welt gefunden. Niemand ist mehr glaubwürdig, der behauptet, die Bundesrepublik Deutschland sei ein Störenfried oder ein Hindernis der Entspannung. Hier haben wir es mit einer echten Klimaveränderung zu tun. Die Vorwürfe, die Bundesregierung bereite ein Aggression vor, sie sei imperialistisch, sie gefährde den Frieden – und was es dergleichen noch gibt –, diese Vorwürfe gehen ins Leere. Mit dem vorrangigen Bemühen unserer Außenpolitik, unseren Friedenswillen überall in der Welt glaubhaft zu machen, sind wir auf gutem Wege. Wir haben, auch in Asien, Kredit gewonnen und können den Hindernissen mit Gelassenheit und Beharrlichkeit entgegentreten.
[...][9]

Ohne die Bedeutung irgendeines anderen Landes zu unterschätzen, möchte ich hier auf zwei Handelspartner zu sprechen kommen, die aus ganz verschiedenen Gründen interessant sind: Japan und China.

Japan ist das bedeutendste Industrieland Asiens und unser größter Handelspartner in diesem Erdteil. Unser Güterverkehr mit Japan hat im letzten Jahr zum erstenmal die DM 2-Milliarden-Grenze überschritten. Trotzdem ist dieses bedeutende und potente Land für viele unserer Kaufleute und Produzenten noch weitgehend unbekannt. Ich habe es deshalb sehr begrüßt, daß im vergangenen Jahr eine Delegation führender deutscher Wirtschaftler unter Leitung des Präsidenten des Bundesverbandes der Deutschen Industrie dort einen Besuch gemacht hat. Ihre Begegnungen führten zur Bildung eines deutsch-japanischen Wirtschaftsausschusses. Diese Zusammenarbeit wird für die deutsche Präsenz in Ostasien von zunehmender Bedeutung sein.

China-Handel: Lange Tradition

Der deutsche Handel mit China hat eine lange und gute Tradition. Ebenso wie Großbritannien, Frankreich und Italien halten wir es für legitim, die Wirtschaftsbeziehungen auch angesichts der grundlegend veränderten politischen Verhältnisse wahrzunehmen. Der Anteil der westeuropäischen Staaten am China-Handel hat in den letzten Jahren zugenommen. Demgegenüber ist der Handelsaustausch zwischen der Volkrepublik China und der Sowjetunion zurückgegangen. Zum erstenmal in den Außenhandelsbeziehungen zwischen der Bundesrepublik und der VR China überschritt im Jahre 1967 der Gesamtwert des Warenaustausches, der ohne ein Warenabkommen stattfindet, die Milliarden-Grenze. Damit liegt die Bundesrepublik Deutschland vor den anderen europäischen Außenhandelspartnern Chinas. Seine Handelsbilanz uns gegenüber weist jedoch einen beträchtlichen Passivsaldo aus.
[...][10]

Es ist oft gefragt worden, weshalb wir der Möglichkeit einer Formalisierung dieser Handelsbeziehungen nicht nachgegangen sind. Ich will dazu nur soviel sagen: In unserer Lage wäre es töricht gewesen, uns dieserhalb gleichzeitig mit beiden Weltmächten anzulegen und auch noch japanische Mißverständnisse auszulösen. Damit will ich eine mögliche spätere Regelung unserer Beziehungen zur Volksrepublik China nicht ausschließen.[11] Sie wird aber auch in Zukunft eine Störung unseres Verhältnisses zu befreundeten Regierungen vermeiden müssen.
[...][12]

Nr. 10
Aus dem Schreiben des Bundesministers des Auswärtigen, Brandt, an den Bundeskanzler, Kiesinger
6. Juni 1968[1]

AdsD, WBA, A 7, 13.

Sehr geehrter Herr Bundeskanzler,
als Vorsitzender der SPD, die in dieser Bundesregierung die Verantwortung mitträgt, gehe ich von der Voraussetzung aus, daß sich die Große Koalition in der noch verbleibenden Zeit bis zum Ende der Legislaturperiode[2] über einige wichtige Fragen einigt und unverzüglich zu konkreten Ergebnissen kommt. Dabei erscheinen mir folgende Aufgaben von besonderer Bedeutung:
Die BRD darf in ihrer Ostpolitik nicht erlahmen. Das Thema der europäischen Sicherheit gewinnt dabei an zunehmender Bedeutung. Es hat positive und negative Aspekte für die Interessen der BRD. Die Bundesregierung braucht dazu eine Politik, die unsere Interessen in die allgemeinen Bemühungen zur Entspannung zwischen Ost und West einordnet und uns befähigt, eigene Vorschläge auch auf dem Gebiet der Rüstungsbegrenzung und Abrüstung zu machen.
[...][3]
Die Bundesregierung hat seit ihrer Bildung den Standpunkt vertreten, daß die Ausweitung des innerdeutschen Handels und die Erhaltung der Zugehörigkeit Berlins wichtige Bestandteile der Deutschlandpolitik sind. Angesichts der Schwierigkeiten, organisatorische Maßnahmen zur Verstärkung der innerdeutschen Kontakte durchzusetzen, sollte die Bundesregierung in den kommenden Monaten der Frage des innerdeutschen Handels besonderes Gewicht verleihen. Die Zielvorstellungen des Jahreswirtschaftsberichts[4] werden sich nur erreichen lassen, wenn bald einige konkrete Entscheidungen getroffen werden. Hierzu gehören u[nter] a[nderem] eine Ausweitung des Swings[5] bei gleichzeitiger Aufhebung des Saldierungszwangs und eine positive Entscheidung über

den Mineralölsteuerausgleich, der bei 120 Mio DM angesetzt werden sollte.

Die in der Regierungserklärung vorgetragene Prüfung der Frage, wie die Wirtschaft Berlins gefestigt werden könne, hat zu dem Ergebnis geführt, daß das Berlin-Hilfe-Gesetz beschleunigt verabschiedet werden muß.[6]

Die Bundesregierung hat die Deutschland- und Berlinpolitik immer in den Rahmen einer ostpolitischen Gesamtkonzeption gestellt. Dabei gewinnt die Frage des Osthandels immer größere Bedeutung. Hier muß auch im Rahmen der gemeinsamen Handelspolitik der Europäischen Gemeinschaften das besondere Interesse der Bundesrepublik an den Entwicklungen in Osteuropa zum Tragen kommen. [...][7]

Mit vorzüglicher Hochachtung
‹Ihr Willy Brandt›[8]

Nr. 11
Interview des Bundesministers des Auswärtigen, Brandt, für *Der Spiegel*
1. Juli 1968

Der Spiegel, Nr. 27 vom 1. Juli 1968, S. 20.

„Insofern keine Krise"

SPIEGEL: Bundeskanzler Kiesinger hat vor dem Bundestag verlangt, Ulbricht müsse zur Zurücknahme seiner Visa-Maßnahmen gebracht werden.[1] Haben Ihre Gespräche auf der Nato-Konferenz in Reykjavik[2] irgendeinen Anhaltspunkt erbracht, wie das zu bewerkstelligen sei?
BRANDT: Die Beratungen in Reykjavik – vor allem auch, was darüber schriftlich festgehalten worden ist – ergaben nicht, wie das zu bewerkstelligen sei, sondern, daß das so nicht einfach durchgehen kann. Das heißt: Die drei Westmächte haben sich doch wohl deutli-

cher, als es viele bei uns zu Hause angenommen hatten, zu ihrer Verantwortung in Fragen des Berlin-Zugangs bekannt und dazu, daß dabei die Sowjet-Union ihr unmittelbarer Adressat ist. Keiner wird jetzt schon sagen können, in welchem Zeitablauf und auf welche Weise das, was eingeführt worden ist, zurückgezogen oder entscheidend abgewandelt werden kann.
SPIEGEL: Sie, Herr Minister, weigern sich, von einer neuen Berlin-Krise zu sprechen. Um so hektischer gebärden sich Abgeordnete der Union. Hat Ulbricht, wenn schon nicht in Berlin, so doch in Bonn eine Krise ausgelöst?
BRANDT: Vor der letzten außenpolitischen Debatte im Bundestag war mir zwar auch gesagt worden, daß man sich auf allerlei vorbereiten oder einstellen sollte. Es ist dann aber doch so gewesen, daß die beiden die Regierung tragenden Parteien einer Entschließung[3] zugestimmt haben, die die Politik der Regierung ausdrücklich unterstützt. Insofern kann man nicht von einer Krise in Bonn sprechen.
SPIEGEL: In Reykjavik wurde Ihre Ostpolitik als „phantasievoll"[4] gelobt. Wenn Sie daran denken, was Ihr Bonner Koalitionspartner nicht im Bundestag, aber außerhalb des Parlaments redet,[5] fühlen Sie sich dann manchmal als der Prophet, der im eigenen Land – gemildert ausgedrückt – weniger gilt?
BRANDT: Wenn ich das sagte, dann würde darin ein Stück Bitterkeit stecken; danach ist mir jetzt eigentlich nicht zumute. Es gibt die Widerstände nicht erst, seit ich Außenminister bin, sondern es gab sie schon zu meiner Berliner Zeit, als ich mich um kleine Veränderungen, kleine Schritte bemühte.[6] Man muß aber auch hier die andere Seite der Medaille sehen: Besonders sture Partner im Osten arbeiten objektiv denen in die Hände, die bei uns zu Hause nicht gerne Abschied nehmen möchten von guten alten Bekannten der Vergangenheit.
SPIEGEL: Sie wollen die Sicherung des Berlin-Verkehrs in ein Gewaltverzicht-Arrangement einbauen. Sehen Sie den Vorschlag Helmut Schmidts, Bonn und Ost-Berlin sollten Generalbevollmächtigte austauschen[7], als Weg an, mit der DDR eine solche Vereinbarung zu erreichen?

BRANDT: Ich habe mich im Laufe der Jahre nicht auf eine Institution festgelegt. Es kommt nicht auf den Namen, es kommt auf die Sache an. Es hat eine Zeit gegeben, in der es wahrscheinlich möglich gewesen wäre, die vorhandenen Behörden, die sich um den Interzonenhandel kümmern, so auszubauen, daß sie sich auch um andere als Handelsfragen hätten kümmern können. Jetzt halte ich es nicht für wahrscheinlich, daß man allein auf diesem Weg weiterkommt. Es müssen bevollmächtigte Vertreter der beiden Regierungen beziehungsweise Verwaltungen miteinander über das sprechen, was möglich und was nicht möglich ist. Und dazu gibt es konkrete Vorschläge der Bundesregierung.
SPIEGEL: Möglich soll es Ihrer Ansicht nach sein, durch Einzelkontakte zwischen den Mitgliedern des Warschauer Pakts und der Nato eine beiderseitige Truppenreduzierung vorzubereiten. Solange aber im Westen einseitig Soldaten abgezogen werden, ist wohl schwerlich ein Abkommen auf Gegenseitigkeit mit dem Osten zu erreichen. Glauben Sie, daß Amerikaner und Engländer ihre Verlegungsaktionen stoppen wollen?
BRANDT: Das Problem ist richtig erkannt in Ihrer Frage. Ich gehe davon aus, daß die Engländer ein eigenes Interesse daran haben, auf dem Kontinent präsent zu bleiben, und daß die Amerikaner zumindest auf kürzere Sicht keine weiteren Truppenabzüge und keine weiteren Rotationen planen.
SPIEGEL: Aber eben nur auf kürzere Sicht.
BRANDT: Auch ich sage, es ist nicht realistisch zu glauben, daß nach nochmals 20 Jahren eine ähnliche militärische Präsenz der Amerikaner in Europa vorhanden sein wird, wie wir sie heute haben. Was natürlich nicht geht, ist, daß die angelsächsischen Verbündeten – oder sagen wir erst mal die amerikanischen – wenn auch nicht im nächsten Jahr, aber in späteren Jahren weiter reduzieren würden und daß gleichzeitig die Nato eine Aufforderung an die Bundesregierung richten würde, ihre Leistungen im Rahmen der Nato zu verstärken. Dieses würde zu einer Verschiebung der Kräfterelation innerhalb des westlichen Bündnisses in Europa führen. Eine solche Verschiebung könnte uns nicht nur deswegen keinen Spaß machen, weil wir dafür

mehr Geld aufwenden müßten, sondern auch deswegen, weil dies für die Ost-West-Beziehungen eher schädlich wäre. Es gibt schon genug Ost-West-Probleme.

Nr. 12
Aus dem Schreiben des Bundesministers des Auswärtigen, Brandt, an den Bundeskanzler, Kiesinger
15. Juli 1968[1]

AdsD, WBA, A 7, 13.

Sehr geehrter Herr Bundeskanzler,
ich möchte an die Unterhaltung anknüpfen, die wir am vergangenen Dienstag[2] zum Thema des NV-Vertrages[3] hatten und freue mich, dass wir hierüber auch in den nächsten Tagen weiter sprechen können.

Mit der Einstellung der Bundesregierung zum Nichtverbreitungsvertrag steht, ob begründet oder nicht, die Glaubwürdigkeit unserer Entspannungspolitik auf dem Spiel. Wenn Brasilien oder Indien, Japan oder Schweden mit der Unterzeichnung zögern, so wird dies bedauert, ändert aber nichts an der allgemeinen Wertschätzung, die diese Staaten genießen. Wenn <u>wir</u> zögern, so wird das latente Mißtrauen, das bei unseren östlichen Nachbarn, aber auch bei manchen einflussreichen Kreisen im Westen gegenüber der Bundesrepublik und ihrer inneren Entwicklung vorhanden ist, neue Nahrung erhalten. Die östliche Propaganda wird dieses schwelende Feuer zu entfachen wissen. Der Atomverzicht von 1954[4] ist letztlich nie honoriert worden. Unsere guten Gründe, den Vertrag sorgfältig zu prüfen, bevor wir ihn unterzeichnen, werden – wie sich heute schon zeigt – ebenso wenig geachtet werden. Daran tragen nicht zuletzt die widersprüchlichen Aussagen von Politikern der Großen Koalition einschließlich Mitgliedern der Regierung eine gewisse Verantwortung.

Es mag sein, daß auch unsere Unterschrift nicht viel wiegt. Jede Woche aber, um die wir die Unterzeichnung ohne Not verzögern, wiegt schwer und führt zu nachteiligen Dauerwirkungen, die auch durch schließliche Unterzeichnung nicht wieder aus der Welt geschaffen werden können. Wir laufen Gefahr, wieder einmal eine Chance zu verpassen und unseren Gegnern einen billigen Vorwand für ihre Propaganda zu liefern. Die Gründe für weiteres Zuwarten sind in der Tat wenig überzeugend:

1) Die amerikanischen Interpretationen: Wir kannten sie schon, und sie sind inzwischen veröffentlicht worden.[5] Wir könnten rasch klären, wo es eigener zusätzlicher Klarstellungen bedarf. Anderes bleibt bedeutsam für die Beratungen über das Ratifizierungsgesetz.

2) Die Konferenz der Nicht-Nuklearen[6]: Sie geht davon aus, daß der Vertrag besteht. Ein Großteil der Teilnehmer wird ihn unterzeichnet, keiner wird ihn ratifiziert haben. Wir würden dort einen leichteren Stand haben, wenn wir schon unterzeichnet hätten oder die unmittelbar bevorstehende Unterzeichnung verkünden könnten.

3) Die Haltung anderer potentieller Nuklearmächte: Diese Mächte haben ihre eigenen Positionen und Besorgnisse, die sich zum Teil mit den unseren decken mögen. Niemand wird bereit sein, unsere Haltung zu rechtfertigen – jeder kümmert sich nur um sich selbst. Niemand wird bereit sein, sich mit uns solidarisch zu erklären und uns zu verteidigen. Wir bleiben allein.

[...][7]

Wenn auch die Europäische Kommission es für notwendig hält, dass die Mitgliedstaaten die Ratifikationsurkunden zu gegebener Zeit gemeinsam hinterlegen, müssen wir davon ausgehen, dass Italien und die Benelux-Länder in den nächsten Wochen unterschreiben werden. Frankreich hat in der Bonner WEU-Sitzung vom 8. d.M. bestätigt, dass es sich Dritten gegenüber verhalten werde, als ob es unterschrieben habe.[8]

Unter diesen Umständen spräche objektiv viel dafür, auch bei uns noch im Sommer die Voraussetzungen für die Unterschrift zu schaffen. Ich weiß, dass dies aus praktischen Gründen nicht einfach ist, zumal ein Kontakt mit den Führungen der Fraktionen erforderlich sein würde.

Größte Bedenken hätte ich dagegen, die Entscheidung weit in den Herbst hinein zu verlagern. Schon melden sich Stimmen, die anraten, bis nach den amerikanischen Wahlen[9] zu warten – praktisch ein für uns gefährliches Mißtrauensvotum gegen die jetzige USA-Administration und gegen die Mehrheit des Senats, mit der wir es weiter zu tun haben werden. Andere wollen sich noch mehr Zeit nehmen. Dann kommen wir in den Sog des eigenen Wahlkampfes.[10] Das könnte die Große Koalition zu einem Zeitpunkt zerbrechen lassen, da sie noch wichtige Aufgaben zu erfüllen hat.

Die Verzögerung wird Druck auslösen, von Ost und West. Wenn dann unterzeichnet wird, wird die nationalistische Propaganda nicht zögern, den Parteien der Großen Koalition Erfüllungspolitik und Verrat nationaler Interessen vorzuwerfen. Im Osten dagegen wird man triumphieren und sich den Erfolg zuschreiben. Wenn wir dagegen alsbald unterzeichnen,
- schwimmen wir im Strom der internationalen öffentlichen Meinung
- schlagen wir Ostberlin und Moskau ein bedeutendes Propagandainstrument aus der Hand
- finden wir Unterstützung und Wohlwollen bei unseren Verbündeten und in der dritten Welt
- gewinnt die Bundesregierung Achtung, weil sie bestehende begründete Bedenken im Interesse ihrer Friedenspolitik zurückstellt (hier wie in den meisten anderen Punkten ist größter Wert auf eine wohldurchdachte und effektive Präsentation unseres Entschlusses zu legen)
- schalten wir dieses Thema aus dem Wahlkampf zwischen den demokratischen Parteien aus und vermeiden heftige Auseinandersetzungen in der Öffentlichkeit
- gewinnen wir genügend Zeit, um die erforderliche Prüfung im Rahmen des Ratifizierungsverfahrens in Ruhe vorzunehmen und nach den Wahlen zum Abschluss zu bringen

– haben wir einen wichtigen Punkt aus dem sowjetischen Katalog aufgegriffen und erleichtern damit unsere gesamte Ostpolitik (vor allem für die Tschechen).

In den letzten Tagen wird nun immer stärker das Argument vorgebracht, unserer Unterschrift steht die Tatsache entgegen, dass in der Präambel uneingeschränkt auf die Charta der Vereinten Nationen Bezug genommen wird, während die sowjetische Regierung sich nachdrücklich auf die Art. 53 und 107 der Charta beruft, um daraus Interventionsrechte abzuleiten.[11]

Ich habe mich auf der Pressekonferenz am Freitag nachdrücklich gegen diese sowjetische Politik gewendet und meine, wir müssen das weiterhin tun.[12] Aber ich habe die allerstärksten Bedenken dagegen, dies zu einem Grund für die Nichtunterzeichnung zu machen. Abgesehen davon, dass wir dadurch diesen beiden durch den Zeitablauf obsolet gewordenen Paragraphen eine ganz und gar unerwünschte Aktualität geben würden, würden wir damit ein massives Mißtrauen gegenüber den USA bekunden. Die politische Auseinandersetzung muss auf andere Weise geführt werden, und dabei darf dann nicht übersehen werden, dass wir nicht ungewollt den Anspruch auf eine friedensvertragliche Regelung abschwächen dürfen.

Ich komme also zu dem Ergebnis, dass wir uns, nachdem es vorher offensichtlich nicht möglich ist, auf die Unterzeichnung in allen drei Hauptstädten im Frühherbst einstellen sollten.

Darüber hinaus hielte ich es – trotz allem, was geschehen ist – für erwägenswert, aus dem sowjetischen Aide Mémoire vom 5. Juli den Punkt 7)[13] herauszugreifen und hierzu der sowjetischen Regierung unsere Auffassung unmißverständlich klarzumachen. Zu diesem Punkt möchte ich meine Überlegungen gern mündlich ergänzen.

Mit freundlichen Grüßen
‹gez[eichnet] Brandt›[14]

Nr. 13
Aus dem Schreiben des Bundesministers des Auswärtigen, Brandt, an den Bundeskanzler, Kiesinger
24. Juli 1968[1]

AdsD, WBA, A 7, 13.

Sehr geehrter Herr Bundeskanzler,
im Anschluss an unser Stuttgarter Gespräch vom vergangenen Mittwoch[2], für das ich mich sehr bedanken darf, möchte ich Ihnen folgendes berichten:
[...][3]
Meine Brüsseler Gespräche[4] zum Thema der „europäischen Option"[5] waren enttäuschend. Keiner der Kollegen war an einer gemeinsamen Unterhaltung interessiert. Trotzdem werden wir die Bemühungen um eine gemeinsame Formel nicht aufgeben.

Aussenminister Debré hat ausdrücklich davor gewarnt, dass wir uns in dieser Frage exponieren. Niederschrift[6] über das Gespräch füge ich bei.

Aussenminister Medici hat auf seine insoweit hilfreichen Erklärungen vor dem italienischen Senat verwiesen und sich im übrigen ganz stark für eine Intensivierung der Zusammenarbeit zwischen unseren beiden Regierungen ausgesprochen. Bericht hierüber an unsere Botschaft füge ich bei.

Ich bin froh, dass Sie die Verteidiger dazu gebracht haben, die September-Manöver von der tschechischen Grenze wegzuverlegen.[7] Statt dessen wollen die Sudetendeutschen Ende August [1968] direkt an der Grenze eine große Kundgebung durchführen. Dazu habe ich mich in einem besonderen Brief geäußert, und ich halte es für unerlässlich, daß Sie sich gegenüber der Landsmannschaft äussern.
[...][8]
Mit den besten Grüßen
Ihr
gez[eichnet]: Brandt

Nr. 14
Erklärung des Bundesministers des Auswärtigen und Vorsitzenden der SPD, Brandt, zu den Vorgängen in der Tschechoslowakei
22. August 1968

SPD Pressemitteilungen und Informationen, Nr. 388 vom 22. August 1968, S. 1–4.

Mit Empörung stehen wir der Tatsache gegenüber, daß die Tschechoslowakei – erneut! – durch fremde Truppen überrollt und besetzt worden ist.[1] Mit starken Worten und gefühlvollen Appellen ist jetzt niemandem geholfen, weder unseren östlichen Nachbarn noch uns selbst. Es gilt nüchtern zu prüfen, was geschehen ist, was unsere Interessen gebieten und was sich für die europäische Politik ergibt.

Wieder einmal ist das Völkerrecht und mit ihm die Charta der Vereinten Nationen brutal verletzt worden. Das hat auch die vom Volkswillen legitimierte Staatsführung in Prag festgestellt. Kaum je hatte die Lüge, mit der ein Rechtsbruch begründet wurde, kürzere Beine. Uns muß dabei besonders bedrücken, daß Streitkräfte aus dem anderen Teil Deutschlands zur Teilnahme an der Invasion aufgeboten wurden, nachdem das Ulbricht-Regime schon in den vergangenen Wochen und Monaten eine besonders scharfmacherische Rolle gespielt hatte.[2]

Es hat nichts mit Ost oder West noch mit Kapitalismus oder Sozialismus zu tun, sondern es ist die Frage von Recht oder Unrecht, mit der alle Völker und Staaten heute konfrontiert sind. Die Antwort darauf kann nur eine Verdammung des Überfalls sein, von dem Präsident Tito zu Recht sprach[3] und zu dem die Regierung der Sowjetunion die von ihr abhängigen Regierungen genötigt hat.

Die Bemühungen vieler europäischer Regierungen um Entspannung zwischen Ost und West und um eine europäische Friedensordnung haben einen Rückschlag erlitten, der lange nachwirken kann. Aber aus guten Gründen bleiben wir dabei: Das Ringen um einen Abbau der Spannungen muß fortgesetzt werden; Druck und Drohung, die Einmischung von außen in das Leben der Völker müssen beseitigt werden. Unsere eigene Politik wird darauf gerichtet bleiben müssen, das atlantische Verteidigungsbündnis zu stärken und die westeuropäische Einigung voranzubringen.

Dies ist nicht Zeit für Besserwisserei und kleinlichen innenpolitischen Streit. Wenn hier und da gesagt wird, unsere Ostpolitik sei gescheitert, so antworte ich: Unsere Politik war und bleibt darauf gerichtet, alles uns Mögliche zu tun, um den Frieden sicherer zu machen und damit auch die Sicherheit der Bundesrepublik zu festigen, die Zusammenarbeit zwischen den Staaten und Völkern zu verbessern, einer europäischen Friedensordnung den Weg zu ebnen. Wir können keine anderen Ziele setzen und vor allem dem Selbstbestimmungsrecht der Völker nicht abschwören. Diese Zielsetzungen bleiben auch dann richtig, wenn andere sich ihnen zu entziehen suchen. Sie haben aus Angst gehandelt, aus Furcht vor den Folgen einer freieren Entwicklung und besserer zwischenstaatlicher Beziehungen. Für uns gibt es keine Alternative zur Sicherung des Friedens und der Freiheit. Entspannung bedeutet keine Unterwerfung unter die Interessen anderer.

Man verleumdet die von uns Sozialdemokraten maßgeblich mitgetragene Regierung der Bundesrepublik Deutschland und belügt die Welt, wenn man uns eine vollzogene oder beabsichtigte Einmischung in die Angelegenheiten der ČSSR unterstellt.[4] Nicht die Bundesrepublik, sondern andere haben interveniert. Gerade wir deutschen Sozialdemokraten haben das Ringen um die innere Ordnung in unserem Nachbarland mit lebhaftem Interesse verfolgt und unsere Bereitschaft zu gutnachbarlicher Zusammenarbeit – wie mit allen Völkern und Staaten im Osten Europas – bekundet. Wir haben uns niemandem aufgedrängt und im konkreten Fall wissen lassen, daß das vor 30 Jahren unter Androhung von Gewalt und ungerecht zustande gekommene Münchener Abkommen[5] einer Normalisierung zwischen Bonn und Prag nicht im Wege zu stehen braucht. Wir haben öffentlich erklärt, wir hätten volles Verständnis für das Interesse der tschechoslowakischen Regierung, Sicherheit innerhalb ihres Bündnissystems zu finden; unsere Politik ziele nicht darauf ab, daß dieser oder jener Staat aus dem einen oder anderen Pakt herausgelöst werde, sondern daß die Spaltung Europas in Militärblöcke eines Tages überwunden wird.

Die Sozialdemokratische Partei Deutschlands hat erreicht, daß ihre seit langem verfochtene Politik zum ersten Male zur Politik der Bundesrepublik Deutschland wurde. Es war und bleibt richtig, daß wir Provokationen vermieden, zur Vernunft und zur Selbstdisziplin aufgefordert haben. Die Lage wird allerdings in makabrer Weise auch dadurch illustriert, daß extreme Nationalisten in der Bundesrepublik noch in den letzten Tagen ihre betonte Sympathie für das sowjetische Vorgehen gegen die ČSSR bekundet haben. Das ist dieselbe NPD, derer sich die Propaganda aus Moskau und Ostberlin bedient, wenn sie die Bundesrepublik des Neonazismus bezichtigen will. Hier bestätigt sich, daß es immer wieder Situationen gibt, in denen die Extremisten einander in die Hände arbeiten.

Die ČSSR lebte im trügerischen Schutz des Warschauer Paktes. Die Invasion zeigt auf tragische Weise, bis zu welchen Konsequenzen die Abgrenzung der Einflußbereiche der beiden Weltmächte führen kann. So war es 1956 in Ungarn[6] – allerdings mit dem wesentlichen Unterschied, daß Prag den Austritt aus dem Warschauer Pakt nicht ins Auge gefaßt hatte. Noch wesentlich anders war es 1962 bei der Kuba-Krise, als zwar der Versuch sowjetischer Expansion abgewendet und damit der Weltfrieden gerettet, das Regime in Kuba aber von den USA nicht angetastet wurde.[7]

Bei einigen Leuten gibt es die Neigung, die Vereinigten Staaten abwechselnd entweder madig zu machen oder als Weltpolizist in Anspruch zu nehmen. Wir dürfen das Gift eines primitiven Antiamerikanismus bei uns nicht aufkommen lassen. Die Regierung der ČSSR hat niemanden um Hilfe gebeten, und die USA haben ihr keine Hilfe in Aussicht gestellt. Das müssen wir vor Augen haben und denen sagen, die die Bündnisgarantien innerhalb der NATO in Zweifel ziehen wollen. Als Bundesrepublik Deutschland und in West-Berlin leben wir unter dem Dach dieses Schutzes, an dem wir selbst mitwirken. Der Schutz des westlichen Bündnisses reicht nicht weiter als bis zu den Grenzen seiner Mitglieder. Das ist die Wahrheit, an die wir noch einmal nachdrücklich erinnert worden sind.

Das hat auch die sowjetische Führung gewußt, und zwar nicht erst seit gestern. Wenn sie geschwankt hat und wenn der Entscheidung über die imperialistische Aktion erhebliche Auseinandersetzungen voraufgegangen sind, so wegen der unausweichlichen politischen Folgen, die mit diesem Vorgehen nun verbunden sind.

Einmal hat man in Moskau gewußt, daß die Besetzung der Tschechoslowakei zu einer unmittelbaren und schweren politisch-psychologischen Belastung des Ost-West-Verhältnisses führen würde. Wie sehr dies auch für das Verhältnis zu den USA gilt, werden die Präsidentschaftswahlen[8] zeigen. Nicht nur wir in der Bundesrepublik, sondern die meisten Völker und ihre Regierungen werden noch skeptischer, noch wachsamer reagieren, wenn in Moskauer Dokumenten von Nichteinmischung in die inneren Angelegenheiten fremder Staaten, vom Verzicht auf Gewalt bei der Lösung zwischenstaatlicher Fragen, von der Charta der Vereinten Nationen und anderen hohen Prinzipien die Rede ist.

Zum anderen hat man in Moskau auch gewußt, daß die Invasion zu einem neuen Schisma innerhalb des kommunistischen Lagers führen würde. Die für Ende dieses Jahres geplante Weltkonferenz in Moskau[9] ist in der vorgesehenen Zusammensetzung illusorisch geworden und könnte nur dem verzweifelten Versuch dienen, allen kommunistischen Parteien den eigenen Weg zu verbieten. Zustimmung wird es nur dort geben, wo sowjetische Militärmacht sie erzwingt. Viele Kommunisten in Ost und West wollen mit dem Vorgehen gegen die ČSSR nichts zu tun haben. Zahlreiche Parteien haben dies bereits erklärt; sie würden sonst in ihren Ländern auch nicht bestehen können.

Wenn Moskau und die von ihm abhängigen Regierungen in Ostberlin und anderswo beide Konsequenzen erkannt haben, warum haben sie sie dann in Kauf genommen. Zweifellos deshalb, weil sie die Folgen der Reformbestrebungen in der Tschechoslowakei noch mehr fürchteten. Die Anwendung stalinistischer Methoden ist erfolgt, weil man nicht zulassen wollte, daß der östliche Sozialismus auf dem Boden der ČSSR demokratisiert würde und daß nationale Interessen an Ort und Stelle, im Einvernehmen zwischen Staatsvolk und Staatsführung, auf der Basis des Selbstbestimmungsrechts der Völker interpretiert würden.

Ohne falschen Hoffnungen nachzujagen, läßt sich schon heute feststellen, daß dieser Rückfall in eine Sackgasse führt. Neue Staatsführungen werden es schwer haben, das wieder gutzumachen, was in der Nacht zum 21. August geschehen ist. Vor der Geschichte wird es nicht bestehen können, schon heute nicht vor der kritischen jungen Generation in Ost und West.

Die sowjetischen Führer haben in Kauf genommen, daß sie sich durch die Herausforderung der internationalen Moral isolieren. Sie dürfen sich beispielsweise nicht darüber wundern, wenn wir in der Bundesrepublik Deutschland uns jetzt noch stärker als bisher fragen, was die Beteuerungen in mehrfachen zweiseitigen Erklärungen bedeuten ebenso wie die Bereitschaft, den Warschauer Pakt im Interesse eines europäischen Sicherheitssystems aufzulösen.

Das Ringen um eine europäische Friedensordnung geht weiter, aber es ist schwieriger geworden, und es braucht einen noch längeren Atem. Dies bedeutet, daß auch eine Lösung der deutschen Fragen – in Übereinstimmung mit den Interessen unseres Volkes und mit den legitimen Sicherheitsinteressen unserer Nachbarn in Ost und West – erneut erschwert worden ist. Das Ulbricht-Regime trägt auch hierfür eine entscheidende Mitverantwortung.

Durch nichts ist die Erkenntnis widerlegt, daß die deutschen Fragen nur im Zusammenhang mit einer europäischen Friedensordnung gelöst werden können. Die Ereignisse in der Tschechoslowakei zeigen, wie sehr sich die sowjetische Führung in jedem Gebiet festkrallt, auf das sie im mißbrauchten Namen des Sozialismus und unter Berufung auf den Ausgang des Zweiten Weltkrieges Anspruch erhebt. Sie zeigen weiter, wie sehr die Ulbrichtgruppe in der DDR ihr Schicksal mit dem der rückwärtsgewandten Kräfte im Ostblock verbunden hat.

Mit dem Wort von der „Alleinvertretung" Deutschlands durch die Bundesrepublik ist viel Unfug getrieben worden. Der Bundesregierung ist fälschlich unterstellt worden, sie wolle administrative Kompetenzen in Anspruch nehmen, die über den Geltungsbereich des Grundgesetzes hinausgreifen. Was jedoch heute fällig ist – auch im Namen vieler Landsleute in der DDR –, das ist ein Wort aufrichtiger Entschuldigung an die Adresse der tschechoslowakischen Nachbarn. Es soll besagen, man möge es nicht dem deutschen Volk nachtragen, daß ein Teil seiner Söhne wieder als Okkupationstruppen auf fremdem Boden stehen müssen und daß es damit ein neues „München" gegeben hat.[10] Wir hätten viel dafür gegeben, wenn unserem Volk das erspart geblieben wäre.

Nr. 15
Aus den Ausführungen des Bundesministers des Auswärtigen, Brandt, in der gemeinsamen Sitzung des Auswärtigen Ausschusses und des Ausschusses für gesamtdeutsche und Berliner Fragen des Deutschen Bundestages
27. August 1968

Stenographisches Protokoll des Auswärtigen Ausschusses des Deutschen Bundestages, 5. Wahlperiode, 68. Sitzung vom 27. August 1968.

Meine Damen und Herren! Der Bundeskanzler hat es auf seine Weise getan[1]; ich möchte von mir aus unterstreichen, daß es sich bei den Vorgängen in der Tschechoslowakei in diesen Tagen[2] – Wochen und Tagen, muß man jetzt schon sagen – um sicher eines der einschneidendsten und folgenschwersten Ereignisse der Zeit nach dem zweiten Weltkrieg überhaupt handelt. Ich darf den Versuch unternehmen, einige der Erwägungen des Herrn Bundeskanzler zu ergänzen, und ein paar Aspekte, die der Herr Bundeskanzler schon angedeutet hatte, hinzufügen.

Zunächst, bei aller Vorsicht, die dabei geboten ist, zu einer ersten Wertung des Kommuniques, mit dem die Prager Führung aus Moskau zurückgekehrt ist.³ Die Reformer, wie sie sich selbst genannt haben und von anderen genannt werden, in Prag, in der Führung der Partei dort und außerhalb wünschen in der gegenwärtigen Lage die Freilassung und Wiedereinsetzung der reformerischen Führer in ihre bisherigen Funktionen. Hierüber ist in dem Kommunique nichts enthalten. Es sind allerdings diejenigen zurückgekehrt, bei denen man sich gefragt hat, ob sie zurückkehren würden. Das ist ein Teil des Problems.

Es gibt das andere Problem der nicht an diesen Verhandlungen Beteiligten und der weiteren Gestaltung der Führungsapparatur. Es hat den Anschein – ich sage das mit allem Vorbehalt –, als ob die Sowjetunion, was immer das dann wert sein wird, diese Forderung zu erfüllen versprochen hat. Es hat den Anschein, daß überhaupt diese Runde zunächst ausgeht nach der Formel – wenn man es primitiv ausdrücken will –: Wir behalten unsere Truppen, ihr bekommt eure Führer wieder. Aus der heutigen Ausgabe des Rudé Právo⁴ und aus Äußerung offizieller tschechoslowakischer Kreise, wie sie sich nennen, geht andererseits hervor, daß die Sowjets fordern, auch die „Orthodoxen" in ihren Ämtern zu belassen. Es hat gerade am Vorabend der Invasion eine erhebliche Auseinandersetzung gegeben, auf die ich gleich zu sprechen kommen darf. Wenn dies so wäre, dann würden die Unsicherheiten und inneren Widerstände innerhalb der Prager Führung fortdauern. Außerdem ist es fraglich, ob die Wiederaufnahme der noch gestern und vorgestern „Verräter" genannten Personen in ihre Ämter von der tschechoslowakischen Öffentlichkeit uneingeschränkt hingenommen wird. Ich meine jetzt nicht diejenigen, die von den Russen „Verräter" genannt worden sind, sondern diejenigen, die im dortigen Rundfunk und in den Anschlägen so bezeichnet worden sind. Wir haben das alles im Fernsehen mit verfolgen können.

Eine weitere Forderung der reformerischen Kräfte, die von der tschechoslowakischen Öffentlichkeit unterstützt wird, ist der Abzug der Interventionstruppen. Dieser Abzug wird nach dem Kommunique von dem abhängig gemacht, was man die „Normalisierung der Lage in der ČSSR"[5] nennt. Diese Normalisierung wird wiederum abhängig gemacht von der – ich zitiere – Effektivität der Maßnahmen der sozialistischen Macht, die führende Rolle der Arbeiterklasse und der Kommunistischen Partei zu gewährleisten.[6] Die Sowjetunion wird, mit anderen Worten, mit den in der ČSSR verbleibenden Truppen ein Druckmittel behalten, um die Entwicklung der Prager Reformen in ihrem Sinne zu beeinflussen und zu beeinträchtigen.

In dem Kommunique wird schließlich die Entschlossenheit bekräftigt, alle aus den mehr- und zweiseitigen Verträgen zwischen den sozialistischen Staaten übernommenen Verpflichtungen strikt einzuhalten. Auch in dieser Hinsicht wird die Interpretation von der Sowjetregierung abhängen. Diese Forderung steht im gleichen Absatz mit der bekundeten Entschlossenheit – ich zitiere –, „den militaristischen, revanchistischen und neonazistischen Kräften ‹...›[7] eine entschiedene Abfuhr zu erteilen"[8]. Es drängt sich der Schluß auf, daß mit den eingangs genannten mehr- und zweiseitigen Verträgen vor allem die Verpflichtung zur Einhaltung der bekannten Bedingungen für die Fortgestaltung der Beziehungen zur Bundesrepublik Deutschland gemeint ist.

Es wird abzuwarten bleiben, ob der im Kommunique sich andeutende Kompromiß sich als tragfähig erweisen wird. Aber schon unmittelbar drängt sich das Empfinden auf, daß die Prager Führung weit mehr noch als vor der Invasion zwischen die Mühlsteine der sowjetischen Forderungen einerseits und der Haltung – der weithin kompromißlosen Haltung – der tschechoslowakischen Bevölkerung andererseits geraten kann oder in diesen Stunden schon geraten mag.

Ich darf eine von ADN berichtete, wenn auch noch nicht bestätigte Meldung hinzufügen – das alles kann die Lage in den nächsten Tagen komplizieren, und zwar mit allen Gefahren, auch eines doch noch nachträglichen Ungarns[9] –, daß der bisherige stellvertretende Ministerpräsident Ota Šik, der in starkem Maße für die Wirtschaftsreformen verantwortlich zeichnete, bekanntgegeben haben soll, daß er in Belgrad eine Exilregierung gründen werde, der – nach dieser Meldung – auch Hajek und andere Persönlichkeiten, die sich gegenwärtig im Ausland befinden, angehören werden. Ich gebe das aber mit allem Vorbehalt wieder; es kann auch ein Störmanöver sein, das aus Ostberlin in die Überlegungen des heutigen Tages in Prag hineingetragen werden soll.

Sonst darf ich versuchen, in fünf Punkten eine Zusammenfassung aus der Sicht des Auswärtigen Amtes vorzunehmen, womit wir es jetzt zu tun haben. Einmal wird man die Invasion kennzeichnen müssen als eine Gefährdung der Sicherheit in Europa und als etwas, was dem Streben nach Weltfrieden Schaden zugefügt hat und zufügt. Man wird auch gleich hinzufügen müssen, daß die Anwesenheit sowjetischer Divisionen in der ČSSR und vermutlich für geraume Zeit entlang der Grenze zur Bundesrepublik Deutschland die militärischen Gewichte auf unserem Kontinent verschoben hat.

Zweitens wird man ebenso illusionslos festhalten müssen, daß der Angriff die Zukunft unseres tschechoslowakischen Nachbarvolkes und -staates verdunkelt hat. Es ist ungewiß – ich knüpfe an die soeben gemachte Feststellung an –, ob die Führung in Prag, trotz des phantastischen Identifizierungsprozesses, der zwischen Staatsführung und Staatsvolk in Erscheinung getreten war, den Kurs der Demokratisierung – was sie darunter verstanden hat, versteht – im Innern und des Ausgleichs nach außen auch nur annähernd wird fortsetzen können. Nach den Erfahrungen von Čierna und Preßburg[10] ist es mehr als ungewiß, ob die Absprachen mit der UdSSR, die heute veröffentlicht worden sind, tragfähig sein werden. Ich sage noch einmal: Es ist ungewiß, ob die Führung – ich sage das jetzt mal, ohne daß eine abträgliche Wertung darin stecken soll –, wenn sie objektiv in eine Pétain-Rolle[11] hineingedrängt wird durch den Gang der Entwicklung, einen Kompromiß gegen den Widerstand so großer Teile der Tschechen und der Slowaken wird verwirklichen können.

Drittens hat der Angriff der Sowjetunion und der mit ihr verbündeten Regierungen zweifellos auch die innere Schwäche dessen offenbart, was man jetzt den orthodoxen Kommunismus nennen könnte. Es kommt noch ein Faktor hinzu, den der Herr Bundeskanzler hat anklingen lassen[12] und den ich vielleicht doch noch mal von mir aus unterstreichen darf: Die Unberechenbarkeit der Reaktionen der sowjetischen Führung gibt uns zu denken, nicht nur uns in diesem Lande, sondern der westlichen Allianz; denn diese Unberechenbarkeit verstärkt die Unsicherheit in der Welt. Man war, ähnlich wie in den Jahren vor 1962, weil es jeweils über einen bestimmten Zeitraum hinweg gestimmt hatte, dazu gekommen, davon auszugehen, das für berechenbar zu halten, was in Moskau entschieden wird. Es kam dann der tiefe Einbruch, an den wir uns alle erinnern, des Abenteurertums durch Chruschtschow im Oktober 1962 mit der außerordentlichen Gefährdung des Weltfriedens, die dadurch eintrat.[13] Es ist ganz klar, daß die hier zutage getretene Unberechenbarkeit in vielen Überlegungen – gerade auch sicherheitsmäßiger Art – als ein wichtigerer Faktor wird eingesetzt werden müssen.

Vierte Feststellung! Der Angriff hat eine weltweite Solidarität der Empörung gegen den Gewaltakt ausgelöst, und überall ist Bewunderung für den Mut der Tschechen bekundet worden.

Fünftens hat der Angriff den Bemühungen um die Organisierung des Friedens – sage ich; mehr noch als Sicherung des Friedens – einen schweren Schlag versetzt und die Entschlossenheit der Bundesregierung erhöht, von der der Herr Bundeskanzler gesprochen hat, am Bau einer europäischen Friedensordnung weiterzuarbeiten, wohlwissend, daß das ein widerspruchsvoller Vorgang ist, bei dem man immer gewußt hat, daß Rückschläge unvermeidlich sein würden. Dies wird unsere Geduld auf eine harte Probe stellen.

Zu den Sicherheitsaspekten darf ich noch folgendes sagen. Die Besetzung der Tschechoslowakei erfolgte schlagartig, wie die Presse zutreffend berichtet hat, durch starke Heeres- und Luftlandeverbände in einer offensichtlich militärisch sorgfältig vorbereiteten, mit großer Präzision ablaufenden Operation. Im allerersten Zuge der Operation, wo 60- bis 100 000 Mann einmarschierten, waren im wesentlichen nur sowjetische Truppen eingesetzt. Zur Zeit stehen etwa 200 000 Soldaten des Warschauer Paktes in der Tschechoslowakei. In der Masse handelt es sich um sowjetische Streitkräfte, außerdem um Einheiten der NVA, diese vor allem im Raume Karlsbad und Eger[14], der polnischen Armee, der ungarischen Armee und ein mehr symbolisches Kontingent der bulgarischen Armee.

Ferner befinden sich 400 sowjetische Kampfflugzeuge in der Tschechoslowakei.

Obgleich dem Westen – und das gilt für uns wie für die einschlägigen Behörden der Verbündeten – die Möglichkeit des jederzeitigen Einmarsches nicht verborgen geblieben war, wurden der Entschluß und die eigentliche Vorbereitung des Einmarsches auf diese Weise konkret genug nicht bemerkt. Die schlagartige Besetzung der Tschechoslowakei wurde der Sowjetunion dadurch ermöglicht, daß seit Ende Mai starke sowjetische Einheiten, die aus der DDR, aus Polen, den Militärbezirken Weißrußland und Karpaten-Ukraine zugeführt waren, entlang der nördlichen und östlichen Grenze der Tschechoslowakei massiert waren.

Von Zusammenstößen zwischen den Besatzungstruppen und tschechischen Truppen war, abgesehen vom Verhalten in der ersten Nacht, auch danach nichts zu hören. Dagegen ist die Zahl der zivilen Opfer in den letzten Tagen gestiegen. Ich kann nicht genügend verbürgt eine Ziffer[15] nennen, obwohl gleichwohl gesagt werden muß – nach übereinstimmenden Berichten, die wir selbst haben und mit denen anderer verglichen haben –, daß die Besatzungstruppen bisher augenscheinlich – einschließlich der etwas schärferen Gangart des gestrigen Tages – den Befehl gehabt haben, sich relativ behutsam gegen die empörte Bevölkerung durchzusetzen. Die Gefahr eines offenen Aufruhrs und dem, was damit verbunden sein könnte – ich darf dies noch einmal wiederholen –, ist nach den Zwischenergebnissen dieser Moskauer Gespräche keineswegs gebannt.

Die Ereignisse vollziehen sich unmittelbar an unserer eigenen Grenze. Wir können davon ausgehen, daß es sogar stimmt, objektiv, daß es nicht eine Täuschung ist, was der sowjetische Botschafter dem Herrn Bundeskanzler gesagt hat, daß diese Operation keine Ziele verfolgt, die gegen uns und die NATO gerichtet sind. Dennoch hat sich die Sicherheitslage geändert. Die Stationierung von Streitkräften des Warschauer Paktes verändert – ich deutete es an – das militärische Kräfteverhältnis. Die sowjetische militärische Präsenz in Mitteleuropa hat sich – nicht nur, was die Zahl der Einheiten angeht, sondern auch was ihren Bereitschaftsgrad angeht – wesentlich verstärkt. Die Verminderung der Stärke der sowjetischen Streitkräfte in der DDR, die durch ihren Einsatz in der ČSSR eingetreten ist, wurde in den letzten Tagen durch Zuführung neuer Einheiten aus der Sowjetunion in die DDR und nach Polen weitgehend wieder ausgeglichen.

Das bedeutet eine gewisse Verschiebung der militärischen Gewichte in Europa. Die potentielle Bedrohung ist größer und die strategische Ausgangslage für einen etwaigen Angriff auf das NATO-Gebiet, für den es allerdings keine Anzeichen gibt, ist für die Sowjetunion und den Warschauer Pakt günstiger geworden, solange sowjetische Truppen in der ČSSR bleiben.

Die NATO wird sich mit dieser neuen Lage beschäftigen müssen, sie hat schon begonnen, sich mit dieser neuen Lage zu beschäftigen, wobei man nun freilich – wenn das Bild halbwegs abgerundet sein soll – andererseits wird hinzufügen müssen, daß man die 14 oder 14 $\frac{1}{2}$ – oder wie groß sie auch immer sein mögen – Divisionen der ČSSR und die 9 $\frac{1}{2}$ oder 10 Divisionen der Rumänen, Herr Kollege Schröder, vermutlich etwas anders in die Bilanz der Blöcke wird einsetzen müssen, als das bisher geschehen ist.

Am 29. Juli [1968] war ich hier im Ausschuß gefragt worden, ob mit einer militärischen Aktion gegen die ČSSR gerechnet werden könne. Ich habe nicht nur den als optimistisch befundenen Bescheid gegeben, an den erinnert wurde, sondern ich habe zunächst gesagt, daß man diese Möglichkeit leider nicht ausschließen könne. Ich habe dann – darauf ist richtig hingewiesen worden – dargelegt, welche Gründe – und zwar aus dem Versuch einer Interpretation der sowjetischen Presse – dagegensprechen.

Vor wenigen Tagen habe ich ganz absichtlich – beiläufig; auch absichtlich – geglaubt, auf eine zusätzliche Möglichkeit hinweisen zu müssen, nämlich darauf, daß ein weiteres Land – Rumänien – unter militärischen Druck gesetzt oder gar auch Opfer einer militärischen Aktion werden könnte. Auch in diesem Falle sprechen und sprachen manche Gründe gegen eine derartige Annahme. Dennoch verdichteten sich die Meldungen aus Ost und West und aus neutralen Quellen. Es gibt eine Deutung, die ich mir nicht voll zu eigen machen kann, die man aber auch nicht einfach beiseite schieben kann und die ich den Mitgliedern der beiden Ausschüsse nicht vorenthalten will.

Manches deutet darauf hin, daß das Mißglücken der politischen Aktion, von dem der Herr Bundeskanzler sprach, darauf zurückzuführen ist, daß die Russen geglaubt haben, in den ersten 48 Stunden würden sie sich durch diese militärische Präsenz einen genügend großen Teil der politischen Führung gefügig machen. Etwas anderes haben sie sich offensichtlich nicht vorstellen können. Es gibt Experten – anderswo als bei uns –, die sagen, wenn dies eingetroffen wäre, das heißt, wenn die Tschechen, einschließlich der sogenannten Reformkommunisten – oder wie man sie immer nennen will –, sich nicht so verhalten hätten, wie sie sich verhalten haben, dann wäre es möglicherweise so, daß heute schon ein Angriff auf die Rumänen hinter uns liegen könnte. Hier könnte sehr wohl ein Zusammenhang bestehen.

Die Behauptung der Sowjets, auch Ostberlins und anderen, man habe sie gebeten, dorthin zu kommen[16], ist ja in peinlichster Weise dadurch widerlegt worden, daß man keinen einzigen der führenden Leute gefunden hat, der sich als Quisling[17] zur Verfügung zu stellen bereit war. Dies darf jedoch für eine interne Beurteilung der Vorgänge nicht von der Tatsache ablenken, daß es bis unmittelbar – und gerade unmittelbar – vor der Invasion eine interne Konfrontation zwischen Dubček und seinen Anhängern in der Führung und denen gegeben hat, die gegen seinen Kurs opponierten. Das hat trotzdem nicht bedeutet, daß diese sich zur Verfügung gestellt haben. Aber es kann für den weiteren Gang der Dinge eine Bedeutung bekommen. Die überwältigende Mehrheit in Partei, Regierung und Volk hat die Invasion einmütig verurteilt und versucht, ihr zu widerstehen. [. . .][18]

Die Freundschaft – das sagen einem diejenigen, die von Ort und Stelle berichten und von dort gekommen sind – zur Sowjetunion ist offenem Abscheu gewichen. Obwohl die Regierung versuchen muß, das wieder einzurenken, sind im Bewußtsein der Menschen das Bündnis mit dem Warschauer Pakt und die wirtschaftliche Zusammenarbeit im Comecon[19] zu Instrumenten der Unterdrückung geworden. Das wird es gerade der Führung ungeheuer schwer machen, bei fortgesetzter militärischer Besetzung die Absprachen zu verwirklichen. Der Tiefstand der tschechischen Wirtschaft wird diese Schwierigkeiten noch erhöhen.

Völlige Klarheit über die sowjetischen Motive – das hat der Herr Bundeskanzler schon gesagt – läßt sich heute noch nicht gewinnen. Die Aktivität der führenden sowjetischen Militärs in den Wochen vor dem 21. August [1968], auffällige Blitzreisen nach Minsk, Ostberlin und Warschau, reicht nicht zum Beweis dafür aus, daß, wie hier und da spekuliert worden ist, Marschälle die politische Führung in Moskau vor vollendete Tatsachen gestellt hätten. Vielmehr scheint die militärische Führung stets in der Hand der politischen Spitze, des Präsidiums und des ZK der KPdSU gelegen zu haben.

Ich kann mir auch heute – insofern knüpfe ich wieder an Überlegungen vom 29. Juli [1968] an – nicht vorstellen, daß die politische Führung der Sowjetunion vor einem derart folgenschweren Unternehmen die Nach- und Vorteile nicht sorgfältig abgewogen hat. Sie wird also – wenn auch nicht immer mit gleicher Betonung, wie sich das aus unserer Sicht ausnimmt – genötigt gewesen sein, als Nachteile zu sehen: ungewisse Erfolgsaussichten im Lande, was die innere Entwicklung angeht; kurzfristige Aussicht auf Gleichschaltung der Verbündeten des Paktes, langfristig indessen vielleicht auch gerade eine Stärkung der Zentrifugaltendenzen; Rückschlag der Bestrebungen, den Weltkommunismus wieder unter Kontrolle zu bringen; Gefährdung des für November [1968] vorgesehenen Weltkongresses der Kommunistischen Parteien[20], nachdem bereits vorher die Kommunistischen Parteien – wenn auch mit unterschiedlicher Betonung – Italiens und Frankreichs vor den Folgen einer Invasion gewarnt hatten;[21] Vertiefung der Spaltung im Weltkommunismus durch verschärfte Spannungen mit den Chinesen und Albanern einerseits, den Jugoslawen und Rumänen andererseits; Schwächung des Ansehens der nichtregierenden Kommunistischen Parteien; Behinderung der Koexistenz, das heißt schwindende Bereitschaft, den Nichtverbreitungsvertrag so ernst zu nehmen, wie andere möchten, daß man ihn nähme; Gefährdung eines Gipfeltreffens zwischen Kossygin und Johnson[22]; Stärkung des Nordatlantischen Bündnisses und seiner Wachsamkeit; Verringerung der Aussicht auf weitere militärische und politische Schwächung des westlichen Bündnisses; Erschütterung des Ansehens Moskaus in der dritten Welt als Vorkämpfer für die Unabhängigkeit der Völker und den Weltfrieden; denn weithin in der dritten Welt war Prag jetzt in diesen letzten Monaten – ob nun zu Recht oder zu Unrecht – im Verständnis der Regierungen zu so etwas wie einem Vorbild geworden, nämlich in sehr vielen Staaten Afrikas, Asiens und anderswo. – Diese Faktoren, die ich genannt habe, müssen – wenn auch nicht genauso – auf irgendeiner Minusliste gestanden haben.

Als Vorteil konnte sich die sowjetische Führung erhoffen: Bewahrung Böhmens als strategisches Glacis und Kettenglied zwischen der eigenen Nord- und Südflanke. Im Warschauer Brief der fünf intervenierenden Parteien, der schon vor Čierna und Bratislava[23] lag – daran muß man jetzt noch einmal erinnern –, steht der Satz: „Die Grenzen der sozialistischen Welt haben sich bis in das Herz Europas, bis zur Elbe und bis zum Böhmerwald verschoben."[24] Ich sage: strategisches Glacis, Sicherung der sowjetischen Hegemonie im unmittelbaren kommunistischen Herrschaftsbereich. Die sowjetische Weltmacht beansprucht jetzt die Herrschaft über eine Interessensphäre, die ihr die andere Weltmacht, die Vereinigten Staaten, während der tschechoslowakischen Krise in gewisser Hinsicht ausdrücklich zuerkannt hatte. Eine weitere Einschränkung des Reviers, nach dem Schisma im Verhältnis zu China und Albanien, nach dem Abfall von Jugoslawien vor 20 Jahren und der Sonderstellung Rumäniens, glaubte sich die sowjetische Führung vielleicht nicht mehr leisten zu können. Die Labilität, nicht nur in der DDR, sondern auch Polens, Ungarns, Bulgariens ließ vielleicht bei weiterem – in deren Verständnis – Nachgeben einen Domino-Effekt befürchten. Obwohl Castro jetzt etwas lauwarm seine Zustimmung gegeben hat, sind latente Schwierigkeiten sowohl mit Castro wie mit Ho Tschi Minh da, der auch seine Art von Zustimmung gegeben hat.[25] Vielleicht wollte, wenn auch auf diese für uns schwer verständliche und an vielen anderen Stellen Abscheu hervorrufende Art, Moskau jedenfalls in diesem unmittelbaren Machtbereich seine Autorität unterstreichen.

Dann aber soll man auch nicht die Rolle unterschätzen, die die Verteidigung der ideologischen Orthodoxie dabei spielt. Wenn man in Moskau Vorteile und Nachteile abgewogen hat, dann wird dies vermutlich unter dem Strich der entscheidende Punkt gewesen sein: die Furcht vor dem, was vom Reformkommunismus ausgeht – wie sehr immer das unzulänglich sein mag, gemessen an der Wertskala westlicher Demokratie. Aber aus dortiger Sicht ist es der Versuch des Einführens demokratischer Kategorien oder Teilkategorien in den Sozialismus östlicher Prägung.

Die Sowjetunion, seit einem halben Jahrhundert davon überzeugt, geschichtsnotwendig stets das im Ergebnis Richtige zu tun, beansprucht die Interpretation nicht nur der geschichtlichen, sondern der geschichtlichen und ideologischen Wahrheit. Die Dynamik des Reformkommunismus stellt diesen Anspruch in Frage und hat sich mit seinen Gedanken für die Russen als erschreckend zugkräftig erwiesen, ist ernst genommen worden, über die Tschechoslowakei hinaus. Im Gegensatz dazu zeigte sich die Sowjetunion mit einem ständigen Ausweichen vor den bohrenden Fragen der Gegenwart als immer vergreister, steriler und unsicherer. Die tschechoslowakische Idee – ob sie sich nun hätte verwirklichen lassen oder nicht, muß ich hier nicht untersuchen –, die Idee des Sozialismus oder was die dafür halten, lasse sich mit Freiheit verbinden, mußte der sowjetischen Führung Konterrevolution bedeuten.

Hinzu kommt wahrscheinlich auf dieser Seite der Liste auch der Schutz vor Ansteckung. Die Sowjetunion, wirtschaftlich und militärisch kräftig, zeigt in ihrer Gesellschaftsstruktur erhebliche Schwächesymptome. Die geben das nicht zu, und trotzdem haben auch sie ihr Problem mit Protesten der Jugend, trotzdem haben auch sie ihr Problem mit Unruhe der Intelligenz, Widerspruch der Nationalitäten, Probleme des Gesellschaftspluralismus, die sie so vor wenigen Jahren noch nicht kannten, Konkurrenz zwischen Parteikadern und modernen Technologen. Das heißt, die Angst vor der Ansteckungswirkung der „tschechoslowakischen Aufklärung", wenn wir sie so

einmal nennen wollen in der Glaubensprovinz, der Ansteckungswirkung, die an die Existenz des autoritären sowjetischen Systems rührt, mußte die Neigung fördern, den Gefahrenherd durch eine Operation zu beseitigen.
[...][26]

Es wird bei aller Behutsamkeit der Beurteilung schon jetzt gesagt werden dürfen, daß die Sowjetführung doch wohl die Vorteile ihrer Operation überschätzt und die Nachteile unterschätzt hat.
[...][27]

Zum Schluß, was uns selbst angeht: die Situation in der NATO. Eines können wir schon jetzt mit Genugtuung feststellen, ohne es übertreiben zu wollen. [...][28] Ich will ein kleines Indiz nennen wie dieses, daß gestern zum erstenmal wieder der französische Vertreter an der Sitzung des Militärkomitees – im Unterschied zum Ministerrat – der NATO teilgenommen hat.[29] Ich weiß nicht, ob das eine ständige Übung wird. Aber immerhin ist das nicht uninteressant. Deutlicher als lange zuvor ist den Partnern in Europa und im nordatlantischen Bündnis die Notwendigkeit engen Zusammenhalts und unverminderter militärischer Wachsamkeit für den Frieden vor Augen geführt worden. Es wird gelten, die bereits vorhandenen vorzüglichen Mechanismen der Beratung und Abstimmung im Bündnis zu nutzen und dort, wo es notwendig ist, ‹à jour zu führen›[30]. Daran wird gearbeitet. Ich muß allerdings auch hier eines ganz offen sagen, damit wir uns nichts vormachen. Der Herr Bundeskanzler hat ja gesagt, wie besorgt er darüber ist, daß die Europäer nicht das Gebot der Stunde erkennen. Wir haben versucht, für morgen eine Ad-hoc-Ministerratssitzung der WEU – der Sieben, die sich eh alle Vierteljahre treffen, die Sechs der EWG und Großbritannien – zusammenzubringen, um uns auszusprechen und uns, wie es mein italienischer Kollege angeregt hatte – wir hatten versucht, das zusammen in Gang zu bringen –, jedenfalls schon ein bißchen abzusprechen, wie man sich jetzt in der Frage der Kontakte verhält: Besucher, Wirtschaftsgeschichten und anderes. Es ist leider nicht gelungen, unsere französischen Partner davon zu überzeugen, daß eine solche gemeinsame Beratung jetzt ganz gut gewesen wäre. (Abg. Hahn, Bielefeld: Wie bewerten Sie diese Stellungnahme der Franzosen?) – Ich werde den französischen Außenminister in der nächsten Woche in Paris sehen;³¹ das hatten wir schon vor diesem Ereignis vereinbart. Der französische Außenminister hat uns wissen lassen, es werde sehr schwer sein, etwas Handgreifliches zu vereinbaren. Die Enttäuschung könnte dann um so größer sein, wenn eine Sitzung stattgefunden hat und die Leute fragen: Was kommt dabei heraus?, oder wie der Berliner sagen würde: ‹Wat kann ick mir dafür kofen?›³² Das ist ein Motiv gewesen, aber auch wohl – wie es in französischen offiziellen Meldungen anklingt –, daß die französische Seite in ihrem Verhältnis zur Sowjetunion trotz der Verurteilung des Vorgehens in der Tschechoslowakei sehr behutsam vorgehen mußte,³³ was ja auch wir uns, wie der Herr Bundeskanzler schon gesagt hat, im einzelnen sehr genau überlegen müssen.

[...]³⁴

Ich glaube, ich sollte es damit genug sein lassen. Denn was sich jetzt für uns im Hinblick auf die Aufgabe, die ganze Thematik auf ihre Verwendbarkeit abzuklopfen – bei unveränderter Zielsetzung –, ergibt, das beschäftigt uns zwar jetzt schon, doch wäre es, wie hoffentlich jeder verstehen wird, übereilt, jetzt Empfehlungen geben zu wollen, schon gar nicht solche, die emotional bedingt wären. Vielmehr gilt es, genau zu durchdenken und durchzurechnen, was sich für diesen ganzen Komplex ergibt. (Beifall.)

Nr. 16
Interview des Bundesministers des Auswärtigen, Brandt, für *Der Spiegel*
9. September 1968

Der Spiegel, Nr. 37 vom 9. September 1968, S. 32–34.

„Wir werden uns nicht selbst entmannen"

SPIEGEL: Herr Vizekanzler, der sowjetische Einmarsch in die Tschechoslowakei[1] hat Ihre Hoffnung auf Entspannung in Europa fürs erste zunichte gemacht. Beginnt nun wieder Kalter Krieg, oder wie kann es weitergehen?
BRANDT: Bevor man weiß, wie es weitergeht, muß man wissen, wo man steht. Man darf sich nichts vormachen. Man darf nicht so tun, als sei nichts passiert. Man darf wohl auch nicht einfach sagen: weitermachen wie bisher. Man muß wissen, wie die Landschaft ist, in der man sich bewegt.
SPIEGEL: In dieser verwandelten Landschaft spricht Radio Moskau von einer „Kriegserklärung" des deutschen Bundeskanzlers gegen die Sowjet-Union.[2]
BRANDT: Trotzdem möchte ich mal wissen, wie wir heute dastünden, wenn wir nicht in den letzten anderthalb Jahrzehnten ein für uns wesentlich verbessertes Klima in der westlichen und blockfreien – auch in der kommunistischen – Welt geschaffen hätten. Wenn die sowjetische Führung und Ost-Berlin jetzt dabei sind, von neuem bösartige Propaganda gegen uns zu entfalten, dann werden sie gerade wegen der neuen Politik, die wir in der Regierung der Großen Koalition getrieben haben, weniger Glauben finden als früher.
SPIEGEL: Der Entspannung nach Osten nutzt das wenig.
BRANDT: Wir müssen unterscheiden zwischen Ziel und Methode. Das Ziel, unser Verhältnis zu Osteuropa zu normalisieren, ist nicht dadurch falsch geworden, daß die Sowjet-Union und andere in der Tschechoslowakei einmarschiert sind. Überprüfen müssen wir freilich die Wege, auf denen wir dieses Ziel erreichen können.

SPIEGEL: Was die Wege anbelangt: Bonn hat doch Dubček zumindest politischen Flankenschutz gewährt bei seiner Auseinandersetzung mit Moskau.
BRANDT: Flankenschutz würde ich es nicht nennen, obwohl ich sehr wohl weiß, woran dabei im übertragenen Sinne des Wortes gedacht ist. Ich würde eher sagen, wir haben die Buhmann-Rolle reduziert, die man uns zugedacht hatte. Wir haben uns dargestellt als verhältnismäßig vernünftige Leute, die ihre eigenen Interessen wahrnehmen, aber auch die Interessen anderer verstehen und die eine gesamteuropäische Vorstellung haben. Damit haben wir es vielleicht denen drüben leichter gemacht, die ihren eigenen Weg gehen wollen und die davon abgehalten werden sollten durch die anderen im Ostblock, die immer noch damit agitieren, eigene Wege seien nicht möglich wegen der deutschen Revanchisten pipapo.
SPIEGEL: Also war die Rolle der deutschen Ostpolitik im Falle Tschechoslowakei vorwiegend passiv?
BRANDT: Nicht *nur* passiv, sondern aktiv in dem Sinne, in dem man eine eigene Politik erklärt und einlädt dazu – dies haben wir in der Tat getan –, das Verhältnis zu uns zu normalisieren, sich auf sachliche Zusammenarbeit einzustellen, die ökonomische und kulturelle Zusammenarbeit zu verstärken und sich bereit zu halten zu einem Meinungsaustausch mit uns über die europäische Sicherheit und Friedensordnung.
SPIEGEL: Und passiv?
BRANDT: Passiv verhalten haben wir uns wirklich durch unsere Politik des Sich-Nichteinmischens, eine Politik, die – je verhängnisvoller die Lage für Dubčeks Leute wurde – bis hart an die Grenze des Zumutbaren gegangen ist; zumutbar aus politisch-moralischer Sicht. So haben wir uns verhalten, um nichts zu erschweren. Aber auch wenn man sich so zurückhält, kann man ja damit nicht verhindern, daß von der Darstellung der eigenen Politik aktive Wirkungen ausgehen können in den Vorstellungen anderer.
SPIEGEL: Je größer solche Bonner Wirkung in Osteuropa, das lehrt das Drama der letzten Monate, desto größer die repressiven Tendenzen, die aus Moskau kommen.

BRANDT: Nun wollen wir uns bloß nicht wieder einmal überschätzen. Mit unserem Verhalten hat die Intervention Moskaus gegen die ČSSR letzten Endes wirklich nichts zu tun ...
SPIEGEL: Obwohl die Russen gerade das jetzt behaupten?
BRANDT: ... obwohl sie das sagen. Der entscheidende Punkt für die sowjetische Führung war allein das Ausmaß von Dubčeks Reformkommunismus.[3] Dieser Reformkommunismus aber ist von der Bundesrepublik nicht beeinflußt worden.
SPIEGEL: Immerhin ist der Ruf des Reformkommunisten Dubček nach einem „demokratischen Sozialismus" immer häufiger als Übergang zur „Sozialdemokratie" interpretiert worden.
BRANDT: Nun sagen Sie Sozialdemokratie, die ja nicht die Bundesrepublik Deutschland ist ...
SPIEGEL: Die SPD ist Regierungspartei in Bonn.
BRANDT: ... gut, die eine der beiden großen Parteien in der Bundesrepublik Deutschland.
SPIEGEL: Der Außenminister der Bundesrepublik, der die Ostpolitik maßgeblich beeinflußt, ist Vorsitzender dieser Partei.
BRANDT: Das läßt sich nicht bestreiten. Aber die Formulierung über Sozialdemokratie und demokratischen Sozialismus, die Sie bringen, ist eine richtig wiedergegebene Formulierung, wie wir sie vor allem aus Ost-Berlin kennen. Ideologisch gesehen ist das Kauderwelsch; denn es ist ein großer Unterschied zwischen Sozialdemokratie, die sich auf dem Boden der westeuropäischen Gegebenheiten entwickelt hat, und dem Prager Versuch, den Sozialismus östlicher Prägung zu demokratisieren.
SPIEGEL: Vielleicht haben die Sowjets paradoxerweise gerade deshalb in Prag eingegriffen, weil Dubčeks KP-Regime ihnen zu populär wurde. Jedenfalls haben Sie ihn der Westanfälligkeit verdächtigt und befürchtet, daß er außerhalb der Ostblock-Solidarität Absprachen mit Bonn trifft, die Moskau allein zu dirigieren wünscht.
BRANDT: Gut, da gibt es jetzt eine einfache Antwort darauf. Das ist die, die die NPD gegeben hat – die der SPIEGEL nicht geben wird, die ich nicht geben kann, aber die eine Verankerung hat in der deutschen Geschichte durch imponierendere Gestalten als die, die für die

NPD sprechen: die Vorstellung, daß in diesem Teil Europas es letzten Endes allein auf die Russen und auf die Deutschen ankomme. Dies hat ja noch in der Nachkriegszeit eine beträchtliche Rolle gespielt. Ich kann mich noch an sehr ehrenvolle Kollegen aus der damaligen Ost-CDU erinnern, die sehr beeindruckt waren ...
SPIEGEL: ... Sie meinen Jakob Kaiser, Ernst Lemmer?
BRANDT: Nein, ich würde das nicht auf einzelne Namen beziehen, aber die doch sehr beeindruckt waren von ihren Unterhaltungen mit Hochkommissar Semjonow, mit Oberst Tulpanow und von Sätzen wie diesen: Wenn die Deutschen und die Russen sich verständigen, was spielen dann die Polacken für eine Rolle?
SPIEGEL: In welcher Reihenfolge will Bonn nun Ostpolitik betreiben: erst mit Moskau, dann mit den anderen, oder umgekehrt? Und wenn gleichzeitig, ob nicht dann in besserer Synchronisierung der Einzelschritte?
BRANDT: Ich stimme Ihnen zu, daß man einen Sinn für Größenordnungen auch in diesem Zusammenhang haben muß, auch wenn man sich nicht die alten Hegemonie-Ideen zu eigen macht. Wir haben seit Antritt der neuen Regierung Ende 1966 nicht nur immer wieder gesagt, sondern auch gemeint und versucht, es Moskau wissen zu lassen, daß unsere Politik eben nicht eine Politik der Intrigen sei, nicht eine Politik des Ausspielens des einen gegen den anderen im Ostblock.
SPIEGEL: Eine selbständige deutsche Ostpolitik hat aber nach wir vor nur sehr wenig Spielraum, solange die Sowjets in ihrem Imperium allzuviel Bewegung nicht zulassen.
BRANDT: Der Spielraum ist sehr eingeengt, da haben Sie völlig recht. Aber wir haben uns ja wohl bisher schon nicht übernommen ...
SPIEGEL: Noch weniger, als manche dachten.
BRANDT: Ich denke, wir werden das künftig noch weniger tun. Wir werden noch mehr Wert darauf legen, uns mit unseren westlichen Partnern abzusprechen, ohne daß dies eine Alternative wäre. Es gibt ja im Moment hier und da so eine Neigung zu glauben, die Stärkung des westlichen Bündnisses sei ein Ersatz für Ostpolitik. Das ist Unsinn. Es ist sicher notwendig, nach den tschechoslowakischen Ereignissen den Zusammenhalt des Westens noch ernster zu nehmen.

Aber es ist kein Ersatz, sondern höchstens eine Voraussetzung für das andere.

SPIEGEL: Das heißt für Bonn eben doch, zurückzustecken und den Alliierten gegenüber auch nur den Anschein ostpolitischer Alleingänge künftig wieder zu vermeiden. Eine ähnliche Lage wie umgekehrt für Dubček.

BRANDT: Wir werden noch deutlicher sagen – nicht um das zu honorieren, was die Tschechen über sich ergehen lassen müssen, sondern weil die Welt so ist, wie sie ist –, daß wir wissen, die Sowjet-Union ist und bleibt die große Macht, ohne die die europäischen Dinge letzten Endes nicht in Ordnung gebracht werden können. Wir werden uns nicht selbst das Denken verbieten. Wir werden uns nicht selbst entmannen. Wir werden uns nicht dazu bringen lassen, das Gegenteil von dem zu sagen, was wir für richtig halten, sondern wir werden geduldig sagen, daß unser Interesse das der sachlichen Zusammenarbeit ist mit allen, die selber daran interessiert sind.

SPIEGEL: Sie werden sich freilich auch noch mehr als bisher dem Verlangen der Siegermacht Sowjet-Union gegenübersehen: Anerkennung der bei Ende des Zweiten Weltkrieges geschaffenen Realitäten in Europa. Der Bundeskanzler hat gesagt, das zu unterschreiben, käme einer Kapitulation gleich.[4] Müssen wir kapitulieren, um zu entspannen, oder müssen wir auf Entspannung verzichten, um nicht zu kapitulieren?

BRANDT: Ich habe nicht ganz klar vor mir, auf welchen konkreten Einzelpunkt sich die Kapitulationsbemerkung des Bundeskanzlers bezog.

SPIEGEL: Wir können sie zitieren. Der Kanzler hat gesagt: Entspannung bedeute für sie – die Sowjets – „die Annahme ihrer Bedingungen, wenn man so will, Unterwerfung, Kapitulation"[5].

BRANDT: Na, gut. Jeder hat seine eigene Form, politische Gedanken vorzutragen. Den gleichen Gedanken kann man auch anders formulieren. Niemand wird ernsthaft bestreiten können, daß uns Moskau in unzumutbarer Weise begegnet ist. Die jetzige sowjetische Führung jedenfalls müßte wissen, daß wir – die jetzige Regierung der Bundesrepublik Deutschland, der Bundeskanzler und ich – stets in vollem

Einvernehmen bei den Sondierungsgesprächen des letzten Jahres zu jedem einzelnen Punkt, den die Sowjet-Union vorgebracht hat, räsonable Positionen bezogen haben, unsere Positionen jedenfalls nicht überzogen haben und eine vernünftige Gesprächsbasis zu bereiten im Begriff waren...

SPIEGEL: ... was die sowjetische Führung aber offensichtlich ignoriert, zumindest seit ihr die Krise im eigenen Lager wichtiger ist als diplomatisches Geschäft am Rhein.

BRANDT: Da mögen auch gewisse Leute mit oder ohne Bart im anderen Teil Deutschlands[6] ihre Rolle gespielt haben. Die können auch bald ihr Konto einmal überziehen. Ich bin jedenfalls sicher, daß in Moskau nicht überall nur negativ angekommen ist, was wir an sachlicher Darstellung unserer Politik versucht haben.

SPIEGEL: Die praktische Frage ist doch: Wenn Bonn weiter Ostpolitik treiben will mit den Russen, geht das dann anders als zu deren Bedingungen – eben der Anerkennung der Nachkriegsgrenzen und der deutschen Teilung?

BRANDT: Wer sind die Russen?

SPIEGEL: Die derzeitige Sowjetführung.

BRANDT: Ich erinnere mich daran, daß Chruschtschow, der ein populärer Mann war zu Hause und draußen, sich im Herbst 1962 auf die Kuba-Affäre eingelassen hat und daß er damals – wie ich finde, zu Recht – auch von den Chinesen des Abenteurertums bezichtigt wurde.[7]

SPIEGEL: Die Chinesen haben auf den Einmarsch in die ČSSR genauso reagiert.[8]

BRANDT: Das ist mir durchaus verständlich. Damals, im Herbst 1962, haben die Chinesen Chruschtschow des Abenteurertums bezichtigt. Zwei Jahre später war seine Ablösung fällig.[9] Sicher kam sie nicht als einfache Nachwirkung von Kuba. Ich will nur sagen, daß auch das Prager Abenteuer zu nachwirkenden Diskussionen in der sowjetischen Führung führen wird. Zum Beispiel: War es notwendig, daß Moskau ein neues Schisma in der kommunistischen Welt schafft? War es notwendig für Moskau, die Koexistenzpolitik gegenüber Amerika derart zu belasten? Jeder, der im Westen Politik macht, muß wissen, daß es weitere und neue Diskussionen im Ostblock geben

wird und daß es auch Veränderungen der Führung in Moskau geben kann.
SPIEGEL: Es ist doch wohl kein Moskauer Führungsteam denkbar, das die These aufgeben würde: Ihr Deutschen habt gefälligst den Status quo zu akzeptieren. Zarapkins letzte Note[10] besagt in ihrer Essenz auch wieder nichts anderes.
BRANDT: Dieses Streiten um den Status quo ist unfruchtbar. In Gesprächen, die man gelegentlich auch einmal unbelastet mit Russen hat führen können, geben sie einem am Ende zu, daß sich in Europa etwas ändern muß. Wir brauchen ein – wie sie sagen – europäisches Sicherheitssystem, wie wir vorziehen zu sagen: eine europäische Friedensordnung, deren eines Hauptelement ein Sicherheitssystem sein muß. So weit liegt das prinzipiell nicht auseinander.
SPIEGEL: Zu erreichen wäre das auch nach Ihrer Meinung nur, wenn man zunächst – vielleicht für lange Zeit – den Status quo hinnimmt?
BRANDT: Wir haben keine unzumutbaren Ausgangspunkte geschaffen für ein Gespräch mit der Sowjet-Union, und wir tun es auch heute nicht. Wir haben gesagt, daß wir keine Grenzen antasten, sondern daß wir ausgehen von dem, was ist ...
SPIEGEL: Auch in Deutschland.
BRANDT: ... auch in Deutschland; aber nicht darauf verzichten können, das, was ist, im Interesse und im Einvernehmen der Beteiligten zu verbessern, zu vermenschlichen und damit nach vorn zu bewegen.
SPIEGEL: Nach vorn bewegen – das wird aus deutschem Munde in russischen Ohren schon wieder sehr gefährlich klingen. Die Russen werden sagen: Die Deutschen bewegen sich so gern nach vorn, wie 1941.[11]
BRANDT: Ich habe einmal einem sowjetischen Gesprächspartner, der auch meinte, es wäre alles in Ordnung, wenn man die Realitäten bestätigt, gesagt: Die Menschen streiten seit jeher darüber, wie man den Begriff Realitäten zu definieren habe. Und ich habe ihm damals erzählt, daß ich gerade dabei bin, den zweiten Band der Lebenserinnerungen von Ilja Ehrenburg zu lesen, in dem er beschreibt, wie ihn der alte Albert Einstein nach dem Zweiten Weltkrieg beim Philosophieren in Princeton plötzlich fragte: „Ehrenburg, sind Sie sicher, daß zwei mal zwei gleich vier ist? Ich nicht ..."[12] Dies hat bei meinem

sowjetischen Gesprächspartner zu einem Aufschrei des Entsetzens geführt. Aber Einstein hatte recht. Man wird dem Leben durch das Einmaleins allein nicht gerecht.

SPIEGEL: Vielleicht würde Einstein das Einmaleins der Entspannungspolitik heute auch nicht für so sicher halten. Sie führte eben nicht automatisch zur Entspannung, womöglich – siehe Prag – sogar zum Gegenteil.

BRANDT: Abbau der Spannungen – wie ich vorziehe, es zu nennen – heißt, ohne Illusionen und trotz allem, was in der Welt ist, ehrlich den Versuch zu machen, den großen Krieg zu verhindern, Elemente der Friedenssicherung zu schaffen, vielleicht noch mehr Aufmerksamkeit den Interessen der Hauptbeteiligten zuzuwenden, jedenfalls: niemandem das Gefühl zu vermitteln, ihm solle ein Fell über die Ohren gezogen werden.

SPIEGEL: Also zunächst weiter das Bonner Projekt gegenseitigen Gewaltverzichts?

BRANDT: Gewaltverzicht war die Formel, mit der wir – zumal dies auch die sowjetische Seite für richtig hielt – bereit waren, über die Fragen zu sprechen, die zwischen der Sowjet-Union und der Bundesrepublik Deutschland anstehen.

SPIEGEL: Kann man mit der Sowjet-Union noch über Gewaltverzicht sprechen, nachdem sie mitten in Europa zu offener Gewaltanwendung zurückgekehrt ist?

BRANDT: Das ist ein Punkt, bei dem man in Gefahr ist, bei den eigenen Landsleuten sich zu disqualifizieren, weil man als jemand erschiene, der nicht die harte Wirklichkeit dieser Welt kennt. Trotzdem: Was würde aus der Menschheit, wenn es nicht immer wieder solche Versuche gäbe? Was wäre aus uns in Deutschland geworden, wenn man nur gesagt hätte: Mit den Deutschen kann man nicht reden, weil sie nicht nur völkerrechtlich gültige Verträge zerrissen haben, sondern soviel Unglück über die Welt gebracht haben. Wir sind die letzten, die hier mit einem allzu erregten Zeigefinger in der Luft herumfuchteln dürfen.

SPIEGEL: Und müssen uns gerade deshalb auch noch in diesem Augenblick von Moskau die Feindstaatenklausel der Uno-Charta vor-

halten lassen, nach der bei uns als Besiegten des letzten Weltkrieges von jeder Siegermacht jederzeit interveniert werden kann wie in Prag?
BRANDT: Das will ich nicht bagatellisieren. Andererseits glaube ich, daß ein Teil der deutschen Diskussion zu diesem Thema im Begriff ist, auf Abwege zu geraten. Die Sowjet-Union sagt etwas Falsches oder irrt wirklich, wenn sie die Artikel 53 oder 107 der Uno-Charta[13] als Artikel darzustellen versucht, aus denen sich militärische Interventionsrechte ableiten lassen. Es gibt solche Rechte nicht.
SPIEGEL: Sagen das die drei westlichen Siegermächte auch?
BRANDT: Die Uno-Charta steht nicht über dem allgemeinen Völkerrecht. Der Nato-Vertrag, dem die drei Westmächte angehören, steht über der Uno-Charta als Lex specialis, als ein nach der Uno-Charta vorgesehener regionaler Sicherheits- und Verteidigungsvertrag...
SPIEGEL: Solange er in Funktion ist.
BRANDT: ... das allerdings. Aber so lange gilt er ohne jeden Zweifel auch für den Fall, daß eine Macht unter fälschlicher Berufung auf die erwähnten Artikel Interventionsrechte geltend machen wollte.
SPIEGEL: Expressis verbis haben das die Westmächte offenbar nicht bestätigt. Auf Ihrer Pressekonferenz im Juli[14] haben Sie in Bonn gesagt, Sie wüßten, daß die Westmächte die beiden Uno-Artikel für überholt halten. Jetzt wird bekannt, daß wir mit den Westmächten darüber erst noch verhandeln.
BRANDT: Ich bin nicht der Außenminister einer der Westmächte, sondern Außenminister der Bundesrepublik. Ich habe das, was Sie zitieren, gesagt aus guten Gründen und habe festzustellen, die Westmächte haben nicht widersprochen, als der Außenminister der Bundesrepublik erklärt hat, sie, die Westmächte, hielten diese Artikel für obsolet. Aber Sie haben recht, selbst haben sie dies so deutlich noch nicht erklärt.
SPIEGEL: Wird diese Unklarheit Bonn zusätzlich zögern lassen, den Atomsperrvertrag zu unterschreiben, der ausdrücklich auf die Uno-Charta und damit auf deren Feindstaatenklauseln Bezug nimmt? Unterschreiben wir in jedem Fall und wann?
BRANDT: Wir waren immer davon ausgegangen, daß wir die Ergebnisse der Genfer Konferenz der Nichtnuklearen[15] abwarten wollten,

bevor wir zu einer Gesamtwürdigung des Vertrages kämen. Inzwischen haben andere Staaten, wie Italien und die Schweiz, auch gesagt, man muß sich wegen der schweren Erschütterung im Falle Prag, was den Wert von Unterschriften und was die Glaubwürdigkeit von Verträgen angeht, nun mehr Zeit nehmen mit dieser Würdigung.
SPIEGEL: Die Glaubwürdigkeit wird sich nicht ändern, auch wenn man zuwartet.
BRANDT: Ich sage Ihnen für meine Person, und ich habe das auch hier in Genf in vielen Gesprächen gesagt: Ich hätte, bevor es zur tschechoslowakischen Krise kam, gemeint, man solle sich nicht zuviel Zeit nehmen. Ich denke nach der tschechoslowakischen Krise nicht im Traum daran, mir die Beine auszureißen, sondern vertraue auf einen, wenn auch längere Zeit dauernden Prozeß der Klärung der Meinungen bei uns zu Hause.[16]
SPIEGEL: Sie haben auf dieser Genfer Konferenz eine viel beachtete, sehr sorgfältig formulierte, in Genf weithin applaudierte Rede[17] gehalten. Sie ist gehalten in der Diplomatensprache. Jeder, der weiß, wovon die Rede ist, weiß, was Sie meinen. Aber sie sprechen keine der Hauptfragen wörtlich an: weder Intervention der Russen noch Gewalt gegen die Tschechoslowakei noch Feindstaatenklausel noch die neue sowjetische Propagandakampagne gegen Bonn. Das hat zu Kommentaren geführt, Ihre Rede klinge fast wie eine Rede Dubčeks nach seiner Rückkehr aus Moskau.[18] Spürt der deutsche Außenminister eigentlich auch schon die Faust der Sowjets im Nacken?
BRANDT: Es kommt nicht darauf an, möglichst starke Worte zu gebrauchen. Und es kommt nicht darauf an herauszufordern. Es kommt nicht darauf an, Gemütsbewegungen zu befriedigen. Es kommt darauf an, eigene Interessen zu wahren und das, was man will, einzubetten in Interessen, die möglichst viele andere auch haben. Ich denke nicht, daß das etwas zu tun hat mit dem Gefühl, die Faust im Nacken zu spüren. Es geht einfach um das Gefühl dafür, daß man nicht wild in der Landschaft herummarschieren kann, sondern versucht, wie auch nach schrecklichen Eindrücken wieder neue Positionen aufzubauen sind, die nicht zu weiteren destruktiven Wirkungen führen.
SPIEGEL: Herr Vizekanzler, wir danken Ihnen für dieses Gespräch.

Nr. 17
Aus dem Schreiben des Bundesministers des Auswärtigen, Brandt, an den Außenminister der Vereinigten Staaten von Amerika, Rusk
10. September 1968[1]

NARA, RG 59, POL GER W-US, Box 2136.

Lieber Dean,
[. . .][2]
Zu dem Brief vom 2. September [1968] möchte ich Ihnen bestätigen, daß die Ereignisse in der Tschechoslowakei und die damit verbundene Veränderung der strategischen Lage in Mitteleuropa Regierung und öffentliche Meinung in der Bundesrepublik Deutschland stark betroffen haben.[3] Die allgemeine Überzeugung in Regierung, Parlament und öffentlicher Meinung geht dahin, daß die Stärkung der atlantischen und europäischen Strukturen eine vordringliche Konsequenz aus der sowjetischen Aggression darstellt, damit auf lange Sicht die von uns allen gewünschte Friedenspolitik fortgesetzt werden kann.

Ihrer Anregung, auf der Grundlage des deutsch-französischen Vertrags vom 22. Januar 1963[4] mit der französischen Regierung über die französische Zusammenarbeit in der westlichen Verteidigung zu sprechen, bin ich deshalb gern nachgekommen. Am 7. September [1968] hatte ich mit Außenminister Debré eine der vertraglich vereinbarten Konsultationen auf Ministerebene.[5]

Die Auffassung der französischen Regierung, wie sie sich aus den Äußerungen Debré's ergibt, geht dahin, daß die Rückkehr zum Kalten Krieg verhindert werden müsse. Andererseits könne an eine Fortsetzung der Entspannungspolitik solange nicht gedacht werden, wie sowjetische Truppen in der ČSSR verblieben. Während die wirtschaftlichen Beziehungen zwischen Ost und West weiter entwickelt werden sollen, solle die Sowjetunion immer wieder dafür verantwortlich gemacht werden, die Voraussetzungen für die Fortsetzung der Entspannungspolitik wieder herzustellen.

Auf dem Gebiet der militärischen Sicherheit habe ich Debré vorgeschlagen, daß im Rahmen der bereits bestehenden deutsch-französischen Studiengruppe für Probleme der europäischen Sicherheit in den siebziger Jahren eine konkrete Einschätzung der durch die Ereignisse in der ČSSR veränderten militärischen Lage erfolgen solle. Diesem Vorschlag hat Debré zugestimmt.

Ich bin mir nicht sicher, ob die vorgeschlagenen Sicherheitsgespräche dazu führen werden, Frankreich wieder näher an die gemeinsamen Verteidigungsanstrengungen der Allianz heranzuführen.[6] Gleichwohl können sie m. E. eine günstige Gelegenheit bieten, um einerseits über die französischen Auffassungen und Absichten mehr Klarheit zu gewinnen, andererseits den Franzosen unsere Gedanken nahezubringen, die sich aufgrund der tschechischen Ereignisse aufdrängen.

Was die Frage einer Zusammenkunft von Außenministern der NATO-Staaten angeht, so plädiert Frankreich für ein Vorziehen der für Dezember regulär vorgesehenen NATO-Ministerkonferenz um einige Wochen. Eine Zusammenkunft der Außenminister zum jetzigen Zeitpunkt wird für zu spektakulär gehalten; außerdem sei sie zum jetzigen Zeitpunkt nicht in der Lage, Entscheidungen zu treffen. Ich sagte Debré, daß ich mich mit einer Zusammenkunft der Außenminister der NATO-Staaten in der ersten Hälfte des Monats Oktober [1968] einverstanden erklärt habe, aber es vorziehen würde, wenn die Zusammenkunft in Washington stattfände.[7]

Sobald die geplanten deutsch-französischen Gespräche über Sicherheitsfragen zu einem ersten Ergebnis geführt haben, werde ich nicht versäumen, Sie hiervon zu unterrichten.

Mit freundlichen Grüßen

‹Ihr Willy Brandt›[8]

Nr. 18
Aus der Rede des Bundesministers des Auswärtigen, Brandt, vor dem Deutschen Bundestag
26. September 1968

Verhandlungen des Deutschen Bundestages, Stenographische Berichte, 5. Wahlperiode, 186. Sitzung, Bd. 67, S. 10109–10116.

Herr Präsident! Meine Damen und Herren! Bis auf einen Punkt der Entschließung[1], zu dem ich – wenn ich es ganz offen sagen darf – aus meiner Verantwortung es begrüßen würde, wenn die Fraktionen sich doch noch verständigten, und abgesehen von einigen analytischen Fragen zeigen die eingehenden Stellungnahmen der Fraktionsvorsitzenden heute vormittag ein hohes Maß an Übereinstimmung mit dem, was der Herr Bundeskanzler gestern für die Regierung erklärt hat.[2]

Es ist in der Tat gerade jetzt besonders wichtig, daß Wunschdenken nicht an die Stelle einer illusionslosen Untersuchung der Lage tritt. Zur Lage gehört, daß es in diesem Augenblick in allen Teilen der Bundesrepublik auch Sorgen gibt, die nicht gerechtfertigt sind. Ich meine damit folgendes.

So sehr uns bedrückt, was innerhalb des Warschauer Paktes mit unserem Nachbarland, der Tschechoslowakei[3], geschehen ist: Niemand in der Bundesrepublik Deutschland braucht daran zu zweifeln, daß unser Schutz innerhalb des atlantischen Bündnisses unvermindert gegeben ist. Dies gilt gleichermaßen für Berlin, dem mit neuen Mitteln voranzuhelfen gerade jetzt wichtig ist. Ich denke, dazu sind wir alle aufgerufen. (Beifall bei den Regierungsparteien.)

So sehr uns empört, was uns aus Moskau und aus Ostberlin an feindseliger Propaganda entgegenströmt: Niemand braucht sich durch die zuweilen hysterische Auseinandersetzung um die sogenannten Feindstaatenklauseln[4] durcheinanderbringen zu lassen.

Und noch ein Hinweis: So sehr es deprimiert, wenn Panzer gegen den eigenen Weg eingesetzt werden, für den sich ein ganzes Volk entschieden hat: Niemand braucht deshalb zu meinen, daß der Kampf um den Frieden aussichtslos geworden sei oder daß es sinnlos geworden wäre, um eine europäische Friedensordnung zu ringen. Es ist schwerer geworden, aber noch wichtiger. (Allgemeiner Beifall.)

Das Ringen um eine europäische Friedensordnung ist ganz bestimmt nicht leichter geworden, aber es muß gerade jetzt mit verstärkter Kraft weitergeführt werden. Jeder soll wissen, daß diese Bundesregierung alles tut, was in ihrer Kraft steht, damit unsere Landsleute ruhig schlafen können und damit wir für sie mehr Sicherheit erlangen.

Ich verstehe freilich durchaus, wenn viele Mitbürger empört oder gar verzweifelt fragen, weshalb es denn der famosen Staatenordnung im Jahre 1968 nicht möglich ist, mit dem Krieg in Vietnam[5] fertig zu werden, mit dem Blutvergießen in Nigeria-Biafra[6] Schluß zu machen oder in unserer unmittelbaren Nachbarschaft, in der ČSSR, ein zweites München[7] nicht stattfinden zu lassen, oder warum wir nicht mit Sicherheit sagen können, daß andere Länder in Südosteuropa militärischer Bedrohung und Erpressung keinesfalls ausgesetzt sein könnten.[8]

So fragen viele im Lande, gerade auch viele der jungen Deutschen; und das ist mehr als verständlich. Dieser Zustand ist einer der Gründe für die Unruhe in der jungen Generation. Ich will allerdings gleich hinzufügen, daß ich damit nicht die Unruhe meine, die von einer kleinen extremistischen – um nicht zu sagen: nihilistischen – Minderheit mit ebenso viel Unverfrorenheit wie Arroganz geschürt wird; (Beifall bei den Regierungsparteien) Arroganz auch, was die Beurteilung der Verhältnisse in fremden Ländern angeht. (Abg. Dr. Barzel: Sehr wahr!)

Ich sage dies auch unter dem frischen Eindruck der skandalösen und beschämenden Vorgänge, die sich vor wenigen Tagen in Frankfurt beim Besuch der Staatspräsidenten der Republik Senegal[9] abgespielt haben. Ich muß allen Ernstes und vor unserem Volk fragen, wohin wir kommen, wenn ein respektierter ausländischer Gast nicht mehr in die Bundesrepublik kommen kann, ohne unbehelligt den Ort zu erreichen, an dem er beispielsweise durch den Außenminister begrüßt werden soll, wenn er vor Pflastersteinen nicht sicher ist, (Unerhört! in der Mitte) wenn seine Nationalflagge angetastet wird.

Ich will nicht Außenminister dieser Bundesrepublik Deutschland sein, wenn in diesem Land die Gastfreundschaft nicht mehr gewährleistet ist. (Anhaltender lebhafter Beifall.) Für meine eigene Person füge ich hinzu: Ich werde die Mitbürger, vor allem die Arbeitnehmer in Betrieben und Verwaltungen, fragen, ob sie es zulassen und ob sie zusehen wollen, daß ausländische Gäste Belästigungen und Demütigungen ausgesetzt werden.

Es geht dabei außerdem darum, daß wir nicht gesonnen sind, die Ergebnisse zwanzigjähriger Aufbauarbeit von Extremisten oder Pöbel zerstören zu lassen. (Beifall.) Ich habe als junger Mann eine deutsche Republik zugrunde gehen sehen[10]. Das wollen und werden wir nicht noch einmal erleben. Wir erlebten, wohin Intoleranz, Haß und Gewalttätigkeit führen. Sie führen letzten Endes in den Krieg. Sie resultieren in Millionen Toten und in zerstörten Städten, und daran wollen wir nicht noch einmal mitschuldig werden. Deshalb muß unser Volk auch nach der anderen Seite hin den neuen Nazis eine Abfuhr erteilen, wie immer sie sich nennen mögen. (Beifall.)

Nachdem ich dies aus gegebenem Anlaß gesagt habe, füge ich auch heute hinzu: Verhärtung des Denkens ist gegenüber der jungen Generation ebenso schädlich wie Verweichlichung des Empfindens. Ich denke nicht daran, von „den" Studenten, auch nicht von den „linken" Studenten schlechthin zu reden, wenn ich eine extreme Minderheit meine. Ich denke schon gar nicht daran, die junge Generation zu verurteilen. Im Gegenteil, ich verstehe, wenn sie, die nicht terrorisiert, trotzdem kopfscheu wird angesichts des Widerspruchs zwischen alten Strukturen und modernen Möglichkeiten oder – auf diese unsere Debatte heute bezogen – angesichts der Ohnmacht, der schrecklichen Ohnmacht, die wir alle empfinden und die die Jugend wohl noch stärker empfindet und die zum Trauma werden kann. Ich meine die Ohnmacht gegenüber den Rechtsbrüchen der Gewalt und dem Blutvergießen in der Welt, in der wir leben.

Anfang voriger Woche hatten wir in Bonn den Besuch des japanischen Außenministers zu dem vereinbarten regelmäßigen Konsultationsgespräch.¹¹ Ich will alles andere, was die so wichtige bilaterale Zusammenarbeit zwischen Japan und uns betrifft, beiseite lassen und nur diesen einen Punkt hervorheben: Denn wenn man mit den Japanern spricht, dann steht das Vietnam-Thema noch mehr im Mittelpunkt, als wenn man mit europäischen Außenministern spricht. Ich sage nach diesem Gespräche mit jemandem, der dem Geschehen dort näher ist: In Vietnam¹² ist noch immer nicht abzusehen, wann es zu einem Ende der blutigen Auseinandersetzungen kommen wird. Und da hilft es nicht sehr viel, wenn man unseren eigenen Wunsch, den Wunsch des deutschen Volkes, bekräftigt, den Wunsch nach einem baldigen und gerechten Frieden. Trotzdem – und darum erwähne ich es –, nach diesen Konsultationsgesprächen muß man sich schon jetzt Gedanken machen – und andere machen sich Gedanken – über einen Wiederaufbau jenes zerstörten Landes nach dem Ende des Krieges. Dieser Wiederaufbau kann nicht von einigen wenigen Ländern allein bewältigt werden, sondern er muß von einem möglichst großen Kreis von hilfswilligen Nationen getragen werden. In Japan haben sich dazu gewisse Vorstellungen gebildet, und auch wir werden uns eines Tages mit dieser Aufgabe zu befassen haben. Ich bin sicher, daß es dann an deutscher Hilfsbereitschaft nicht fehlen wird.

In Afrika ist es der Krieg in Nigeria-Biafra¹³, der weite Kreise unseres Volkes mit tiefer Sorge erfüllt und sie in besonderem Maße empfinden läßt, wie weit wir noch von einer gesitteten Weltordnung entfernt sind, wie sehr wir die Grenzen unseres eigenen unmittelbaren Einflusses erkennen müssen, und wie leicht es ist – ich sage es noch einmal –, einem Gefühl der Ohnmacht und der Verzweiflung zu erliegen.

Nun hat es ja an der Bereitschaft zu humanitärer Hilfe bei uns in der Bundesrepublik nicht gefehlt, und daran soll es auch weiterhin nicht fehlen. Die Bundesregierung hat das ihre getan, und sie wird das weiterhin tun, aber wir sind auch – und das ist draußen nicht genügend bekannt – politisch nicht untätig geblieben. Und doch hat es uns bedrückt, daß die Formel von der Nichteinmischung, wenn man sie nicht richtig versteht, sogar als Gleichgültigkeit mißverstanden werden könnte, daß unser Schweigen zur Mitschuld werden könnte, zur Mitschuld daran, daß aus sogenannten vitalen Interessen der Mächtigen die Todesursache der Schwachen wird, daß hunderttausende Frauen und Kinder mit ihrem Leben bezahlen müssen, wo die ost-westliche Interessenpolitik in die Irre führt und wo internationale Organisationen versagen.

Ich möchte, daß man in diesem Hohen Hause und darüber hinaus versteht: Wir haben nicht erst seit gestern, sondern während dieser ganzen mörderischen Auseinandersetzung versucht, unseren freilich recht begrenzten Einfluß im Sinne der Mäßigung, des Ausgleichs und des Friedens geltend zu machen. Noch in den letzten Tagen haben wir hierüber mit afrikanischen Staatsmännern beraten, mit den Präsidenten Leopold Senghor und Hamani Diori und mit dem ghanaischen Außenminister Anin, der von der Konferenz der afrikanischen Staaten aus Algier hierher kam, mit Repräsentanten, die dem schrecklichen Geschehen noch näher sind, mit Vertretern europäischer Staaten und internationaler Organisationen.[14]

Dies ist das eigentlich Enttäuschende, meine Damen und Herren, daß weder die Vereinten Nationen, noch die Organisation der afrikanischen Einheit, noch das Commonwealth genügend Einfluß hatten oder genügend gemeinsame Interessen zu entwickeln vermochten, um einen ernsthaften Friedensbeitrag zu leisten. Trotzdem darf man es vielleicht als deutscher Außenminister wagen, von dieser Stelle aus zu sagen, ob nicht doch beschwörende Appelle etwas weiterhelfen könnten an diejenigen, (Abg. Dr. Barzel: – – die Waffen liefern!) die beteiligt sind und die Einfluß haben, daß sie kein Mittel unversucht lassen möchten, um einen Waffenstillstand herbeizuführen, lieber gestern als morgen. Sie sollten sich auch, so denke ich – und das müßte in das, was ich sagte, einbezogen sein –, nicht der Pflicht entziehen, an der Überwindung dessen mitzuwirken, was der Krieg an Haß und an Furcht hinterläßt.

Wenn man daran denkt, dann geht das natürlich zwangsläufig zunächst in die Richtung der Regierung Nigerias ebenso wie an die verantwortlichen Führer von Biafra. Aber da muß man auch an den Kaiser von Äthiopien[15] als den Vorsitzenden des Vermittlungsausschusses der Organisation der Afrikanischen Einheit denken, aber wohl doch auch mit besonderer Eindringlichkeit an die Regierungen der Staaten, die wie England und Frankreich eine besondere Verantwortung für den Frieden in der Welt tragen. (Beifall bei den Regierungsparteien.)

[...]¹⁶

Nun hat es aber – und davon ist mit Recht heute morgen in allen drei Reden der Herren Fraktionsvorsitzenden¹⁷ an erster Stelle die Rede gewesen – seit vielen Jahren keinen Vorgang außerhalb unserer Grenzen gegeben, an dem unsere Bevölkerung mit so interessierter Leidenschaft teilgenommen hat wie an der Auseinandersetzung um die ČSSR.

Dabei haben wir übrigens in der Bundesrepublik ein seltsames Phänomen erlebt: Wenn ich es richtig verstanden habe, dann ist ein Mann wie Alexander Dubček als erster Kommunist in Deutschland wirklich populär geworden. (Heiterkeit.) Daß dies geschehen konnte, haben wohl wenige geglaubt. Es ist im übrigen ein Zeichen dafür, daß das deutsche Volk durchaus nicht von Schwarz-Weiß-Denken oder gar Kreuzzugsgedanken erfüllt ist. Es ist ein Zeichen dafür – wenn ich es recht sehe –, daß die Menschen in diesem Land das Recht auf Selbstbestimmung, das Recht auf den eigenen Weg, auch wenn dieser eigene Weg ein anderer ist als der unsere, anerkennen. (Beifall.)

Aber dabei konnte und kann es über eins keinen Zweifel geben: Dubček war und ist der erste Mann einer kommunistischen Partei. Es konnte vor und nach Čierna und Bratislava¹⁸, vor und nach dem Einmarsch der Besatzungskommunisten keinen Zweifel geben: Die Tschechoslowakei wollte nicht den Warschauer Pakt verlassen. Die kommunistische Partei wollte dort nicht abdanken. Die gesellschaftliche Ordnung, in der die Produktionsmittel sozialisiert sind, war nicht in Frage gestellt. Was der Entwicklung in der Tschechoslowakei den Charakter eines erregenden historischen Experiments gab, war doch wohl der Versuch, Humanität und Kommunismus, Demokratie und Sozialismus östlicher Prägung miteinander zu versöhnen, zusätzlich noch der Versuch, in einem System der übernational gelenkten Staatswirtschaft eine verbraucherbezogene Produktion und eine gewisse Eigeninitiative zu fördern, eine relative Freiheit in Presse, Kultur und Wissenschaft und die Freizügigkeit der Menschen zu etablieren.

Dieses große Experiment ist durch den Einmarsch im wesentlichen gestoppt worden. In einer für meine Begriffe unerhörten Solidarität zwischen der Führung einer kommunistischen Partei und der Bevölkerung jenes Landes haben sich die Tschechen und die Slowaken jedoch trotz der Okkupanten jenen kleinen Raum bewahrt, in dem dieses Experiment weitergeht. Dies scheint mir sehr wesentlich zu sein.

Es gibt keinen Grund für uns, sich Federn der Tschechen an den Hut zu stecken oder umgekehrt Trauerflor anzulegen. Wir sollten auch nicht so tun, als sei der historische Prozeß durch eine Okkupation einfach beendet. (Zustimmung bei der SPD.) Ich meine, gerade die Besetzung der Tschechoslowakei hat gezeigt und wird weiter zeigen, daß Panzer keine Ideen unter ihren Ketten zermahlen können, daß politische Probleme mindestens nicht allein durch militärische Maßnahmen zu lösen sind.

Die Führung der sowjetischen Weltmacht hat es ungeheuer schwer, mit der Tatsache fertig zu werden, daß die geistigen Strömungen im letzten Drittel unseres Jahrhunderts staatliche Grenzen überspringen. Herr Kollege Schmidt hat heute früh in seiner Rede auf diesen Gesichtspunkt hingewiesen, der sich aus dem Charakter der modernen Industriegesellschaft ableitet.[19] Intelligenz, Bildung, technische Entwicklung, wissenschaftlicher Fortschritt beeinflussen die Entwicklung in Ost und West und stellen die Gesellschaft, auch die kommunistische Gesellschaft, vor neue Fragen. Diese Faktoren wirken weiter. Daran ändern auch die Lügen nichts, mit deren Hilfe man dem Wagen der Geschichte in die Speichen greifen möchte.

Ich darf hier auf folgenden interessanten Widerspruch hinweisen: Zur Begründung des 21. August wurde bekanntlich ins Feld geführt, der Einmarsch sei zur Unterdrückung der Konterrevolution notwendig gewesen. Seit dem 5. September – ich habe die Entwicklung genau verfolgt – heißt es, die Aktion sei militärisch notwendig gewesen, denn es habe eine Bedrohung gegeben, eine Bedrohung der

Souveränität der ČSSR und ihrer sozialistischen Entwicklung durch die Militärmacht der NATO und besonders unserer Bundesrepublik.[20] (Hört! Hört! in der Mitte.) Hieran ist natürlich kein wahres Wort.

Völlig in die Irre geht jedoch auch das Gerede, die Bundesrepublik Deutschland habe sich in der ČSSR eine wirtschaftliche Vorzugsposition schaffen wollen. Es war und ist übrigens keine Schande, wenn man auch ökonomisch und technisch in der Ost-West-Zusammenarbeit etwas zu bieten hat. Tatsache ist dabei, daß wir uns auch auf diesem Gebiet betont zurückgehalten haben. Unser Handel mit Polen war 1967 größer als der mit der Tschechoslowakei. Dies auch zur Kenntnis einiger nicht-östlicher Partner, die Opfer einer anderen Version geworden sein könnten.

Die vor und nach dem Einmarsch in die ČSSR gegen die Bundesrepublik Deutschland gestarteten Kampagnen zielen zu einem Teil auf die Außenpolitik dieser Regierung und zu einem anderen Teil nimmt man die Sozialdemokraten besonders aufs Korn, die ein Teil dieser Regierung sind, sie mit tragen und ihre Arbeit mit prägen. Wer in den letzten Wochen die Argumentation der sowjetischen und besonders der SED-Presseorgane verfolgt hat, wird wissen, was dort zum Hauptargument, vor allen Dingen in Ostberlin zum Hauptargument für die Intervention in der ČSSR gemacht worden ist: nämlich die angebliche Gefahr der Übernahme der sozialdemokratischen Forderung nach Einführung eines demokratischen Sozialismus. Wörtlich nachzulesen in der Erklärung der SED-Führung zum Einmarsch in die ČSSR.[21]

Wer es noch genauer wissen will, der kann im „Neuen Deutschland" vom 11. September lesen, die westdeutsche Sozialdemokratie sei die Konterrevolution schlechthin.[22] (Heiterkeit bei der SPD und in der Mitte.) Nun, ich habe den Eindruck, wenn ich das so lese, daß man den Kollegen auf jener Seite des Hauses viel zutraut, manchmal mehr, als sie sich selbst zutrauen. (Erneute Heiterkeit bei der SPD und in der Mitte.) Die Tatsache, daß 65 kommunistische Parteien die Intervention, wenn auch mit unterschiedlicher Stärke, verurteilt haben[23], diese Tatsache ist nun wirklich nicht auf die SPD zurückzuführen. (Heiterkeit bei der SPD.)

Noch eine Bemerkung zum Thema ČSSR – in Unterstreichung von Dingen, die hier vor diesem Hause von der Regierung gesagt worden sind und die das Haus sich zu eigen gemacht hat: Wir wissen alle, daß in wenigen Tagen 30 Jahre vergangen sein werden, seit in München die Politik Hitlers triumphierte, die auf Zerstörung des tschechoslowakischen Staatswesens gerichtet war.[24] Ich denke, uns liegt daran, bei dieser Gelegenheit noch einmal allem eine endgültige Absage zu erteilen, was mit der nazistischen Gewaltpolitik verbunden und von allem Anfang an ungerecht war. (Beifall bei der SPD und Abgeordneten der CDU/CSU.)

Aber in dieser Zeit – das hat ja eine wesentliche Rolle gespielt in dem, was der Bundeskanzler dem Hohen Hause gestern gesagt hat[25] – kommt es sehr darauf an, lebensgefährliche Irrtümer zu verhindern. Es kommt darauf an, daß der Prozeß, der objektiv in Richtung auf mehr Kommunikation verläuft und der mit der Selbstverständlichkeit eines Naturereignisses sich abwickeln wird, daß der nicht die Sicherheit der Staaten und der Völker gefährdet.

Hier hat die Regierung gesagt: Was die Bundesrepublik dazu tun kann, das ist sie gewiß bereit zu tun. Dazu gehört, daß wir den Gewaltverzicht auch nach Osten in aller Form angeboten haben. Wir haben ihn in Genf weltweit zur Maxime des Verhaltens zwischen allen Staaten, den Kernwaffenmächten und den Nicht-Nuklearen, erklärt.[26] Aber dem muß dann immer hinzugefügt werden – und darum sage ich es: Wir haben ebenso um die eigene Sicherheit besorgt zu sein, die wir jetzt und in einer jetzt nicht absehbaren Zeit in unserem westlichen Bündnis finden.

Dabei haben wir uns angewöhnt, öffentlich über die Schwächen des Bündnisses zu sprechen. Dagegen ist an sich nichts zu sagen. Nur sollten wir dabei, meine ich, nicht vergessen oder andere vergessen machen, daß dieses Bündnis doch die stärkste militärische Kraft darstellt, die es je in der Geschichte der Menschheit gegeben hat. Es wäre schrecklich, wenn es darüber einen Irrtum oder einen Zweifel irgendwo gäbe. (Beifall.)

Ich denke, daß der Bundesverteidigungsminister[27] sich im Laufe dieses Nachmittags noch zu Wort melden wird. Dann wird er vermutlich darauf hinweisen, daß die Vorverlegung einer Anzahl sowjetischer Divisionen natürlich militärisch-technisch geprüft und beantwortet werden muß; beantwortet durch das Bündnis und im Bündnis. Aber ich denke, es kann ebensowenig einen Zweifel daran geben, daß, sosehr sich hier regionale Probleme ergeben – wichtige europäische Regionalprobleme –, sich am globalen Gleichgewicht der Kräfte, an der Gültigkeit und Wirksamkeit der westlichen Gesamtstärke nichts geändert hat. Wenn übrigens richtig ist, was wir als Auffassung des bisherigen Leiters der NASA[28] aus den Zeitungen erfahren haben, könnten gefährliche Änderungen des Gleichgewichts heute im Weltraum noch eher stattfinden als durch Truppenverschiebungen auf der Erde.

Nun scheint es hier und da Mode zu werden, meine Damen und Herren, die USA zu ignorieren oder geringschätzig zu kommentieren, weil sie ihre zahlreichen Schwierigkeiten haben und weil sie außerdem in einem schwierigen Wahlkampf[29] stehen. Ich meine, wir müssen auch jetzt wissen, daß wir „USA" sagen wenn wir „Bündnis" sagen, (Beifall bei den Regierungsparteien und bei Abgeordneten der FDP) und daß wir aufgeschlossen sind, alle die Fragen sachlich zu prüfen und zu erörtern, die sich ergeben, wenn das Verhältnis zu den Vereinigten Staaten positiv weiterentwickelt werden soll.

Eine nur militärisch-technische Erörterung der Fragen, vor denen die westliche Allianz steht, wäre sicher unfruchtbar. Es geht in entscheidendem Maße auch um politische Fragen, und es wird in den nächsten Wochen genügend Gelegenheit geben, darüber zu sprechen. Dabei wird dann zwangsläufig auch eine Rolle spielen, ob der europäische Faktor innerhalb des atlantischen Bündnisses deutlicher gemacht wird und in seiner gemeinsamen Verantwortung stärker hervorgehoben werden kann.

Aber lassen Sie mich wirklich an dieser Stelle noch einmal unterstreichen: Das Bündnis ist verläßlich, das Bündnis gibt Sicherheit, das Bündnis ist auch stark.

Aber nicht nur unsere Bundesrepublik, nicht nur Amerika, England, auch Frankreich – nach der eigenen dort entwickelten Maxime nach dem 21. August[30] – wird sich gewiß fragen müssen, ob die

Kräfte, und zwar die in diesem Falle ausschließlich konventionellen Kräfte, auf Dauer verstärkt werden müssen, wenn die Sowjetunion für einen nicht absehbaren Zeitraum mit einem großen Teil ihrer Divisionen in der Tschechoslowakei bleibt.

Dies ist kein Widerspruch. Konrad Adenauer, der heute früh schon in anderem Zusammenhang zitiert wurde, hat seine Erklärung aus seinen letzten Jahren, die Sowjetunion sei ein friedliebendes Land, zu einer Zeit abgegeben, in der das militärische Potential der Sowjetunion gewiß groß und bedrohlich war.[31] Ich glaube, er würde seine Erklärung heute nicht ausdrücklich widerrufen wollen, sondern mit allen anderen zusammen Maßnahmen treffen, damit – wie soll ich es besser nennen? – die Friedensliebe der Sowjetunion nicht in Versuchung geführt wird. (Beifall und Heiterkeit.)

Die Ostpolitik, wie man es manchmal etwas vereinfacht genannt hat, ist manchen Mißdeutungen ausgesetzt gewesen, und das war fast unvermeidbar. Einige meinen, wir seien zu langsam, andere, wir seien nicht schnell genug und nicht weit genug gegangen; hier hebt der eine Vorwurf offensichtlich den anderen auf.

Ich habe übrigens nie die Vorstellung von einer unabhängigen, freischwebenden Ostpolitik gehabt, sondern ich bin davon ausgegangen, daß die Ostpolitik im Westen verankert, daß sie organischer Teil unserer Gesamtaußenpolitik sein muß; und wie der Herr Bundeskanzler war ich von Anfang an auf Rückschläge vorbereitet und habe mir auch gerade diesen Teil unserer Politik als einen widerspruchsvollen Prozeß vorgestellt.

Es hat nun eine Reihe von Fragen gegeben, ob wir uns nicht zu stark auf die Länder Ost- und Südosteuropas zwischen Deutschland und Rußland konzentriert hätten, ihnen gewissermaßen die Priorität eingeräumt und damit zwangsläufig das Mißtrauen der Sowjetunion geschärft oder gar die Normalisierung des Verhältnisses zur Sowjetunion unmöglich gemacht hatten. Der Herr Vorsitzende der Unionsfraktion hat heute vormittag – allerdings mit dem Hinweis, dem ich dankbar nachgehen möchte, das Thema an anderer Stelle zu vertiefen – die Frage aufgeworfen, ob man gleichzeitig und mit gleicher Intensität auf diesen drei Teilgebieten vorgehen kann: Moskau, Hauptstädte der Zwischenzone – wenn man diesen Ausdruck einmal gebrauchen darf – und Ostberlin.[32] Der Vorsitzende der Freien Demokraten hat die doppelte Frage gestellt, ob wir die Sowjetunion richtig eingeschätzt hätten und ob wir nicht in die Gefahr geraten seien, uns zu sehr mit solchen kommunistischen Regierungen einzulassen, die ihrerseits Meinungsverschiedenheiten mit der sowjetischen Regierung auszutragen hatten.[33]

Ich darf dazu sagen, meine Damen und Herren: Wir haben gewußt und übrigens auch gesagt, daß unsere Osteuropa-Politik von der Gestaltung unseres Verhältnisses zur Sowjetunion überhaupt nicht zu trennen ist. Die Entwicklung unserer Beziehungen zu den anderen Ländern Osteuropas, so sagten wir, solle die Entwicklung unseres Verhältnisses zur Sowjetunion ergänzen, nicht ihr zuwiderlaufen, und wir fügten hinzu, daß auch der innerdeutsche Ausgleich in engem Zusammenhang mit unserer Osteuropa-Politik steht, daß unsere Entspannungsbereitschaft also die DDR einschließt, ohne daß dies etwas mit einer Aufgabe vitaler Interessen zu tun habe.

Aber ich spreche jetzt nicht nur von dem, was in Regierungserklärungen und in Reden ausgeführt wurde, sondern ich darf für diesen Abschnitt der Debatte doch auf die Intensität der Bemühungen, auf die aufgewendete Zeit und den Umfang der Papiere und Dokumente hinweisen. Wenn man das dieser Tage noch einmal getan hat oder hat tun lassen, dann ergibt sich, daß die Aktenlage mit der Wirklichkeit, wie ich sie soeben anzudeuten versuchte, übereinstimmt. Die Sowjetunion hatte und hat die Priorität in unseren ostpolitischen Überlegungen, und ich füge hinzu: Die Regierung der Sowjetunion ist durch keinen Schritt, den wir in Ost- und Südosteuropa unternommen haben, überrascht worden. (Abg. Dr. Barzel: Hört! Hört!) Wir haben zu keinem Zeitpunkt versucht, Ostpolitik hinter dem Rücken der Sowjetunion zu machen, (Hört! Hört! bei der CDU/CSU) weil wir nicht töricht sind und weil wir einen Sinn für Größenordnungen haben. (Beifall bei den Regierungsparteien.) Um es dem Hohen Hause noch deutlicher zu sagen: Die Aufnahme diplomatischer Beziehungen zu Rumänien[34], die Aufnahme amtlicher Beziehungen durch den Austausch von Handelsvertretungen mit der

ČSSR[35] – bekanntlich noch zur Zeit Novotnys –, die Absicht, die diplomatischen Beziehungen mit Jugoslawien wiederherzustellen[36], dies alles war der Regierung der Sowjetunion bekannt, als sie beschloß, die Gespräche über einen Gewaltverzicht mit der Bundesrepublik Deutschland zu intensivieren. (Zuruf von der Mitte: Hört, hört!)

Natürlich hat sich der Staatsratsvorsitzende in Ostberlin[37] darum bemüht, dies zu stören. Natürlich waren er und andere voller Unruhe, z. B. über die Erklärung Gomulkas im Sommer letzten Jahres[38], daß man erst dann an den Ernst der deutschen Ostpolitik glauben könne, wenn die Bundesrepublik ihre Beziehungen mit Belgrad wiederhergestellt habe. Es hat – verständlicherweise – solche Unsicherheiten gegeben. Ich halte es aber doch für sehr wichtig, daß dies einmal zurechtgerückt wird, damit sich auch bei unseren Freunden insoweit keine falschen Eindrücke festsetzen. Nunmehr ist ohnehin dies wie viele andere Ansätze durch die Entwicklung in der ČSSR überschattet worden.

Zu Beginn der Sommerferien sind Dokumente auf den Tisch gelegt worden, die während einer ersten Runde des deutsch-sowjetischen Dialogs zum Thema des Gewaltverzichts produziert worden waren. Ich darf die Veröffentlichung über diese negative Zwischenbilanz als bekannt unterstellen, auch die Erklärung vom 12. Juli 1968, daß die Bundesregierung entschlossen ist, den Meinungsaustausch zu gegebener Zeit fortzuführen.[39]

Verständlicherweise wird gefragt, wie es weitergehen soll. Der Bundeskanzler hat deutlich gemacht, daß wir unsere Politik der ausgestreckten Hand nicht ändern wollen. Ich darf hinzufügen: Dies gilt auch für die Einzelthemen unserer Ostpolitik. Man muß die Früchte ernten, wenn sie reif sind; wenn sie abfallen und faulen, sind sie nichts mehr wert, und keine Ungeduld vermag die Frist abzukürzen, bis die Zeit zu neuer Blüte und neuer Reife wiederkommt.

Nun hat es in den hinter uns liegenden Sommermonaten viel Aufregung wegen des von der Sowjetunion behaupteten Rechts auf Intervention gegeben. Dabei ging es um die fälschliche Berufung auf die Artikel 53 und 107 der Charta der Vereinten Nationen.[40] Ich habe

– wenn ich das so freimütig sagen darf – zur Kenntnis genommen, daß einige, die in unserem Lande schreiben, dem, was ihnen der eigene Außenminister zu einem solchen Gegenstand sagt, keine – jedenfalls keine positive – Bedeutung beimessen, während sie dann gleich umschalten, wenn sie dasselbe aus dem Amerikanischen übersetzt auf ihren Redaktionstisch bekommen.

Was mich weniger gleichgültig ließ und lassen durfte, war der hier und da erhobene Vorwurf, ich hätte die meinungsberechtigte Öffentlichkeit zu einem wichtigen und gefährlichen Thema nicht unterrichtet, sondern im unklaren gelassen. In Wirklichkeit sind die Artikel 53 und 107 – wenn man so sagen darf – ein alter Hut in doppelter Hinsicht: einmal, weil diese beiden Artikel der Satzung der Vereinten Nationen wirklich so abgestanden sind, wie es der geschichtlichen Entwicklung entspricht, zum anderen, weil sich die Sowjetunion seit langem immer wieder auf diese Artikel berufen hat. Ich halte es nicht für nötig, daß wir uns nun selbst diesen alten Hut aufsetzen oder aufsetzen lassen. Daß er nicht neu ist, daß er für uns nicht neu war, als die Sowjetunion ihn uns gegenüber wieder erwähnte, mag deutlich werden, wenn ich das Hohe Haus an folgendes erinnere: Die Sowjetunion hat wiederholt diesen Artikel benutzt, um in ganz verschiedenen Fragen und auf verschiedene Länder bezogen, die Zuständigkeit der Vereinten Nationen zu bestreiten. Dafür gibt es Beispiele in jedem einzelnen der Jahre zwischen 1947 und 1952. Die Sowjetunion hat dann sogar 1966 – das hatten die meisten bloß wieder vergessen –, als sie die gleichzeitige Mitgliedschaft der Bundesrepublik und der DDR in den Vereinten Nationen vorschlug, bei dieser Gelegenheit betont, der Artikel 107 gelte dennoch fort.[41]

Ich sage das nur, um deutlich zu machen, daß diese Haltung der Sowjetunion nicht neu ist, wie man häufig angenommen hat. Sie ist der Ausdruck der uns ebenfalls seit langem bekannten Haltung, daß die Sowjetunion zwar alle tatsächlichen oder vermeintlichen Rechte wahrnehmen will, die ihr gemeinsam mit den drei westlichen Mächten in Fragen für Deutschland als Ganzes zugefallen sind, aber gleichzeitig abgelehnt, was sich daraus an zugewachsener Verantwortung für Deutschland als Ganzes ergibt, anders ausgedrückt: die

Wiedervereinigung. Hier handelt es sich unter anderem auch um hochinteressante Themen für Doktorarbeiten. Ihre Bedeutung für die praktische Politik ist leider begrenzt. Wichtig ist aber folgendes: Die sogenannten Feindstaatenklauseln begründen kein Interventionsrecht. Die Artikel 2 und 51 der UNO-Charta, die im einen Fall von Gewaltverbot und im anderen vom individuellen und kollektiven Recht auf Selbstverteidigung handeln[42], gelten sinngemäß für uns, auch wenn wir weder einen Friedensvertrag haben noch Mitglied der Vereinten Nationen sind. Und außerdem, und das ist entscheidend, gilt für uns in Übereinstimmung mit der UN-Charta der Schutz des NATO-Bündnisses. (Abg. Dr. Barzel: Sehr wahr!) Als wie wenig sensationell die sowjetische Berufung auf die erwähnten Artikel betrachtet wurde, ergibt sich übrigens auch aus der gelassenen Antwort, die die Bundesregierung – nach sorgfältiger Beratung der Beteiligten auf unserer Seite – am 9. April 1968[43] erteilt hat.

Selbst habe ich am 3. September in Genf auf der Konferenz der Nicht-Nuklearen erklärt[44], für die Beziehungen zwischen den Staaten könne nur das ausnahmslose Gewaltverbot nach den Grundsätzen der Charta der Vereinten Nationen friedensfördernde Wirkung haben, und ich leitete daraus ab: Erstens, es ist nicht zulässig, den Gewaltverzicht selektiv auf gewisse Staaten zu beschränken, und zweitens – das steht dann ganz in Übereinstimmung mit dem, was Herr Kollege Scheel in seiner Rede heute mittag sagte –, wir billigen niemandem ein Interventionsrecht zu. Das ist dort nicht nur gehört, sondern, ich denke, auch verstanden worden.

Gefährlich hätten die sowjetischen Thesen dann werden können, wenn sich die Westmächte nicht zu Wort gemeldet hätten. Selbstverständlich haben sie dies getan. Sie sind ja die eigentlichen Adressaten, auch wo es um das Potsdamer Abkommen[45] geht.

Der Herr Bundeskanzler hat gestern darauf hingewiesen, daß sich in unserem Teil Europas die Bemühungen der Bundesregierung gegenwärtig auf die Vorbereitung der Tagung des Rates der europäischen Gemeinschaften konzentrieren, der morgen, Freitag, in Brüssel wichtige Beratungen zu führen haben wird.[46] Um den Attentismus überwinden zu helfen, den gefährlichen Attentismus in der europäischen Politik, haben wir in den letzten Wochen intensive Kontakte mit allen Mitgliedsregierungen der Gemeinschaft gehabt und sind natürlich auch mit der britischen Regierung in Verbindung geblieben. Und in der vergangenen Woche haben wir den fünf Regierungen der Gemeinschaft die Grundzüge einer von uns ausgearbeiteten Initiative vorgelegt, die, wie wir hoffen, einen neuen Anstoß geben soll.[47] Aus den Konsultationen haben wir den Eindruck gewonnen, daß alle Mitgliedstaaten im Kreise der Sechs eine Fortsetzung des inneren Ausbaues der Gemeinschaft wünschen. Ein Zusammenhang mit der Frage, wie die vorliegenden Beitrittsgesuche behandelt werden, läßt sich aber nicht von der Hand weisen. Wenn schon nicht mehr möglich ist, müssen wir hoffen und erwarten, daß die vorgeschlagenen Zwischenlösungen einen Fortschritt bringen; denn wenn das nicht gelingt, wird sich das westliche Europa in einer Sackgasse finden, und das wäre schlecht für alle Beteiligten.

Damit auch hier nichts, was meine eigene Position angeht, im unklaren bleibt: Ich bin hier mit angetreten, um die deutsch-französische Zusammenarbeit zu verbessern. Und bei diesem Bemühen muß es bleiben. Ich denke, ich habe den Kollegen Schmidt richtig verstanden, daß es ihm wie anderen schrecklich leid täte um jeden Schritt, den die Bundesrepublik eventuell einmal ohne Frankreich gehen müßte.[48] Aber niemand wird befriedigt sein, wenn wir über eine längere Zeit auf der Stelle oder uns im Kreis bewegen. Ich denke, angesichts der stark verwurzelten Freundschaft zwischen den beiden Völkern und unserer im Prinzip gleichen Interessen für ein unabhängiges Europa ist nicht einzusehen, weshalb es in der erwähnten Richtung nicht deutlichere Fortschritte geben sollte.

Ich darf schließlich ein Wort zur Genfer Konferenz[49] sagen. Diese Konferenz geht in diesen Tagen zu Ende. Dort standen zwei Probleme im Vordergrund, zu denen wir unseren konstruktiven Beitrag geleistet haben: einmal die Sicherheitsfrage der Staaten, die auf das Atom als Waffe verzichten, und zweitens die friedliche Nutzung der Kernenergie.

Die deutsche Delegation hat deshalb eine Entschließung eingebracht, die von dem übergeordneten Grundsatz des Gewaltverzichts ausgeht und auf die besondere Lage der Nichtkernwaffenstaaten zugeschnitten ist.[50] Unser Text bekräftigt den Grundsatz des Verzichts auf Gewalt und Gewaltandrohung mit nuklearen oder nicht nuklearen Waffen und spricht aus, daß jeder Staat das gleiche und unveräußerliche Recht besitzt, diesen Grundsatz zu seinen Gunsten in Anspruch zu nehmen, um seine politische, wirtschaftliche und kulturelle Ordnung ohne irgendeine Form der Einmischung durch andere Staaten selbst wählen zu können. Wir betonen zugleich das unveräußerliche, in der Satzung der Vereinten Nationen anerkannte Recht auf individuelle oder kollektive Selbstverteidigung. Die Inanspruchnahme dieses Rechts, von Maßnahmen des Sicherheitsrates der Vereinten Nationen abgesehen, darf die einzige legitime Ausnahme von dem übergeordneten Grundsatz der Nichtanwendung von Gewalt in den zwischenstaatlichen Beziehungen sein. Ich kann hier mit großer Genugtuung mitteilen, daß die Konferenz in Genf heute vormittag diese deutsche Entschließung mit 50 gegen 5 Stimmen bei 25 Enthaltungen angenommen hat. (Beifall im ganzen Hause.) Dabei lassen Sie mich hinzufügen: Wir machen uns keine Illusionen, so ist das nicht. Dies ist ein Instrument der Politik neben anderen. Aber natürlich machen wir uns keine Illusionen, daß in der gegenwärtigen Weltlage Maßnahmen der Sicherheit, die sich in Resolutionen niederschlagen, mehr sein könnten als ergänzende Stützen. Das habe ich selbst in Genf auch so zu sagen versucht.

Zum anderen hat der friedliche Bereich einen der Schwerpunkte unserer Mitarbeit auf der Genfer Konferenz gebildet. Wir haben keinen Zweifel daran gelassen, daß wir Unterstellungen und Verdächtigungen unserer ausschließlich auf friedliche Zwecke gerichteten nuklearen Tätigkeit nicht hinzunehmen bereit sind. Unsere Erklärungen zu diesen Fragen sind vor einem weltweiten Forum in Gegenwart der Vertreter aller Kernwaffenstaaten mit Ausnahme der Volksrepublik China zu Protokoll gegeben worden. Unsere Auffassung dazu steht im Einklang mit der großen Mehrheit der auf der Konferenz vertretenen Staaten. Besonders positiv vermerkt wurde in Genf gerade von den Entwicklungsländern unsere Bereitschaft zur internationalen Zusammenarbeit und unsere Leistung auf dem Gebiet der technischen Hilfe.

Ein weiterer wesentlicher deutscher Sachbeitrag betrifft das Gebiet der Inspektion und Kontrolle spaltbaren Materials. Unsere Herren haben in einem allgemein beachteten Arbeitsdokument die Auffassung zu einer rationellen, wirtschaftlich unschädlichen und gleichzeitig wirksamen Kontrolle dargelegt. Wie Sie vielleicht in den Zeitungen gelesen haben, haben die Delegierten dieser Konferenz durch einen Besuch im Kernforschungszentrum Karlsruhe auch Gelegenheit erhalten, sich selbst ein Bild vom fortgeschrittenen Stadium unserer Arbeiten für ein modernes Kontrollsystem zu machen. Der Widerhall auf der Konferenz zeigt, daß unsere Mitarbeit auf diesem Gebiet ihre Wirkung nicht verfehlt hat.

Ich fasse zusammen: Wir haben uns in Genf dafür eingesetzt, daß die Zielsetzung erhalten bleibt, aus Europa eine Zone der Entspannung als Vorstufe für eine dauerhafte Friedensordnung werden zu lassen. Dazu würden gehören der Abbau der militärischen Konfrontation, der gegenseitige Gewaltverzicht, die Normalisierung der Beziehungen, ein Modus vivendi dort, wo mehr nicht zu erreichen ist, und erleichterter Austausch. Obwohl diese Bemühungen einen schweren Schlag erhalten haben, nein, gerade weil sie einen schweren Schlag erhalten haben, wird draußen in der Welt, in Genf und anderswo, so sehr gewürdigt, daß wir uns entschlossen haben, unsere Friedenspolitik illusionslos und konsequent fortzusetzen.

Ich habe dort in Genf erlebt und bei mancher anderen Gelegenheit sonst in diesen Wochen erfahren, daß wir objektiv wichtiger sind als wir es uns normalerweise bewußt machen, wir Bundesrepublik Deutschland. Aus den USA sagt man uns dies manchmal sogar in der Form, daß wir eine führende Rolle zu übernehmen hätten, nach der wir uns gewiß nicht drängen. In Westeuropa werden wir uns keinesfalls unserer Verantwortung entziehen können.

In den weltwirtschaftlichen und währungspolitischen Zusammenhängen spricht unser Anteil für sich selbst. Unsere Widersacher machen uns durch ihre Angriffe auch nicht kleiner, als wir sind. Ich kann nur hoffen, daß dadurch nicht mehr auf uns zukommt, als wir tragen können.

Ich denke, wir brauchen unser Licht gar nicht unter den Scheffel zu stellen. Wir sind in ganz guter Gesellschaft draußen, wenn wir uns einer verstärkten Anstrengung – trotz allem einer verstärkten Anstrengung! – für den Frieden verschreiben. Hier liegt über all das, was wir sonst tun, unsere Aufgabe, ob es einem gleich paßt oder nicht, in friedlicher Offensive an den Voraussetzungen einer europäischen Friedensordnung und zur Sicherung des Friedens in der Welt energisch zu arbeiten. Es ist gut, wenn – nein, ich glaube, daß wir uns darin einig sind. Es ist wichtig, daß wir uns darin einig bleiben, wenn es um die Konsequenzen geht, die gewiß nicht immer nur angenehme Konsequenzen sein werden. (Lebhafter Beifall bei den Regierungsparteien.)

Nr. 19
Aus den Ausführungen des Vorsitzenden der SPD, Brandt, in der gemeinsamen Sitzung von Parteirat, Parteivorstand und Kontrollkommission der SPD
2. November 1968[1]

AdsD, SPD-Parteivorstand, PV-Protokolle, 22. Juni – 2. November 1968.

Liebe Genossen, ich wäre froh, wenn ich zu dem, was um Vietnam jetzt vor sich geht, etwas sagen könnte, was wirklich hilfreich wäre zum Verständnis. Ich kann es nicht. Ich kann nur nach dem Nachrichtenstand von heute früh sagen, daß die Skepsis, die sich gestern mit der Hoffnung mischte, als man die Nachricht bekam von den Anordnungen des Präsidenten der Vereinigten Staaten[2], daß diese Skepsis heute noch mehr gerechtfertigt ist als gestern. Einerseits sind die ersten Reaktionen aus Hanoi sehr unfreundlich, aber auch widersprüchlich. Sie betonen die Entschlossenheit, den Kampf sieg-

reich zu Ende zu führen. Sie enthalten andererseits das Element, sie wollten hingehen nach Paris und verhandeln. Die Reaktionen aus Saigon sind auch sehr zurückhaltend, denn sie sagen, sie wollen nicht nach Paris hingehen, sondern sie seien nur bereit zu direkten Verhandlungen zwischen den beiden Regierungen in Nord- und Süd-Vietnam, und zwar nicht als Fortsetzung der Gespräche, die Harriman für die Vereinigten Staaten mit den Nord-Vietnamesen geführt hat.[3] Unterstellen wir jetzt einmal, es käme trotz dieses Auftakts in den nächsten Wochen dazu, daß der Weg zu ernsthaften Verhandlungen freigemacht würde. Dann wird es sehr darauf ankommen, genau zu beobachten, wie sich daraufhin das Verhältnis zwischen den drei Weltmächten neu einpendeln würde. Also nicht nur, wie sich daraufhin das Verhältnis zwischen Washington und Moskau weiter entwickelt, sondern welche neue Position im Verhältnis zu den beiden eben erwähnten Faktoren dann Peking einnimmt. Da muß man auf Entwicklungen gefaßt sein, die neue Fragen aufwerfen können, von Washington aus betrachtet wird sich dann nicht allein die Frage stellen, mit Moskau bestimmte Dinge, die steckengeblieben sind, wenn es geht, rascher abzuhandeln als bisher. Sondern es wird, das läßt sich schon seit einiger Zeit ablesen, auch eine Strömung in der amerikanischen Politik geben – keiner weiß, wie weit sie sich geltend macht –, den Versuch zu unternehmen, zu einem neuen Verhältnis zur chinesischen Großmacht zu kommen und sich einzustellen auf ihre Rolle in der Weltpolitik und in der Staatengemeinschaft. Nun, ein Verhältnis, wenn ich China im Augenblick beiseite lasse, ein Verhältnis zwischen den Weltmächten und den eigentlichen Atommächten nach dem heutigen Stand – USA und Sowjetunion – ist objektiv notwendig.
[...][4]
Es ist ja so, das sage ich ohne übertriebene Kritik an anderen, die das Geschäft früher hatten machen müssen, es ist so, daß sich eben unsere Außenpolitik wichtigen Partnern draußen gegenüber zu sehr dargestellt hat als ein begrenztes Mitagieren im Rahmen einer westlichen Bündnispolitik, die im wesentlichen von anderen formuliert wurde, und als eine ‹weltweite Entwicklungspolitik›[5] zwecks Ver-

hinderns bestimmter Dinge des anderen Teils Deutschlands. Das ist beides zu eng. Das muß beides ausgeweitet werden. Ohne daß man sich übernimmt. Es gibt eine deutsche Politik, weil es deutsche Interessen gibt, auch außerhalb der Bündnispolitik und des traditionellen Ost-West-Gegensatzes.

[...]⁶
Nun, liebe Genossen, sind neue und bedrückende Fragen aufgeworfen worden durch das, was erst in einem Prawda-Artikel stand und dann durch Gromyko vor der Vollversammlung der Vereinten Nationen entwickelt wurde.⁷ Das, was man eine neue sowjetische Doktrin genannt hat, die Ankündigung, daß die Sowjetunion das Recht für sich in Anspruch nehme, wie ich es jetzt definiere, 1. selbst zu bestimmen, was sozialistische Gemeinschaft ist in der Weltpolitik, wer dazu gehört und b) sich vorzubehalten, einem so Zugeordneten gegenüber das zu unternehmen, was das sowjetische Machtzentrum für richtig hält. Ich will jetzt nicht eintreten in Erörterungen darüber, ob das so ganz neu ist. Es gibt ohne jeden Zweifel bei Lenin über Stalin bis Chruschtschow, wenn immer Koexistenztheorien entwickelt worden sind im Laufe der Jahre, auch dieses Element darin. Was neu ist, ist folgendes: Gromyko hat, eben ganz absichtlich, wenn ich es recht verstehe, nicht vom Warschauer Pakt gesprochen, sondern hat ganz bewußt diesen weiteren Begriff der sozialistischen Gemeinschaft gewählt. Der es – und so sehen es nicht nur wir, so sehen es die Betroffenen zum Teil selbst – etwa möglich macht, unter Berufung hierauf Jugoslawien unter Druck zu setzen, und es ist ja kein Zweifel, daß jetzt bei den Abmachungen mit den Tschechen sowjetische Truppen eben gerade auch an der ungarischen Grenze stehen bleiben, nicht der Ungarn wegen, sondern der Drucksituation in Verbindung mit Jugoslawien wegen, und [...]⁸ dieselbe Doktrin – wenn man sie so nennen will – läßt sich auch in bezug auf Ägypten oder Syrien anwenden, wenn die Nah-Ost-Krise, die ernst genug und bedrückend genug bleibt, dies ratsam erscheinen läßt, um die sowjetische Position im Mittelmeer wesentlich, sie ist ja schon sehr viel stärker geworden, wesentlich auszubauen. Die Formulierung eines solchen sowjetischen Weltanspruchs fordert zwangsläufig die Formulierung

von Gegeninteressen heraus. Das muß man jetzt auch leidenschaftslos sehen, dies ist unvermeidlich. Diese sowjetische Position wird – dabei kann aber dann noch Unfug auch angerichtet werden – ich sage nur, was sich ergeben wird, wird auf die Nato bezogen es unmöglich machen, meiner Einschätzung nach, bei dem zu bleiben was man seit 20 Jahren stur durchgehalten hat. Nämlich zu sagen, die Nato ist begründet worden einzig und allein, um das Gebiet der Staaten zu decken, zu sichern, der Staaten, die diesem Verteidigungsbündnis angehören, mit ein paar Abrundungen, der Ordnung halber, auch von Gebieten, in denen im atlantischen Gebiet Truppen von Nato-Staaten sich befinden. Die – ich sag noch einmal – die Meinungsbildung in diesem atlantischen Bündnis wird in die Richtung gehen, Interessen deutlich zu machen, die über diese starre Begrenzung auf den unmittelbar gedeckten Staatenbereich hinausgehen. Aber ich sage hier noch einmal, die Frage – und knüpfe an eine Erwägung an, die ich vor ein paar Minuten anstellte – die Frage stellt sich auch nicht nur für den Nato-Bereich, sondern sie stellt sich auch in anderen Teilen der Welt und mag neuartige Formen von Verzahnungen gemeinsamer Interessen deutlich werden lassen. Was die Nato angeht, es wird Mitte des Monats in Brüssel eine vorgezogene Ratstagung geben, die wird sehr stark im Zeichen dessen stehen, was sich aus der Entwicklung um die Tschechoslowakei ergibt.[9] Politisch sind wir dort in keiner schlechten Lage. Denn nach allem, was ich jetzt überblicken kann, wird jenes Doppelziel der atlantischen Gemeinschaft bestätigt und ergänzend begründet werden, das wir im vergangenen Jahr mit formuliert haben.[10] Das heißt das Doppelziel des sich Verteidigenkönnens und des gestützt darauf Bereitseins über gleichgewichtige und gleichwertige Rüstungsbegrenzungen und Rüstungsminderungen zu verhandeln, wenn dafür eine geeignete Zeit kommt, wieder kommt. Dies ist ganz wichtig, denn das, was man deutsche Ostpolitik genannt hat, ist ja bei oberflächlicher Betrachtung über Gebühr von diesem unseren Mitwirken an der Interpretation der Nato-Politik gesehen worden. Das gehörte immer zusammen. Und insofern gibt dies auch eine zusätzliche politische Sicherung.
[...][11]

Die Fachleute sagen, nach allem was man überblicken kann, es gibt keine Hinweise darauf, daß die Vorverschiebung der sowjetischen Divisionen mit aktiv-militärischen Absichten gekoppelt sei, aber sie stehen nun mal da, wo sie heute stehen, und dies hat das Kräftegleichgewicht verschoben. Nicht so ganz einseitig, wie manche zunächst gesagt haben, die vergaßen, bei den Berechnungen des Kräfteverhältnisses die tschechischen und die rumänischen Divisionen neu einzugliedern gegenüber den Berechnungen und den Gegenüberstellungen, die man früher gemacht hatte. Immerhin, dies wirft die Frage von Gegenmaßnahmen auf. Wir haben von unserer Seite aus gesagt, daß wir eine Reihe von marginalen Maßnahmen zur Verbesserung der inneren Struktur der Bundeswehr zu treffen bereit sind und sie treffen – unabhängig davon, was dann noch die Nato für möglich halten mag. Wir haben es nicht für möglich gehalten, denen zu folgen, vor allen Dingen den Vereinigten Staaten, die uns in den ersten Tagen und Wochen nach dem 21. August sinngemäß sagten, ihr Deutschen müßt die Führung übernehmen, an eurer Grenze spielt es sich ab, Europa muß ohnehin eine größere Rolle spielen, wer soll dabei anders die Führung übernehmen als die Deutschen. Wir haben dem nicht folgen können. Unter anderem deswegen nicht folgen können, weil für die künftigen Relationen zwischen dem amerikanischen und dem westeuropäischen Element im atlantischen Bündnis das spezifische Gewicht der Bundeswehr ein Faktor bleibt. Ihr spezifisches Gewicht im Verhältnis zu den Verteidigungsanstrengungen anderer westeuropäischer Staaten, da muß man sehr aufpassen, daß man sich heute nicht in etwas hineinreden läßt, was schon ein Jahr später von einer Reihe der Bündnispartner, von anderen ganz abgesehen, einem dann als unbedacht übertrieben, weil dem Gleichgewicht nicht Rechnung tragend, angekreidet werden würde. Aber wir haben erklärt, und dem kann sich auch eine Sozialdemokratische Partei in der Regierungsverantwortung nicht entziehen, daß wir, wenn die Verteidigungsgemeinschaft, wenn das Bündnis in seiner Gesamtheit auf Grund objektiver Prüfungen und Erörterungen zu dem Ergebnis kommt, es muß zusätzlich etwas geschehen, daß wir uns einer Mitwirkung daran nicht entziehen würden. Zusätzlich kommt auf uns zu, wie es so schön heißt, eine harte Auseinandersetzung mit jeder künftigen amerikanischen Regierung um eine über jeweils ein Jahr hinausgehende Regelung, die ihre Belastungen durch die Präsenz in Europa – heißt vor allen Dingen auf dem Boden der Bundesrepublik – erleichtern könnte. Was die Nachwirkungen der tschechoslowakischen Krise angeht, so halte ich zunächst einmal für beachtlich, wenn wir vielleicht auch noch nicht über alle Berge sind, daß die Sozialdemokratische Partei nicht jenen Belastungen ausgesetzt worden ist, die man bei einem Sichrückerinnern an die ungarische Krise befürchtet hatte. Das ist keine Kleinigkeit; es hängt übrigens ein bißchen auch mit zusammen, daß wir mit Regierungsverantwortung tragen, daß wir die Politik haben mit beeinflussen können. Es gibt noch ein paar andere Faktoren, die in der objektiven Weltentwicklung liegen. Ich glaube jetzt auf Abstand sagen zu können, daß dieses sowjetische Vorgehen eben den schrecklichen, um nicht zu sagen tragischen Einschnitt bedeutet, den wir alle realisieren, aber daß doch wohl nicht sicher ist, ob man dies eines Tages als einen eigentlichen Wendepunkt wird bezeichnen können. Zunächst einmal haben wir es mit beträchtlicher zunehmender Unsicherheit zu tun, die vom sowjetischen Machtzentrum ausgeht. Es gehört nicht viel Phantasie dazu, um vorauszusagen, daß die sowjetische Führung auf relativ kurze Sicht in neue Führungskrisen hineingleitet.

[...][12]

Mich hat also dieser Tage mal einer, der den Dingen noch näher ist als ich, daran erinnert, wie idyllisch eigentlich die Verhältnisse zu Zeiten Chruschtschows gewesen seien, der habe zwar sein Kuba-Abenteuer damals auf sich genommen, aber man habe sich auf den eingestellt, man habe gelernt, ihn zu beurteilen, zum Beispiel auch Kennedy konnte ihn beurteilen, wie er ihm dabei helfen sollte, aus dem Abenteuer herauszukommen. Und jetzt haben wir es mit einer Diktatur zu tun, in der ein, irgendeine Art von Kollegium abstimmt darüber, ob Krieg oder Frieden ist. Das ist in der Tat noch gefährlicher und wir haben ja etwas hinzugelernt in bezug auf unsere begrenzte Fähigkeit und Möglichkeit, die sowjetischen Entscheidungen vorauszuberechnen. Ich selbst gebe noch einmal zu, daß ich um die Monatswende Juli/August im Auswärtigen Ausschuß des Bundestages[13] gesagt habe, ich könne ein militärisches Vorgehen nicht ausschließen, aber folgende 10 Gründe sprächen dagegen. Nämlich aus dem Versuch, sowjetische Interessen zu interpretieren; dabei kann man sich schwer irren. Wenn man es so salopp sagen darf, muß man bei allem, was man zu diesem Komplex an Überlegungen anstellt, muß man bei all dem sich mit klar machen, daß ein weltpolitischer Verkehrsunfall nicht ausgeschlossen ist. Wenn man das für sich selbst mit einbezogen hat, wird man sagen: Im übrigen aber spricht alles dafür, daß die Sowjetunion tatsächlich sich neue Probleme aufgeladen hat. Sie war mit der tschechischen Sache selbst weniger gut und aus ihrer Sicht und weniger rasch fertig, als sie sich eingebildet haben. Die sind viel zäher als sie vermutet haben, und beide Elemente, die dort eine entscheidende Rolle spielen, werden weiterwirken, im Grunde in allen Gebieten zwischen Deutschland und Rußland. Und in Teilen der Sowjetunion selbst. Ich meine damit erstens den nationalen Faktor, das Streben nach stärkerem deutlich Machen der nationalen Identität, und ich meine damit zweitens bestimmte Zwangsläufigkeiten der modernen Industriegesellschaft, ob West oder Ost, die sowohl bei Wissenschaftlern wie wirtschaftlichen Managern in Richtung auf Austausch, auf Kontakt, auf Öffnung verlaufen. Und das wird immer wieder in Konflikte geraten mit engen Machtbeherrschungsinteressen der sowjetischen zentralen Führung. Hierbei wird zunehmend uns zu interessieren haben die Auseinandersetzung mit dem, was die Sozialdemokratismus nennen. Das hat in der tschechischen Sache ja schon eine erhebliche Rolle gespielt, vielleicht wird Herbert Wehner dazu noch etwas sagen, aber unabhängig davon, wie ausführlich das Thema heute behandelt werden kann, dies wird für die nächsten Monate uns zunehmend in Anspruch zu nehmen haben. Nicht, indem wir uns einbilden, die hätten Recht in Moskau, wenn sie Dubček oder wenn sie X, Y, Z zu Sozialdemokraten zu machen versuchen. Wohl aber, weil in der Tat bestimmte geistige und geistig-politische Entwicklungen in der Auseinandersetzung mit dem bolschewistischen Dogma sich abspielen, die uns nicht nur interessieren, sondern die uns und allem, was zu uns gehört, eine zusätzliche Verantwortung gibt. In allem, was wir sagen. Und was, wenn nicht direkt so doch indirekt auf andere einwirkt, orientierend oder auch sonst. Darf ich am Rande sagen, das Gespräch, das ich mit Gromyko hatte in New York, deutet nicht darauf hin, daß wir dort weiterkämen.[14] Aber es ändert auch nichts an dem, was ich im Juli gesagt hatte, für die Regierung, daß wir den Meinungsaustausch mit der Sowjetunion über die offenen politischen Fragen wieder aufnehmen werden und weiterführen werden. Ja, dann noch ein Wort über Frankreich. Frankreich sieht die Notwendigkeit zur Überprüfung und Effektivierung der Nato nicht. Ich denke im wesentlichen deswegen, weil Frankreich sich weiter darauf verläßt, oder der französische Staatschef sich weiter darauf verläßt, daß die Amerikaner in der Bundesrepublik bleiben und die Nato im übrigen beisammenbleibt. Als wir gefragt haben, Ende September, einfach mal der gedanklichen Übung wegen, was würden Sie denn sagen, General, wenn wir Ihnen folgen würden, da hat der fast die Hände überm Kopf zusammengeschlagen und gesagt, das sei doch wohl nicht möglich.[15] Das heißt, bestimmte Schritte, die er vollzieht, bestimmte Maßnahmen, die er trifft, setzen voraus, daß andere etwas anderes tun als er tut. Wobei ich glaube, daß die französische Staatsführung selbst, und das bringt bei ihr doch auch eine gewisse Nervosität hervor, zu zweifeln beginnt an der Vorstellung, daß es ihr im Falle eines Krieges gelingen könnte, in die Neutralität auszuweichen. Wenn es an wirklich erster Stelle solche Überlegungen gegeben haben sollte. Wir stimmen in bezug auf die nächsten Schritte der Europa-Politik nicht recht überein und unsere französischen Nachbarn waren auch nicht sehr hilfreich bei der politischen Erörterung der tschechoslowakischen Krise. Die waren eigentlich der einzige gewichtige Partner im Westen oder in der neutralen Welt, die sehr rasch eine sowjetische These – nicht eigentlich übernommen – aber abgewandelt haben, indem sie meinten, das sei doch wohl verständlich, was die Russen gemacht hätten, unter anderem deswegen: Die Bundesrepublik mit ihrer potenten Wirtschaft habe doch geradezu auf der Lauer gelegen, um das tschechoslowakische Vakuum aufzufüllen. Und dabei wurden bestimmte Tatsachen zunächst gar nicht zur Kenntnis genommen, wie zum Beispiel die, daß obwohl unser politisches Verhältnis zu Polen nicht gut ist, unser Handel mit Polen bekanntlich wesentlich höher ist als der mit der Tschechoslowakei, oder daß wir unsere offiziellen Vertretungen mit Prag vereinbart und ausgetauscht haben nicht unter Dubček, sondern unter Novotny[16], und daß in den ersten sechs Monaten dieses Jahres unter Dubček sich unser Handel nicht wesentlich ausgeweitet hat, etc. Der französische Nachbar – oder die Vertreter seiner Regierung – haben nicht nur in diesem Zusammenhang, sondern auch auf die westeuropäischen Zusammenhänge bezogen, sich neuerdings angewöhnt, sehr viel über die westdeutsche, die bundesdeutsche ökonomische Dynamik zu orakeln, die für andere Probleme schaffe. Die deutsche Wirtschaft platze aus allen Nähten, sie dränge zu Aktivität, sie rufe damit Besorgnisse der Sowjetunion einerseits hervor und schaffe Probleme im westlichen Rahmen. So auch nachzulesen, nicht nur in dem, was in Hintergrundgesprächen gesagt worden ist. Ich kann das jetzt nicht weiter ausmalen, ich komme auf diesem Punkt zu einer Schlußfolgerung: Trotz dieser und anderer Dinge gibt es, liebe Genossen, weiterhin ganz überwiegende Gründe dafür, nicht der Versuchung nachzugeben, anti-französische Politik zu machen. Nichts wäre leichter in diesem Augenblick, wenn man auf Effekt aus ist, Leute im Lande haben nämlich die Nase voll. Nichts wäre leichter, als auf die Pauke zu hauen und zu sagen, jetzt aber mal Schluß mit bestimmten Geschichten. Dafür würde es eine starke Zustimmung geben. Aber, liebe Genossen, dies muß überlegt werden als etwas, wobei man immer nicht nur eine Staatsspitze im Auge haben muß, sondern das Verhältnis zwischen zwei Völkern, und man muß bestimmte Dinge, die sich im Bewußtsein der Völker entwickelt haben, nicht so weit kaputtgehen lassen, daß sie nicht in wenigen Jahren, wenn Regierungen schon anders aussehen können, politisch fruchtbar gemacht werden. Das heißt, ich kann mir nicht vorstellen, so groß die Versuchung manchmal ist, daß die Bundesrepublik eine Initiativ-Rolle spielen könnte bei Schritten, die sich darstellen könnten als antifranzösische Schritte, aber – und das ist die schwierige Operation – hieraus darf man nicht eine Politik ableiten, die von anderen als eine

abhängige Politik erscheint, als eine von Paris abhängige Politik. Das ist die Schwierigkeit der Operation und da sind wir sicher noch nicht gut genug ausgerüstet.
[...]¹⁷

Nr. 20
Schreiben des Bundesminister des Auswärtigen, Brandt, an den Bundeskanzler, Kiesinger
21. November 1968¹

AdsD, WBA, A 7, 13.

Sehr geehrter Herr Bundeskanzler,
auf diesem Wege möchte ich Sie davon unterrichten, dass der amerikanische Aussenminister in der Sitzung des NATO-Rats am vergangenen Freitag² sehr dezidiert erklärt hat, welchen Wert die Vereinigten Staaten auf das baldige Zustandekommen des NV-Vertrages legen werden. Diese Erklärung erfolgte, nachdem Dean Rusk betont hatte, dass er seine Ausführungen auch gedeckt durch den neuen Präsidenten³ machen könne.

In den Gesprächen, die Staatssekretär Duckwitz⁴ am Rande der Konferenz geführt hat, haben seine amerikanischen Gesprächspartner die Ausführungen Rusks dahingehend ergänzt, inzwischen sei entschieden, dass dem amerikanischen Senat der NV-Vertrag vorrangig zur Ratifikation vorgelegt würde.⁵

Die deutsche Politik muss sich also darauf einstellen, dass sie voraussichtlich nur noch bis zum März⁶ in der Situation bleiben wird, ihre Entscheidung frei von sichtbaren äusseren Einflüssen zu fällen. Ich halte es für wichtig, dass wir dieses Thema rechtzeitig überdenken und uns um eine gemeinsame Antwort bemühen.⁷
Mit freundlichen Grüßen
‹gez[eichnet]: Brandt›⁸

Nr. 21
Aus dem Schreiben des Bundesministers des Auswärtigen, Brandt, an den schwedischen Außenminister, Nilsson
21. November 1968[1]

AdsD, WBA, A 7, 7.

Lieber Torsten,
ich möchte mich sehr für Deinen Brief vom 5. November [1968] bedanken. Die Hinweise auf das Gespräch, das Du mit Semjonow am 24. Oktober [1968] in New York geführt hast, sind für mich interessant und wertvoll. Dies gilt auch für die Erwägungen, die sich auf einen etwaigen Besuch in Moskau beziehen.[2]

Es trifft zu, daß ich bei meinem Gespräch mit Gromyko Anfang Oktober [1968] in New York[3] von einer solchen Möglichkeit nicht gesprochen habe. Dies habe ich sowjetischen Gesprächspartnern gegenüber auch früher nicht getan und sollte es auch weiterhin nicht tun. Vor zwei Jahren, als ich noch Berliner Bürgermeister war, hatte mir Botschafter Abrassimow eine Einladung angekündigt.[4] Im Dezember 1966, nachdem ich Außenminister geworden war, gab mir auch Botschafter Zarapkin in Bonn zu erkennen, daß ich in Moskau willkommen sein würde.[5] Nach einem Besuch in Moskau ist er damals nicht mehr darauf zurückgekommen, sondern es begann – nach anfänglich positivem Interesse – die harte Polemik gegen unsere Ostpolitik.[6]

Die sowjetische Seite befindet sich uns gegenüber in einem solchen Übergewicht, daß sie nicht auch noch den Eindruck gewinnen sollte, als liefen wir ihr nach. Die Initiative müßte, so wie die Dinge liegen, eindeutig von der sowjetischen Seite kommen. Gespräche mit den führenden Männern in Moskau würden ohnehin schwierig genug sein. Aber Du kannst davon ausgehen, daß ich ihnen nicht ausweichen würde, selbst wenn dies mit – wie ich hoffe nur vorübergehenden – innenpolitischen Belastungen verbunden sein sollte.

Mein Gespräch mit Gromyko[7] war nicht unnütz, aber es hat auch nicht recht deutlich werden lassen, wie man vorankommen könnte. Ich werde durch meinen Botschafter in Moskau klären lassen, ob man auf dem einen oder anderen Gebiet der bilateralen Beziehungen partielle Fortschritte erzielen könnte. Außerdem bereiten wir uns darauf vor, die Diskussion über den Austausch von Gewaltverzichtserklärungen (und die damit zusammenhängenden Fragen) wieder aufzunehmen.[8]

Die Beratungen, die wir gerade jetzt im NATO-Rat[9] hinter uns gebracht haben, waren – wie ich hoffe – der Situation angemessen. Alle Übertreibungen sind vermieden worden. Die notwendige Überprüfung der gemeinsamen Verteidigungsanstrengungen ist unmißverständlich verbunden worden mit der permanenten Bereitschaft zu Gesprächen über friedliche Lösungen. – Die westeuropäische Zusammenarbeit bereitet mir große Sorgen. Ich hoffe trotzdem, daß sich das beharrliche Bemühen um Teillösungen bewähren wird.

[...][10]

Mit den besten Grüßen

gez[eichnet] W[illy] B[randt]

Nr. 22
Interview des Bundesministers des Auswärtigen, Brandt, für *Der Spiegel*
10. März 1969

Der Spiegel, Nr. 11 vom 10. März 1969, S. 25–27.

„Berlin kann nicht von der Symbolik leben"

SPIEGEL: Herr Minister, die Bundesversammlung hat trotz der östlichen Drohungen stattgefunden.[1] Hat Bonn die Kraftprobe gewonnen?

BRANDT: Ich hätte ganz große Bedenken dagegen, wenn man das so sehen will. Es ist gut, daß wir ohne eine ernste Krise über diese Tage hinweggekommen sind. Aber nichts wäre gefährlicher, als sich jetzt sorglos oder gar angeberisch gegenüber der UdSSR zu verhalten. Ich habe in den vergangenen paar Wochen schon manchmal die größte Sorge gehabt, als es Kommentare gab, in denen drin stand, die Russen könnten ja gar nicht. Die könnten wohl.
SPIEGEL: Die DDR aber wollte doch. Konnte sie nicht?
BRANDT: In den letzten Wochen unmittelbar vor der Bundesversammlung sollte uns klargeworden sein, daß Moskau und Ost-Berlin zwei interdependente, aber doch voneinander zu trennende Faktoren sind. Ich warne nachdrücklich vor der vereinfachten Darstellung: Wir werden das schon mit den Russen machen. Wir dürfen unsere Rolle gegenüber der Sowjet-Union nicht überschätzen. Es gab sicher mal eine Zeit nach dem Krieg, in der es berechtigt war zu sagen, man arrangiert sich also am besten mit dem Hausbesitzer statt mit dem Portier. Das Bild entspricht schon lange nicht mehr den Realitäten.
SPIEGEL: Der Portier ist Miteigentümer geworden?
BRANDT: Er ist ein eigener, eigenwilliger Faktor. Das ist eine der Erfahrungen des diplomatischen Spiels um die Bundesversammlung: Die Sowjet-Union hat größere Möglichkeiten, die DDR von etwas abzuhalten, als sie zu etwas zu veranlassen, was diese nicht will.
SPIEGEL: Die Sowjet-Union konnte also die DDR von größeren Schikanen abhalten, war auf der anderen Seite aber nicht in der Lage, Ulbricht zu einer großzügigen Passierscheinregelung[2] zu veranlassen, an der die Sowjet-Union ein Interesse hatte?
BRANDT: Keiner weiß, wie weit man auf sowjetischer Seite in die Einzelheiten einsteigen wollte. Ich glaube, daß ein allgemeiner Rat gegeben wurde: Versucht mal, ob ihr dort nicht etwas entgegenkommen könnt. Aber in Ost-Berlin gibt es eine für uns nicht immer ganz verständliche Heidenangst davor, daß irgend etwas auf ihre Kosten geschehen könnte. Es gibt dort ein besonderes Prestigebedürfnis...
SPIEGEL: ... auf das in Bonn doch bewußt keine Rücksicht genommen wurde. So hat Regierungssprecher Diehl offen erklärt, Ul-

bricht wolle sich mit seinem Passierschein-Angebot in einen „deutsch-sowjetischen Dialog" einschalten; die Entwicklung sei aber schon über diesen Brief hinweggegangen.[3]

BRANDT: Es gibt auch den hier angedeuteten Zusammenhang. Aber wir müssen, ohne uns etwas zu vergeben, zur Kenntnis nehmen, daß Ost-Berlin ein eigener Faktor ist.

SPIEGEL: Davon scheint aber die CDU noch weit entfernt.

BRANDT: Hier geht es nicht um die CDU. Es geht darum, daß einige glauben, man könnte so eine Art verspätete Bismarck-Politik machen. Damals haben sich Berlin und Petersburg über Polen hinweg leicht verständigt. Daraus ist eine tiefe Belastung geworden für die weitere Entwicklung. Und bei einigen scheint sich das jetzt so darzustellen, als könnten sich heute oder morgen Bonn und Moskau über Ost-Berlin verständigen. Das ist nicht so. Dies ist nicht mehr die Welt von früher.

SPIEGEL: Welche Konsequenzen ziehen Sie nun daraus? Wie wollen Sie die Verständigung mit Ost-Berlin in Gang bringen?

BRANDT: Ein schwacher Punkt in dieser Auseinandersetzung bleibt für Ost-Berlin, daß SED und DDR-Ministerrat im Jahre 1967 nicht auf unsere Anregung eingegangen sind, zunächst einmal durch die Staatssekretäre der Regierungskanzleien prüfen zu lassen, was man machen könnte, um die Lage zu erleichtern.[4] Das ist ein schwacher Punkt auch deswegen, weil schließlich im August 1968 die Volkskammer den Ministerrat ermächtigt hat, einen solchen Staatssekretär zu bestellen.[5] Inzwischen ist es jetzt aber Anfang 1969, und der Kontakt ist immer noch nicht installiert. Dies bleibt also ein Verfahren, auf das man zurückgreifen kann.

SPIEGEL: Sie haben hier in Berlin erklärt, die Bundesregierung sei zum Verzicht auf gewisse Demonstrationen der Bundespräsenz bereit, wenn sich längerfristige Arrangements mit dem Osten treffen ließen.[6] Auf was wollen Sie künftig verzichten?

BRANDT: Ich möchte das jetzt nicht konkretisieren, jedenfalls nicht öffentlich. Es geht ja nicht um einen Verzicht, sondern um einen Ausgleich. Meine Fragestellung bleibt: Wenn für die Berliner Bevölkerung tatsächliche Erleichterungen und Sicherungen, gerade auch im Sinne des täglichen wirtschaftlichen Lebens, erreicht werden können, dann würden bestimmte demonstrative Gesten des Bundes nicht mehr so wichtig sein. Berlin kann auf die Dauer nicht von der Symbolik leben.

SPIEGEL: Ein möglicher Ausgleich für die Wahl des Bundespräsidenten in Berlin könnte also sein, daß der Bundespräsident in Berlin künftig nicht mehr amtiert?

BRANDT: Man wird vielleicht beim Begriff „amtieren" zu fragen haben, ob das nicht auch prestigebelastet ist, ob da nicht auch falschverstandene Symbolik drinsteckt. Aber die Tatsache, daß der Bundespräsident sich in West-Berlin von Zeit zu Zeit aufhält, an bestimmten Veranstaltungen teilnimmt, die über die Stadt hinauswirken, das sollte von den anderen nicht als Belastung des gegenseitigen Verhältnisses aufgefaßt werden. Allein daraus, daß West-Berlin wirtschaftlich und währungsmäßig mit Westdeutschland zusammenhängt, daß es rechtlich durch Übernahme der meisten Bundesgesetze mit der Bundesrepublik verbunden ist, allein daraus ergibt sich natürlich, daß der Bundespräsident für diesen Gesamtbereich bestimmte Aufgaben in Berlin wahrzunehmen hat.

SPIEGEL: Sollte der Bundestag künftig noch in Berlin tagen? Plenarsitzungen finden eh' keine mehr statt, sollte man dann nicht auch auf Ausschuß-Sitzungen verzichten, die nur wegen des Prestiges einberufen werden?

BRANDT: Da würde ich zwei Dinge voneinander trennen: Das eine sind gelegentliche Fraktionssitzungen von Parteien, die auch in Berlin vertreten sind. Die sowjetische Seite hat daran in meinem eigenen Fall nie Anstoß genommen: Während meiner Berliner Zeit habe ich mehrfach mit hohen sowjetischen Vertretern als Vorsitzender der SPD gesprochen. Das andere sind die Ausschüsse. Da geschieht manches vielleicht zu schematisch. Ich halte es für sehr gut, daß die Fachausschüsse von Zeit zu Zeit sich über die Lage in diesem besonderen Gebiet, für das sie Gesetze mitmachen, selbst orientieren. Aber völlig abgesehen von den sowjetischen Beanstandungen, habe ich mich schon lange gefragt, ob es gut ist, wenn alle Ausschüsse auf einmal zusammen nach Berlin gehen. Ich halte das nicht einmal für rationell.

SPIEGEL: Also künftig keine demonstrativen, unrationellen Ausschußwochen mehr in Berlin?
BRANDT: Die Berliner Stellen und die Ausschüsse selbst würden viel mehr auf ihre Kosten kommen, im Sachlichen meine ich jetzt, wenn nicht alles auf einem Haufen wäre. Früher hatten wir bereits mal das System, daß die Ausschüsse über das ganze Jahr verstreut nach Berlin gingen. Das sind Fragen, die man sicher noch mal prüfen kann, aber nicht unter Druck.
SPIEGEL: Warum mußten dann ausgerechnet Sie, sozusagen der Erfinder der neuen Bonner Entspannungspolitik, sich für eine solche Demonstration wie die Bundesversammlung in Berlin einsetzen, die doch erwartungsgemäß neue Spannungen schaffen mußte?
BRANDT: Ich verstehe diese Frage. Sie hat ja auch in der letzten Nummer des SPIEGEL eine Rolle gespielt.[7] Ich bin in der schwierigen Situation, daß ich aus guten Gründen nicht die ganze Geschichte zu einem Zeitpunkt darlegen kann. Sie ist viel differenzierter, als sie sich von außen betrachtet darstellt. Richtig ist, daß ich im Spätherbst vergangenen Jahres gesagt habe, ich sähe keinen Grund, von der bisherigen Übung einfach abzugehen. Dabei spielte nicht nur die Tatsache eine Rolle, daß ich hier zehn Jahre Berliner Bürgermeister war. Ich habe selbst bei zwei Bundesversammlungen während meiner Bürgermeister-Amtszeit erlebt, daß alliierte Einwände vorgetragen wurden, die sich dann hinterher nicht als absolut stichhaltig herausstellten.[8] Dieses Mal habe ich sagen müssen, ich kann mit solchen alliierten Einwänden nicht dienen; das ist eine Frage, die wir in eigener Verantwortung entscheiden müssen.
SPIEGEL: In den letzten Wochen waren Sie aber doch selber schwankend geworden.
BRANDT: Drei Faktoren sind hinzugekommen seit der Jahreswende, die mir eine vorurteilslose Überprüfung geraten erscheinen ließen. Erster Faktor: Die Geschichte war im Dezember so schrecklich zerredet worden und mußte durch die Art, in der sie behandelt wurde, eine sich steigernde östliche Aktivität geradezu herausfordern. Zweitens kam der vorher nicht zu erwartende Nixon-Besuch hinzu, der für die Sicherheit Berlins und das Gefühl, nicht alleingelassen

zu werden, viel mehr bedeutete als jede Art von Bundesveranstaltung.[9] Und drittens schließlich glaubten wir, seit Dezember/Januar auf sowjetischer Seite eine Bereitschaft zur Verbesserung des deutsch-sowjetischen Verhältnisses zu bemerken. Und da durfte man nicht von vornherein einfach ausschließen, auch die sowjetischen Beanstandungen zur Frage der Bundesversammlung miteinzubeziehen und zu sehen, ob man hier näher aneinander herankommen konnte.
SPIEGEL: Das hat sich als nicht möglich erwiesen.
BRANDT: Wir sind ja bescheiden geworden. Ich halte es schon für einen beträchtlichen Teilerfolg, daß wir diese Wahl über die Runden bringen konnten, ohne daß dadurch eine ernste Zuspitzung eingetreten ist und ohne daß wir befürchten müssen, jetzt sei dieses schwierige Bemühen um einen deutsch-sowjetischen Dialog um Jahre zurückgeworfen.
SPIEGEL: Wie erklären Sie, daß der Osten zur Zeit der Bundesversammlung darauf verzichtet hat, seine Schikane-Möglichkeiten durchzuspielen?
BRANDT: Entscheidend für das Verhalten bis heute war wohl, daß die Russen und die Amerikaner miteinander sprechen wollen: über die strategischen Waffen, über Sicherheitsfragen, über Nahost und Vietnam.[10] Jedenfalls scheint es auf sowjetischer Seite übergeordnetes Interesse an diesem Kontakt zu geben.
SPIEGEL: Hängt damit auch zusammen, daß die Sowjet-Union in den letzten Monaten versucht hat, sich Bonn gegenüber differenzierter zu verhalten?
BRANDT: Das ist schwer zu sagen. Aber einen gewissen Zusammenhang dürfte es auch da geben. Jedenfalls hatten wir den Eindruck gewonnen, daß die Sowjet-Union uns sagen wollte, sie sei bereit, über prinzipielle und praktische Fragen zu sprechen.
SPIEGEL: So kam es zu den Kontakten des Sowjet-Botschafters Zarapkin mit Ihnen und mit dem Bundeskanzler.[11] Stimmt es, wie in Bonn verbreitet wurde, daß der Kreml dabei seine Bereitschaft erklärte, mit den Westdeutschen über alle Aspekte der Berlin-Situation zu sprechen?

BRANDT: Das glaube ich nicht. So ist nie gesprochen worden, wenn ich mit dem sowjetischen Botschafter zu tun hatte. Als der Bundeskanzler mit ihm sprach, war ich nicht im Lande. Aber ich bin ziemlich gut darüber informiert. Ich kann mich nicht daran erinnern, daß dies die Haltung des sowjetischen Botschafters gewesen wäre. Das wäre auch nicht logisch. Andererseits hat es aber auch keine sture Ablehnung gegeben, über bestimmte Aspekte der Berlin-Frage zu sprechen. Das war ja auch darum schon nicht gut abzulehnen, weil die Sowjet-Union nun selbst mit einem Berlin-Problem kam, nämlich mit der Bundesversammlung.

SPIEGEL: Welches Angebot brachte denn Herr Zarapkin für eine Absage der Bundesversammlung mit: Passierscheine für West-Berliner nur zu Ostern oder mehr?

BRANDT: Erst mal zum Passierschein-Thema. Die Diskussion darüber hat in Westdeutschland darunter gelitten, daß man sich festbiß an dem Begriff Passierscheine und aus Unkenntnis dabei blieb. Denn das Thema ist ja eigentlich, ob bestimmte Erleichterungen im Personenverkehr eingeführt werden können. Die Passierscheine sind ein Instrument, das haben wir seinerzeit erfunden, weil es nicht Besseres gab.[12] Viel besser wäre, wenn die DDR aus eigener Zuständigkeit, entweder überhaupt oder zunächst für bestimmte Zeiträume, die West-Berliner den Westdeutschen gleichstellen würden. Das ist eigentlich das umfassende Thema.

SPIEGEL: Wie aber kam dann die Beschränkung auf Ostern zustande?

BRANDT: Hier hatte wohl der sowjetische Botschafter den Eindruck gewonnen, von dem, was ihm in Bonn zugetragen worden war, als würde die Gewährung von Passierscheinen zu Ostern bei der Bundesregierung die Bereitschaft auslösen, die Bundesversammlung nicht in Berlin stattfinden zu lassen. Da scheint es auch Mißverständnisse gegeben zu haben.

SPIEGEL: Auf welche Aspekte der Berlin-Frage wurde dieser Dialog noch ausgedehnt?

BRANDT: Eine gewisse Ausweitung des Themas war ja deshalb logisch, weil es für mich naheliegt, an frühere wiederholte sowjetische Erklärungen anzuknüpfen, man habe nichts dagegen, daß Berlin ökono-

misch, währungsmäßig und auf andere Weise mit der Bundesrepublik eng verbunden sei. Da ist also zu fragen, ob man das nicht noch ein bißchen genauer hören könnte. Und wenn man es etwas genauer hört, ob sich daraus nicht doch etwas ergeben kann, was zu Stabilität führt.
SPIEGEL: Haben Sie aber nicht gerade dieses Ziel gefährdet? Muß nicht mit einer nachträglichen Reaktion des Ostens auf die Bundesversammlung gerechnet werden, die zu einer weiteren Verschlechterung des Status von West-Berlin führt? Beispielsweise durch die bereits angedrohte Beeinträchtigung der Industrie-Exporte?
BRANDT: Das ist an sich ein alter Hut, ohne daß ich die Geschichte damit bagatellisieren will. Das haben wir alles schon einmal gehabt. Diese Beschuldigung, hier in West-Berlin würden Rüstungsgüter hergestellt, ist insofern unsinnig, weil dieser Warenverkehr immer kontrolliert worden ist. Das erste Beispiel, das ich am Mittwoch dazu gehört habe, fordert geradezu zum Lachen heraus. Da sind 25 Kilo Koppelleder angehalten worden, die für die Polizei in Lübeck bestimmt waren. Das ist ja nicht seriös.
SPIEGEL: Aber liegt nicht gerade die Gefahr darin, daß Ost-Berlin künftig nahezu alle Waren zu Rüstungsgütern deklarieren kann?
BRANDT: Dies bringt die drei Westmächte natürlich sehr stark mit ins Geschäft. Das ist gar nicht so schlecht, wenn die Sowjet-Union und die Westmächte darüber sprechen, ob man nicht bestimmte Dinge anders handhaben kann als bisher, ob nicht die Interessen so aufeinander abgestimmt werden können, daß es Status-quo-Verbesserungen gibt. Das ist genau das, was Nixon in Berlin vor den Siemens-Arbeitern angedeutet hat.[13] Da hat er ganz bewußt nicht nur die Garantien und Zusicherungen für West-Berlin erneuert, sondern auch der Sowjet-Union Verhandlungen über eine Verbesserung des Status quo angeboten.
SPIEGEL: Werden Sie selber nun ein neues Gespräch mit der Sowjet-Union darüber suchen?
BRANDT: Selbstverständlich geht das Gespräch weiter. Aber wir müssen uns erst noch daran gewöhnen, daß ein gewisser regelmäßiger Kontakt mit den Vertretern der Sowjet-Union als etwas ähnlich normales zu betrachten ist wie Kontakte mit dem ame-

rikanischen, dem französischen oder dem englischen Botschafter. Wir dürfen nicht meinen, jedesmal wenn der sowjetische Botschafter mit dem Außenminister oder mit dem Bundeskanzler spricht, dann beginne ein neues Kapitel der Weltgeschichte.
SPIEGEL: Herr Minister, wir danken Ihnen für dieses Gespräch.

Nr. 23
Interview des Bundesministers des Auswärtigen, Brandt, für *Der Spiegel*
12. Mai 1969

Der Spiegel, Nr. 20 vom 12. Mai 1969, S. 29 f.

„Es wäre falsch, Paris unter Druck zu setzen"

SPIEGEL: Herr Minister, schon 14 Tage lang ist de Gaulle, der den EWG-Beitritt Englands jahrelang blockiert hat, Pensionär.[1] Haben Sie vor, die neue Lage zu nutzen, indem Sie nun den Außenministern der anderen EWG-Staaten Initiativ-Vorschläge für rasche Beitrittsverhandlungen mit England machen?
BRANDT: Nein. Wir – die Außenminister der EWG – hatten uns schon vor dem Rücktritt General de Gaulles verständigt, darüber zu reden: Was kann man sich in diesem Jahr in der EWG vernünftigerweise vornehmen, mit welchem Arbeitsprogramm kommt man durch? Aber da sich nun schon herausgestellt hat in den letzten paar Jahren, daß man die Frage des inneren Ausbaues der EWG von den Fragen der Erweiterung nicht einfach trennen kann, wird darüber auch geredet werden. Die Frage ist: Kommen die Sechs in den nächsten Monaten – ich sage ganz bewußt: in den nächsten Monaten – zu einer Verständigung darüber, wie das Beitrittsverfahren eingeleitet wird?
SPIEGEL: Ist die Bundesrepublik sich selber denn schon einig, was sie vorschlagen will als Procedere für die Einleitung von Beitrittsverhandlungen? Der Bundeskanzler möchte die EWG als euro-

päischen Kristallisationspunkt erhalten wissen und die Beitrittsaspiranten durch handelspolitische Arrangements mit dieser Kern-EWG zunächst einmal nur lose verflechten. Sie wollen dagegen Beitrittsverhandlungen mit dem Ziel einer Vollmitgliedschaft.

BRANDT: Nun ist dies kein Gespräch mit dem Bundeskanzler – der weiß für sich selbst zu antworten –, sondern jetzt antwortet der Außenminister. Und der sagt, hier gibt es gar keine Auswahlmöglichkeiten für die deutsche Politik; denn die deutsche Politik hält sich an die Römischen Verträge[2]. Die gelten und die sehen genau vor, was zu geschehen hat, wenn europäische Staaten um den Beitritt nachsuchen. Wir können uns da nicht noch anderes aussuchen, solange es keine anderen Verträge gibt.

SPIEGEL: Sie meinen also, es gibt nur eine Auslegungsmöglichkeit: Nach den Römischen Verträgen müssen Beitrittsverhandlungen, wenn die Sachfragen geklärt sind, zu einer Aufnahme führen?

BRANDT: Ja, mit einer kleinen Modifikation. Ich halte für uns die Bereitschaft, Verhandlungen einzuleiten, für zwingend aus unserer ganzen bisherigen Argumentation. Dann, wenn das Verhandlungsergebnis auf dem Tisch liegt, sind noch einmal alle Beteiligten – die Gemeinschaft einerseits, die um den Beitritt Bemühten andererseits – frei, eine Entscheidung zu fällen.

SPIEGEL: Herr Minister, Sie haben in London gesagt, Sie rechneten noch vor Ende des Jahres mit dem Beginn von Verhandlungen über den Beitritt Großbritanniens.

BRANDT: Ja.

SPIEGEL: Ist Ihrer Meinung nach mit dem Rücktritt von de Gaulle das französische Veto gegen die Aufnahme nunmehr vom Tisch?

BRANDT: Ich habe in London gesagt, daß wir uns Ende dieses Jahres in Verhandlungen befinden werden. Im Februar 1968 hatten wir uns mit den Franzosen darauf verständigt, ein handelspolitisches Arrangement zwischen der EWG und den Beitrittswilligen „in der Perspektive des Beitritts"[3] vorzuschlagen. Hier liegt wahrscheinlich der Ansatzpunkt für das, was in nächster Zukunft von Bedeutung sein wird: deutlich zu machen, daß es sich beim handelspolitischen Arrangement nicht um eine Ersatzlösung für den Beitritt handelt, sondern um etwas, was mit dem erstrebten Beitritt in einen direkten Zusammenhang gebracht wird.

SPIEGEL: In demselben Augenblick, wo Sie den Engländern versprochen haben, auf einen rascheren England-Beitritt zu dringen, hat Kanzler Kiesinger vor einem allzu raschen Vorpreschen gewarnt. Er nannte es „politisch dumm"[4]. Wie will die Bundesregierung diesen Gegensatz in ihren eigenen Reihen austragen?

BRANDT: Nein, da ist kein Gegensatz. Ich halte an der erklärten deutschen Politik fest, so wie sie in der Regierungserklärung vom 13. Dezember 1966 niedergelegt ist.[5] Hier stimme ich mit Bundeskanzler Kiesinger überein: Es wäre ganz falsch, in dem Sinne vorzupreschen, daß Frankreich sich unter Druck gesetzt fühlt. Dies hielte ich für ganz unerwünscht und für schädlich.

SPIEGEL: Hat es denn überhaupt Sinn, jetzt schon mit der französischen Übergangsregierung zu sprechen, mit Ihrem Kollegen, der ja nur auf Abruf im Amt[6] ist?

BRANDT: Die Franzosen müssen zuerst mit ihren Dingen zurechtkommen. Wir müssen derweil alles vermeiden, was wie Druck oder gar wie Einmischung aussieht, gar nicht zu reden von einer möglichen Demütigung des französischen Partners. Und nachdem nun schon alles eine bestimmte Zeit gebraucht hat, geht die europäische Welt nicht unter, wenn auch noch die Sommerpause darüber hinweggeht, bevor man den neuen Ansatz findet.

SPIEGEL: Muß der neue Ansatz, die neue Initiative von Paris ausgehen?

BRANDT: Sie muß nicht, aber es wäre gut, wenn von dort ein Signal käme. Es ist keine Kunst, aus den Schubladen bei uns und anderswo mehr oder weniger interessante Dinge herauszuholen. Aber was allein politisch-ökonomisch interessant wäre, das ist eine Andeutung darüber, was unsere französischen Nachbarn für einen möglichen nächsten Schritt halten. Das bedeutet ja noch nicht, daß man damit einverstanden ist.

SPIEGEL: Bislang galt General de Gaulle als der große Bremser eines England-Beitritts. Jetzt müßte es mit dem Beitritt doch viel rascher gehen. Oder sehen Sie weitere Bremser?

BRANDT: Es gibt besondere Positionen, wie sie durch General de Gaulle und seine Regierung vertreten wurden. Aber man würde sich großen Illusionen hingeben, wenn man glaubte, eine neue französische Regierung, ganz gleich, wo sie politisch steht, verfolge künftig nicht auch auf vielen Gebieten vermeintliche gaullistische Positionen weiter, die sich schlicht aus der Interpretation französischer Interessen ergeben.
SPIEGEL: Herr Minister, gehen wir denn so fehl in der Annahme, daß die Bremser nicht auch in Deutschland sitzen?
BRANDT: Wo soll es denn die geben?
SPIEGEL: Beispielsweise im Kanzleramt.
BRANDT: Das glaube ich nicht.
SPIEGEL: Meinen Sie nicht, daß Baron von Guttenberg oder der Staatssekretär Carstens, die Ratgeber des Kanzlers[7] also, die Lage sehr viel anders beurteilen als Sie?
BRANDT: Nein, das glaube ich nicht.
SPIEGEL: Sind Sie sicher, daß die ganz auf Ihrer Seite stehen: Nun mit England rasch – und rasch heißt überhaupt – Verhandlungen aufzunehmen über den Beitritt?
BRANDT: Das ist deutsche Politik, solange sie nicht durch eine andere Regierungserklärung ersetzt wird.
SPIEGEL: Gehören zu den Bremsern, wenn wir schon mal auf der Suche nach solchen sind, nicht auch die Amerikaner, denen an einem gespaltenen Europa-Markt heute vielleicht eher gelegen sein kann als an einem kompakten europäischen Wirtschaftsgebilde?
BRANDT: Aus dem Ost-West-Konflikt alter Prägung heraus entstand in der Johnson-Administration die Theorie, Amerika sei bereit, die diskriminierenden Wirkungen eines großen westeuropäischen Marktes in Kauf zu nehmen, wenn dem eine politische Einigung entspräche. In die jetzige Administration allerdings wirkt ein etwas stärkeres protektionistisches Interesse hinein.
SPIEGEL: Und da hat man nun lieber zwei Blöcke, die einander konkurrierend gegenüberstehen, als nur einen kompakten Block.
BRANDT: Hier schneiden sich heute mindestens zwei Hauptinteressen. Da ist einmal diese protektionistische Neigung. Das andere aber

ist unter Nixon[8] ein stärkerer Pragmatismus. Es wird heute in den Vereinigten Staaten leichter verstanden als vor einem Jahr, wenn man sagt: Ihr habt euch geirrt, wenn ihr geglaubt habt, ein wirtschaftlicher Zusammenschluß Westeuropas würde mehr oder weniger automatisch auch zu einem politischen Zusammenschluß führen.

SPIEGEL: Werden bei den kommenden Gesprächen der EWG-Außenminister wieder Pläne hervorgeholt werden, die eine politische Einigung der EWG voranbringen sollen?

BRANDT: Ich weiß nicht, was politische Einigung der EWG heißt. Ich weiß nicht, ob Professor Hallstein[9] jemals geglaubt hat, er würde Ministerpräsident Westeuropas werden. So, wie die Realitäten heute sind in unserem Teil Europas, gibt es darauf keine Antwort, wenn man nicht die Beitrittsfrage gleichzeitig mit den anderen Fragen behandelt. Es wird kein holländisches, aber auch kein italienisches Ja zur politischen Einheit der Sechs geben, wenn die England-Frage weiter ausgeklammert bleibt. Was man bei mißverständlicher Auslegung der Gespräche zwischen General de Gaulle und dem britischen Botschafter in Paris, Soames, hier und da gesehen hat, nämlich die Möglichkeit eines Viererblocks Frankreich, England, Deutschland und Italien, das ist für uns gar keine Lösung.[10] Wir müssen ein anderes Konzept haben, das die Mittleren und Kleineren nicht ausschaltet. Man muß Anstrengungen auf beiden Ebenen haben, auf dem ökonomischen und politischen Feld. Dazu gibt es einen Ansatzpunkt in der Westeuropäischen Union, aus der sich Frankreich zurückgezogen hat. Wir könnten den Franzosen mit Formeln und Vorschlägen dienen.

SPIEGEL: Teilen Sie die Befürchtung, daß Vorschläge von uns eventuell gar nicht mehr gefragt sind, weil sich nach dem Rücktritt de Gaulles England und Frankreich in Weiterverfolgung der Soames-Kontakte[11] zur alten Entente cordiale[12] verbünden könnten, als Gegengewicht zu der wirtschaftlichen Europa-Dominante der Bundesrepublik?

BRANDT: Ich habe da auch schon solche Andeutungen gelesen.

SPIEGEL: Wir haben so etwas sogar aus der Umgebung des Bundeskanzlers gehört.

BRANDT: Das hat nichts mit unserer heutigen Wirklichkeit zu tun. Ich sage es nicht mit Überheblichkeit: Keine Rechnung in Westeuropa gegen die Bundesrepublik Deutschland geht auf. Das wissen die auch.
SPIEGEL: Aber gibt es nicht doch Ansatzpunkte für eine solche neue Entente? England und Frankreich sind ehemalige Kriegsgegner von uns, beide sind Nuklearmächte, und beide stehen in einem sehr engen wissenschaftlich-technischen Kontakt miteinander.
BRANDT: Ihre Aufzählung beginnt schon im ersten Element mit einem Anachronismus. England und Frankreich waren zwar Kriegsgegner Deutschlands, aber das ist die alte Welt. Das hat nichts mehr mit der Wirklichkeit zu tun, in der wir leben.
SPIEGEL: Kann es nicht doch so etwas noch geben, was nur von der Deutschland-Präferenz des großen Generals überdeckt wurde?
BRANDT: Unterstellt, Sie hätten recht. Ich kann mir nichts Besseres wünschen für deutsche und europäische Politik, als daß sich die Engländer und Franzosen besser verstehen. Ich bin absolut sicher, daß wir dabei nicht unter die Räder kommen. Die Zeit ist vorbei, in der wir aus den Gegensätzen der anderen lebten. Das war mal. Wir leben besser, wenn zwei so wichtige Nachbarn sich gut verstehen. Ein Deutschland, das herumläuft mit Mißtrauen erfüllt und glaubt, es wird ausgepunktet, dieses ist im Grunde ein von Minderwertigkeitskomplexen geplagtes Deutschland und ist nicht das, das ich zu vertreten wünsche.
SPIEGEL: Glauben Sie nicht, daß gerade wir dieses Mißtrauen säen, beispielsweise mit unserer Währungspolitik? Die Deutschen haben sich aufgespielt als die Währungsschulmeister Europas.[13]
BRANDT: Haben Sie?
SPIEGEL: Ja, wir haben im November [1968] nicht aufgewertet, weil, so sagte es Ihr Kollege Strauß, wir nicht die Rechnung der anderen bezahlen wollten.[14]
BRANDT: Jetzt will ich Ihnen mal was sagen: Ich leide ja nicht an Minderwertigkeitskomplexen. Aber die Währungsgeschichte jetzt auch noch auf meine Schultern zu nehmen, daran denke ich nicht. Dies überlasse ich den beiden hauptzuständigen Kollegen[15]. Und wenn die sich nicht einigen ...

SPIEGEL: ... Was machen wir dann mit ihnen?
BRANDT: ... dann muß man sich zwischen ihnen entscheiden. Das Unerträglichste ist, daß wir uns als eine der undiszipliniertesten Nationen und insofern unerwachsen darstellen. Man glaubt, wir seien entweder dumm oder böswillig gegenüber anderen. Und die, die das vermuten, wissen nicht, daß es noch eine dritte Möglichkeit gibt: nämlich nur nicht genügend diszipliniert zu sein. Es tut mir leid, das so hart sagen zu müssen.
SPIEGEL: Damit laufen wir doch Gefahr, eben die Erwachsenen gegen uns Halbstarke zu einen.
BRANDT: Da gibt es objektive Faktoren. Jetzt hört sich das fast an, als ob ich wie ein Marxist argumentierte. Da gibt es objektive Faktoren, die dafür sorgen, daß, wenn wir nicht verrückt spielen, keine Rechnung aufgeht, aus der wir ausgelassen sind.
SPIEGEL: Innerhalb der Bundesregierung scheint aber doch die Furcht nicht ganz beseitigt zu sein, Franzosen und Engländer könnten nach de Gaulles Rücktritt sich gegen uns zusammenfinden.
BRANDT: Mich ödet das an. Jetzt wiederholt sich in Europa die ganze Geschichte, mit der wir den Amerikanern schon auf die Nerven gefallen sind. Die müssen sich doch vorkommen wie der junge Mann, den die Freundin immer wieder fragt: Liebst du mich noch? Das geht auf die Nerven; das geht überhaupt nur eine bestimmte Zeit. So zu tun, als ob man an der Bundesrepublik Deutschland vorbeigehen oder sie gewissermaßen verschaukeln könnte, das zeugt von einer völligen Fehleinschätzung der Lage. Andere schaffen es nicht, nur wir selbst könnten es schaffen. Wir haben auf diesem Gebiet schon große Dinge geleistet. Das ist wahr.

Nr. 24
Schreiben des Bundesministers des Auswärtigen, Brandt, an den Bundeskanzler, Kiesinger
20. Mai 1969[1]

AdsD, WBA, A 7, 13.

Sehr geehrter Herr Bundeskanzler,
am 3. April [1969] hat Herr Staatssekretär Carstens Herrn Staatssekretär Duckwitz mit der Bitte um Prüfung eine Reihe von Abänderungsvorschlägen zu den vom Auswärtigen Amt ausgearbeiteten Texten für deutsch-sowjetische Gewaltverzichtserklärungen übermittelt.[2]

Da wir grundsätzlich über die Nützlichkeit einer Fortführung des politischen Gesprächs mit der Sowjetunion übereinstimmen, darf ich auch Ihr Verständnis voraussetzen, dass das Auswärtige Amt sich nicht in der Lage sieht, den vorgeschlagenen Änderungen zuzustimmen. Es erscheint nicht sinnvoll, sich <u>allein</u> darauf zu beschränken, der Sowjetunion unsere bereits bekannte Position noch einmal zu übermitteln. Ausserdem sollten wir keinesfalls hinter unsere am 9. April 1968 der Sowjetunion übermittelte Position zurückgehen, wie dies in einem Änderungsvorschlag zum Text meines Amtes angeregt wird, der wörtlich unserem Aide Mémoire vom 9. April [1968] entnommen ist.[3]

Angesichts des wiederholt betonten sowjetischen Interesses an dem Gewaltverzichtsdialog und unserem Interesse, die bilaterale Gesprächsführung nicht völlig an den Sondierungskatalog der NATO abzugeben, halte ich es für richtig, diese Gespräche auf einer Linie weiterzuführen, die bei verbalem Entgegenkommen keine der Grundpositionen preisgibt, über die wir uns verständigt haben.
Mit freundlichem Gruss
‹gez[eichnet]: Brandt›[4]

Nr. 25
Schreiben des Bundesministers des Auswärtigen, Brandt, an den Vorsitzenden des Kuratoriums der Alfried Krupp von Bohlen und Halbach-Stiftung, Beitz
4. Juni 1969[1]

Privatarchiv Berthold Beitz.

Lieber Herr Beitz,
bei unserem letzten Zusammensein sprachen wir über Ihre Absicht, demnächst nach Posen und Warschau zu reisen. Sie wissen, wie sehr mich Ihre langjährigen und engen Beziehungen zu Ihren polnischen Gesprächspartnern interessieren. Insbesondere begrüße ich es, daß Sie neben Ihren geschäftlichen Besprechungen auch politische Fragen erörtern.

Ich würde es für gut halten, wenn Sie Ihre Gesprächspartner wissen ließen, daß die Reden des Ersten Parteisekretärs Gomulka vom 17. Mai und des Ministerpräsidenten Cyrankiewicz vom 26. Mai [1969] die volle Aufmerksamkeit der Bundesregierung gefunden hätten und eine gründliche Erörterung der darin aufgeworfenen Fragen eingeleitet worden sei.[2] Ich würde es weiterhin begrüßen, wenn Sie Ihre polnischen Freunde davon unterrichteten, daß die für die Außenpolitik der Bundesrepublik Deutschland verantwortlichen Persönlichkeiten von dem ernsthaften Willen beseelt seien, jede Möglichkeit zu prüfen, die sich in Richtung auf einen Ausgleich der Interessen Deutschlands und Polens eröffnen könnte.[3] Eine Verbesserung der deutsch-polnischen Beziehungen gehört unbestritten zu den wichtigsten außenpolitischen Aufgaben der Bundesregierung.

Ich wäre Ihnen dankbar, wenn Sie die Gelegenheit nähmen, mir nach Ihrer Rückkehr aus Polen über Ihre Eindrücke zu berichten.
Mit freundlichen Grüßen
Ihr
‹Willy Brandt›[4]

Nr. 26
Telegramm des Bundeskanzlers, Brandt, an den Präsidenten der Vereinigten Staaten von Amerika, Nixon
23. Oktober 1969[1]

NARA, Nixon Presidential Materials Staff, NSC, 1969–1974, Presidential Correspondence 1969–1974, Box 753 (Übersetzung aus dem Englischen: Carsten Tessmer).

Beginn Nachricht: Der Kanzler erhielt die Nachricht des Präsidenten[2] um 20[.]15 [Uhr] Ortszeit, er bittet darum, dem Präsidenten die folgende Antwort zu übermitteln: Zitat: Ich danke für Ihre Nachricht. Sie werden auf meiner Seite keine Einwände gegen den Start von SALT vorfinden. Ich habe nie Ihre Zusicherungen angezweifelt. Ich werde diesen Kanal nutzen, falls ich es zu einem späteren Zeitpunkt für notwendig halte. Ende der Nachricht des Kanzlers.

Nr. 27
Aus der Regierungserklärung des Bundeskanzlers, Brandt, vor dem Deutschen Bundestag
28. Oktober 1969[1]

Verhandlungen des Deutschen Bundestages, Stenographische Berichte, 6. Wahlperiode, 5. Sitzung, Bd. 71, S. 20–34.

[. . .][2]
Meine Damen und Herren! Diese Regierung geht davon aus, daß die Fragen, die sich für das deutsche Volk aus dem zweiten Weltkrieg und aus dem nationalen Verrat durch das Hitlerregime ergeben haben, abschließend nur in einer europäischen Friedensordnung beantwortet werden können. Niemand kann uns jedoch ausreden, daß

die Deutschen ein Recht auf Selbstbestimmung haben, wie alle anderen Völker auch. (Beifall bei den Regierungsparteien und Abgeordneten der CDU/CSU.)

Aufgabe der praktischen Politik in den jetzt vor uns liegenden Jahren ist es, die Einheit der Nation dadurch zu wahren, daß das Verhältnis zwischen den Teilen Deutschlands aus der gegenwärtigen Verkrampfung gelöst wird. Die Deutschen sind nicht nur durch ihre Sprache und ihre Geschichte – mit ihrem Glanz und Elend – verbunden; wir sind alle in Deutschland zu Haus. Wir haben auch noch gemeinsame Aufgaben und gemeinsame Verantwortung: für den Frieden unter uns und in Europa. 20 Jahre nach Gründung der Bundesrepublik Deutschland und der DDR müssen wir ein weiteres Auseinanderleben der deutschen Nation verhindern, also versuchen, über ein geregeltes Nebeneinander zu einem Miteinander zu kommen. Dies ist nicht nur ein deutsches Interesse, denn es hat seine Bedeutung auch für den Frieden in Europa und für das Ost-West-Verhältnis. Unsere und unserer Freunde Einstellung zu den internationalen Beziehungen der DDR hängt nicht zuletzt von der Haltung Ostberlins selbst ab. Im übrigen wollen wir unseren Landsleuten die Vorteile des internationalen Handels und Kulturaustausches nicht schmälern.

Die Bundesregierung setzt die im Dezember 1966 durch Bundeskanzler Kiesinger und seine Regierung eingeleitete Politik fort und bietet dem Ministerrat der DDR erneut Verhandlungen beiderseits ohne Diskriminierung auf der Ebene der Regierungen an, die zu vertraglich vereinbarter Zusammenarbeit führen sollen.[3] Eine völkerrechtliche Anerkennung der DDR durch die Bundesregierung kann nicht in Betracht kommen. Auch wenn zwei Staaten in Deutschland existieren, sind sie doch füreinander nicht Ausland; ihre Beziehungen zueinander können nur von besonderer Art sein. (Beifall bei den Regierungsparteien. – Unruhe bei der CDU/CSU.) Anknüpfend an die Politik ihrer Vorgängerin erklärt die Bundesregierung, daß die Bereitschaft zu verbindlichen Abkommen über den gegenseitigen Verzicht auf Anwendung oder Androhung von Gewalt auch gegenüber der DDR gilt.

Die Bundesregierung wird den USA, Großbritannien und Frankreich raten, die eingeleiteten Besprechungen mit der Sowjetunion über die Erleichterung und Verbesserung der Lage Berlins mit Nachdruck fortzusetzen.[4] Der Status der unter der besonderen Verantwortung der Vier Mächte stehenden Stadt Berlin muß unangetastet bleiben. Dies darf nicht daran hindern, Erleichterungen für den Verkehr in und nach Berlin zu suchen. Die Lebensfähigkeit Berlins werden wir weiterhin sichern. West-Berlin muß die Möglichkeit bekommen, zur Verbesserung der politischen, wirtschaftlichen und kulturellen Beziehungen der beiden Teile Deutschlands beizutragen.

Wir begrüßen es, daß der innerdeutsche Handel wieder zunimmt. Hierzu haben auch die Erleichterungen beigetragen, die durch die Vereinbarung am 6. Dezember 1968 eingetreten sind.[5] Die Bundesregierung hält einen weiteren Ausbau der nachbarlichen Handelsbeziehungen für wünschenswert.

Wir haben das bisherige Ministerium für gesamtdeutsche Fragen entsprechend seinen Aufgaben in Ministerium für innerdeutsche Beziehungen umbenannt. Die Deutschlandpolitik insgesamt kann nicht Sache eines Ressorts ein. Sie ist eine ständige Aufgabe der ganzen Regierung und umfaßt Aspekte der auswärtigen Politik, der Sicherheits- und Europapolitik, ebenso wie die Bemühungen um den Zusammenhalt unseres Volkes und um die Beziehungen im geteilten Deutschland.

[...][6]

Bei alledem dürfen wir nicht vergessen: Nur der Friede macht unsere Welt sicher; nur auf der Grundlage der Sicherheit kann der Friede sich ausbreiten. Diese Erkenntnis teilen wir mit den meisten Völkern dieser Erde. Die Bundesregierung ist entschlossen, dazu den deutschen Anteil zu leisten im Bewußtsein ihrer besonderen Verantwortung in Europa und nach besten Kräften, die wir aber nicht überschätzen.

Wir werden die Initiative des Herrn Bundespräsidenten[7] aufgreifen und die Friedensforschung – im Wissen um die begrenzte Zahl der dafür gegenwärtig zur Verfügung stehenden Kräfte – koordinieren, ohne die Unabhängigkeit dieser Arbeit zu beeinträchtigen. Wir wollen auch damit einen deutschen Beitrag für die Befriedung der von Krisen und Kriegen zerrissenen Welt leisten. Es liegt im nationalen Interesse, die internationale Zusammenarbeit zu verstärken, damit die Völker ihre Umwelt besser verstehen. Professor Carl Friedrich von Weizsäcker hat sich bereit erklärt, der Bundesregierung auf diesem Gebiet beratend zur Seite zu stehen. (Beifall bei den Regierungsparteien.)

Zur notwendigen internationalen Zusammenarbeit gehört der Austausch geistiger Leistungen. Die Darstellung der deutschen Kultur im Ausland wird sich künftig stärker darauf richten, anderen Völkern neben den unvergänglichen Leistungen der Vergangenheit ein Bild dessen zu vermitteln, was in dieser Zeit des Überganges auch in Deutschland an geistiger Auseinandersetzung und fruchtbarer Unruhe tägliche Wirklichkeit ist.

Die Bundesrepublik Deutschland wird ihre Zusammenarbeit mit den Ländern Afrikas, Lateinamerikas und Asiens im Geiste der Partnerschaft ausbauen.

Am Vorabend der zweiten Entwicklungsdekade erklärt sie: Wir werden zu einer gemeinsamen Strategie der Entwicklung beitragen und Anregungen aus dem Bericht der Pearson-Kommission[8] in Betracht ziehen. Die Bundesregierung wird sich bemühen, das dort vorgesehene Ziel für die öffentlichen Leistungen an der Entwicklungshilfe durch eine Steigerungsrate von durchschnittlich 11 % im Jahr zu erreichen. Wir werden Wege suchen, um Rückflüsse aus Mitteln der öffentlichen Kapitalhilfe wieder voll für Zwecke der Entwicklungshilfe zu verwenden. Die Zahl der deutschen Entwicklungsexperten und Entwicklungshelfer wird erhöht mit dem Ziel, sie bis zur Mitte der 70er Jahre zu verdoppeln. Die Bundesregierung wird fortfahren, die Qualität der deutschen Hilfe zu verbessern. Dazu wird sie Planung und Durchführung der Entwicklungshilfe vereinfachen und straffen. Partnerschaft mit den Ländern der Dritten Welt ist nicht allein Sache des Staates. Daher wird die Bundesregierung auch alle nichtstaatlichen Initiativen fördern, die den Entwicklungsprozeß in diesen Ländern beschleunigen können.

Die Welt kann von einem wirtschaftlich starken Lande wie dem unsrigen eine liberale, den Handel aller Länder fördernde Außenwirtschaftspolitik erwarten. Dazu tragen wir durch unsere eigenen

Bemühungen und durch unsere Beteiligung in allen mit dem Welthandel befaßten Organisationen bei. Ebenso wollen wir den Handel der Entwicklungsländer fördern; ich nenne hier nur die universellen Präferenzen für Waren aus den Entwicklungsländern.

Meine Damen und Herren, die Außenpolitik dieser Bundesregierung knüpft an die Friedensnote vom März 1966 und die Regierungserklärung vom Dezember 1966 an.[9] Die in diesen Dokumenten niedergelegte Politik hat damals die Zustimmung aller Fraktionen dieses Hauses erhalten. Der Wille zu Kontinuität und konsequenter Weiterentwicklung gestattet es, auf manche Wiederholung zu verzichten. Die Bundesregierung beabsichtigt, in den Vereinten Nationen, in ihren Sonderorganisationen und in anderen internationalen Organisationen verstärkt mitzuarbeiten. Dies gilt auch für weltweite Abkommen der Abrüstung und Rüstungsbegrenzung, die zunehmend Bedeutung gewinnen. Die Bundesregierung wird dabei die Politik fortsetzen, die ich als Außenminister am 3. September 1968 auf der Konferenz der Nichtnuklearmächte in Genf entwickelt habe.[10]

Wir unterstreichen die grundsätzliche Bereitschaft, mit allen Staaten der Welt, die unseren Wunsch nach friedlicher Zusammenarbeit teilen, diplomatische Beziehungen zu unterhalten und die bestehenden Handelsbeziehungen zu verstärken. Die Bundesregierung lehnt jede Form von Diskriminierung, Unterdrückung und fremder Beherrschung ab, die das friedliche Zusammenleben der Völker auch in unseren Tagen immer von neuem gefährdet. (Beifall bei den Regierungsparteien.)

Meine Damen und Herren, das nordatlantische Bündnis, das sich in den 20 Jahren seiner Existenz[11] bewährt hat, gewährleistet auch in Zukunft unsere Sicherheit. Sein fester Zusammenhalt ist die Voraussetzung für das solidarische Bemühen, zu einer Entspannung in Europa zu kommen. Welche der beiden Seiten der Sicherheitspolitik wir auch betrachten, ob es sich um unseren ernsten und nachhaltigen Versuch zur gleichzeitigen und gleichwertigen Rüstungsbegrenzung und Rüstungskontrolle handelt oder um die Gewährleistung ausreichender Verteidigung der Bundesrepublik Deutschland: Unter beiden Aspekten begreift die Bundesregierung ihre Sicherheitspolitik als Politik des Gleichgewichts und der Friedenssicherung. Und ebenso versteht sie unter beiden Aspekten die äußere Sicherheit unseres Staates als eine Funktion des Bündnisses, dem wir angehören und als dessen Teil wir zum Gleichgewicht der Kräfte zwischen West und Ost beitragen.

Wir brauchen zu unserer Sicherheit Freunde und Verbündete, so wie sie zu ihrer Sicherheit uns und unseren Beitrag brauchen. Ohne gegenseitiges Vertrauen in die politische Stabilität dieser Einsicht sind weder Bündnis noch Sicherheit aufrechtzuerhalten. Wir werden deshalb in und gegenüber dem Bündnis die bisherige Politik fortsetzen und erwarten dies auch von unseren Bündnispartnern und von ihren Beiträgen zur gemeinsamen Sicherheitspolitik und zu den vereinbarten gemeinsamen Sicherheitsanstrengungen.

So wie das westliche Bündnis defensiv ist, so ist auch unser eigener Beitrag dazu defensiv. Die Bundeswehr ist weder nach ihrer Erziehung und Struktur noch nach ihrer Bewaffnung und Ausrüstung für eine offensive Strategie geeignet. Die Bundesregierung wird an dem ihrer Verteidigungspolitik zugrunde liegenden Defensivprinzip keinen Zweifel lassen.

Meine Damen und Herren, die engen Bindungen zwischen uns und den Vereinigten Staaten von Amerika schließen für die Bundesregierung jeden Zweifel an der Verbindlichkeit der Verpflichtungen aus, die von den USA nach Vertrag und Überzeugung für Europa, für die Bundesrepublik und für Berlin übernommen worden sind. Unsere gemeinsamen Interessen bedürfen weder zusätzlicher Versicherungen noch sich wiederholender Erklärungen. (Beifall bei den Regierungsparteien und bei Abgeordneten der CDU/CSU.) Sie sind tragfähig für eine selbständigere deutsche Politik in einer aktiveren Partnerschaft. (Erneuter Beifall.)

Die Bundesregierung wird sich gemeinsam mit ihren Verbündeten konsequent für den Abbau der militärischen Konfrontation in Europa einsetzen. Sie wird zusammen mit ihnen auf gleichzeitige und ausgewogene Rüstungsbeschränkung und Truppenreduzierung in Ost und West hinwirken.

Zur Thematik einer Konferenz, die der europäischen Sicherheit dienen soll, bekräftigt die Bundesregierung die Haltung, die in dem am 12. September dieses Jahres in Helsinki übergebenen Memorandum eingenommen worden ist.[12] Eine derartige Konferenz kann nach sorgfältiger Vorbereitung eine wichtige Etappe auf dem Wege zu größerer Sicherheit bei geringerer Rüstung und zu Fortschritten zwischen den Partnern Ost- und Westeuropas werden.

Unter den gegenwärtigen Spannungsherden ist der Konflikt im Nahen Osten besonders besorgniserregend. Die Bundesregierung meint, daß es im Interesse der betroffenen Völker läge, eine Lösung zu finden, wie sie in der Entschließung des Sicherheitsrates der Vereinten Nationen vom 22. November 1967 angeboten wurde.[13] Wir wünschen gute Beziehungen zu allen Staaten dieser Region und bestätigen zugleich die Entschlossenheit, keine Waffen in Spannungsgebiete zu liefern. (Beifall bei den Regierungsparteien und bei Abgeordneten der CDU/CSU.)

Wir vereinigen uns mit allen Staaten und nicht zuletzt mit den gequälten, betroffenen Menschen in dem Wunsch, daß der Krieg in Vietnam endlich beendet wird durch eine politische Lösung, die von allen Beteiligten gebilligt werden kann. Wir bekräftigen unsere Bereitschaft, dann, wenn es soweit ist, am Wiederaufbau beider zerstörter Landesteile mitzuwirken. (Beifall bei den Regierungsparteien und bei Abgeordneten der CDU/CSU.)

Meine Damen und Herren, der bevorstehenden Konferenz der Sechs in Den Haag kommt eine besondere Bedeutung zu.[14] Diese Konferenz der Sechs kann darüber entscheiden, ob Europa in den sachlichen miteinander verknüpften Themen des inneren Ausbaus, der Vertiefung und der Erweiterung der Gemeinschaft entweder einen mutigen Schritt nach vorn tut oder aber in eine gefährliche Krise gerät. Die Völker Europas warten und drängen darauf, daß die Staatsmänner der Logik der Geschichte den Willen zum Erfolg an die Seite stellen. (Beifall bei den Regierungsparteien und bei Abgeordneten der CDU/CSU.) Der deutsch-französische Gleichklang kann dabei ausschlaggebend sein. Die Bundesregierung ist bereit, den engen vertraglichen Bindungen jene Unverbrüchlichkeit zu verleihen, die beispielgebend sein sollte für die Art der Beziehungen, die zwischen europäischen Partnern heute hergestellt werden können.

Meine Damen und Herren, die Erweiterung der Europäischen Gemeinschaft muß kommen. Sie, die Gemeinschaft, braucht Großbritannien ebenso wie die anderen beitrittswilligen Länder.[15] Im Zusammenklang der europäischen Stimmen darf die britische keineswegs fehlen, wenn Europa sich nicht selbst schaden will. (Beifall bei den Regierungsparteien und bei Abgeordneten der CDU/CSU.) Wir haben mit Befriedigung verfolgt, daß für die ausschlaggebenden Kräfte der britischen Politik weiterhin die Überzeugung gilt, Großbritannien brauche seinerseits Europa. Es ist an der Zeit, so meinen wir, den sicher schwierigen und vermutlich auch zeitraubenden Prozeß einzuleiten, an dessen Ende die Gemeinschaft auf einer breiteren Grundlage stehen wird.

Im Zusammenhang damit wird die Bundesregierung darauf hinwirken, daß die Gemeinschaft neue Formen wirtschaftlicher Zusammenarbeit mit den Staaten Europas entwickelt, die ihr nicht beitreten können oder wollen.

Die Bundesregierung wird die Entwicklung einer engeren politischen Zusammenarbeit in Europa mit dem Ziel fördern, eine gemeinsame Haltung dieser Staaten in weltpolitischen Fragen Schritt um Schritt aufzubauen. Wir wissen uns darin auch besonders einig mit Italien und den Benelux-Staaten.

Unser nationales Interesse erlaubt es nicht, zwischen dem Westen und dem Osten zu stehen. Unser Land braucht die Zusammenarbeit und Abstimmung mit dem Westen und die Verständigung mit dem Osten.

Aber auf diesem Hintergrund sage ich mit starker Betonung, daß das deutsche Volk Frieden braucht – den Frieden im vollen Sinne dieses Wortes – auch mit den Völkern der Sowjetunion und allen Völkern des europäischen Ostens. (Beifall bei allen Fraktionen.) Zu einem ehrlichen Versuch der Verständigung sind wir bereit, damit die Folgen des Unheils überwunden werden können, das eine verbrecherische Clique über Europa gebracht hat.

Dabei geben wir uns keinen trügerischen Hoffnungen hin: Interessen, Machtverhältnisse und gesellschaftliche Unterschiede sind weder dialektisch aufzulösen, noch dürfen sie vernebelt werden. Aber unsere Gesprächspartner müssen auch dies wissen: Das Recht auf Selbstbestimmung, wie es in der Charta der Vereinten Nationen niedergelegt ist, gilt auch für das deutsche Volk. (Beifall bei allen Fraktionen.) Dieses Recht und der Wille, es zu behaupten, können kein Verhandlungsgegenstand sein. (Allgemeiner Beifall.)

Wir sind frei von der Illusion, zu glauben, das Werk der Versöhnung sei leicht oder schnell zu vollenden. Es handelt sich um einen Prozeß; aber es ist an der Zeit, diesen Prozeß voranzubringen.

In Fortsetzung der Politik ihrer Vorgängerin erstrebt die Bundesregierung gleichmäßig verbindliche Abkommen über den gegenseitigen Verzicht auf Anwendung von oder Drohung mit Gewalt. Die Bereitschaft dazu gilt – ich darf es wiederholen – auch gegenüber der DDR. Ebenso unmißverständlich will ich sagen, daß wir gegenüber der uns unmittelbar benachbarten Tschechoslowakei zu den Abmachungen bereit sind, die über die Vergangenheit hinausführen. (Beifall bei Abgeordneten der SPD.)

Die Politik des Gewaltverzichts, die die territoriale Integrität des jeweiligen Partners berücksichtigt, ist nach der festen Überzeugung der Bundesregierung ein entscheidender Beitrag zu einer Entspannung in Europa. Gewaltverzichte würden eine Atmosphäre schaffen, die weitere Schritte möglich macht.

Diesem Zweck dienen auch gemeinsame Bemühungen, um den Handel, die technische Kooperation und den kulturellen Austausch zu fördern.

Die Bundesregierung verzichtet heute bewußt darauf, über den in der Erklärung gesetzten Rahmen hinaus Festlegungen vorzunehmen (Abg. Dr. Barzel: Hört! Hört!) oder Formeln vorzutragen, welche die von ihr erstrebten Verhandlungen erschweren könnten. (Beifall bei den Regierungsparteien.) Sie ist sich bewußt, daß es Fortschritte nur geben kann, wenn es neben unserer Bereitschaft auch eine kooperative Haltung in den Hauptstädten der Staaten des Warschauer Vertrages gibt.

Meine Damen und Herren, kurzfristig wird die Bundesregierung eine Reihe von Entscheidungen treffen, die ihren Willen zur kontinuierlichen und konsequenten Weiterführung der bisherigen Politik beispielhaft deutlich machen:

Erstens. Die Bundesregierung wird auf der Konferenz in Den Haag[16] darauf hinwirken, daß wirksame Maßnahmen zur Vertiefung und Erweiterung der Gemeinschaft und zur verstärkten politischen Zusammenarbeit eingeleitet werden.

Zweitens. Sie wird das Angebot der Vereinigten Staaten von Amerika aufgreifen, die deutsche industrielle Leistungskraft auf begrenzten Gebieten der Weltraumforschung zu beteiligen.[17]

Drittens. Sie wird sich aktiv an den Arbeiten des vom Rat der Nordatlantikpaktorganisation eingesetzten Ausschusses für die Probleme der modernen Gesellschaft beteiligen.[18]

Viertens. Sie wird demnächst das sowjetische Aide-mémoire zum Thema Gewaltverzicht beantworten und einen Termin für die von der Sowjetunion angeregten Verhandlungen in Moskau vorschlagen.[19]

Fünftens. Sie wird der Regierung der Volksrepublik Polen einen Vorschlag zur Aufnahme von Gesprächen zugehen lassen, mit dem sie die Ausführungen Wladislaw Gomulkas vom 17. Mai dieses Jahres beantwortet.[20] (Abg. Dr. Barzel: Dazu hätte das Parlament gern etwas gehört!)

Sechstens. Sie wird den Vertrag über die Nichtverbreitung von Atomwaffen unterzeichnen, sobald – entsprechend den Beschlüssen der letzten Bundesregierung – die noch ausstehenden Klärungen herbeigeführt sind.[21] (Beifall bei den Regierungsparteien. – Lachen bei der CDU/CSU.) – Meine Damen und Herren, wenn nicht gerade heute darüber in Washington gesprochen würde[22], würde ich auf die höhnischen Zurufe von soeben antworten. Ich verzichte darauf, zu antworten, weil mir am Erfolg der Verhandlungen liegt und nicht an der Polemik in diesem Augenblick. Das können wir auch morgen noch machen. (Beifall bei den Regierungsparteien.) Polemisieren dazu können wir auch noch morgen oder übermorgen. (Zuruf von der CDU/CSU: Schulmeister!

– Abg. Dr. Barzel: Herr Kollege Brandt, bringen Sie bitte eins nicht durcheinander: Wir legen Wert darauf, zu wissen, welches Angebot Sie Polen machen werden! – Weitere Zurufe von der CDU/CSU.) – Es ging jetzt nicht um Polen, es ging um den NV-Vertrag. (Abg. Dr. Barzel: Unsere Unruhe begann bei Polen, wo wir etwas mehr wissen wollen!)
Ich habe Ihnen das dazu gesagt, was heute im Rahmen der Regierungserklärung zu sagen ist. (Beifall bei den Regierungsparteien. – Abg. Dr. Barzel: Aber zu wenig!)
[...]²³
Wir wollen ein Volk der guten Nachbarn sein und werden im Inneren und nach außen. (Anhaltender lebhafter Beifall bei den Regierungsparteien. – Abg. Dr. Barzel: Das ist ein starkes Stück, Herr Bundeskanzler! Ein starkes Stück! Unglaublich! Unerhört!)

Nr. 28
**Telegramm des Bundeskanzlers, Brandt, an den Präsidenten der Vereinigten Staaten von Amerika, Nixon
14. November 1969**¹

NARA, Nixon Presidential Materials Staff, NSC, 1969–1974, Presidential Correspondence 1969–1974, Box 753.

Herr Präsident,
den Beginn der Gespräche über die Beschränkung strategischer Waffen in Helsinki² nehme ich zum Anlass, um Ihnen das ausserordentliche Interesse der Bundesregierung und des deutschen Volkes an diesen bedeutsamen Gesprächen zum Ausdruck zu bringen. Wenn ich mir auch keine Illusionen über die Schwierigkeiten der Probleme mache, deren Bewältigung mit diesen Gesprächen in Angriff genommen werden soll, so hoffe ich doch, dass sie den Weg zu einer

Rüstungsbegrenzung der Kernwaffenstaaten[3] eröffnen werden. Wenn dies gelingen sollte, dann kann ein gefährlicher und kostspieliger Rüstungswettlauf zum Stillstand gebracht und Stabilität und Sicherheit in der Welt erhöht werden.
Ihr
Willy Brandt

Nr. 29
Aus dem Bericht des Bundeskanzlers, Brandt, zur Lage der Nation vor dem Deutschen Bundestag
14. Januar 1970

Verhandlungen des Deutschen Bundestages, Stenographische Berichte, 6. Wahlperiode, 22. Sitzung, Bd. 71, S. 839–847.

Herr Präsident! Meine Damen und Herren! Dies ist der erste Bericht, die erste Erklärung der Bundesregierung im ersten der siebziger Jahre. Sie handelt von der Lage der Nation, der Lage unseres geteilten Vaterlandes. Die Wahrhaftigkeit gebietet einzugestehen, daß an eine baldige, grundlegende Änderung dieser Situation der Teilung leider nicht zu denken ist.

Dennoch – oder gerade deswegen – ist die Bundesregierung verpflichtet, jährlich einen Bericht über die Lage der Nation zu erstatten. Dieser Bericht muß sich vorrangig mit dem Problem der Teilung beschäftigen. So wird deutlich, daß wir dieses Problem, das unter dem Stichwort „deutsche Frage" die internationale Politik seit Kriegsende beschäftigt, niemals aus den Augen verlieren werden.

Ich übersehe dabei nicht, daß es in den beiden Teilen Deutschlands und damit natürlich auch in der Bundesrepublik zahlreiche andere Probleme und Schwierigkeiten gibt, die die Aufmerksamkeit in Anspruch nehmen. Sie sind teils kurzfristiger, teils mittelfristiger

Natur. Zum Teil sind es Fragen, die uns ständig begleiten und mit denen sich Regierung und Parlament ständig befassen müssen. [. . .]¹

Was nun unser heutiges Thema angeht, so ist festzustellen: 25 Jahre nach der bedingungslosen Kapitulation des Hitler-Reiches² bildet der Begriff der Nation das Band um das gespaltene Deutschland. Im Begriff der Nation sind geschichtliche Wirklichkeit und politischer Wille vereint. Nation umfaßt und bedeutet mehr als gemeinsame Sprache und Kultur, als Staat und Gesellschaftsordnung. Die Nation gründet sich auf das fortdauernde Zusammengehörigkeitsgefühl der Menschen eines Volkes.

Niemand kann leugnen, daß es in diesem Sinne eine deutsche Nation gibt und geben wird, soweit wir vorauszudenken vermögen. Im übrigen: Auch oder, wenn man so will, selbst die DDR bekennt sich in ihrer Verfassung als Teil dieser deutschen Nation.³

Wir müssen, so meine ich, eine historische und eine politische Perspektive haben, wenn über die Lage der Nation gesprochen wird, wenn wir die Forderung auf Selbstbestimmung für das deutsche Volk bekräftigen. Die Geschichte, die Deutschland durch eigene Schuld, jedenfalls nicht ohne eigene Schuld, geteilt hat, wird darüber entscheiden, wann und wie diese Forderung verwirklicht werden kann. Aber solange die Deutschen den politischen Willen aufbringen, diese Forderung nicht aufzugeben, so lange bleibt die Hoffnung, daß spätere Generationen in einem Deutschland leben werden, an dessen politischer Ordnung die Deutschen in ihrer Gesamtheit mitwirken können. (Beifall bei Abgeordneten der SPD.) Auch in einer europäischen Friedensordnung werden die nationalen Komponenten ihren Rang haben. Aber bis zur Selbstbestimmung der Deutschen in einer solchen Friedensordnung wird es ein langer, ein weiter und ein schwerer Weg sein. Die Länge und die Schwere dieses Weges dürfen uns nicht davon abhalten, in dieser Phase der Geschichte, wenn es möglich ist, zu einem geregelten Nebeneinander zwischen den beiden Staaten in Deutschland zu kommen. Es geht um den deutschen Beitrag in einer internationalen Lage, in der sich, um mit den Worten Präsident Nixons zu sprechen, ein Übergang von der Konfrontation zur Kooperation vollziehen soll.[4]

Die Bundesregierung, meine Damen und Herren, hat diesem Hohen Hause einige Materialien über die Entwicklung der deutschen Frage und über den Stand der innerdeutschen Beziehungen vorgelegt.[5] Sie arbeitet an einem Bericht, der einen umfassenden Vergleich der Verhältnisse in der Bundesrepublik und in der DDR auf den verschiedensten Lebensbereichen enthalten wird. Schon die Vorarbeiten zu diesem größeren Bericht haben bereits die Erkenntnis erbracht oder bestätigt, je nachdem, daß die unter dem Namen Konvergenztheorie bekanntgewordene Auffassung falsch und richtig zugleich ist;[6] falsch, weil sich die beiden Staaten in Deutschland nicht automatisch aufeinander zuentwickeln; richtig, weil die Notwendigkeiten der modernen Industriegesellschaft in West und Ost zu Maßnahmen, Entwicklungen, auch Reformen zwingen, unabhängig davon, welche politischen und gesellschaftlichen Bedingungen gegeben sind. So ist es auch zu erklären, daß manche technischen und wissenschaftlichen Vorhaben und die Behandlung einiger Strukturprobleme auf verschiedenen Gebieten in den beiden Teilen Deutschlands in die gleiche Richtung weisen. Diese Tatsachen sind, objektiv betrachtet, ermutigend.

Allerdings: In den beiden staatlichen und gesellschaftlichen Ordnungen, die es nun schon seit mehr als zwei Jahrzehnten auf deutschem Boden gibt, drücken sich völlig verschiedene und nicht zu vereinbarende Vorstellungen darüber aus, wie die Einheit Deutschlands, wie eine gemeinsame Zukunft aussehen soll und wie sie zu erreichen sein könnte. Niemand darf sich der trügerischen Hoffnung hingeben, den Auseinandersetzungen entgehen zu können, die unausweichlich sind, weil Deutschland eben nicht nur staatlich gespalten ist, sondern weil sich auf seinem Boden völlig unterschiedliche Gesellschaftssysteme gegenüberstehen. In diesem Punkt sind wir uns mit Ulbricht einig: Zwischen unserem System und dem, was drüben Ordnung geworden ist, kann es keine Mischung, keinen faulen Kompromiß geben. (Beifall bei den Regierungsparteien.)

In meiner Regierungserklärung vom 28. Oktober vergangenen Jahres[7] habe ich festgestellt und will hier heute unterstreichen:
1. Niemand kann uns ausreden, daß die Deutschen ein Recht auf Selbstbestimmung haben wie alle anderen Völker auch. (Beifall bei den Regierungsparteien und bei Abgeordneten der CDU/CSU.)
2. Die Fragen, die sich aus dem zweiten Weltkrieg und aus dem nationalen Verrat durch das Hitlerregime ergeben haben, können abschließend nur in einer europäischen Friedensordnung beantwortet werden. (Beifall bei Abgeordneten der SPD.)
3. Aufgabe der praktischen Politik in den jetzt vor uns liegenden Jahren ist es, die Einheit der Nation, soweit dies möglich ist und soweit es an uns liegt, dadurch zu wahren, daß das Verhältnis zwischen den Teilen Deutschlands aus der gegenwärtigen Verkrampfung gelöst wird.
4. Über ein geregeltes Nebeneinander zu einem Miteinander zu kommen, entspricht nicht nur einem deutschen Interesse; denn es hat seine Bedeutung auch für den Frieden in Europa und für das Ost-West-Verhältnis.
5. Deshalb hat die Bundesregierung angeboten und bietet dem Ministerrat der DDR auf der Ebene der Regierungen ohne Diskriminierung Verhandlungen an, die zu vertraglich vereinbarter Zusammenarbeit führen sollen.[8]
6. Unsere Bereitschaft zu verbindlichen Abkommen über den gegenseitigen Verzicht auf Anwendung oder Androhung von Gewalt gilt auch gegenüber der DDR.
Im übrigen bleibt es dabei: Bundesrepublik und DDR sind füreinander nicht Ausland. Und es bleibt auch dabei: Eine völkerrechtliche Anerkennung der DDR kommt für uns nicht in Betracht. (Beifall bei den Regierungsparteien und Abgeordneten der Mitte.)

Es ist absurd, wenn die Ostberliner Polemik in diesem Zusammenhang behauptet, wir wollten die DDR zu „Bonner Inland" machen oder ihr einen Kolonialstatus aufnötigen.[9]

Im übrigen, meine Damen und Herren, führt es nicht weiter, wenn die sogenannten verständigungsbereiten oder, wie man drüben sagt, friedliebenden Kräfte in der Bundesrepublik aufgefordert werden, ihren Einfluß zu verstärken. Es würde ja, wie die Dinge liegen, auch nicht weiterführen, wenn wir die verständigungsbereiten Kräfte, die es in Ost-Berlin und in der DDR gibt, aufforderten, sich stärker als bisher gegen die Dogmatiker und die linken Reaktionäre durchzusetzen, denen ihre Machtpositionen wichtiger sind als der Frieden der europäischen Völker. (Beifall bei den Regierungsparteien und vereinzelt bei der CDU/CSU.) Die Bundesregierung wird diesen Leuten nicht den Gefallen tun, in eine bloße Gegenpolemik zu verfallen. Sie wird die objektiv möglichen historischen Entwicklungen zur Verbesserung der Beziehungen zwischen den beiden Teilen Europas und den beiden Teilen Deutschlands aktiv fördern. Profiteure der Spaltung gibt es in Ost und West. Die Menschen in Ost und West leiden darunter. (Beifall bei den Regierungsparteien.)

In dem Bemühen, im eigenen Lager den Nachweis gebührlicher Betriebsamkeit zu führen, ist von Ost-Berlin aus durch die dortigen Propagandisten dieser Tage unter anderem gefordert worden, den Entwurf eines Vertrags, den der Staatsratsvorsitzende Ulbricht unserem Bundespräsidenten Heinemann geschickt hat, zum Objekt einer Volksabstimmung in der Bundesrepublik zu machen.[10] Nun, das Richtigste an diesem Dokument ist zunächst einmal die Überschrift, die Bezeichnung „Entwurf". Ich möchte meinerseits diesen meinen Bericht, den ich Ihnen zu geben habe, nicht zu Propaganda benutzen; die Sache, um die es geht, ist ernst. Ich möchte aber in aller Klarheit sagen: ein Vertrag zwischen der DDR und uns darf nicht, darf nie zu einer Nebelwand werden, hinter der alle die Menschen belastenden Tatbestände unverändert blieben. Zum anderen: wenn man schon, wie es die Ostberliner Propaganda versucht hat, mit dem Gedanken einer Volksabstimmung spielt, dann könnte ich mir noch andere Fragen vorstellen als die nach dem Ulbrichtschen Entwurf. (Beifall bei den Regierungsparteien und Abgeordneten der CDU/CSU.)

Wir haben es mit einer bemerkenswerten Entwicklung zu tun. Die Staaten des Warschauer Pakts haben – die DDR ausgenommen – trotz mancher Einschränkungen den guten Willen der Bundesrepublik verstanden. Sie haben darauf aufmerksam gemacht, daß

Worten Taten folgen müssen. Das entspricht unserer Überzeugung, nämlich daß dies überall beachtet werden sollte.

In der DDR gibt es führende Kräfte, die sich in immer neuen Forderungen überschlagen, gerade in diesen letzten Tagen. Ein hohes Maß an Sturheit ist ihnen dabei durchaus zuzuerkennen. Ich will drei Beispiele nennen. Das erste ist dies: Die DDR-Regierung fordert von uns die völkerrechtliche Anerkennung. Die anderen Staaten des Warschauer Pakts erwarten von uns Verträge mit der DDR, und zwar solche, die – natürlich, könnte man sagen – ebenso verbindlich sein müssen wie die mit ihnen, den anderen genannten Staaten, geschlossenen.

Ein zweites Beispiel: Die DDR verlangt von der Bundesregierung, sie müsse die Pariser Verträge überprüfen und ihre Verpflichtungen im Atlantischen Bündnis reduzieren oder gar abwickeln.[11] Die Sowjetunion und andere Staaten des Warschauer Pakts betonen, daß eine europäische Sicherheitskonferenz in dieser Zeitspanne, in der wir leben, durch den blockiert wird, der den Abbau oder die Auflösung der bestehenden Bündnisse auf die Tagesordnung setzen will; selbst die Frage einer gleichwertigen Truppenreduzierung scheint dort gegenwärtig nicht überall für aktuell oder opportun gehalten zu werden.

Ich brauche hier vor diesem Hohen Hause, meine Damen und Herren, kaum zu unterstreichen, daß für die Bundesregierung weder die Pariser Verträge noch unsere Verpflichtungen im Atlantischen Bündnis zur Diskussion stehen. (Beifall bei den Regierungsparteien.)

Ein drittes Beispiel: Die DDR-Regierung erklärt, sie habe schon vor zwanzig Jahren die Oder-Neiße-Linie endgültig als Friedensgrenze anerkannt, und zwar, wie es wörtlich heißt, „im Namen aller Deutschen, also auch im Namen der westdeutschen Bevölkerung".[12] – Nun, ich weiß nicht, ob diese Erklärung der Regierung Polens angenehm in den Ohren geklungen hat. Die Logik dieser Erklärung würde dazu führen, daß die polnische Westgrenze für uns kein Thema zu sein hat. Nach allem, was ich weiß, ist die Volksrepublik Polen nicht dieser Auffassung.

Ich frage wirklich, meine Damen und Herren, welchen Grad von Anmaßung die Bundesrepublik und andere europäische Staaten, und zwar nicht nur solche im Westen, seitens der Führung der DDR noch zu erwarten haben. An ihrer Besserwisserei und an ihrem Wesen wird jedenfalls Europa nicht genesen. Wer auch nur über ein Minimum an Selbstachtung und Wirklichkeitssinn verfügt, muß es ablehnen, wenn in Ost-Berlin versucht wird, allen anderen Bedingungen aufzuzwingen, unter denen die Verhältnisse in Europa eben nicht verbessert werden können.

Lassen Sie mich, meine Damen und Herren, gleich hinzufügen: politische Bemühungen müssen unter bestimmten Umständen auch dann unternommen werden, wenn die Aussicht auf Erfolg gering ist. Die reine Negationshaltung, die hier und da, wenn ich die öffentlichen Erörterungen vergangener Tage und Wochen richtig verstanden habe, auch bei uns geübt und verlangt wird, wäre das Gegenteil von Politik, ja wäre in Wahrheit der Verzicht des deutschen Volkes auf die Regelung seiner eigenen Angelegenheiten.

Patriotismus verlangt die Erkenntnis dessen, was ist, und den Versuch, immer wieder herauszufinden, was möglich ist. Er verlangt den Mut zum Erkennen der Wirklichkeit. Dies ist nicht gleichbedeutend damit, daß man diese Wirklichkeit als wünschenswert ansieht oder daß man auf die Hoffnung verzichtet, sie ließe sich im Laufe längerer Zeiträume ändern. Aber die Aufrichtigkeit, ohne die keine Politik auf Dauer geführt werden kann, verpflichtet uns, so meine ich, keine Forderungen zu erheben, deren Erfüllung in den Bereich der illusionären Wunschvorstellungen gehören. Und sie verpflichtet uns miteinander natürlich auch, unsere Bevölkerung davor zu bewahren, von Rattenfängern ins Verderben geführt zu werden.

Ich bin für die „Stunde der Wahrheit", von der kürzlich wieder einmal die Rede war. Dazu gehört dann auch, daß in diesem Hause nicht anders gesprochen wird als draußen im Lande (lebhafter Beifall bei den Regierungsparteien – Zurufe von der CDU/CSU: Eben! und demonstrativer Beifall bei Abgeordneten der CDU/CSU) und daß man den Landsleuten nicht Hoffnungen macht, die nicht verwirklicht werden können. (Beifall bei den Regierungsparteien. – Demonstrativer Beifall bei Abgeordneten der CDU/CSU.) Es ist Augenauswischerei, wenn man den Eindruck vermittelt, Politik müsse immer kurzfristig sichtbare Erfolge haben. (Beifall bei den Regierungsparteien. – Lachen, Zurufe und demonstrativer Beifall bei Abgeordneten der CDU/CSU.) Der Respekt vor dem mündigen Staatsbürger verlangt, daß man ihm Schwierigkeiten nicht vorenthält. (Beifall bei den Regierungsparteien. – Demonstrativer Beifall bei Abgeordneten der CDU/CSU.)

Bewußt auf diesem Hintergrund sage ich: Es muß, es kann und schließlich wird verhandelt werden zwischen Bonn und Ost-Berlin. (Beifall bei den Regierungsparteien.) Auch im Verhältnis zu Ost-Berlin ist es mit dem argumentativen Schlagabtausch nicht getan. (Abg. Dr. Barzel: Machen Sie doch einen konkreten Vorschlag!) Aber es gibt unsererseits unverzichtbare Orientierungspunkte: erstens das Recht auf Selbstbestimmung, (Zustimmung bei den Regierungsparteien) zweitens das Streben nach nationaler Einheit und Freiheit im Rahmen einer europäischen Friedensordnung, (Zustimmung bei den Regierungsparteien) drittens die Zusammengehörigkeit mit West-Berlin ohne Beeinträchtigung der Verantwortung der Vier Mächte für ganz Berlin; (Zustimmung bei den Regierungsparteien) viertens: die Bundesregierung respektiert – und wird respektieren – die Rechte und Verantwortlichkeiten, die die Drei Mächte in bezug auf Deutschland als Ganzes und Berlin haben. Wir denken nicht daran, daran zu rütteln oder rütteln zu lassen. Darin sind auch Bindungen enthalten, sowohl für die Bundesregierung wie für die Regierungen der Drei Mächte. Ich, meine Damen und Herren, habe lange genug in Berlin gewirkt, um zu wissen, daß es Dinge gibt, für die unsere Schultern zu schmal sind und für die uneingeschränkte Souveränität anzustreben die Bundesrepublik kein Interesse hat.

Alles, was wir im Verhältnis zur DDR beabsichtigen, wird die genannten Rechte der Drei Mächte nicht berühren. Wir haben natürlich dennoch, wie das unter Verbündeten und Freunden üblich ist, bereits begonnen, wegen dieser Problematik die drei Regierungen zu konsultieren.

Meine Damen und Herren, die uns allen bekannten Unterlagen[13] lassen erkennen, wie fest und durch wie viele Bande die Bundesrepublik mit dem Westen, die DDR mit dem Osten verbunden sind. Ich denke nicht daran, einigen Leuten den Gefallen zu tun, in eine fruchtlose Diskussion darüber einzutreten, warum das so gekommen ist und wer allein dafür möglicherweise anzuklagen sei. Die meisten von uns haben darauf ihre Antwort, ich glaube eine in diesem Hause weithin übereinstimmende Antwort. Einiges wird noch die Geschichtsforschung beschäftigen. Die Regierungen haben von dem auszugehen, was ist; sie haben nach vorn zu sehen und ins Auge zu fassen, was aus dem Heute entwickelt werden kann für ein besseres Morgen.

Dabei wollen wir uns bitte alle im klaren darüber sein, daß es auf dieser Welt außerhalb unseres Volkes nicht allzu viele Menschen gibt, die sich angesichts der Eventualität begeistern, daß die 60 und die 17 Millionen, daß das eine und das andere Wirtschaftspotential, von den Armeen nicht sprechen, zusammenkommen. Aber auch ein Streit darüber lohnte jetzt kaum. Ich will nur deutlich machen, was ich in diesem Zusammenhang für die Wahrheit halte: Es gibt trotz allem noch die Einheit der Nation. Die Einheit der Deutschen hängt von vielen Faktoren ab und doch wohl nicht in erster Linie, jedenfalls nicht allein, von dem, was in der Verfassung steht, sondern von dem, was wir tun, nicht in erster Linie oder allein von dem, was in Verträgen steht, sondern davon, wieweit wir andere Staaten als Freunde gewinnen, weniger von Potsdam 1945[14] als vielmehr von der Überwindung der europäischen Spaltung in den siebziger, achtziger und, wenn es sein muß, in den neunziger Jahren, meine Damen und Herren! (Beifall bei den Regierungsparteien.)

Professor Hermann Heimpel hat schon 1955 mit der Distanz des Historikers ein Ausrufungszeichen gesetzt, als er uns, die deutsche Öffentlichkeit, darauf aufmerksam machte, daß es kein ein für allemal gegebenes Recht auf Wiedervereinigung gebe und daß wir einem Prozeß gegenüberstünden, dessen Chancen auch verspielt werden könnten.[15] Die Einheit der Deutschen ist eine Chance, mehr nicht, aber auch nicht weniger. Daß wir sie nicht verspielen, liegt, bei allem Augenmaß für das begrenzte Gewicht der Bundesrepublik, für die Rechte der Vier Mächte, für die Interessen aller unserer europäischen Nachbarn, bei uns allen, die wir in der Bundesrepublik politische Verantwortung tragen. Unser Ziel muß sein, wie Herbert Wehner es formuliert hat, dem eigentlichen Souverän, dem deutschen Volk, zur Geltung zu verhelfen.[16] (Beifall bei der SPD und bei Abgeordneten der FDP.)

Meine Damen und Herren, dabei gibt es nicht mehr nur eine deutsche Frage, sondern man muß, wenn von Deutschland die Rede ist, von deutschen Fragen, von mehreren deutschen Fragen sprechen, die als Einzelprobleme unterschiedlich betrachtet und nicht mehr, wie man es etwa in den fünfziger Jahren versuchte, einfach einheitlich beantwortet werden können. Heute müssen sie unterschiedlich, wenn auch nicht losgelöst voneinander und vor allem nicht isoliert, betrachtet werden.

Wenn ich „deutsche Fragen, mehrere deutsche Fragen" sage, dann denke ich an das, woran wir alle in diesem Zusammenhang denken: das Schicksal der Ostprovinzen und ihrer Menschen, der Vertriebenen, der dort Verbliebenen, der dort Angesiedelten und der dort inzwischen Geborenen; die sowjetisch besetzte Zone – SBZ –, aus der die DDR, die drei Westzonen, aus denen die Bundesrepublik Deutschland wurde, beide keine Provisorien mehr, beide von wirtschaftlichem Rang und beide engste Partner einer der beiden Supermächte; und nicht zuletzt die Realität West-Berlin, Teil einer Vier-Mächte-Stadt unter der uneingeschränkten Oberhoheit der Drei Mächte, dazu im Auftrag der Drei Mächte die Bindungen an die Wirtschafts-, Finanz- und Rechtsordnung des Bundes und die Vertretung nach außen durch die Bundesregierung.

Dies ist die Lage, etwas knapp dargestellt. Über jedes dieser Probleme, die sich für Deutschland stellen, läßt sich jederzeit mehr sagen. Aber angesichts dieser Lage, die wir kennen, die uns bedrückt und die uns seit so vielen Jahren begleitet, stellt sich die Frage: Was sind die Ziele, an denen deutsche Politik in diesem Zusammenhang orientiert sein soll?

Die erste Antwort ist die, daß wir die Teile Deutschlands, die heute freiheitlich geordnet sind, frei halten müssen oder, wie man gesagt hat, daß die Bundesrepublik sich selbst anerkennen muß. Die zweite Antwort ist die, daß wir alle Probleme nur in Frieden lösen wollen und dürfen. Die dritte Antwort ist, daß wir unseren Beitrag leisten, damit mehr Menschen eingeräumt und praktiziert werden. Dies sind die Orientierungspunkte. (Beifall bei den Regierungsparteien und bei Abgeordneten der CDU/CSU. – Zurufe von der CDU/CSU.)

Hinzu tritt logisch die Frage: Wie kann deutsche Politik diese Ziele durchsetzen? Das geht nicht mehr mit den traditionellen Mitteln des Nationalstaates, sondern nur noch im Bündnis mit anderen. Ich glaube überhaupt, es wird in Zukunft keine politischen Lösungen von Wichtigkeit mehr geben außerhalb von Bündnissen, Sicherheitssystemen oder Gemeinschaften. Nicht nationalstaatlich und in traditionellem Sinn werden in Zukunft deutsche Probleme von Wichtigkeit behandelt werden können, sondern nur in schrittweisem Bemühen um eine europäische Friedensordnung.

Es geht also darum, Wirklichkeiten, Realitäten zu erkennen und zu respektieren – dies nicht etwa gar, um bestehendes Unrecht resignierend hinzunehmen, sondern um sehr realitätsbezogen im Laufe der Jahre unseren Beitrag dazu zu leisten, daß den Grenzen in Europa der Charakter des Trennenden genommen wird. (Beifall bei den Regierungsparteien und bei Abgeordneten der CDU/CSU.)

Die Bundesregierung hat am 28. Oktober 1969 vor diesem Hohen Hause erklärt:

> Unser nationales Interesse erlaubt es nicht, zwischen dem Westen und dem Osten zu stehen. Unser Land braucht die Zusammenarbeit und Abstimmung mit dem Westen und die Verständigung mit dem Osten.[17]

Es gibt im übrigen nur eine in sich geschlossene deutsche Außenpolitik und keinen Gegensatz zwischen Ost- und Westpolitik. Wer unvoreingenommen die zweieinhalb Monate zurückblickt, die seit der Abgabe der Regierungserklärung vergangen sind, wird feststellen, daß diese Regierung, wie es unseren ganz natürlichen Gegebenheiten entspricht, nach Westen sehr viel aktiver gewesen ist als nach Osten. Ich erinnere an die Tagung des NATO-Rats, an die Besprechungen des

Verteidigungsministers in Washington, an die Gipfelkonferenz in Den Haag, durch die das westliche Europa wieder eine Perspektive gewonnen hat; ich erinnere an die zeitraubenden und kräftezehrenden Verhandlungen, durch die meine Kollegen aus der Regierung dazu beitragen konnten, in Brüssel das Endstadium des Gemeinsamen Marktes zu erreichen.[18] Ich denke auch an die Sicherung von Euratom durch diese Bundesregierung bis hin zur Aktivität des Außenministers bei der letzten Zusammenkunft im Rahmen der Westeuropäischen Union.[19]

Dort wie überall ist deutlich geworden, meine Damen und Herren, daß wir uns bei unseren Bemühungen um eine Entspannung nach Osten auf Vertrauen und Zustimmung unserer Freunde und Verbündeten verlassen können. Dabei kann es übrigens niemanden überraschen, wenn anderswo mit besonderer Aufmerksamkeit verfolgt wird, wie die Dinge sich entwickeln, wenn diese Bundesregierung den begrenzten Handlungsraum, den sie hat, möglichst ausfüllt.

Ich habe natürlich Respekt vor jedem bei uns in der Bundesrepublik, der aus seiner echten Sorge Zweifel anmeldet. Aber ich bitte zu verstehen, daß es in der praktischen Politik immer wieder Gebiete gibt, auf denen heute bestimmte Methoden nicht mehr zweckmäßig oder falsch sein können, die bis gestern oder vorgestern richtig gewesen sein mögen. Kein Verständnis habe ich für Eiferer, die der Bundesregierung auch dann schaden, vielleicht sogar schaden wollen, wenn sie damit der Bundesrepublik schaden. (Beifall bei den Regierungsparteien.) Diese Regierung wird und darf sich dadurch nicht beirren und von ihrem Kurs abbringen lassen. Die Bundesrepublik Deutschland ist kein Wanderer zwischen zwei Welten. Ohne den Hintergrund und die Sicherheit bewährter Freundschaft und bewährter Bündnisse könnte es einen aktiven deutschen Beitrag zur Entspannungspolitik überhaupt nicht geben. (Beifall bei den Regierungsparteien.)

Der Kern unserer Politik ist der Gewaltverzicht[20]. Dieser Gewaltverzicht soll Grundlage für eine Verbesserung der Beziehungen zu allen osteuropäischen Staaten sein. Da das deutsche Volk in seiner Gesamtheit in absehbarer Zeit nicht auf einen Friedensvertrag hoffen kann, wird der Gewaltverzicht – er kann es zumindest werden – die Basis für die Regelung der einzelnen heute lösbaren politischen Fragen mit den verschiedenen Staaten Osteuropas. Wir sehen insoweit im Gewaltverzicht etwas Dauerhaftes, weil es für das deutsche Volk – und hier denke ich auch an unseren Sicherheitsbeitrag im Atlantischen Bündnis – nur noch Friedenspolitik geben kann.

Der Fraktionsvorsitzende der CDU/CSU hat in einer Erklärung vom 12. Januar für seine Fraktion, diese große Fraktion dieses Hauses, (Zurufe von der CDU/CSU: Die größte Fraktion dieses Hauses!) betont:

Wir haben die Politik der Großen Koalition in Sachen Gewaltverzicht, Polen und DDR unterstützt und bekräftigen diese Inhalte der deutschen Politik erneut.

Nachdem es auch ganz anders lautende Ausführungen gegeben hatte, begrüße ich diese Erklärung des Herrn Kollegen Dr. Barzel besonders in der Hoffnung, daß wir uns jedenfalls insoweit über die Ziele einig geblieben sind und daß Meinungsverschiedenheiten über Methodik und Wege sachlich ausgetragen und – wo es die Natur der Sache gebieten sollte – auch vertraulich untereinander behandeln werden können.

Ich kann deshalb an dieser Stelle nur erklären, meine Damen und Herren, daß der Meinungsaustausch mit der Sowjetunion mit dem Ziel, zu einem Gewaltverzicht zu kommen, breit angelegt ist, demnächst weitergeführt wird, und zwar der Natur der Sache nach vertraulich.[21] Die Bundesregierung beabsichtigt, demnächst einen entsprechenden Meinungsaustausch mit der Regierung der Volksrepublik Polen aufzunehmen.[22] Sie wird über diese Politik, wenn sie sich tatsächlich entwickelt, mit den Fraktionsführungen dieses Hauses so offen sprechen wie dies, vielleicht noch nicht umfassend genug, gestern – nicht zum erstenmal – in einem Gespräch mit den Fraktionsvorsitzenden geschehen ist.[23]

Die Konsultationen der Bundesregierung mit ihren Verbündeten berühren auch Themen, die über die Tagesaktualität hinausgehen. Ich werde Ende dieses Monats Staatspräsident Pompidou in Paris besuchen, Anfang März mit dem britischen Premierminister in London zusammentreffen und im April den amerikanischen Präsidenten sehen.[24] Bei diesen drei Begegnungen werden wir u. a., und zwar schon in diesem Monat in Paris, über die vorgeschlagene Konferenz über europäische Sicherheit sprechen, der die Bundesregierung grundsätzlich positiv gegenübersteht. Sie muß gründlich genug vorbereitet sein, um für Europa einen sicheren Erfolg zu versprechen. Sie kann nur erfolgreich sein, wenn alle Teilnehmer im Rahmen der Sicherheit gleich verbindliche Verpflichtungen übernehmen.

Es dürfte bekannt sein, meine Damen und Herren, daß wir im Rahmen des Atlantischen Bündnisses und darüber hinaus an der Meinungsbildung zu den Fragen der europäischen Sicherheit – und dazu gehört auch der Vorschlag eines gleichgewichtigen, auf die konventionelle und atomare Komponente bezogenen Abbaus des Rüstungspotentials – aktiv und konstruktiv beteiligt sind. Auch die Fragen der wirtschaftlichen und technisch-wissenschaftlichen Zusammenarbeit sollten unserer Auffassung nach über Erklärungen des guten Willens hinaus beantwortet werden. Die Bundesregierung wird mit allen daran interessierten Staaten den Meinungsaustausch aufnehmen oder fortführen. Dabei wäre es eine besondere Genugtuung, wenn der bilaterale Gewaltverzicht sowohl eine solche europäische Konferenz und ihre Arbeiten wie auch die vielfache bilaterale Zusammenarbeit fördern würde. Klarheit sollte allerdings auch darüber herrschen, daß unsere, der Bundesrepublik Teilnahme an einer solchen Konferenz wenig sinnvoll wäre, wenn sich bis dahin kein positiver Ansatz im zwischendeutschen Bereich gezeigt hätte. Das will ich hier in aller Offenheit sagen, nicht als Bedingung, sondern als Klarstellung. (Beifall bei den Regierungsparteien.)

Die Bundesregierung begrüßt im übrigen die Absicht der Drei Mächte, über Berlin, die Bestätigung seines Status und Verbesserungen für die Lage der Stadt mit der Sowjetunion zu sprechen.[25] Ich hoffe, daß diese Verhandlungen erfolgreich verlaufen werden. Sie könnten insofern einen günstigen Ausgangspunkt haben, als – unbeschadet mancher lautstarker Propaganda – keine der genannten vier Mächte – zumindest auf die jetzige Zeit bezogen –

nach allem, was wir erkennen können, den Status der Stadt ändern will.

Zu den Realitäten dieser Zeit und dieser Welt, meine Damen und Herren, gehören die gewachsenen Bindungen zwischen West-Berlin und der Bundesrepublik, (Beifall bei den Regierungsparteien) die Stellung der Stadt in unserem gemeinsamen Wirtschafts- und Währungssystem. Ich betrachte es als Störaktion der genannten internationalen Gespräche, wenn die DDR anmaßend die Bundesregierung auffordert – was sie, nebenbei gesagt, zuständigkeitshalber gar nicht könnte –, z. B. Arbeitssitzungen von Fraktionen oder Ausschüssen des Deutschen Bundestages in Berlin zu unterbinden. (Sehr wahr! bei der CDU/CSU.) Wir haben nicht weniger Recht, in Berlin zu sein, als die Volkskammer, die dort regelmäßig tagt. (Beifall bei allen Fraktionen. – Abg. Rasner: Kommen Sie einmal in den Ältestenrat!) Unser Recht, uns als Mitglieder des Bundestages oder in anderer Eigenschaft auch in Berlin zu versammeln, ist auch von den Drei Mächten, die selbst nach sowjetischer Ansicht dort die oberste Gewalt haben, stets anerkannt worden.

Und wenn ich über Berlin-Verhandlungen spreche, dann bin ich der Auffassung, daß dabei natürlich nicht Verschlechterungen herauskommen dürfen, sondern eine Entspannung um diese Stadt muß auch zu Verbesserungen für die Menschen in der Stadt führen. (Beifall bei den Regierungsparteien und bei Abgeordneten der CDU/CSU.)

Meine Damen und Herren, wir haben mit Interesse zur Kenntnis genommen, daß auch die Regierungen der ČSSR und der Volksrepublik Ungarn an verbesserten Beziehungen mit der Bundesrepublik interessiert sind. Ich hoffe, daß sich hieraus zu gegebener Zeit sachliche Anknüpfungspunkte ergeben werden.

Der ungarische Außenminister Janos Péter hat in einem Interview für das Deutsche Fernsehen einen Gedanken entwickelt, dem die Bundesregierung durchaus zustimmt. Auf die Frage, ob die historische Gemeinsamkeit oder das heute ideologisch Trennende in Europa überwiege, hat der ungarische Außenminister nicht nur das Vorhandensein dieser beiden Faktoren bestätigt, sondern einen dritten hinzugesetzt: Er nannte diesen dritten Faktor die gemeinsame Verantwortlichkeit. Er hat daran erinnert, daß es in Europa die ältesten – wenn man diese Terminologie akzeptiert – „kapitalistischen" und die ältesten „sozialistischen Länder" gebe, und er fügte hinzu: „Wir müssen der Welt zeigen, daß wir, um die Kriegsgefahr abzuwenden, bereit sind, über unsere Gegensätze hinweg die gemeinsame Verantwortung auf uns zu nehmen."[26] Dem können wir durchaus zustimmen. Wir leugnen nicht die Gegensätze, wir verniedlichen nicht die Gegensätzlichkeit der gesellschaftlichen Systeme; wir sehen zugleich die Gemeinsamkeiten und die historischen Bindungen. Dies gilt für das Verhältnis der europäischen Völker in Ost und West; dies gilt für die in zwei Teile gespaltene und zwiefach organisierte eigene Nation, bei der dennoch die Verantwortlichkeit dafür vorhanden sein muß, den Frieden sicherer zu machen, die Entspannung praktisch in Angriff zu nehmen. Diese Verantwortung ist objektiv auf beiden Seiten gleich groß. Sie besteht nicht nur in Bonn, sondern auch in Ost-Berlin, und es bedarf nicht nur der Taten hier, es bedarf auch der Taten dort. (Beifall bei den Regierungsparteien.)

Die Bundesrepublik bleibt nach Bindung und Überzeugung ein Staat des Westens. Die DDR bleibt durch Bindung und nach dem Willen ihrer Führung ein Staat des Ostens. Dies sind Fakten. Sie dürfen uns nicht davon abhalten, das Nebeneinander, wenn es geht, zu organisieren und ein Miteinander zu versuchen, also von der Konfrontation zur Kooperation zu kommen. Bei dieser internationalen Zielsetzung – und um eine solche handelt es sich – gibt es eine wichtige Aufgabe für die Deutschen hier wie drüben. Die Bundesregierung ist entschlossen, ihren Teil der Verantwortung mit den sich daraus ergebenden Konsequenzen zu übernehmen. Sie wird sich von dieser Absicht weder durch Störungen noch durch Verunglimpfungen oder Verdächtigungen abhalten lassen, von wo sie auch herkommen. Sie unterwirft sich diesem Test; sie stellt sich, sie stellt damit auch andere auf diesen Prüfstand der Ernsthaftigkeit, der Sachlichkeit und der Vernunft, das jetzt Mögliche zu tun, es zumindest zu versuchen. Dies mit dem Blick auf die Sicherheit zu tun, ist heute meine Aufgabe als Bundeskanzler, wie es lange meine Aufgabe als

Regierender Bürgermeister von Berlin gewesen ist. Nach meiner Überzeugung muß alles versucht werden, trotz der prinzipiellen Gegensätze Formen des Zusammenlebens, also der Koexistenz zu finden, über die ich im Herbst 1962 an der Harvard-Universität gesagt habe, daß sie ein „Zwang zum Wagnis" sei.[27] (Abg. Dr. Barzel: Gilt das ganze Buch noch?)

In Ostberlin hat man sich daran gestoßen, daß wir die Formulierung gebraucht haben, die beiden deutschen Staaten könnten füreinander nicht Ausland sein. Dies habe keine völkerrechtliche Bedeutung, so hält man uns entgegen.[28] Ich habe mich dazu vorhin schon geäußert; ich will das jetzt nicht vertiefen, sondern ich sage: es hat jedenfalls eine eminent praktische Bedeutung. Es entspricht vor allen Dingen Realitäten, von denen die andere Seite so gerne spricht, sie allzuoft aber nur einseitig sieht. Es bestehen eben intensivere verwandtschaftliche Beziehungen zwischen den Menschen in Leipzig und in Hamburg als zwischen den Menschen in Leipzig und in Mailand oder in Warschau. Und das Verhältnis der Steglitzer zu den Lichtenbergern ist eben ein anderes als zwischen den Lichtenbergern und den Bewohnern des 6. Arrondissements in Paris. Gibt es eine Mauer durch Paris, Prag, London oder Warschau? Gibt es für irgendeines unserer Nachbarvölker eine blutende Grenze im Innern, so wie sie uns aufgezwungen ist, diesem deutschen Volk, mit Tausenden von Schießereien und einer noch immer nicht abgeschlossenen Liste von Todesopfern?

Warum hatten wir von Beziehungen besonderer Art gesprochen? Natürlich nicht, um eine Vormundschaft zu schaffen, aber natürlich auch nicht, um die Absurdität aufrechtzuerhalten, die heute die Besonderheit zwischen uns darstellt, daß man nämlich aus der Bundesrepublik leichter in die Tschechoslowakei, nach Ungarn und nach Rumänien reisen kann als aus der DDR, und daß man selbst aus der DDR leichter in diese Länder reisen kann als von dort aus gesehen in den anderen Teil Deutschlands, schon gar nicht zu sprechen von West-Berlin und Ost-Berlin. Wenn die Führung der SED diese Besonderheiten ablehnte, dann wären wir ganz einer Meinung. Diese Besonderheiten sollte es in Zukunft nicht mehr geben. Es sind nämlich Besonderheiten der Nicht-Beziehungen oder der Negativ-Beziehungen.

Die beiden Staaten auf deutschem Boden sind nicht nur Nachbarn, sondern sie sind Teile einer Nation mit weiterhin zahlreichen Gemeinsamkeiten. Was liegt näher, als daß sie praktische Fragen möglichst vernünftig miteinander regeln? Wir sind dazu bereit. Wir sind bereit, jene Vereinbarungen schaffen zu helfen, die auf den Gebieten der Wirtschaft, der Wissenschaft, des Verkehrswesens und der Post, der Kultur, des Sports, des Informationsaustausches usw. zu beiderseits akzeptablen Regelungen führen können. – Auf diese Weise würde zunächst einmal der Nachholbedarf erfüllt, den wir im Vergleich zu den Beziehungen beider Staaten zu Dritten haben. Dieser Nachholbedarf muß erfüllt werden, bevor wir zu besonders engen Beziehungen kommen, wie sich das für zwei staatliche Ordnungen einer Nation an sich gehören sollte.

Man kann verstehen, daß es der Regierung in Ost-Berlin um politische Gleichberechtigung, auch um gewisse abstrakte Formalitäten geht. Man muß aber auch Verständnis dafür haben, daß die Bundesregierung nur dann über vieles mit sich reden lassen wird, wenn dabei gleichzeitig auch Erleichterungen für die Menschen im geteilten Deutschland herauskommen. (Beifall bei den Regierungsparteien und vereinzelt bei der CDU/CSU.) Das Wohl der Staaten ist wenig wert, wenn es nicht zugleich das Wohl seiner Bürger ist.

Nun sagt die Regierung der DDR, sie sei zu Verhandlungen bereit. Wir haben das zur Kenntnis genommen. Wir sind dazu ebenfalls bereit, wie mit anderen Mitgliedern des Warschauer Paktes. Die Bundesregierung schlägt der Regierung der DDR Verhandlungen auf der Basis der Gleichberechtigung und Nichtdiskriminierung über den Austausch von Gewaltverzichtserklärungen vor. Nachdem der Meinungsaustausch darüber mit der Sowjetunion im Gange ist[29] – ohne daß freilich über einen positiven Ausgang schon irgend etwas gesagt werden könnte –, halten wir es für praktisch, in entsprechende Verhandlungen auch mit der Regierung der DDR einzutreten. Sie würden einen guten Rahmen dafür bieten, in einem breit angelegten Meinungsaustausch alle Fragen zu erörtern, die für ein geregeltes

Verhältnis der beiden Seiten von Bedeutung sind. Dabei geht es natürlich nicht, daß die eine Seite sagt: „Dies ist mein Vertragsentwurf; er kann nur angenommen werden." Wenn das die Haltung der DDR wäre, gäbe es nur die Ablehnung.[30]

Es liegt nach unserer Auffassung im Interesse einer Übereinkunft, wenn über alle beide Seiten interessierenden und miteinander zusammenhängenden Fragen ein direkter Meinungsaustausch stattfindet, bevor man sich auf die Formulierung von Einzelheiten festlegt. Dies ist das übliche praktikable Verfahren. Es findet z. B. zur Zeit zwischen der Bundesrepublik und der Sowjetunion eben auf diese Weise statt.[31] Dieser Meinungsaustausch oder diese Verhandlungen, wie immer man das nennen will, können bald beginnen. Jede Seite muß dabei frei sein, alle Punkte auf den Tisch zu legen, die sie zu erörtern wünscht. Ich möchte sagen: Ein Vertrag kann nicht am Anfang, sondern er muß am Ende von Verhandlungen stehen.

Dem Vorsitzenden des Ministerrats der DDR werde ich demnächst einen entsprechenden Vorschlag machen.[32]

Die Bundesregierung wird sich hierbei von folgenden Grundsätzen leiten lassen:

Erstens. Beide Staaten haben ihre Verpflichtung zur Wahrung der Einheit der deutschen Nation. Sie sind füreinander nicht Ausland.

Zweitens. Im übrigen müssen die allgemein anerkannten Prinzipien des zwischenstaatlichen Rechts gelten, insbesondere der Ausschluß jeglicher Diskriminierung, die Respektierung der territorialen Integrität, die Verpflichtung zur friedlichen Lösung aller Streitfragen und zur Respektierung der beiderseitigen Grenzen.

Drittens. Dazu gehört auch die Verpflichtung, die gesellschaftliche Struktur im Gebiet des anderen Vertragspartners nicht gewaltsam ändern zu wollen.

Viertens. Die beiden Regierungen und ihre Beauftragten sollten eine nachbarschaftliche Zusammenarbeit anstreben, vor allem die Regelung der fachlich-technischen Zusammenarbeit, wobei gemeinsame Erleichterungen in Regierungsvereinbarungen festgelegt werden können.

Fünftens. Die bestehenden Rechte und Verantwortlichkeiten der Vier Mächte in bezug auf Deutschland als Ganzes und Berlin sind zu respektieren.

Sechstens. Die Bemühungen der Vier Mächte, Vereinbarungen über eine Verbesserung der Lage in und um Berlin zu treffen, sind zu unterstützen.

Man könnte sich auch über weitere Punkte verständigen. Dabei muß klar sein, daß eine Regelung der Beziehungen zwischen den beiden Seiten nicht zeitlich beschränkt sein darf. Sie muß mit der Perspektive der Verbesserung gelten für die Zeit, in der es diese beiden Staaten gibt.

Für die Bundesregierung kann ich abschließend erklären, daß unser Verhalten von einer kühlen und realistischen Einschätzung der Situation bestimmt ist. Dies bedeutet, daß die Bundesregierung mit dem ernsten Willen zu ernsten Verhandlungen und dem Wunsch nach einer möglichst positiven Entwicklung in die Verhandlungen geht mit der Sowjetunion, mit Polen, mit der DDR und mit anderen, daß sie sich über die Schwierigkeiten dieser Verhandlungen keinerlei falsche Hoffnungen macht, daß sie bei den festen Positionen, die sie hat und halten wird, nicht ausschließen kann, daß diese Bemühungen scheitern, obwohl sie dies gewiß nicht wünscht. Aber ich sage noch einmal: die Bundesregierung unterwirft sich selbst und die anderen genannten Regierungen dem Test der Ernsthaftigkeit der Bemühungen um Entspannung und Frieden.

Im übrigen möchte ich noch ein Wort zu den in der öffentlichen Debatte gelegentlich apostrophierten „Vorleistungen" sagen. Es hat in der Bundesrepublik eine Zeit gegeben, in der beachtliche deutsche Vorleistungen nach Westen als Ausweis besonderer staatsmännischer Klugheit und Weitsicht galten. Man kann in der Tat gut sehen, daß sich dies für die Bundesrepublik weithin ausgezahlt hat an Vertrauen, das wir gewonnen haben, an Gleichberechtigung und Nichtdiskriminierung.

Wenn wir begonnen haben – die vorige Regierung, diese Regierung, ich sage: mit einigen anderen Akzenten, mit einigen anderen methodischen Vorstellungen –, nach den Schrecken des Krieges im

Osten um Vertrauen zu werben, dann ist das eine schwere und eine große Aufgabe. Man wäre versucht, denjenigen kleinmütig und im Grunde auch nicht genügend an die patriotische Pflicht gebunden zu nennen, der angesichts dieser Aufgabe fragte: Was bekommt ihr eigentlich dafür? Den Frieden sicherer zu machen, für unser ganzes Volk – ist das nichts? Der Freundschaft mit den Völkern des Westens, des Nordens und Südens das Vertrauen, den Ausgleich und schließlich hoffentlich eines Tages auch einmal sogar die Freundschaft mit den Völkern des Ostens hinzuzufügen – ist das nichts? Und wird nicht Deutschland danach selbst mehr Sicherheit und einen besseren Frieden haben? Werden nicht seine Menschen, jeder einzelne, davon profitieren? Um es mit diesem Wort zu sagen: Weil es weniger Furcht geben wird; weil die Lasten geringer werden; weil sich Menschen wieder sehen werden, die sich Jahre nicht sehen konnten; weil vielleicht zwei Menschen aus den beiden Staaten in Deutschland heiraten können, die heute unmenschlicher Zwang trennt.

Dies sind die Maßstäbe, im großen, im kleinen, aber immer auf den Menschen bezogen, denen sich diese Regierung stellt, (Beifall bei den Regierungsparteien) und zwar in aller Nüchternheit, in klarem Bewußtsein der Schwierigkeiten, der Länge des Weges, eines Risikos, das wohl einkalkuliert ist. Dies ist die Aufgabe, der wir uns stellen können, weil wir selbstbewußt sind und gute Freunde haben. (Anhaltender lebhafter Beifall bei den Regierungsparteien.)

Nr. 30
Aus der Aufzeichnung über das Gespräch des Bundeskanzlers, Brandt, mit dem französischen Staatspräsidenten, Pompidou 30. Januar 1970[1]

AdsD, WBA, A 9, 30.

Der Herr Staatspräsident hieß den Herrn Bundeskanzler willkommen und gab der Erwartung Ausdruck, daß man sich bei diesem Gespräch viel zu sagen habe.

Der Herr Bundeskanzler erwiderte, es stünden wohl keine spektakulären Fragen zur Erörterung an. Er wolle aber die Gelegenheit nutzen, verschiedene Fragen „à jour"[2] zu bringen, darunter auch bilaterale Fragen. Er wolle eine persönliche Bemerkung vorwegnehmen. Man schreibe das Jahr 1970. Damit sei man nicht nur 25 Jahre von 1945 weg, sondern es würden auch die Erinnerungen an den preußisch-französischen Krieg oder, wenn man so wolle, den ersten deutsch-französischen Krieg wachgerufen.[3] Er halte es für gut, wenn die Verantwortlichen in beiden Ländern bei aller Liebe zur Wahrheit doch entstehende Reminiszenzen auch dazu nutzen würden, den Wandel deutlich zu machen, der in den Beziehungen zwischen beiden Ländern eingetreten sei. Er wolle Carlo Schmid bitten, zusammen mit seinem französischen Partner[4] zu prüfen, was man in dieser Hinsicht tun könne.

Der Herr Staatspräsident erklärte dazu, in Frankreich wisse man nicht recht, ob man sich an das Jahr 1870 mit einem lachenden oder einem weinenden Auge erinnern solle. Er sei aber wie der Herr Bundeskanzler der Auffassung, daß man in beiden Ländern die neuen, auch gefühlsmäßig neuen Beziehungen zwischen Frankreich und Deutschland in den Vordergrund stellen solle. Bei der Erinnerung an Kriege zwischen beiden Ländern müsse man auch daran denken, daß schließlich gegenseitige Achtung und gegenseitiges Verständnis zwischen beiden Völkern aus der Tatsache erwachsen sei, daß man sich einmal miteinander geschlagen habe.

Er wolle dem Herrn Bundeskanzler gerne bei der Überwindung schwieriger Probleme helfen. Er denke dabei vor allem an Ostprobleme.

Der Herr Bundeskanzler erwiderte, er wisse es zu schätzen, daß der Herr Staatspräsident öffentlich auch gegenüber Kritikern betont habe, daß die Regierungen beider Länder in einem vertrauensvollen Meinungsaustausch ständiger Art begriffen seien. Dies solle auch so bleiben.

Zu den Ostproblemen wolle er sagen, daß es für ihn keine von der Außenpolitik getrennte Ostpolitik der Bundesrepublik gebe. Die Bundesrepublik gehöre zum Westen und wolle als zum Westen gehöriges Land sich bemühen, Spannungen gegenüber dem Osten abzubauen. Man habe niemals versucht, an anderen vorbei ein neues Verhältnis zum Osten zu suchen. Das deutsche Bemühen gelte dem Versuch, ähnlich normale Beziehungen wie andere westeuropäische Länder zum Osten anzustreben.

Konkret könne er dazu darlegen, daß heute in Moskau eine Zwischenrunde beginne. Er habe seinen Staatssekretär Bahr nach Moskau entsandt, nicht weil er mit einem Erfolg rechne, sondern weil man bestrebt sei, Klarheit darüber zu erlangen, was möglich ist und was nicht möglich sei.[5] Man sei sich nicht sicher darüber, ob die russische Führung sich ein klares Bild über ihre Vorstellungen bereits erarbeitet habe. Man könne viel Widersprüchliches feststellen. Immerhin scheine die Sowjetunion die Absicht zu haben, ihre wirtschaftliche und technische Kooperation mit Westeuropa nunmehr auch auf die Bundesrepublik Deutschland zu erstrecken.[6] Hierüber müsse man sich abstimmen. Im übrigen gebe die Sowjetunion deutlich zu erkennen, daß sie sich weiterhin als die Führungsmacht ihres Blockes erachte. So wolle die Sowjetunion auch nicht nur über bilaterale Fragen sprechen, sondern auch über unsere Beziehungen zu anderen Ostblockstaaten einschließlich Ostberlins. Dem könne man sich nicht entziehen. Zum Beispiel werde man auch über das deutsch-polnische Verhältnis sprechen müssen.

Über die Formel eines Gewaltverzichtsabkommens sei man sich noch nicht im klaren. In einigen Wochen wolle man mit Frankreich und anderen Verbündeten diese Fragen durchsprechen.

Die angekündigten deutsch-polnischen Gespräche sollten am 5. Februar [1970] in Warschau[7] beginnen. Die Polen hätten vor einiger Zeit wissen lassen, man möge diese Gespräche rasch ansetzen. Es sei besser, daß diese Erörterungen nicht in einen größeren, von der polnischen Seite nicht gewünschten Zusammenhang geraten. Offizielle Stellen hätten sich in den letzten Wochen wieder kritischer geäußert. Dies sei nicht nur auf Einwirkungen aus Ostberlin und Moskau zurückzuführen, sondern auch, wie man deutscherseits wisse, auf ein Generationsproblem in der polnischen Führung, bei der die Frage der Beziehungen zur Bundesrepublik nicht unumstritten sei. Polen wolle möglichst klare Äußerungen zur Grenzfrage erlangen. Deutscherseits hoffe man, eine Formel zu finden, die für Polen akzeptabel sei und mit der wir leben können. Polen sei auch an wirtschaftlichen Kontakten in weit stärkerem Ausmaß als bisher interessiert. Die erste Gesprächsrunde in Warschau werde wohl nur drei bis vier Tage dauern, dann wolle man die Ergebnisse auswerten. Wie auch im Falle der Gespräche mit der Sowjetunion müsse man hier langfristig denken. Ergebnisse seien möglich, wenn der Gesprächsfaden nicht abreiße.

Auch die Tschechen und Ungarn hätten wissen lassen, daß sie an Gesprächen interessiert sind. Deutscherseits möchte man jetzt nicht darauf eingehen, weil man nicht übernehmen wolle und weil angesichts der herrschenden Lage in Prag unsere Probleme mit der Tschechoslowakei sich besonders schwierig stellten.

Somit bliebe das Problem Ostberlin. Die Ostberliner Regierung habe der Bundesrepublik einen Vertragsentwurf zugeschickt, worauf die Bundesregierung mit einem Brief geantwortet habe.[8] Man prüfe zur Zeit, ob es nicht trotz aller Probleme Bereiche gebe, in denen eine Zusammenarbeit möglich sei, um damit Erleichterungen für die Menschen herbeizuführen und dem Frieden zu dienen. Er stehe unter dem Eindruck, daß die Ostberliner Führung weiterhin gegen Kommunikation und für Separation eingestellt sei, weil sich aus mehr Kommunikation innere Unsicherheit des Regimes ergeben müsse. Er wolle dafür ein Beispiel anführen: Er habe am 14. Januar seinen Bericht zur Lage der Nation erstattet.[9] Am darauffolgenden

Sonnabend hätten Studenten in Ostberlin Flugblätter verteilt, auf denen zu lesen stand, es sei eine nationale Pflicht, sich mit den Vorschlägen des Bundeskanzlers auseinanderzusetzen. Als Politiker und als Deutscher habe er sich darüber gefreut, sei aber auch besorgt, weil solches Handeln für Ulbricht die Frage nach der Stabilität und der Unversehrtheit seines Regimes aufwerfe.

Man stehe auch unter dem Eindruck, daß die Sowjetunion mäßigend auf Ostberlin einwirke. Die in der letzten Woche eingetretene Störung des Zugangs nach Westberlin[10] hätte schlimmere Auswirkungen haben können, wenn die Russen hier nicht mäßigend eingegriffen hätten. Desgleichen glaube man auch, daß die Russen Ostberlin nahelegten, auf die Vorschläge der Bundesregierung nicht völlig negativ zu reagieren. Allerdings dürfe man die Rolle Ostberlins im Warschauer-Pakt-System nicht unterschätzen. Die DDR sei schon längst kein Satellit mehr. Ulbricht sei für den kommunistischen Block eine Art Traditionsfigur geworden. Ferner erlange die DDR durch ihre exponierte Lage im Warschauer-Pakt-System ihr volles Eigengewicht.

Man sei wie auch mit der Sowjetunion auf mühsames Aushandeln von Positionen gefaßt. Zu Gesprächen sei man weiterhin bereit, lasse sich aber auf nichts ein, was bestehende Verträge stören könne. Das Streben gehe dahin, eine wenn auch nur teilweise Normalisierung des Zusammenlebens zu erreichen.

Staatspräsident Pompidou dankte dem Herrn Bundeskanzler für dessen klares und realistisches Exposé. Man habe eben von Gefühlen und gefühlsmäßigen Problemen gesprochen. Er verstehe durchaus, wie schwierig und mühsam es für den Kanzler der Bundesrepublik Deutschland sei, über alle Sentiments hinweg zu einer realistischen Einschätzung der Lage zu kommen. Bei den Gesprächen mit dem Osten müsse man davon ausgehen, daß auch die Sowjetunion verstanden habe, daß zuviel Öffnung, zuviel Kommunikation zwischen einem kommunistischen und einem Land des Westens kurzfristig zu einem Sturz des kommunistischen Regimes führen könne. Das habe das sowjetische Eingreifen in der Tschechoslowakei[11] klar erwiesen. Die Sowjetunion habe dabei nicht so sehr aus militärischen Bedenken, sondern aus der Befürchtung gehandelt, daß die Tschechoslowakei mit dem Kommunismus brechen könne. Walter Ulbricht, seine Kader, sein ganzes Regime müsse ein Gleiches befürchten für den Fall, daß es zu allzu vielen Kontakten zwischen der Bundesrepublik und der DDR komme. Man müsse also einsehen, daß sich der kommunistische Block nur langsam, schrittweise und auch nur dann zersetzen könne, wenn es zu einer Abschwächung des kommunistischen Regimes in der Sowjetunion komme. Anzeichen dafür lägen aber zur Zeit absolut nicht vor.

Es sei auch zwecklos, die reelle Furcht der Sowjetunion vor einer deutschen Wiedervereinigung nicht in Rechnung zu stellen. Unter diesen Umständen sei er der Auffassung, daß der Herr Bundeskanzler richtig handle, wenn er weiterhin mit Geduld alle verfügbaren Mittel einsetze, um weiterzukommen.

Den Wunsch Polens, Ungarns und der Tschechoslowakei nach wirtschaftlichen Kontakten mit der Bundesrepublik könne er durchaus verstehen. Diese Länder brauchten solche Verbindungen im Hinblick auf die eigene industrielle und wirtschaftliche Entwicklung, da die Sowjetunion ihnen dafür nicht alles liefern könne. Wenn es mit Polen zur Besprechung politischer Fragen komme, halte auch er dafür, daß Polen nicht in völliger Handlungsfreiheit verhandeln könne, sondern mit Moskau sich abstimmen müsse. Die Sowjetunion glaube wohl, man könne der Bundesrepublik sehr viele Konzessionen abjagen, weil man davon ausgehe, daß die Bundesrepublik so oder so den russischen Wünschen entsprechend den Status quo für ewige Zeiten anerkennen müsse. Nachdem die Sowjetunion bei diesem Vorgehen nun auf Widerstand gestoßen sei, habe sich ihre Haltung verhärtet. Er glaube aber, daß die Russen die Gespräche nicht abbrechen wollten. Er wolle den Herrn Bundeskanzler ermutigen, trotz aller Hindernisse seine Bemühungen nicht aufzugeben. Diese Bemühungen seien gerechtfertigt, weil sie im Interesse beider Teile Deutschlands, im Interesse der europäischen Sicherheit und des Friedens und damit in unserem Interesse erbracht würden. Er gehe mit dem Herrn Bundeskanzler auch darin einig, daß dieser, wie er selbst betont habe, keinen Alleingang unternehmen wolle. Die Bundesrepublik sei Teil des Westens und sei daher auch der Sowjetunion nicht ausgeliefert. Französischerseits habe man gegenüber sowjetischen Gesprächspartnern immer wieder betont, daß man in die Bundesrepublik Deutschland und in die Regierung Brandt größtes Vertrauen setze und daß angeblicher deutscher Revanchismus von französischer Seite nur als eine Fiktion betrachtet werde. Er wünsche dem Herrn Bundeskanzler bei seinen Verhandlungen auch mit der DDR Erfolg. Er gehe davon aus, daß man weiterhin Informationen austauschen werde. Dies gelte auch für die Berlin-Frage. Ein solcher Informationsaustausch sei schon deshalb wünschenswert, weil man sich gegenseitig stützen könne. Frankreich habe sehr oft gegenüber der Sowjetunion Stellungnahmen im Interesse der Bundesrepublik abgegeben. Bei solchen Demarchen sei es erforderlich, Gleichklang und Gleichschritt zu wahren.

Der Herr Bundeskanzler entgegnete, es sei für die deutsche Politik sehr hilfreich, wenn Frankreich weiterhin die Bundesrepublik gegenüber der Sowjetunion unterstütze. Eine solche Unterstützung habe vielleicht mehr Gewicht als andere. Was die eingeleiteten Gespräche anlange, sei er nicht sicher, daß man Erfolge schon in den nächsten Jahren erzielen könne. Aber selbst wenn die Gespräche scheiterten, werde die Bundesrepublik nicht schwächer dastehen, weil sie ihre Gesprächsbereitschaft und ihren guten Willen in verantwortlicher Weise gezeigt habe. Was den Status quo angehe, habe er das Gefühl, daß man diesen nur überwinden könne, wenn man territorial von dem bestehenden Status quo ausgehe. Natürlich befinde sich die Bundesrepublik hier wegen der Teilung Deutschlands in einer gefährlichen Lage. Immerhin könne man die DDR hier nicht ausschließen; man müsse, so schmerzlich dies sei, erklären, daß die territoriale Unversehrtheit der Grenzen auch für jenes staatliche Gebilde gelte. Im übrigen werde dies dadurch leichter, als bestehende Verträge aber auch die Vernunft forderten, daß man auf Mittel verzichte, die man ohnehin nicht einsetzen könne und wolle. So wolle man in den Gesprächen mit der DDR von dem ausgehen, was ist und ohne völkerrechtliche Anerkennung nach einem Wandel streben, nicht durch nationalstaatliche, sondern durch eine Veränderung des gesamteuropäischen Bildes.

Präsident Pompidou wies darauf hin, daß alle diese Fragen auch mit dem Thema der europäischen Sicherheitskonferenz[12] in Zusammenhang stehen. Die Bundesrepublik könne sich leicht dem Vorwurf aussetzen, sie handle den Interessen der europäischen Sicherheit entgegen. Es sei ersichtlich, daß die Russen mit ihrem Vorschlag auf Einberufung einer solchen Konferenz auch den Status quo in der deutschen Frage sanktionieren wollten, weil bei einer solchen Konferenz beide deutsche Staaten an einem Tisch säßen.

Was diese Konferenz anbelange, halte er die bisher vorgeschlagene Thematik für etwas unvollständig. Seines Erachtens müsse man erst einmal ein für die Konferenz geeignetes Klima schaffen. In Paris erwarte man den Besuch Gromykos.[13] Bemerkenswert sei, daß die Sowjetunion ursprünglich plante, diese Konferenz noch für das Jahr 1970 einzuberufen. Neuerdings werde kein Datum mehr genannt. Man müsse sich fragen, welche Absichten die Sowjetunion nunmehr verfolge.

Der Herr Bundeskanzler erwiderte, er kenne die Absichten der Sowjetunion auch nicht. Er halte es jedenfalls für gut, daß dieses Thema nicht in falsche Hände gerate. Gewiß wolle man bei einer solchen Konferenz auch über Fragen der Zusammenarbeit zwischen Osten und Westen sprechen. Er wisse aber auch, daß Länder, die zwischen der Sowjetunion und Deutschland liegen, die Gelegenheit einer solchen Konferenz dazu ausnutzen wollten, sich etwas mehr Bewegungsspielraum zu verschaffen.

Im Osten nehme man es ihm übel, daß er gesagt habe, eine Beteiligung der Bundesrepublik an einer europäischen Sicherheitskonferenz sei unnütz, wenn nicht vorher zwischen den beiden Teilen Deutschlands etwas zugunsten der Menschen erreicht worden sei. Man habe gesagt, er stelle Vorbedingungen. Dies müsse er verneinen. Er habe es so formuliert: Wenn eine Hochzeit beabsichtigt sei und einer der beiden Hochzeiter nicht erscheine, habe der andere an der Hochzeit wohl nur wenig Freude. Die Bundesrepublik verfüge hier über einen Hebel, den man nicht überschätze, aber man habe ihn.

Daß die Russen in letzter Zeit weniger von der europäischen Sicherheitskonferenz sprächen, könne sich auch daher erklären, daß die Sowjetunion bei den Gesprächen mit der Bundesrepublik in Moskau sehr viele Themen erörtern wolle, um dann eines Tages zu sagen, man müsse dies alles nun in eine europäische Sicherheitskonferenz einbringen. In dieser Frage werde man bald klarer sehen. Käme es zu einer europäischen Sicherheitskonferenz, müsse man erwarten, daß neben etlichen Neuauflagen des Rapacki-Planes[14] in verschiedenen Versionen wohl auch über die Frage der Truppenreduzierungen gesprochen werde. Dies sei nun ein Thema, das Frankreich und Deutschland im gleichen Maße besorge. Da ohnehin die USA in einigen Jahren nicht mehr mit der gleichen Stärke in Europa präsent sein werden, obwohl er hoffe, daß man nicht so stark reduziere, wie der amerikanische Senat dies fordere, erhebe sich die Frage, ob man dies nicht als Faktor berücksichtigen müsse, denn es müsse im westlichen Interesse liegen zu versuchen, zumindest ein Stück weiterzukommen in der Frage gleichwertiger Truppenreduzierungen von beiden Seiten, es sei denn, man komme zu dem pessimistischen Schluß, daß die Sowjetunion ohnehin davon ausgehe, daß die USA ihre Streitkräfte reduzierten, so daß die Sowjetunion dafür ohnehin keinen Preis zu zahlen habe.

Präsident Pompidou gab seinen Sorgen im Hinblick auf eine unausgewogene Reduzierung der russischen und amerikanischen Streitkräfte Ausdruck. Man dürfe nie übersehen, daß ganz Westeuropa immer im Schußbereich russischer Atomwaffen liege. Frankreich müsse auch sehr besorgt sein über eine eventuelle Einigung zwischen der Sowjetunion und den USA über eine Entmilitarisierung oder Neutralisierung Westeuropas. Solche Vereinbarungen müßten zur Folge haben, daß die US-Streitkräfte abzögen, während die Sowjetunion vor den Toren Westeuropas stehe.

Der Herr Bundeskanzler ging sodann auf die Gespräche der Verteidigungsminister beider Länder in der Vorwoche ein.[15] Aufzeichnungen darüber habe er entnommen, daß man auch über die SALT-Gespräche gesprochen habe. Da sowohl Präsident Pompidou als auch er selbst die Absicht hätten, in Kürze nach Washington zu reisen[16], könne man versuchen, über den Stand dieser Gespräche etwas zu erfahren. Er wolle im Zusammenhang mit diesen Gesprächen und mit der möglichen Reduzierung der Streitkräfte der USA in Europa auf die deutschen Sorgen hinsichtlich möglicher finanzieller Änderungen in der Stationierung amerikanischer Truppen in Deutschland hinweisen. An die Stelle der bisherigen Offset-Regelung[17] könne ein „burden-sharing" treten. Er halte es für zweckmäßig, wenn die bestehende Studiengruppe über Sicherheitsfragen[18] in den siebziger Jahren in Zukunft und unter Hinzuziehung militärischer Experten auch das Thema möglicher amerikanischer Truppenreduzierungen und deren Auswirkungen auf die Sicherheitslage Europas erörtere. Die Ergebnisse dieser Arbeiten könnten dann im Sommer zum Gegenstand einer Aussprache zwischen den Regierungschefs gemacht werden.

Präsident Pompidou erklärte sich damit einverstanden.

Auf die Frage des Staatspräsidenten nach der Lage in Westberlin entgegnete der Herr Bundeskanzler sodann, er entnehme Berichten, die er gelesen habe, daß Außenminister Schumann Sorge habe, man könne den bestehenden Status in Berlin nicht ausreichend beachten. Eine solche Sorge sei nicht begründet. Man wisse, daß Westberlin auf der Grundlage der originären Rechte der drei Mächte gehalten werden könne. Er habe in der letzten Woche in Berlin gegenüber den drei Kommandanten klar gesagt, daß man nicht vorhabe, die Rechte der drei Mächte zu beeinträchtigen. Wie widersprüchlich die Einstellung gegenüber Westberlin im Ostblock manchmal sei, ergebe sich aus folgendem interessanten Beispiel: Als er drei Tage lang in Westberlin gewesen sei, habe es Proteste seitens der Ostberliner Presse gehagelt.[19] Der russische Botschafter in Ostberlin, Abrassimow, habe es dennoch für richtig erachtet, ihn nach Ostberlin einzuladen. Er habe diese Einladung abgelehnt und Botschafter Abrassimow mitgeteilt, er sei jederzeit bereit, ihn in Westberlin zu sprechen.

In diesem Zusammenhang wolle er auch auf folgendes hinweisen: So wichtig der Status Westberlins sei, so wichtig sei auch die wirtschaftliche, finanzielle und politische Verzahnung der Stadt mit der Bundesrepublik Deutschland. Gäbe es diese Verzahnung nicht, liefe Westberlin Gefahr, auszutrocknen. Es gebe in Berlin schon ein biologisches Problem.

Die Sowjetunion nehme wohl im Gegensatz zur DDR nicht die gleiche harte Haltung gegenüber dem Problem Westberlin ein. Man habe den Eindruck, daß die Sowjetunion bereit sei, ein Stück Status quo zu akzeptieren. Es bliebe dann die ärgerliche Frage der Zugangswege. Hier sei er der Auffassung, daß dieses Thema besser bei Gesprächen zwischen den drei Mächten und der Sowjetunion behandelt werden solle.[20] Allerdings müsse es auch einmal zu einer Regelung des zivilen Zugangs kommen. Wie solle man über politische Fragen, über Gewaltverzicht, über friedliche Koexistenz reden, wenn man dabei nicht auch über den ungehinderten Verkehr zwischen einem größeren und einem kleineren Gebiet mit gleicher Währung und gleichem Wirtschaftssystem sprechen könne. Man müsse prüfen, ob es im russischen Interesse liege, dieses Ärgernis auszuräumen. Dabei müsse man natürlich beachten, daß Westberlin eben für die DDR ein Hauptproblem sei.

Präsident Pompidou erklärte dazu, man wolle abwarten, was die Russen auf die Demarche der drei Mächte antworteten. Danach könne man sich untereinander abstimmen. Frankreich nehme seine Rechte in Berlin nicht aus Eigenliebe wahr, sondern weil es den Status der Stadt Westberlin und deren Verzahnung mit der Bundesrepublik Deutschland garantieren wolle.

[...][21]

Nr. 31
Schreiben des Bundeskanzlers, Brandt, an den Vorsitzenden des Präsidiums des Gesamtverbandes der Versicherungswirtschaft, Meyer
31. Januar 1970[1]

AdsD, WBA, A 8, 43.

Sehr geehrter Herr Meyer,
Sie hatten die Freundlichkeit, mir aus Anlaß meiner Amtsübernahme zu schreiben. Ich danke Ihnen noch nachträglich für Ihre guten Wünsche.

Unsere verschiedenen Gespräche über das Schicksal der im ehemaligen Ostpreußen zurückgebliebenen Deutschen sind mir sehr gegenwärtig. Ihre neuen Aufzeichnungen hierzu habe ich aufmerksam gelesen und auch dem Auswärtigen Amt zuleiten lassen. Sie wissen ja, daß dort seit vielen Jahren alle Unterlagen über diese Frage zusammengestellt werden.

Nunmehr sollen Verhandlungen beginnen.[2] Ein Aspekt des Ausgleichs zwischen Deutschland und Polen ist für uns auch die Sorge für unsere Landsleute in Ostpreußen. Die deutsche Seite wird diesen Punkt nicht aus den Augen verlieren. Allerdings wird es auch hier, wie bei anderen Fragen, nur dann eine Lösung geben, wenn sie den Interessen aller Beteiligten Rechnung trägt.

Bitte lassen Sie mich wissen, wenn Ihnen neue Informationen zur Verfügung stehen.
Mit freundlichen Grüßen[3]

Nr. 32
Schreiben des Präsidenten der Vereinigten Staaten von Amerika, Nixon, an den Bundeskanzler, Brandt
12. März 1970[1]

NARA, Nixon Presidential Materials Staff, NSC, 1969–1974, Presidential Correspondence 1969–1974, Box 753 (Übersetzung aus dem Englischen: Friedhelm Temath).

Sehr geehrter Herr Bundeskanzler,
vielen Dank für Ihr Schreiben vom 25. Februar sowie für die Informationen über die Gespräche Ihrer offiziellen Vertreter in Warschau und Moskau.[2] Ihre Regierung hat uns ausführlich über den Fortgang dieser wichtigen Diskussionen auf dem Laufenden gehalten.

Wie Sie erklären, ist es von äußerster Wichtigkeit, dass die drei Westmächte und die Bundesrepublik Deutschland vor Beginn der Viermächtegespräche mit der Sowjetunion über Berlin eine einheitliche Position einnehmen.[3] Obwohl es uns im voraus nicht möglich ist, den Ausgang dieser Gespräche vorherzusagen, so können wir doch sicher sein, dass heikle Themen berührt werden und dass die Sowjetunion versuchen wird herauszufinden, ob es unterschiedliche Positionen zwischen den drei Westmächten und der Bundesrepublik, deren Interessen so direkt angesprochen werden, gibt, aus denen sie Kapital schlagen kann.

Ihre Sorge, dass das erste Treffen mit den Sowjets zu einem frühen Zeitpunkt stattfinden könnte, ist verständlich. Derzeit prüfen wir gerade das deutsche Positionspapier zu den Gesprächen, das Staatssekretär Bahr am 26. Februar an Botschafter Rush und seine britischen und französischen Kollegen weitergeleitet hat.[4] Wir werden in Kürze unserer Botschaft in Bonn Anweisungen geben, damit die Arbeit in der Bonn-Gruppe[5] über den Entwurf einer einheitlichen westlichen Verhandlungsposition weitergehen kann. Wir sind auch bereit, die Bonn-Gruppe um Vertreter, die direkt von den Regierungen entsandt werden, zu erweitern, sollte sich dies für eine Beschleunigung der Gespräche als wünschenswert erweisen.

Wenn wir aufgrund der Dringlichkeit der Angelegenheit auf diese Art und Weise zusammenarbeiten, sollten wir es schaffen, in relativ kurzer Zeit eine solide Position zu erarbeiten, insbesondere da bereits so viel Vorbereitungsarbeit stattgefunden hat. Die westliche Seite sollte einen angemessenen taktischen Vorteil daraus ziehen, dass sie beim ersten Treffen in Berlin den Vorsitz hat, wenn unsere grundlegende Position klar ausformuliert und gebilligt worden ist.

Unter diesen Umständen möchte ich vorschlagen, mit den Briten und Franzosen eine Einigung zu erzielen, in dieser Woche über die westlichen Protokolloffiziere in Berlin den Vorschlag an die Sowjets unterbreiten zu lassen, die erste Sitzung der Viermächte-Botschaftergespräche am 26. März stattfinden zu lassen. Dies würde uns rund zwei Wochen Zeit geben, eine westliche Position auszuarbeiten. Gleichzeitig sollte mit diesem frühen Herantreten an die Sowjets, dem möglicherweise die öffentliche Ankündigung des Datums für das Eröffnungstreffen folgen könnte, jedem falschen Eindruck von Meinungsverschiedenheiten zwischen den drei Westmächten und der Bundesrepublik entgegengetreten werden, der sonst aufkommen könnte. Die Ankündigung des Datums des ersten Berlin-Treffens mit der Sowjetunion vor Ihrem anstehenden Treffen mit Herrn Stoph[6] sollte außerdem noch einmal in einer angemessenen und aktuellen Art und Weise die Verantwortung betonen, die die Sowjetunion mit den drei Westmächten für Berlin und Deutschland als Ganzes teilt.

Sollten bis zum 26. März immer noch keine wesentlichen Punkte im westlichen Lager ausgearbeitet worden sein, könnte sich das erste Treffen mit den Sowjets hauptsächlich Verfahrensangelegenheiten widmen. Ich hoffe jedoch, dass dies nicht der Fall sein wird.

Hochachtungsvoll
[Richard Nixon][7]

Nr. 33
Vermerk des Bundeskanzlers, Brandt, über das Gespräch mit dem Vorsitzenden des Ministerrates der DDR, Stoph
19. März 1970[1]

AdsD, WBA, A 9, 22.

Betr[eff]: Vieraugen-Gespräch‹e›[2] mit Stoph in ‹Erfurt am 19. 3. 1970›[3]

I.

Nach dem Essen Donnerstagmittag [19. März 1970] kam es zu einem Gespräch, an dem auf Stophs Seite Winzer und die beiden DDR-Staatssekretäre[4], auf meiner Seite Franke und zeitweise Ahlers teilnahmen. Folgendes wurde behandelt:
1.) St[oph] fragte nach dem Freistellungs- („Handschellen"-) Gesetz.[5] Dieses Hindernis müßte beseitigt sein, bevor er zu dem zweiten Treffen in die Bundesrepublik kommen könnte.[6]

Ich erklärte, das Gesetz sei in gewisser Hinsicht bereits als obsolet zu betrachten. Unabhängig davon hätte ich mich bei den Vorsitzenden der Koalitionsfraktionen vergewissert, daß die Bereitschaft zur Aufhebung des Gesetzes gegeben sei.[7]

2.) St[oph] bat darum, den gegen ihn aus München gestellten Strafantrag „vom Tisch zu bringen",[8] bevor er zum Gegenbesuch komme. Seine Seite habe sich mit der bei uns gegebenen Rechtslage vertraut gemacht.

Ich erklärte, daß ein Gast der Bundesregierung bei uns sicher sei und keine Schwierigkeiten zu befürchten brauche.

St[oph]: Er müsse trotzdem darum bitten, daß die Angelegenheit vorher geklärt werde (Staatsanwaltschaft Bonn?).

3.) Als die TTD-Reisepapiere zur Sprache kamen, wies ich auf die bevorstehende Neuregelung im Rahmen ‹der NATO›[9] hin, die einen praktischen Wegfall bedeuten werde.[10]

St[oph] begrüßte dies und wies darauf hin, daß der Text dieser Dokumente in der DDR als besonders diskriminierend empfunden werde.
4.) Ich unterrichtete St[oph] über die bei uns beschlossene Neuregelung betr[effend] Flaggen und Hymnen.[11]
5.) Anscheinend improvisiert, tatsächlich jedoch als Vorgriff auf seine Nachmittagsrede,[12] fragte St[oph], ob wir uns nicht gleich auf den Austausch von Botschaftern verständigen könnten. Dann kämen wir zu den geordneten Formen des Verkehrs miteinander, deren Fehlen auch ich bedauert hätte.

St[oph] fügte eine Wendung ein, daß er in diesem Zusammenhang nicht auf „völkerrechtlicher Anerkennung" bestehe.

Er machte auch Bemerkungen darüber, daß es gegenwärtig verschiedene Kanäle gebe, auf denen Mitteilungen zwischen den beiden Seiten ‹ – nicht immer zuverlässig – ›[13] befördert würden und daß er nicht sicher sei, ob Leute, die sich auf mich beriefen, dazu wirklich autorisiert seien.
6.) Eine Bemerkung, die ich darüber machte, daß Egon Franke bei weiteren Kontakten eine wichtige Rolle zu spielen haben würde, veranlaßte St[oph] zu einem starken Vorbehalt: Dies würde sehr schwierig werden. Nicht wegen der Person von Herrn Franke, sondern wegen der Bezeichnung, die dessen Ministerium führe und der Rolle, die es in den zurückliegenden Jahren gespielt habe.[14]

Ich betonte, daß jede Seite selbst bestimmen müsse, wer sie bei welcher Gelegenheit vertrete.

(Am Abend kam dieser Gegenstand wieder auf. Bei der Besprechung des Kommuniqué-Entwurfs hatte Kohl gegenüber Sahm beanstandet, daß Frankes Ministerium – bei ihm selbst und bei Weichert – erwähnt würde. Stoph stimmte dann nach einigem Zögern meinem Vorschlag zu, auf die Erwähnung der Ministerien sowohl bei Winzer wie bei Franke und entsprechend bei den Beamten zu verzichten.)

II.

Das eigentliche Vier-Augen-Gespräch fand in der Zeit zwischen 18.30 und 20.30 Uhr statt. Folgende Punkte kamen zur Sprache:

7.) St[oph] beschäftigte sich in ziemlich allgemeinen Wendungen mit der Frage, was man ‹„konkret"›[15] für die Sicherung des Friedens tun könne. Er wandte sich scharf gegen ‹ideologische Verwischungen und gegen›[16] die Konvergenz-Theorie.[17]

8.) St[oph] fragte, ebenso wie während der Mittagspause in bezug auf den Botschafter-Austausch, ob wir uns nicht gleich auf eine Erklärung einigen wollten, gemeinsam die Mitgliedschaft in den Vereinten Nationen zu beantragen.[18]

‹Ich bezog mich auf den Schluss meiner Ausführungen in der Nachmittagssitzung: Beziehungen, Kommunikation, Abbau von Diskriminierungen.›[19]

9.) St[oph] beschwerte sich darüber, daß die Bundesregierung weiterhin aktiv sei, um andere Staaten an Verbindungen mit der DDR zu hindern. Dies gelte nicht nur für diplomatische Beziehungen, sondern auch für wirtschaftliche Vertretungen. Er erwähnte einen Erlaß des Bundesaußenministers vom Ende vergangenen Jahres[20] und sagte, er könnte mit einer erheblichen Dokumentation über die Tätigkeiten unserer Auslandsvertretungen aufwarten. So ‹habe sich›[21] einer unserer Botschafter in Afrika ‹ereifert›[22], damit ‹der›[23] Fluglinie der DDR ein Recht auf Zwischenlandung verweigert würde.

Auf meine Frage, ob nicht die DDR bestrebt gewesen sei und auch jetzt noch bestrebt sei, die Normalisierung unserer Beziehungen zu Staaten des Warschauer Paktes zu erschweren, gab St[oph] dies ‹ohne Zögern›[24] lächelnd zu.[25]

10.) St[oph] bat mich zu prüfen, ob wir nicht unsere Haltung wegen der Mitgliedschaft der DDR in der Weltgesundheits-Organisation ändern könnten.[26]

Bei der ECE hätten wir unsere Haltung aufgelockert, aber es wäre logischer, aus dem halben Schritt einen ganzen zu machen.[27]

Mit einigem Nachdruck äußerte sich St[oph], in Verbindung mit den Verkehrsfragen, über CIM und CIV.[28] Wenn wir hier zu einer vernünftigen Regelung kämen, errreichten wir auch die von uns befürworteten durchgehenden Tarife.

Im Laufe des Abends sprach mich St[oph] auch noch wegen der Konvention an, die die Verhinderung der Verschmutzung der Ostsee zum Ziele hat.²⁹ Auch hier bat er darum, wir möchten unseren Standpunkt überprüfen.

11.) St[oph] meinte, man sollte die festgefahrenen Verkehrsverhandlungen wieder in Gang bringen. Er würde empfehlen, jetzt je einen Teilvertrag – für Bahn, Straße und Binnenschiffahrt – abzuschließen. Für den Luftverkehr seien die Voraussetzungen für ein Abkommen ja noch nicht gegeben.

12.) St[oph] kritisierte unsere Haltung beim Weltpostverein.³⁰ Wenn wir unsere Haltung änderten, könnten wir auch zu der Pauschal-Regelung gelangen, die für benachbarte Länder mit starkem Postaustausch vorgesehen sei.

13.) Als in diesem Zusammenhang Berlin zur Sprache kam, bedauerte St[oph], daß ich dieses Thema in meiner Eröffnungsrede³¹ relativ breit behandelt hätte. Mit einer gewissen Heftigkeit wies er darauf hin, daß es hier grundsätzliche Gegensätze gebe und seine Seite nicht daran denke, mit uns Verträge zu schließen, in denen Berlin-Klauseln enthalten seien.

Es gab einen Wortwechsel wegen der Anwesenheit von Bundestagsausschüssen in West-Berlin³² und wegen der obligaten DDR-Proteste bei Berlin-Besuchen von Regierungsmitgliedern. Ich fragte, warum man zum Beispiel am voraufgegangenen Sonnabend protestiert habe, als Horst Ehmke eine Rede auf dem Landesparteitag der Berliner SPD hielt. St[oph]: Der Protest ergebe sich daraus, daß sich Ehmke für die Zugehörigkeit West-Berlins zum Bund eingesetzt habe.³³

14.) Neben diesen harten und unversöhnlichen Erklärungen standen ‹andeutende›³⁴ Äußerungen wie die, daß man „ohne Lärm" das eine oder andere praktisch regeln könne.

Eine Äußerung von Stoph mußte ich so verstehen, daß die Ost-Berliner Seite ursprünglich davon ausgegangen sei, ich würde zu einem Treffen in Ost-Berlin von ‹West›³⁵-Berlin kommen bzw. dorthin zurückkehren. Dies sei durch die pressemäßige bzw. propagandistische Behandlung auf unserer Seite unmöglich geworden.

St[oph] sagte ‹sinngemäss›³⁶, er verstehe nicht, wie bei uns gewisse technische Fragen behandelt würden. Manchmal habe er den

Eindruck, wir würden „Idioten" ‹bzw. Experten ohne politischen Verstand›[37] verhandeln lassen. Bei den Post-Gesprächen habe er sagen lassen, seine Seite ‹"nehme zur Kenntnis"›[38], daß Beträge von der West-Berliner Post an die Bundespost abgeführt worden seien. Er habe geglaubt, hiermit einen nützlichen Hinweis gegeben zu haben, aber die Reaktion sei entgegengesetzt gewesen.

15.) Regelungen der West-Berliner Post mit der DDR müssten direkt erfolgen. Ich wisse ja noch aus meiner Zeit als Bürgermeister, daß sich der tägliche Postwagen durchaus bewährt habe. Er verstehe die zuständigen Herren in West-Berlin häufig nicht; noch 1968/69 hätten sie ‹beispielsweise›[39] Telefonverbindungen nach Skandinavien gekappt, um sie auf dem Wege über Westdeutschland neu zu etablieren.

Wenn von Vorleistungen gesprochen werde, wolle er auch einmal auf das tatsächliche Entgegenkommen hinweisen, das die DDR bei der Abfertigung des Güterverkehrs von und nach West-Berlin zeige. Es gebe auf seiner Seite solche, die aus gegebenem Anlaß immer wieder zu „Gegenmaßnahmen" geneigt seien. Wir sollten versuchen, uns auszumalen, was es bei dem heutigen Volumen des Warenverkehrs bedeuten würde, wenn auch nur „nach Vorschrift" abgefertigt werden würde.

16.) St[oph] machte allgemeine Ausführungen darüber, daß es wünschenswert sei, den Handel zwischen den beiden Staaten auszuweiten. Wenn man sich vergegenwärtige, wie viele Güter vor dem Krieg zwischen den Gebieten der beiden heutigen Staaten ausgetauscht wurden, könne man sich eine Vorstellung von den in Zukunft gegebenen Möglichkeiten machen.

17.) St[oph] erwähnte das Gespräch, das Walter Hesselbach kürzlich in Thüringen mit dem stellvertretenden Präsidenten der DDR-Staatsbank[40] geführt hat. St[oph] schien ‹ – irrtümlicherweise – ›[41] davon auszugehen, daß ich Hesselbach beauftragt bzw. gebeten hatte, dieses Gespräch ‹ – über das ich anschliessend eine Aufzeichnung erhalten habe – ›[42] zu führen.

Unter Berufung hierauf und auf andere nicht näher ‹gekennzeichnete›[43] „Kontakte" meinte er, ihm sei der Eindruck vermittelt worden, daß ich auf innenpolitische Schwierigkeiten Rücksicht zu nehmen habe und deshalb beispielsweise in der Frage der Anerkennung mich nur zögerlich verhalten könne. Ihm sei auch der Eindruck vermittelt worden, ich könnte meinen, die DDR sei an der Ablösung der jetzigen Bundesregierung interessiert; Strauß sei ihr lieber. Dies sei ganz und gar nicht so.

Ich habe, wie schon während des Mittags-Gesprächs, darauf hingewiesen, daß man Dinge, die durch den einen oder anderen Kontakt, ‹unter Umständen auch durch selbstbestallte Mittelsmänner und Wichtigtuer›[44], übermittelt werden, vorsichtig werten müsse. Im übrigen sei die Mehrheit für die gegenwärtige Bundesregierung ‹natürlich›[45] nicht breit, aber ihre Position sei fest. Unsere innenpolitischen Probleme könnten ‹und wollten›[46] wir ‹ausserdem›[47] nicht zum Gegenstand von Erörterungen mit der DDR machen, sondern hierüber würde bei uns zu Hause entschieden.

18.) Zum Thema Kontakte fragte ich dann, ob es nützlich sein könnte, wenn Herr von Berg zur Vorbereitung des nächsten Treffens eine ‹offiziöse›[48] Verbindungsaufgabe übernähme. (Ich hatte von Berg selbst erst am Morgen dieses Tages im Zug nach Erfurt ‹persönlich›[49] kennengelernt.) Von Berg sei mit Spangenberg, Ehmke und Ahlers gut bekannt.

St[oph] überlegte seine Antwort etwas und sagte dann, er werde auf diesen Punkt möglicherweise bei unserem zweiten Treffen zurückkommen. Da ich schon Ehmke erwähnt hätte, könnte er sich vorstellen, daß ein Kontakt zwischen diesem und Kohl der Sache dienlich sein könne. Auch hierüber sollte ‹seiner Meinung nach›[50] später gesprochen werden.

19.) Im Rahmen dieses Vier-Augen-Gesprächs erfolgte die Verständigung darüber, daß das zweite Treffen in Kassel am 21. Mai 1970 stattfinden soll.[51] Die technischen Vorbereitungen sollen wieder durch die Herrn Sahm und Schüßler getroffen werden.

20.) Wir besprachen auch das zu veröffentlichte Kommuniqué und vereinbarten, daß dessen materieller Teil folgenden Wortlaut haben sollte:

„Eingedenk ihrer Verantwortung für den Frieden legten beide Seiten ihre Auffassungen hinsichtlich einer Normalisierung der

Beziehungen zwischen der Deutschen Demokratischen Republik und der Bundesrepublik Deutschland dar.

Der Vorsitzende des Ministerrats der DDR und der Bundeskanzler der BRD gehen von der Notwendigkeit aus, gleichberechtigte Beziehungen zwischen der Deutschen Demokratischen Republik und der Bundesrepublik Deutschland auf der Grundlage der Nichtdiskriminierung, der Unverletzlichkeit der Grenzen beider Staaten und der Achtung ihrer territorialen Integrität herzustellen."[52]

Kohl hatte in den zweiten Absatz noch einen Passus über „auf der Grundlage des Völkerrechts" bzw. „entsprechend den Prinzipien des Völkerrechts" hineinbringen wollen. St[oph] erklärte sich jedoch mit der hier wiedergegebenen Fassung einverstanden. Ich hatte ihm im übrigen gesagt, ich sei mir darüber im klaren, daß Verträge, wenn sie zwischen uns zustande kämen, ‹dieselbe Rechtskraft wie gegenüber anderen Staaten haben, also›[53] völkerrechtswirksam sein müßten.

21.) Bei Ende des Gesprächs stellten wir beide fest, daß es nützlich gewesen sei, ‹sich „zu beriechen".›[54] St[oph] fügte hinzu, wenn sonst über Vier-Augen-Gespräche berichtet werde, stimme das fast nie, denn es seien eigentlich wegen der Dolmetscher immer sechs oder acht Augen, „aber wir brauchen ja keinen Dolmetscher".

III.

‹22.›[55] Am späten Abend ließ mich St[oph] um ein zusätzliches Vier-Augen-Gespräch bitten. Dabei ging es ihm noch einmal um das Kommuniqué. Er sagte, er müsse doch darauf bestehen, daß in den zweiten Absatz des oben wiedergegebenen materiellen Teils hinter das Wort „Integrität" eingefügt werde: „entsprechend den Prinzipien des Völkerrechts".

Ich lehnte dies ab, indem ich darauf hinwies, daß ‹er mich überfordere, denn›[56] hierdurch würde der Eindruck erweckt werden, als hätten wir uns über die „völkerrechtliche Anerkennung" im Sinne der Vorstellungen der DDR verständigt. St[oph] sagte darauf, daß dann der gesamte materielle Teil des Kommuniqués gestrichen werden müßte. Meinen Vorschlag, jedenfalls den ersten Absatz stehenzulassen, lehnte er ab. ‹Ich sagte, dass ich in meinen Äusserungen sinngemäss auf das bereits Vereinbarte zurückkommen würde.›[57]

‹Br[andt]›[58]

Nr. 34
Schreiben des Bundeskanzlers, Brandt, an den Präsidenten der Vereinigten Staaten von Amerika, Nixon
22. März 1970[1]

NARA, Nixon Presidential Materials Staff, NSC, 1969–1974, Presidential Correspondence 1969–1974, Box 753.

Sehr geehrter Herr Präsident!
Heute ist Staatssekretär Bahr von seinen Sondierungsgesprächen in Moskau zurückgekehrt. Er wird Ihren Botschafter – ebenso wie den Frankreichs und Grossbritanniens – persönlich eingehend unterrichten.[2]

Ich möchte, dass Sie vorweg schon meinen Haupteindruck erfahren:

Bei einigen Annäherungen sind wir in mehreren Punkten noch auseinander. Es hat den Anschein, als ob die sowjetische Seite mindestens die erste Runde der Vierer-Gespräche über Berlin[3] abwarten will, ehe sie sich über ihr weiteres Vorgehen schlüssig wird. Ich habe jedenfalls keinen Zweifel, dass sie die Berlin-Gespräche und unsere Erkundigungen in Ostberlin, Moskau und Warschau als Einheit sieht.

Über die Begegnung, die ich am vergangenen Donnerstag [19. März 1970] mit dem ostdeutschen Ministerpräsidenten Stoph in Erfurt[4] hatte, ist ihr Botschafter unterrichtet worden. Eine zusätzliche Beurteilung wird auf dem normalen Wege übermittelt werden.

Die vielen Zeichen der Verbundenheit, die mir von den Menschen im anderen Teil Deutschlands gegeben wurden, kann ich nicht unterbewerten. Man darf sie aber auch nicht überbewerten. Man muss sogar damit rechnen, dass diejenigen Kreise im Osten, die um die Konsolidierung der DDR fürchten, erneut zurückschrecken werden.

In sachlicher Hinsicht ist das Ergebnis mager, obwohl ich selbst nicht mit mehr als mit einer zweiten Begegnung – diesmal im Mai in der Bundesrepublik Deutschland – gerechnet hatte.[5] Die ostdeutsche Seite beharrte, auch im persönlichen Gespräch, mit penetranter Entschiedenheit auf ihrer Deutung der Anerkennungsfrage. Sie konzentrierte sich fast völlig auf die formale Regelung der Beziehungen und zeigte so gut wie keine Bereitschaft, auf die realen Fragen einzugehen. Trotzdem möchte ich die Möglichkeit nicht ausschliessen, dass sich im weiteren Verlauf einige Auflockerungen erreichen lassen könnten.

Besonders kompromisslos zeigte sich mein Gesprächspartner in bezug auf Berlin. Umso wichtiger ist es, dass in den bevorstehenden Gesprächen der Drei Mächte mit der Sowjetunion mit grossem Nachdruck darum gerungen wird, dass die östliche Seite die zwischen West-Berlin und der Bundesrepublik gewachsenen Beziehungen zur Kenntnis nimmt.

Mir liegt daran, dass wir wegen unserer Kontakte mit Osteuropa und mit der DDR in sehr enger Fühlung bleiben.

Den Präsidenten der Französischen Republik und den Königlich Britischen Premierminister habe ich in gleicher Weise unterrichtet.[6]

Ich freue mich auf unsere bevorstehenden Besprechungen in Washington und danke Ihnen für die Möglichkeit, mich einige Tage zuvor in Camp David erholen zu können.[7]

Genehmigen Sie, Herr Präsident, den Ausdruck meiner ganz ausgezeichneten Hochachtung
‹Willy Brandt›[8]

Nr. 35
Schreiben des Präsidenten der Vereinigten Staaten von Amerika, Nixon, an den Bundeskanzler, Brandt
27. März 1970[1]

NARA, Nixon Presidential Materials Staff, NSC, 1969–1974, Presidential Correspondence 1969–1974, Box 753 (Übersetzung aus dem Englischen: Bernd Rother).

Sehr geehrter Herr Bundeskanzler,
Ihr Schreiben vom 22. März 1970[2] über die deutschen Gespräche in Moskau und Ihr Treffen mit Herrn Stoph ist auf großes Interesse gestoßen. Ich weiß Ihre besonderen Bemühungen zu schätzen, Präsident Pompidou, Premierminister Wilson und mich über diese wichtigen Entwicklungen auf dem Laufenden zu halten. Ihr anstehender Besuch in Washington[3] wird eine ausgezeichnete Gelegenheit für eine weitere Diskussion dieser und anderer Themen darstellen, die unsere gemeinsamen Interessen berühren.

Die Berichte, die ich über Ihren Empfang in Erfurt erhielt, waren tief bewegend. Sie haben oft von einer deutschen Nation gesprochen. Ich glaube, die Gültigkeit dieser Auffassung wurde durch jene Ostdeutschen gut veranschaulicht, die sich zu Ihrer Begrüßung versammeln konnten. Die von Herrn Stoph vertretene Position, so wie Sie sie beschreiben[4], würde darauf hindeuten, dass Ihre Aufgabe, die Auswirkungen der deutschen Teilung für das deutsche Volk und für die Sicherheit Europas zu mildern, langwierig und anstrengend sein wird.

Bei dieser Gelegenheit möchte ich Ihnen auch dafür danken, dass Sie mir eine Abschrift Ihrer Bemerkungen haben zukommen lassen, die Sie vor dem Bundestag über meinen Bericht an den Kongress über die amerikanische Außenpolitik für die 1970er Jahre gemacht haben.[5] Es ist besonders erfreulich zu wissen, dass Sie mit unserem Denken übereinstimmen; Westdeutschland und die Vereinigten Staaten können zusammen eine Menge dafür tun, um sicherzu-

stellen, dass dieses Jahrzehnt ein Jahrzehnt des Fortschritts hin zu Sicherheit und Freiheit sein wird.
Hochachtungsvoll
[Richard Nixon][6]

Nr. 36
Aus der Aufzeichnung des Bundeskanzlers, Brandt, über die Gespräche mit dem Präsidenten der Vereinigten Staaten, Nixon 10./11. April 1970[1]

AdsD, WBA, A 9, 30.

Betr.: Gespräche mit Präsident Nixon in Washington am 10. und 11. April 1970

A: Vieraugengespräch am 10.4.1970, 10.30 – 12.20 [Uhr]

1.) Nixon: Wichtig sei nicht, ob wir in allen Einzelheiten übereinstimmten, sondern die Gewissheit, dass uns gemeinsame Interessen und Zielvorstellungen verbänden. Hiervon ausgehend, könnten wir in freimütiger Aussprache voneinander lernen.
2.) N[ixon]: Welches meine Hauptargumente gegen einen wesentlichen Abbau der amerikan[isch]-militärischen Präsenz in Europa und gegen eine Stolperdraht-Doktrin[2] seien?

Ich verwies in erster Linie auf die politisch-psychologischen Faktoren. Auch darauf, dass die von uns gemeinsam für notwendig gehaltenen Bemühungen um Entspannung der Verankerung im effektiven Bündnis bedürfen. Dies gelte insbesondere auch für etwa möglich werdende Verhandlungen über beiderseitige ausgewogene Truppenbegrenzungen (MBFR).[3] Die langfristige Perspektive könnte anders aussehen, wenn sich die Ost-West-Beziehungen wesentlich verbessern sollten.

3.) N[ixon]: Er habe mit Interesse gelesen, was ich im Zusammenhang mit meiner Reise über die künftigen Beziehungen zwischen EWG und USA gesagt hätte.[4] Es habe sich nichts daran geändert, dass die USA – vornehmlich aus politischen Gründen – am britischen Beitritt interessiert seien. Wie ich mir eine engere Verbindung mit den USA vorstelle.

Ich unterrichtete N[ixon] über die Konsequenzen der Haager Gipfelkonferenz, einschl[ießlich] der in Aussicht genommenen Belebung der politischen Zusammenarbeit.[5] Um zwischen der erweiterten EWG und den USA Interessenkonflikte zu vermeiden oder möglichst sachlich auszutragen, sollten wir einen Kontaktausschuss anstreben. Ich sei jedoch nicht legitimiert, für die EWG zu sprechen.
[...][6]
4.) N[ixon] berichtete über die amerikanischen Überlegungen zu den demnächst in Wien aufzunehmenden SALT[7]: Grundlegende Veränderung seit der Kuba-Krise.[8] Damals 10:1-Verhältnis bei den strategischen Waffen, heute relatives Gleichgewicht. Wir könnten uns darauf verlassen, dass die USA nichts vereinbaren würden, was die Sicherheitsinteressen der NATO gefährde. Im übrigen sei es möglich, dass man statt zu einem umfassenden Abkommen zu Teilvereinbarungen gelangen werde.
5.) Betr[effend] MBFR legte ich dar, weshalb wir es für richtig halten, das „Signal von Reykjavik"[9] auf der NATO-Sitzung in Rom Ende Mai[10] wieder aufzunehmen, anzureichern bzw. zu qualifizieren.

N[ixon] widersprach dem nicht, fügte aber hinzu, dass es sich um „mehr als Propaganda" handeln müsse. Wir sollten im Rahmen der NATO, aber auch bilateral, unverzüglich mit der inhaltlichen Durchdringung dieser Problematik beginnen.
6.) N[ixon]: Woran die Russen in den Gesprächen mit uns in erster Linie interessiert seien? Ob sein Eindruck richtig sei, dass sich wirkliche Fortschritte noch nicht abzeichnen?

Ich berichtete kurz über unseren Eindruck von den Gesprächen in Moskau.[11] Neben anderen Faktoren spiele vielleicht eine Rolle, dass die S[owjet] U[nion] erkannt habe, dass sie eine Entlastung ihrer Beziehungen zu den USA und zu Westeuropa nicht an der Bundesrepublik vorbei erreichen könne. Ob wir nach den exploratorischen Gesprächen in eigentliche Verhandlungen eintreten könnten, sei noch nicht zu beantworten. Wir würden mit Washington bzw. mit den Drei Mächten in engem Kontakt bleiben.

7.) N[ixon]: Er würde volles Verständnis dafür haben, wenn wir zu dem Ergebnis kommen sollten, die Oder-Neisse-Linie anzuerkennen. Sie sei nun einmal zu einem Faktum geworden. Er würde es begrüssen, wenn humanitäre Massnahmen zugunsten der noch in Polen lebenden Deutschen erreicht werden könnten.

8.) Auf die DDR bezogen, war N[ixon] in erster Linie an persönlichen Eindrücken vom Erfurter Treffen[12] interessiert. Ob es denkbar sei, dass die DDR-Regierung gegebenenfalls auch unabhängig von Moskau entscheide?

9.) Zu Berlin sagte N[ixon], dies sei für ihn ein Punkt, an dem kein Nachgeben möglich sei. Es befriedige ihn, dass ich dies als ein absolutes Erfordernis bezeichne. Wie wir sei er der Meinung, dass es neben der „Freiheit West-Berlins" vor allem auf die Sicherung der Zufahrtswege ankomme.

10.) N[ixon] kam dann auf die US-Truppen in Europa zu sprechen. Er sei – sinngemäss: im wesentlichen – gegen einen Abbau. Aber er müsse mir offen sagen, dass er es mit einem nicht unerheblichen innenpolitischen Druck zu tun habe.

Das Thema „Offset"[13] erwähnte N[ixon] nur in einem Nebensatz. [...][14]

C: Vieraugengespräch am 11. 4. 1970 vormittags.

15.) Ich brachte den Gedanken vor, im Falle des Abschlusses von Abkommen mit den östlichen Partnern zwischen den Drei Mächten und uns eine Erklärung über re-affirmation bzw. re-assurance der gemeinsamen Politik auszuarbeiten.

N[ixon] sagte, er halte dies für einen guten Gedanken. Vielleicht sollte man auch eine Zusammenkunft zu Viert ins Auge fassen.

N[ixon] unterstrich, dass er Vertrauen zu unserer Politik habe und wisse, dass wir nicht daran dächten, bewährte Freundschaften

aufs Spiel zu setzen. Wir müssten allerdings damit rechnen, dass es in Frankreich und England – auch hier und da in den USA – einige Unsicherheit geben könne. [...]¹⁵ Wesentlich sei unser Einverständnis, dass wir in allen Ost-West-Fragen in engem Kontakt bleiben müssen. [...]¹⁶
‹Br[andt]›¹⁷

Nr. 37
Interview des Bundeskanzlers, Brandt, für *Der Spiegel*
20. April 1970

Der Spiegel, Nr. 17 vom 20. April 1970, S. 36–47.

„Die Anerkennungsfrage ist ja so schillernd"

SPIEGEL: Herr Bundeskanzler, Ost-Berlin hat in den letzten Wochen führende sozialdemokratische Politiker scharf und polemisch angegriffen, obwohl Sie in Erfurt die Beendigung solcher diffamierender Angriffe als förderlich für den Fortgang der Gespräche bezeichnet haben.¹ Rechnen Sie damit, daß Ihr zweites Gespräch mit dem DDR-Ministerpräsidenten Stoph in Kassel zustande kommt?
BRANDT: Ja, ich rechne damit.
SPIEGEL: Wie erklären Sie sich die Angriffe gegen Herbert Wehner und gegen Sie?
BRANDT: Vor allem ja auch gegen Helmut Schmidt. Die Ost-Berliner Führung oder der Teil, der in erster Linie diese Kampagne betreibt, hält es offensichtlich für notwendig, die eigene Partei und auch Kreise über die Partei hinaus zu impfen gegen – wie man dort sagen würde – die Nachgiebigkeit gegenüber „Sozialdemokratismus", gegenüber anderen unerwünschten Einwirkungen, die von den Begegnungen zwischen den beiden Teilen ausgehen können. Außerdem fühlen sich die Ost-Berliner immer noch nicht sicher, ob sie von allen ihren Paktpartnern genügend unterstützt werden.

SPIEGEL: Woraus schließen Sie das?
BRANDT: Es ist ja ganz interessant, daß sie in einer Zeit, in der die sowjetische Sprache uns gegenüber gemäßigter geworden ist, in der auch andere Partner des Warschauer Paktes sachlicher argumentieren, in der selbst die polnische Polemik, die wir natürlich aufmerksam verfolgen, argumentativ und nicht einfach agitatorisch ist, es für notwendig erachten, in den Pakt hinein sehr hart zu agitieren. Aber sie agitieren daneben, wenn sie sagen: Ein großer Teil derer, die in der Bundesrepublik regieren, sind Sozialdemokraten, und wir Kommunisten müssen uns doch daran erinnern, daß die besonders gefährlich sind. Damit befolgen sie allerdings nicht den Ratschlag von Suslow, der bei den 50-Jahr-Feiern der Oktoberrevolution zugab, daß man in den 30er Jahren einen Fehler gemacht hätte, die Sozialdemokraten zum Hauptfeind zu erklären.[2]
SPIEGEL: Jedenfalls: Die Ost-Berliner Angriffe werden von Ihnen als grundsätzliche Angriffe gegen den sogenannten „Sozialdemokratismus" und auch als taktisches Manöver in das eigene Lager hinein verstanden – aber durchaus als Vorbereitung für die Begegnung in Kassel.
BRANDT: Ja, aber ich kann nicht ausschließen, daß es auch Leute gibt, die eine Position aufbauen möchten, von der aus sie dann schließlich eine Absage begründen könnten. Aber ich gehe nach dem jetzigen Stand der Dinge davon aus, daß es zum Kasseler Treffen kommen wird.
SPIEGEL: Sie haben in Erfurt, Herr Bundeskanzler, nach allem, was davon zu sehen und darüber zu hören war, die Ovationen, die man Ihnen gebracht hat, zu dämpfen versucht.[3] Welche Möglichkeiten haben Sie überhaupt, auf das Selbstbewußtsein der SED soweit Rücksicht zu nehmen, daß die Begegnung von Kassel möglich bleibt?
BRANDT: Man hat sich sehr orientiert an dieser stark gefühlsbetonten Manifestation vor dem Erfurter Hof. Da habe ich ganz gewiß nichts getan, um das anzuheizen. Für mich selbst bleibt aber mindestens so stark, wenn nicht stärker in Erinnerung das, was sich am Nachmittag des gleichen Tages bei der Fahrt durch die Straßen von Erfurt und Weimar gezeigt hat. Da war nichts Überschweng-

liches dabei. Es war ein freundliches Zuwinken im doppelten Sinne, als ob die Leute ohne übertriebene Hoffnung sagen wollten: Es ist schon ganz gut, daß ihr es mal versucht. Da brauchte man gar nichts zu dämpfen. Im übrigen kann ich nur unsere Position so sachlich wie möglich vertreten. Das ist ja eh schon schwer genug.
SPIEGEL: Welche Schritte wird die Bundesregierung unternehmen, um der SED formelle Vorwände gegen ein Zustandekommen der Begegnung in Kassel zu nehmen?
BRANDT: Nehmen wir erst einmal das Gesetz, das man drüben „Handschellengesetz" nennt und das hier erfunden worden war, um ihnen damals – 1966 – bei dem nicht zustande gekommenen Redneraustausch die Einreise zu ermöglichen.[4] Ich habe Herrn Stoph in Erfurt gesagt, daß dieses Gesetz von unseren Juristen schon heute für obsolet gehalten wird und daß die Voraussetzungen dafür geschaffen werden, daß es nicht hindernd im Wege steht.[5] Die allgemeine Kampagne gegen Gesetze, von denen man drüben sagt, sie seien diskriminierend, kann jedoch nicht zu allgemeinen Vorwegregelungen führen, sondern hier geht es um einen der zu erörternden Komplexe. Es gibt ja auch DDR-Gesetze, durch die Leute bei uns betroffen werden.
SPIEGEL: Wären wir denn bereit, Gesetz gegen Gesetz aufzurechnen?
BRANDT: Nein. Das ist nicht eine Frage des Aufrechnens, sondern im Grunde geht es darum, Konsequenzen aus der Einsicht zu ziehen, daß keiner über das Gebiet des anderen und keiner über die Menschen im Gebiet des anderen verfügen kann. Aber darüber, wen wir in unserer Rechtsordnung als Deutschen betrachten, darüber befinden wir ganz allein. Das ist nicht eine Frage, die irgend jemand andern etwas angeht.
SPIEGEL: Nach den Ovationen in Erfurt soll es dort Verhaftungen gegeben haben, man hat von 119 gehört oder von 143. Auf welche Weise haben Sie versucht, dagegen zu intervenieren?
BRANDT: Ich habe auch von Ziffern gehört, und zwar von sehr viel kleineren Ziffern.[6]
SPIEGEL: Immerhin Verhaftungen ...
BRANDT: ... Verhören beziehungsweise Feststellen der Personalien, was ein Unterschied ist. Mir ist jedenfalls nicht bekannt, daß Leute

festgehalten worden sind mit dem Ziel, ein Strafverfahren gegen sie zu eröffnen. Aber da mögen meine Informationen nicht umfassend genug sein. Die Form, in der ich mich dazu geäußert habe, die möchte ich aus guten Gründen nicht bekanntgeben.

SPIEGEL: Die Ovationen drüben haben der anderen Seite zu schaffen gemacht. Man kann nicht ausschließen, daß es auch in Kassel Demonstrationen gibt, die den Lauf der Verhandlungen stören. So könnte die DKP nach Kassel ziehen, Vertriebenenverbände und NPD könnten dort aufmarschieren. Wollen Sie das verhindern?

BRANDT: Ich rechne damit, daß sich Gruppen von der einen und anderen Seite bemerkbar machen. Das ist auch erlaubt nach unserer Rechtsordnung. Andererseits vertraue ich darauf, daß es in Kassel eine überwiegend große Zahl ruhiger, sachlich eingestellter Bürger gibt – nicht nur in den Kasseler Betrieben, aber gerade auch dort –, die an dem Tag dafür sorgen werden, daß es im großen und ganzen ruhig läuft und daß nicht extreme Gruppen das Bild über Gebühr prägen.

SPIEGEL: Wollen Sie das Reichsbanner[7] für einen Tag wiederbeleben?

BRANDT: Nein – breiter als dies.

SPIEGEL: Fürchten Sie nicht Filmaufnahmen, in denen die Polizei mit Schutzhelmen und Schlagstöcken auf irgendwelche Demonstranten vor dem Tagungslokal eindrischt?

BRANDT: Es wäre gut, wenn man das vermeiden könnte.

SPIEGEL: Die prügelnde Polizei soll in Zivil gekleidet sein?

BRANDT: Nein. Ich glaube, genügend Sachlichkeit und genügend breite Rücken machen die Neutralisierung ohne Gewaltanwendung möglich.

SPIEGEL: Herr Bundeskanzler, gesetzt den Fall, Kassel kommt zustande. Wollen Sie bei Ihrer zweiten Begegnung mit Stoph in eine Sachdiskussion eintreten? Und wenn ja: über welche Themen?

BRANDT: Wir sind dabei, die direkten und indirekten Ergebnisse von Erfurt auszuwerten[8], und wir sind bereit, zu allen Hauptpunkten sowohl in eine generelle als auch in eine spezielle Diskussion einzutreten. Ich werde darauf vorbereitet sein, in einer weiteren oder

mehreren Runden von Delegationsgesprächen Meinungen auszutauschen, es aber auch im kleineren Kreis zu tun oder tun zu lassen.
SPIEGEL: Eines kann man wohl doch schon jetzt konstatieren: Begegnungen, in denen beide Seiten vorbereitete Erklärungen austauschen, müssen limitiert sein. So was kann man doch wohl allenfalls zweimal machen. Stimmen wir darin überein?
BRANDT: Nein. Darin stimmen wir nicht überein, obgleich ich es für wünschenswert halte, daß man von dieser bloßen Gegenüberstellung ...
SPIEGEL: ... 135. Gespräch zwischen Amerikanern und Chinesen in Warschau[9] ...
BRANDT: Ja, die machen so was über längere Zeit, auch wenn es zunächst zu nichts führt. Ich könnte ja noch andere Beispiele nennen...
SPIEGEL: Panmunjon.[10]
BRANDT: ... aber es ist wünschenswert, das will ich unterstreichen, von der bloßen Gegenüberstellung von vorbereiteten Texten wegzukommen zum Gespräch, das sicher auch sehr hart wird.
SPIEGEL: Rechnen Sie damit, daß es schon in Kassel dahin kommt?
BRANDT: Das würde ich nicht ausschließen. Sicher nicht schon für alle Fragen, um die es geht, aber vielleicht ist es schon bei einigen möglich.
SPIEGEL: Werden Sie eher in Kauf nehmen, daß man sich über längere Zeit hinweg mit vorbereiteten Texten unterhält, als die Verhandlungen für beendet zu erklären?
BRANDT: Sagen wir mal, wenn Kassel gar keine Ansatzpunkte zeigen sollte, in der Sache selbst weiterzukommen, dann wäre es nicht sehr sinnvoll, daß man sich einen Monat später schon wieder trifft. Aber da die Sache selbst richtig ist und nicht falsch, dürfte man sich auch durch einen wenig befriedigenden Ausgang von Kassel nicht entmutigen lassen.
SPIEGEL: Sie müssen doch damit rechnen, daß Stoph in Kassel erneut auf den vorliegenden Vertragsentwurf der DDR[11] verweist, mit dem nach Auffassung der SED die volle völkerrechtliche Anerkennung der DDR vollzogen werden soll. Was wird in Kassel Ihre Antwort darauf sein?

BRANDT: Sinngemäß das, was ich schon, wenn auch sicher noch nicht ausführlich genug, in Erfurt erwidert habe. Ich kann nichts anfangen mit einer Diskussion, die sich überwiegend um das Etikett dreht, das auf der Flasche steht. Sondern mich interessiert, was in der Flasche drin ist. Die Form eines Vertrages zwischen den beiden Deutschland kann ich nicht abstrahieren von dem Inhalt der zu regelnden Fragen.

SPIEGEL: Der Inhalt dieser Frage ist, wenn man die DDR recht versteht, die volle völkerrechtliche Anerkennung. Die Bundesregierung dagegen bietet, wenn wir darüber recht informiert sind, bestenfalls die gleichzeitige Mitgliedschaft der beiden deutschen Staaten in der Uno und anderen internationalen Organisationen an.

BRANDT: Das kann man so nicht sagen. Vielmehr hat die Bundesregierung in ihrer Regierungserklärung vom 28. Oktober vorigen Jahres[12] – es ist nicht überall gleich gesehen worden, worauf es hinausliefe – gesagt, sie sei nicht der Meinung, daß die DDR, was eben dann praktisch auch heißt, der Teil des deutschen Volkes, der dort lebt, auf die Dauer ferngehalten werden soll von den Vorteilen des internationalen Austausches. Und daraus ergibt sich logisch, daß man auch spricht über die Art, in der in der Zukunft die beiden deutschen Staaten in bestimmten internationalen Organisationen mitarbeiten könnten. Aber dies wiederum setzt voraus, daß der Zustand der Nichtbeziehungen zwischen den deutschen Staaten abgelöst wird durch Beziehungen, und zwar nicht nur durch Beziehungen, die darin bestehen, daß der eine sagt, er erkenne den anderen an, sondern Beziehungen, die bedeuten, daß wir nicht weiter als sogar fremde Staaten voneinander entfernt sind. Es muß also ein gewisser Grad von Normalität erreicht werden.

SPIEGEL: Die Bundesregierung hat also gegen eine Mitgliedschaft zweier deutscher Staaten, zum Beispiel in der Uno, nichts einzuwenden, sofern die beiden deutschen Staaten sich vorher über verbesserte Beziehungen, aber unter Ausschluß der völkerrechtlichen Anerkennung, verständigt haben?

BRANDT: Auch das erfordert eine Modifizierung. Denn die Uno ist nicht ein erster, sondern ein x-ter Schritt. Es wird also sicher zunächst einmal Organisationen anderer Art geben, in denen beide deutsche Staaten mitarbeiten. Außerdem muß man wissen, nicht die Bundesrepublik Deutschland befindet darüber, wer in die Uno soll – wir sind selbst noch nicht drin –, sondern hierüber befinden die, die zur Uno gehören. Ein besonderes Gewicht hat dabei das Votum jener vier Mächte, die auch in Deutschland betreffenden Fragen weiterwirkende Verantwortlichkeiten wahrnehmen. Auf die Bundesrepublik bezogen, berührt dies das Verhältnis zu dreien dieser vier Mächte.

SPIEGEL: Wollen Sie mit dieser Politik die Anerkennungsforderung der DDR unterlaufen?

BRANDT: Die Anerkennungsfrage ist ja so schillernd, wissen Sie. Ich stelle fest: Bei uns in der Bundesrepublik denken manche Leute, Anerkennung habe was damit zu tun, daß man Moralatteste ausstellt und sich äußert über die Art, in der eine Regierung zustande gekommen ist, in der ein Staat sich konstituiert hat oder konstituiert worden ist, ob eine Regierung vom Willen des Volkes getragen wird und was weiß ich. In der DDR glauben wiederum manche Bürger, es gehe bei der Anerkennung darum, daß ihre Existenz und ihre reale Leistung in der Wirtschaft und auf anderen Gebieten anerkannt werden sollte. In Wirklichkeit geht es doch darum, daß rechtswirksame Verträge abgeschlossen werden sollen; Verträge also, die denselben rechtlichen Gehalt haben sollen wie solche, die einer der beiden deutschen Staaten mit anderen abschließt, die sich aber auszeichnen sollen dadurch, daß dem besonderen, spezifischen Charakter des Verhältnisses zwischen den beiden gleichwohl Rechnung getragen wird.

SPIEGEL: Herr Bundeskanzler, haben Sie Anlaß anzunehmen, daß dieser Unterschied, den Sie jetzt gemacht haben zwischen einer völkerrechtlichen Anerkennung, wie sie beispielsweise zwischen der Bundesrepublik und einem dritten Staat ausgesprochen wird, und dem Abschluß völkerrechtlich wirksamer Verträge, wie sie zwischen den beiden deutschen Staaten ausgehandelt und verabredet werden könnten, von der Sowjet-Union gesehen und akzeptiert wird, daß aber die DDR diese Einsicht der Sowjet-Union nicht teilt?

BRANDT: Ich möchte durch meine Antwort nicht den Eindruck erwecken, als wolle ich Partner des Warschauer Paktes gegeneinander ausspielen.
SPIEGEL: Halten Sie es für möglich, daß, wenn Sie anders auf diese Frage geantwortet hätten, sie dann Partner des Warschauer Paktes gegeneinander ausgespielt hätten?
BRANDT: Der Eindruck hätte erweckt werden können.
SPIEGEL: Können Sie denn damit rechnen, daß Sie die DDR zu der Einsicht, wie sie vielleicht andere Warschauer-Pakt-Staaten haben, im Laufe der Kasseler Verhandlungen und anderer folgender Gespräche bringen können?
BRANDT: Dies Ganze ist nicht ein Vorgang von wenigen Monaten. Nachdem wir uns 20 Jahre auseinanderentwickelt haben, kann man nicht erwarten, daß das in 20 Wochen überwunden ist und durch etwas Neues abgelöst wird. Das kann auch ein paar Jahre dauern. Wenn ich ein paar Jahre sage, dann denke ich an den Gesamtzusammenhang und gehe davon aus, daß es nicht zu einer Regelung mit einem wichtigen Partner des Warschauer Paktes kommen wird, ohne daß mit anderen wichtigen Partnern zugleich auch eine Regelung gefunden wird. Die DDR ist ein wichtiger Partner.
SPIEGEL: Ist es nicht ebenso möglich, daß die Verhandlungen mit Moskau oder mit Warschau[13] weitergehen, auch wenn die Verhandlungen mit Ost-Berlin vorübergehend, und sei es auch für längere Zeit, zum Stillstand kommen?
BRANDT: Ich kann nicht ausschließen, daß es auf der einen Linie ein bißchen rascher vorangeht als auf einer anderen. Da haben wir schon eine Erfahrung. Es sah für viele so aus im Dezember/Januar, daß die Gespräche zunächst mit Warschau leichter gehen würden als mit anderen Partnern. Die tatsächliche Entwicklung hat gezeigt, daß es sich da eher ein bißchen festzuhaken droht.
SPIEGEL: An der Oder-Neiße-Frage?
BRANDT: Ja, an der Art, wie man das Grenzproblem angeht.
SPIEGEL: Gilt für die Oder-Neiße-Frage das, was auch für Ihre Unterscheidung zwischen einer normalen völkerrechtlichen Anerkennung und der Herstellung verbesserter Beziehungen zwischen den beiden

deutschen Staaten gilt? Verlassen Sie sich darauf, daß die vier ehemaligen Besatzungsmächte selber ein Interesse an der Aufrechterhaltung ihrer Mitsprache über das Geschick Deutschlands, einschließlich Berlins, haben und daß die Bundesregierung auf diese Weise vier Verbündete gegen polnische und Ost-Berliner Anerkennungsforderungen hat?
BRANDT: Es gibt einen Berührungspunkt, es gibt aber auch einen starken Unterschied. Alles, was ich gesagt habe über die Notwendigkeit, spezifische Verhältnisse zu regeln zwischen den Deutschen in der Bundesrepublik und in der DDR, das ist nicht gegeben, wenn es sich um ein Abkommen, um einen Vertrag mit der Volksrepublik Polen handelt. Hinzu kommt: Die DDR hat eine Grenze mit uns, die Bundesrepublik Deutschland mit Polen aber nicht. Dies und anderes machen die Unterschiede klar. Die Berührung liegt darin, daß jeder Vertrag mit Polen, wie überhaupt jeder Vertrag, den wir abschließen, ausgehen müssen wird von der Achtung bestehender Verträge, die jeweils einer der beiden Staaten mit anderen abgeschlossen hat.
SPIEGEL: Mithin auch des Vertrages, den die DDR mit Polen[14] abgeschlossen hat.
BRANDT: So ist es.
SPIEGEL: Herr Bundeskanzler, man kann verstehen, daß die vier ehemaligen Besatzungsmächte einen Unterschied machen zwischen Anerkennung und Anerkennung, weil ihnen die mildere Form der Anerkennung das Siegerrecht über Deutschland erhält. Wieweit fällt die Bundesregierung mit ihrem Eingehen auf diese besondere Form der Anerkennung auf Positionen zurück, von denen man annehmen konnte, sie hätte sie bereits hinter sich gelassen?
BRANDT: Die Bundesregierung lebt nicht für sich allein. Sie muß internationalen Gegebenheiten Rechnung tragen und steht am Beispiel Oder-Neiße vor dem Faktum, daß aus dem, was wir lange, relativ lange eine Demarkationslinie genannt haben, zweifellos die Westgrenze Polens geworden ist. Sie steht außerdem vor der Tatsache, daß die drei Westmächte und die Sowjet-Union ihre aus dem Potsdamer Abkommen[15] und aus anderen Quellen hergeleiteten Rechte nicht als erloschen betrachten. Und dies wird auch von polnischer Seite of-

fensichtlich so gesehen. Andererseits sollte die Bundesregierung nicht eine, in Ost-Berlin würde man sagen: „Alleinvertretungsanmaßung" neuer Art proklamieren, indem sie sich Aussagen zumutet, die gar nicht auf die Bundesrepublik Deutschland bezogen sind.
SPIEGEL: Davor haben die Polen keine Angst.
BRANDT: Die Polen gehen davon aus, daß im Potsdamer Abkommen von einem Deutschland gesprochen wurde, aus dem sich zwei entwickelt hätten. Und jetzt müßten beide sich zum Tatbestand ihrer Westgrenze äußern. Dies habe der eine Teil getan, und der andere soll es auch tun. Der kann es dann aber nur als Bundesrepublik Deutschland.
SPIEGEL: Was spricht dagegen?
BRANDT: Er wird es als Bundesrepublik Deutschland tun.
SPIEGEL: Er wird als Bundesrepublik Deutschland die Oder-Neiße-Grenze anerkennen?
BRANDT: Er wird als Bundesrepublik Deutschland die territoriale Integrität der Volksrepublik Polen zur Kenntnis nehmen und achten.
SPIEGEL: Dies genau, diese Formulierung, erweckt den Eindruck eines Schrittes zurück.
BRANDT: Das kann ich nicht einsehen.
SPIEGEL: Deckt denn diese Formulierung, die Sie eben gebraucht haben, die Ansprüche, die die Polen an uns stellen?
BRANDT: Ich rede jetzt nicht über Vertragstexte ...
SPIEGEL: Über Vertragsinhalt?
BRANDT: ... sondern ich habe mich bezogen auf eine Formulierung, die bewußt in meiner eigenen Regierungserklärung enthalten ist, nämlich von der territorialen Integrität, und zwar im Zusammenhang mit den von uns angestrebten gegenseitigen Erklärungen über Gewaltverzicht.[16] Das läßt sich auch noch anders und, wenn man will, noch hübscher sagen. Aber wenn ich sage, die Bundesregierung lebt nicht für sich allein – habe ich nur zwei Faktoren genannt. Das [sic] dritte ist: Die Bundesregierung traut sich zwar zu, dort, wo es notwendig ist, vernünftige Dinge auch mit knappen Mehrheiten durchzusetzen. Aber sie handelt nicht notwendigerweise nach dem Rezept: möglichst viel Widerstand. Sondern sie handelt nach dem

Rezept: für vernünftige Lösungen die mögliche Stützung im eigenen Volk zu finden.

SPIEGEL: Das heißt: In der Frage der Oder-Neiße-Grenze wird die Politik der Bundesregierung durch die Rücksichtnahme auf die knappe Mehrheit der Regierungskoalition im Bundestag mitbestimmt.

BRANDT: Dies gilt ganz allgemein für unsere auswärtige Politik.

SPIEGEL: Kann es sein, daß durch die Suche nach solcher Unterstützung Ergebnisse verhindert werden?

BRANDT: Das glaube ich nicht, ich hoffe es jedenfalls nicht.

SPIEGEL: Wir fassen zusammen, Herr Bundeskanzler. Bei der Anerkennungsforderung der DDR macht die Bundesregierung einen Unterschied zwischen der Anerkennung der beiden deutschen Staaten durch Dritte und gegenüber Dritten und der Anerkennung untereinander. Dabei befinden wir uns, so hören wir, sogar in Übereinstimmung mit den vier ehemaligen Besatzungsmächten, die ihre Siegerrechte nicht aufgeben wollen. Schon hier muß man fragen, ob dieser Unterschied nicht so klein ist, daß das Daranfesthalten müßig ist. Noch mehr gilt das für die Oder-Neiße-Grenze, wo man nicht sehen kann, daß in Washington, Paris oder London – von Warschau und Moskau nicht zu sprechen – irgendeiner etwas dabei fände, wenn wir die Oder-Neiße-Grenze voll anerkennen. Warum tun wir es nicht?

BRANDT: Also, ich höre immer Anerkennung. Das verstehe ich nicht ganz. Sehen Sie mal, daß die DDR zu einem Staat wurde, ist verhältnismäßig unabhängig davon, wie wir den Vorgang charakterisieren. Daß die Oder-Neiße-Grenze zur Westgrenze Polens geworden ist, das ist auch relativ unabhängig von der Formulierung, die zu diesem Tatbestand in einem Vertrag zwischen Polen und uns gefunden werden wird.

SPIEGEL: Aber den potentiellen Vertragspartnern in Ost-Berlin und Warschau ist das offensichtlich nicht so gleichgültig. Denen ist offensichtlich an einer anderen Formulierung gelegen.

BRANDT: Wir dürfen jetzt nicht unlogisch werden in unserer eigenen Politik. Es gibt hier und da Neigungen, uns nun plötzlich etwas anerkennen zu lassen, wozu wir Erklärungen abzugeben nicht legitimiert sind. Ich denke an das, was einmal aus Deutschland werden mag. Zur Logik unserer Politik gehört, daß wir verbindlich nur für die Bundesrepublik Deutschland sprechen können.

SPIEGEL: Wie kann für die Bundesrepublik Deutschland die Formulierung über die Oder-Neiße-Grenze lauten, zu der diese Ihre Regierung am Ende bereit sein wird?

BRANDT: Dieses zu sondieren, überlasse ich lieber Herrn Staatssekretär Duckwitz, der das in Warschau mit seinem Gesprächspartner behandeln wird.[17]

SPIEGEL: Herr Bundeskanzler, wir konstatieren, daß Ihre letzten fünf Antworten entweder ein Ausweichen sind oder das Eingeständnis, daß die Bundesregierung nach sechs Monaten Ostpolitik hinter Positionen zurückgegangen ist, die sie vor sechs Monaten auf der Basis der Anerkennung des Status quo in Europa gedanklich schon bezogen hatte.

BRANDT: Wenn meine letzten fünf Antworten etwas gezeigt haben, dann haben sie gezeigt, daß ich zu den beiden Sätzen stehe, die in der Regierungserklärung zu Polen drinstanden, nämlich zum Gewaltverzicht und der Anerkennung der territorialen Integrität, und zweitens dazu, daß wir mit den Polen sprechen wollten auf der Grundlage der Rede, die Wladyslaw Gomulka am 17. Mai 1969 gehalten hat.[18] Und außerdem können die letzten fünf Antworten auch noch gezeigt haben, daß ich einen Fehler gemacht habe, mich auf die Beantwortung überhaupt einzulassen und nicht erneut zu sagen, wir sollten ebenso erwachsen sein wie die Westmächte, wenn die mit der Sowjet-Union über Berlin sprechen, ohne ihre eigene und unsere öffentliche Meinung eben an diesem Meinungsaustausch der Mächte teilhaben zu lassen.

SPIEGEL: Haben Ihr Aufenthalt in Amerika und Ihr Gespräch mit Präsident Nixon[19] die Einsicht verstärkt, daß über eine volle Anerkennung von Oder-Neiße und DDR gar nicht verhandelt werden könne, weil hier ehemalige Sieger ihre Siegerrechte tangiert sehen?

BRANDT: An Amerika würde ein Abkommen zwischen der Bundesrepublik und Polen über die zwischen uns offenen Fragen gewiß nicht scheitern. Auf die DDR bezogen, kann ich Ihnen offen sagen:

Das ist zwischen Nixon und mir nicht im einzelnen erörtert worden. Jedenfalls wird man sagen müssen, daß es ganz gewiß kein Abkommen zwischen uns und der DDR geben wird, das absieht von den weiterwirkenden Rechten und Pflichten der vier.
SPIEGEL: Selbst wenn Sie dies jetzt voll anerkennen wollten: Dieses würden die drei Westmächte und möglicherweise sogar die Sowjet-Union gar nicht wünschen, vielleicht nicht einmal zulassen?
BRANDT: Ich will mich nicht hinter anderen verstecken. Ich sage nur, die betrachten ihre Lage so, daß sie mehr als einen Finger im Teig mit drin haben.
SPIEGEL: Herr Bundeskanzler, welchen Stand haben nach Ihrer Auffassung die Verhandlungen von Staatssekretär Bahr in Moskau[20] jetzt erreicht?
BRANDT: Sie haben den Stand erreicht, daß man, wie ich vermute, Anfang Mai eine nächste Gesprächsrunde haben wird, eine vermutlich relativ kurze, um einige der noch besonders erörterungswürdigen Fragen zu behandeln.
SPIEGEL: Der etwa mögliche Vertrag zwischen der Sowjet-Union und der Bundesrepublik läuft bisher unter dem Kennwort „Gewaltverzichtsabkommen". Welchen Inhalt soll dieser Vertrag haben?
BRANDT: Es wird nicht ein rein abstrakter Gewaltverzicht sein, denn dann brauchte er nur den Hinweis auf Artikel 2 der Charta der Vereinten Nationen[21] zu enthalten. Ich nehme an, diesen Hinweis würde er auf die eine oder andere Weise jedenfalls enthalten müssen. Aber es wird ein nicht nur abstrakter Gewaltverzicht sein können, sondern er wird sich auf konkrete Tatbestände beziehen, zum Beispiel auf die konkreten Grenzen in Europa.
SPIEGEL: Auf die Sicherung des Status von West-Berlin?
BRANDT: Selbstverständlich denken wir nicht daran, diese Realität auszuklammern. Dabei gilt es allerdings zu bedenken, daß ja die Westmächte Partner der Sowjet-Union in bezug auf Berlin sind als Träger der obersten Gewalt. Aber wir können nicht darauf verzichten, daß Kenntnis genommen wird von den gewachsenen Beziehungen zwischen West-Berlin und der Bundesrepublik Deutschland

und eine zusätzliche tatsächliche Absicherung der Zufahrtswege erreicht wird.

SPIEGEL: Wird die Bundesregierung ihre Verhandlungen darauf richten, in dem Gewaltverzichtsabkommen mit der Sowjet-Union einen Passus zu haben oder neben diesem Abkommen einen Brief zu haben, in dem festgestellt wird, daß durch ein solches Status-quo-Abkommen das Selbstbestimmungsrecht des deutschen Volkes nicht auf Dauer und alle Ewigkeit erledigt ist?[22]

BRANDT: Ich will jetzt nicht von irgendwelchen vertraglichen Instrumenten sprechen, sondern nur sagen, daß bei den Vertragspartnern kein Zweifel darüber aufkommen darf, daß wir nicht gesonnen sind, auf friedliche Ziele der Selbstbestimmung und der nationalen Zusammengehörigkeit zu verzichten.

SPIEGEL: Können sie nach Ihren Gesprächen in Washington[23] ausschließen, daß die amerikanische Regierung im nächsten Jahr oder spätestens bis 1972 ihre Truppenpräsenz in Europa und vor allem in der Bundesrepublik verringert?

BRANDT: Dies ist nicht die Absicht des Präsidenten. Ich rede jetzt nicht von etwaigen marginalen Veränderungen, von denen wir ja im Laufe der Jahre schon einige erlebt haben. Und wenn die amerikanische Regierung sich mit anderen und uns in der Nato demnächst darauf verständigt, daß wir eine neue Initiative ergreifen wollen für gegenseitige ausgeglichene Truppenreduzierungen, dann wird die Position des amerikanischen Präsidenten noch plausibler. Denn man stellt sich nicht für die nächsten kommenden Jahre auf solche Verhandlungen ein, wenn man darauf aus ist, einseitig abzubauen. Aber es ist kein Geheimnis, daß die Regierung der Vereinigten Staaten einem erheblichen innenpolitischen Druck ausgesetzt ist.

SPIEGEL: Es ist Ihnen ja offensichtlich gelungen, die Frage der amerikanischen Präsenz zu einem multilateralen Nato-Thema zu machen. Aber realistisch eingeschätzt: Wie groß ist die Aussicht, daß die Nato sich über eine etwa notwendig werdende neue Strategie verständigen kann, wenn es doch zu einer Verminderung der amerikanischen Präsenz kommt?

BRANDT: Das Thema muß darauf zurückgeführt werden, daß es für die Allianz und übrigens auch für die Vereinigten Staaten selbst notwendig ist, in Deutschland zu bleiben. Keiner in der Bundesrepublik soll glauben, daß die Amerikaner nur deshalb bleiben, weil wir besonders überzeugend auf sie einredeten. Die Staaten entscheiden letzten Endes aufgrund einer Interpretation ihrer Interessen.
SPIEGEL: Senator Mansfield sagte uns, es würde doch völlig genügen, eine Division hier stehen zu haben als Stolperdraht.
BRANDT: Ich glaube nicht an diese Stolperdraht-Theorie.[24] Es ist gar keine Frage, daß die Garantie der Vereinigten Staaten für Westeuropa gegeben bleibt, auch dann, wenn es zu einem Abkommen zwischen der Sowjet-Union und den Vereinigten Staaten kommen sollte über die strategischen Rüstungen.
SPIEGEL: Herr Bundeskanzler, Sie haben mehrfach die These aufgestellt: Die Bundesrepublik kann nicht für weniger Soldaten mehr Geld ausgeben. Wie wollen Sie das denn aufrechterhalten können, wenn am Ende doch nur erhöhte Zahlungen der Bundesrepublik die etwaige Truppenreduzierung der Amerikaner in vernünftigen Grenzen halten sollen?
BRANDT: Erstens war das eine sehr saloppe Formulierung und eigentlich mehr für eine vertraute Runde als für die Öffentlichkeit bestimmt. Aber laß gehen. Ich gehe davon aus, daß die Amerikaner dableiben wollen. Zweitens ist es ja nicht so, daß unser Offset-Abkommen, unser Devisenausgleichsabkommen, bedeutet, daß wir für ein amerikanisches Expeditionskorps zahlen. In Wirklichkeit leisten wir einen Devisenausgleich.
SPIEGEL: Sprechen wir vom politischen Preis. Wie realistisch ist die Erwartung auf einen gleichzeitigen Truppenabzug in Ost und West und damit der Einbau dieses Faktors in eine europäische Friedensordnung, wenn – gemessen am Prager Beispiel[25] – zu den Aufgaben der Sowjet-Truppen nicht nur gehört, ein Gegengewicht zu den Nato-Truppen zu sein, sondern auch in den osteuropäischen Staaten den jeweiligen politischen Status quo aufrechtzuerhalten?
BRANDT: So bedrückend es aus unserer Sicht auch sein mag, so reicht doch eine sehr viel geringere sowjetische Präsenz, als sie zur

Zeit besteht, aus, um zu verhindern, daß diese Staaten sich aus dem Warschauer Pakt lösen.

SPIEGEL: Herr Bundeskanzler, als nächsten für Ihre Ost- und Deutschlandpolitik wichtigen Partner treffen Sie Ende Mai wieder Willi Stoph in Kassel.[26] Sie haben ihn einst einen starken Mann genannt und später als festen Mann charakterisiert. Haben Sie den Eindruck, daß Stoph zu den Verständigungsbereiten und Veränderungswilligen in Ost-Berlin gehört?

BRANDT: Ich werde mich hüten, hier etwas auseinanderdividieren zu wollen.

SPIEGEL: Herr Bundeskanzler, wir danken Ihnen für dieses Gespräch.

Nr. 38
Vermerk des Bundeskanzlers, Brandt, über die Vieraugengespräche mit dem Vorsitzenden des Ministerrates der DDR, Stoph
21. Mai 1970[1]

AdsD, WBA, A 9, 23.

Vieraugengespräche mit Stoph in Kassel am 21. Mai 1970

I.: Gespräch zwischen ca. 11.30 und 12.30 Uhr.

1.) St[oph] wies mit Nachdruck darauf hin, dass Verhandlungen über einen Vertrag erst möglich seien, wenn wir uns bereit erklärten, einen solchen Vertrag auf „völkerrechtliche Grundlage" zu stellen. Er deutete an, wir wüssten doch wohl, dass diese Position von anderen „sozialistischen Staaten" gedeckt würde. Ich bemerkte, wir hätten bei unseren exploratorischen Gesprächen in Moskau gute Fortschritte gemacht und erwarteten, dass demnächst gestützt auf diese Vorbereitungen entschieden werden könne, ob regelrechte Verhandlungen

zwischen den beiden Regierungen aufgenommen werden könnten.²
Ein ähnliches Verfahren könnte doch auch für uns und die DDR angewandt werden. St[oph] meinte wenig überzeugend, dieser Hinweis sei nicht relevant, da wir ja zur SU diplomatische Beziehungen hätten, die im Verhältnis zur DDR noch ausstünden.

2.) Im weiteren Verlauf des Gesprächs warf St[oph] die Frage auf, ob wir uns darauf verständigen könnten, dass beide Staaten den UN beitreten wollten. Ich wies darauf hin, daß eine solche Verständigung jedenfalls jetzt nicht möglich sei. Erstens gelte hierfür unser allgemeiner Hinweis, dass Fortschritte in den Beziehungen zwischen den beiden Staaten erzielt sein müssten, bevor wir auf der internationalen Ebene weiterkämen. Zweitens seien an der UN-Frage auch andere Staaten interessiert, nicht zuletzt die Vier Mächte, die zu gleicher Zeit über Rechte für Deutschland als Ganzes verfügten und eine besondere Position im Sicherheitsrat der UN einnehmen.³ Drittens müssten wir auch daran denken, dass die UN-Problematik andere Fragen, z[um] B[eispiel] auf China bezogen, auslösen könnte.⁴

3.) St[oph] legte völlig unbefangen – insoweit losgelöst von den steifen Formulierungen seiner Vormittagsrede – dar, dass die Regelung praktischer Fragen zwischen der DDR und uns keinen Schaden erleiden dürfe. Dies gelte insbesondere für den Handel. Er könne nicht zugeben, dass wir der DDR dabei besonderes Entgegenkommen zeigten. In früheren Jahren sei dies, wie er aus eigener Erfahrung nachweisen könne, jedenfalls nicht der Fall gewesen. Ich legte ihm dar, dass unsere Haltung im vergangenen Winter, beim Saldenausgleich und auch in bezug auf die EWG-Regelungen⁵ jedenfalls alles andere als diskriminierend gewesen sei, wobei ich nicht bestreiten wolle, dass wir auch an unsere eigenen Interessen dächten.

St[oph] betonte eindringlich, dass propagandistische Hinweise in unserer Presse auf der DDR gewährte Vorteile der Sache auf jeden Fall abträglich seien. Er wolle ein Beispiel nennen: Im Zusammenhang mit der Hannover-Messe sei – wie er vermute von böswilligen Kreisen – ein Geschäftsabschluss heraufgespielt worden, der sich auf einen Elektrostahlofen (?) im Wert von etwa 70 Mio. DM bezogen habe.⁶ Diese Propaganda habe zur Folge gehabt, dass die DDR die zweite Bestellung dieser Art zurückgezogen und nach anderer Stelle verlegt habe.

4.) Die Verkehrsfragen wurden nur andeutungsweise erwähnt. St[oph] gab wie in Erfurt noch einmal zu bedenken, ob wir uns die Regelungen nach CIM und CIV zu eigen machen könnten.[7]

5.) Meine Frage, ob wir nicht auch Beauftragungen auf dem Gebiet der wissenschaftlichen und kulturellen Zusammenarbeit ins Auge fassen könnten, beantwortete St[oph] negativ. Hierzu sei die Zeit noch nicht gekommen.

6.) St[oph] brachte die Beschwerden vor, die er später im Verlauf des Tages auch am Verhandlungstisch in bezug auf ECE und WHO geäussert hat.[8]

Er brachte auch Algerien zur Sprache und meinte, „Ben Wisch" habe wohl versucht, die DDR auszustechen bzw. auszukaufen. Ich habe versucht, dieses fundamentale Missverständnis auszuräumen.[9]

St[oph] sagte unabhängig davon, seine Regierung fühle sich durch uns auf der internationalen Ebene herausgefordert und würde alles tun, um sich durchzusetzen.

7.) St[oph] bemerkte, die „Mordhetze" gegen ihn habe die Vorbereitung von Kassel auf seiner Seite sehr belastet.[10]

Unabhängig davon müsse er sagen, auch sonst geschähe bei uns manches, was hinter meiner Regierungserklärung vom Oktober 1969 zurückbleibe. Z[um] B[eispiel] hätten Genscher und andere kürzlich von der Demarkationslinie statt von der Grenze zur DDR gesprochen.[11]

8.) Ich gab St[oph] einen kurzen Überblick über die Entwicklung seit Erfurt und wies darauf hin, dass im Verlauf von 2 Monaten nicht wenig geschehen sei, um Diskriminierungen zu beseitigen bezw. Missverständnisse auszuräumen: praktische Erledigung der TTD-Frage, Aufhebung des Freistellungsgesetzes, Neuregelung in bezug auf Flagge und Hymne der DDR, bevorstehende Neuregelung in bezug auf Bezeichnungen, und nicht zuletzt unsere Haltung zu den Fragen des Handels.[12]

9.) St[oph] machte deutlich, dass nicht der Eindruck aufkommen dürfe, Kassel bedeute einen Abbruch unserer Beziehungen bzw. Be-

Die deutsch-deutsche Entspannung stagniert – zweites Gipfeltreffen in Kassel, 21. Mai 1970.

mühungen. Vielleicht sei eine Denkpause gut. (Diesen Ausdruck benutzte er, bevor ich mich dazu äussern konnte, auch wenn es zutreffen sollte, dass er kurz danach in einem Gespräch mit seinen Leuten in Ost-Berlin berichtet hat, ich hätte eine solche „Denkpause" angeregt.) Wir sollten uns als Ergebnis in unseren Äusserungen in der Nachmittagssitzung darauf einstellen, den Meinungsaustausch zu gegebener Zeit fortzusetzen.

Ein Kommuniqué halte er unter diesen Umständen nicht für akzeptabel, da es inhaltlich nichts aussagen könne. Komischerweise erwähnte er in diesem Zusammenhang, dass es nach meiner Begegnung mit Nixon[13] auch kein Kommuniqué gegeben habe.

10.) St[oph] kam noch auf meine Rede vor dem SPD-Parteitag in Saarbrücken[14] zu sprechen. Ob er es richtig verstanden habe, dass ich mich dort gegen die Konvergenztheorie und für einen verschärften ideologischen Kampf ausgesprochen hätte. Letzteres sei nicht nur in der DDR-Führung sondern auch bei anderen „sozialistischen Staaten" schlecht angekommen. Ich erwiderte, dass es ihm ja nur recht sein könne, wenn ich mich nicht auf die Konvergenztheorie[15] bezogen hätte. Im übrigen treffe es zu, dass wir uns der ideologischen Auseinandersetzung stellten. Ich würde ihm empfehlen, sich ein Urteil erst dann zu bilden, wenn er meine Ausführungen vollinhaltlich zur Kenntnis genommen hätte (ich habe ihm dann am Nachmittag die Ablichtung meines Parteitags-Referats übergeben). Hinzugefügt habe ich noch, dass meinen Berichten zufolge die Reaktion z[um] B[eispiel] in Moskau recht positiv gewesen sei.

II.: <u>Vor dem auf 18.00 Uhr angesetzten Delegationsgespräch, bei dem Stoph seine Erwiderung vortrug.</u>

11.) Ich unterrichtete Stoph zum Thema „Mordhetze"[16] anhand des Fernschreibens von BM Jahn. St[oph] bedankte sich sehr und bedauerte nur, dass er eine solche Unterrichtung nicht schon vorher erhalten habe.

12.) Ich erwähnte, dass mich eine Nachricht erreicht habe, die sich auf fällige Verhandlungen über den Verrechnungsverkehr zwischen den beiden Staaten beziehe. Ich hätte sie so verstanden, dass die andere Seite diese Verhandlungen nicht im Zusammenhang mit dem Handel geführt wissen wolle. Ausserdem sei von ziffernmässigen Erwartungen die Rede, die ich ohne Rücksprache mit meinen zuständigen Kabinettskollegen nicht beurteilen könne. St[oph] sagte, ihm sei dieser Gegenstand nicht geläufig. Er habe aber nichts dagegen, dass die beiden Zentralbanken miteinander den Versuch einer Regelung unternehmen würden. Wir sollten uns beide in den nächsten Tagen um die Sache kümmern.

13.) Ich warf noch einmal die Frage auf, ob wir nicht ein rein formelles Kommuniqué machen sollten, in dem zum Schluss festgehalten wäre, dass der Bundeskanzler und der Vorsitzende des Ministerrats beschlossen hätten, „ihren Meinungsaustausch zu einem noch zu vereinbarenden Zeitpunkt fortzusetzen". St[oph] erwiderte, dass er ein Kommuniqué nicht für zweckmässig halte, da es zur Substanz nichts aussagen könne. Ich liess das Thema daraufhin fallen.

14.) Ich warf die Frage auf, ob St[oph] nach den Schwierigkeiten am Nachmittag nicht seinen Kranz am Mahnmal in Kassel durch ein Mitglied seiner Delegation niederlegen lassen wolle. Er erwiderte, dies ginge nicht. Ob es nicht möglich sei, dass er dies in meiner Begleitung tue. Ich sagte ihm daraufhin zu, dass wir hierüber nach Abschluss unserer Sitzung sprechen und eine Vereinbarung treffen sollten.

15.) Ich fragte, wie wir die Formel des „weiteren Meinungsaustauschs" handhaben wollten. Er habe selbst in Erfurt darauf hingewiesen, dass sich nicht selten unberufene Mittelsmänner geltend machen. St[oph] antwortete, die Sache sei für ihn ziemlich einfach. Die Telefon- und Fernschreibverbindungen zwischen unseren beiden Häusern hätten sich bewährt. Auch für darüber hinausgehende persönliche Kontakte biete sich a) in politischer Hinsicht die Linie Kohl/Ehmke und in praktischer Hinsicht die Linie Schüssler/Sahm an.

16.) Von sich aus betonte St[oph] beim Hinübergehen in den Sitzungssaal noch einmal, ihm liege daran, dass die Zusammenarbeit auf den Gebieten von Handel sowie Verkehr und Post keinen Schaden erlitte.

III.: Am Schluss der Abendsitzung

17.) Hier wurde allein über die bevorstehende Kranzniederlegung gesprochen.

IV.: Im Auto zu und vom Mahnmal in Kassel

18.) St[oph] fühlte sich sichtlich erleichtert, dass es zur Kranzniederlegung gekommen war. Er meinte sinngemäss, dass es gerade angesichts der schwierigen sachlichen Fragen bedauerlich gewesen wäre, wenn dieses „Stück Gemeinsamkeit" nicht hätte deutlich gemacht werden können. Ich hatte den Eindruck, dass ihn auch die überwiegend freundliche Haltung der Kasseler Bevölkerung erfreute.

19.) Im Gespräch während der Fahrt äusserte sich St[oph] über die Auseinanderentwicklung der deutschen Sprache während der letzten 20 Jahre. Hieran anknüpfend ergab sich die Möglichkeit, auf das Thema des Reiseverkehrs zu sprechen zu kommen. Ich bat St[oph] prüfen zu lassen, ob es richtig sei, dass westdeutsche Besucher in der DDR eine Aufenthaltserlaubnis für den jeweiligen Bezirk erhalten, während sich Besucher aus der DDR bei uns in der ganzen Bundesrepublik bewegen dürften. Er wies darauf hin, dass westdeutsche Besucher in dem jeweiligen Besuchsbezirk Genehmigungen für weitere Besuche einholen könnten. Ich hatte aber den Eindruck, dass er das weiterreichende Thema zu überlegen bereit war.

Nr. 39
Hs. Notizen des Bundesministers der Verteidigung, Schmidt, über Äußerungen des Bundeskanzlers, Brandt, in der Sitzung des Bundeskabinetts im Kanzler-Bungalow
7. Juni 1970[1]

Archiv Helmut Schmidt, UdSSR, Band I: 1968–1974.

W[illy] B[randt]
A) Änderung der Weltlage
1) BRD: fest im Westen stehen, aber Vertret[un]g unserer Interessen nicht nur den 3 Westmächten überlassen
2) US-Engagement wird sich verringern[2] + (US) verändern
3) Uns steht China-Karte[3] nicht zur Verfügung.
4) Europ[äische] Pol[itik] fortsetzen, sieht gut aus.
5) Umfassende Außenpol[itik] der BRD darf sich nicht als Funktion der D[eu]tschl[an]dpolitik verstehen
6) Berlin droht, durch bisherige ‹...›[4] Statusquo-Politik zu verkümmern. Darf nicht geschehen

7) Stabilisierungspolitik in Europa (z. B. Moskau/Bonn) verändert innere Struktur des WP, aber [wir] wissen: DDR läßt sich nicht herausbrechen

B) Ich [Willy Brandt] habe mir selbst Fragen gestellt:
1) Rangiert Friedenssicherung <u>vor</u> nationalen Fragen? Ja!
2) Gibt es Widerspruch zwischen unserer Europ[äischen] Integrationspol[itik] und Entspannungspolitik? Im Gegenteil, siehe MBFR Nato-Rat in Rom![5]
3) Kann Gewaltverzichtsvertrag <u>friedensvertragl[iche] Regelung</u> ersetzen? „Ich meine nein; ‹er kann›[6] letztere aber vorbereiten. Deren Form ist aber noch offen."
4) „<u>abstrakter</u>" <u>Gewaltverzicht</u> werde den Notwendigkeiten nicht gerecht.
macht <u>konkreter</u> Gewaltverzicht sowj[etische] Interventionsansprüche (UNO 53/107)[7] hinfällig? eindeutige Basis Art. 2 ‹es war <u>keine</u> klare Antwort›[8]
5) Schmälert Gewaltverzicht das <u>Recht auf Selbstbestimmung</u>? Oder anerkennt er Unrecht? Nein – aber wir müssen im Zus[ammen]hang Recht auf Selbstbestimmung ausdrücklich unterstreichen (durch Hinweis auf <u>fortgeltenden D[eu]tschl[an]d-Vertrag</u> Art. 7, 1; durch einseitigen Brief Bonn an Moskau)[9]. „Es ist illusionär, eine sowjet[ische] Zustimmmung zu unserem Selbstbestimmungsanspruch zu erlangen"
6) Würde Gewaltverzichtsvertrag <u>andere Verträge</u> überspielen <u>oder</u> Rechte der 3 Mächte (D[eu]tschl[an]d + B[er]l[i]n) berühren? Nein! Gilt der entspr[echend] für DDR + U[d]SSR.
7) Welcher Zus[ammen]hang zwischen Gewaltverzichtsvertrag mit Moskau <u>unser Verhältnis zu anderen WP-Staaten</u>? Wir müssen das 3-Verträge-Paket durch Westmächte absegnen lassen. <u>Dann</u> dipl[omatische] Bezieh[un]gen ‹(Helmut Schmidt: Ausdrucksweise wegen DDR war unklar)›[10]
8) <u>West-Berlin</u>? Verhältnis BRD West-Berlin muß bestätigt oder „zur Kenntnis genommen" werden (durch U[d]SSR). Wir können nicht gelten lassen „auf ein Territorium d[er] DDR". Auf westl[icher] Präsenz in Berlin bestehen!

9) Bedeut[un]g des Gew[alt-]Verz[ichts]vertrags mit Moskau für poln[ische] Westgrenze? BRD hat keine territoriale Forderungen. Eine ges[amt]d[eu]tsche Reg[ierun]g würde von niemand Hilfe für eine Grenzänderung erhalten. ‹[Paris hat derzeit Warschau zu fester Formulierung der Grenzfrage geraten!]›[11], aber keinen Zweifel an unserem „ganz ernsten" Festhalten an den humanitären Forderungen: Familienzus[ammen]führung, Volksgruppenrecht („darin lasse ich mich nicht abbringen"). ‹[Charta der Vertriebenen kann man sich fast als Reg[ierung] zu eigen machen – Stuttg[ar]t 1950].›[12]

10) München[13]: ‹Ex tunc›[14] läßt Moskau uns gegenüber (nicht gegen[über] Prag) offen. „Das wollen wir mal sehen".

11) DDR: 20 P[un]kte festhalten Normalisier[un]g + Formalisierung.[15]
Keine „mißverstandene Nichteinmischungspolitik". Wir können nicht [darauf] verzichten, unsere Meinung über die Zustände in DDR zu sagen. Gleichwertige Beziehung bedeutet nicht Beziehung unter Gleichartigen. Die Mauer + Schießbefehl haben die Alliierten hingenommen; war ein Endp[un]kt einer Politik der Alliierten. „Menschl[iche] Erleichterung" darf kein bloßes Schlagwort werden. Nötig: mehr Kommunikation = Bewahrung nationaler Substanz.[16]

12) Intern[ationale] Beziehungen beider deutschen Staaten: Wir müssen auch weiterhin unsere Deblockierung der DDR (z. B. beide in die UNO!) abhängig machen von zwischendeutschen Fortschritten. Gilt auch für Unterorganisationen d[er] UNO („wird aber mulmig – trotzdem können wir Unterorganisationen der UNO nicht vorziehen"). Wer vertritt B[er]l[i]n, wenn beide deutsche Staaten in UNO? Primär 3 Mächte, abgeleitet daraus andere ‹(Helmut Schmidt: blieb unklar!).›[17] Anerkennungswelle bestehe nicht. Es kommen aber noch andere Staaten dazu. Wir müssen in jedem Einzelfall unsere Interessenlage prüfen (+ das Verhalten des betr[effenden] Landes).[18]

Nr. 40
Schreiben des Bundeskanzlers, Brandt, an den schwedischen Ministerpräsidenten, Palme
15. Juni 1970[1]

AAB, Olof Palme Archiv, 3.2/51 (OP-WB).

Lieber Freund,
wir hatten im März [1970] vereinbart, daß ich Sie vor Ihrer Abreise nach Moskau über den Stand der deutsch-sowjetischen Beziehungen unterrichte:[2]

Die langen Gespräche zwischen Staatssekretär Bahr und Außenminister Gromyko[3] haben uns überzeugt, daß die sowjetische Seite ernsthaft an einem Abkommen mit uns interessiert ist. Wir glauben, daß wir in Moskau manche Zweifel an der Ost- und Deutschlandpolitik dieser Bundesregierung ausräumen konnten. Das Ergebnis war eine Einigung auf verschiedene Grundsätze, die im Rahmen des zu schließenden Gewaltverzichtsabkommens berücksichtigt werden müssen.[4]

Im Mittelpunkt steht einerseits die sowjetische Verpflichtung, alle mit uns bestehenden Streitfragen ausschließlich mit friedlichen Mitteln zu lösen. Wir betrachten das als ein Versprechen, daß die Sowjetunion künftig auf ihre früher erhobenen Interventionsdrohungen[5] verzichtet. Auf der anderen Seite bekräftigt die Bundesregierung, daß sie alle Grenzen in Europa respektiert und auch in Zukunft keine Gebietsforderungen gegen irgendjemand stellen wird.

Wir haben besonderen Wert darauf gelegt, der sowjetischen Seite klarzumachen, daß die Bundesregierung nicht darauf verzichtet, mit friedlichen Mitteln weiterhin nach einer Wiederherstellung der staatlichen Einheit Deutschlands zu streben. Diese Politik darf ihr nicht als Verletzung des Gewaltverzichts ausgelegt werden.

Die sowjetische Regierung weiß außerdem, daß wir weder gewillt sind noch in der Lage wären, durch einen Vertrag mit der Sowjetunion die Rechte und Verantwortung der für Berlin und

Deutschland als Ganzes verantwortlichen [Vier] Mächte einzuschränken.

In den Moskauer Gesprächen bestand Einigkeit darüber, daß die beabsichtigten Gewaltverzichtsabkommen mit der UdSSR, Polen und der Tschechoslowakei sowie eine vertragliche Regelung unserer Beziehungen mit der DDR eine Einheit bilden. Wir haben unterstrichen, daß für uns außerdem eine befriedigende Sicherung des gegenwärtigen Status von West-Berlin eine unabdingbare Voraussetzung für die Ratifizierung der vorgenannten Verträge bildet.[6]

Seit Abschluß des Meinungsaustausches in Moskau haben sich das Bundeskabinett und die Fraktionen der Regierungsparteien intensiv mit dem Ergebnis befaßt. Die Beratungen sind nahezu abgeschlossen. Ich rechne damit, daß das Kabinett demnächst der Aufnahme von Verhandlungen auch formell zustimmen wird.[7]

Die innenpolitischen Auseinandersetzungen über den von der Bundesregierung angestrebten modus vivendi mit Moskau waren und sind heftig. Ich hoffe, daß unsere sowjetischen Gesprächspartner daraus keine negativen Schlüsse ziehen. Die Diskussionen sind vielmehr ein Beweis dafür, daß die Öffentlichkeit in der Bundesrepublik die Bedeutung des geplanten Abkommens richtig einschätzt. Nach unserer Überzeugung kann der modus vivendi nur lebensfähig sein, wenn er von der Mehrzahl der politisch interessierten Staatsbürger auch innerlich bejaht wird.

Ich wünsche Ihnen eine gute Reise und hoffe, nach Ihrer Rückkehr etwas über Ihre Eindrücke zu erfahren.
Mit freundlichen Grüßen
⟨Ihr Willy Brandt⟩[8]

Nr. 41
Hs. Aufzeichnung des Bundeskanzlers, Brandt, über seine Gespräche mit dem Generalsekretär der KPdSU, Breschnew, und dem sowjetischen Ministerpräsidenten, Kossygin, in Moskau 12./13. August 1970[1]

AdsD, Dep. Egon Bahr, 429 A.

Aufzeichnung – zusätzlich zum ergänzten Dolmetscher-Protokoll[2] – zum Gespräch mit Breschnew, Moskau, 12. August 1970

B[reschnew] war offensichtlich daran gelegen, sein lebhaftes und freundliches Interesse an dem Vertrag nicht nur durch seine und anderer Politbüro-Mitglieder Anwesenheit bei der Unterzeichnung zum Ausdruck zu bringen,[3] sondern auch in dem sich anschliessenden vierstündigen Vieraugengespräch stark zu unterstreichen. Gleichzeitig war er, und zwar gleich zu Beginn des Gesprächs, bestrebt, mich vom Funktionieren der „Führung", von seiner eigenen zentralen Rolle und von der Übereinstimmung zwischen Führung und Bevölkerung zu überzeugen.

Bei aller Selbstsicherheit war B[reschnew] anzumerken, dass Gespräche mit westlichen Partnern für ihn ungewohnt und insoweit Neuland sind. Er stützte sich bei seinem Vortrag auf längere Aufzeichnungen, von denen er aber – wie man merkte und wie er an einer Stelle selbst sagte – durch ausgedehnte Improvisationen abwich. In bezug auf die Vertrautheit mit westlichen Gesprächspartnern war eine deutliche Abstufung festzustellen: bei Gromyko/Falin stärker ausgeprägt als bei Kossygin, bei diesem etwas stärker als bei Breschnew (B[reschnew] argumentierte durchaus selbstverständlich mit der 99,99-prozentigen Wahlbeteiligung [in der UdSSR] etc. und versäumte auch nicht hinzuzufügen, dass Wahlen in der UdSSR eine Art von Volksfest seien. Aber auch Koss[ygin] reagierte auf meine Bemerkung, Meinungsbefragungen zeigten, dass eine grosse Mehrheit unserer Bevölkerung den Vertrag bejahe, mit der Feststellung, in der S[owjet-]U[nion] würde es auf eine entsprechende Frage eine hundertprozentige Zustimmung gegeben haben.[4] Auf der Fahrt zum Flugplatz kam er auf diesen Punkt zurück und meinte, die [bundesdeutsche] Bevölkerung werde, da sie den Vertrag positiv beurteile, doch sicher auch bei Neuwahlen der Regierung eine grosse Mehrheit sichern, und er meinte – trotz meiner Erklärungen zum Grundgesetz –, solche Neuwahlen müssten sich auch durchsetzen lassen, am besten sofort.)

Nach den einleitenden Bemerkungen, die eine knappe halbe Stunde in Anspruch nahmen, sprach B[reschnew] gute anderthalb Stunden. Ich unterbrach meine Replik nach etwa einer Stunde und stellte fest, dass ich mehrere wichtige Punkte noch nicht hatte anschneiden können. Aber es sei 18.30 [Uhr], und zu 19.30 [Uhr] habe die [sowjetische] Regierung zum Abendessen eingeladen. Dies hinderte B[reschnew] nicht daran, den grössten Teil der verbleibenden Stunde aus zusätzlichen Aufzeichnungen vorzutragen. Ich hatte den Eindruck, dass er im Hinblick auf Block- bzw. KP-Partner eine Reihe von Merkposten angebracht haben wollte, so auch eine Bemerkung über die KPD.

Die Gesprächsthemen waren also, nachdem die vier Stunden vergangen waren, in keiner Weise erschöpft. B[reschnew] – der darauf hinwies, dass er gerade einen Krankenhausaufenthalt hinter sich habe, worüber aber nicht gesprochen werden sollte – machte keinen Vorschlag, das Gespräch am nächsten Tag fortzusetzen; vielleicht ging er auch davon aus, dass ich darauf festgelegt sei, am nächsten Mittag zurückzufliegen und dass der Vormittag bereits durch das zweite Gespräch mit Kossygin in Anspruch genommen sein würde.[5] Ich hielt es meinerseits nicht für opportun, eine Fortsetzung am nächsten Tag vorzuschlagen, hatte aber von vornherein gesagt, dass beide Seiten sich frei fühlen sollten, einander inoffizielle Mitteilungen zukommen zu lassen. B[reschnew] hatte hierauf positiv reagiert und lediglich hinzugefügt, dass die Vertraulichkeit gewährleistet sein müsse. Ich bin sicher, dass B[reschnew] von dieser Möglichkeit eines gelegentlichen Kontakts – zusätzlich zu den Regierungskontakten – Gebrauch machen wird.

Inhaltlich will ich folgende Punkte festhalten und dabei auch registrieren, wo sich im Vergleich zu den Vorerörterungen mit Gromyko und zu meinem Gespräch mit Kossygin Nuancen ergeben, die es genau zu beobachten gilt:

1.) Die Bereitschaft zum Ausgleich und zur guten Zusammenarbeit wurde von B[reschnew] mindestens so stark wie von Koss[ygin] zum Ausdruck gebracht, einschliesslich des Hinweises, „die [sowjetische] Bevölkerung entsprechend zu erziehen". B[reschnew] wollte, gestützt auf seine Vorlagen, offensichtlich klar machen, dass die Führung dies eingehend beraten habe und zu einem positiven Ergebnis gekommen sei.

2.) Während Koss[ygin] ganz – oder fast ganz – auf kritische Bemerkungen über unsere Verbündeten oder einzelne von ihnen verzichtete (als in der Abschlussbesprechung das Kommunique zur Sprache kam, sagte er, ich würde wohl bemerkt haben, dass man Vietnam und andere schwierige Themen bewusst nicht angeschnitten habe), machte Br[eschnew] eine gewisse Differenzierung zwischen Frankreich/England und den USA. Andererseits sagte B[reschnew] unaufgefordert, er möchte betonen, „dass wir nicht die Absicht haben, eine Politik zu führen, die darauf hinausliefe, dass die BRD ihre Beziehungen zu uns auf Kosten der Beziehungen zu anderen Staaten, insbesondere zu den USA, entwickelt, da wohl die USA Ihr wichtigster Partner in der Aussenpolitik sind. Wir hatten und haben keine solchen hinterhältigen Pläne, und ich glaube, dass dies ein wichtiger Faktor ist."

Gleichwohl bleibt festzuhalten, dass B[reschnew] es – unter Hinweis auf Frankreich unter bzw. seit de Gaulle – zu einem Kriterium für gute und zukunftsträchtige Beziehungen zu machen versuchte, ob wir eine „unabhängige", an unseren eigenen Interessen orientierte Politik führen wollten.

3.) In bezug auf Berlin ergab sich die deutlichste Differenz zwischen den Vertragsverhandlungen und dem, was B[reschnew] zunächst sagte. Dabei war für mich nicht zu erkennen, ob er die Berlin-Erklärung, die Scheel gegenüber Gromyko abgegeben hatte,[6] nicht kannte, ob er eine schärfere Linie andeuten oder ob er mir nur auf den Zahn fühlen wollte.

Jedenfalls polemisierte er gegen ein Interview, das unser Aussenminister nach seiner Rückkehr aus Moskau gegeben und in dem er darauf hingewiesen hatte, der Vertrag werde erst in Kraft gesetzt werden können, wenn eine positive Lösung in der Berlin-Frage erreicht sei.[7] B[reschnew] fügte allerdings sogleich hinzu: „Ich möchte nicht ausschliessen, dass bei gutem Willen aller Vier Mächte man Kompromisse finden kann, die annehmbar für alle sind und bestimmte Hoffnungen geben können."

Im weiteren Verlauf, als er auf meine Ausführungen einging, sagte B[reschnew]: „Da ich annehme, dass ein Teil unserer Unterhaltung veröffentlicht wird, muss ich offiziell den alten Standpunkt in der Berlin-Frage beibehalten. Inoffiziell möchte ich jedoch betonen, dass eine annehmbare Lösung möglich ist." Er fügte hinzu: „Eines bleibt jedoch unverändert, das Gebiet von West-Berlin gehört nicht zur Bundesrepublik. Politische Präsenz im strengen Sinne ist nicht am Platze." – Es wird wichtig sein herauszufinden, was „im strengen Sinne" zu bedeuten hat. Ich hatte nicht nur darauf hingewiesen, dass die ökonomische etc. Zusammengehörigkeit eine administrative Verzahnung erforderlich mache, sondern dass es z. B. unsinnig sei, mir Reisen nach Berlin streitig machen zu wollen; ich bleibe doch auch Bundeskanzler, wenn ich nach New York oder nach Moskau reise.

Ich habe die Berlin-Frage in der Abschlussbesprechung am 13.8.[1970] noch einmal angeschnitten und halte es für wichtig, dass Kossygin darauf sinngemäss erwiderte, wir könnten Berlin in dem zwischen uns anlaufenden Informations- und Meinungsaustausch einbeziehen. Hiervon gilt es Gebrauch zu machen, allerdings so, dass keine unnötigen Verklemmungen bei unseren westlichen Partnern entstehen.

4.) In bezug auf die DDR hatte ich den Eindruck, dass B[reschnew] – unbeschadet der Hinweise auf Blocksolidarität etc. und der bekannten einseitigen Deutung dessen, was man Ergebnisse des 2. Weltkrieges nennt – sich nicht über Gebühr engagieren wollte. Er notierte – ebenso wie bei Berlin – fleissig, was ich zu sagen hatte, z. B. meine Bemerkungen über das, Informationsmaterial der SED, in dem ich aus Anlass des Treffens in Kassel[8] als „Exponent des Imperialismus" u. ä. bezeichnet worden war.[9]

Nicht nur bei B[reschnew], sondern auch bei anderen Gesprächspartnern in Moskau stellte ich fest, dass wir eine relativ starke Position haben, wenn wir unter Berufung auf den Vertrag ‹und auf den entsprechenden „Leitsatz"›[10] vom inneren Zusammenhang der gegenüber den Mitgliedern des Warschauer Paktes zu regelnden Fragen sprechen[11], gestützt darauf unsere Interessen gegenüber der DDR darlegen und keinen Zweifel daran aufkommen lassen, dass eine Regelung auch des Verhältnisses zur DDR inhaltlich mit einer Berlin-Regelung verbunden sein muss; bzw. dass es in Zentraleuropa keine Entspannung gibt, wenn Berlin nicht darin eingeschlossen ist.

5.) B[reschnew] meldete an, dass die S[owjet-]U[nion] es nicht unwidersprochen lassen würde, wenn der Vertrag von uns bzw. bei uns einseitig interpretiert werden sollte. Ich habe erklärt, dass der Vertrag für uns so gilt, wie er ausgehandelt wurde, d. h. einschliesslich der Erklärungen, die die Regierung dazu abgegeben hat. Unter Berufung auf die Bemerkung B[reschnew]s habe ich dies in der Abschlussbesprechung mit Koss[ygin] noch einmal vorgebracht.

6.) Nachdem B[reschnew] zunächst gegen das Scheel-Interview[12] polemisiert hatte, beschränkte er sich im letzten Teil des Gesprächs auf die Hoffnung, dass man mit der Ratifizierung nicht zu lange warten möge. Ich habe den Eindruck, dass sich die S[owjet-]U[nion] nicht nach unserem Terminkalender richten, sondern wahrscheinlich noch im Laufe des Herbstes ratifizieren wird.[13]

7.) Eine spontane Zwischenbemerkung von B[reschnew] lässt mich vermuten, dass die Regierung der ČSSR uns gegenüber relativ bald ihr Interesse an Verhandlungen bekunden wird.[14]

8.) Während Kossygin einen Hinweis auf das Verbot der KPD[15] in Bemerkungen über die Tätigkeit der NPD eingepackt hatte, verband B[reschnew] seinen „Merkposten" mit einigen besonders wirklichkeitsfremden abgelesenen Sätzen über ein zu empfehlendes Zusammengehen von Sozialdemokraten, Kommunisten und Gewerkschaftern.

Bei B[reschnew] sagte ich hierzu, dass es einigen Zeitaufwand erfordern würde, dieses Thema abzuhandeln. Bei Koss[ygin] hatte ich vorher auf die Rechtslage hingewiesen, gesagt, dass ich den seinerzeitigen Verbotsantrag [gegen die KPD] für falsch gehalten hätte, ‹dass die DKP[16] legal tätig sei›[17], aber auch bewusst hinzugefügt, dass ich als Vorsitzender der SPD nicht für eine starke, sondern für eine schwache KP „zuständig" sei.

9.) Obwohl die Perspektiven der wirtschaftlichen etc. Zusammenarbeit bei B[reschnew], anders als bei Koss[ygin], nur allgemein und nicht konkret behandelt wurden, ändert dies nichts an meinem Eindruck, dass das Mercedes-LKW-Projekt auf sowjetischer Seite als ein Testfall gewertet werden wird.[18] Wir müssen also alle Anstrengungen machen, um das Projekt ohne Zeitvergeudung positiv zu fördern. Gleichzeitig gibt uns dies die willkommene Gelegenheit, der sowjetischen Seite zu demonstrieren, was bei uns möglich ist und was nicht.

Wir unsererseits sollten als Testfall werten, was die sowjet[ische] Regierung zu meinen beiden Petiten betr[effend] Familienzusammenführung und Reparationen[19] sagt. In beiden Fällen hat Koss[ygin] in der Abschlussbesprechung – bei B[reschnew] wurden diese Themen nicht erörtert – Antworten nach entsprechender Prüfung zugesagt. Davon bleibt die Verbindung Ratifizierung/Berlin natürlich als zentrales politisches Problem zu trennen.

⟨Br[andt]⟩[20]

Nr. 42
Hs. Schreiben des stellvertretenden SPD-Vorsitzenden und Bundesministers der Verteidigung, Schmidt, an den SPD-Vorsitzenden und Bundeskanzler, Brandt
13. August 1970[1]

AdsD, WBA, A 8, 170.

Lieber Willy,
es drängt mich, Dir herzlich zu gratulieren und danke zu sagen. Dies ist ein großer Schritt[2], der viele kleine Schlauheiten anderer zu überspielen vermag. Er wäre ohne Deine gelassene Beharrlichkeit nicht zustandegekommen.

Wir haben gestern abend Deine aus Moskau kommende kurze Fernsehrede an die Menschen zu Hause in Deutschland gesehen +

gehört³ (zwei Berkhäne und zwei Schmidts⁴) und waren alle der Meinung: hervorragend. Laß' uns dafür sorgen, daß diese Vermeidung jeglichen öffentlichen Überschwanges und ebenso die klare Betonung unserer Zugehörigkeit zu unseren westlichen Bündnispartnern nicht durch euphorische Propagandakrämer verwischt wird. Euphorie würde gegenüber Ost-Berlin schaden, gegenüber dem Westen und auch innenpolitisch.

Ich hatte gestern auf dem Fluge nach Norddeutschland Gerhard Schröder als Fluggast in der Maschine: „Ich kann es so natürlich nicht öffentlich sagen, aber der [Moskauer] Vertrag ist gewiß nicht schlecht" – was so klang, als ob er sagte: Der Vertrag ist gut. Ihm gefielen die „schwebenden Formulierungen in den wichtigen Punkten"; den Barzelbrief⁵ fand er zu „showy". Im übrigen empfahl er dringend eine sorgfältige Untersuchung der Springer-Indiskretion!⁶

Die vorzeitige Bekanntgabe der westl[ichen] Gipfel-Konferenzidee bedaure ich – Conny [Conrad Ahlers] muß endlich stärker an Deine Leine; falls sie nicht zustande kommt, schadet uns die vorzeitige Publizierung Deiner Anregung – auch innenpolitisch.⁷

Eine sorgfältige, sofortige Unterrichtung Washingtons durch einen, der in Moskau dabei war (Egon wäre am besten), wäre gewiß nützlich; nach meinem Eindruck in der letzten Woche hat das Tempo im White House möglicherweise ein Stirnrunzeln ausgelöst.⁸ Vielleicht schickt man v[on] Braun und Frank außerdem + gleichzeitig für einen halben Tag nach Paris + London.

Zusammenfassend: Aus meiner Sicht spricht vieles dafür, daß vis-à-vis [dem] Osten eine neue Ära begonnen hat. Der Westen und übrigens auch wesentliche Teile des eigenen Publikums (Bayern!) müssen aber spüren können, daß sich vis-à-vis [dem] Westen nichts ändern soll und wird. Für Dich selbst weißt Du wahrscheinlich, daß die öffentlich elementaren Schwerpunkte des B[undes]K[anzlers] und Parteivorsitzenden demnächst soweit wie irgend möglich auf innenpol[itischem] Gebiet liegen müssen: Mieten, Preise, Löhne, Hochschulen plus Nähe zu den Gewerkschaften (besonders auch: Arbeitern) plus eindeutige Absage an Kommunisten + dergl[eichen].

Ich wünsche Dir sehr möglichst ungestörten Urlaub im Norden
– bitte Grüße auch ‹Rut›[9] von uns.
Mit sehr herzlichen Wünschen – auch im Namen von Loki –
Dein H[elmut]

Nr. 43
Interview des Bundeskanzlers, Brandt, für *Der Spiegel*
17. August 1970

Der Spiegel, Nr. 34 vom 17. August 1970, S. 28–30.

„Kossygin weiss, was möglich ist"

SPIEGEL: Herr Bundeskanzler, in Ihrer Tischrede beim Staatsbankett im Kreml bezeichneten Sie den deutsch-sowjetischen Vertrag als „einen neuen Anfang, der unseren beiden Staaten gestattet, den Blick nach vorn zu richten in eine bessere Zukunft"[1]. Wie sehen Sie jetzt diese deutsch-sowjetische Zukunft?
BRANDT: Zunächst einmal dürfen wir jetzt nicht den Fehler machen, in eine Art von Euphorie zu verfallen.[2] Seit dem Überfall Hitlers auf die Sowjet-Union im Jahre 1941 sind auf beiden Seiten viele Dinge geschehen, die nur in einem langen Zeitraum überwunden werden können. Entscheidend ist, daß wir endlich über das Gerede hinauskommen und entschlossen einen neuen Anfang setzen. Ich hoffe sehr, daß die weitere Entwicklung zuerst einmal zu einer Normalisierung der politischen, wirtschaftlichen und sonstigen Beziehungen zwischen der Bundesrepublik Deutschland und der Sowjet-Union führt. Daß ein Klima des Vertrauens geschaffen wird. Und daß die Einsicht an Boden gewinnt, daß die beiden Staaten von einer engeren Zusammenarbeit nur profitieren können.
SPIEGEL: Welche Konsequenzen würden sich aus einer solchen engeren Kooperation zwischen der Sowjet-Union und der Bundesrepublik für Europa ergeben?

BRANDT: Im Rahmen dieser Zusammenarbeit wird es möglich sein, auf die gesamteuropäische Entwicklung einzuwirken und die Fragen, die uns auf Grund der deutschen Teilung bedrücken, zu beeinflussen. Jetzt kommt es erst einmal darauf an, den Vertrag, den wir in Moskau unterzeichnet haben, mit Leben zu erfüllen. Ministerpräsident Kossygin hat in seiner Tischrede gesagt, dieser Vertrag sei vom Leben diktiert.[3] Ich stimme ihm zu. Das Leben diktiert uns die Aufgabe, diesen Vertrag als ein Instrument zur Verbesserung der Beziehungen zu benutzen. Er darf und er soll kein Stück Papier bleiben.
SPIEGEL: Ist der neue Frühling in den deutsch-russischen Beziehungen nicht etwas zu plötzlich und zu heftig ausgebrochen? Das sowjetische Protokoll behandelte den deutschen Gast beinahe wie einen alten Freund, die Russen sprachen nicht mehr von den Wunden der Vergangenheit, Parteichef Breschnew unterbrach eigens seinen Urlaub. Muß das nicht im Westen wieder den Verdacht eines neuen Rapallo[4] wecken?
BRANDT: Meinem Besuch in Moskau sind lange, gründliche und zähe Verhandlungen vorausgegangen.[5] Von Plötzlichkeit kann niemand sprechen, der sich in der deutschen Nachkriegsgeschichte auskennt. Ich halte es nicht für überraschend, daß auch die protokollarische Seite der Bedeutung des deutsch-sowjetischen Vertrags entsprechend behandelt wurde. Und ich habe es begrüßt, daß ich die Gelegenheit hatte, in einem vierstündigen Gespräch mit dem Generalsekretär des Zentralkomitees der Kommunistischen Partei der Sowjet-Union, Herrn Breschnew – also dem ersten Mann der dortigen Führung –, die Meinungen über viele Aspekte der aktuellen Politik auszutauschen.[6] En ähnliches Gespräch haben bisher nur wenige Politiker des Westens führen können. Es war für mich sehr lehrreich, und ich hoffe, daß es mir gelungen ist, das Verständnis von Herrn Breschnew für einige unserer Auffassungen zu wecken.
SPIEGEL: Waren sie eigentlich überrascht, als Herr Breschnew plötzlich bei der Unterzeichnung der Verträge erschien?
BRANDT: Ich wußte, daß – wie es in dortiger Terminologie heißt – ich an diesem Tage Mitgliedern der Führung begegnen würde.

SPIEGEL: Wie haben sich der Vorsitzende der SPD und der Generalsekretär der KPdSU verstanden?
BRANDT: Ich habe auch mit Herrn Breschnew als Bundeskanzler gesprochen, aber natürlich bleibe ich Vorsitzender der SPD, auch wenn ich Besprechungen im Ausland führe. Man kann diese Funktionen nicht künstlich spalten. Jedenfalls kann kein Zweifel darüber bestehen, daß Herr Breschnew der erste Mann in der politischen Führung der Sowjet-Union ist. Es war eine erste Begegnung. Doch schon ihre Dauer zeigt vielleicht, daß es viele Themen gab, an denen ein gemeinsames Interesse bestand. Diese Themen beschränkten sich nicht nur auf die Fragen der Beziehungen zwischen unseren beiden Staaten.
SPIEGEL: Um so mehr interessiert doch die Frage nach den Rapallo-Ängsten im Westen.
BRANDT: Was die Reaktion im Westen angeht, so gibt es natürlich einige, insbesondere einige Journalisten, die – was immer sie darunter verstehen – an einem Rapallo-Komplex leiden.[7] Derartige Befürchtungen sind völlig gegenstandslos. Wir wissen, daß unsere Politik gegenüber der Sowjet-Union nur erfolgreich sein kann, wenn wir unsere Verankerung im Westen, zu dem wir auf Grund unserer Interessen und unserer Überzeugung gehören, nicht lockern. Im übrigen haben sowohl Herr Breschnew als auch Herr Kossygin sehr deutlich erklärt, daß sie eine Lockerung unserer Beziehungen zum Westen gar nicht erwarten.
SPIEGEL: Kritiker Ihrer Ostpolitik befürchten dennoch, daß die Verständigung mit der UdSSR der Erosion des Nato-Bündnisses Vorschub leisten und speziell den Amerikanern einen neuen Vorwand bieten wird, ihr militärisches Engagement in Mitteleuropa zu reduzieren. Sehen Sie die Gefahr, daß der Vertrag im Effekt zu einer Entfremdung zwischen den USA und uns führen wird?
BRANDT: Ich sehe keine Gefahr dieser Art. Die Vereinigten Staaten selber verhandeln mit der Sowjet-Union über ein ganz entscheidendes Thema unserer Zeit, nämlich über die Begrenzung der strategischen Rüstungen.[8] An einem Erfolg dieser Verhandlungen sind alle Staaten interessiert. Denn er könnte zu einer Begrenzung der Rüstungslasten und damit zu einer Erhöhung der Sicherheit führen.

SPIEGEL: Dennoch könnte der Moskauer Vertrag den amerikanischen Truppenabzug beschleunigen.
BRANDT: Die Frage einer Verringerung der amerikanischen Truppen in Europa wird in den USA seit langem diskutiert – ganz unabhängig von dem, was man unsere Ostpolitik nennt. Wir werden mit den Amerikanern verhandeln und uns zusammen mit den anderen europäischen Nato-Ländern um eine vernünftige Lastenverteilung im Bündnis bemühen. Hier geht es um ein gemeinsames Interesse des Bündnisses, aber auch um ein eigenes Interesse der Amerikaner.
SPIEGEL: Es heißt, der Vorschlag der Bundesregierung, eine westliche Doppelkonferenz einzuberufen, sei bei unseren Verbündeten auf Reserve gestoßen.[9] Könnte das nicht ein Ausdruck dieser Ihrer Meinung nach unbegründeten Rapallo-Befürchtungen und -Ängste sein?
BRANDT: Das, glaube ich, ist eine ganz falsche Einschätzung. Sollte es tatsächlich solche Befürchtungen geben, so wären gerade die drei Westmächte, die ja Verantwortung für Deutschland als Ganzes und Berlin tragen, sicherlich daran interessiert, daß wir uns so bald wie möglich sehen. Aber der Vorgang der Übermittlung unserer Anregung ist nicht gut gelaufen. Es hat Veröffentlichungen über diese Anregung gegeben, bevor die westlichen Verbündeten die entsprechenden Briefe gehabt haben.[10] Das hat keiner gern. Außerdem wurden Überlegungen publik, die gar nicht in den Briefen stehen. So zum Beispiel, bei welcher Gelegenheit oder am Rande welcher Veranstaltung man sich treffen sollte.
SPIEGEL: Indiskretionen haben Sie ja in Bonn genug.
BRANDT: Jemand in Washington hat gesagt, man hätte uns das übelgenommen, wenn man nicht ohnehin wüßte, daß in Bonn alles, richtig oder falsch, öffentlich abgehandelt wird. Aber die Sache selbst war schon zwischen Präsident Nixon und mir im April als eine Möglichkeit besprochen worden.[11]
SPIEGEL: Hat dieser Vertrag nicht auf der anderen Seite Hoffnungen erweckt, die Bonn nur schwer erfüllen kann? Die Russen erwarten von uns ein wirtschaftliches, technisches und finanzielles Engagement, das unsere nationalen Möglichkeiten übersteigt. Wie wollen Sie diese Hoffnungen dennoch honorieren?

BRANDT: In meinen Gesprächen mit Ministerpräsident Kossygin[12] habe ich einen anderen Eindruck gewonnen. Er und seine Mitarbeiter sind nüchterne Leute, die wissen, was möglich ist und was nicht möglich ist. Es wäre deshalb einfach falsch, wenn man behaupten wollte, daß der Vertrag unerfüllbare Forderungen geweckt habe.

SPIEGEL: Wenn wir die Hoffnungen der Sowjet-Union auf eine bessere wirtschaftliche und technische Zusammenarbeit auch nur in bescheidenem Maße erfüllen wollen, werden wir wohl kaum an gewissen Kreditzusagen vorbeikommen. Denn die deutsche Wirtschaft wird nichts aus Liebe zur Sowjet-Union tun.

BRANDT: Ministerpräsident Kossygin versteht sehr viel von den Realitäten des wirtschaftlichen Austauschs. Er sagte, man sei sich darüber im klaren, daß die Bundesrepublik Deutschland keine Wohlfahrtseinrichtung sei und daß Staaten, wenn sie wirtschaftlich kooperieren, dies nicht wohltätiger Zwecke wegen tun, sondern um ihre Interesse zu erfüllen.[13] Natürlich gibt es Begrenzungen.

SPIEGEL: Beispielsweise ein solches Riesenprojekt wie die mit Daimler-Benz besprochene Lastwagenfabrik kann vermutlich nicht mit deutschen Mitteln allein verwirklicht werden.[14] Gibt es einen Ansatzpunkt, andere EWG-Länder dabei hinzuzuziehen und dadurch auch für die von der Sowjet-Union gewünschte Öffnung der EWG für östliche Handelspartner eine Hintertür zu finden?

BRANDT: Wir würden, wenn wir so etwas machten, die Welt nicht neu entdecken. Wenn es zu dem großen Projekt der Lastwagenfabrik kommt, dann würde ich eine europäische Kooperation lebhaft begrüßen, besonders – darüber habe ich mit Präsident Pompidou schon gesprochen, als er in Bonn war – wenn hier eine deutsch-französische Kooperation stattfinden könnte.[15] Wir werden uns in solchen Zusammenhängen ganz bewußt als Europäer zu bewähren haben. Wir wollen nicht andere ausstechen, sondern, wo immer es geht, mit unseren Partnern zusammen etwas tun.

SPIEGEL: Haben Sie den Russen irgendwelche finanziellen Zusagen gegeben oder in Aussicht gestellt?

BRANDT: Nein.

SPIEGEL: Ist bei Ihren Moskauer Begegnungen die Erwartung bestätigt worden, daß unter dem Schirm eines deutsch-sowjetischen Vertrags die Aussöhnung mit den anderen osteuropäischen Staaten, beispielsweise mit Polen und der ČSSR, besser vorankommen wird als bisher?
BRANDT: Ja, das kann man so sagen. Alles deutet darauf hin, daß dieser Vertrag unsere Beziehungen zu den osteuropäischen Ländern insgesamt fördern wird. Dies gilt nach meiner Einschätzung auch für die DDR. Was Polen angeht, so sind unsere Verhandlungen so weit gediehen und insoweit unabhängig von der Unterzeichnung des Vertrags mit Moskau.[16] Polen ist stolz auf seine Unabhängigkeit, und ich bin froh darüber, daß die polnische Regierung aus eigenem Entschluß seit geraumer Zeit dazu bereit ist, in den Beziehungen zur Bundesrepublik neue Wege zu gehen.
SPIEGEL: Die Berichte über Ihre Verhandlungserfolge in Moskau können in Ost-Berlin keine Begeisterung geweckt haben. Muß sich Ulbricht jetzt nicht in die Ecke gedrängt fühlen, anstatt zu neuen innerdeutschen Kontakten animiert?
BRANDT: Das glaube ich nicht. Man sollte davon ausgehen, daß die Regierung der DDR ebenfalls ein Interesse daran hat, den Kontakt mit uns fortzusetzen. Es ist ganz klar, daß unser Vertrag mit der Sowjet-Union an den engen Beziehungen zwischen Moskau und Ost-Berlin nichts geändert hat und auch nichts ändern kann. Ich bin ebenso sicher, daß er dazu beitragen wird, die Regierung in Ost-Berlin davon zu überzeugen, daß die Bemühungen um eine Entspannung in Europa und damit auch in Deutschland wirklich für beide Seiten geboten sind.
SPIEGEL: Nach Ihrer Meinung kann also auch Ulbricht einen Vorteil in dem Vertrag sehen?
BRANDT: Ich habe in Moskau gesagt, daß man bei einem solchen Vertragswerk nicht unterstellen darf, die eine oder die andere Seite habe einen Vorteil. Sondern daß man von dem ausgehen muß, was beiden Seiten zu einem Vorteil verhilft. Dieser Maßstab gilt auch für unseren Versuch, mit der DDR zu vertraglichen Regelungen zu kommen. Dazu bedarf es der Beratung von Experten, die einen Auftrag ihrer Regierungen haben.

SPIEGEL: Haben Sie Hinweise oder Indizien dafür, daß das Gespräch mit Ost-Berlin wieder in Gang kommt?
BRANDT: Wir haben keine Initiative vor, sondern wir weisen noch einmal in aller Sachlichkeit darauf hin, daß wir unsere 20 Punkte von Kassel als Diskussionsgrundlage unterbreitet haben.[17] Und nun kommt es darauf an, wieviel Zeit man in Ost-Berlin braucht, um auf dieser Grundlage einen neuen Gesprächstermin vorzuschlagen, und zwar für eine Zusammenkunft, wie das zwischen Regierungen üblich ist.
SPIEGEL: Wenn der Kern des Vertrags in dem Versprechen besteht, sich nicht in die jeweils andere Einflußsphäre störend einzumischen – haben Sie dann bei Ihren Gesprächspartnern Ansatzpunkte dafür erkannt, daß die Sowjets bereit sind, Sicherheit und Lebensfähigkeit West-Berlins zu garantieren?
BRANDT: Es würde die laufenden Viermächte-Verhandlungen über Berlin nur stören, wenn ich mich öffentlich zu dem äußern würde, was ich hierzu in Moskau besprochen habe. Die Haltung der Bundesregierung ist bekannt, und ich habe meine Gesprächspartner nicht im Zweifel darüber gelassen. Ich habe erklärt, daß die Bundesregierung ein vitales Interesse an einer befriedigenden Lösung des Berlin-Problems hat, und ich habe, auf mich selbst bezogen, hinzugefügt, daß ich den Teil meines politischen Lebens, in dem ich als Regierender Bürgermeister gewirkt habe, nicht streichen könnte. Ich habe weiter betont, daß West-Berlin in vielfacher Hinsicht mit der Bundesrepublik verbunden ist und daß dies nach dem freien Willen der West-Berliner Bevölkerung auch so bleiben soll. Ich zweifle nicht daran, daß meine Gesprächspartner mich verstanden haben.
SPIEGEL: Sind die Chancen einer Ratifizierung des Vertrags durch Ihre Reise nach Moskau verstärkt worden?
BRANDT: Ich glaube, ja.
SPIEGEL: Weil die Opposition es schwerer hat, nein zu sagen?
BRANDT: Sie wissen, daß Herr Barzel mir unmittelbar vor Antritt meiner Moskauer Reise einen Brief gebracht hat. Diesen Brief habe ich gerade beantwortet und darin Elemente der Ost-Politik dieser Regierung noch einmal entwickelt.[18] Und da diese Regierung um eine möglichst breite Zustimmung zu ihren Verträgen und sonstigen Ab-

kommen besorgt ist, geht sie auch auf die Anregung ein, vertrauliche Gespräche über diese Komplexe der Außenpolitik mit der Opposition zu führen. Darüber werden Herr Barzel und ich uns im September miteinander in Verbindung setzen.
SPIEGEL: Herr Bundeskanzler, wir danken Ihnen für dieses Gespräch.

Nr. 44
Schreiben des Präsidenten der Vereinigten Staaten von Amerika, Nixon, an den Bundeskanzler, Brandt
1. September 1970[1]

NARA, Nixon Presidential Materials Staff, NSC, 1969–1974, Presidential Correspondence 1969–1974, Box 753 (Übersetzung aus dem Englischen: Bernd Rother).

Sehr geehrter Herr Bundeskanzler,
da ich weiß, dass dies eine Zeit ist, in der Sie sehr beschäftigt sind, bin ich besonders dankbar für Ihre Aufmerksamkeit, mir Ihre Erläuterungen in den Schreiben vom 8. und 14. August[2] zukommen zu lassen. Es ist für mich immer von großem Wert, Ihr persönliches Urteil und Ihre Einschätzung zu kennen.

Sie und Ihre Unterhändler müssen erfreut sein über die Ergebnisse Ihrer Anstrengungen der letzten Monate, mit der Sowjetunion Übereinkünfte zu erzielen. Mit Freude habe ich Ihre Einschätzung zur Kenntnis genommen, dass die sowjetische Regierung, die das Junktim mit der Ratifizierung des [Moskauer] Vertrages anerkannt hat, bereit sein wird, hilfreiche Schritte in Richtung auf eine annehmbare Lösung der Berlin betreffenden Probleme zu ergreifen. Sie können versichert sein, dass wir genau achten werden auf jedes Zeichen sowjetischer Bereitschaft, dabei zu kooperieren, die Sicherheit und das Wohlergehen der Berliner zu garantieren. Was die Rechte und Verantwortlichkeiten der Vier Mächte für Berlin und Deutschland als Ganzes angeht, so weiß ich, wir beide sind der gleichen Ansicht, dass diese Rechte und Verantwortlichkeiten fortdauern und auch nicht durch den von Ihnen gerade unterzeichneten Vertrag berührt werden oder berührt werden können.³

Mit Interesse habe ich Ihren Eindruck über die sowjetischen Ansichten sowie Ihre zusammenfassende Bewertung vernommen, dass die Sowjetunion eine echte Minderung der Spannungen wünscht.⁴ Wenn sich das durch ihr tatsächliches Verhalten bestätigt, dann wäre dies wirklich eine Quelle der Genugtuung.

Ihr Vorschlag für ein Treffen der westlichen Staats- oder Regierungschefs oder deren Außenminister kommt zur rechten Zeit.⁵ Ein derartiges Treffen würde die unerlässliche Einheit des Westens unterstreichen und gleichzeitig sicherstellen, dass wir gemeinsam jede Gelegenheit sondiert haben, damit sich Ost und West eines echten Friedens ohne Bedrohung für die gegenseitige Sicherheit erfreuen. Ich glaube, die vier Regierungen sollten über diplomatische Kanäle ihre Beratungen über den vorteilhaftesten Zeitplan und die Wahl des richtigen Zeitpunkts für unsere Gespräche fortsetzen.

Die besondere Bindung zwischen unseren Ländern hat sehr dazu beigetragen, unsere gemeinsamen Interessen zu bestimmen, und ich bin überzeugt, dass diese engen Beziehungen auch in der Zukunft stabil und vital bleiben werden.

Hochachtungsvoll
[Richard Nixon]⁶

Nr. 45
**Aus dem Protokoll der Sitzung des SPD-Parteivorstands
14. September 1970**[1]

AdsD, SPD-Parteivorstand, PV-Protokolle.

[...][2]
Willy Brandt berichtet ausführlich über den Vertrag der Bundesregierung mit der Regierung der Sowjetunion vom 12.8.1970.
[...][3]
Die Gespräche [in Moskau][4] seien nicht nur von diplomatischer Höflichkeit, sondern auch von sachlichem Ernst geprägt worden. Es wurde klar, dass keine Seite mit sich spielen lassen würde.

Die ihm zugebilligte Fernsehsendung mit der Übertragung nach Deutschland sei den Russen sicherlich nicht leicht gefallen.[5]

Eine gewisse Westfremdheit bei den Gesprächspartnern sei unverkennbar gewesen. Der westlichste Partner, mit dem Breschnew je gesprochen habe, sei Ulbricht gewesen.

Breschnew habe das gute Funktionieren der kollektiven Führung der Sowjetunion herausgestellt.

Die sowjetische Führung gehe offensichtlich von der Arbeitshypothese aus, dass man es mit einer erweiterten EWG zu tun haben werde. Man rechne mit der baldigen Mitgliedschaft von England. In bezug auf die Wirtschaft und den Handel komme dem bevorstehenden Schiller- und Leussink-Besuch in Moskau eine grosse Bedeutung zu.[6]

In keiner Phase des Gesprächs sei der Versuch gemacht worden, die Bundesregierung gegen andere auszuspielen. Es sei sicher, dass man nicht eine Verbesserung des Verhältnisses gesucht habe, um uns mit unseren westlichen Bündnispartnern – einschliesslich USA – auseinanderzudividieren.

Der Wunsch nach Verständigung sei von Breschnew sehr unterstrichen worden. In der Sowjetunion werde man Mittel der Aufklärung und Erziehung einleiten, um die bösen Gefühle der Vergangenheit gegenüber den Deutschen auszuräumen.

Ganz klar sei von Breschnew zum Ausdruck gebracht worden, dass eine Verständigung der Staaten keine Verwischung der ideologischen Gegensätze zur Folge haben könne. Er habe seinen Respekt vor der SPD zum Ausdruck gebracht, ansonsten aber ein schematisches Urteil über sozialdemokratische Parteien gehabt.

Weiter habe Breschnew stark die Solidarität der Sowjetunion mit den Verbündeten im Warschauer Pakt unterstrichen.

Ein russischer Gesprächspartner habe offenbar versucht ‚abzuklopfen', inwieweit unsere Wünsche einer Berlinregelung ernstgemeint seien.[7] Klar müsse sein, dass nunmehr die Möglichkeit besteht – ohne dass wir Rechte erworben haben –, unsere Vorstellungen der russischen Regierung direkt vorzutragen. Das war bisher nur gegenüber den Westmächten möglich. Er müsse jetzt davon ausgehen, dass die Sowjets bereit sind, in bezug auf eine Berlinregelung etwas zu tun.

Eine Europäische Sicherheitskonferenz[8] hat in den Gesprächen nur eine untergeordnete Rolle gespielt.

Breschnew habe in dem Gespräch deutlich gemacht, dass eine etwaige einseitige Interpretation des Vertrages durch die Bundesregierung von sowjetischer Seite nicht unwidersprochen hingenommen würde. Leider bestehe die Gefahr, dass durch die CDU ein solcher Widerspruch kommen könne.[9]

Humanitäre Fragen seien natürlich auch angesprochen worden. Er sei nicht pessimistisch und glaube, dass sich bezüglich Familienzusammenführung etc. einiges erreichen lasse.

Willy Brandt weist darauf hin, dass in den Verlautbarungen nach der Unterzeichnung des Vertrages zum Ausdruck gebracht worden sei, dass Fragen von Reparationen an die Sowjetunion nicht zur Sprache gekommen seien. Er (W[illy] B[randt]) habe bis zur Vertragsunterzeichnung dazu auch nichts gesagt. Bei der Unterzeichnung habe er aber zum Ausdruck gebracht, dass es im Interesse einer guten Zusammenarbeit notwendig sei, die Unsicherheit zu beseitigen, und die Frage von Reparationen wohl als erledigt angesehen werden könne.[10]

Er habe Antwort erhalten, dass sich die Führung der Sowjetunion damit befassen werde.

Im Verlauf der weiteren Unterhaltung sei die Wiederzulassung der KPD angesprochen worden. Er habe darauf hingewiesen, dass er als Vorsitzender der SPD kein Interesse an einer starken KPD haben könne.[11] Von den Russen sei gegen die NPD und Strauss polemisiert worden.

Er habe darauf hingewiesen, dass es sich bei diesem Vertrag nicht um einen Vertrag einer Partei oder Regierung handeln könne, sondern um einen Vertrag, der zwischen Völkern abgeschlossen werde. Geheimabsprachen seien nicht getroffen worden.
[...][12]

Nr. 46
**Aus dem Interview des Bundeskanzlers, Brandt, mit *L'Express*
7. Dezember 1970**[1]

Bulletin des Presse- und Informationsamtes der Bundesregierung, Nr. 173 vom 10. Dezember 1970, S. 1891–1893.

Frage:
Sie fahren in dieser Woche nach Warschau, um einen Vertrag mit Polen zu unterschreiben. In der letzten Woche hat sich die Atmosphäre in Berlin verschlechtert, nachdem die Ostdeutschen den Berlin-Verkehr behindert haben. In der kommenden Woche muß in Brüssel eine Entscheidung über die europäische Währung fallen.[2] Welches dieser drei Ereignisse erscheint Ihnen am wichtigsten?
Antwort:
Ihre Frage läuft darauf hinaus, ob unsere Ostpolitik wichtiger oder weniger wichtig ist als unsere Westpolitik. Ich antworte sehr ungern auf eine derartige Fragestellung, denn beide, die Ostpolitik und die Westpolitik, sind von entscheidender Bedeutung. Wenn Sie darauf

bestehen, daß ich eine Rangordnung aufstelle, so möchte ich Ihnen sagen, daß mir die Westpolitik als die wichtigste erscheint.
Frage:
Warum?
Antwort:
Weil die Einheit Westeuropas schnell eine Realität werden soll und wir daran ein vitales Interesse haben. Im Gegensatz dazu handelt es sich im Osten aber erst darum, die Voraussetzungen für eine Annäherung der beiden Teile Europas und insbesondere für die wichtige Frage von späteren Verhandlungen über die ausgewogene Verminderung der Streitkräfte der NATO und des Warschauer Paktes zu schaffen.[3] Diese Verhandlungen betreffen alle westeuropäischen Länder. Ich möchte unterstreichen, daß unsere Ostpolitik nicht ausschließlich darauf ausgerichtet ist, die bilateralen Fragen zwischen der Bundesrepublik und den osteuropäischen Ländern zu regeln.
Frage:
Sind Sie mit den erreichten Ergebnissen zufrieden oder sind Sie von ihnen enttäuscht?
Antwort:
Ich habe niemals geglaubt, daß in der Ostpolitik Wunder geschehen könnten, doch glaube ich, daß die Dinge weiter voranschreiten werden.
Frage:
Sie denken dabei an die Schwierigkeiten in Berlin?
Antwort:
Diese Schwierigkeiten sind nicht überraschend. Seit dem Ende der Berliner Blockade ist es nun das erste Mal, daß die Vier Mächte den Versuch machen, sich über eine Berlin-Regelung zu verständigen.[4] Man kann auch davon ausgehen, daß die Sowjetunion es dabei nicht ganz leicht hat mit der Ost-Berliner Regierung. Für diese ist Berlin natürlich ein sehr wichtiges Problem, während es für die Sowjets nur eins unter vielen Problemen ist.
Frage:
Die Zwischenfälle scheinen Ihnen wohl eher auf die Ostdeutschen als auf die Russen zurückzugehen?

Antwort:
In meinen Augen besteht daran kein Zweifel.
Frage:
Aber warum sollte Ihnen die sowjetische Regierung etwas schenken? Warum sollte sie auf die Propaganda gegen die Bonner Revanchisten verzichten? Müßte Sie nicht fürchten, daß eine zu freundliche Bundesrepublik zum Anziehungspunkt für die osteuropäischen Länder wird?
Antwort:
Unbestreitbar hat die sowjetische Regierung die Gewohnheit gehabt, die Bundesrepublik als den Teufel hinzustellen, und für sie war das bequem. Ich bin dennoch überzeugt, daß die Entspannung in Europa für die UdSSR wichtiger ist als die Aufrechterhaltung dieses künstlichen Propagandagebildes. Dafür sehe ich drei Gründe, ohne daß es notwendig ist, über China Spekulationen anzustellen. Verstehen Sie mich recht. Ich sage nicht, daß der chinesisch-sowjetische Streit ohne Bedeutung ist, doch ich möchte auf dieses Problem lieber nicht eingehen.
Frage:
Warum nicht?
Antwort:
Ich möchte das mit einer Anekdote beantworten, die zu Hitlers Zeiten umlief. Ein Vater zeigt seinem Sohn einen Globus. „Mein Junge, siehst du hier diesen kleinen Fleck? Das ist Deutschland." Darauf der Sohn: „Weiß das denn der Hitler?"[5] Ich erwähne das, um Ihnen deutlich zu machen, daß der heutige Bundeskanzler weiß, welchen wahren Platz Deutschland heute in der Welt einnimmt. Es will sich nicht herumstoßen lassen, aber es will auch nicht vorgeben, im chinesisch-sowjetischen Streit eine Rolle zu spielen. Es wird sicher einmal die Zeit kommen, daß wir dahin kommen, mit China unsere Beziehungen zu normalisieren, so wie General de Gaulle es bereits 1964 getan hat.[6] Augenblicklich wollen wir aber mit dem Anfang beginnen, in dem wir uns um bessere Beziehungen mit unseren Nachbarn bemühen.
Frage:
Welches sind, außer China, die drei Gründe, die Ihrer Meinung nach die Sowjetunion veranlassen, sich mit der Bundesrepublik verständigen zu wollen?

Antwort:
Der erste Grund ist ein wirtschaftlicher. Die Russen sind an der Ausweitung des Handelsaustausches mit Westeuropa interessiert. Als gute Marxisten sind sie zu dem Schluß gelangt, daß die Bundesrepublik in Westeuropa ein großes Gewicht hat. Die Entspannung mit uns erscheint ihnen also als eine Voraussetzung der Zusammenarbeit mit Westeuropa insgesamt, einschließlich Großbritanniens, zu sein.

Der zweite Grund ist, daß trotz der Spannungen im Nahen Osten die Sowjetunion auf eine Verständigung mit den USA hofft. Auch hier kann nicht Dauerhaftes geschaffen werden, wenn in Europa das gegenwärtige Mißtrauen bestehen bleibt.

Der dritte Grund ist meiner Meinung nach der wichtigste. Ich glaube, daß die sowjetische Regierung aus den Ereignissen der ČSSR die Lehre gezogen[7] hat, daß es in ihrem Interesse liegt, wenn die osteuropäischen Länder mit den westeuropäischen Ländern mehr Handel treiben und überhaupt ihre Beziehungen intensivieren. Entspannung ist nur möglich, wenn alle daran teilhaben. Was den augenblicklichen Entspannungsprozeß so wichtig macht, ist die Tatsache, daß er mit der Sowjetunion und nicht gegen sie verläuft.

Frage:
Welche Größenordnung kann der Osthandel der Bundesrepublik erreichen?
Antwort:
Der Osthandel wird nicht die Ausmaße annehmen, die einige unserer Freunde befürchten. 1969 war unser Handelsaustausch mit der Sowjetunion so groß wie der mit Luxemburg. Das heißt, selbst wenn wir ihn verdoppeln, so wird er nicht gigantisch sein.

Frage:
Wollen die Russen nicht mehr erreichen, beispielsweise Anleihen?
Antwort:
Als ich im August [1970] in Moskau war, habe ich keinerlei Zweifel gelassen.[8] Ich habe Wert darauf gelegt, die sowjetische Regierung daran zu erinnern, daß in zwei Jahren die Mitgliedsländer des Gemeinsamen Marktes ihre Außenhandelsverträge nicht mehr getrennt aushandeln werden. Hinsichtlich der Anleihen, das heißt der An-

leihebedingungen, habe ich gleichfalls zu erkennen gegeben, daß wir nicht die Absicht haben, einen niedrigeren Zinssatz zu gewähren als unsere Partner.
Frage:
Glauben Sie, daß, wenn sich die Entspannung präzisiert, Deutschland eines Tages wiedervereinigt werden kann?
Antwort:
Es ist nutzlos, über die Zukunft zu spekulieren. In der augenblicklichen Phase ziehe ich in Betracht, zwischen der Bundesrepublik und Ostdeutschland zu einem Vertrag oder zu einem Bündel von Übereinkommen zu gelangen. Ein derartiger Vertrag oder derartige Übereinkommen könnten sich auf ein ziemlich weites Feld erstrecken, von der europäischen Sicherheit bis zu kulturellen und wirtschaftlichen Banden. Natürlich müssen sie das Schicksal der getrennten deutschen Familien und die Möglichkeiten der Besuche einschließen.
Frage:
Bedeutet nicht die Unterschrift unter einen Vertrag oder unter ein Übereinkommen mit Ostdeutschland die Anerkennung?
Antwort:
Nein, nach dem Völkerrecht impliziert eine Vertragsunterschrift keine Anerkennung.
Frage:
Wenn Sie wollen, sagen wir De-facto-Anerkennung.
Antwort:
Als ich Regierender Bürgermeister von Berlin war[9] und ein Laissez-Passer vorzeigen mußte, um in den Ostsektor zu gelangen, hat diese einfache Handlung bereits eine De-facto-Anerkennung dargestellt. Ich möchte es so sagen, wie es einmal mein Freund Harold Wilson definiert hat: „Wenn ich in den Zoo gehe und einen Elefanten sehe, dann erkenne ich an, daß es sich um einen Elefant handelt, ohne ihm die persönliche Anerkennung als Elefant auszusprechen."
Frage:
Welchen Zeitplan sehen Sie in ihrer Entspannungsperspektive vor?

Antwort:
Der Vertrag mit Polen wird diese Woche unterzeichnet werden.[10] Verhandlungen mit der Tschechoslowakei sollen in Kürze aufgenommen werden. Ich hoffe, daß sie im Laufe des nächsten Jahres zum Erfolg führen.[11] Bis dahin glaube ich, daß ein Abkommen über Berlin abgeschlossen sein kann.[12] In der Tat scheint mir, daß die vier Großmächte – USA, Frankreich, Großbritannien und die Sowjetunion –, die das Berlin-Abkommen aushandeln, dieses in den kommenden Monaten in großen Zügen deutlich werden lassen. Die Diskussion über die Modalitäten könnte daran anschließend dann noch einige Zeit in Anspruch nehmen. Ich bin zuversichtlich, daß das Los der Bevölkerung von Berlin verbessert wird. Wenn das der Fall ist, wird die deutsche Öffentlichkeit dies zu würdigen wissen. Sie werden darin die ersten Früchte unserer Ostpolitik sehen.
Frage:
Glauben Sie, daß während dieser Zeit die Einigung Westeuropas ihrerseits weiter fortgeschritten sein wird?
Antwort:
Ja. Die Verhandlungen zwischen dem Gemeinsamen Markt und England sind bereits in einer wichtigen Phase, und der Wille, eine Einigung zu erzielen, ist auf allen Seiten vorhanden. Sollte es noch sehr große Schwierigkeiten geben, dann könnte vielleicht ein neues Gipfeltreffen der Staats- und Regierungschefs der EWG-Länder nützlich sein. Die Gipfelkonferenz von Der Haag vor zwölf Monaten hat die Aufnahme der Verhandlungen mit England ermöglicht. Dieses Gremium ist also selbst daran interessiert, daß die Verhandlungen auch zu einem guten Abschluß kommen.[13]
Frage:
Und die europäische Währung?
Antwort:
Eine Entscheidung muß am 14. Dezember [1970] in Brüssel getroffen werden. Ich hoffe und glaube, daß eine Einigung erfolgt.[14] Das ist, wie Sie wissen, eine sehr wichtige Sache, die nach und nach die Umwandlung der Zollunion in eine umfassende Wirtschafts- und Währungs-

union ermöglichen soll. Ich betone Wirtschafts- und Währungsunion, denn für die Bundesregierung kann es keinen Fortschritt auf dem Währungssektor ohne Fortschritte auf dem Wirtschaftssektor geben.
Frage:
Diese Parallelität ist, glaube ich, in den Vorschlägen der Kommission berücksichtigt?
Antwort:
In gewissem Maße ja. Aber wir wünschen, daß die Dinge klar sind.
Frage:
Sie haben Angst, daß Deutschland für seine Nachbarn zahlt?
Antwort:
Ich will vor allem, daß die [Europäische] Union harmonisch ist, daß sie weder Inflation noch Ungleichgewichte nach sich zieht.
Frage:
Und die Institutionen?
Antwort:
Es handelt sich nicht darum, immer neue Institutionen zu schaffen. Ich möchte jetzt die Koordinierung der Außenpolitik der Sechs erwähnen. Ich glaube, daß das Treffen der Außenminister, das kürzlich in München stattfand, fruchtbringend gewesen ist.[15] Ein Detail ist in meinen Augen bedeutsam: Die Botschafter der sechs Länder werden sich fortan in allen Hauptstädten der Welt konsultieren. Und ich habe neulich einen Mitarbeiter von Präsident Nixon ziemlich in Erstaunen versetzt, als ich ihm erklärte, daß es sich nicht nur um die Botschafter in Afrika, sondern auch um die Botschafter in Washington handele.
Frage:
Wie hat er das aufgenommen?
Antwort:
Gut. Aber da wir von den Vereinigten Staaten sprechen, möchte ich noch hinzufügen, daß es mir wesentlich erscheint, daß die Gemeinschaft als solche darauf bedacht ist, ihre Beziehungen zu Amerika nicht verschlechtern zu lassen. Ich will nicht wieder den von mir gemachten Vorschlag der Schaffung eines ständigen Konsultationsorgans zwischen den Vereinigten Staaten und der Gemeinschaft auf-

greifen. Dieser Vorschlag ist in anderen Hauptstädten nicht gut aufgenommen worden.[16] Es bleibt, daß noch einiges getan werden muß und daß das Bestehen einer amerikanischen Botschaft beim Gemeinsamen Markt nicht ausreicht.
[...][17]

Nr. 47
Hs. Schreiben des Bundeskanzlers, Brandt, an die Journalistin Dönhoff
13. Dezember 1970[1]

AdsD, WBA, A 8, 4.

Verehrte Gräfin Dönhoff,
haben Sie herzlichen Dank für Ihren Brief.[2] Ich habe es bedauert, dass Sie nicht mit in Warschau waren, aber seien Sie sicher, dass ich Sie gut habe verstehen können.

Was das „Heulen" angeht: Mich überkam es an meinem Schreibtisch, als ich die Texte für Warschau zurechtmachte. Was ich dort und von dort nach hier sagte, ist wohl auch verstanden worden. Ich darf jedenfalls hoffen, dass Sie es verstanden haben und wissen: ich habe es mir nicht leicht gemacht.

Es ist ein Jammer, dass man über einen solchen „Vorgang" nicht in Ruhe miteinander sprechen kann. Vor Weihnachten geht es jetzt bei mir nicht mehr, und ich weiss ja auch nicht, wie Ihr Terminplan aussieht. Aber ich wäre Ihnen sehr dankbar, wenn wir uns möglichst früh im nächsten Jahr sehen könnten.

Lassen Sie mich bei dieser Gelegenheit einmal sagen, wie gross mein Respekt vor Ihrer publizistischen und erzieherischen Leistung ist! Mit den besten Wünschen zum Weihnachtsfest und für 1971
Ihr sehr ergebener
‹Willy Brandt›[3]

BUNDESREPUBLIK DEUTSCHLAND
DER BUNDESKANZLER

Bonn, den 13.12.1970

Verehrte Gräfin Dönhoff,

haben Sie herzlichen Dank für Ihren
Brief. Ich habe es bedauert, daß
Sie nicht mit in Warschau waren, aber
zum Teil nicht, daß ich Sie gut habe
verstehen können.

Was das „Knien" angeht: Mich überkam
es an meinem Schreibtisch, als ich die
Texte für Warschau zurechtmachte. Was
ich dort tat, wird von dort nach hier jetzt
wohl erst verstanden worden. Ich darf
jedenfalls hoffen, daß Sie es verstanden
haben und wissen: ich habe es mir nicht
leicht gemacht.

Es ist ein Jammer, daß man über
einen solchen „Vorgang" nicht in Ruhe
miteinander sprechen kann. Vor Weihnachten
geht es jetzt bei mir nicht mehr, und
ich weiß ja auch nicht, wie Ihr
Terminplan aussieht. Aber ich würde Ihnen
sehr danken, wenn wir uns möglichst früh
im nächsten Jahr sehen könnten.

178

Schreiben Willy Brandts an die Journalistin Dönhoff vom 13. Dezember 1970.

Nr. 48
Interview des Bundeskanzlers, Brandt, für *Der Spiegel*
14. Dezember 1970

Der Spiegel, Nr. 51 vom 14. Dezember 1970, S. 31.

„Es wird eine Mehrheit dafür geben"

SPIEGEL: Herr Bundeskanzler, Sie sind in Warschau unerwartet freundlich empfangen worden und haben ausführlich mit KP-Chef Gomulka und Ministerpräsident Cyrankiewicz gesprochen.[1] Worauf führen Sie das auffallende Interesse der Polen am Dialog mit Bonn zurück?
BRANDT: Die polnische Führung und auch die polnische Bevölkerung leben ganz bewußt in der Nachbarschaft mit Deutschland. Und Deutschland besteht für sie natürlich nicht nur aus der DDR, mit der Polen eine gemeinsame Grenze hat, sondern vor allem auch aus der Bundesrepublik. Ich glaube, daß die polnische Führung die tatsächliche Kraft und Bedeutung dessen, was man unseren „Revisionismus" und „Revanchismus" nennt, überschätzt hat, obwohl gewiß mancherlei Gründe für diese Überschätzung geliefert wurden.
SPIEGEL: Zum Beispiel?
BRANDT: Die Weigerung, von der Realität und Unverletzlichkeit einer bestimmten Grenze auszugehen, mußte zu Kontroversen führen. Da diese Regierung für die Bundesrepublik Deutschland zu einem entsprechenden Vertrag mit Polen[2] bereit war, ist das veränderte Klima auf polnischer Seite durchaus verständlich. Darüber hinaus hat sich die polnische Außenpolitik schon vor Jahren um neue Elemente für eine europäische Entspannungspolitik bemüht.
SPIEGEL: Sie meinen den Abrüstungs-Plan des ehemaligen Warschauer Außenministers Rapacki?[3]
BRANDT: Ja. Da heute auch die Bundesregierung für derartige Überlegungen aufgeschlossen ist und Verhandlungen zwischen Ost und

West darüber befürwortet, liegt ein Dialog mit Bonn insoweit in der traditionellen Linie der polnischen Außenpolitik. Das Thema eines beiderseitigen, ausgewogenen Abbaus von Truppen hat ja auch die letzte Nato-Tagung in positiver Weise beschäftigt.[4] Im übrigen kann man wohl davon ausgehen, daß der polnischen Seite auch daran gelegen ist, die wirtschaftliche und wissenschaftlich-technische Kooperation mit der Bundesrepublik wesentlich auszubauen.

SPIEGEL: Im Bundestag erwarten Sie für die Ratifizierung des Polen-Vertrags eine Mehrheit über die Koalition hinaus. Worauf stützen Sie diese Hoffnung?

BRANDT: Ich bin davon überzeugt, daß sich auch die Abgeordneten der Oppositionsparteien der Überlegung nicht verschließen werden, daß dieser Vertrag mit Polen notwendig war, um den Frieden in Europa sicherer zu machen.[5] Daß es außerdem erforderlich ist, die Hinterlassenschaft des Zweiten Weltkriegs, der nun schon länger als 25 Jahre vorbei ist, zu ordnen. Nichts wäre damit gewonnen, wenn wir die Dinge einfach weiter so liegengelassen hätten.

SPIEGEL: Sie waren sich mit Ihrem polnischen Kollegen Cyrankiewicz darüber einig, daß der Warschauer erst nach dem Moskauer Vertrag vom Bundestag ratifiziert werden soll. Was geschieht, wenn der deutsch-sowjetische Vertrag im Parlament scheitert?

BRANDT: Ich gehe nicht davon aus, daß dies geschieht. Es gibt auch gar keinen vernünftigen Grund für eine solche Annahme. Die Mehrheitsverhältnisse im Bundestag sind klar, die Regierungskoalition ist in der Frage der Ostpolitik geschlossen, auch wenn der eine oder andere Abgeordnete respektable Bedenken zu dem einen oder anderen Punkt haben mag. Es wird eine Mehrheit geben, und vermutlich keine ganz knappe.[6]

SPIEGEL: Beide Verträge, mit denen das Schicksal Ihrer Regierung eng verknüpft ist, hängen bei diesem Zeitplan von einer befriedigenden Berlin-Regelung ab. Wann, glauben Sie, kann ein zufriedenstellendes Arrangement über Berlin zustande kommen?

BRANDT: Es ist unmöglich, im gegenwärtigen Zeitpunkt diese Frage zu beantworten. Man kann die Dauer von schwierigen Verhandlungen, an denen man nicht einmal beteiligt ist, nicht voraussagen. Ich

kann nur hoffen, daß alle Beteiligten ohne vermeidbaren Zeitverlust an der objektiv möglichen, befriedigenden Lösung arbeiten werden.
SPIEGEL: Ist die Bundesregierung bereit, auch ohne formellen Auftrag der vier Siegermächte mit der DDR über den Zugang nach West-Berlin zu verhandeln?
BRANDT: Die Bundesregierung wird in dieser Frage nicht einseitig vorgehen, sondern nur in allerengster Zusammenarbeit und Abstimmung mit den drei Westmächten. Dies gebietet die Rechtslage ebenso wie die politische Interessenlage und die Verantwortung gegenüber Berlin. Die Kompetenzen dürfen in dieser wichtigen Frage nicht verwischt werden. Dies schließt natürlich nicht aus, daß wir bereit sind, mit Ost-Berlin einen Verkehrsvertrag auszuhandeln. Damit könnten wir jeden Tag beginnen. Dazu würde dann auch eine Verständigung über die technischen Aspekte des Zugangs nach West-Berlin gehören. Aber dem muß vorausgehen, daß die vier Mächte mit ihren Verhandlungen weitergekommen sind, so daß die beiden deutschen Seiten eine Grundlage haben, von der aus sie ihren Teil der Aufgabe lösen.
SPIEGEL: Der Versuch einer Verständigung mit der Sowjet-Union und mit Polen hat in der Bundesrepublik die Rechten mobilisiert. Befürchten Sie eine Radikalisierung der politischen Auseinandersetzung in West-Deutschland?
BRANDT: Es ist leider so, daß die Gefühle einzelner Gruppen aufgepeitscht werden. Aber ich glaube nicht, daß es zu einer wirklichen Radikalisierung kommt. Dazu ist unsere Bevölkerung zu vernünftig. Sie selbst lehnt eine Radikalisierung der innenpolitischen Auseinandersetzung ab.
SPIEGEL: Die Rechte behauptet, eine Verständigung mit den kommunistischen Regierungen in Moskau und Warschau bedeute noch lange keine Aussöhnung mit den osteuropäischen Völkern. Wie stellen Sie sich zu diesem Vorwurf?
BRANDT: Natürlich sind Verständigung und Aussöhnung zweierlei. Wer könnte aber zum Beispiel heute leugnen, daß die Beziehungen zwischen dem deutschen und dem französischen Volk sich grundlegend geändert haben, daß eine Verständigung erreicht worden ist

und eine Aussöhnung begonnen hat. Dies wird auch mit anderen Völkern möglich sein.

SPIEGEL: Ihr Niederknien am Mahnmal für die Opfer des Warschauer Gettos hat die deutsche Öffentlichkeit stark bewegt.[7] Was war Ihr Motiv für diese ungewöhnliche Geste?

BRANDT: Zuerst einmal: Ich bin froh darüber, daß man mich überwiegend richtig verstanden hat. Ich habe im Namen unseres Volkes Abbitte leisten wollen für ein millionenfaches Verbrechen, das im mißbrauchten deutschen Namen verübt wurde. Dies gehört mit dazu, wenn wir einen neuen Anfang setzen und eine Wiederholung der Schrecken der Vergangenheit ausschließen wollen.

Nr. 49
Schreiben des Bundeskanzlers, Brandt, an den Präsidenten der Vereinigten Staaten von Amerika, Nixon
15. Dezember 1970[1]

NARA, Nixon Presidential Materials Staff, NSC, 1969–1974, Presidential Correspondence 1969–1974, Box 753.

Sehr geehrter Herr Präsident,
der Vertrag, den der polnische Ministerpräsident und ich zusammen mit den Außenministern in der vorigen Woche unterzeichnet haben[2], soll – ohne daß er die Rechte der Vier Mächte für Deutschland als Ganzes berührt – dazu beitragen, daß das Problem der Oder-Neiße-Linie politisch nicht länger das Verhältnis zwischen der Bundesrepublik Deutschland und Polen belastet und eine Entspannung zwischen Ost und West hindert. Die Einsicht in die Notwendigkeit dieses Schrittes mindert nicht die schmerzlichen Gefühle, die mich mit meinen Landsleuten bewegen im Gedanken an Gebiete, die viele hundert Jahre lang deutsche Provinzen gewesen sind.

Ich bin dankbar für das Verständnis, das Sie und Ihre Regierung gerade in diesem Falle für die Politik der Bundesrepublik Deutschland gezeigt haben.

Die Gespräche mit Herrn Gomulka und Herrn Cyrankiewicz[3] haben mir den Eindruck vermittelt, daß die polnische Seite ernsthaft bemüht sein wird, konstruktiv an der Verbesserung der Beziehungen zur Bundesrepublik Deutschland mitzuarbeiten.

Wie nicht anders zu erwarten, haben die bilateralen Probleme in meinen Gesprächen den größten Raum eingenommen. Dabei habe ich, wie in Moskau[4], betont, daß die Bundesregierung nicht in der Lage ist, Staatskredite für den Ausbau der wirtschaftlichen Beziehungen zur Verfügung zu stellen.

Der Realismus bei meinen Gesprächspartnern war bemerkenswert. Sie gehen davon aus, daß die Bundesrepublik Deutschland wie die Volksrepublik Polen loyale Mitglieder der bestehenden Bündnisse sind und bleiben. Wir waren uns einig über den politischen Zusammenhang zwischen den Verträgen von Moskau und Warschau. Ich habe der polnischen Seite zur Kenntnis gebracht, ohne jede negative Reaktion, daß sich dieser Zusammenhang auch bei der parlamentarischen Behandlung im Deutschen Bundestag zeigen wird.

Bei der Tagung des Warschauer Paktes in Ost-Berlin hat die DDR den Verdacht verbreitet, die westliche Seite versuche bei den Berlin-Verhandlungen, die DDR zu isolieren und durch überhöhte Forderungen die Verhandlungen zum Scheitern zu bringen.[5] Bei meinen Gegendarstellungen konnte ich mich glücklicherweise darauf stützen, daß es keine Meinungsverschiedenheiten zwischen den Drei Mächten und der Bundesregierung über die Verhandlungspositionen für Berlin gibt.

Mein eigener Eindruck über den Fortgang der Berlin-Gespräche geht dahin, daß die letzte Runde eine Anzahl von Anknüpfungspunkten erbracht hat.[6] Es kommt jetzt meines Erachtens darauf an, daß der Westen die Initiative behält. Deshalb gebe ich zu erwägen, einen westlichen Vorschlag ins Auge zu fassen, den Berlin-Verhandlungen im neuen Jahr einen konferenzähnlichen Charakter zu geben. Wenn

Sie, sehr geehrter Herr Präsident, diesem Gedanken näherzutreten, könnten wir die Vierer-Gruppe in Bonn beauftragen, Einzelheiten auszuarbeiten. Im gleichen Sinne habe ich auch an den Präsidenten der Französischen Republik, Georges Pompidou, und den Premierminister ihrer Britischen Majestät, Edward Heath, geschrieben.[7]

An den sowjetischen Ministerpräsidenten Kossygin habe ich einige Zeilen gerichtet, um jede mögliche Befürchtung auszuschalten, als ob die Bundesrepublik Deutschland durch den Warschauer Vertrag zusätzliche Schwierigkeiten im Ostblock schaffen wollte.[8]

Ich möchte die Gelegenheit schon jetzt benutzen, um Ihnen, Herr Präsident, Erfolg für Ihr verantwortungsvolles Amt im Neuen Jahr und gute Gesundheit zu wünschen.
Genehmigen Sie, Herr Präsident,
den Ausdruck meiner ausgezeichneten Hochachtung
‹Ihr sehr ergebener
Willy Brandt›[9]

Nr. 50
Schreiben des Bundeskanzlers, Brandt, an den Vorsitzenden des Präsidiums des Gesamtverbandes der Versicherungswirtschaft, Meyer
26. Dezember 1970[1]

AdsD, WBA, A 8, 43.

Lieber Herr Meyer,
vielen Dank für Ihren Brief vom 17. Dezember [1970].

Bei den Verhandlungen in Warschau[2] ist erreicht worden, dass die polnische Seite die Aktivitäten der beiden Rotkreuzgesellschaften nicht auf das Gebiet der Familienzusammenführung einengt. Wer deutsch ist, soll im Prinzip auch die Möglichkeit haben, neu zu optieren. Wir hängen dies nicht an die grosse Glocke, weil dann vermutlich weniger dabei herauskommen wird. Ausserdem muss man natürlich damit rechnen, dass die prinzipielle Zusage durch allerlei administrative Einwirkungen reduziert werden kann.³

Trotzdem hoffe ich, dass wir eine umfassende humanitäre Lösung in Gang gebracht haben.⁴ Auf eine Gesamtziffer [von deutschstämmigen Aussiedlern aus Polen] möchte ich mich allerdings nicht festlegen, zumal unser Rotes Kreuz nach seinen Unterlagen mit einer wesentlich geringeren Zahl als z. B. die Vertriebenenverbände rechnet.

Mit guten Wünschen für 1971
Ihr
‹Willy Brandt›⁵

Nr. 51
Schreiben des Präsidenten der Vereinigten Staaten von Amerika, Nixon, an den Bundeskanzler, Brandt
31. Dezember 1970¹

NARA, Nixon Presidential Materials Staff, NSC, 1969–1974, Presidential Correspondence 1969–1974, Box 753 (Übersetzung aus dem Englischen: Wolfgang Schmidt).

Sehr geehrter Herr Bundeskanzler,
Ihr Schreiben vom 16. Dezember² war für mich von großem Interesse. Der Vertrag, den Sie am 7. Dezember in Warschau³ unterzeichnet haben, kann von bleibender Bedeutung für Europa sein und liefert, so glaube ich, den absolut unbestreitbaren Beweis für die Entschlossenheit der Bundesrepublik, die Spannungen und Feindseligkeiten zu beenden, die aus vergangenen Kapiteln der europäischen Geschichte stammen.

Wie durch die Ereignisse dieser Tage in Polen⁴ offenkundig ist, erfordern die Bedingungen im Lande die volle Aufmerksamkeit der polnischen Regierung. Hoffentlich werden die neuen Führer erkennen, dass eine Verminderung der Spannungen und ein offenerer Austausch mit den Ländern Westeuropas für sie hilfreich sein wird, sofern sie die Bedingungen verändern sollten, die solche Unruhen unter der Bevölkerung ausgelöst haben. Die ganze Welt braucht die Gewissheit des Friedens, die es ermöglichen wird, mehr Zeit, Ressourcen und Energie den Problemen zu widmen, die, wenn sie auch in ihrer Art sehr verschieden sind, das tägliche Leben all unserer Bürger betreffen.

Ich habe die Berlin-Gespräche[5] mit großer Aufmerksamkeit verfolgt und weiß um ihre Bedeutung nicht nur für Berlin, sondern für das umfassende Bemühen, die Ost-West-Beziehungen in Europa zu normalisieren, wobei Ihre Regierung eine führende Rolle spielt. Im Moment versucht die Sowjetunion, die Vereinigten Staaten als das Haupthindernis für eine Abmachung über Berlin darzustellen. Das volle Einvernehmen des Westens bei den Berlin-Gesprächen, das Sie bei Ihren Gesprächen in Warschau zweckmäßigerweise betonten, ist die beste Antwort auf diese sowjetische Taktik. Die sorgfältig aufeinander abgestimmten Positionen, die wir in Berlin dargelegt haben, beginnen, so glaube ich, eine sowjetische Antwort hervorzubringen, die, obwohl sie in wichtigen Punkten zweideutig und unbefriedigend ist, wenigstens den Beginn einer Bewegung zeigt. Es liegt nun an uns, diesen Hinweisen nachzugehen und herauszufinden, ob ein lohnendes Abkommen möglich ist.

Was die Form der Berlin-Gespräche angeht, so glaube ich, dass Ihr Gedanke, ihnen einen konferenzartigen Charakter zu geben, ausführlich erörtert werden sollte, und wir werden gerne die Details Ihrer Überlegungen entweder in der Bonner Gruppe oder über unsere normalen diplomatischen Kanäle prüfen. In der Zwischenzeit möchte ich vorschlagen, dass wir weiterhin das bestehende Verfahren nutzen, aber genügend Flexibilität beibehalten, um die Häufigkeit und Dauer der Treffen auf der Botschafter- und Beraterebene einer möglichen Bewegung in der sowjetischen Position anpassen zu können.

Ich möchte diese Gelegenheit ergreifen, Ihnen und Frau Brandt unsere herzlichen Grüße für die Ferienzeit auszurichten, die Sie, wie ich erfahren habe, das Glück haben, in Kenia zu verbringen.
Hochachtungsvoll
‹Richard Nixon›[6]

Nr. 52
Schreiben des Bundeskanzlers, Brandt, an den Vorsitzenden des American Council on Germany und Vorsitzenden des Beraterkomitees des Präsidenten der Vereinigten Staaten von Amerika für Abrüstungsfragen, McCloy
24. März 1971[1]

AdsD, WBA, A 8, 43 und Amherst College Library, Archives and Special Collections, Re: John J. McCloy (AC 1916) Papers, Series 14 (Germany), Box GY 1, folder 27.

Lieber Mr. McCloy,
aus Ihrem Brief spricht genau der Mann, den ich kenne: offen, direkt, energisch, aber nicht voreingenommen.[2] So wünscht man sich einen Freund. Ich möchte ebenso antworten.

Wir betrachten unsere „Ostpolitik" – das Wort haben nicht wir erfunden – nicht unter dem Gesichtspunkt, dass Deutschland der Mittelpunkt der Welt ist, sondern als ein Teil der Politik des Westens gegenüber dem Osten. Diese Politik haben wir in der NATO gemeinsam entwickelt.[3] Sie beruht auch auf der Erwartung, dass der Gegensatz zwischen Kommunismus und Demokratie, zwischen diesen beiden Systemen, bleibt und ausgetragen werden muss. Diese Auseinandersetzung ist nicht zu vermeiden, man muss für sie gerüstet sein. Ich denke, dass es aber nicht nur das Interesse meines Landes ist, dafür zu sorgen, dass diese Auseinandersetzung – wenn es irgend geht – nicht mit Gewalt vor sich geht.

Dazu bedarf es also zunächst, im Interesse der gemeinsamen Sicherheit, aller erforderlichen Anstrengungen, damit für die Sowjetunion das Risiko einer bewaffneten Auseinandersetzung zu gross bleibt. Dazu bedarf es dann ausserdem der grösstmöglichen politischen Geschlossenheit des Westens.

Meine Regierung hat zu beiden Punkten einiges beigetragen. Ich halte es nicht für eine Übertreibung, zu sagen, dass das europäische Schiff erst seit der Konferenz von Den Haag wieder flott geworden ist.[4] Die Entscheidung über den britischen Eintritt [in die EG] ist noch nicht gefallen, aber ich werde alles versuchen, damit sie positiv ausfällt.[5] Ausserdem haben wir die seit Jahren bestehende Unsicherheit einseitiger amerikanischer Truppenreduktionen überwunden; bis Ende kommenden Jahres wird sich an der gegenwärtigen Stärke der US-Streitkräfte in der Bundesrepublik nichts ändern. Unsere Bemühungen um verstärkte Anstrengungen der europäischen Bündnispartner zeigten erste Erfolge; ich werde demnächst mit Mr. Heath darüber sprechen, wie wir auf diesem Gebiet weiterkommen.[6] Auch bemühen wir uns darum, Frankreich wieder stärker mit der [Nordatlantischen] Allianz zu verknüpfen.

Ihre Sorgen, die Sowjetunion könnte ohne Gegenleistungen das meiste von dem bekommen, was sie will, und ihren Einfluss nach Westen ausdehnen, kann ich nicht teilen. An der Situation in Deutschland ändert sich nichts; die Vier Mächte behalten ihre besonderen Rechte; das Verhältnis zwischen der Bundesrepublik und den Drei Mächten wird nicht berührt. Im Gegenteil ist das Zusammenwirken der vier westlichen Regierungen im Konkreten so eng wie schon lange nicht mehr.

Wir waren in der Gefahr, unglaubwürdig zu werden: Die Rechte der Drei Mächte in Berlin haben die Mauer nicht verhindern können. Sie haben die Schwierigkeiten auf den Zugangswegen für den zivilen Verkehr nicht verhindern können, auch nicht die Einführung von Transit-Visa auf den Zugangswegen, die allein die Angehörigen der westlichen Garnisonen nicht brauchen.[7] Tatsache ist, dass die Existenz der DDR nach 20 Jahren nicht bestritten werden kann, auch wenn es diesen Staat ohne die Anwesenheit der sowjetischen Armee nicht geben würde. Nachdem wir alle die Erfahrung gemacht haben, dass weder die sowjetisch besetzte Zone, noch Ungarn, noch die ČSSR oder Polen dem Einflussbereich der Sowjetunion durch Gewalt entzogen werden können, liegt es im westlichen Interesse, dass die Bundesrepublik Deutschland nicht länger der Vorwand bleibt, den die Sowjetunion und die DDR zur Domestizierung der anderen Mitglieder des Warschauer Pakts missbrauchen.

Dieses Moment kann weitreichende Wirkungen haben. Es gibt dazu interessante Informationen. Aber es ist besser, darüber persönlich zu sprechen. So nötig Interkontinentalraketen für unsere Sicherheit sind, so wenig sollten wir für die friedliche Auseinandersetzung und die schrittweise Verbesserung der Situation in Europa die Faszination der Freiheit unterschätzen.

Das gilt auch für Berlin. Im gegenwärtigen Zustand arbeitet die Zeit dort nicht für uns. Die Überalterung nimmt zu, der Wunsch der Menschen nach normalen Verhältnissen ebenfalls. Es geht jetzt um eine Berlin-Regelung, die der Stadt zum ersten Mal seit der Blockade die Perspektive einer zeitlich nicht begrenzten Stabilität gibt.[8] Der Osten wird respektieren müssen, dass West-Berlin eine Realität ist, die man nicht mehr in Frage stellen kann. Er wird auf den Zugangswegen sein Störpotential aus der Hand geben müssen. Er wird die aussenpolitische Vertretung durch die Bundesregierung akzeptieren müssen. Vielleicht gelingt es sogar, zurückzuholen, was vor vielen Jahren verlorengegangen ist, ohne dass sich ausser mir darüber jemand besonders aufgeregt hat: die Anerkennung der Bundespässe für die West-Berliner auch durch den Osten. Eine derartige Berlin-Regelung würde der Stadt zum ersten Mal eine natürliche Attraktion und ein neues Blühen bescheren können. Die Lebenskraft West-Berlins ist mir wichtiger als die ohnehin nicht vermeidbare Hinnahme der Oder-Neisse-Linie, die außer der CSU niemand in der Welt mehr in Frage stellt. Mir ist West-Berlin sogar wichtiger als gute oder weniger gute Beziehungen zur DDR.

Aus einigen Ihrer Argumente muss ich vermuten, dass Sie etwas einseitige Gesprächspartner hatten. Aber das ist nicht Ihre Schuld. Ich wünsche sehr, dass wir, wenn Sie nach Europa kommen, eine Gelegenheit finden, uns ausführlich zu sprechen. Ich werde Ihnen dann sicher nicht alle Sorgen nehmen können, die Sie in bezug auf Ihr eigenes Land, die allgemeine Lage des Westens oder einige Entwicklungen in der Welt haben, aber wohl diejenigen, die Sie in bezug auf unsere Politik hegen.

Dabei ist zuzugeben, dass mein 15. (oder wievielter) Besuch in den Vereinigten Staaten weniger Aufmerksamkeit erregt hat als mein erster in der Sowjetunion.[9] So ist nun einmal die öffentliche Meinung, hierzulande wie anderswo auch.

Lassen Sie mich wissen, wann Sie hier sein können, damit ich meine Termine darauf einrichten kann. – Selbst werde ich erst im Juni wieder in den Staaten sein können und hoffe dann auch, einer Einladung des Council nachkommen zu können.[10]
Mit besten Grüssen
Ihr
gez[eichnet]: Brandt
⟨Br[andt]⟩[11]

Nr. 53
Vermerk des Bundeskanzlers, Brandt, über Gespräche mit dem Präsidenten der Vereinigten Staaten von Amerika, Nixon
15. Juni 1971[1]

AdsD, WBA, A 9, 30.

Vermerk
über Gespräche mit Präsident Nixon in Washington am 15. Juni 1971[2]

1.) Berlin

Nixon begann mit diesem Thema und meinte, wenn keine unerwartete Wendung von sowjetischer Seite komme, würde man bei dieser Phase durchkommen. Er zeigte grosses Interesse für meinen Hinweis, dass die jetzt vorgesehene Berlin-Regelung weit mehr beinhalte als das, was 1959 in Genf[3] besprochen wurde und in der Substanz auch mehr als die drei Essentials Kennedys (1961).[4]

Der Präsident mass der Tatsache keine zu grosse Bedeutung zu, dass die Russen in ihrer öffentlichen Haltung weiter von einer besonderen politischen Einheit sprechen. Er habe es so verstanden, dass die Russen uns zu Zweidritteln entgegengekommen seien. Dies sei ein guter deal. Sie hätten wesentliche Konzessionen in der Zugangsfrage gemacht. Jetzt seien Aussenvertretung und sowjetische Dienststelle offen.

Nixon hörte sich meine Überlegungen zum Thema einer sowjetischen Dienststelle in West-Berlin an: dass wir schon während meiner Berliner Jahre mit einigen sowjetischen Büros hätten leben müssen und dass es unter dem Gesichtspunkt der Sicherheit leichter sei, die legale Spitze des Eisbergs zu kontrollieren.[5] Es sei ein psychologischer Vorteil, wenn Berliner Visas in Westberlin bekommen können. Dies bezeichnete Nixon als einen interessanten Punkt.

Er wolle die deutsche Position stärken. „Wir wollen eine Vereinbarung, Sie wollen sie"; man solle weitermachen, ohne aus taktischen Gründen zu drängen. Die USA seien bereit, eine harte Linie in der Bundespräsenz einzunehmen. Berlin bleibe Test. Wenn man die Spannungen reduziere, könne man auch die Truppen reduzieren. Das sei eine logische Verbindung, ohne dass man es ein Junktim nenne.

2.) Deutsche Ostpolitik

Einzelheiten wie Ratifizierung und Verhältnis zur DDR wurden im Gespräch mit Nixon nicht erörtert.[6] Ich stellte fest, dass wir mit dem Ergebnis der NATO-Aussenministerkonferenz in Lissabon zufrieden seien.[7]

3.) MBFR

Ich bezeichnete die von den Aussenministern vorgesehene Prozedur (NATO-Rat, stellvertretende Aussenminister, ein oder mehrere Unterhändler) als vernünftig. Wichtig seien natürlich territoriale Ausdehnung und sachlicher Umfang. Eine symbolische Kürzung als erster Schritt sei durchaus erwägenswert.[8] Nachdem Laird eine amerikanische Studie angekündigt habe, könnte es nützlich sein, hierüber rechtzeitig einen bilateralen Gedankenaustausch zu haben.[9]

N[ixon] hielt es für sinnvoll, einen solchen Meinungsaustausch – still und inoffiziell – zu führen. Die Allianz müsse im übrigen eng zusammenwirken. Im Gespräch mit Rogers ergab sich, dass dieser den Gedanken eines möglichen ersten „symbolischen" Schrittes auf die beiden Weltmächte bezog.[10]

Rogers ergänzte am Abend des 16. Juni: Dobrynin sei nachmittags bei ihm gewesen und habe gesagt, seine Regierung sei mit Truppenabbau-Gesprächen vor einer Europäischen Konferenz einverstanden. Auch damit, dass Gespräche sich nicht nur auf Stationierungs- sondern auch auf einheimische Streitkräfte zu beziehen haben würden. Dobrynin habe auch nichts dagegen einzuwenden gehabt, dass beide Seiten einen oder mehrere Unterhändler benennen.

4.) KSE

Thema wurde bei N[ixon] nicht behandelt. Rogers erklärte Einverständnis mit der in Lissabon vereinbarten Prozedur, machte aber keinen Hehl daraus, dass er von einer solchen Konferenz nicht viel halte.

5.) SALT

Nixon: Auch wenn dies nicht nach aussen so erscheine, gebe es eine Verbindung zwischen ABM und Offensivwaffen. Offizielle ABM-Verhandlungen würden im Juli beginnen.[11] Man sei jetzt schon in vertraulicher Vorbereitung und hofft, bis zum Ende des Jahres zu einem Ergebnis zu kommen. ABM könne Berlin helfen, Berlin könne ABM helfen.

6.) Europa – USA

An diesem Thema war N[ixon] diesmal viel stärker interessiert als vor 14 Monaten.[12] Ich legte dar: Die Europäer verstärkten ihre Verantwortlichkeit in der Allianz. EDIP sei sehr wichtig im Prinzip.[13] Solche Massnahmen zeigten der amerikanischen Bevölkerung unsere Bemühungen. Was vor einem Jahr theoretisch erschien, sei heute vor der Verwirklichung, nur die Briten selber könnten Eintritt noch stoppen. Es sei unwahrscheinlich; Heath werde Mehrheit haben.[14] Die Gemeinschaft der Zehn werde noch offener sein für den Welthandel als die der Sechs. Nach all den Jahren der Stagnation komme auch politische Zusammenarbeit, wenngleich nicht nach dem Konzept der 50er Jahre. Es komme nun darauf an, sowohl auf wirtschaftlichem wie auf politischem Gebiet organische Verbindungen zwischen der Gemeinschaft und den USA zu entwickeln.

N[ixon] unterstützte das lebhaft. Die einzelnen Staaten hätten ihre nationale Identität. Er wisse nicht einmal, ob Supranationalität gut sein würde. Die Zeit sei vorbei, wo die USA dominiert oder nahezu diktiert haben. Europas Zukunft wird von Europa bestimmt. Er verfolge die Entwicklung mit grossem Interesse. Es gebe Sorge vor der europäischen Einheit, besonders auf dem Gebiet der Wirtschaft. Er teile diese Auffassung nicht, sondern glaube, dass dieses Europa für die Weltpolitik stabilisierend sein könne. Die Sorgen entsprächen dem Denken des 19. Jahrhunderts, aber es werde für ihn in diesem Land nicht einfach sein. Stimmen: Lasst uns nicht die drittstärkste Wirtschaftsmacht unterstützen (wenn man andere Belastungen abziehe, könne es auch die erste sein). Man muss das in der notwendigen Zeit sich entwickeln lassen.

Ich: Die USA brauchten keinen wirtschaftlichen Preis zu zahlen. Handel habe mit EWG mehr zugenommen als mit EFTA-Ländern und dem Rest der Welt. Die grössere Gemeinschaft werde noch weltoffener sein. Wir müssten herausfinden, ob die bestehenden Kontakte EWG-USA ausreichen oder ob sie verstärkt und verbessert werden müssten. Dies gilt auch für die aussenpolitische Zusammenarbeit, für die wir selbst erst noch eine geeignete Abstimmung mit den nationalen Entscheidungsorganen finden müssten. Für die Erörterung ökonomischer Fragen werde die OECD möglicherweise an Gewicht zunehmen. Wir würden bereit sein, uns auch wegen solcher Fragen abzustimmen, die sich z. B. aus der japanischen Handelspolitik ergeben.

(Aus Gespräch mit Rogers ergab sich, dass dieser es für sehr erwünscht hält, unabhängig von OECD die besonderen Verbindungen zwischen EWG und USA zu verstärken.)

N[ixon]: Japan sei ein schweres Problem. „Sie verkaufen ihre Transistoren und lassen ihre Wagen rollen." Die Japaner seien etwas ähnlich wie die Deutschen, ‹was›[15] Fleiss und Energie angehe. Im Laufe der Zeit würden sie vielleicht etwas fetter werden und mehr zu den Geishas gehen. Die Japaner wendeten nur 1–2 % Ausgaben für die Verteidigung auf.

Im Zusammenhang hiermit wurde, auf China–Japan bezogen, die NPT-Problematik[16] kurz erwähnt.

Am Rande kam auch – etwas ausführlicher gegenüber Rogers – die Notwendigkeit zur Sprache, geeignete Regelungen zwischen erweiterter EWG und den übrigbleibenden EFTA-Ländern zu treffen. Bei Abkommen mit aussereuropäischen Ländern würden wir besonders darauf achten, dass eine Beeinträchtigung amerikanischer Interessen nach Möglichkeit vermieden werde. Ich erwähnte meinen Besuch in Jamaika und ein kürzliches Gespräch mit dem Premierminister von Neuseeland.[17]

7.) Frankreich

Ich berichtete über die gute Zusammenarbeit mit Pompidou. Auch über unser Bemühen, Frankreich pragmatisch wieder enger an den militärischen Zusammenhang in der Allianz heranzuführen.[18]

N[ixon]: Auch sein Verhältnis zu Pompidou sei gut. Franzosen dürfen sich nicht isoliert fühlen. Pompidou könne sich nur bedingt über die traditionelle gaullistische Politik hinwegsetzen.

8.) Lage im Senat

N[ixon]: Die Mansfield-Bewegung werde wieder hochkommen.[19] Das Weisse Haus habe gewonnen mit dem Argument, dass andere ihren Teil tragen und dass MBFR eine Chance habe. Hauptsache sei der Geist der Gemeinsamkeit. Das gelte auch für die Bundesrepublik. Der Vorwurf sei, die Administration tue nicht genug, um die Lasten zu teilen.

Ich: Man brauche bilaterale Erkundungen, dann multilaterale Aktionen. Es könne nicht allein eine Sache zwischen den Vereinigten Staaten und der Sowjetunion sein.

N[ixon] stimmte im Prinzip zu. Wer das meiste tue, müsse allerdings auch die stärkste Stimme haben. Hier gelte nicht das UN-Prinzip. Aber in keinem Stadium denke er an nur bilaterale Methodik.

Ich erklärte mich damit einverstanden, dass es ganz allgemein darauf ankommt, den Senatoren und der amerikanischen Öffentlichkeit das Gefühl zu vermitteln, dass die Europäer ihrer Verantwortung gerecht werden.

9.) Devisenausgleich

N[ixon] erwähnte diesen Gegenstand nur ganz kurz, gab der Hoffnung auf eine positive Fortführung der Expertengespräche Ende Juni in Bonn Ausdruck und unterstrich, für ihn sei noch wichtiger, dass allgemeine Kooperationsbereitschaft der Europäer (militärisch, handelspolitisch etc.) zu verzeichnen sei.[20]

Ich: Was Offset angehe, so seien die militärischen Ausgaben als Beitrag akzeptiert. Es stimme allerdings nicht, dass wir ein Ergänzungsflugzeug unbedingt in den USA kaufen müssten. Dies bringe uns jedenfalls Ärger mit den Franzosen ein. Die Erweiterung des Haushaltsbeitrags sei schwierig und prinzipiell zweifelhaft; burden-sharing sei Allianz-Sache. Man könne durch die Expertengespräche vielleicht näherkommen, wenn man spezifiziere, was begrenzte Entlastungen über den Haushalt bedeuten. Wir könnten z. B.

bereit sein, einem langjährigen Verlangen der US-Armee entsprechend zur Renovation der Kasernen beizutragen. Wir würden ein Konto einrichten zur Disposition durch die Armee für diesen Zweck. Die Bundesbank habe vielleicht Ideen in Verbindung mit dem Defizit der amerikanischen Zahlungsbilanz. Was den Gedanken eines Kredits angehe, so könnte man vielleicht über besonders günstige Bedingungen reden.[21]

Mir war angekündigt worden, dass N[ixon] möglicherweise versuchen würde, mich für das Flugzeug SST zu interessieren, für das der Kongress die Mittel gestrichen hat.[22] N[ixon] warf diese Frage nicht auf, wohl aber bat mich Rogers, mich durch unsere Sachverständigen hierüber informieren zu lassen. Am Abend des 16. Juni sagten Senatoren in Gegenwart von Rogers, das Projekt sei nicht wert, weiterverfolgt zu werden.

10.) Währungsprobleme

N[ixon]: Zahlungsbilanzproblem dürfe nicht so stark werden, dass es Sicherheitsfragen überschattet.

Ich erläuterte, dass das Floaten der Mark nicht gegen den Dollar gerichtet sei.[23] Es werde nicht allzu lange dauern. Niemand könne garantieren, dass wir zum selben Kurs zurückkehren; aber wir brauchen Annehmbarkeit in der Gemeinschaft. Einströmen von Dollars war gegen diesen gerichtet und behinderte unser Ringen um Stabilität.

N[ixon]: Die Kritik von verschiedenen Seiten war mehr gegen den Prozess bis zur Massnahme gerichtet. Es ist ein Problem für die seriösen Leute, wenn Spekulanten die Gelegenheit ausnützen können. Man sollte zu engeren Konsultationen darüber kommen. Interesse, die Situation abzukühlen und nicht den Eindruck einer grossen Krise zu erwecken.

Mark und Dollar und auch Pfund seien heute wichtiger als andere Währungen. Wir sollten engen Kontakt halten. Unsere Beziehungen sind so wichtig, sogar für die ganze freie Welt, dass nichts zwischen uns kommen darf.

11.) China

N[ixon]: Europa wird Zeit brauchen, aber die Deutschen werden eine grössere Rolle in der Welt spielen für den Rest des Jahrhunderts. Sie seien stark, auch wirtschaftlich. Wir wollen nichts Negatives gegen andere sagen. Aber wenn man 15–20 Jahre vorausschaue: niemand kann zulassen, dass 800 Millionen isoliert bleiben. Die USA müssen eine Rolle spielen, damit China eine normale Rolle in der Welt spielen kann. Es gehe ihm nicht darum, dass China heute oder in 6 Monaten in die UN komme. Die Sowjetunion ist beunruhigt über China, aber auch Japan. Jeder Staat sieht auf seine Interessen. Auch Westeuropa werde eine Rolle spielen, besonders die Deutschen. Das Bild der Hand mit den Fingern. Dies mag sich später ändern. Aber für unsere Generation: leben und leben lassen. Wir sind Realisten wie Sie.

Ich: An Ihrer Stelle würde ich es nicht anders machen. Aber von uns aus gesehen, wenn man auf die Karte blickt und weiss, dass wir keine Weltmacht, sondern ein mittelgrosser Staat im geteilten Europa sind, wollen wir nach Möglichkeit alles vermeiden, was die Russen als feindlich gegen sie gerichtet ansehen. Erst die Russen, dann China. China versuche übrigens, mit Ost-Berlin zu spielen.

N[ixon]: Er verstehe völlig, dass für uns die Russen Priorität haben. Er würde es auch so machen. Für Amerika gelte: Sie machten tausendmal mehr mit den Russen als mit den Chinesen. „Das grosse Spiel für uns ist das mit den Russen."

12.) Vietnam

Bei Tisch berichtete N[ixon] im einzelnen über seine Bemühungen, den Rückzug planmässig fortzuführen. Er gehe davon aus, dass dies möglich sein werde.[24]

13.) Pakistan

Ich berichtete über den Brief von Mrs. Gandhi und den Besuch des indischen Aussenministers (der am gleichen Abend in Washington eintraf).[25] Ob wir über das Pakistan-Konsortium[26] und auf andere Weise dahin wirken könnten, dass den Flüchtlingen die Rückkehr ermöglicht werde?

N[ixon]: starkes Interesse an Flüchtlingen, aber alles vermeiden, was als Parteinahme gegen Pakistan erscheint.

14.) Naher Osten

Thema wurde bei N[ixon] nur gestreift. Rogers berichtete im einzelnen: Man sei nicht sicher, ob der Vertrag zwischen Sowjetunion und Ägypten[27] die Lage wirklich verändert habe. Jedenfalls werde man weiter an einem ersten Schritt hin zur Friedenslösung arbeiten und rechne mit der Möglichkeit eines Erfolges.

15.) 25 Jahre Marschall-Plan

Ich berichtete N[ixon] über Vorschläge, aus Anlass der 25. Wiederkehr der Verkündung des Marshall-Plans[28] einen Marshall-Memorial-Fund zu schaffen, damit einen American Council for Europe zu verbinden und European studies zu finanzieren.[29] N[ixon] hielt dies für eine begrüssenswerte Idee.

Br[andt][30]

Nr. 54
Schreiben des Bundeskanzlers, Brandt, an den Präsidenten der Vereinigten Staaten von Amerika, Nixon
21. August 1971[1]

NARA, Nixon Presidential Materials Staff, NSC, 1969–1974, Presidential Correspondence 1969–1974, Box 753 (Übersetzung aus dem Englischen: Wolfgang Schmidt).

Sehr geehrter Herr Präsident,
zurück in Bonn, habe ich den Entwurf des Berlin-Abkommens studiert, den die vier Botschafter diese Woche erarbeitet haben.[2] Stellt man die Realitäten der Lage Berlins in Rechnung und lässt Wunschdenken beiseite, so stellt dieser Entwurf einen großen Erfolg für die drei Westmächte und für die Bundesrepublik dar. Der Entwurf sichert die westlichen Positionen; außerdem wurden Verbesserungen erreicht, die viele unter uns zu Beginn der Verhandlungen nicht für möglich gehalten haben.

Der Vertragsentwurf findet meine volle politische Unterstützung, und ich bin sicher, dass mir das Kabinett am Mittwoch[3] in dieser Bewertung folgen wird.

Ich bin überzeugt, dass der Entwurf auch Ihre Zustimmung finden wird und Sie ihn als begrenztes, aber sehr bedeutsames Ergebnis Ihrer Politik betrachten. Ich erinnere mich an den Tag, an dem Sie mit Ihrer Rede in den Siemens-Werken den Anstoß für die Berlin-Gespräche gaben.[4] Ihre Regierung hat alles Mögliche getan, um diese sehr schwierigen Verhandlungen zu einem Erfolg werden zu lassen.

Die ausgezeichnete Arbeit, der Einfallsreichtum und die Kooperationsbereitschaft von Botschafter Rush waren von größter Wichtigkeit. Im Laufe der Verhandlungen hat er sich – zusätzlich zu unserer Freundschaft und Anerkennung – unsere Bewunderung erworben. Ich werde Botschafter Rush bei späterer Gelegenheit meine Gefühle äußern.[5]

Nach dem Studium des Textes wollte ich Ihnen unverzüglich zum Ausdruck bringen, dass ich zutiefst dankbar und erfreut bin.
Mit herzlichen Grüßen
Ihr ergebener
‹Willy Brandt›[6]

Nr. 55
Rede des Bundeskanzlers, Brandt, anlässlich der Unterzeichnung des Vier-Mächte-Abkommens über Berlin für die deutschen Rundfunk- und Fernsehanstalten
3. September 1971

Bulletin des Presse- und Informationsamtes der Bundesregierung, Nr. 127 vom 3. September 1971, S. 1396.

Liebe Landsleute,
viele von Ihnen werden nach der eigentlichen Bedeutung des Abkommens fragen, das heute in Berlin unterschrieben wurde.[1]

Nun, ich meine, die eigentliche Bedeutung liegt darin, daß es in Zukunft keine Berlin-Krisen geben soll. Das wäre viel nach all den Jahren der Unsicherheit.

Und ich meine weiter, daß die beteiligten Mächte ihr Interesse am Abbau von Spannungen bekundet haben. Wenn das so ist, müßte es möglich sein, auch in anderen Bereichen Ergebnisse zu erzielen, die der Zusammenarbeit und dem Frieden zugute kommen.

In Kraft treten kann die Berlin-Regelung erst, wenn die ergänzenden Vereinbarungen mit der DDR vorliegen.[2] Aber die Weichen sind gestellt. Und die vier Botschafter[3] haben ein insgesamt gutes Ergebnis erzielt.

Natürlich könnte ich mir etwas noch Besseres vorstellen. Aber wir erinnern uns doch alle an die Jahre, die hinter uns liegen. Und an die Schwierigkeiten, die die Berliner, für uns mit, auf sich genommen haben.

Womit werden wir es in Zukunft zu tun haben?

Zunächst einmal wird der Status von Berlin nicht verändert. Es bleibt also auch bei der obersten Verantwortung der Westmächte für West-Berlin.

Zum anderen wird die Zusammengehörigkeit West-Berlins mit unserer Bundesrepublik nicht mehr umstritten sein.

Hinzu kommt die störfreie Regelung auf den Zufahrtswegen.

Es bleibt dabei, daß West-Berlin durch die Bundesregierung nach außen vertreten wird, in Zukunft aber auch im Osten.

Die Westberliner werden die DDR und den Ostteil der Stadt besuchen können. Und nicht zuletzt: Sie werden in Sicherheit leben und arbeiten können.

Das ist nicht wenig. Trotzdem: Wer wünschte nicht, daß mehr erreicht werden könnte! Daß die Deutschen sich frei bewegen könnten. Daß es keine Grenzen gäbe, an denen geschossen wird.

Im Ernst hat jedoch niemand erwarten können, daß in dieser Phase der Geschichte die Mauer verschwinden würde. Es ging um eine begrenztere und doch sehr wichtige Aufgabe.

Unsere Landsleute werden diese Wirklichkeit verstehen. Sie werden auch zu würdigen wissen, was Präsident Nixon, Präsident Pompidou und Premierminister Heath zu dieser Regelung beigetragen haben.

Man muß ausgehen von der Lage, wie sie ist, um in mühseliger Arbeit die Folgen der Spaltung Europas und unseres Vaterlandes zu mildern und hoffentlich sogar zu überwinden. Das Berlin-Abkommen ist, davon bin ich überzeugt, ein wichtiger Schritt auf diesem Weg.

Dies ist eine Sache nicht nur der Regierung und der sie tragenden Parteien. Sondern dies geht uns alle an. Das sollte bei allem Streit der Meinungen nicht übersehen werden. Die Regierung selbst wird in ihren Gesprächen mit der Opposition weiterhin hierauf achten.

Die Berlin-Vereinbarung kann nicht losgelöst von unserem Verhältnis zur Sowjetunion und zu den osteuropäischen Staaten betrachtet werden. Auch hierauf muß ich aus meiner Kenntnis der Zusammenhänge deutlich hinweisen.

Die Freundschaft mit dem Westen und die Verständigung mit dem Osten ergänzen einander. Beides gehört zusammen, damit wir – gerade auch im eigenen deutschen Interesse – zu weiteren Erfolgen kommen für den Frieden in Europa.

Nr. 56
Schreiben des Präsidenten der Vereinigten Staaten von Amerika, Nixon, an den Bundeskanzler, Brandt
13. September 1971[1]

NARA, Nixon Presidential Materials Staff, NSC, 1969–1974, Presidential Correspondence 1969–1974, Box 753 (Übersetzung aus dem Englischen: Wolfgang Schmidt).

Sehr geehrter Herr Bundeskanzler,
ich bin Ihnen sehr dankbar für Ihre Erläuterungen über das kürzlich geschlossene Berlin-Abkommen und Ihre großzügigen Worte über meine Rolle bei den Ereignissen, die zu dem Abkommen geführt haben.[2] Ich stimme mit Ihrer Beurteilung überein, dass die Unterzeichnung des Abkommens ein wichtiger Schritt ist, der ein besseres Leben für die Menschen in Berlin und mehr Frieden und Sicherheit in Europa bedeuten kann. Ihre eigene entschlossene und wirksame Rolle war unerlässlich für den Erfolg dieser Bemühung.

Natürlich wünschen wir alle, dass noch mehr hätte erreicht werden können. Wir teilen den Wunsch, den Sie in Ihrer Rede vom 3. September ausdrückten, „daß die Deutschen sich frei bewegen könnten und daß es keine Grenzen gäbe, an denen geschossen wird."[3] Aber wir wissen auch, dass die Erfüllung unserer gemeinsamen Ziele in Mitteleuropa große Geduld und Beharrlichkeit in der vor uns liegenden Zeit erfordern wird.

Die enge Zusammenarbeit unserer Vertreter über diese vielen Monate hat sehr zum erfolgreichen Abschluss des Abkommens beigetragen. Diese Zusammenarbeit ist eine weitere wichtige Demonstration der herzlichen und freundschaftlichen Beziehungen zwischen unseren Ländern. Ich glaube auch, dass diese Beziehungen durch diese Erfahrung noch mehr gestärkt worden sind.

Noch einmal herzlichen Dank für Ihr sehr freundliches Schreiben.
Hochachtungsvoll
‹Richard Nixon›[4]

Nr. 57
Aus dem Vermerk des Bundeskanzlers, Brandt, über das Gespräch mit dem Generalsekretär des ZK der KPdSU, Breschnew
16. September 1971[1]

AdsD, WBA, A 9, 31.

Vermerk

über Gespräch mit Breschnew während der Fahrt von Simferopol nach Oreanda am Abend des 16. September 1971

1) B[reschnew] machte deutlich, dass er dies für eine „historisch wichtige Begegnung" halte und erwarte, dass sie auch „in der europäischen Geschichte festgehalten" werde.
2) [...]² B[reschnew] bemerkte, er würde mir auch „Unangenehmes" zu sagen haben; aber es komme auf die „Globalorientierung" an, und für die würden wir hoffentlich einen gemeinsamen Nenner finden.

B[reschnew] knüpfte hier an die Unterhaltung bei Tisch an, bei der er gegenüber meiner Bemerkung, wir hätten den schweren Anfang hinter uns, Bedenken angemeldet hatte und lediglich gelten lassen wollte, dass wir den Anfang vom Anfang abhaken könnten.

Er stimmte zu, als ich sagte, die Erfahrung des vergangenen Jahres habe gezeigt, dass eine Verbesserung der Beziehungen zwischen unseren beiden Staaten nicht auf Kosten anderer erfolgt sei, sondern im Gegenteil auch im weiteren Rahmen zum Abbau von Spannungen beigetragen habe.

3) B[reschnew] meinte, dass seiner Meinung nach die europäische Entwicklung in hohem Maße vom Verhältnis zwischen der UdSSR und der BRD sowie Frankreich – „und ein bißchen Italien" – abhänge. Die Führung der UdSSR wisse um die Bedeutung der Regierung Brandt und sei bereit, auf diese weitgehend zuzugehen. Er könne dies auch für die Regierungen anderer Staaten des Warschauer Pakts sagen und bezog sich auf deren jüngste Beratung auf der Krim.[3]

4) B[reschnew] wies in mehreren Zusammenhängen darauf hin, wie wichtig es ihm sei, dass beide Seiten ein „Gefühl des Vertrauens" entwickeln könnten.

5) Nachdem er von „Parteien" gesprochen hatte, akzeptierte er, dass es für uns um die Regelung zwischenstaatlicher Beziehungen gehen müsse. Ich schloss dabei nicht aus, dass die SPD und andere Organisationen an einem zusätzlichen Informationsaustausch interessiert sein könnten.

Ich sprach von der harten Auseinandersetzung um den Kurs der deutschen Politik und davon, dass sich gewisse Kreise auf ein „Metternich-Jahr 73" einstellten.[4] B[reschnew] schien dies zu verstehen.

6) In Verbindung mit einer Erwähnung der DDR-Führung überraschte es mich, B[reschnew] unbefangen darstellen zu hören, wie sehr er verstehe, dass mich „die Spaltung Deutschlands" beschäftige. Aber: weder er noch ich, sondern Hitler sei dafür verantwortlich.

7) B[reschnew] sprach – sehr konkret und auch punktuell – über die Gefahren eines Atomkrieges und fügte hinzu, dass er „natür-

lich nicht drohen" wolle. Ich sagte, dass ich seine Sorgen, die Sorgen einer Supermacht, verstünde.

8) In diesem Zusammenhang teilte mir B[reschnew] mit, Gromyko werde mit zwei unterschriftsreifen Abkommen nach Amerika reisen:
   a) betreffend Verminderung nuklearer Überraschungsangriffe,
   b) betreffend Schutz von Satelliten über den Territorien beider Mächte.[5]

9) Ich erwähnte mein Gespräch mit Nixon im Juni in bezug auf dessen Beschäftigung mit China einerseits und Verhältnis zur UdSSR andererseits (5:95).[6]

   B[reschnew] sagte, Rogers und Kissinger hätten auch – fast täglich – betont, wie wichtig den USA das Verhältnis zur UdSSR sei.

10) Ich bemerkte, dass es mir nicht möglich sein würde, im Anschluss an den Krim-Aufenthalt einer Einladung der polnischen Führung nachzukommen. Mir läge aber sehr daran, dass dies nicht missverstanden würde, denn wir nähmen die Ratifizierung des Vertrages mit Polen[7] ebenso ernst wie die des Moskauer Vertrages.

    B[reschnew] sagte, er wolle am nächsten Morgen mit Gierek telefonieren. Dieser habe sein volles Vertrauen. Die folgenden Äußerungen über Gomulka etc. entsprachen bis zu einem gewissen Grade dem Verhältnis zwischen oberer und mittlerer Ebene.

Br[andt][8]

Nr. 58
Aus der Aufzeichnung über das Gespräch des Bundeskanzlers, Brandt, mit dem Generalsekretär des ZK der KPdSU, Breschnew, in Oreanda
17. September 1971[1]

AdsD, WBA, A 9, 31.

[...][2]
Der Bundeskanzler machte anschliessend einige Bemerkungen zu den bilateralen Beziehungen zwischen den beiden Ländern. Das Jahr, das seit der Unterzeichnung des Moskauer Vertrages[3] vergangen sei, sei kein verlorenes Jahr, die Beziehungen hätten sich verbessert. Auch seien einige praktische Dinge besser geregelt als früher. Es gebe weniger Polemik, mehr Informationen und die Einschätzung des Einen durch den Anderen sei sicherer geworden. Obwohl der Vertrag noch nicht ratifiziert sei, habe er doch vom politischen Standpunkt her bereits zu wirken begonnen. Er hoffe, dass die sowjetische Seite besser verstehe, dass wir ein eigenständiger, aber solider Partner seien. Das Vier-Mächte-Abkommen vom 3. September [1971][4] sei für das politische Klima in Europa von grosser Bedeutung. Alle Beteiligten hätten ihre Beiträge geleistet, gleichgültig, ob am Verhandlungstisch oder ausserhalb der Verhandlungen. Der Bundeskanzler brachte zum Ausdruck, dass er den sowjetischen und den persönlichen Beitrag des Generalsekretärs sehr wohl kenne. Ohne Schaden für eine dritte Seite bestehe jetzt die begründete Hoffnung auf eine weitere Entwicklung der bilateralen Beziehungen. Dessen ungeachtet könne es jedoch immer Situationen geben, wo andere versuchten, die beiden Seiten auszuspielen. Dies sei ein zusätzlicher Grund, den Meinungsaustausch fortzusetzen. Der Bundeskanzler brachte die Hoffnung zum Ausdruck, dass der Generalsekretär Verständnis für den Zusatz habe, dass beide Seiten ihre bilateralen Beziehungen in voller Loyalität gegenüber ihren Verbündeten weiter entwickeln würden.

Das, was hier geschehe, geschehe nicht zum Schaden anderer. Aber es könne immer Misstrauen auftreten, wie dies auch im Zusammenhang mit diesem Treffen der Fall sei. Der Bundeskanzler brachte die Überzeugung zum Ausdruck, dass beide Seiten über die Voraussetzungen verfügten, die beiderseitigen Beziehungen in konkreten Fragen und auch im Rahmen der europäischen Sicherheit zu gestalten.

Die <u>Ratifizierung des Moskauer Vertrages</u> habe mehr Zeit erfordert. Sie werde mit Ernst betrieben und das entsprechende Gesetz werde im Frühjahr mit einer kleinen Mehrheit von den gesetzgebenden Organen gebilligt werden.[5] Der Bundeskanzler nahm Bezug auf die Äusserung des Generalsekretärs, dass dieser unsere Schwierigkeiten verstehe, und wies darauf hin, dass im Zusammenhang mit der Ratifizierung bei uns ein erbitterter Kampf geführt werde. Der Generalsekretär dürfe keinen Zweifel an dem vorhandenen politischen Effekt des Vertrages haben. ‹Man sollte›[6] in den kommenden Monaten die bilateralen Beziehungen wie bisher weiter entwickeln, das gelte für praktische Fragen, wie Handel-, Kultur- und technologischen Austausch, wie auch für ‹den Meinungsaustausch in›[7] Fragen der europäischen Politik.

Der Bundeskanzler wies darauf hin, dass <u>Handel und Wirtschaftsaustausch</u> gegenwärtig noch unbefriedigend seien. Das liege wohl an ‹den beiderseitigen›[8] Wirtschaftsordnung‹en›[9], an unterschiedlichen Voraussetzungen, dies sei aber auch eine institutionelle Frage. Der sowjetische Ministerpräsident Kossygin habe im vergangenen Jahr die Schaffung einer <u>gemischten Kommission</u> vorgeschlagen, er habe sich damals zu dieser Frage nur zögernd geäussert.[10] Er habe inzwischen seinen Standpunkt geändert. Er glaube, dass es nützlich sei, wenn jeweils ca. 5 verantwortliche Vertreter aus Wirtschaft und Regierung in relativ kurzer Zeit konkrete Vorschläge zu einer Verstärkung der Handelsbeziehungen machen würden. Die Einzelheiten dieser Frage könnten die jeweiligen Mitarbeiter erörtern.

Der Generalsekretär bestätigte in seiner Erwiderung den Nutzen des Gespräches vom vergangenen Jahr[11] und gab zu, dass in dem zurückliegenden Jahr vieles getan worden sei. Man habe bei aller Kompliziertheit der Fragen grosse Fortschritte erreicht. Er hob anschliessend die enorme Bedeutung des Vierseitigen Abkommens über Westberlin[12] hervor. Die sowjetische Seite sei hierbei weit entgegengekommen, um den Kampf um die Ratifizierung des Vertrages zu entspannen. Ungeachtet dieser positiven Einschätzung wolle er jedoch darauf hinweisen, dass alle diese Fragen doch recht langsam vor sich gingen. Er halte nichts von Übereiltheit, aber das schrittweise Vorgehen sei zu langwierig. Es wäre nützlich, wenn man schneller vorgehen würde. Er wisse, dass alle diese wichtigen Akte vor den nächsten Bundestags-Wahlen zu Ende gebracht werden sollten. Die sowjetische Seite wolle die Bundesregierung und die Ostpolitik des Bundeskanzlers unterstützen, da sie realistisch sei, wenn sie sich so vollziehe, wie man es besprochen habe. Das gleiche gelte für die Fragen der europäischen Politik und der europäischen Sicherheit. Wenn unsere beiden Seiten in diesen Fragen Erfolge erreichten, dann wäre dies eine Tatsache von historischer Bedeutung. Es sei dies aber nicht nur eine Sache der Persönlichkeiten. Er glaube, dass auch die Völker diese Entwicklung begrüssen würden. Es stelle sich bei der heutigen Begegnung die Frage, was man tun müsse, um den Prozess zum Nutzen beider Seiten zu beschleunigen. Was die beiderseitigen Bündnispartner betreffe, so seien die Standpunkte unverändert. Die sowjetische Seite sehe jedoch zu ihrem Missvergnügen, dass einige Bündnispartner einige Fragen durch Verklausulierungen und Formalismus bremsten. Man müsse dies berücksichtigen und eine selbständige Politik führen. Deshalb wolle er seine Frage wiederholen, was getan werden müsse, um vorwärts zu kommen. Auf sein Land eingehend bemerkte der Generalsekretär in diesem Zusammenhang, dass es in der Sowjetunion keine Opposition gebe, dass jedoch im Volk eine gewisse Erwartung und Wachsamkeit vorhanden sei. Man stelle fest, dass die Führung rede, aber der Vertrag sei noch nicht ratifiziert. Es würden zwar noch keine direkten Fragen gestellt, aber die sowjetische Führung wisse, dass über diese Problematik im Volk gesprochen werde. Er wolle dies dem Bundeskanzler zur Kenntnis bringen und konkret fragen, warum der Vertrag erst im nächsten Frühjahr ratifiziert werden könne.

Der Bundeskanzler erwiderte hierauf, dass ein grosser Zeitaufwand häufig bedauerlich sei, dass sich aber auch oft herausstelle, dass eine gewisse Zeit notwendig sei, um die Sache solide zu gestalten. Er verstehe die Position der sowjetischen Seite gegenüber der Bundesregierung und ihrer Politik. Die Bundesregierung führe, gestützt auf unsere Interessen und Überzeugungen, eine Politik, die sich mit der sowjetischen Politik in einigen Punkten treffe. Auf die Frage des Generalsekretärs, was zu tun sei, führte der Bundeskanzler aus, dass man zunächst die angedeuteten praktischen Fragen vorantreiben solle. Die beiden Aussenminister sollten sich mit den teilweise vorbereiteten Abkommen (Luftverkehr, Handel)[13] sowie den Abkommen über technologischen und kulturellen Austausch befassen und sie so schnell wie möglich zum Abschluss bringen. Anschliessend gab der Bundeskanzler eine ausführliche Darstellung des Ratifizierungsverfahrens im Bundestag und Bundesrat und begründete somit seine Aussage, dass die Ratifizierung im Frühjahr kommenden Jahres abgeschlossen sein werde. Die Ratifizierung könne jedoch erst eingeleitet werden, wenn alle mit Berlin zusammenhängenden Fragen voll gelöst seien. Er könne sich nicht vorstellen, dass dies trotz momentaner Schwierigkeiten länger als zwei Monate dauern würde.

Hierauf erwiderte der Generalsekretär, dass die wichtigen politischen Fragen im Zusammenhang mit Berlin unter Zugeständnissen beider Seiten gelöst seien. Er wisse nicht genau, welche Fragen hier noch zu lösen seien.

Hierzu führte der Bundeskanzler aus, dass er nicht hergekommen sei, um von der sowjetischen Seite irgendetwas zu verlangen. Es bestehe jedoch ein Unterschied zwischen politischen Beschlüssen und den technischen Ergänzungen, die die Menschen sehen und begreifen möchten. Das Vier-Mächte-Abkommen sehe vor, dass zwischen der DDR und der BRD bzw. dem Senat von Berlin eine Reihe praktischer Fragen aufgeschrieben werden müssten. Dies ändere nichts an der Substanz des Vier-Mächte-Abkommens, sei aber von entscheidender psychologischer Bedeutung für die Menschen in Berlin und der Bundesrepublik.

Hierauf erwiderte der Generalsekretär, dass er auf eine prinzipielle Seite hinweisen müsse. Das Inkrafttreten der Berlin-Regelung, die praktische Durchführung aller Bestimmungen des Vier-Mächte-Abkommens werde erst nach der Ratifizierung Realität werden. Es sei wichtig, dass dieses Detail klar sei. Es sei wichtig, die Verhandlungen mit der DDR zu beschleunigen. Dies sei jedoch Sache der Bundesregierung. Von ihr bzw. von der Tatsache, ob sie Vorbedingungen stelle, hänge vieles ab. Es sei nicht erforderlich, hier in Details einzugehen. Er wolle nur vom Prinzipiellen sprechen. Er sei der Meinung, dass der gegenwärtig in der Bundesrepublik vor sich gehende Prozess die Opposition schwäche, sie verliere den Boden unter den Füssen, und deshalb sei die sowjetische Seite der Meinung, dass eine schnelle Ratifizierung für die Bundesregierung einen politischen Gewinn darstellen werde. Deshalb wolle er nicht mehr nach dem zeitlichen Ablauf fragen; wenn dies auf Grund unserer Gesetzgebung [so sei], wie vom Bundeskanzler dargestellt, könne er nichts machen. Der Bundeskanzler müsse die Lage richtig sehen. Für die sowjetische Seite sei es hier bedeutend einfacher, sie könne den Vertrag zu einem beliebigen Zeitpunkt im Präsidium des Obersten Sowjet ratifizieren.

Was die Frage anbelange, was weiter zu tun sei, so wolle er nur kurz, um Einverständnis zu erzielen, folgendes bemerken: Es sei notwendig, die Kontakte zwischen unseren beiden Ländern auf allen Ebenen zu fördern und ihnen zwischenstaatlichen Charakter zu verleihen. Konkret gesprochen, die sowjetische Seite sei bereit, das Handelsabkommen sofort zu unterzeichnen. Man könne dies im Kommuniqué vermerken. Was das Luftverkehrs-Abkommen anbelange, so sei dies ebenfalls unterschriftsreif, man könne dies ebenfalls im Kommuniqué erwähnen. Man sollte auch über die zukünftige Gestaltung der Beziehungen im Zusammenhang mit Abkommen über den kulturellen und technologischen Austausch sprechen. Auch dies könne im Kommuniqué genannt werden. Die sowjetische Seite sei durchaus zu Änderungen des Kommuniqués bereit.

Die sowjetische Seite sei auch mit der Errichtung einer gemischten Kommission einverstanden, der wahrscheinlich von deutscher Seite Vertreter aus Wirtschaft und Politik und von sowjetischer

Seite Vertreter der Staatswirtschaft angehören würden. Die Kommission müsste sich regelmässig treffen, einen Meinungsaustausch über interessierende Fragen und Möglichkeiten von Vereinbarungen führen und den Regierungen Bericht erstatten. Auch diese Tatsache könne im Kommuniqué erwähnt werden.

[...]¹⁴

Auf den Handelsaustausch zwischen beiden Ländern eingehend, bemerkte der Generalsekretär, dass auch er das Handelsvolumen für zu klein halte. Die Sowjetunion sei ein solider Partner und verfüge über einen aufnahmefähigen Markt. Beide Seiten sollten entsprechende Vertreter mit der Ausarbeitung langfristiger Programme der wirtschaftlichen Zusammenarbeit beauftragen. Mit Hilfe langfristiger Programme könnten grössere Operationen der Zusammenarbeit durchgeführt werden (Gas, Öl). Die deutschen Geschäftskreise sollten auch Fragen der Produktion von hochwertiger Cellulose in der UdSSR aufmerksam betrachten. Die sowjetische Seite sei an einer Zusammenarbeit auf diesem Gebiet interessiert. Das gleiche gelte für die Produktion von Polystyrol und Phosphor. Weiter sei die Sowjetunion daran interessiert, die Technologie der Verarbeitung von Stadtmüll zu Viehfutter [sic] kennenzulernen, die in der Bundesrepublik hoch entwickelt sei. Bei entsprechendem Interesse von unserer Seite würde er sofort entsprechende Kontakte herstellen lassen. Weiterhin gebe es auch auf dem Gebiet des landwirtschaftlichen Maschinen‹baus›¹⁵ Berührungspunkte und Möglichkeiten des technischen Austauschs. Es wäre weiter gut, fuhr der Generalsekretär fort, wenn eine solche Zusammenarbeit auch ihren Weg in den Rat für gegenseitige Wirtschaftshilfe fände, aber dies sei sicher ein langwieriger Prozess. Was die politischen Beziehungen anbelange, so würden sie nach der Ratifizierung des Vertrages auf eine neue Stufe gestellt werden. In der Folge werde auch die wirtschaftliche Zusammenarbeit der Bundesrepublik mit den anderen sozialistischen Ländern besser organisiert werden können.

[...]¹⁶

Hierauf entgegnete der Bundeskanzler, dass er die Aussage des Generalsekretärs, nach der der Inhalt des Vier-Mächte-Abkommens vom 3. September 1971 in Verbindung mit der Ratifizierung des Moskauer Vertrages wirksam werde, zur Kenntnis nehmen müsse. Es gebe hier jedoch eine formale und eine politische Seite. Was die formale Seite anbelange, so sei die Bundesrepublik nicht Partner des Vier-Mächte-Abkommens, auch wenn sie an dem Abkommen stark interessiert sei. Es sei dies eine Frage der Vereinbarung der Vier Mächte über das Inkrafttreten des Abkommens. Was die politische Seite anbelange, so halte er es nicht für richtig, die Frage des ‹Wirksamwerdens›[17] mit der Ratifizierung zu koppeln. Er könne hier jedoch nur seine Meinung zum Ausdruck bringen.

Hierauf erwiderte der Generalsekretär, dass er auf diese prinzipielle Frage habe hinweisen wollen, nämlich dass die praktische Realisierung des Abkommens erst nach der Ratifizierung zu spüren sein werde.

Im folgenden kam der Generalsekretär auf die Absichtserklärungen bezüglich der Aufnahme der beiden deutschen Staaten in die UNO und der Einberufung der KSE zu sprechen.[18] Dies seien zwei wichtige Fragen, und es sei wichtig, wenn hier mit zwei Stimmen, der sowjetischen und der deutschen, gesprochen werde.

In seiner Erwiderung erklärte sich der Bundeskanzler mit dem Generalsekretär darin einverstanden, dass die mit der DDR zu treffenden technischen Ergänzungen nicht auf die lange Bank geschoben werden sollten. Er sei auch nicht hierher gekommen, um sich über irgendjemand zu beklagen. Die Bundesregierung müsse diese Fragen mit der DDR selbst lösen. Er halte es aber für erforderlich, dem Generalsekretär die Schwierigkeiten der letzten Wochen zur Kenntnis zu bringen. Er bedaure diese Schwierigkeiten, die wohl durch ein Missverständnis hervorgerufen worden seien.[19] Er sehe jedoch gegenwärtig nicht, wie sie zu beseitigen seien. Am Tage der Unterzeichnung des Vier-Mächte-Abkommens habe man ihm in Bonn im Zusammenhang mit der Abstimmung des deutschen Textes aus Berlin angerufen. Er habe einen Kompromissvorschlag gemacht und daraufhin aus Berlin erfahren, dass man sich geeinigt habe. Er habe also den Eindruck gewonnen, dass man einen Text vereinbart habe, während nunmehr gesagt werde, dass man keinen Text vereinbart habe.

Was die zweiseitigen Verträge anbelange, so sei er einverstanden, dass die entsprechenden Punkte im Kommuniqué erwähnt werden und dass man versuchen solle, die fertigen Abkommen schnell in Kraft zu setzen. Was das Handelsabkommen anbelange, so müsse man noch eine Form finden, die West-Berlin in diesen Handel einbeziehe. Dies sei erforderlich.

[. . .][20]

Auf die Frage der Einberufung einer KSE eingehend, führte der Bundeskanzler aus, dass die deutsche Seite die Europa betreffenden Punkte des Rechenschaftsberichts des Generalsekretärs auf dem XXIV. Parteitag der KPdSU[21] sehr aufmerksam studiert habe. Mit einigen dieser Punkte sei man einverstanden. Er gehe hierbei von folgender Perspektive aus: Die deutsche Seite wolle mehr als die Normalisierung der Beziehungen und Verstärkung des Handels. Sie wolle bessere politische Beziehungen, den Abbau der Konfrontation und in der Konsequenz eine Verringerung der Militär-Ausgaben. Die allgemeine Abrüstung sei ein Ideal. Man müsse an dieses Thema realistischer, nämlich über eine Übereinkunft über die gegenseitige Verringerung von Truppen und Rüstungen herangehen, ohne das Gleichgewicht zu gefährden, weil dies die ganze Sache unmöglich machen würde. Er wolle dem Generalsekretär das gleiche sagen, was er auch Präsident Nixon gesagt habe.[22] Das Thema MBFR dürfe kein Thema von Verhandlungen allein zwischen der UdSSR und den USA sein, sondern an diesem Thema müssten die europäischen Staaten beteiligt sein (Einwurf von Breschnew: einverstanden). Das Thema MBFR könne auch vor dem Beginn der KSE behandelt werden. Die KSE könne dieses Thema nicht in allen Details erörtern. Man könne natürlich niemandem verwehren, sich hierzu auf der KSE zu äussern, Einzelheiten sollten aber doch in geeignetem Rahmen nach der Konferenz behandelt werden.

Diesen Ausführungen stimmte der Generalsekretär zu. Er bemerkte, dass alle Staaten zu dieser Konferenz eingeladen werden müssten und dass man die Einberufung der KSE beschleunigen müsse. Die Konferenz könne dann die hohen Prinzipien des genannten Themas erörtern, ein Generalsekretariat oder ein Komitee schaffen, dem die Vorschläge übertragen werden. Das Komitee müsste dann diese Vorschläge prüfen und auf der nächsten Sitzung der Konferenz Bericht erstatten. Es seien jedoch vorbereitende Konsultationen und Sondierungen der Meinungen erforderlich, und zwar zu Fragen, ob nur ausländische Truppen verringert werden sollten, welche Standpunkte die Staaten hinsichtlich der Reduzierung ihrer eigenen Truppen einnehmen, wie sich alles im Gleichgewicht vollziehen soll und wie die praktischen Lösungen aussehen sollen (Verringerung der Streitkräfte um bestimmte Prozentsätze oder um bestimmte Mengen oder Divisionen). Wichtig sei, dass Rüstungen und Truppen verringert werden, denn dies verringere die Gefahr eines Krieges und sei von überaus grosser politischer Bedeutung; gleichzeitig würden grosse Summen für innere Zwecke eingespart.

Hierzu führte der Bundeskanzler aus, dass die NATO im Oktober auf einer Konferenz der stellvertretenden Aussenminister das Thema MBFR behandeln werde. Man werde voraussichtlich einen oder mehrere Exploratoren damit beauftragen, bei der Sowjetunion und anderen Staaten des Warschauer Paktes das Thema MBFR zu sondieren.[23]

Obwohl die Bundesrepublik in der Regelung der bilateralen Fragen mit der DDR noch nicht sehr weit gekommen sei, wolle er hier nochmals bestätigen, dass die Bundesregierung sowohl in der Frage der KSE, also in Fragen der Sicherheit und der Zusammenarbeit, als auch in der Frage der Verhandlungen über Truppenreduzierungen von der gleichberechtigten Teilnahme der Bundesrepublik und der DDR ausgehe.

Auf die KSE selbst eingehend führte der Bundeskanzler aus, dass die NATO im Dezember ‹– nach Abschluss der Berlinregelung –›[24] gemeinsam grünes Licht geben und feststellen werde, dass die multilaterale Vorbereitung beginnen könne. Die nächsten zwei bis drei Monate sollte man zur Intensivierung der zweiseitigen Gespräche verwenden.

Er wolle nun die Meinung des Generalsekretärs zu einer eigenen Überlegung kennenlernen. An der KSE würden 34 Staaten teilnehmen, wenn alle Staaten, was erforderlich wäre, an der Konferenz teilnehmen. Alle Aussenminister würden eine Rede halten wollen, was eine Woche in Anspruch nehmen würde. Somit würde die Konferenz recht schwerfällig sein. Er habe sich überlegt, ob es nicht zweckmässiger wäre, eine <u>Vorkonferenz</u> ohne grosse Feierlichkeiten, ohne grosse Delegationen und Reden abzuhalten. Diese Vorkonferenz könne Fragen der Tagesordnung beraten, mit der Ausschussarbeit zur Vorbereitung von Resolutionen und mit der Beratung der Tätigkeit des zu schaffenden ständigen Organs beginnen. Er glaube, dass dies die Arbeit der KSE erleichtern würde. Dies sei eine taktische Überlegung. Er wisse auch nicht, wie der Generalsekretär die amerikanische Entwicklung einschätze. In den USA fänden im nächsten Jahr Präsidentschaftswahlen statt.[25] Er wisse nicht, wie beweglich die Amerikaner in dieser Frage seien. Er wolle jedoch die Meinung des Generalsekretärs zu der Überlegung der Durchführung einer Vorkonferenz kennenlernen.

Was die Themen einer KSE anbetreffe, so seien sich hier fast alle einig. Man müsse über Gewaltverzicht, eine Art europäischer Konvention, über Fragen der praktischen Zusammenarbeit (entsprechend dem Punkt 14 im Rechenschaftsbericht)[26] und über Sicherheitsfragen sprechen. Der letztere Fragenkomplex könne sicher nicht detailliert behandelt werden, da es auch Länder gebe, die ‹an›[27] dieser Frage geringeres Interesse ‹hätten›[28] als andere.

Auf die MBFR eingehend, führte der Bundeskanzler aus, dass die deutsche Seite noch keine Modelle entwickelt habe, aber der Meinung sei, dass es klug wäre, wenn sich entsprechende Maßnahmen nicht nur auf Stationierungstruppen, sondern auch auf nationale Streitkräfte erstreckten und wenn sich entsprechende Schritte nicht auf das Gebiet der beiden deutschen Staaten begrenzten. Der Bereich, in dem entsprechende Maßnahmen durchgeführt werden sollten, sollte grösser sein.

Hierzu erklärte der Generalsekretär, dass er seine Äusserungen über Mengenverhältnisse, Gleichgewicht und Vorgehen bei der Verringerung von Truppen und Rüstungen ebenfalls als Überlegung verstanden wissen wolle. Er sehe eine wichtige Voraussetzung für die KSE darin, dass alle europäischen Länder sowie die

USA und Kanada an der Konferenz teilnehmen. Eine Truppenreduzierung dürfe sich nicht auf die beiden deutschen Staaten beschränken, denn es handle sich um die Sicherheit Europas. Diese, seine vorläufigen Vorstellungen, habe die sowjetische Seite mit ihren Verbündeten noch nicht abgeklärt, dies werde jedoch demnächst im Rahmen der Moskauer Führung und des Warschauer Paktes geschehen. Der Generalsekretär begrüsste den Standpunkt des Bundeskanzlers, dass auch die nationalen Streitkräfte in eine Truppenreduzierung einbezogen werden müssten, da dies die Garantie der Sicherheit verstärke und allen Staaten die Möglichkeit gebe, Mittel einzusparen.

Was die Prozedur der Einberufung der KSE anbelange, so könne er sich vorstellen, dass die Überlegungen des Bundeskanzlers bezüglich einer Vorkonferenz für die sowjetische Seite nützlich sein könn[t]e[n]. Eine Vorkonferenz der Aussenminister könne Fragen der Tagesordnung und der Tätigkeit der Konferenz behandeln und die Einberufung der KSE erleichtern.

Aus diesen Ausführungen schloss der Bundeskanzler, dass die Aussenminister die Vorkonferenz und die Regierungschefs die Konferenz selbst abhalten sollten. Er hielte es jedoch für zweckmässig, wenn die Aussenminister die KSE durchführen würden und die Regierungschefs, falls überhaupt, erst gegen Ende der Konferenz anwesend wären.

Hierauf erwiderte der Generalsekretär, dass er mit seiner Führung hierüber noch einen Meinungsaustausch führen werde und man sich dann über die offiziellen Kanäle ohne Publizität abstimmen könne. Es könnte vorgeschlagen werden, dass die Verhandlungen auf der Ebene der Blöcke geführt werden sollten, er hielt es jedoch für besser, auf zwischenstaatlicher Ebene zu verhandeln, da jeder Staat selbständig sei.

Hierauf erwiderte der Bundeskanzler, dass an der KSE alle Staaten teilnehmen sollten, dass aber an der konkreten Erörterung des Themas MBFR in erster Linie die Mitglieder der Blöcke zu beteiligen sein würden. Auch der amerikanische Präsident sei gegen eine zu grosse Ausweitung des Rahmens. Es gebe in der NATO kleine Mitglieder, die natürlich das gleiche Recht hätten, ihre Meinung zu äussern, aber vielleicht nicht dasselbe Interesse wie andere an diesen Fragen hätten. Es gebe weiter neutrale Staaten in Europa, die durch diese Fragen unterschiedlich berührt würden. An den Verhandlungen zum Thema MBFR sollten vielleicht nicht alle Staaten gleichzeitig beteiligt sein.

Diese Einschränkung bezeichnete der Generalsekretär als möglicherweise weniger taktvoll. Luxemburg z. B. sei vielleicht von geringerer Bedeutung, aber das Klima der Sicherheit sei für alle europäischen Staaten wichtig.

Hierauf konkretisierte der Bundeskanzler seine Ausführungen über eine evtl. Einschränkung des Teilnehmerkreises bei den MBFR-Verhandlungen. Er nannte als Beispiel Schweden, das sicher trotz seines Interesses an diesem Thema in der ersten Phase nur interessierter Beobachter sein werde, dann aber auf Grund von Veränderungen in Mitteleuropa Folgerungen für seine eigene Verteidigung ziehen werde. Man dürfe keinem Staat das Recht der Mitwirkung verweigern, das aktive Interesse sei jedoch unterschiedlich.

Hierauf entgegnete der Generalsekretär, dass sicher die mächtigen Staaten beider Blöcke diese Fragen bestimmen würden, dass es aber nicht taktvoll sei, den kleinen Staaten das Recht der Teilnahme zu nehmen.

Hierauf stellte der Bundeskanzler fest, dass er keine Einwände gegen das Prinzip der Teilnahme aller habe. Unter Hinweis auf die schwierige Materie der SALT-Gespräche[29], die von nur zwei Staaten geführt würden, führte er aus, dass Verhandlungen mit 34 teilnehmenden Delegationen eine Massenversammlung darstellen würden, und dass es deshalb vielleicht zweckmässiger wäre, die konkreten Fragen der MBFR in einem Kreis der eigentlich beteiligten Staaten zu erörtern.

Der Generalsekretär entgegnete, dass er zu diesen Überlegungen nur schwer eine Antwort finde. Man müsse auch die Meinung der kleineren Staaten Europas berücksichtigen. Vielleicht liessen sich die Verhandlungen so organisieren, dass die wichtigsten Staaten beteiligt werden, die dann die anderen Staaten unterrichten.

Der Bundeskanzler hielt ein Organisationsschema für möglich, nach dem in der ersten und letzten Phase alle Staaten, in der Mittelphase ein Kreis der eigentlich Interessierten beteiligt werden würden.

Hierauf bezeichnete der Generalsekretär die Überlegungen des Bundeskanzlers bezüglich einer Vorkonferenz als passend. Als Ort dieser Vorkonferenz könne man ebenfalls Helsinki ins Auge fassen, da sich Kekkonen schon in so starkem Maße mit diesen Fragen befasst habe. Es bestehe kein Grund, den finnischen Vorschlag zu ignorieren.[30] Das wichtigste sei jedoch, sich über den Beginn der Arbeit zu einigen. Dann könne man die Meinung eines jeden Staates erfahren und festlegen, was man aus der Summe der Überlegungen der Arbeit der Konferenz zu Grunde legen könne. Die KSE dürfe nicht nur Fragen der MBFR, sondern müsse auch den Gewaltverzicht, Fragen der Zusammenarbeit, der Entwicklung des Handels und des kulturellen und wissenschaftlichen Austausches behandeln. Dies seien alles unabdingbare Bestandteile der Tagesordnung. Dies alles entspreche den wichtigsten Prinzipien der Koexistenz. Der Generalsekretär betonte, dass diese Punkte den Interessen eines jeden Staates, unabhängig von seiner sozialen Ordnung, entsprächen.

Der Bundeskanzler betonte, wie wichtig es sei, dass die Völker den Eindruck vermittelt bekämen, dass es sich hier nicht um Dinge der fernen Zukunft handele, sondern um Dinge, die Schritt für Schritt verwirklicht werden könnten. Es sei wichtig, den Völkern eine Orientierung zu geben und ihnen zu zeigen, dass sich die Dinge auf der Grundlage von Vereinbarungen zwischen den Regierungen verbessern.

Der Bundeskanzler führte weiter aus, dass er die Idee einer Vorkonferenz mit den westlichen Partnern besprechen wolle. Nach entsprechenden Konsultationen des Generalsekretärs mit dessen Partnern könne man dieses Problem vielleicht weiter erörtern.

Anschliessend wies der Generalsekretär darauf hin, dass er diese Probleme bei seinem Besuch in Jugoslawien[31] diskutieren werde.

Er führte weiter aus, dass sein bevorstehender Besuch in Frankreich[32] in keiner Weise gegen die Bundesrepublik gerichtet sein werde und das deutsch-französische Verhältnis nicht stören werde.

Hierauf charakterisierte der Bundeskanzler das gute Verhältnis zwischen der Bundesrepublik und Frankreich und stellte fest, dass die deutsche Seite auch nicht die Andeutung einer Befürchtung habe, dass der Besuch des Generalsekretärs in Frankreich dem deutsch-französischen Verhältnis oder der Bundesrepublik schaden könne.

Anschliessend erkundigte sich der Generalsekretär, ob der amerikanische Präsident in der Frage der MBFR einen festen Standpunkt beziehe oder irgendwelche Bedenken habe.

Hierauf schilderte der Bundeskanzler seine Eindrücke auf Grund seines letzten Besuches in den USA[33] und der bestehenden Kontakte mit der amerikanischen Regierung. Er stellte fest, dass der amerikanische Präsident solche Verhandlungen wolle. Er könne sich aber vorstellen, dass man im Pentagon, also in der militärischen Führung, gewisse Bedenken habe. Aber dies treffe sicher auch für die militärischen Fachleute in anderen Ländern zu.

<u>Im Anschluss daran kam der Generalsekretär nochmals auf eine Frage zurück, von der er nicht erwartet habe, dass sie der Bundeskanzler anschneiden werde.</u> Da dies aber geschehen sei, müsse er mit einer gewissen Verbitterung folgendes feststellen: Er wolle dem Bundeskanzler mitteilen, dass die Moskauer Führung das Vierseitige Abkommen über Westberlin sehr hoch einschätze. Die sowjetische Seite betrachte das Abkommen als eine Aktion, die den Weg für die Verbesserung des Klimas in Europa eröffne. Er wolle nochmals wiederholen, dass die sowjetische Seite in vielen Fragen Entgegenkommen gezeigt habe. Er wolle auch nicht die Bedeutung der Beiträge der Bundesrepublik und der DDR, die indirekt an diesen Problemen beteiligt waren, herabmindern. Die Konsultationen hätten eine grosse Rolle gespielt. Es habe zahlreiche Schwierigkeiten gegeben. Es sei für die sowjetische Seite nicht einfach gewesen, Zugeständnisse zu machen. Die sowjetische Seite habe dies alles für die Möglichkeit der zukünftigen Zusammenarbeit und im Lichte der Ereignisse nach den beiden Verträgen getan. Die sowjetische Seite schätze auch den Beitrag der Bundesregierung und den persönlichen Beitrag des Bundeskanzlers zu dem Vierseitigen Abkommen hoch ein.

Der Bundeskanzler habe die Frage einer abgestimmten Übersetzung des Abkommens ins Deutsche aufgeworfen und zum Ausdruck gebracht, dass sich die DDR gewissermassen nicht gewissenhaft verhalte. Soweit ihm selbst Informationen vorlägen, habe er den Eindruck gewonnen, dass die Verhandlungen über den Transitverkehr und andere Fragen fast in eine Krise geraten seien und das ganze Problem verkompliziert werde. Die Verhandlungen würden zwischen Deutschen geführt und sie müssten dieselben auch vollenden. Er könne aber nicht umhin, festzustellen, dass der authentische Text des Vierseitigen Abkommens in Englisch, Französisch und Russisch vorliege. In Gesprächen mit den Botschaftern Abrassimow und Falin sowie Aussenminister Gromyko sei festgestellt worden, dass kein Zweifel an der Authentizität der Texte in diesen drei Sprachen bestehe. Nur diese Dokumente seien völkerrechtlich verbindlich, was der Bundeskanzler sicher nicht bestreiten werde. Es scheine, dass die Mitarbeiter des Bundeskanzlers versuchten, in den Verhandlungen einige Punkte mit Hilfe der deutschen Übersetzung verzerrt zu interpretieren. Es scheine, dass diese Differenzen zwischen den beiden deutschen Seiten in Bonn dazu benutzt würden, die Verhandlungen hinauszuzögern. Es könne nicht im Interesse der Bundesregierung liegen, den Weg zu Vereinbarungen zu erschweren. Dies alles sei ein Anlass für die Opposition und andere Zweifelnde, zu behaupten, dass in dem Abkommen Unklarheiten enthalten seien. Die sowjetische Seite werde sich nicht in die Frage der Übersetzung einmischen. Niemand werde damit einverstanden sein, dass der Text in den drei Sprachen durch eine deutsche Übersetzung verzerrt wird. Er frage sich, wie man einzelne Worte durch eine deutsche Übersetzung anders auslegen könne. Der Generalsekretär fuhr fort, dass er in dieser Frage keine Gespräche mit der DDR geführt habe. Die DDR habe Zugeständnisse gemacht und werde eine solche Auslegung nicht akzeptieren. Die sowjetische Seite wäre froh, wenn die beiden Seiten die mit dem Vierseitigen Abkommen in Verbindung stehenden Fragen ohne Verzögerung, sachlich und konstruktiv diskutieren würden. Die gegenwärtige Lage könne alles verwirren. Wenn dies alles publik werden würde, könnten bei einfachen Menschen Bedenken auftauchen. Weiter wolle er dazu nichts sagen.

Im weiteren bemerkte der Generalsekretär, dass man sich doch auch heute wie in der Vergangenheit darüber einig sei, dass die Verträge ‹mit der UdSSR und mit Polen›[34] der Bundesrepublik gleichzeitig ratifiziert würden. Diese Feststellung solle vom Bundeskanzler nicht als Forderung verstanden werden, sondern als nötiges Fazit des gesamten Prozesses der Ostpolitik.

Die sowjetische Seite wolle nicht, dass die Fragen der Regelung mit der Tschechoslowakei zur Seite gelegt würden. Im Zusammenhang mit der Ungültigkeit des Münchener Abkommens erhöben sich zwei Fragen: Die Sudeten-Deutschen würden angeblich in eine rechtlose Lage kommen. Er wolle dem Bundeskanzler vertraulich mitteilen, dass er dieses Problem mit dem tschechoslowakischen Parteichef Husak erörtert habe. Dieser habe gesagt, dass in dieser Frage keine Hindernisse entstehen würden, da die Tschechoslowakei entsprechende Beschlüsse fassen würde, die die menschlichen Rechte der Sudeten-Deutschen in der ČSSR berücksichtigen würden. Diese Frage stelle keine Schwierigkeit dar. Zur Frage der Reparationen von seiten der Bundesrepublik habe Husak zum Ausdruck gebracht, dass er glaube, sich mit dem Bundeskanzler in dieser schwierigen Frage einigen zu können. Er habe Husak so verstanden, dass er wünsche, dass der Bundeskanzler und der Generalsekretär den Standpunkt teilen, dass die Frage der Regelung mit der ČSSR von beiden Seiten zu einem logischen Ende gebracht werde.

Hierzu führte der Bundeskanzler aus, dass die Verhandlungen mit der Regierung der ČSSR Ende dieses Monats fortgesetzt würden.[35] Er begrüsse es, dass dieses Problem hier zur Sprache komme. Der Bundeskanzler erinnerte an die Absichtserklärung, in der es heisst, dass die offenen Fragen ‹aus der Vergangenheit›[36] in einer für beide Seiten annehmbaren Form beantwortet werden sollen.[37] Der Generalsekretär und er selbst seien keine Juristen, sondern Politiker. Für den Politiker sei klar, dass das Münchener Abkommen von Anfang an Unrecht gewesen sei, dass es aber trotzdem Wirkungen gehabt habe. Es handle sich hierbei auch nicht nur um die Sudeten-Deutschen in der ČSSR, sondern auch um die in der Bundesrepublik lebenden Sudeten-Deutschen, die nachträglich durch eine Formulierung in juristischer Hinsicht zu Vaterlandsverrätern gemacht werden könnten, nachdem sie – gestützt auf die Annektion Hitlers – die deutsche Staatsangehörigkeit erhalten hätten und in die Wehrmacht eingezogen worden seien. Dies seien Akte gewesen, die der Staat mit sich gebracht habe.

In der Frage der Reparationen könne die deutsche Seite nicht davon abgehen, dass dies Gegenstand eines Friedensvertrages sein müsse, wenn es ihn geben würde. Wenn man darüber ‹eines Tages›[38] verhandeln würde, dürfe man nicht nur die Zerstörungen in der ČSSR in Rechnung stellen, sondern müsse auch die nicht unbedeutenden Vermögen der aus dem Sudetenland verwiesenen Deutschen berücksichtigen.

Der Bundeskanzler brachte die Hoffnung zum Ausdruck, dass man in den Verhandlungen mit der ČSSR weiterkommen werde.

Hierauf entgegnete der Generalsekretär, dass die Führer damals ein unrechtes Dokument verfasst und es juristisch begründet hätten. Die sowjetische Seite wisse, dass dies so sei. Man sollte jetzt die Kraft finden, dies wieder rückgängig zu machen. Er wünsche, dass in dieser Frage eine positive Entscheidung gefunden werden könne.

Der Generalsekretär führte weiter aus, dass man in dem Kommuniqué vermerken solle, dass man sich über die Fortsetzung der Konsultationen einig sei (Hinweis auf Treffen des Bundesaussenministers mit Gromyko).[39] Man könne auch über die Vorbereitung des Austauschs von Parlamentarier-Delegationen, eines Besuchs von Podgorny in der Bundesrepublik und einer längeren Reise des Bundeskanzlers durch die Sowjetunion im nächsten Jahr sprechen.[40] Er glaube, dass der Bundeskanzler in diesen Fragen keine Bedenken habe.

Anschliessend ging der Generalsekretär auf weitere Fragen der wirtschaftlichen Zusammenarbeit ein. Er verwies auf die Möglichkeiten der Zusammenarbeit auf dem Gebiet der Radioelektronik und des Maschinenbaus, der Herstellung von Reaktorteilen für die UdSSR in der Bundesrepublik und der Zusammenarbeit auf dem Gebiet des Baus von Atomreaktoren hin. Eine solche Zusammenarbeit sollte für die deutsche Industrie von Interesse sein. Der Generalsekretär verwies weiter auf die Möglichkeit der Beteiligung der Bundesrepublik bei der Nutzung sowjetischer Bodenschätze u. ä. Eine solche Zusam-

menarbeit könne sich im Rahmen von Investitionen der Bundesrepublik und Rohstofflieferungen an die Bundesrepublik (Erze, wertvolle Bodenschätze, Holz) ohne territoriale Einschränkung abwickeln. Wenn die westdeutsche Industrie auf eine solche Zusammenarbeit eingehen würde, werde die sowjetische Seite den Abschluss entsprechender Vereinbarungen unterstützen. Der Generalsekretär brachte die Überzeugung zum Ausdruck, dass dies von grosser Bedeutung für die Verbesserung der Beziehungen und die Annäherung der beiden Länder sein könne. Enge wirtschaftliche, kommerzielle und technologische Kontakte könnten nur die Freundschaft zwischen den beteiligten Ländern festigen.
[...]⁴¹
Dauer des Gesprächs: Drei Stunden, fünfzig Minuten.
‹Hartmann›⁴²
(Hartmann)

Nr. 59
Aus der Aufzeichnung über das Gespräch des Bundeskanzlers, Brandt, mit dem Generalsekretär des ZK der KPdSU, Breschnew, in Oreanda
18. September 1971¹

AdsD, WBA, A 9, 32.

[...]²
Im folgenden teilte der Generalsekretär mit, dass er versucht habe, Honecker telefonisch zu erreichen. Dies sei aber nicht möglich gewesen, da sich Honecker gegenwärtig zu einem Besuch in Polen aufhalte.³ Er wolle jedoch nach Abschluss der Gespräche den polnischen Parteichef Gierek anrufen und ihn vom grundsätzlichen Charakter der Begegnung unterrichten.

Hierauf wollte der Bundeskanzler vom Generalsekretär eine Präzisierung der folgenden Frage erhalten:

Er habe gestern im Zusammenhang mit dem Vier-Mächte-Abkommen davon gesprochen, dass die praktische Wirkung dieses Abkommens erst nach Unterzeichnung des Schlussprotokolls[4] durch die Vertreter der Vier Mächte in Kraft treten könne. Eines sei ihm nicht klar: Habe der Generalsekretär gesagt, dass man das Schlussprotokoll erst im Zusammenhang mit der Ratifizierung des Moskauer Vertrages unterzeichnen wolle?

Der Generalsekretär führte aus, dass hier ein Missverständnis vorliege. Er habe gesagt, dass alle Verbesserungen zwischen den beiden deutschen Staaten erst nach der Ratifizierung des Vertrages ihre praktische Realisierung erfahren würden. Wenn er sich nicht irre, werde die Ratifizierung des Vertrages die Bundesregierung stützen. Er wisse natürlich nicht, ob der Vertrag ratifiziert werde.

Einwurf des Bundeskanzlers: Der Vertrag wird ratifiziert werden.

Der Generalsekretär bemerkte weiter, dass die deutsche Seite Vertrauen gegenüber der sowjetischen Seite haben müsse. Wenn dieses Vertrauen fehle, wäre alles für beide Seiten schwerer. Er betonte, dass die sowjetische Seite, wenn sie jemandem ihr Vertrauen schenke, auch aufrichtig sei. Dies sei ein Prinzip der sowjetischen Politik. Der Generalsekretär wies nochmals darauf hin, dass die Regelungen zwischen den Deutschen erst nach Ratifizierung des Vertrages in Kraft treten werde.

Auf diese Ausführungen entgegnete der Bundeskanzler, dass es sich hier um zwei Dinge handle. Das Inkrafttreten des Vier-Mächte-Abkommens sei eine Frage der Abstimmung zwischen den Vier Mächten, entsprechend dem bereits formulierten Schlussprotokoll.

Hierauf erwiderte der Generalsekretär, dass er sich an eine Absprache der Vier zu erinnern glaube, nach der das Vier-Mächte-Abkommen erst nach der Ratifizierung des Vertrages in Kraft treten solle. Er wolle aber in dieser Frage noch genaue Erkundigungen einholen.

Der Bundeskanzler erwiderte, dass er – abgesehen von dem Schlussprotokoll der Vier Mächte – den politischen Effekt in der

Die militärische Entspannung im Blick – Willy Brandt bei Generalsekretär Leonid Breschnew in Oreanda, 18. September 1971.

Bundesrepublik anders sehe. Er werde in der öffentlichen Meinung, nicht im Bundestag, eine grössere Unterstützung für die Ratifizierung erhalten, wenn er sagen könne, dass in Bezug auf praktische Dinge Verbesserungen sichtbar seien.

Hierauf konsultierte der Generalsekretär einen Mitarbeiter, der bestätigte, dass das Inkrafttreten des Vier-Mächte-Abkommens nicht mit der Ratifizierung des Moskauer Vertrages gekoppelt sei. Anschliessend telefonierte der Generalsekretär mit Aussenminister Gromyko und präzisierte daraufhin seine Darstellung gegenüber dem Bundeskanzler. Das Vier-Mächte-Abkommen sei bereits unterzeichnet. Es werde nach Unterzeichnung des Schlussprotokolls gemäss Abstimmung zwischen den Vier Mächten in Kraft treten. Der Bundeskanzler wolle aber berücksichtigen, dass das Protokoll gleichzeitig mit der Ratifizierung des Vertrages wirksam werde.

Der Bundeskanzler könne auf entsprechende Fragen doch schon antworten, dass das am 3. September unterzeichnete Vier-Mächte-Abkommen bereits positive Ergebnisse zeige.

Der Bundeskanzler erwiderte, dass sich für ihn die Frage stelle, was er den Westmächten mitteilen solle. Die Ausführungen des Generalsekretärs enthielten neue Elemente. Er sei sicher nicht der richtige Bote, den Westmächten hierüber Mitteilungen zu machen. In dieser Frage seien die Westmächte und die Sowjetunion die Partner. Er gehe davon aus, dass sich die Sowjetunion mit den Westmächten wegen der Unterzeichnung des Schlussprotokolls in Verbindung setzen werde und dass sie erwäge, das Wirksamwerden gewisser praktischer Massnahmen mit der Ratifizierung des Vertrages zeitlich zu verbinden.

Er werde gegenüber der Presse und dem Auswärtigen Ausschuss auf entsprechende Fragen sagen, dass sich die Sowjetunion in der Frage der Unterzeichnung des Schlussprotokolls mit den drei Westmächten abstimmen werde.

Hiermit erklärte sich der Generalsekretär einverstanden und wies darauf hin, dass es nicht nötig sei, detaillierte Angaben zu machen.

Der Bundeskanzler empfahl der sowjetischen Seite, Überlegungen darüber anzustellen, möglichst so vorzugehen, dass keine neuen Hindernisse für die Vorbereitung einer KSE entstehen würden.[5]

Der Generalsekretär stimmte dem zu und bemerkte, dass man diese Frage insgesamt noch einmal überdenken werde.

Die deutsche Seite solle beachten, dass die Sowjetunion nicht nach Vorteilen, auch nicht in militärischer Hinsicht strebe. Wichtig seien die Prinzipien der MBFR und die damit verbundene Einsparung grosser Mittel. Dies sei wichtig, um den Völkern neue Hoffnung zu geben.

Er wisse nicht, wie die USA in dieser Frage dächten und ob sie nicht vielleicht Steine in den Weg legen würden. Er sei aber überzeugt, dass Konsultationen und Abstimmungen zwischen der UdSSR und der BRD sowie die Unterstützung der sozialistischen Länder für die Vorschläge der Sowjetunion die KSE sicher zum Erfolg führen würden. Der Generalsekretär wies nochmals darauf hin, dass er den Vorschlag des Bundeskanzlers hinsichtlich einer Vorkonferenz für passend halte.[6] Er werde noch entsprechende Konsultationen durchführen und dem Bundeskanzler dann seine Meinung mitteilen.

Der Bundeskanzler wiederholte seine gestrige Aussage, nach der die USA zu konstruktiver Zusammenarbeit bereit seien. Er sei der Meinung, dass Sondierungen über die MBFR bereits vor einer KSE durchgeführt werden sollen. Er empfahl dem Generalsekretär, bei den Überlegungen der sowjetischen Führung im Zusammenhang mit Berlin alles zu vermeiden, was neue Hindernisse aufrichten könnte.

Der Bundeskanzler wiederholte seinen Hinweis vom Vortage, nach dem die Aussenminister der NATO-Staaten im Dezember beschliessen würden, dass sich diese Länder an der Multilateralisierung der Vorbereitung der KSE beteiligen werden.[7] Diese Vorstellung gehe jedoch davon aus, dass das Vier-Mächte-Abkommen zu diesem Zeitpunkt bereits in Kraft sei. Er wolle den Generalsekretär auf diesen Zusammenhang hinweisen, um neue Schwierigkeiten zu vermeiden. Man müsse diese Frage jetzt nicht weiter erörtern, wenn man nur den Punkt gemeinsam sehe.

In seiner Erwiderung wies der Generalsekretär darauf hin, dass eine Unterzeichnung des Schlussprotokolls des Vier-Mächte-Abkommens ohne die entsprechende Regelungen zwischen den Deutschen nicht möglich sei. Wenn diese Regelungen getroffen seien, werde auch die Frage der Unterzeichnung des Schlussprotokolls zu lösen sein.

Der Generalsekretär wies darauf hin, dass er diese Aussage als gentleman agreement betrachte, das nicht für den Bundestag oder die Presse bestimmt sei.

Anschliessend ging der Bundeskanzler nochmals auf die Fragen im Zusammenhang mit der deutschen Übersetzung des Vier-Mächte-Abkommens ein:

Er gehe mit dem Generalsekretär darin einig, dass es nur drei offizielle Texte des Vier-Mächte-Abkommens gebe. Die deutsche Seite werde sich daran halten.

Es gebe auch keinen deutschen Text, der von den Botschaftern der Vier Mächte[8] gebilligt worden sei, und es gebe auch keinen deutschen Text, der von den Regierungen der beiden deutschen Staaten förmlich gebilligt worden sei.

Es sei aber sicher nicht richtig, wenn der Generalsekretär behaupte, dass Mitarbeiter des Bundeskanzlers den Text des Abkommens verzerrten. Der Bundeskanzler legte dar, dass je fünf Mitarbeiter von seiten der BRD und der DDR (zwei Beamte und drei Dolmetscher) in stundenlangen Beratungen den deutschen Text des Abkommens durchgegangen seien. Man habe in den beiden vorliegenden deutschen Übersetzungen insgesamt 19 Abweichungen festgestellt, über 17 Punkte habe man sich geeinigt. Wegen der restlichen zwei Punkte sei er am Vormittag des 3. 9. [1971] aus Berlin angerufen worden. Er habe seine Vorschläge gemacht und daraufhin die Mitteilung erhalten, dass man sich über den Text geeinigt habe. Bei diesem deutschen Text handele es sich nicht um ein offizielles, aber um ein offiziöses Papier als Grundlage für weitere Verhandlungen. Er habe sich brüskiert gefühlt, dass nach der Mitteilung über die Einigung gesagt werde, dass nichts geschehen sei. Er halte dies für nicht möglich.

Der Bundeskanzler wies weiter darauf hin, dass die Arbeit der je fünf Vertreter von beiden Seiten von Botschaftsräten der USA und der UdSSR begleitet worden sei. Der amerikanische Botschafter in der Bundesrepublik habe erklärt, dass er das Abkommen in der Meinung unterzeichnet habe, dass es zwischen den beiden deutschen Seiten keinen Streit über die Übersetzung mehr gebe.

Der Bundeskanzler betonte nochmals, dass diese Ausführungen nichts an der Tatsache änderten, dass es nur die drei erwähnten offiziellen Texte gebe. Er habe es aber für notwendig erachtet, dem Generalsekretär den Hintergrund dieser Angelegenheit zur Kenntnis zu bringen.

Der Generalsekretär bedankte sich für diese Darstellung, wies aber darauf hin, dass er sich durch diesen Dank zu nichts verpflichte. Er betonte, dass die erwähnten Vertreter die Pflicht gehabt hätten, eine auch dem Sinn des Abkommens entsprechende Übersetzung des

Textes vorzunehmen. Wenn die Übersetzung Verzerrungen enthalte, so werde jede der vier Seiten Einwände erheben. Eine genaue Analyse der drei offiziellen Texte habe bei den vier Botschaftern keinerlei Unstimmigkeiten über die Auslegung hervorgerufen. Dies sei sowohl der sowjetischen als auch der deutschen Seite bekannt.

Der Generalsekretär betonte weiter, dass sich die sowjetische Seite nicht in die Frage der Übersetzung einmischen werde. Sollte die Übersetzung jedoch verzerrt sein, so werde sich die sowjetische Seite auch bei einem Einverständnis von seiten der DDR nicht einverstanden erklären. Er wünsche, dass dies dem Bundeskanzler bekannt sei. Andererseits werde sich die sowjetische Seite nötigenfalls unterstützend in die Klärung der mit dem Vier-Mächte-Abkommen verbundenen Fragen einschalten.

Der Generalsekretär wies darauf hin, dass er in seinem ersten Gespräch mit dem Bundeskanzler im vergangenen Jahr[9] grössere Forderungen gestellt habe und weniger nachgiebig gewesen sei, als dies faktisch bei der Ausarbeitung des Vier-Mächte-Abkommens der Fall gewesen sei. Die sowjetische Seite habe sich in ihren Zugeständnissen an eine untere Grenze begeben, die auch in der öffentlichen Meinung und in der Partei die Grenze bilde. Man habe sich vom Grundsatz der Nachgiebigkeit leiten lassen, um schwierigste Fragen zu lösen und um das Klima zwischen der UdSSR und der BRD sowie das Klima in Europa zu verändern.

Er wolle nicht, dass die Bundesrepublik oder der Bundeskanzler unter Umgehung von Grundsätzen von der DDR Unnötiges fordere. Dies würde von der Führung und der öffentlichen Meinung in der DDR als kränkend empfunden werden. Man empfinde es in der DDR bereits als kränkend, dass die gegenwärtige Situation erschwert worden sei und es einen Zeitverlust gebe. Man müsse nach Auflockerung der Lage streben. Die öffentliche Meinung in der DDR sehe, dass die Bundesrepublik mit Hilfe der Übersetzung nach Vorteilen für sich strebe.

Der Generalsekretär betonte, dass er nichts gefordert habe und in diesem Zusammenhang auch nichts fordern werde.

[...][10]

Im folgenden legte der Bundeskanzler eine weitere Überlegung hinsichtlich der Regelung der Beziehungen mit der DDR dar. Neben den Ergänzungen zum Vier-Mächte-Abkommen werde man mit der DDR einen allgemeinen Verkehrsvertrag, der schon weitgehend vorbereitet sei, abschliessen.[11] Weitere vertragliche Regelungen würden erforderlich sein. In Anlehnung an den Moskauer Vertrag hielte er es dann für nützlich, wenn man auch mit der DDR Absichtserklärungen vereinbaren könne. Dies solle geschehen, um zu zeigen, in welche Richtung der Weg gehe, um zu zeigen, dass beide Seiten in Verantwortung für den Frieden stehen und auf gleichberechtigter Grundlage einen verstärkten Austausch im beiderseitigen Interesse anstreben. Dabei müssen auch die zahlreichen familiären Bindungen berücksichtigt werden. Es sei auch notwendig, eine Perspektive anzustreben, in der Vorfälle, die er als Folgen des Kalten Krieges bezeichnen möchte und die man auch noch in der letzten Zeit an den Grenzen habe beobachten können, abgebaut werden. Am wichtigsten sei der allgemeine Gedanke, dass man nicht nur technische Fragen lösen, die Beziehungen normalisieren wolle, sondern dass die Völker verstehen mögen, dass dies alles seinen Platz im Streben nach Frieden und verstärktem Austausch zwischen den Staaten und Völkern habe.

Hierauf erwiderte der Generalsekretär, dass die sowjetische Seite einem entsprechenden Dialog zwischen den deutschen Staaten keine Hindernisse in den Weg legen würde. Diese Frage müsse im Rahmen gleichberechtigter Beziehungen von der Bundesregierung gelöst werden.

Anschliessend bat der Bundeskanzler den Generalsekretär um eine Einschätzung der chinesischen Politik und machte selbst folgende Vorbemerkungen:

Er bezeichnete sich selbst als einen Menschen, der die Landkarte kenne, kein Abenteurer sei und nicht mit sich spielen lasse. Er wisse auch um die grosse Bedeutung der Beziehungen zwischen der UdSSR und der BRD. Er wünsche nicht, dass daran irgendjemand rühre. Er habe in seiner Regierungserklärung im Jahre 1969 gesagt, dass die Bundesrepublik mit allen Staaten normale Beziehungen wünsche, ‹die dies ebenfalls wünschen.›¹² Diese Feststellung schliesse die VR China nicht aus.¹³ Wenn in der Regierungserklärung gesagt worden sei, dass die Bundesrepublik normale Beziehungen mit allen Staaten wünsche, so heisse dies nicht, dass sie heute normale Beziehungen mit dem einen und morgen mit dem anderen wünsche. Der Bundeskanzler versicherte dem Generalsekretär, dass er eine realistische und solide Politik verfolge. Es gebe auch Leute, die diese Probleme anders sähen, neben linken Maoisten gebe [es] auch Rechte, die versuchten, die Diskussion über die Politik der Bundesregierung mit Hinweisen auf China zu stören. Wenn sich in den nächsten Jahren die Frage der Herstellung normaler Beziehungen zu China stellen sollte, werde die Bundesregierung die sowjetische Seite rechtzeitig unterrichten. Die sowjetische Seite brauche in dieser Frage keine Überraschungen zu erwarten.

In seiner Erwiderung stellte der Generalsekretär fest, dass er die Tatsache zur Kenntnis nehme, dass die Bundesregierung gegenwärtig keine Schritte in Richtung auf eine Ver‹änderung›¹⁴ der Beziehungen zur VR China unternehme.

Die sowjetisch-chinesischen Beziehungen teilten sich in zwei Bereiche, einen ideologischen und einen zwischenstaatlichen. Die zwischenstaatlichen Beziehungen dauerten fort und die sowjetische Seite sei bestrebt, diese Beziehungen zu verbessern. Nach dem Treffen zwischen Kossygin und Tschu-en-Lai¹⁵ sei eine Verbesserung festzustellen gewesen, man habe Botschafter ausgetauscht, man führe Grenzverhandlungen, das Handelsvolumen habe sich auch um einige Kopeken vergrössert, die sowjetische Seite habe auch dem chinesischen Wunsch nach Lieferung einiger ziviler Flugzeuge entsprochen.

Im weiteren führte der Generalsekretär vertraulich folgendes aus: Man müsse schon mehrere Jahre in China studiert haben, um die Chinesen zu kennen. Sie seien nicht nur zweigesichtig, sondern vielgesichtig. In langen Verhandlungen zeigten sie nicht die geringste Reaktion. Nicht nur in seiner persönlichen Einschätzung, sondern auch in der Wertung von mehr als hundert Führern von kommunistischen und Arbeiterparteien werde festgestellt, dass die Spaltertätigkeit den Grundzug der chinesischen Politik bilde. Die chinesische Führung strebe danach, Staaten zu spalten, um so die zwischenstaatlichen Beziehungen zu stören. [...][16]

Nunmehr versuche es die chinesische Führung mit Freundlichkeit. Sie verspreche insbesondere den Entwicklungsländern Milliarden von Dollar, ohne sie tatsächlich zu zahlen.

Der amerikanische Präsident werde von den Chinesen einerseits als der grösste Aggressor des Imperialismus bezeichnet und gleichzeitig zu einem Besuch eingeladen.[17]

Die chinesische Führung versuche, ihrer Politik des Kokettierens gleichzeitig eine antisowjetische Ausrichtung zu verleihen. Ihrer Politik liege eine zutiefst chauvinistische und nationalistische Ausrichtung zu Grunde. Die sei die Philosophie der Chinesen.

Der Generalsekretär verwies darauf, dass er in seinen Äusserungen niemals beleidigende Äusserungen gegen China verwendet habe. Die sowjetische Führung habe das Wesen ihrer Absichten, nämlich die gegen niemanden gerichtete Verbesserung der Beziehungen, offen verkündet. Leider sei eine solche Verbesserung nicht festzustellen.

[...][18]

Der Generalsekretär wies darauf hin, dass die Sowjetunion in ihren Verhandlungen mit der VR China in den letzten zwei Jahren nicht den geringsten Fortschritt gemacht habe. Ein russischer Zar hätte in einer solchen Situation wahrscheinlich schon einen Krieg erklärt. Die Sowjetunion lasse sich jedoch von einer anderen Philosophie und einer anderen politischen Richtung leiten.

[...][19]

Nr. 60
Schreiben des Bundeskanzlers, Brandt, an den Präsidenten der Vereinigten Staaten von Amerika, Nixon
19. September 1971[1]

NARA, Nixon Presidential Materials Staff, NSC, 1969–1974, Presidential Correspondence 1969–1974, Box 753.

Sehr geehrter Herr Präsident,
die Gespräche mit Generalsekretär Breschnew haben mir den Eindruck vermittelt, dass ihm daran gelegen ist, seinem Interesse an einer weiteren Entspannung in Europa Nachdruck zu verleihen.[2] Dies drückt sich aus in der sowjetischen Bereitschaft, so schwierige Fragen wie die einer Truppenreduktion zu besprechen, und zwar konkret und mit der Qualifikation, dass sie für keinen der Beteiligten Nachteile bringen darf. Die sowjetische Seite hat offensichtlich noch kein perfektes Konzept entwickelt, auch nicht über die Kriterien, nach denen vorgegangen werden soll. Dies könnte eine günstige Situation für unser Bündnis bedeuten, das sowjetische Denken zu beeinflussen. Ich messe der Konferenz, die darüber Anfang Oktober im NATO-Rahmen stattfinden soll, besondere Bedeutung zu.[3]

Immerhin hat sich Herr Breschnew positiv zu unseren Auffassungen geäussert, dass die Truppenreduktion auch nationale Streitkräfte einschliessen, dass sie nicht auf das Territorium der beiden Staaten in Deutschland begrenzt werden, und dass sie gleichgewichtig sein soll.

Nach meinem Eindruck legt die Sowjetunion auch weiterhin auf das Zustandekommen einer Konferenz für Sicherheit und Zusammenarbeit in Europa grossen Wert.[4] Sie hat eingesehen, dass man die eigentlichen Sicherheitsfragen nicht ausklammern kann und ist sich auch darüber im klaren, dass es einer sorgfältigen Vorbereitung bedarf. Mein Gastgeber war interessiert zu hören, ob die Bundesrepublik bei der Vorbereitung einer solchen Konferenz besondere Einwände geltend machen würde. Ich habe mich natürlich auf das gestützt, was in der Allianz abgesprochen worden ist.

Herr Breschnew wollte sich wohl vor allem vergewissern, ob der deutsch-sowjetische Vertrag vom August vorigen Jahres auch wirklich ratifiziert werden würde, was ich bejaht habe.[5]

Der Generalsekretär legte besonderes Gewicht darauf, dass die beiden deutschen Staaten ihre gegenwärtigen Schwierigkeiten – über die er einseitig und falsch vorinformiert war – allein überwinden sollten. Er betonte sein Interesse an zügigen Verhandlungen. Die Sowjetunion werde sich mit den Drei Westmächten über die Unterzeichnung des Schlussprotokolls zum Abkommen vom 3. September 1971 direkt abstimmen.[6]

Ich hoffe, dass die bilateralen Fragen zwischen der Bundesrepublik Deutschland und der Sowjetunion, wie Handels- und Kulturabkommen, nun verhandelt werden können, ohne dass, wie bisher, der Einschluss West-Berlins infrage gestellt wird.

Es wird Sie sicher interessieren, verehrter Herr Präsident, dass Herr Breschnew mehrfach auf die amerikanische Politik zu sprechen kam, und zwar in einem anderen Sinn als vor einem Jahr. Damals betonte er zwar auch, dass er keinen Keil zwischen uns und unsere Verbündeten bzw. unseren Hauptverbündeten treiben wolle. Diesmal bekundete er, jedenfalls den Worten nach, sein Interesse an möglichst guten Beziehungen gerade auch zu den Vereinigten Staaten. Er sprach davon sowohl bei der Erörterung von MBFR wie im allgemeinen.[7]

Unpolemisch war die Erwähnung Ihrer geplanten Peking-Reise, und zwar im Rahmen einer im übrigen durchaus polemischen Darlegung über China. Aussenminister Scheel wird in wenigen Tagen Gelegenheit haben, mit Secretary Rogers hierüber und über einige andere Aspekte meiner Unterhaltung auf der Krim zu sprechen.[8]

Ich möchte diese Gelegenheit benutzen, Ihnen für Ihren Brief vom 3. August 1971 zu danken, den ich mit grossem Interesse gelesen habe.[9] Ich halte eine genaue Abstimmung der politischen Anstrengungen für erforderlich, die einzelne Länder des Bündnisses für den Abbau der Konfrontation und für eine ausgewogene Stabilität unternehmen. Unsere eigene Rolle in einer solchen kooperativen Koordination würden wir eindeutig durch den Vorrang bestimmt sehen, den die Entwicklung in Europa für uns hat. Dabei ist uns bewusst, dass wesentliche Entscheidungen nicht ohne die Berücksichtigung der Entwicklung in anderen Teilen der Welt zu treffen sein werden. Ich bin zuversichtlich, dass gerade in dem Verhältnis zwischen unseren beiden Regierungen auf den verschiedenen Ebenen jene intensive Abstimmung zwischen uns, die schon gute Früchte getragen hat, ein fester Bestandteil unserer aussenpolitischen Arbeit bleiben wird.

Genehmigen Sie, Herr Präsident, den Ausdruck meiner vorzüglichen Hochachtung.
‹Ihr sehr ergebener
Willy Brandt›[10]

Nr. 61
Interview des Bundeskanzlers, Brandt, für *Der Spiegel*
27. September 1971

Der Spiegel, Nr. 40 vom 27. September 1971, S. 28–32.

„Was wir machen, mußte gemacht werden"

SPIEGEL: Herr Bundeskanzler, wie soll nach Ihrem außenpolitischen Konzept Europa in zehn Jahren aussehen?
BRANDT: Auch wenn ich könnte, dürfte ich nicht den Eindruck erwecken, als ob hier eine Bundesrepublik existiert, deren Bundeskanzler sagt: So wird Europa aussehen. Ich kann höchstens sagen: Wir werden alles tun, damit wir in diesem Jahrzehnt die Konfronta-

tion zwischen Ost und West in Westeuropa [sic] so weit wie möglich abbauen, um gleichzeitig die westeuropäische Einigung voranzubringen. Wir sehen dies ja immer als einen interdependenten Vorgang. Die Chancen sind gut, daß wir in diesem Jahrzehnt die erweiterte EWG ein entscheidendes Stück auf dem Wege zur Wirtschafts- und Währungsunion voranbringen. Und die Chancen sind gut, daß in diesem Jahrzehnt nicht nur eine Menge an praktischer Kooperation zustande kommen kann zwischen den Staaten West- und Osteuropas, sondern daß auch Teilergebnisse zu verzeichnen sein werden, wo es um den gleichgewichtigen Abbau von Truppenstärken und Rüstungen in Europa, zumal in der Mitte Europas geht. Das sind die entscheidenden Orientierungspunkte – Änderungen im Programm vorbehalten.[1]

SPIEGEL: Ihre Ostpolitik in jüngster Zeit hat die Frage nach der grundsätzlichen Konzeption der Brandtschen Außenpolitik verstärkt. Erschiene Ihnen – Änderungen im Programm vorbehalten – eine allmähliche, gleichgewichtige, aber doch schließliche Auflösung der beiden Paktsysteme Nato und Warschauer Pakt mindestens in ihrer jetzigen Form wünschenswert?

BRANDT: Sie hatten von einem Jahrzehnt gesprochen. Wenn wir sehr viel längere Zeiträume ins Auge fassen, dann würde man auch darüber nachzudenken haben, darüber nachdenken können, wie sich die Paktsysteme dem Wandel in der Welt anzupassen haben würden. Das ist ähnlich wie mit der allgemeinen Abrüstung. Für die bin ich so, wie ich gegen die Sünde bin. Aber die allgemeine Abrüstung ist eine schöne Wunschvorstellung. Ich hoffe, daß es eine Generation gibt, die sie erlebt. Aber das ist nichts, was mich als praktischen Politiker über Gebühr beschäftigen kann. Ich muß davon ausgehen, was in meiner Zeit eine Rolle spielen kann, ein ausgewogener beiderseitiger Abbau von Rüstungen. Dieser Prozeß würde nicht gefördert, sondern gefährdet werden, wenn die atlantische Allianz nicht halten würde.

SPIEGEL: Nun unterstellen Ihre Gegner, daß diese Außenpolitik absichtlich oder unbeabsichtigt die Gefahr in sich berge, daß sich Bindungen der Bundesrepublik zum Westen zwangsläufig lockern und daß damit das Risiko einer „Finnlandisierung"[2] der Bundesrepublik entsteht.

BRANDT: Ich glaube, Strauß hat das mit der „Finnlandisierung" vor Jahren zum erstenmal hochgebracht. Das ist, von allem anderen abgesehen, nicht höflich gegenüber einem befreundeten Land, das unter schwierigen Umständen seinen Wiederaufbau hinter sich gebracht hat, seine Selbständigkeit und demokratische Integrität wahrt und seine Rolle in der europäischen und internationalen Zusammenarbeit spielt. Die Unterstellung, die in diesen Angriffen liegt, an die Sie denken, ist weit von der Wirklichkeit entfernt, weit von der Wirklichkeit. Frühere Regierungen haben durch ihre Unbeweglichkeit und durch ihre politische Unfruchtbarkeit mit für den Stillstand in der westeuropäischen Gemeinschaft und im atlantischen Bündnis gesorgt. Wir dagegen haben beigetragen dazu, daß es nach Jahren der Stagnation in Westeuropa wieder vorangegangen ist, wenn auch schwierig. Wir haben die Haager Gipfelkonferenz[3] wesentlich mitbeeinflußt. Wir haben die Grundentscheidungen über den Beitritt Großbritanniens und anderer, wir haben die grundsätzliche Weichenstellung für die Wirtschafts- und Währungsunion, wir haben den Beginn einer konkreten außenpolitischen Zusammenarbeit mitgeprägt.

SPIEGEL: Und was das Bündnis angeht?

BRANDT: In diesen letzten Jahren ist das Bündnis zusammengerückt auf dem Boden einer plausiblen Doktrin, die aus dem unlösbaren Zusammenhang von Abwehrfunktion und Bereitschaft zu politischen Lösungen besteht.[4] Alles Wesentliche, was die Bundesregierung unternimmt, was man so Ostpolitik nennt, zumal da, wo es über das Bilaterale hinaus in Fragen der Vorbereitung einer europäischen Konferenz oder der Vorbereitung von Verhandlungen über den Truppenabbau geht, ergibt sich logisch aus der Politik, die im Bündnis verabredet worden ist. Und wer hier große Töne von sich gibt gegen Sicherheitskonferenz und gegen MBFR[5], der ist sich vermutlich noch nicht genügend darüber im klaren, daß er sich nicht nur mit seiner Bundesregierung auseinandersetzt, sondern mit 15 Alliierten im Atlantischen Bündnis, die ja nicht alle zusammen dümmer sind als Herr Strauß oder Barzel.

SPIEGEL: Herr Bundeskanzler, Ihre innenpolitischen Gegner versuchen, Sie außenpolitisch zu attackieren, indem sie bei Ihnen folgende Konzeption unterstellen: Die Sozialdemokraten könnten am Ende doch besser mit den Sowjets, auch wenn Ihnen dabei der Sozialdemokratismus im Wege steht, schließlich seien sie Kinder derselben Kirche.

BRANDT: Ich kann nichts dafür, wenn Leute nachts nicht schlafen können, weil sie Gespenster sehen. Man muß in der Politik zwischendurch ja auch mal konkret sein. Das Abkommen über Berlin vom 3. September[6] ist nicht zwischen Sozialdemokraten und Kommunisten ausgehandelt worden, sondern zwischen dem republikanischen Präsidenten der Vereinigten Staaten, einem konservativen Premierminister von Großbritannien und einem auch eher konservativen Präsidenten der französischen Republik einerseits und der Regierung der Sowjet-Union. Wenn, wie in diesen Tagen, Herr Gromyko mit unterschriftsreifen Vertragstexten zu Präsident Nixon fährt, dann fährt er nicht zu einem Repräsentanten des Sozialdemokratismus in den Vereinigten Staaten.[7] Dies wird auch so sein, wenn die beiden Weltmächte sich über SALT[8] verständigen. Wenn Herr Breschnew – mal abgesehen von allem Herumgetue bei uns um seinen Titel – im nächsten Monat seinen Staatsbesuch in Frankreich[9] macht, dann wohl nicht, um der Welt eine Verschwörung zwischen Bolschewismus und Gaullismus zu bescheren, sondern um die Beziehungen zwischen den beiden Staaten zu besprechen und deren Rolle in Europa.

SPIEGEL: Das Echo Ihrer jüngsten ostpolitischen Schritte reicht von wachsenden Eifersüchteleien bis zu schwergewichtigen Rapallo-Ängsten[10] unter den westlichen Verbündeten.

BRANDT: Ich halte ja Zeitungen für sehr wichtig, aber ich nehme sie nicht wichtiger als das, was Regierungen sagen.

SPIEGEL: Bei der Vorbereitung Ihrer Reise nach der Krim[11] haben Sie sie nicht sonderlich wichtig genommen.

BRANDT: Was immer es da an Pannen[12] gegeben haben mag, das, was tatsächlich passierte, ist wichtiger, als was dazu geschrieben wird. Nennen wir die Sache konkret: Die Regierungen der drei Haupt-

verbündeten haben wiederholt betont, und nicht, weil man sie darum gebeten hätte, daß sie den Weg, den wir gehen, freundschaftlich und hilfsbereit begleiten. Die Reaktionen aus den drei Hauptstädten zu meinen Unterhaltungen mit Herrn Breschnew sind so, wie ich sie erwartet habe. Sie sind getragen von Vertrauen, sie drücken aus, daß dies Teil einer gemeinsamen Politik ist. Man ist neugierig, so wie ich neugierig bin, wenn einer der Beteiligten mit der Sowjet-Union oder mit China oder mit anderen wichtigen Partnern spricht. Dies ist alles ganz normal.
SPIEGEL: Sie räumen ein, daß es bei der Krimreise Pannen gegeben hat?
BRANDT: Ja, wo gibt's die nicht. Das Leben besteht zu einem großen Teil aus solchen, und man lernt daraus, hoffentlich.
SPIEGEL: Räumen Sie auch ein, daß es seit Ihrer Reise grundsätzliche Mißverständnisse über Ihre Formeln von „Gesamteuropa" und „gesamteuropäischer Lösung" geben kann? Sie geben Ihren innenpolitischen Gegnern die Chance zu sagen, Brandt wolle ein Europa, das sich von den USA emanzipiert und die Sowjet-Union integriert.
BRANDT: Ich rede ja nicht unnötigerweise von „Gesamteuropa". Ich sage nur: Ich bin der erste Regierungschef, der aus der Sowjet-Union ein Kommuniqué mitbringt, in dem drin steht, daß es keine Konferenz über die Sicherheit und Zusammenarbeit in Europa gibt, an der die Vereinigten Staaten und Kanada nicht teilnehmen.[13]
SPIEGEL: Müssen Bonns Verbündete, die – wie Sie es ausgeführt haben – Ihre Ostpolitik grundsätzlich richtig finden, sich nun nicht ermuntert fühlen, Beziehungen zur DDR schneller aufzunehmen, als es in Ihr Konzept, Herr Bundeskanzler, hineinpaßt?
BRANDT: Damit hatten wir es schon während der Großen Koalition zu tun. Dies ist nicht etwas, was als Problem existiert, seit es die Regierung Brandt/Scheel gibt.
SPIEGEL: Aber es ist verstärkt worden.
BRANDT: Es ist verstärkt worden, ja, zum Beispiel deswegen, weil die Zahl der Jahre zugenommen hat, seit es die DDR gibt.

SPIEGEL: Es ist sicher auch verstärkt worden durch Ihre Krim-Reise, die das Gaullisten-Blatt „La Nation" zu der Schlußfolgerung gebracht hat, Kanzler Brandt habe die Auflassung für die Anerkennung der DDR gegeben.

BRANDT: Ja, da gibt es alle möglichen Interpretationen. Aber das, was uns als Regierung beschäftigt hat in diesen letzten Wochen, ist nicht die Interpretation. Einige, wie die finnische Regierung, haben gemeint, sich auf das Abkommen vom 3. September berufen zu können, das ja nicht ein Abkommen der Bundesrepublik und anderer Staaten ist, sondern eines zwischen den drei Westmächten und der Sowjet-Union ...

SPIEGEL: ... dessen Zustandekommen aber durch die Ostpolitik Ihrer Bundesregierung erleichtert worden ist.

BRANDT: Dieses war gewollt, von Anfang an: die Normalisierung der Beziehungen zur Sowjet-Union, zu Polen, zur Tschechoslowakei, das Anstreben vertraglicher Regelungen mit der DDR; wir haben dies konkretisiert, teils in den Kasseler Punkten, teils in der Absichtserklärung, die mit dem deutsch-sowjetischen Vertrag verbunden war.[14]

SPIEGEL: Ist es nicht so, daß Sie von den Kasseler Punkten den zwanzigsten – Aufnahme beider deutscher Staaten in die Uno – jetzt vorziehen müssen, bevor die anderen 19 erledigt sind?[15]

BRANDT: Dies ist eine zu starre Vorstellung. Wir haben in Kassel kein Diktat auf den Tisch gelegt und gesagt, so wird's gemacht. Wir haben immer gesagt, dies ist unsere Grundlage für Diskussionen mit der DDR, über die muß man reden zusammen mit den Diskussionsgrundlagen, die die andere Seite unterbreitet. Dies gilt aber weniger für den Zusammenhang zwischen den 19 Punkten und dem zwanzigsten, sondern gilt mehr für den Zusammenhang bis 19. Dennoch sollten wir wegen des deutschen Gesamtinteresses die internationalen Organisationen nicht über Gebühr mit dem belämmern, was die Franzosen querelles allemandes nennen, sondern versuchen, das, was zu regeln ist, zwischen den beiden Staaten auf deutschem Boden zu regeln, bevor wir miteinander in den internationalen Organisationen konkurrieren.[16]

SPIEGEL: Wenn Frankreich morgen die DDR anerkennt, ist damit Ihr Konzept an einem wichtigen Punkt durchbrochen?
BRANDT: Frankreich wird die DDR morgen nicht anerkennen.
SPIEGEL: Wenn es dies täte?
BRANDT: Ich muß mich nicht zu hypothetischen Fragen äußern.
SPIEGEL: Gelegentlich muß man.
BRANDT: Ich muß nicht. Wenn ich schriebe, müßte ich vielleicht.
SPIEGEL: Welchen Stellenwert hat in dieser Ihrer Ostpolitik noch das deutsche Reizwort Wiedervereinigung?
BRANDT: Es geht darum, ob und wie in einem Prozeß, der vermutlich weit über dieses Jahrzehnt hinausreicht, der Abbau der Spaltung in Europa auch den Hintergrund schafft, auf dem die Spaltung Deutschlands abgemildert, vielleicht sogar überwunden werden kann. Ich würde die Tür dazu nie zumachen wollen. Aber nur wenn es gelingt, die Teile Europas in Ost und West in ein anderes Verhältnis zu bringen, wird es auch möglich sein, Dinge auf deutschem Boden aus der Erstarrung des Kalten Krieges herauszulösen.
SPIEGEL: Ihre innenpolitischen Gegner meinen, die Versöhnung mit dem Osten sei nur ein Teil Ihres Konzepts, Ihre Profilierung als „Kanzler der inneren Reform" erzwinge geradezu die Schlußfolgerung, Sie strebten letztlich diese Wiedervereinigung über eine Konvergenz der beiden divergierenden Gesellschaftssysteme an.
BRANDT: Das ist dummes Zeug. Und das, was übrigbleibt als nicht dummes Zeug, das ist ein Thema für Generationen, die nach uns kommen. Das ist kein Thema für mich, für die Zeit, in der ich Politik mache. Nichts spricht dafür, daß die prinzipiell gegensätzlichen Positionen auf einen Nenner gebracht werden können.
SPIEGEL: Nicht nur in der Presse werden Vorstellungen erhoben, Bundeskanzler Brandt wolle den Franzosen die Rolle der ostpolitischen Avantgarde in Westeuropa abnehmen. Inwieweit gefährdet dieses das Bündnis am Ende doch und drängt die anderen Staaten wie Frankreich, England und Italien enger zusammen?
BRANDT: Man sollte sich einmal daran erinnern, daß die Geschichte der Bundesrepublik seit 1949 nicht dadurch gekennzeich-

net ist, daß es in jedem Augenblick von jedem Verbündeten und aus der Presse jedes verbündeten Landes immer nur Zustimmung gegeben hat. Das wäre ein Irrtum. Ich brauche nur an die Kontroversen unter Adenauer während der Kennedy-Periode zu erinnern. Oder an die Situation, als Charles de Gaulle Präsident der Französischen Republik und Ludwig Erhard Bundeskanzler der Bundesrepublik Deutschland war. Und es hat Jahre gegeben, in denen die Engländer sauer waren, weil deutsche Regierungen zwar lip-service[17] betrieben haben in bezug auf den britischen Beitritt, aber kaum verbergen konnten, daß man sich in der praktischen Politik mit Frankreich darauf verständigt hatte, England aus dem Gemeinsamen Markt fernzuhalten. Was nun Frankreich im besonderen angeht und die Vorstellung von einer – wie Sie es nannten – möglichen ostpolitischen Avantgarde: Wenn das so wäre, wäre dies eine Ausformung der Politik, die man nicht eigentlich bündnisintegrierend nennen würde.

SPIEGEL: De Gaulle war ja auch nicht gerade immer integriert.

BRANDT: Das Neue ist, das wir seit 1967/68 genau das, worum ich mich bemühe, im Bündnis abgesprochen und entwickelt haben. Da gibt's Nato-Kommuniqués, in denen kann man nachlesen: Dies ist die Phase vereinbarter bilateraler Sondierungen mit dem Blick auf die mögliche Vorbereitung einer europäischen Konferenz. Das, was die Amerikaner getan haben, was die Franzosen durch ihren Außenminister im Frühjahr gemacht haben und jetzt weiterführen, die Belgier und andere, das macht die Bundesrepublik auch. Dies ist neu. Die Bundesrepublik läßt sich nicht mehr von den Westmächten allein erzählen, was die Russen meinen, und sie läßt die Westmächte nicht mehr allein den Russen sagen, was die Deutschen meinen, sondern die Deutschen sprechen mit dem einen wie mit dem anderen so wie andere auch.

SPIEGEL: Wieweit gehört in Ihr Konzept eine Rollenverteilung zwischen den Verbündeten, die etwa so lauten könnte: Die Bundesrepublik kann mit einem neuen Selbstbewußtsein sehr guter ostpolitischer Vorreiter sein, und Frankreich könnte sich für uns alle ein bißchen mehr ums Mittelmeer kümmern?

BRANDT: Frankreich hat, wie Italien, eine ganz besondere Aufgabe, die wir nicht wahrnehmen können, obwohl wir ja durch die EWG inzwischen auch indirekt Mittelmeeranrainer geworden sind. Dies unterstütze ich sehr, und wir hören mit besonderer Aufmerksamkeit auf das, was uns unsere französischen Freunde zu Mittelmeer und Nordafrika und überhaupt afrikanischen Fragen sagen. Aber eine Arbeitsteilung in dem angedeuteten Sinne könnte ich nicht so gelten lassen. Denn Frankreich kommt eine eigene Rolle gerade auch im eigentlichen Ost-West-Verhältnis zu, auch aus geschichtlichen Gründen. Und es kann sich nicht darum handeln, daß das einer für alle macht.
SPIEGEL: Aber ein bißchen mehr einer für alle?
BRANDT: Nein. Das, was wir tun, fällt deshalb ins Gewicht, weil es bestimmte Gebiete gibt, auf denen es ohne den spezifischen deutschen Beitrag nicht geht. Kein anderer Staat könnte den Deutschen die Regelung ihrer Beziehungen zur Sowjet-Union und zu Polen und in der Folge zur Tschechoslowakei abnehmen. Und wenn es um die eigentlichen Sicherheitsprobleme geht, die alle betreffen, dann kann auch keiner an der Tatsache vorbei, daß die amerikanischen und die sowjetischen Truppen nicht in Frankreich stehen, sondern daß sie in der Bundesrepublik Deutschland und in der DDR stehen. Das heißt: Hier gibt es ein besonderes Interesse für den schwierigen Vorgang, der vor uns liegt, für MBFR.[18]
SPIEGEL: Daraus läßt sich offensichtlich ein gewisses Übergewicht an deutschem Interesse herleiten.
BRANDT: Nein, kein Übergewicht, sondern einfach die Wahrnehmung unserer Interessen, und zwar als Partner in der westeuropäischen Gemeinschaft und im atlantischen Bündnis.
SPIEGEL: Räumen Sie ein, daß wir, während wir unser Nachholbedürfnis befriedigen, Schwierigkeiten bekommen im Verständlichmachen dessen, was wir wollen?
BRANDT: Es gibt Leute, die sagen und schreiben auch, das ist ja alles ganz gut und schön, aber wer weiß, was die Deutschen, gestützt auf ihre Position, zumal auch ihre wirtschaftliche, künftig machen werden. Darin liegt zunächst schon mal, daß die draußen unsere wirt-

schaftliche Situation für günstiger halten als manche derer, die sich damit kritisch im eigenen Lande auseinandersetzen.
SPIEGEL: Vielleicht auch günstiger, als sie ist.
BRANDT: Ja, Sie trauen uns zuweilen mehr zu, als wir guten Gewissens objektiv leisten können. Aber dann lese ich, was ja für mich selbst ganz schmeichelhaft ist, solange der Brandt da ist, geht es ja noch, aber wozu wird das später führen? Jedenfalls kann ich guten Gewissens sagen: Dieses, was wir machen, mußte gemacht werden, wir konnten uns nicht weiter eingraben. Einer mußte es auch machen, und das kann ich dann immer noch besser machen als andere, so daß es in der Welt nicht zu unseren Lasten geht.
SPIEGEL: Soweit unsere ostpolitischen Vorstellungen. Wie sehen Sie die westpolitischen Absichten Moskaus?
BRANDT: Wenn ich es recht verstehe, dann gibt es in der sowjetischen Führung heute stärker als früher, vielleicht sogar stärker als noch vor einem Jahr, ein Interesse daran, sich zu bemühen, die Konfrontation zu Westeuropa *und* den Vereinigten Staaten abzubauen. Und wenn ich es recht verstehe, gibt es ein sowjetisches Interesse daran, nicht nur eine Sicherheitskonferenz vorbereiten zu helfen, auf der auch über Sicherheitsfragen gesprochen wird, sondern vor, auf und nach einer solchen Konferenz über konkrete Fragen der militärischen Sicherheit zu verhandeln. Das geschieht wohl auch aus der Erkenntnis, daß es allen Staaten, auch den größten, gut bekommen würde, wenn sie in den kommenden Jahren einen Teil der Mittel, die sie jetzt für Rüstungen aufwenden, anderen Zwecken zuführen könnten.
SPIEGEL: Gibt es andere Motive?
BRANDT: Ich möchte mich über andere nicht auslassen.
SPIEGEL: Haben Sie mit Herrn Breschnew auch über einen Wandel durch Annäherung in der DDR gesprochen, der – so meinte Herr Breschnew – bis zu einem gewissen Grade die sowjetische Tolerierung finden würde?
BRANDT: Herr Breschnew und ich haben nicht über die DDR gesprochen ...
SPIEGEL: Gar nicht?

BRANDT: ... sondern wir haben das bestätigt, was in der Absichtserklärung zum Moskauer Vertrag stand und was im Kommuniqué erneut seinen Niederschlag gefunden hat. Ich habe einige Auffassungen dargelegt über die mögliche zukünftige Entwicklung zwischen den beiden Staaten in Deutschland. Herr Breschnew hat mit mir und ich mit ihm keine, sagen wir mal, Verhandlungen zu Lasten Dritter geführt. Was zu regeln ist zwischen Bonn und Ost-Berlin, muß direkt zwischen diesen beiden geregelt werden. Wir können dabei keine Entlastung von einem Dritten erwarten.[19]
SPIEGEL: Stellen Sie sich in Ihrer außenpolitischen Konzeption auf die Möglichkeit ein, daß die Amerikaner aus Europa abziehen werden?
BRANDT: Nein, davon gehe ich nicht aus. Denn zunächst einmal wird für voraussehbare Zeiträume das amerikanische nukleare Abschreckungs- oder Gleichgewichtspotential eine entscheidende Rolle spielen, unabhängig davon, wo es lokalisiert ist. Aber ich bin davon überzeugt, daß die Vereinigten Staaten auch auf relevante Weise für die jetzt von uns vorauszusehende Zeit nach dem normalen Sprachgebrauch konventionell engagiert bleiben auf dem Kontinent.
SPIEGEL: Woher nehmen Sie die Überzeugung?
BRANDT: Wegen der dem asiatischen Kontinent vorgelagerten Inseln können die USA eine auf Asien bezogene Politik treiben, ohne dort selbst präsent sein zu müssen. Dies gilt für Europa nicht. Darüber hinaus gibt es aber andererseits vitale Interessen der Vereinigten Staaten daran, was aus diesem Europa wird. Und es gibt trotz des Hickhacks um die Währungsgeschichten[20] ein vitales Interesse an der künftigen ökonomischen Zusammenarbeit mit Europa.
SPIEGEL: Geht das vitale militärische Präsenz-Interesse nicht automatisch zurück mit zunehmender Entspannung in Mitteleuropa?
BRANDT: Das ist alles ein Prozeß. Wissen Sie, manche Leute glauben, wenn man heute über die Möglichkeit von Verhandlungen über den Truppenabbau redet, daß es dann dazu auch schon im

nächsten oder im übernächsten Jahr kommen würde. Davon kann – ich sage leider – überhaupt keine Rede sein. Selbst bei der Nichtverbreitung von Atomwaffen, die ja schrecklich einfach war aus der Sicht der beiden Weltmächte – denn die mutet ihnen nichts zu, sondern nur anderen –, hat es einige Jahre gedauert.[21] SALT braucht noch viel länger. Und MBFR ist ein ganz schwieriger Vorgang, weil das ja nicht nur von den beiden Supermächten gemacht werden kann, sondern mit vielen anderen zusammen. Und wenn man dann Ergebnisse erzielt, werden es zunächst begrenzte sein. Manche meinen sogar, zunächst nur symbolische. Das Ganze ist ein langwieriger Vorgang. Überdies könnte die vor uns liegende europäische Entwicklung die Amerikaner zusätzlich in der Überzeugung bestärken, daß es auch weiter ihres ordnenden Mitwirkens bedarf.

SPIEGEL: Gibt es eine Parallele zwischen der Außenpolitik de Gaulles und der Außenpolitik Brandts, und worin besteht sie?

BRANDT: Ich will dem General nicht zu nahe treten einerseits, andererseits will ich mich nicht an ihm messen. Ich bin, anders als der General, immer der Meinung gewesen, daß es eines effektiven atlantischen Bündnisses bedarf. Der General hat dies, jedenfalls eine Reihe von Jahren, sehr relativiert. Ich bin im Unterschied zu ihm der Meinung gewesen, daß Westeuropa einschließlich Englands gebaut werden muß. Der General hat sich erst gegen Ende seiner Amtszeit auf den Gedanken eingestellt, daß das englische Schiff am europäischen Pier fest vertaut werden könnte. Mir fehlt die visionäre Kraft des Generals, aber ich habe große Sympathie für den Gedanken, hinwegzukommen über die Spaltung des Kontinents. Wir haben immer nur von der Spaltung Deutschlands gesprochen und haben dabei über Jahre hinweg verkannt, daß es sich um die Spaltung Europas handelt, die sich aus dem Zweiten Weltkrieg ergeben hat.

SPIEGEL: Kommt dieses Konzept der Überwindung der Spaltung und der Schaffung eines Gesamteuropas nicht sehr nahe an die de Gaullesche Vision eines Europas vom Atlantik bis zum Ural heran?

BRANDT: Die Formel Gesamteuropa hilft ja überhaupt nichts. Wissen Sie, da müßte man eher anknüpfen an die „europäische Friedensordnung", von der Kiesinger und ich während der Großen Koalition gesprochen hatten.[22] Vielleicht hat es uns noch an der gedanklichen Schärfe gefehlt, um diesen Begriff wirklich auszufüllen. Nie kann damit nur das einfache Ersetzen dessen, was ist, durch „gesamteuropäische Lösungen" gemeint gewesen sein, sondern es handelt sich nur darum, das, was ist, in ein anderes Verhältnis zueinander zu bringen und dann zu sehen, wie sich im weiteren Verlauf das eine zum anderen verhält, also bestehende Strukturen weiterzuentwickeln und zu erneuern.
SPIEGEL: Ein bißchen eine Reise ins Dunkle?
BRANDT: So ist die Geschichte.
SPIEGEL: Herr Bundeskanzler, wir danken für das Gespräch.

Nr. 62
Aus der Rede des Bundeskanzlers, Brandt, vor dem Auswärtigen Ausschuss des Deutschen Bundestages
27. Januar 1972

AdsD, WBA, A 9, 23.

[. . .][1]
Als der Bundesaußenminister und ich zwischen Weihnachten und Neujahr in Key Biscayne mit dem Präsidenten der Vereinigten Staaten und seinem Außenminister beisammen waren[2], bezog sich Nixon im Gespräch auf Acheson. Er zitierte aus dessen Buch „Present at the Creation"[3] und sagte, wir sollten uns einmal in Erinnerung rufen, was Acheson dort dargelegt habe, nämlich: Wir haben eine Welt geerbt, die gefährlich ist. Wir versuchen, eine neue Welt zu bauen, aber auch diese wird – so Acheson – niemals perfekt sein. Alles, was wir tun könnten, sei – so wörtlich – mit kleinen Schritten die Welt etwas

weniger gefährlich und, wenn wir Glück haben, etwas glücklicher zu machen, als sie war, bevor wir kamen.[4]

Ich will hier aus dem Gespräch mit Präsident Nixon vier Punkte kurz herausgreifen und will entsprechend verfahren, was die letzte Begegnung mit dem Präsidenten der Französischen Republik Anfang Dezember angeht.[5] Ein neues Gespräch steht bevor.[6] Ich glaube, die Gespräche mit den Staatschefs der beiden Hauptverbündeten bilden einen nützlichen Hintergrund für eine Unterhaltung über die außenpolitische Lage.

Mein erster Punkt, auf Nixon bezogen, ist folgender. Er stellte in dem Gespräch von sich aus den Zusammenhang, an dem uns besonders liegt und den wir immer wieder betonen, her zwischen, wie er, auf mich bezogen, sagte, Ihrer Politik in der Mitte Europas und, wie er weiter sagte, meiner Politik auf Asien bezogen. Er sagte – und so haben wir es in unseren Aufzeichnungen festgehalten –, es sei keine Alternative für die westlichen Nationen, sich einzugraben und mit den Kommunisten in bezug auf Intransigenz zu konkurrieren, sondern wir müßten mit der wirklichen Welt zu Rande kommen.[7] Er rechnete [...] mit positiven Zwischenergebnissen der Verhandlungen mit den Russen, die unter dem Stichwort SALT laufen, und er rechnete ferner damit, daß man, hierauf gestützt, über andere Vorhaben auf den Gebieten der Rüstungsbegrenzung und des Rüstungsabbaus werde verhandeln können, auch wenn dies viel Zeit in Anspruch nähme.

[...][8]

Was ich unter diesem Punkt 1 gleich anmerken kann – und das ist aus unserer Sicht und aus der Sicht unserer westeuropäischen Verbündeten positiv –, ist, daß der Präsident sehr deutlich und ohne daß es einen Zweifel an seiner Überzeugung und seinen Absichten geben konnte, gesagt hat: Sie können sich darauf verlassen, daß wir Abmachungen mit der Sowjetunion, die andere als uns angehen, nicht allein, sondern nur nach voller Konsultation unserer Verbündeten treffen werden. Daran haben wir keinen Zweifel. So sind die Vereinigten Staaten auch verfahren, wo es um SALT geht, und wir gehen davon aus, daß es dabei bleibt.

Zweiter Punkt! Dies ist aus der Sicht der Regierung keine Vorwegnahme dessen, was in Verbindung mit den Verträgen zu behandeln ist. Ich will in diesem Zusammenhang, weil das in den Unterhaltungen eine Rolle gespielt hat, nur sagen, daß unsere Vertragspolitik vom Präsidenten und vom Außenminister als etwas verstanden wird, das sich in die Politik der Allianz einfügt. Damit will ich zugleich aus meiner Sicht – ich weiß, daß das häufig auch anders gesehen und beantwortet wird – eine Antwort auf die Frage geben, der wir in diesen Monaten und Wochen oft begegnen, was die Regierung eigentlich unter dem Begriff „Entspannungspolitik" verstehe. Die Antwort darauf lautet – darum erwähne ich dies im Zusammenhang mit dem Gespräch in Key Biscayne –, daß wir uns auf das beziehen, was in dem relativ umfangreichen Bericht der Allianz über ihre zukünftigen Aufgaben im Jahre 1967 zu Papier gebracht worden ist, das, was populär unter der Überschrift „Harmel Rapport"9 lief, nämlich auf das deutliche Herausstellen der beiden Säulen der Allianz in dieser Zeit: neben der Säule der effektiven Verteidigung die des Bemühens um den Abbau der Spannungen. Ich habe dem Präsidenten der Vereinigten Staaten zu diesem Thema im übrigen gesagt, daß die Bundesregierung in dieser Phase, in der wir uns hier, wie sich das gehört, über die Bewertung und Entscheidung über die Verträge auseinandersetzen, keine alliierte Einmischung wünsche oder anstrebe.

Was der Präsident seinerseits besonders betont hat – es war für mich, wie ich offen sagen muß, überraschend, wie stark er es betont hat –, das war die Bedeutung des Berlin-Abkommens. Er selbst hat sogar – ich kann ihm da seine Terminologie nicht vorschreiben – aus seiner Sicht von einer historischen Bedeutung des Berlin-Abkommens gesprochen. [...] [H]ier sei, wenn auch natürlich für niemanden voll befriedigend, aber in einer Form, die man für akzeptabel halte, eine Regelung in einem Punkt gefunden worden, der über mehr als zwei Jahrzehnte hinweg nicht nur besonders umstritten gewesen ist, sondern der auch häufig zu einem Grad von Spannungen geführt hat, von dem aus sich die Gefahr eines nuklearen Krieges hätte ergeben können. Er ist sogar so weit gegangen, zu sagen: Hätte es dieses Berlin-Abkommen vom 3. September 1971 nicht gegeben, bin ich nicht sicher, ob ich im Frühjahr überhaupt nach Moskau gefahren wäre oder ob ich mit den gleichen Vorstellungen fahren würde, mit denen ich jetzt dorthin fahre, denn nun – wieder sinngemäß, nicht wörtlich wiedergegeben – können wahrscheinlich beide Seiten, die amerikanische und die sowjetische, gestützt auf diese Erfahrung, davon ausgehen, daß es nicht aussichtslos sein muß, auch über die Begrenzung von Konflikten, von Konfliktstoffen in anderen Regionen zu sprechen. Daß er dabei in erster Linie an den Nahen Osten dachte, war nicht schwer zu begreifen.[10]

Dritter Punkt: USA – Europa! Es ist sehr deutlich gemacht worden, und zwar durch den Präsidenten ebenso wie durch den Secretary of State, daß die gegenwärtige politische Führung der Vereinigten Staaten trotz anderer Meinungen im Kongreß nicht geneigt sei, eine Schwächung des Engagements in der Atlantischen Allianz ins Auge zu fassen, sondern daß sie sich andersgerichteten Bestrebungen im Kongreß entgegenstellen werde. Das ändert nichts daran, daß ebenfalls deutlich geworden ist, wenn auch ohne besonderes Drängen, wieviel es für eine solche Politik des Präsidenten und seiner Administration bedeutet, wenn sie sich auf europäische Eigenleistungen berufen können. Die Tatsache, daß unser Offset-Agreement[11] so zustande gekommen ist, daß man drüben damit zufrieden war und es nicht nur murrend gerade so hinnahm, oder daß das European Defense Improvement Program[12] mit bekanntlich überproportionaler materieller Beteiligung der Bundesrepublik hat abgehakt werden können, hilft, so sagte Nixon, denjenigen, die am Beitrag zu der Allianz festhalten wollen. Im Grunde deutet dies darauf hin, daß das, was wir für EDIP getan hätten, keine einmalige Sache bleiben, sondern daß die Entwicklung – ich werde darauf gleich noch einmal zurückkommen – wohl doch in die Richtung eines stärkeren westeuropäischen Eigenengagements und auch zunehmender Leistungen im Rahmen des Möglichen gehen sollte.

[...][13]

Pompidou! Sie wissen, daß zwischen die regulären Konsultationen, die wir am 10. und 11. Februar in Paris weiterführen werden[14], eine Runde eingeschoben worden ist. Danach, kurz nach Ostern – eine entsprechende Vereinbarung haben wir gerade erst heute getroffen –, wird ein Treffen mit Premierminister Heath stattfinden.[15] Bei den Gesprächen mit Pompidou[16] – das ist der erste Punkt dazu – standen natürlich die Währungsfragen im Mittelpunkt. Sie waren ja auch der Anlaß für den Sondertermin. Wir trafen uns zwischen den beiden Sitzungen des Zehnerklubs in Rom und in Washington.[17]

Ich will, was dieses Kapitel angeht, jetzt nur soviel sagen. Es war nützlich, daß wir mit Frankreich immer Kontakt gehalten haben. Aber es hat sich eben auch erneut bestätigt, daß Freundschaften, auch wenn sie nicht aufhören, doch auf harte Proben gestellt werden können, wo es ums Geld geht. Wenn ich das so umschreibe, dann drücke ich es noch sehr vorsichtig aus. Ich weiß inzwischen ein bißchen mehr über das, was auf den Azoren besprochen worden ist.[18] Dort hat es nicht an Versuchen gefehlt, uns regelrecht aufs Kreuz zu legen und andere Partner zu veranlassen, uns eine größere Differenz zwischen der D-Mark und einer wichtigen europäischen Währung zuzumuten, als wir sie hätten tragen können, und das haben wir auch offen in Paris gesagt. Ich habe mit offenen Karten gespielt und gesagt: Herr Schiller ist nach Rom[19] gegangen mit einer Marge von 5 % zwischen Franc und Mark für den Fall, daß die Amerikaner um 5,5 % heruntergehen; wenn die Amerikaner weiter heruntergehen, steht das zur Disposition. Pompidou hat gesagt, 6 % seien das mindeste. Aber bei anderen ist – ich sage nicht, von Pompidou als Person – auch dafür agitiert worden, uns 7 % „aufzubrummen", um es einmal so deutlich zu sagen. Nun gut, das sollte man nicht zu tragisch nehmen. Die Franzosen selbst machen in solchen Zusammenhängen einen deutlichen Unterschied zwischen intérêt und sonst freundlichen Unterhaltungen über andere Themen. Wir werden uns aber einer solchen Teilung nicht voll entziehen können, wenn wir nicht zu kurz kommen wollen.

Dies könnte etwas kritisch klingen. Dem steht aber auf französischer Seite eine aufgeschlossenere Haltung im Laufe der letzten zwei Jahre zur Problematik Europäische Gemeinschaft – USA gegenüber. Die Meinungen stimmen noch nicht überein, aber sie kommen einander näher. Pompidou hat noch die Befürchtung – oder jedenfalls sagt er, er habe sie –, das, wovon wir redeten, nämlich ein link oder gar ein institutionalisierter link, könnte dazu führen, daß die Amerikaner die Europäische Gemeinschaft mitregieren wollten. Kaum noch eine Rolle – nein, eigentlich spielte es bei diesem letzten Gespräch keine Rolle mehr – spielt das, was so eine Art fixer Idee von de Gaulle war, nämlich die Engländer seien die Agenten der Vereinigten Staaten, und wenn sie in die Gemeinschaft hineinkämen, würden sie alles durcheinanderbringen. Das ist, glaube ich, verschwunden, jedenfalls weithin verschwunden.

Wir werden jetzt, sowohl was die handelspolitische Runde mit den USA[20], aber vor allen Dingen auch was die große Reform des Weltwährungssystems angeht, gestützt auf die Washingtoner Zwischenergebnisse[21], versuchen müssen, so weit wie möglich mit einer gemeinsamen europäischen Position zu kommen und nun auch die Arbeiten an der Wirtschafts- und Währungsunion verstärkt weiterzuführen bzw. wiederaufzunehmen. Dies wird auch ein Hauptthema der Unterhaltungen sein, die am 10. und 11. [Februar 1972] in Paris stattfinden werden.[22]

Zweiter Punkt: westeuropäischer Gipfel, Gipfel der erweiterten Gemeinschaft! Sicherlich werden wir uns erneut sowohl über den Zeitpunkt als auch über die Prozedur und den Inhalt aussprechen. Über den Inhalt waren wir uns schon weithin einig. Man muß zu zehnt, wenn es zehn werden – das hängt noch von den Volksabstimmungen bei dem einen und dem anderen ab; das sage ich jetzt einmal als Nichtfachmann auf diesem Gebiet; die Fachleute reden neben der Erweiterung von Vertiefung –, über die Effektivität der Gemeinschaft sprechen.[23] Ihre Effektivität leidet heute schon, was das Zusammenwirken der Organe angeht. Es ist nicht damit getan, jetzt neue Organe zu schaffen, sondern man muß die Organe effektiver machen. Dazu gibt es Vorstellungen, einige haben die

Franzosen, einige haben wir. Außerdem muß man über die Außenbeziehungen als ein zusätzliches Thema reden, ohne daß man nun mit den Franzosen einen Streit darüber anfangen muß, ob Außenpolitik unter dem Dach der EWG zu behandeln sei. Aber das Thema ist ja geteilt. Es gibt die Notwendigkeit von Außenbeziehungen der Gemeinschaft, vor allen Dingen zu den beiden großen Faktoren USA und Sowjetunion plus Osteuropa, und es gibt damit zusammenhängend auch davon unabhängige Fragen des Sich-Abstimmens.

[...][24]

Dritte Bemerkung: Sicherheitsfragen! Hier gehe ich nicht zu weit, wenn ich sage, daß der deutsche und der britische Standpunkt weiterhin einander näher sind als der deutsche und der französische Standpunkt. Das ergibt sich einfach schon aus der unterschiedlichen Stellung innerhalb der Allianz. Das französische Interesse an der Erörterung von Fragen, die den integrierten Teil der Allianz betreffen, ist stark. Das merke ich jedesmal, wenn ich mit Pompidou darüber spreche, und das merken auch diejenigen, die in den Institutionen sitzen. Es ist ein Interesse, das sich zwar nicht in der Haltung „Germans to the front", aber in der Haltung „Deutsche an die Kasse" äußert. Ich will es einmal so sagen: Unsere französischen Freunde haben mit großem Interesse die Offset-Verhandlungen verfolgt und dabei sehr großes Verständnis für die amerikanischen Wünsche zum Ausdruck gebracht. Unsere französischen Freunde haben das EDIP-Programm und das, was die anderen im einzelnen dazu beitragen, mit großer Sympathie verfolgt. Ihre Vertreter nicken am Konferenztisch und gucken auf unsere, wenn von amerikanischer Seite gesagt wird, die Europäer müßten in Europa mehr tun. [...][25]

Viertens wäre es auch falsch, wenn man den zweiten Hauptpartner, den französischen, nimmt, die nicht unerheblichen graduellen Meinungsverschiedenheiten nicht zu registrieren, die gegenüber der Sowjetunion und Osteuropa weiterhin bestehen. [...][26]

Ich möchte nun auf das zurückkommen, was ich im Zusammenhang mit dem Nixon-Gespräch über die USA und Europa gesagt habe. Es ist meine Überzeugung – und ich lege das meinen Überlegungen dort zugrunde, wo es um unsere Außenpolitik geht –, daß das Bündnis für die Zeit, die wir jetzt überblicken können, bestehenbleibt. Es wäre aber trotz der guten Erklärungen, die der Präsident der Vereinigten Staaten unaufgefordert und ohne daß man daran herumdeuteln darf, abgegeben hat, unklug, sich nicht darauf einzustellen, daß das amerikanische Engagement in Westeuropa bei allem guten Willen vermutlich in weiteren zehn oder gar zwanzig Jahren notwendigerweise nicht mehr genau das gleiche sein wird, wie es in den letzten Jahren war, was an der nuklearen Komponente und an der sonstigen Rolle im Bündnis nichts ändert. Aber das, was ich hier habe anklingen lassen – Sie wissen das, denn die meisten von Ihnen sind, und zwar auch in letzter Zeit, wiederholt in den Vereinigten Staaten gewesen –, wird dazu führen, daß das Eigengewicht, die Eigenverantwortung der Europäer in der Allianz werden zunehmen müssen.

Die ökonomische Partnerschaft – das ist die andere Seite der Medaille – ist erwünscht, aber wohl nur bedingt erreichbar. Für mich ist es nicht uninteressant, daß Nixon nach unserem Besuch drüben in einem weitverbreiteten Interview[27] fast wörtlich gesagt hat: Das Kriegsrisiko geht zurück, aber die wirtschaftliche Rivalität nimmt zu. Das ist auf zwei unterschiedliche Bereiche bezogen: Die wirtschaftliche Rivalität zu anderen nimmt in dem Maße zu, in dem das Kriegsrisiko geringer wird.

Was die Europäische Gemeinschaft selbst angeht, so gehe ich davon aus, daß die Chancen, die man der erweiterten Gemeinschaft gibt, durchweg, zumal im ökonomischen Bereich, nicht übertrieben werden. Der Prozeß der politischen Zusammenfügung dauert länger, als die meisten geglaubt haben. Heute spricht alles dafür – ich kann nicht sagen, ob das nicht in fünf Jahren anders sein wird; hier setze ich eine kürzere Frist –, daß die militärische Zusammenfügung nicht vor der politischen möglich sein wird.

[...][28]

Ich darf schließlich von mir aus noch eine Frage hineinbringen, die mir neulich im Auswärtigen Ausschuß des Bundesrates gestellt worden ist[29], die ich dort aus Zeitgründen nicht mehr beantworten konnte, die aber von allgemeinem Interesse sein dürfte. Es ist die Frage, welche sowjetischen Motive wir unterstellen, wenn wir unsere Politik entwickeln, und welche Motive unsere Hauptverbündeten unterstellen, was die sowjetische Politik angeht, denn diese müssen wir natürlich einbeziehen, wenn wir unsere Politik entwickeln; anders ausgedrückt, auf uns bezogen, weshalb die sowjetische Führung weithin die antideutsche Karte als Bindemittel aus dem Warschauer Pakt herausgenommen hat. Früher war das über die Jahre hinweg so: Wenn man sich über andere Dinge nur schwer verständigen konnte, war das, was über die deutschen „Revanchisten" oder sonstige böse Leute hereingebracht wurde, immer ein Punkt der leichten Verständigung. Das war nicht nur ein Bindemittel im Block, sondern auch ein Problem der Indoktrination der Streitkräfte, der Parteiorganisation, der Jugend.

Weitergeführt lautet die Frage, weshalb es die Sowjetunion für zweckmäßig gehalten hat, in bezug auf Berlin von der Zielvorstellung abzugehen, die sie über die Jahre hinweg immer wieder verfolgt hatte: aus Berlin muß der Westen heraus, und warum sie, insbesondere was diesen Punkt angeht, die DDR genötigt oder, sagen wir, veranlaßt hat, eine Reihe ihrer Positionen zu modifizieren. Ich denke, daß ich, wenn ich einen kleinen Beitrag zur Frage nach den sowjetischen Motiven leiste, die Frage China nicht besonders erläutern sollte; das muß man immer mit im Hinterkopf haben. Ich bin auch gar nicht sicher, ob dies, auf die Punkte bezogen, die uns besonders angehen, an erster Stelle steht. Aber daß es eine Rolle spielt, ist ziemlich klar.

Ich habe keinen Zweifel daran, daß die sowjetische Führung, jedenfalls für eine bestimmte Zeit – keiner kann wissen, für wie lange Zeit –, auf Grund ihrer Interessen, auf Grund der Entwicklung der sowjetischen Industriegesellschaft, die sich mehr und mehr zu einer solchen entwickelt hat, an mehr Austausch mit Westeuropa, zunächst nur mit Westeuropa, interessiert ist, und zwar auf technologischem und handelspolitischem Gebiet, aber auch hinübergreifend – das werden die nächsten Jahre zeigen – auf das Gebiet der

Konsumwaren. Es wird qualitativ in der Entwicklung ein Sprung sein, daß die Sowjetunion, die über Jahrzehnte hinweg immer daran interessiert war, überwiegend Rohstoffe zu exportieren und Maschinen, Investitionsgüter, zu importieren, auf bestimmten Gebieten dazu übergehen wird, für eine bestimmte Anzahl von Jahren Konsumwaren hereinzunehmen. Wenn diese Einschätzung richtig ist, daß die sowjetische Führung auf Grund ihrer Interessen an mehr Austausch mit Westeuropa interessiert ist, dann muß sie relativ rasch zu dem Ergebnis kommen, daß dies bei aller Freundlichkeit, die man in Paris zeigt, insgesamt gesehen nicht an der Bundesrepublik Deutschland vorbei möglich ist.

Zweiter Punkt! Alles spricht dafür, daß die sowjetische Führung an Vereinbarungen mit den Vereinigten Staaten interessiert ist. Auch hier sage ich: keiner weiß – ich weiß es jedenfalls nicht –, für wie lange. Natürlich geht das Hin und Her in der sowjetischen Führung weiter; daran muß man immer denken. Aber das, was jetzt ablesbar ist, geht in Richtung auf das Entwickeln eines Interesses – auf das die Amerikaner eingehen; das ist auch ein Faktor dabei –, indem man versucht, zu Vereinbarungen zu kommen, die, wenn auch nicht von heute auf morgen, auf bestimmten Gebieten die Rüstungslasten für beide Supermächte reduzieren könnten, damit sie das Geld für etwas anderes ausgeben können. Dieser Vorgang, der im Gange ist, allerdings eher präparatorisch, kaum exekutiert, wäre aus dem Gesamtzusammenhang heraus bei einer unverändert feindseligen Haltung gegenüber der Bundesrepublik Deutschland und, wegen des amerikanischen Engagements in diesem Punkt, bei Offenlassen der Berliner „Wunde" nicht möglich gewesen.

Hinzu kommt die besondere Lage im Warschauer Pakt nach der tschechoslowakischen Krise[30], die meiner Einschätzung nach weiterwirkt und die ein unausgetragener Konfliktgegenstand in der sowjetischen Führung ist. Ich glaube, daß jener Einschnitt dazu geführt hat, den Versuch zu machen, die politische Disziplinierung innerhalb des Blocks mit ein wenig Auslauf für die Blockpartner in bezug auf Kommunikation auf nicht eigentlich politischen Gebieten zu koppeln, unter der Voraussetzung, daß die Sowjetunion selbst daran partizipiert, den Prozeß steuert und auch, wenn man so will, etwas „absahnt". Das sage ich und füge hinzu, daß sich dies alles meinem Eindruck nach vor dem Hintergrund einer gewissen Labilität in der sowjetischen Führung abspielt und daß sich die Faktoren, von denen ich spreche, weiterentwickeln werden, und zwar verbunden mit einem nicht unerheblichen Sicherheitsrisiko innerhalb jedes einzelnen der beteiligten kommunistischen Staaten.

Es ist für mich keine Überraschung, daß die sowjetische Parteiführung im Augenblick zwei ihrer Politbüromitglieder, nämlich Schelest und Schelepin[31], wenn ich es richtig sehe, besonders dazu abgestellt hat, den, wie man sagt, schädlichen ideologischen Auswirkungen der Kommunikation mit dem Westen zu Hause entgegenzuwirken. Das ist, wenn ich es etwas salopp sagen darf, ins Große übertragen für die sowjetischen Führer das gleiche Problem, das ein Vorsitzender der SPD im kleinen hat, wenn er auf seine Weise seinen Leuten sagen muß, daß ein verändertes Verhältnis zu kommunistischen Staaten nichts daran ändert, daß das Kommunismus ist.[32] Das machen sie auf ihre Weise und natürlich noch ein bißchen härter und sturer.

In der deutschen Frage – davon bin ich überzeugt; ich weiß aber, daß ich mich dabei weit auf dem Gebiet dessen befinde, worüber ein erheblicher Meinungsstreit besteht – ist in dieser Phase der geschichtlichen Entwicklung von der Sowjetunion nicht mehr zu erreichen – gemessen an meinen Erfahrungen in den letzten zehn und mehr Jahren ist das durchaus etwas; aber das mag man unterschiedlich beurteilen – als das Herausnehmen Berlins aus dem Konflikt und die Bestätigung der Bindungen zwischen West-Berlin und der Bundesrepublik, als die Reaktivierung der alliierten Vorbehaltsrechte in bezug auf Deutschland als Ganzes – meine Damen und Herren, unterschätzen Sie dies nicht: Nicht die Alliierten, sondern diese Bundesregierung hat die alliierten Vorbehaltsrechte wieder aktiviert, und zwar so, daß sie auch in bezug auf internationale Organisationen, und was sich sonst tut, weiterwirken –, als unseren unveränderten Anspruch auf Selbstbestimmung so deutlich zu machen, wie wir ihn deutlich machen können – daß wir dafür im Jahre 1972 nicht mehr sowjetische Zustimmung finden als im Jahre 1955, ist für mich auf dem Hintergrund der weltpolitischen Gegebenheiten keine Überraschung –, aber auch deutlich zu machen, daß die Bundesrepublik – daran hat es in irgendeinem unserer Gespräche oder gar in einem der Texte nie einen Zweifel gegeben – Partner jener Verträge mit den Westmächten bleibt, auf die sich unsere Politik stützt, ganz abgesehen davon, daß wir eben als Regierung glauben – das wird uns dann bei der Behandlung der Verträge noch beschäftigen –, daß der Interventionsanspruch der Sowjetunion vom Tisch ist bzw. daß hier jetzt die gleiche Rechtslage geschaffen ist, wie sie von den Westmächten geltend gemacht wird.

Das heißt, das, was wir aus der Lage ableiten, die, jedenfalls partiell, zu beschreiben ich mich bemüht habe, ist, die Interessen der Bundesrepublik Deutschland zu wahren, auf einen veränderten europäischen West-Ost-Rahmen nicht nur zu hoffen, sondern in bescheidenem Maße auch darauf mit hinzuwirken, die nationale Substanz zu wahren, wo immer dies durch Kontakte und durch das Lebendighalten des Gedankens der nationalen Einheit möglich ist, sich aber auch nüchtern Rechenschaft darüber abzulegen, daß leider keine Faktoren erkennbar sind, mit deren Hilfe wir kurzfristig die staatliche Einheit Deutschlands wieder erreichen könnten. Ich sehe ohnehin, was Grenzansprüche angeht, die über den heutigen Gebietsstand der Bundesrepublik und der DDR hinausgehen, keinen einzigen Staat in der Welt, der dabei auf unserer Seite wäre, sondern im Gegenteil mehrere, die uns gesagt haben: Ihr könnt, wenn überhaupt, auf die Dauer zur nationalen Einheit nur dann kommen, wenn ihr wißt, daß das andere nicht möglich ist.

Wir sind selbst bei der bei uns zu Hause umstrittenen Politik – das gehört zu der Einschätzung mit dazu – dem für die Opposition sicher völlig unverständlichen Verdacht ausgesetzt – neuerdings bekamen wir einen entsprechenden Bericht aus Paris und einen aus polnischer Sicht –, bei dem Ganzen handele es sich darum, daß wir auf kurze Sicht zur nationalen Einheit hin wollten, worauf man in beiden Fällen mit Ausdrücken des Entsetzens, nicht etwa der Hoffnung reagiert, daß sich daraus große politische Wirkungen für Europa ergeben. Unsere Partner haben uns jedenfalls folgendes gesagt: Eines müßt ihr wissen: Wenn ihr Europa, die Europäische Union, und zwar nicht nur ökonomisch, sondern auch politisch wollt, dann könnt ihr sie nur mit insoweit klaren Grenzen und mit einer insoweit klaren Basis dafür wollen, daß das, was sich später ergibt, nicht mehr von euch allein gemacht werden kann, sondern sich nur aus der Gesamtveränderung der Szene in Europa ergeben kann.

Unter Berücksichtigung dieser Faktoren entwickeln wir unsere Politik in der Allianz und in der Europäischen Gemeinschaft weiter. Wir geben dabei keine legitimen nationalen und freiheitlichen Ziele preis, sondern bemühen uns, von der realen Lage ausgehend – ich sage es noch einmal – die Interessen der Bundesrepublik Deutschland zu wahren, West-Berlin aus seiner jahrelangen akuten Gefährdung zu lösen und für die hoffentlich gemeinsame nationale Zukunft mit unseren Landsleuten im anderen Teil bessere Voraussetzungen zu schaffen, als sie im ersten Vierteljahrhundert nach Kriegsende gegeben waren. (Beifall bei den Regierungsparteien.)

Nr. 63
**Aus dem Interview des Bundeskanzlers, Brandt, für *Der Spiegel*
17. April 1972**

Der Spiegel, Nr. 17 vom 17. April 1972, S. 24–29.

„Nach der Ratifizierung geht's erst richtig los"

[...][1]
SPIEGEL: [...] Werden Sie zurücktreten, Herr Bundeskanzler, wenn für die Verträge keine Mehrheit im Bundestag zu erreichen ist?
BRANDT: Die Frage ist aus meiner Sicht nicht richtig gestellt. Denn es kommt nicht zum Scheitern der Verträge. Und deshalb bin ich nicht zu der Art von Reaktion bereit, die der Frage zugrunde liegt.

Aber davon einmal abgesehen, sofern in der Frage auf eine Neigung zur Resignation angespielt werden sollte: Diese bewegt mich überhaupt nicht, sondern genau das Gegenteil. Hier muß gerungen werden um die Durchsetzung der Verträge. Sollte es wider alles Erwarten dabei einen zeitweiligen Rückschlag geben, was ich, wie gesagt, für so gut wie ausgeschlossen halte, dann wird weiter gekämpft werden ...
SPIEGEL: ... mit dem sozialdemokratischen Politiker Willy Brandt, in welcher Funktion auch immer, an der Spitze dieser ostpolitischen Kampagne?
BRANDT: So ist es.
SPIEGEL: Unterstellt, die Verträge würden beim zweiten Durchgang im Bundestag[2] oder nach einem Einspruch des Bundesrates keine Mehrheit finden: Sie werden nicht von sich aus zurücktreten?
BRANDT: Ich weiß nicht, was Sie mit dem Zurücktreten haben. Im übrigen darf sich der Politiker, anders als der Zeitungsmann – jedenfalls in dem, was er nach außen sagt –, beschränken auf das, was er will, was er für wahrscheinlich oder sicher hält, und braucht nach außen nicht zu sagen, was er sonst machen würde.
SPIEGEL: Eines wird er nicht machen: Willy Brandt wird nicht zurücktreten.
BRANDT: Nein, er wird nicht zurücktreten müssen.
SPIEGEL: Für die nächste Zukunft, Herr Bundeskanzler, gibt es theoretisch drei Möglichkeiten: Die Verträge werden mit der notwendigen Mehrheit ratifiziert.[3] Die zweite Möglichkeit ist, Sie verbinden das Schicksal der Verträge mit dem Schicksal dieser Regierung, indem Sie Neuwahlen auf dem verfassungsmäßigen Wege anstreben. Die dritte Möglichkeit: Die Bundestagsopposition versucht, die Neuwahlen durch ein konstruktives Mißtrauensvotum zu unterlaufen. Trifft es zu, daß für Sie die dritte Möglichkeit, die des konstruktiven Mißtrauensvotums im Bundestag, die schmerzlichste Aussicht ist?
BRANDT: Wieso? Ich kann sogar nicht ausschließen, daß die Opposition noch in der Woche vor den Verträgen davon Gebrauch macht. Sie wird, was ja ihr gutes Recht ist, während der Haushaltsberatungen bei irgendeiner der vielen Abstimmungen versuchen, einmal eine

Mehrheit zu bekommen.⁴ Ich gehe davon aus, es gelingt ihr nicht, denn es ist ihr bisher in rund 200 Fällen kontroverser Abstimmungen seit Ende 1969 nicht gelungen. Aber sie gibt die Hoffnung nicht auf. Damit kommt Herr Barzel unter Druck seiner Parteifreunde – nicht aller, aber vieler – die sagen: Nun mußt du dich hier zur Wahl stellen, denn konstruktives Mißtrauensvotum heißt ja der Versuch, einen neuen Bundeskanzler zu wählen. Meine Einschätzung ist nun weiter, daß, wenn Herr Barzel – gezwungen, so etwas zu tun – es versuchte, er dabei keinen Erfolg haben wird. Dann ginge man mit noch größerer Ruhe als ohnehin in die Woche der Vertragsentscheidung. [...]⁵

SPIEGEL: Dies heißt: Ein Scheitern der Verträge wäre nicht verbunden mit der Resignation des Politikers Willy Brandt ...

BRANDT: Ich denke überhaupt nicht an Resignation. Überdies: Wollen wir wetten, daß wir, wenn wir uns wiedertreffen in drei Wochen, miteinander der Meinung sind, daß sie sich in unnötige geistige Unkosten gestürzt haben?

SPIEGEL: Müßten Sie nicht auch die Wahlen jetzt vorziehen? Solange die Verträge im Mittelpunkt stehen, gäbe es dafür eine solidere Mehrheit als später.

BRANDT: Erstens ist jetzt wichtiger, wegen der Stellung der Bundesrepublik in der Welt, daß die Verträge ratifiziert werden und daß das alles nicht noch einmal in eine große Mühle hineinkommt. Und zweitens glaube ich, daß diejenigen unrecht haben, die sagen, im Herbst 1973 werde über ganz andere Dinge als jetzt entschieden.

SPIEGEL: Ist die Ostpolitik dann nicht längst vergessen?

BRANDT: Wenn die Verträge ratifiziert sind, geht es ja in gewisser Hinsicht erst richtig los. Dann werden sie verwirklicht. Dann kommt – ganz abgesehen von den wichtigen Fragen der westeuropäischen Gipfelkonferenz im Oktober und der Erweiterung der EWG zur Jahreswende⁶ – im Laufe der folgenden Monate zum erstenmal ein Vertrag mit der DDR hinzu, ein Vertrag, der der Zustimmung von Bundesrat und Bundestag bedürfen wird. Da wird ja, wenn sich nicht alles wendet, auch wieder kontrovers sein. Dann kommt vermutlich ein Vertrag mit der Tschechoslowakei hinzu. Dann kommen die di-

plomatischen Beziehungen mit Ungarn und Bulgarien, zusätzlich zu denen mit Polen und der Tschechoslowakei. Dann kommt die Vorbereitung der Konferenz über Sicherheit und Zusammenarbeit in Europa, die doch wahrscheinlich in der ersten Hälfte des nächsten Jahres stattfinden wird.[7] Also, das Thema der Ost-West-Politik bleibt auf der Tagesordnung und wird die Menschen weiter interessieren. [...][8]
SPIEGEL: Herr Bundeskanzler, der Politiker hat keinen einklagbaren Anspruch darauf, daß er recht behält. Wenn diese Regierung über die Ostverträge dennoch fällt, würde der Politiker Willy Brandt als Oppositionsführer weiter für diese Ostverträge streiten?
BRANDT: Wissen Sie, was Sie Oppositionsführer nennen, will ich natürlich überhaupt nicht in der Qualität reduzieren. Es ist immer eine wichtige Rolle in einem Staat. Für mich steht – auf welche Seite der innerstaatlichen Barrikade bezogen auch immer – an erster Stelle der Vorsitzende der Sozialdemokratischen Partei Deutschlands. Er hat sich diese Sache vorgenommen und wird sie durchsetzen oder dafür werben, daß er dafür noch mehr Unterstützung bekommt.
SPIEGEL: Und wenn er das nicht als Bundeskanzler machen kann, macht er es dann als Oppositionsführer oder als Vorsitzender?
BRANDT: Dann macht er es. Im übrigen werden mir andere Bürden erspart bleiben, weil ich Bundeskanzler bleibe und 1973 darum ringen werde, es wieder zu werden.
SPIEGEL: Und wenn er doch nicht durchkommt mit seinen Verträgen, wenn er nicht mehr Kanzler ist, ist Willy Brandt dann ein bißchen auf dem Wege zu sagen: Ihr könnt mich ...
BRANDT: Ich denke nicht daran, dieses zu sagen und mich dann danach entsprechend zu verhalten. Ich behalte mir vor, es vielleicht einmal zu sagen und dann doch zu tun, was ich als meine Pflicht empfinde.
SPIEGEL: Herr Bundeskanzler, wir danken Ihnen für dieses Gespräch.

Nr. 64
Schreiben des Bundeskanzlers, Brandt, an den französischen Staatspräsidenten, Pompidou
28. Juni 1972[1]

AdsD, WBA, A 8, 51.

Sehr verehrter Herr Präsident,
die neuen Währungsschwierigkeiten in Europa[2] unterstreichen die Bedeutung unserer bevorstehenden Beratungen. Lassen Sie mich, in Beantwortung der Überlegungen zur Gipfelkonferenz, die Sie mir in der Unterredung mit Botschafter Ruete[3] am 17. Juni [1972] zukommen ließen, zunächst auf diesem Weg zu einigen Fragen Stellung nehmen, die uns beschäftigen werden.

Wir sind uns, seit Sie im Juli des vergangenen Jahres[4] auf meinen Vorschlag eingingen, im Herbst 1972 die Staats- bzw. Regierungschefs der erweiterten Gemeinschaft zu einer Konferenz nach Paris[5] einzuladen, immer darin einig gewesen, daß diese Konferenz zu präzisen und positiven Ergebnissen führen müsse. Dazu ist eine gute Vorbereitung nötig, die allerdings – darin stimmen Sie mir sicherlich auch bei – den Raum für Entscheidungen der Staats- und Regierungschefs auf der Konferenz selbst nicht einengen darf.

Inzwischen haben die Außenminister der zehn Teilnehmerstaaten, wie vor einer so bedeutenden Zusammenkunft üblich, die Fülle der jeden Staat berührenden Probleme ausgebreitet; in diesen Tagen haben sie begonnen, zu sichten und diejenigen Fragen herauszuschälen, in denen ausgewogene Beschlüsse gefaßt werden könnten. Bis zu dem vorgesehenen Herbsttermin liegen noch einige Monate vor uns, so daß die Zeit hierfür reichen sollte. Mir scheint, daß bei einer konsequenten Straffung der Vorbereitungsarbeiten durchaus Chancen bestehen, die Gipfelkonferenz mit Aussicht auf Erfolg abzuhalten.

Hauptergebnis dieser Konferenz als Auftakt zur Gemeinschaft der Zehn sollte meiner Ansicht nach in materiellen Fortschritten in den einzelnen Bereichen gemeinsamen Handelns liegen. Die Ereignisse der letzten Tage haben die Position bestätigt, die auch ich mir für die Gipfelkonferenz vorgenommen hatte – nämlich die Priorität einer einheitlichen Wirtschafts- und Währungspolitik der Gemeinschaft zu geben, sowohl in ihren Beziehungen untereinander als auch im Verhältnis zur Außenwelt. Die Entschließungen des EG-Rates vom 22. März 1971 und vom 21. März 1972[6] stellen eine ausgewogene Grundlage dar, die im einzelnen weiterzuentwickeln gerade jetzt möglich und nützlich sein müßte. Hier ist im übrigen in den letzten Monaten ja auch schon einiges sehr Konkretes geschehen.

In anderen Sachbereichen, in denen sich ein gemeinsames Handeln aufdrängt und von denen Sie jüngst einige genannt haben, während einige weitere in anderen Mitgliedstaaten besonderes Interesse finden, sollten ebenfalls Entscheidungen über das konkrete Vorgehen der Gemeinschaftsstaaten getroffen werden können. In allen diesen Bereichen wird es zugleich gelten, die Durchführung der Beschlüsse zu sichern, wobei ich ebenso wie Sie der Meinung bin, daß die Bildung neuer Institutionen zur Zeit nicht zur Debatte steht. Vielmehr sollten wir die bestehenden Institutionen dort, wo dies von der Sache her notwendig ist, in ihrer Handlungsfähigkeit verbessern.

Von entscheidender Wichtigkeit für die europäische Zukunft ist schließlich für mich die Vertiefung der politischen Zusammenarbeit, die sich in den letzten Monaten gut entwickelt hat und bei der der Akzent wiederum darauf gelegt werden sollte, zu immer größerer Übereinstimmung in Sachfragen zu kommen. Für mich steht jedenfalls fest: Je umfassender und entschiedener unsere Staaten sich zu gemeinsamem Handeln in allen den genannten Bereichen einschließlich der Außenpolitik zusammenfinden, um so stärker profiliert sich das werdende Europa als handlungsfähige Einheit nach innen wie nach außen. Dies entspricht unserer gemeinsamen, oft bestätigten Absicht. Es liegt, so meine ich, in unserem eigenen Interesse, daß wir die dabei zum Teil unvermeidlicherweise mit den Amerikanern entstehenden Reibungen so sachlich wie möglich behandeln. Eben hierfür scheint mir ein regelmäßiger europäisch-amerikanischer Dialog in Form eines Gedankenaustausches nützlicher zu sein, als die bisherigen, vom Zufall geprägten Begegnungen. Dieser Dialog hat den zusätzlichen Vorteil, daß er die europäischen Partner immer wieder zwingt, gemeinsame Positionen vorzubereiten und einzunehmen.

Gerade auch in diesem Zusammenhang scheint mir die Gipfelkonferenz im Herbst[7] wichtig zu sein, weil sie als Beweis dafür angesehen werden dürfte, daß die erweiterte Gemeinschaft ihren eigenen unabhängigen Standpunkt gegenüber den großen Problemen der Stunde – der Reform des Weltwährungssystems, der europäisch-amerikanischen Verhandlungsrunde im GATT, der KSZE, den Problemen der Dritten Welt und ganz allgemein den großen Fragen der Weltpolitik[8] – zu definieren entschlossen ist. Ein Aufschub dieser Konferenz könnte dem Bild des „europäischen Europa", das Sie immer wieder mit soviel Nachdruck herbeirufen, gerade in amerikanischen Augen – aber auch in den Augen anderer Teilnehmer an der Weltpolitik – Schaden zufügen.

Neuwahlen in der Bundesrepublik Deutschland[9] werden mich im übrigen nicht daran hindern, in unverminderter Intensität meinen Beitrag zur Gipfelkonferenz zu leisten.

Ich freue mich gerade jetzt, Sie bald in Bonn begrüßen zu können[10], und verbleibe mit dem Ausdruck meiner vorzüglichen Hochachtung und herzlichen Grüßen
Ihr Ihnen sehr ergebener
‹Br[andt]›[11]

Nr. 65
Schreiben des Bundeskanzlers, Brandt, an den belgischen Premierminister, Eyskens
7. Juli 1972[1]

AdsD, WBA, A 8, 50.

Sehr geehrter Herr Premierminister,
lieber Freund,
Ihr Schreiben vom 30. Juni 1972 habe ich mit Dank empfangen. Es war für mich sehr nützlich, unmittelbar Kenntnis von den Überlegungen zu erhalten, die Sie und Ihre Kollegen bei der Auswertung Ihrer Gespräche in Paris angestellt haben.[2]

Ebenso wie für Sie stand für den französischen Staatspräsidenten und für mich bei unseren Gesprächen hier in Bonn das Bemühen im Vordergrund, die Voraussetzungen für eine Gipfelkonferenz der erweiterten Gemeinschaft zu verbessern, deren Beschlüsse echte Fortschritte in der westeuropäischen Einigungspolitik darstellen. Der französische Präsident und ich waren in der Überzeugung einig, daß die Gipfelkonferenz zu dem vereinbarten Datum sowohl wünschenswert als auch möglich wäre, wobei die Festlegung einer realistischen und erfolgversprechenden Tagesordnung zunächst den Außenministern der Teilnehmerstaaten vorbehalten bleiben sollte.[3] Ich hoffe, es wird dabei gelingen, die Themen dahingehend zu konkretisieren, daß die allgemeinen Ziele, die ich mir für die Gipfelkonferenz stelle, verwirklicht werden können, nämlich: eine Beschleunigung nach innen, eine Profilierung nach außen und eine Verbesserung der Aktionsmittel für beides.

In der Einschätzung der vorrangigen Rolle, die die Wirtschafts- und Währungsunion in der Beschlußfassung der Gipfelkonferenz spielen wird, stimme ich mit Ihnen überein. Präsident Pompidou und ich waren uns hierbei auch darin einig, daß die Einhaltung der bisher getroffenen Vereinbarungen Voraussetzung für die weitere Entwicklung in dem von uns allen gewünschten Sinne ist.

Ein guter Ausgangspunkt für die stabile Weiterentwicklung der Gemeinschaft als „privilegiertes Zentrum" – wie Sie sagen – ist das Bekenntnis zur Ausnutzung der vom EWG-Vertrag gegebenen Möglichkeit, in einem besonders vereinfachten Verfahren neue Tätigkeitsbereiche in die Gemeinschaft einzubeziehen.[4] Der Ausgangspunkt der Wirtschafts- und Währungsunion innerhalb der Gemeinschaft erscheint mir ohnehin gesichert.

Bei der Stärkung der Institutionen sollten wir uns bei der Gipfelkonferenz darauf konzentrieren, das bewährte Instrumentarium dort, wo dies von der Sache her notwendig ist, in seiner Handlungsfähigkeit zu verbessern.

In der Gestaltung der Außenbeziehungen der Gemeinschaft stimme ich dem, was Sie in Ihrem Brief ausführen, weitgehend zu.[5] Ich gehe dabei davon aus, daß, je umfassender und entschiedener unsere Staaten sich zu gemeinsamem Handeln in einer wachsenden Anzahl von Bereichen einschließlich der Außenpolitik zusammenfinden, sich das werdende Europa als handlungsfähige Einheit nach innen wie nach außen um so stärker profiliert. Umso unerläßlicher erscheint es mir deshalb, einen vertrauensvollen, möglichst regelmäßigen Gedankenaustausch mit unserem atlantischen Hauptverbündeten, den Vereinigten Staaten von Amerika, in die Wege zu leiten, unseren osteuropäischen Nachbarn ein dynamisches Angebot der Zusammenarbeit in Wirtschaft, Wissenschaft und Technologie zu machen und unserer Verantwortung gegenüber der Dritten Welt in einer uneigennützigen Weise gerecht zu werden.

Ich würde es begrüßen, wenn wir bei der weiteren Vorbereitung der Gipfelkonferenz in engstem Kontakt verbleiben könnten.

Mit freundlichen Grüßen

〈Br[andt]〉[6]

Nr. 66
Schreiben des Bundeskanzlers, Brandt, an den Präsidenten der Vereinigten Staaten von Amerika, Nixon
7. Juli 1972[1]

AdsD, WBA, A 9, 20.

Sehr geehrter Herr Präsident,
ich habe die Beantwortung Ihres Schreibens vom 9. Juni[2], für das ich Ihnen aufrichtig danke, bis heute aufgeschoben, weil ich Ihnen zugleich meine Eindrücke über meine kürzlichen Gespräche mit Präsident Pompidou schildern wollte.[3]

Wie ich Gelegenheit hatte, Ihrem neuen Botschafter, Herrn Hillenbrand, bei seinem gestrigen Antrittsbesuch darzulegen[4], ist diese Begegnung sehr gut verlaufen, obwohl leider dies in der öffentlichen Darstellung nicht genügend zum Ausdruck kommt. Der französische Präsident und ich haben, ebenso wie die Mitglieder unserer Regierungen, die teilnahmen, festgestellt, daß sich seit dem vergangenen Jahr in unserer Auffassung zu den Währungsfragen der Stunde eine bemerkenswerte Annäherung ergeben hat. Wir waren uns darin einig, daß wir alles tun müßten, um die in Washington im vergangenen Dezember festgelegten Paritäten zu verteidigen[5], und währungspolitische Alleingänge für kein Mitglied der Gemeinschaft mehr in Frage kommen dürften. Wir stimmten auch darin überein, daß die Gemeinschaft für die vor uns liegende Aufgabe der Reform des Weltwährungssystems gemeinsame Positionen ausarbeiten müsse.

Dabei habe ich während der Beratungen mehrfach feststellen können, daß der französische Staatspräsident es sich angelegen sein ließ, jeden Eindruck zu zerstreuen, als wolle er die Gemeinschaft in einen Gegensatz zu den Vereinigten Staaten von Amerika hineinführen. In diesem Zusammenhang legte er mir zum Beispiel dar, seine weiterhin gültige Reserve gegenüber der MBFR beruhe darauf, daß er die amerikanische Präsenz in Europa auf keinen Fall schmälern wolle. Bei der Behandlung der Möglichkeit eines konzertierten Floating[6] der Gemeinschaftswährungen legte er besonderen Wert auf die Feststellung, daß der Nachteil dieses Modells in der Gefahr einer währungspolitischen Kluft zwischen der gemeinschaftlichen Währungszone und der Dollarzone liege. Wir sind übereingekommen, daß wir die Beratungen über mögliche währungspolitische Schritte sowohl bilateral als [auch] multilateral fortsetzen. Dabei wird selbstverständlich, wie auch bisher, die amerikanische Regierung auf dem Laufenden gehalten werden.

Wie sie gesehen haben werden, waren wir uns bei diesen Gesprächen auch darin einig, daß die Gipfelkonferenz der erweiterten Gemeinschaft zum vorgesehenen Zeitpunkt sowohl wünschenswert als auch möglich ist, die Festlegung einer realistischen und erfolgversprechenden Tagesordnung durch die Außenminister der Teilnehmerstaaten jedoch zunächst abgewartet werden muß.[7] Das Hauptergebnis dieser Konferenz soll in materiellen Fortschritten in den einzelnen Bereichen gemeinsamen Handelns einschließlich der Außenpolitik liegen, damit das westeuropäische Einigungswerk einen neuen, starken Impuls erhält. Ich weiß, wie sehr gerade Sie an diesem Fortschritt Anteil nehmen.

Ich habe dabei Präsident Pompidou erneut den Gedanken vorgetragen, daß die Ausarbeitung einer gemeinschaftlichen Haltung zu den jeweiligen Sachproblemen nicht Voraussetzung für einen vertrauensvollen, möglichst regelmäßigen Gedankenaustausch mit der amerikanischen Regierung als unserem Hauptverbündeten sein sollte, sondern vielmehr in einem solchen ständigen Gespräch ein permanenter Zwang zur Integration unserer Standpunkte liegt.

In den ostpolitischen Bemühungen der Bundesregierung, insbesondere der von uns angestrebten Regelung des grundsätzlichen Verhältnisses zur DDR habe ich erneut die volle Unterstützung der französischen Regierung gefunden.

Lassen Sie mich Ihnen versichern, wie wertvoll mir die Übermittlung Ihrer persönlichen Eindrücke und Informationen aus Ihren Gesprächen in Moskau gewesen ist.[8]

Der Information, die mir Generalsekretär Breschnew übermittelt hat, habe ich entnommen, daß Sie auch ein gutes persönliches Verhältnis herstellen konnten. Es ist immer meine Auffassung gewesen, daß es für die weitere weltpolitische Entwicklung von entscheidender Bedeutung ist, wenn zwischen den USA und der Sowjetunion ein Verhältnis hergestellt wird, das Konflikte begrenzt und heute noch nicht gelöste Probleme lösbar macht.

Die erforderlichen Kontakte zwischen Ost und West verlangen in der Tat ein enges und vertrauensvolles Zusammenwirken zwischen uns. Wenn sich die Möglichkeiten dazu bieten, wird die sowjetische Seite nicht zögern, Differenzen im Westen zu erzeugen oder auszunutzen.

Ein Ansatz könnte sich dazu ergeben, wenn die DDR Moskau in dem Eindruck bestärkt, daß es im wesentlichen an der Bundesregierung liegt, wenn die beiden deutschen Staaten nicht unverzüglich in die Vereinten Nationen aufgenommen werden. Meine Regierung bleibt bei der mit unseren Verbündeten abgestimmten Haltung, daß die Aufnahme beider Staaten in die UN erst das Ergebnis einer grundlegenden Regelung des Verhältnisses zwischen der BRD und der DDR sein kann.[9] Ich habe auch Verständnis für den Wunsch der Drei Mächte, vorher eine Erklärung über die weiterbestehenden Rechte der Vier Mächte für Deutschland als Ganzes mit der Sowjetunion zu erzielen.

Der Meinungsaustausch mit der DDR konnte bisher nicht in das Stadium von Verhandlungen überführt werden, die Aussicht auf Erfolg bieten. Die DDR weigert sich kategorisch, den Bezug auf die deutsche Nation anzuerkennen.[10]

Die Linie, auf die Sie sich in Moskau zu den Themen einer Konferenz über Sicherheit und Zusammenarbeit in Europa und einer ausgewogenen Truppenreduzierung verständigt haben, entspricht auch meinen Überlegungen, insbesondere, was die zeitlichen Vorstellungen angeht.

Es hat nichts mit der Ausbreitung des Amerikanismus in meinem Land zu tun, daß wir, wie Sie, im November Wahlen haben werden.[11] Es bestehen gute Aussichten, ähnlich wie bei Ihnen, mit

einem sicheren Mandat und einer soliden Mehrheit für die nächsten vier Jahre arbeiten zu können.
Mit freundlichen Grüßen
‹gez[eichnet]: Willy Brandt›¹²

Nr. 67
Schreiben des Präsidenten der Vereinigten Staaten von Amerika, Nixon, an den Bundeskanzler, Brandt
8. August 1972¹

NARA, Nixon Presidential Materials Staff, NSC, 1969–1974, Presidential Correspondence 1969–1974, Box 753 (Übersetzung aus dem Englischen: Wolfgang Schmidt).

Sehr geehrter Herr Bundeskanzler,
herzlichen Dank für Ihr Schreiben vom 7. Juli.² Ich fand Ihre persönliche Einschätzung Ihrer kürzlichen Unterredungen mit Präsident Pompidou besonders hilfreich.³ Wie Sie wohl wissen, sind die Angelegenheiten, mit denen Sie sich beschäftigten, für uns auf dieser Seite des Atlantiks von vitalem Interesse.

Ich bin Ihnen sehr dankbar für Ihre fortdauernden Bemühungen, dafür zu sorgen, dass Vorkehrungen für angemessene Konsultationsverfahren zwischen den Vereinigten Staaten und der Europäischen Gemeinschaft getroffen werden, während die Gemeinschaft sich vergrößert und sich weiter in Richtung Integration bewegt.⁴ Ich glaube, es wäre hilfreich, wenn eines der Ergebnisse des geplanten Gipfeltreffens der Zehn⁵ darin bestünde, dass öffentlich die Entschlossenheit der erweiterten Gemeinschaft zum Ausdruck gebracht wird, mit den Vereinigten Staaten daran zu arbeiten, die Wirtschaftsbeziehungen durch multilaterale Verhandlungen über Währungen und Handel wieder in Ordnung zu bringen, um eine offene und liberale Weltwirtschaft zu garantieren.

Die Einigung zwischen Ihnen und Präsident Pompidou darüber, dass die Beratungen über Währungsschritte auf bilateraler und multilateraler Ebene fortgesetzt werden sollten, wurde hier sehr willkommen geheißen. Es scheint mir das Wichtigste zu sein, dass die Europäische Gemeinschaft ihre Position bei diesem zentralen Thema nicht frühzeitig festlegt. Meiner Ansicht nach ist es notwendig, die laufenden Beratungen mit uns fortzusetzen, und ich weiß, dass Finanzminister ‹Shultz›[6] gerade erst hilfreiche Diskussionen mit Ihrem neuen Finanz- und Wirtschaftsminister Helmut Schmidt[7] geführt hat – einem Mann, der als Verteidigungsminister und in anderen hohen Positionen bereits eine so wichtige und konstruktive Rolle in der Atlantischen Gemeinschaft gespielt hat.

Ich habe mich auch für Ihre Bemerkungen über die neuesten Entwicklungen der Ostpolitik Ihrer Regierung interessiert. Aus Berichten, die mir zur Kenntnis gelangt sind, entnehme ich, dass, ganz allgemein gesprochen, das Berlin-Abkommen erfolgreich umgesetzt wird und dass der Verkehr von und nach Berlin wesentlich erleichtert worden ist. Was die Frage der Vereinten Nationen angeht, so stimme ich vollkommen mit Ihnen überein, dass der DDR keine Mitgliedschaft zuerkannt werden soll, bis ein Abkommen erzielt worden ist, das einen zufriedenstellenden Modus Vivendi zwischen der Bundesrepublik Deutschland und der DDR herstellt.[8] Darüber hinaus ist es unbedingt erforderlich, dass es eine Verständigung zwischen den Vier Mächten darüber gibt, dass die besonderen Rechte und Verantwortlichkeiten, die sie in bezug auf Berlin und Deutschland als Ganzes gemeinsam haben, weiterhin unberührt bleiben werden, nachdem die Bundesrepublik Deutschland und die DDR Mitglieder der Vereinten Nationen geworden sind.[9]

Ich begrüße unseren anhaltenden Meinungsaustausch. Es ist unbedingt notwendig für unsere Regierungen, mit den engen Konsultationen auf allen Ebenen fortzufahren, während wir uns auf neue bedeutende internationale Verhandlungen vorbereiten.

Hochachtungsvoll

‹Richard Nixon›[10]

Nr. 68
**Hs. Notizen des Vorsitzenden der SPD und Bundeskanzlers,
Brandt, für die Sitzung der SPD-Bundestagsfraktion
17. Januar 1973**[1]

AdsD, WBA, A 11.14, 8

Fraktion 17–1–73
betr. Vietnam
1) Es versteht sich von selbst, dass ich mich in der Reg[ierungs]er-
   klärung auch zu Vietnam äussern werde.[2] Und ich bin sicher:
   Für uns alle steht dabei im Vordergrund, dass der schreckliche
   Krieg in Südostasien endlich zu Ende geht.[3]
2) Der Eindruck ist falsch, als ob die B[undes]regierung sich in den
   letzten Wochen nicht geäussert habe.

   Ich erinnere an die Erklärung der Regierung vom 21. Dezember [1972], an Egon Bahrs Gespräche in Washington, an die Ausführungen Helmut Schmidts während seines Besuchs in den
   Vereinigten Staaten.[4]

   Der Bundespräsident hat sich in der Weihnachtsansprache,
   die Bundestagspräsident[in] zum 1. Januar geäussert.[5] Die Welt
   hat also über die Meinung und die Stellung der B[undes]republik
   nicht zu rätseln brauchen.
3) Die Auffassung der SPD war ohnehin klar. Ich habe sie wiederholt, z. B. im verg[angenen] Sommer in Wien auf dem Kongress
   der Soz[ialistischen] Internationale, zum Ausdruck gebracht.
   Zuletzt hat unser Parteipräsidium am Montag dieser Woche
   [15. Januar 1973] eine Erklärung abgegeben.[6]
4) Dass ich mich selbst unmittelbar vor und nach Weihnachten
   öffentlich nicht geäussert habe, ist von vielen nicht verstanden
   worden. Ich kann das verstehen; das Schweigen ist mir nicht
   leicht gefallen.

   Aber ich musste diesmal in Kauf nehmen, dass mich erhebliche – und zwar nicht nur unsachliche – Kritik treffen würde. Es

Erste Seite der Notizen Willy Brandts für die Sitzung der SPD-Bundestagsfraktion am 17. Januar 1973.

musste in Kauf genommen werden, weil das Interesse der BRD, so wie ich es erkenne und in voller Verantwortung vertrete, für mich den eindeutigen Vorrang haben musste. Persönliche Neigungen und innenpolitische Opportunität hätten das Einsteigen in den Chor des Protestes leicht gemacht. Aber ich musste andere Erwägungen schwerer wiegen lassen.

5) Ich habe Verständnis für die meisten, dass sie protestiert, für viele, wie sie ihren Protest artikuliert haben. Kein Verständnis habe ich für die törichte Masslosigkeit, die so tut, als sei die Bundesregierung an den Opfern des Bombenkrieges schuldig oder als müsse ich das Interesse am Frieden erst noch lernen.

Da hat es sehr kränkende Texte gegeben. Ich will sie weder zitieren noch auf die Goldwaage legen. Nicht übersehen habe ich natürlich, wo Mitglieder der Partei hier und da zusammen mit erklärten Parteifeinden tätig geworden sind.

Völlig unsinnig war übrigens auch die Behauptung, ich sei am vergang[enen] Wochenende der Vietnam-Frage wegen nicht auf Einladung Pittermanns und Mitterrands nach Paris gereist.[7] Unsere Dispositionen zu diesem Treffen hatten hiermit überhaupt nichts zu tun.

6) Ich habe keinen besonderen Sinn darin erblickt, in meinem Protest vielleicht so „massvoll" wie Breschnew oder so „zugespitzt" wie Palme zu sein, obwohl die Haltung beider verständlich war. Aber die Bundesregierung hat selbstverständlich nicht die Daumen gedreht. Allerdings ist es noch nicht an der Zeit, über unsere Bemühungen – zumal unmittelbar vor Weihnachten – zu sprechen, etwas mehr zu tun, als es ein öffentlicher Protest bewirken kann.

Ich befinde mich nicht im Dissens mit denen, die öffentliche Appelle für ein legitimes, manchmal unerlässliches Mittel der Politik halten. Aber meine Aufgabe war jetzt eine andere. Es gibt Situationen, in denen man auf keinen Fall machen darf, was sich hinter[her] als potenzierte Impotenz entlarvt.

Für mich ging es nicht nur um den Einblick in den widerspruchsvollen Abschluss jenes schrecklichen Krieges, sondern

vor allem auch darum, dass wir nicht unnötig verschärfen durften, was mit den Begriffen KSZE und MBFR zusammenhängt.[8]
7) Entscheidend ist, dass endlich der Krieg <u>beendet</u> wird. Wenn die jetzt laufenden Anstrengungen erfolglos blieben[9], könnte dies sehr ernste internationale Auswirkungen haben – Auswirkungen, die bis nach Europa reichen können, die uns selbst unmittelbar berühren. Nicht zuletzt dies hatten wir zu berücksichtigen.

Im übrigen sehe ich, dass hier und da versucht wird, eine ganz andere Aussenpolitik zu befürworten, als sie noch in uns[erem] Dortmunder Wahlprogramm skizziert wurde.[10] Hierauf werde ich zurückkommen und dem Parteitag in Hannover empfehlen, dass er sich nicht auf gefährliche Abwege begibt.[11]

Nr. 69
Aus der Regierungserklärung des Bundeskanzlers, Brandt, vor dem Deutschen Bundestag
18. Januar 1973[1]

Verhandlungen des Deutschen Bundestages, Stenographische Berichte, 7. Wahlperiode, Bd. 81, S. 121–134.

Frau Präsidentin! Meine Damen und Herren! Das Regierungsprogramm, das ich heute darlege, ist die präzise Konsequenz dessen, was Sozialdemokraten und Freie Demokraten in der Regierungserklärung vom [28.] Oktober 1969[2] gemeinsam vertreten haben. Die politischen Ziele von damals gelten, und wir können auf das Geleistete bauen. Das Programm, das wir uns setzten, haben wir trotz der Verkürzung der Legislaturperiode[3] in seinen wesentlichen Punkten erfüllt.

Die neue Bundesregierung, die sich auf einen klaren Auftrag der Wähler stützen kann, hat ihre Arbeit mit der kurzen Erklärung aufgenommen, die ich hier am 15. Dezember 1972 abgegeben habe.[4]

Unser Programm für diese Legislaturperiode leite ich mit dem Satz ein, mit dem ich am 28. Oktober 1969 schloß[5]:

Wir wollen ein Volk der guten Nachbarn sein ‹...›[6] im Innern und nach außen.

Darin sammelt sich das Vertrauen, auf das wir uns stützen. Darin erkennen wir auch die Summe der Pflichten, die uns an die Verantwortung für das Ganze des Volkes binden.

Meine Damen und Herren, das Wort von der guten Nachbarschaft zeigt unseren Willen zur Kontinuität an, den ich heute unterstreiche. Diese Kontinuität hat ihre eigene, unverwechselbare Prägung gewonnen. Sie ist bestimmt durch den Inhalt unserer Politik der aktiven Friedenssicherung und der gesellschaftlichen Reformen. [...][7]

Wir können feststellen: Der europäische Friede wurde gefestigt, auch durch unsere Arbeit. Dieser Friede ist heute wie gestern der klare Wille unseres Volkes und das Grundelement unserer Interessen. Man darf sogar sagen: Niemals lebte ein deutscher Staat in einer vergleichbar guten Übereinstimmung mit dem freien Geist seiner Bürger, mit seinen Nachbarn und den weltpolitischen Partnern. (Beifall bei den Regierungsparteien.)

Manche Beobachter meinen, die Nachkriegsepoche gehe zu Ende. Das darf uns nicht den Blick für Unfrieden, Gewalt und Leiden verschließen: Bürgerkriegsgleiche Spannungen im europäischen Umkreis, die Tag für Tag Menschenopfer fordern; Elend in weiten Teilen der Dritten Welt; in Südostasien ein schrecklicher Konflikt, der nun hoffentlich ein Ende findet.[8] Die drängende Ungeduld, mit der die Menschen auch bei uns in Deutschland den Frieden für Vietnam erwarten, ist gut zu verstehen. Als Bundeskanzler habe ich es nicht für richtig gehalten, mich lautstarken Protesten anzuschließen, von denen manche auch einen falschen Klang hatten. Wir wählten andere Wege und andere Formen, um unseren Einfluß für Frieden und Menschlichkeit geltend zu machen.

Auf die Gefahr hin, von manchen noch immer mißverstanden zu werden, beschränke ich mich in diesem Augenblick auf eine Erklärung, die nach vorn gerichtet ist. Wir sind darauf vorbereitet, in beiden Teilen Vietnams humanitären Beistand zu leisten und gemeinsam mit anderen beim Aufbau dieses gequälten und verwüsteten Landes zu helfen, wenn endlich die Waffen schweigen. (Allgemeiner Beifall.)

Im Nahen Osten, vor der Tür Europas also, schleppt sich noch immer ein Konflikt fort, der uns nicht gleichgültig läßt; auch deshalb [nicht] gleichgültig lassen kann, weil in diesem Monat Januar vor 40 Jahren begann, was sich Drittes Reich nannte.[9] Gerade vor diesem Hintergrund ist für uns das Lebensrecht des Staates Israel unanfechtbar. (Allgemeiner Beifall.)

In arabischen Ländern wächst das Verständnis für unsere Haltung. In Kenntnis ihrer Probleme wünschen wir, die traditionelle Freundschaft zu allen arabischen Völkern zu pflegen. (Allgemeiner Beifall.)

Unsere Friedenspolitik in Europa hat sich als ein Faktor weltweiter Entspannung bewährt. Nicht nur Spannungen, auch Entspannungen übertragen sich. Nicht nur der Unfriede, auch der Friedenswille kann ansteckend sein. Wir wissen allerdings, daß die Entspannung auch ihre eigenen Probleme produziert.

Wir beobachten es täglich, auch bei der neuen Ordnung unserer Beziehungen mit der DDR, dem anderen deutschen Staat. Darüber sollte man nicht vergessen: Millionen unserer Landsleute haben in den vergangenen Wochen erfahren, daß Berlin-Abkommen, Verkehrsvertrag und Grundvertrag – über den wir hier erst noch zu beraten haben[10] – insgesamt Ergebnisse einer Politik sind, die dem Menschen dienen will und die ihm auch konkret dient. Daß Familien und Freunde aus alten Tagen wieder zueinander finden, zählt viel für die Zusammengehörigkeit der Deutschen, die auch unter den Existenzbedingungen zweier entgegengesetzter Gesellschaftssysteme e i n Volk bleiben wollen.

Der Grundvertrag – ich sagte es soeben – ist noch nicht in Kraft. Aber wir wollen schon heute keinen Zweifel daran lassen, daß wir mit geduldiger Bestimmtheit für weitere Verbesserungen im Interesse der Menschen wirken werden.

Meine Damen und Herren, entscheidende Voraussetzungen für die Politik der Entspannung und der Reformen sind geschaffen; nun muß sie beharrlich und zielbewußt in die Wirklichkeit des Alltags übersetzt werden.

Alltag ist kein schlechtes Wort: Es schmeckt nach täglichem Brot; es hat mit der Qualität des Lebens zu tun, in der sich unsere Reformen erfüllen müssen. Sie ist das Ziel unserer Arbeit.

So unterstelle ich die Aufgaben meiner Regierung bewußt der Forderung nach der Bewährung im Alltag. (Beifall bei den Regierungsparteien.)

Politik ist im Kern immer das Produkt geistiger und moralischer Entscheidungen. Das gilt im Innern und nach außen. In der täglichen Arbeit soll die geistige Orientierung unseres Programms stets sichtbar bleiben.

Meine Damen und Herren, nach außen wird die Bundesregierung ihre Politik der guten Nachbarschaft konsequent fortsetzen. Ihre Außen- und Sicherheitspolitik dient ausschließlich dem Frieden.

An erster Stelle nenne ich das Ziel einer Europäischen Union, wie es die Pariser Gipfelkonferenz vom Herbst des vergangenen Jahres für dieses Jahrzehnt gesetzt hat.[11] Die dort ins Auge gefaßte Europäische Union wird die Gesamtheit der Beziehungen zwischen den Mitgliedstaaten umfassen. Eine verstärkte und immer enger werdende politische Zusammenarbeit soll dazu entscheidende Impulse geben. Das umfassende Arbeitsprogramm, das auf der Gipfelkonferenz beschlossen wurde, muß – vor allem in der Wirtschafts- und Währungspolitik – verwirklicht werden.

Das Werk der europäischen Einigung kann sich nur durch freundschaftliche Verbundenheit der beteiligten Völker vollziehen. Ein lebendiges Beispiel dafür ist die deutsch-französische Partnerschaft, die ich die „Entente Élémentaire" genannt habe und die vor fast genau zehn Jahren in einen Vertrag gegossen wurde.[12] Ich bin sicher, daß die gute Zusammenarbeit mit Großbritannien, Dänemark und Irland sich ebenso bewähren wird wie die mit den bisherigen Mitgliedstaaten der Gemeinschaft. (Beifall bei den Regierungsparteien.)

Die Bürger in Europa erwarten schon jetzt eine Stärkung der sozialen Komponente und des demokratischen Elements in der Gemeinschaft. Wir möchten die Befugnisse des Europäischen Parlaments erweitert sehen. (Beifall bei den Regierungsparteien und bei Abgeordneten der CDU/CSU.)

Die Europäische Gemeinschaft wird sich dann eindeutig bewährt haben, wenn sie vor der Welt ein Beispiel gibt für die Dynamik des Fortschritts in Freiheit und sozialer Gerechtigkeit.

Was die nordamerikanischen Staaten und Europa angeht, so gilt, daß sie weiterhin gemeinsame Sicherheitsinteressen haben. Sie tragen gemeinsam die Verantwortung für eine internationale Struktur des Friedens in Europa. Die Unterschiedlichkeiten auf diesem Gebiet ergeben sich aus der unumstößlichen Tatsache, daß sich unsere Interessen in erster Linie auf unseren Kontinent konzentrieren, während die amerikanischen Verpflichtungen weltweit sind.

Unterschiedlichkeit und Gemeinsamkeit der Interessen sind in aller Offenheit festzustellen. Sie gelten für lange Fristen. Aber wir sollten festlegen, wie wir uns bei der Lösung der Probleme gegenseitig helfen können.

Dabei ist nicht zu erkennen, daß die wirtschaftlichen Beziehungen der Vereinigten Staaten mit Europa, soweit es sich in der Europäischen Gemeinschaft organisiert hat, Schaden gelitten hätten. Das Gegenteil trifft zu. Dennoch kann ein konstruktiver Dialog, den ich nach wie vor für geboten halte, dabei helfen, daß aus möglichen wirtschaftlichen Spannungen keine unnötige politische Belastung wird.

Für den Ausgleich in Europa, zwischen Ost und West, sind mit den Verträgen von Moskau und Warschau, dem Berlin-Abkommen der Vier Mächte, den dazu gehörenden Vereinbarungen auf der deutschen Ebene und dem Grundvertrag mit der DDR bessere Voraussetzungen geschaffen worden.[13] Wir werden eine breite Zusammenarbeit auf wirtschaftlichem, wissenschaftlich-technischem und auf kulturellem Gebiet mit den Staaten Osteuropas suchen.

Die Bundesregierung wird sich gleichzeitig weiterhin um die Linderung humanitärer Probleme bemühen, die bei der Umsiedlung und Familienzusammenführung noch ungelöst sind, und sie wird jede Möglichkeit zur Verbesserung der menschlichen Kontakte nutzen.

Das Gefüge unserer bilateralen Verträge zum Gewaltverzicht, der mit der Sowjetunion zuerst vereinbart wurde, verlangt nach einem Abschluß mit der benachbarten Tschechoslowakischen Sozialistischen Republik. Die Bundesregierung hofft, in absehbarer Zeit eine Vereinbarung erreichen zu können, durch die das Münchener Abkommen aufhört, das Verhältnis der beiden Staaten zu belasten.[14] Die Bundesregierung wird den politischen Dialog mit den Staaten des Warschauer Vertrages fortsetzen und hofft, Budapest und Sofia dabei einschließen zu können.[15] Sie wird den Kontakt mit den bündnisfreien Staaten nicht vernachlässigen.

Meine Damen und Herren, mit der Vorbereitung der Konferenz über Sicherheit und Zusammenarbeit tritt die Entwicklung der Beziehungen zu Ost-Europa jetzt in eine multilaterale Phase.[16] Der Bundesregierung kommt es dabei vor allem auf praktische Ergebnisse an, die für die Menschen in Europa – und damit auch in Deutschland – spürbar werden. Sie ist entschlossen, trotz der ideologischen Gegensätze geduldig und illusionslos daran mitzuwirken, daß sich auf unserem Kontinent, und sei es auch nur in begrenzten Bereichen, nach und nach ein gemeinsamer Wille herausbildet. Meine Damen und Herren, wenn ich „europäische Sicherheit und Zusammenarbeit" sage, so bin ich dabei heute davon überzeugt, daß substantielle Fortschritte möglich sind.

Wenn der Bundestag das Zustimmungsgesetz billigt, werden wir den Antrag auf Aufnahme in die Vereinten Nationen stellen.[17] Die Politik der Bundesrepublik Deutschland wird damit eine neue Dimension gewinnen; wir werden bereit sein, mehr Mitverantwortung zu übernehmen, auch für die Minderung von Konflikten.

Zu den Staaten Asiens, nun auch zur Volksrepublik China, werden wir unsere Beziehungen ausbauen.[18]

Die traditionelle Freundschaft mit den Ländern Lateinamerikas bedarf der Pflege.

Die Entwicklung der Partnerschaft mit den Staaten Afrikas soll der geographischen Nähe und der wirtschaftlichen Ergänzung entsprechen.

Öffentliche und private Leistung für die Entwicklungshilfe werden wir – dem Vorgehen unserer europäischen Partner gemäß – zu steigern haben. Dabei wird die Bedeutung der multilateralen Organisationen wachsen. Durch die Zusammenfassung von technischer Hilfe und Kapitalhilfe wollen wir eine gebündelte Wirkung unserer Entwicklungshilfe erreichen.

Meine Damen und Herren, Grundlage unserer Sicherheit bleibt die Atlantische Allianz. Sie gibt uns auch den Rückhalt für unsere Politik der Entspannung nach Osten.

Die politische und militärische Präsenz der Vereinigten Staaten ist für die Bewahrung eines ausgeglichenen Kräfteverhältnisses in Europa unerläßlich. Die Bundesregierung wird gleichzeitig dafür wirken, daß der europäische Pfeiler des Bündnisses stärker wird; die „Euro-Gruppe"[19] ist dafür der realistische Ausgangspunkt.

Die Freiheit, an Entspannung und Ausgleich mitzuwirken, wird uns nicht geschenkt. Wehrpflicht, Verteidigungshaushalt und Zivilverteidigung betrachten wir nicht nur als Notwendigkeiten, sondern als sinnvollen Dienst für die freie Gemeinschaft unserer Bürger; er hilft unserer Friedensarbeit. Präsenz und Kampfkraft der Bundeswehr müssen erhalten bleiben. (Abg. von Hassel: Sehr gut!)

Wir werden – auch unter Berücksichtigung des Berichts der Wehrstrukturkommission[20] und nach Konsultation mit unseren Bündnispartnern – eine Wehrstruktur zu finden haben, mit der die Bundeswehr ihre Aufgaben auch künftig erfüllen kann.

Die Bundesregierung hat sich für eine ausgewogene beiderseitige Verminderung von Truppen und Rüstungen in Europa eingesetzt und wird schon an den Vorverhandlungen zu diesem Problem, die demnächst beginnen, teilnehmen.[21] Der Zusammenhang mit der zweiten Runde der Verhandlungen zwischen den Vereinigten Staaten und der Sowjetunion über die Begrenzung der strategischen Waffensysteme[22] ist in jeder Phase auf seine Auswirkungen für Europa zu prüfen.

Auch hier darf es keine Illusionen geben. Es ist nicht zu übersehen, daß die Rüstungsentwicklung im Warschauer Pakt das östliche Gesamtpotential steigerte. Die Bundesregierung zieht daraus keine vorschnellen Schlüsse, aber sie stellt fest, daß es eine parallele Tendenz in Westeuropa nicht gibt. (Abg. von Hassel: Sehr wahr!)

Die Bundesregierung will die Gefahr der Konfrontation in Europa durch kontrollierbare Maßnahmen mindern helfen. Dabei muß der Anspruch aller Beteiligten auf Sicherheit jeweils gewahrt sein. Es ist vernünftig und es ist an der Zeit, in Mitteleuropa durch mehr Vernunft mehr Vertrauen zu schaffen. (Beifall bei den Regierungsparteien.)

Meine Damen und Herren, ich denke, die in diesem Haus vertretenen Parteien werden – unabhängig von dem, was sonst trennt – der Feststellung zustimmen, die ich in der Regierungserklärung vom [28.] Oktober 1969 getroffen hatte, der Feststellung nämlich, daß die Fragen, die sich für das deutsche Volk aus dem zweiten Weltkrieg und aus dem nationalen Verrat durch das Hitlerregime ergeben haben, abschließend nur in einer europäischen Friedensordnung beantwortet werden können.

Ich fügte hinzu:

Niemand kann uns jedoch ausreden, daß die Deutschen ein Recht auf Selbstbestimmung haben, wie alle anderen Völker auch. (Beifall bei den Regierungsparteien und bei Abgeordneten der CDU/CSU.)

Damals sagte ich weiter:

Aufgabe der praktischen Politik in den jetzt vor uns liegenden Jahren ist es, die Einheit der Nation dadurch zu wahren, daß das Verhältnis zwischen den Teilen Deutschlands aus der gegenwärtigen Verkrampfung gelöst wird.[23]

Ich möchte jetzt sagen: Wenn wir uns über Ziel und Aufgabe einig sind, wird der Streit um den besten Weg dorthin seine ätzende oder verletzende Schärfe verlieren.

Über das Berlin-Abkommen hinaus, das ohne unsere Mitwirkung nicht zustande gekommen wäre und das nur vor dem Hintergrund der voraufgegangenen Krisen richtig beurteilt werden kann[24], beginnen sich Verbesserungen im Verhältnis zwischen den beiden Staaten abzuzeichnen. Auch die Regierung in Ost-Berlin will heute – ich zitiere – „über ein geregeltes Nebeneinander zu einem

Miteinander kommen", wie wir das in der Regierungserklärung 1969 formuliert und im Frühjahr 1970 in den 20 Punkten von Kassel konkretisiert hatten.[25] Was in den vergangenen drei Jahren schon möglich wurde, wird man nicht geringachten können.

Wir wissen aber, dieser Weg ist lang und steinig. Die Menschen und die Regierenden in den beiden deutschen Staaten haben nach vielen Jahren der Nicht-Beziehungen und der Feindseligkeit den Umgang miteinander zu erfahren und zu lernen. Schwierigkeiten und Reibungen werden uns nicht erspart bleiben. Die Bundesregierung ist entschlossen, den Vertrag, der für die Entwicklung der Beziehungen zur DDR die Grundlagen legt, politisch und rechtlich konsequent durchzuführen und im Interesse der Menschen in beiden Staaten auszufüllen.

Meine Damen und Herren, wir wollen einen Zustand erreichen, in dem nicht mehr geschossen wird. (Beifall bei den Regierungsparteien und bei Abgeordneten der CDU/CSU.)

Die Regelung der staatlichen Beziehungen muß bei der Lösung der menschlichen Probleme helfen, die ein bitteres Erbe der Teilung sind.

Die Bundesregierung betrachtet, wie alle anderen Beteiligten, das Viermächteabkommen über Berlin als einen bedeutenden internationalen Erfolg.[26] Er besteht nicht zuletzt in der Festlegung, daß die Bindungen zwischen Berlin (West) oder, wie wir auch sagen, dem Land Berlin und dem Bund erhalten und entwickelt werden können. Alle Beteiligten sollten daran interessiert sein, den Erfolg von 1971/72 nicht zu zerreden, sondern dafür zu sorgen, daß seine Wirkung für die Entspannung im Zentrum Europas in den kommenden Jahren voll genutzt wird. Unser Berlin soll in der Entspannung seine bedeutende und natürliche Funktion finden. Dabei wird die Bundesregierung den Senat weiterhin nach Kräften unterstützen. (Beifall bei den Regierungsparteien.)

Das Regierungs- und das Gesellschaftssystem der DDR haben wir immer abgelehnt, und dabei bleibt es. Es ist auch nicht zu erwarten, daß sich an der Ablehnung unserer Verhältnisse durch die Regierung der DDR etwas ändern wird. Aber beide Regierungen haben durch Vertrag beschlossen, sich trotz dieser Gegensätze ihrer Verantwortung zu stellen und auf die Anwendung von Gewalt zu verzichten. Beide müssen den Frieden höher stellen als alle Differenzen. Das bedeutet für uns: die Erhaltung des Friedens rangiert noch vor der Frage der Nation. Dies ist ein Dienst, den das deutsche Volk den europäischen Völkern leistet.

Nur der lange und mühsame Weg vom Nebeneinander zum Miteinander der beiden Staaten bietet der Nation ihre Chance. Ein schriftlicher Bericht über „Die Entwicklung der Beziehungen zwischen der Bundesrepublik Deutschland und der Deutschen Demokratischen Republik"[27] wird im Zusammenhang mit der parlamentarischen Behandlung des Grundvertrages unterbreitet werden. Die Lage der Nation und das Verhältnis zwischen den beiden Staaten in Deutschland werden uns in diesem Haus auch künftig regelmäßig beschäftigen.

[...][28]

Fortschritte auf dem Weg zu einer europäischen Gemeinschaft der Stabilität, des Wohlstands und des sozialen Fortschritts können nur gelingen, wenn die nationalen Entscheidungen stärker als bisher aufeinander abgestimmt und gemeinschaftliche Befugnisse schrittweise ausgebaut werden. Der schwierige Prozeß des Hineinwachsens in den Gemeinsamen Markt hat – was nicht immer erkannt und anerkannt wird – den nationalen Entscheidungsraum schon jetzt erheblich eingeschränkt.

Wir sind uns bewußt, daß es nicht nur ein Europa der wirtschaftlichen Beziehungen zu schaffen gilt, sondern mit ihm ein Europa der arbeitenden Menschen, ihrer sozialen Sicherheit und Qualität des Lebens. Der Beschluß zum gesellschaftlichen, zum gesellschaftspolitischen Ausbau der Gemeinschaft, für den wir auf der Pariser Gipfelkonferenz[29] die Initiative gaben, ist deshalb für die europäische Integration besonders wichtig.

[...][30]

Die weltweite explosionsartige Geldvermehrung der letzten Jahre hat die Notwendigkeit, das Weltwährungssystem neu zu ordnen, allen aufmerksamen Bürgern vor Augen geführt. Bei den wichtigen internationalen Verhandlungen, vor denen wir jetzt stehen, wird sich die Bundesregierung wie bisher für eine Währungsordnung einsetzen, die flexibel genug ist, Währungskrisen nach Möglichkeit zu vermeiden, und in der die Ausweitung der Liquidität unter Kontrolle bleibt.

[...]³¹

Die Reform der auswärtigen Kulturpolitik wird fortgesetzt. Ich weiß, wie stark dieses Thema auch den vorigen Bundestag interessiert hat und diesen vermutlich interessieren wird. Die Reform unserer auswärtigen Kulturpolitik wird mit darüber entscheiden, ob unsere Sprache draußen lebt und welches Bild man sich künftig von unserer Gesellschaft machen wird.

Wenn ich die etwas scherzhafte Zwischenbemerkung einfügen darf: Der Wunsch, daß unsere Sprache draußen leben möge, sollte nicht dazu führen, sie im Innern verkümmern zu lassen. Ich sage das aus gegebenem Anlaß, nämlich aus der Beschäftigung mit Texten in den hinter mir liegenden Tagen. (Heiterkeit und Beifall bei den Regierungsparteien.)

[...]³²

Nr. 70
Schreiben des Bundeskanzlers, Brandt, an den Generalsekretär des ZK der KPdSU, Breschnew
21. März 1973¹

AdsD, WBA, A 9, 22.

Sehr geehrter Herr Generalsekretär!
Ihre Zusage, der Bundesrepublik Deutschland im Monat Mai d[ieses] J[ahres] einen Besuch abzustatten², erfüllt mich mit Genugtuung. Ich werde mich freuen, Sie hier begrüßen zu können und unsere früher geführten Gespräche³ fortzusetzen, um eine weitere Intensivierung der Beziehungen zwischen unseren Staaten zu fördern. In dem beträchtlichen Anwachsen des Handelsaustausches in jüngster Zeit

sehe ich ein wichtiges Anzeichen dafür, daß die Entwicklung, die mit dem Vertrag vom 12. August 1970 und mit dem Viermächte-Abkommen vom 3. September 1971 eröffnet worden ist, für unsere Völker ein Vorteil ist.[4] Dies wird auch durch die günstige Perspektive auf dem Gebiet der wirtschaftlichen und technologischen Beziehungen bestätigt, wie sie bei der letzten Kommissionssitzung in Moskau festgestellt werden konnte.

Ich möchte Ihre Aufmerksamkeit heute auf die Abkommen über den Kulturaustausch und über wissenschaftlich-technische Zusammenarbeit sowie des Abkommens über die Erweiterung des Luftverkehrs lenken[5]; sie sollen unsere sich erfreulich entwickelnde Zusammenarbeit fortsetzen.

Diesen Abkommen würde in der Öffentlichkeit noch mehr Bedeutung beigemessen werden, wenn sie bei Ihrem Besuch in der Bundesrepublik Deutschland von den zuständigen Ministern in unserer beider Anwesenheit unterzeichnet werden könnten.

Leider ist es bisher nicht gelungen, zu einer beide Seiten befriedigenden Regelung der Ausdehnung dieser Abkommen auf Berlin (West) und der sachlich gebotenen Einbeziehung von Berlin (West) in die vorgesehene Zusammenarbeit zu kommen. Damit bleibt das einzige Problem von Gewicht, das der Unterzeichnung von Verträgen zwischen unseren beiden Ländern noch im Wege steht, unausgeräumt. Über seine allgemeine Bedeutung habe ich mit Ihnen bereits in Oreanda[6] sprechen können.

Das Viermächte-Abkommen, das von der Bundesrepublik Deutschland selbstverständlich voll respektiert wird, bietet eine tragfähige Grundlage für beide Seiten befriedigende Lösungen. Sein Sinn war, mit der Ausdehnung von Abkommen auf Berlin (West) ein Problem zu regeln, das in der Vergangenheit die gedeihliche Entwicklung unserer Beziehungen belastet hat. Künftig sollte dieses Problem den Bemühungen einer Zusammenarbeit unserer beiden Staaten und Völker nicht mehr im Wege stehen. Wir sollten in dieser Frage auch deshalb zu einer baldigen Einigung kommen, weil andere wichtige Abkommen über wirtschaftliche Kooperation, Straßenverkehr, Schiffahrt usw. geplant sind.

Ich möchte deshalb anregen, daß wir unsere zuständigen Mitarbeiter auffordern, analog zum Handel das Problem in den nächsten Wochen zu regeln.
Genehmigen Sie den Ausdruck meiner Hochachtung.
Br[andt][7]

Nr. 71
**Aus dem Schreiben des Generalsekretärs des ZK der KPdSU, Breschnew, an den Bundeskanzler, Brandt
2. April 1973**[1]

AdsD, WBA, A 9, 22.

Sehr geehrter Herr Bundeskanzler,
[...][2]
Wie auch Sie bin ich bereit, darauf hinzuwirken, daß das bevorstehende Treffen es ermöglicht, konstruktive Lösungen für die wesentlichsten Fragen zu finden, die mit einer weiteren Vertiefung und [dem] Ausbau der Beziehungen zwischen der Sowjetunion und der Bundesrepublik Deutschland zusammenhängen.[3] Wie ich es sehe, haben diese Beziehungen bereits ein solches Stadium erreicht, wo die Möglichkeit und die Zweckmäßigkeit immer klarer werden, die Zusammenarbeit unserer Staaten auf dem politischen Gebiet im gegenseitigen Interesse unserer Völker wie auch zur langfristigen Sicherung der Grundlagen des europäischen Friedens und der Sicherheit zu aktivieren. In diesem Zusammenhang entsteht der Gedanke, ob wir es uns sowohl im Rahmen der Vorbereitung dieses Besuches als auch im Laufe des eigentlichen Treffens überlegen könnten, einige neue Richtungen und Formen dieser Zusammenarbeit ins Auge zu fassen.

Wie es mir scheint, könnte es sich dabei zum Beispiel um eine Vereinbarung über regelmäßige politische Konsultationen als ein ständiges Element der Beziehungen zwischen der Bundesrepublik und der

Sowjetunion handeln. Sicher wird es Ihnen wie uns auch weiterhin ein Bedürfnis sein, uns über Fragen von gegenseitigem Interesse zu beraten. Wenn solche Gedankengänge Ihren Absichten ebenfalls entsprechen, könnten wir unsere Erwägungen detailliert darlegen und im Falle der Übereinstimmung könnten wir mit Ihnen die Vereinbarung darüber in einem diesbezüglichen Dokument gemeinsam niederlegen.

Ich bin mit Ihnen der Meinung, daß die Ergebnisse unseres Treffens in einem gemeinsamen Kommuniqué oder in einer Deklaration wiedergegeben werden sollten, wobei Vorarbeiten zwecks Textabstimmung rechtzeitig in Angriff genommen werden müßten. Ich glaube, daß die Arbeit zur Abstimmung dieses Dokuments am zweckmäßigsten in Moskau durchzuführen wäre.

Sie äußern den Wunsch, die Arbeit an den Abkommen über kulturelle und technisch-wissenschaftliche Zusammenarbeit abzuschließen sowie die Frage der Erweiterung des Luftverkehrs zwischen der UdSSR und der BRD zu regeln.[4] Auch ich meine, daß dies gemacht werden soll. Es wäre nicht schlecht, solche Abkommen schon während unseres Treffens unterzeichnen zu lassen. Unser Botschafter in Bonn sowie zuständige sowjetische Stellen sind angewiesen, die Verhandlungen über diese Abkommen mit dem Auswärtigen Amt zum Abschluß zu bringen.

Ich unterstütze voll und ganz auch den von Ihnen geäußerten Gedanken, daß es zweckmäßig wäre, die Zusammenarbeit unserer Staaten auf dem Gebiet des Umweltschutzes zustande zu bringen. Durch den objektiven Gang der Dinge rückt dieses Problem immer mehr in den Vordergrund, und wir müssen dies unbedingt berücksichtigen. Unsere Behörden sind beauftragt, Kontakte mit entsprechenden Stellen der Bundesrepublik anzuknüpfen. Ich hoffe, daß die Verhandlungen über diese Frage in sehr kurzer Zeit abgewickelt werden können.

Was den von Ihnen vorgeschlagenen Termin meines Besuches in der Bundesrepublik anbelangt, so werde ich mich bemühen, alles zu tun, um mich für die von Ihnen genannten Tage von anderweitigen Verpflichtungen frei zu machen, bei welchen meine Teilnahme vorgesehen ist. Um eine volle Klarheit in dieser Frage zu schaffen, brauche ich noch einige Tage.

Es wird für mich selbstverständlich eine angenehme Pflicht sein, mit dem Bundespräsidenten Herrn Dr. G[ustav] Heinemann zusammenzukommen, wie Sie es vorschlagen. Unter Berücksichtigung der in Frage kommenden Tagesordnung werden mich der Minister für auswärtige Angelegenheiten Herr A[ndrei] A[ndrejewitsch] Gromyko sowie einige andere offizielle Persönlichkeiten begleiten, vor allem diejenigen, die beauftragt sein werden, die von uns ins Auge gefaßten Abkommen zu unterzeichnen.

Abschließend möchte ich sagen, daß ich die von Ihnen dargelegten Vorstellungen über die organisatorische Vorbereitung des Besuches durchaus teile.

Mit ausgezeichneter Hochachtung
Gez[eichnet:] L[eonid] ‹Breschnew›[5]

Nr. 72
Vermerk des Bundeskanzlers, Brandt, über das Gespräch mit dem Präsidenten der Vereinigten Staaten von Amerika, Nixon
1. Mai 1973[1]

AdsD, WBA, A 9, 32.

Gespräch mit Präsident Nixon am 1. Mai 1973[2]

Einleitende Bemerkungen über die innenpolitischen Probleme, denen der Präsident gegenübersteht. Danach:

1) West-West:

N[ixon] stimmt zu, dass NATO Basis der Sicherheit bleibt. Keine einseitigen Truppenreduktionen.

Er stimmt auch zu, dass Vorgespräche des Offset[3] jetzt beginnen, aber die wesentlichen Besprechungen im Herbst zwischen Shultz und Schmidt erfolgen sollen.[4]

Hinweis, dass die Währungsfragen während dieses Jahres weiter erörtert werden, aber mit einer Reform wohl kaum vor dem nächsten Jahr zu rechnen ist.

N[ixon] deutet seine Zustimmung an, dass beide Seiten die Linie grösserer Liberalisierung im Handel einschlagen. Mein Hinweis: Die Europäische Gemeinschaft werde nach deutscher, sicherlich auch britischer Auffassung mehr nach aussen sehen, obwohl ihrem Charakter Kompromisse immanent sind (s[iehe] Frankreich: Landwirtschaft). Dabei entwickle sich Frankreich überzeugend als Industriemacht.

Die Gemeinschaft werde ohne Zweifel in zehn Jahren eine wirtschaftliche Einheit mit Elementen gemeinsamer Aussenpolitik sein. Daraus ergibt sich für die USA, dass auf manchen Gebieten bilaterale Verhandlungen nicht mehr reichen.

2) Europa-Besuch des Präsidenten:
N[ixon] betont, wie sehr Europa und Amerika aufeinander angewiesen sind und deutet an, dass seine Pläne für den Europa-Besuch (Oktober/November?) nicht fest sind.[5] Das Gespräch ergibt, dass er (ohne Festlegung der Reihenfolge) Italien, uns, Frankreich und Großbritannien besuchen und danach im Rahmen der NATO, u[nter] U[mständen] mit den Regierungschefs konferieren, aber auch Kontakt mit der Gemeinschaft suchen will, um den Dialog mit Europa fortzuführen.

N[ixon] begrüsst entsprechende Bemerkungen in Rede vor dem National Press Club am 2. Mai.[6]

Wir stimmen überein über Interdependenz der Probleme zwischen Europa und Amerika, ohne dass Schritte auf einem Gebiet andere negativ beeinflussen sollten.

Die Rede Kissingers[7] ist als ein Ausgangspunkt für eine offene Diskussion zu betrachten, wobei N[ixon] am Etikett (neue Atlantik-Charta) nicht klebt. Ihm scheint vorzuschweben, dass im Zusammenhang mit seiner Europareise ein Dokument zustandekommt.

3) Ost-West:
Aus dem Überblick über bilaterale Fragen (ČSSR, Ungarn, Bulgarien, ‹Breschnew›[8]-Besuch, DDR) ist künftig das multilaterale Gewicht der deutschen Ostpolitik sichtbar. Wir versuchen, bei dem Breschnew-Besuch[9] einige Abkommen[10] zu unterzeichnen,

dabei ist eine Konsultationsvereinbarung (ähnlich der amerikanischen oder französischen) möglich.

Zur dritten Phase von Helsinki wollen auch die USA erst die Ergebnisse der zweiten prüfen.[11]

N[ixon] sieht als Problem, dass sich keine ungerechtfertigte Euphorie der Entspannung entwickeln darf, die Tendenzen des Isolationismus oder der einseitigen Abrüstung in den USA fördern. Bei den Verhandlungen mit der Sowjetunion dürften Realitäten nie aus den Augen verloren werden. Er betont die politische, geographische und wirtschaftliche „Schlüsselposition" der Bundesrepublik in diesem Zusammenhang. Er werde negative Tendenzen in seinem Lande bekämpfen. Dabei ist er überzeugt, dass die Sowjetunion keinen Krieg will, aber immer noch oder erneut versucht sein könnte, Europa und Amerika zu trennen. Der Hinweis auf die Änderung der sowjetischen Haltung in den letzten zwei Jahren (Amerika als permanenter Partner bei MBFR, KSZE und das zeitlich limitierte Berlin-Abkommen)[12] findet er interessant; das gilt auch für die Ziffern, die Meinungsumfragen in der BRD zugunsten der Bedeutung der Vereinigten Staaten zeigen. Ich behandle in diesem Zusammenhang die Legende vom Anti-Amerikanismus.

4) MBFR:
Wir werden uns zu den jetzt im NATO-Rat eingebrachten amerikanischen Vorschlägen äussern.[13] N[ixon] betont, dass er die politisch entscheidenden Fragen sich selbst vorbehalte. Teilargument: Theoretisch müsse der Westen in seinem Interesse die einheimischen Truppen von Reduktionen ausklammern, politisch sei das nicht möglich.

5) Naher Osten:
Hinweis auf Titos Sorgen über die Entwicklung.[14] N[ixon] sieht im Augenblick angesichts der Position beider Seiten keine realen Erfolgschancen, so gern er sie sehen möchte und so gern auch die Amerikaner bemüht bleiben werden, in Kontakt mit allen Beteiligten [zu bleiben] (Es geschehe etwas mehr, als man öffentlich zu erkennen gebe).

6) Energieprobleme:
Anfang Juni soll eine Studie fertig werden, die – in Ergänzung der Vorlage an den Kongress – die aussenpolitische Seite des Themas untersucht. Wir sollen sie bekommen. Richtung: Interesse der Verbraucherländer koordinieren.
P.S.:
Beim Abendessen fragte ich u. a. nach Kambodscha.[15] N[ixon] betonte, er hoffe auf eine Koalitionsregierung unter Einschluss der Leute um Sihanouk.

Nr. 73
Aus der Aufzeichnung über das Gespräch des Bundeskanzlers, Brandt, mit dem Generalsekretär des ZK der KPdSU, Breschnew 18. Mai 1973[1]

AdsD, WBA, A 9, 32.

Aufzeichnung
Vier-Augen-Gespräch Bundeskanzler – ‹Breschnew›[2]
Freitag, 18. Mai 1973, 16.30 – 18.30

Auf die Bitte des Herrn Bundeskanzlers, Breschnew möge als Gast die Situation der bilateralen Beziehungen schildern, wie sie sich aus seiner Sicht darstelle, führte Breschnew aus: Er werde so sprechen, wie er die Dinge beurteile, wie sich die Dinge ihm darstellten. Er wolle nicht zur Vergangenheit zurückkehren, obwohl diese für beide Völker leider schwer gewesen sei. Er wolle auch nicht über die Zeit des sogenannten Kalten Krieges sprechen. Wenn man die Aktionen im Auge habe, die beide Seiten zur Zeit unternähmen, so könne man davon ausgehen, dass dies zur Vergangenheit gehöre. Er und seine Kollegen wüßten das, was der B[undes]K[anzler] mit der sogenannten Ostpolitik begonnen und was man gemeinsam 1970 begonnen habe, zu schätzen.³ Die Zeit sei das beste Mittel, um richtig beurteilen zu können, was man geleistet habe und was vor sich gehe. In gewissem Sinne werde es eine Wiederholung sein, aber er wolle doch bemerken, daß er glaube, daß weder der Bundeskanzler noch er noch die beiden Völker, bereits in vollem Maße die Wichtigkeit und die Größe der gemeinsam verfolgten Politik erkannt hätten. Vielleicht sei das formal gesehen so. Aus protokollarischen und aus politischen Gründen müsse man immer wieder wiederholen: Vertrag von 1970, Warschauer Vertrag von 1970. Was die völkerrechtliche und die juristische Bedeutung anbelange, so sei das wirklich von größter Bedeutung. Bedeutender vielleicht aber noch sei der moralisch-politische Sinn. In Moskau und auch in Oreanda habe er dem B[undes]K[anzler] von dem großen Trauma des sowjetischen Volkes berichtet.⁴ Vielleicht habe er seinerzeit zu strenge Ausdrücke gebraucht. Etwas später habe er sich auch etwas milder ausgedrückt, da dies für die Sache nötig gewesen sei. Im Interesse dieser Sache habe man Beschlüsse gefaßt und müsse noch Beschlüsse fassen, um den Vertrag mit Leben zu erfüllen. Hinter diesem Vertrag stünden 250 Millionen Menschen in der Sowjetunion und wohl 70 Millionen in der Bundesrepublik Deutschland. Und wenn das auch nicht immer die ganzen 100 Prozent seien, so seien es bestimmt weit mehr als 90 Prozent, die positiv bewerteten, was von beiden getan werde. Deshalb bewerte er und bewerteten seine Kollegen die Entscheidungen und die praktische Arbeit und das, was nach diesen Beschlüssen im Sinne der neuen Ostpolitik durch den Herrn Bundeskanzler getan worden sei, sehr hoch. Das zeuge von Zivilcourage, von politischem Mut, von Vernunft. Das sei das sowjetische Urteil. Man habe die Schwierigkeiten des Bundeskanzlers verfolgt. Und man habe nicht nur nicht hinderlich sein, sondern vielmehr helfen wollen.

[. . .]⁵ Heute sei wichtig, die gemeinsame Arbeit mit neuem Inhalt zu erfüllen. Die Bundesrepublik nehme einen gewissen Platz in der Zukunft ein. Sie habe gewisse Bindungen, gewisse Vereinbarungen. Er wolle das nicht Verpflichtungen nennen, sondern Vereinbarungen. Deshalb sehe die sowjetische Seite dies nicht isoliert. Trotzdem wolle man die Beziehungen zur Bundesrepublik auch nicht so sehen, als seien sie von den Beziehungen der Bundesrepublik zu Drittländern abhängig. Man müsse jedoch ehrlich sein: Wenn diese Bindungen gegen die guten Beziehungen zur Sowjetunion gerichtet wären, so könne das in gewissem Maße zu einer Trübung führen, zu einem Misstrauen im Hinblick auf den gegenwärtigen Prozess. Dies sei im allgemeinen Sinne das gewesen, was auf dem Plenum des ZK[6] über die Beurteilung der Tätigkeit in den zurückliegenden zwei Jahren und für die praktische Zusammenarbeit in der absehbaren Zukunft gesagt worden sei. Die Bundesrepublik lebe nicht abstrakt in der Luft, sie habe gewisse Beziehungen zu Frankreich, den USA, Holland usw. Deshalb sei die politische Richtung in den beiderseitigen Beziehungen von größter Wichtigkeit. Er bitte, richtig verstanden zu werden: Er wolle nicht, daß die Bundesrepublik zum militärischen Verbündeten der Sowjetunion werde. Die sowjetische Seite wolle die Bundesrepublik als guten Verbündeten, damit sich die Vergangenheit nicht wiederhole, sondern damit alles getan werden könne, damit diese Vergangenheit nicht wiederkomme, d[as] h[eißt], man wolle einen guten Partner. Die sowjetische Seite wolle nicht nur gute Beziehungen zur Bundesrepublik Deutschland, sie wolle, daß es in ganz Europa so sei, und damit komme er auf die KSZE.[7] Vielleicht sei KSZE ein Problem, das sich auf den ersten Blick als schwierig darstelle, aber die Geschichte habe gezeigt, daß selbst die kompliziertesten Dinge man lösen könne, wenn man nur Geduld aufbringe, damit positive Lösungen gefunden werden könnten.

In der Geschichte seines Landes habe es gute Beziehungen zu Deutschland gegeben. In diesem Zusammenhang erinnere er sich an eine Episode aus den ersten Kriegstagen. Er sei damals Sekretär des Gebietskomitees von Dnjepropetrowsk gewesen, als plötzlich die Nachricht vom Einmarsch der deutschen Truppen in Weissrußland gekommen sei. Damals sei es seine Aufgabe gewesen, die Weizentransporte zu stoppen, die nach Deutschland gingen.[8] Weizentransporte, das habe doch guten Willen bedeutet. Er erinnere daran nur, um zu zeigen, welche positiven Gefühle das sowjetische Volk seinerzeit gehabt habe. Die sowjetische Presse sei voller Bilder über die Zusammenarbeit mit Deutschland gewesen, und man habe gedacht, daß alles in Ordnung sei. In Wirklichkeit sei dies jedoch alles unehrlich gewesen. Nach dieser schweren Vergangenheit wolle man nun eine von Grund auf ehrliche Geschichte schreiben. Er verstehe, warum der B[undes]K[anzler] Schwierigkeiten habe, warum er Schwierigkeiten habe, obwohl diese Schwierigkeiten im Grunde verschieden seien. Er habe das Plenum des ZK[9] speziell abgehalten, und die gesamte Partei und das gesamte Volk hätten diese Politik begrüßt. Er habe auf diese Reise ein Mandat für ehrliche Gespräche mitgenommen. Da er selbst den Weltkrieg miterlebt habe, sei die Erinnerung für ihn besonders schmerzlich. Zwanzig Millionen Sowjetmenschen, viele Millionen Deutsche, dies sei eine schwere Geschichte.[10] Er könne den Mut zu jeder Heldentat aufbringen, aber die Erinnerung an diese Geschichte lasse ihn nicht ruhig sprechen. Deshalb müßten beide eine Heldentat tun, damit die neuen Beziehungen zwischen beiden Ländern die Völker mit Überzeugungskraft erfüllten, ihnen das Gefühl des Vertrauens wiedergäben. Dabei habe die sowjetische Seite die Bedeutung der Bundesrepublik in Europa stets im Auge. Er wolle nicht sagen, daß die Bundesrepublik eine exklusive Macht in Europa sei. Die Bundesrepublik nehme einen würdigen Platz ein. [. . .][11] Er wisse, daß man in 4 oder 5 Tagen nicht über alles beschließen könne, aber man müsse ein klares und bestimmtes Zeichen, ein Dokument, Einvernehmen zum Ausdruck bringen, aus denen hervorgehe, daß man willens sei, das fortzusetzen, was man 1970 begonnen habe. Hierbei gebe es hauptsächlich zwei Richtungen. Die politische und die wirtschaftliche Richtung. Bei beiden Ländern handele es sich um hochentwickelte Mächte. [. . .][12]

Die bedeutendste Vereinbarung sei der Moskauer Vertrag[13] gewesen. Dann habe man mit Genugtuung den Vertrag zwischen der Bundesrepublik und Polen zur Kenntnis genommen. Nunmehr glaube er, daß die Situation günstig sei, von dem verdammten Münchener Abkommen loszukommen. Vielleicht sei diese Frage in gewissen Punkten, in gewisser Hinsicht, zu gewissen Zeiten für die deutsche Seite schwierig gewesen. Aber nunmehr, unter Berücksichtigung der allgemeinen Situation, glaube er, daß dieses Problem keine Schwierigkeiten mehr in sich berge. Vertraulich könne er davon berichten, daß Husak ihm zweimal bestätigt habe, daß er bereit sei, seinerseits entgegenzukommen.[14] Die Erledigung dieser Frage eröffne dann den Weg für Beziehungen mit den übrigen sozialistischen Ländern. Das sei eine neue politische Situation in Europa. Dann folge die Aufnahme der BRD und der DDR in die Vereinten Nationen.[15] Mit der neuen politischen Situation eröffne sich gleichzeitig eine neue Ära der wirtschaftlichen Zusammenarbeit. Er habe den Eindruck, daß die Bundesrepublik, aufgrund ihres wirtschaftlichen Potentials und unabhängig von dem Willen anderer, in den Wirtschaftsbeziehungen der europäischen Länder einen führenden Platz einnehmen werde. Er habe diesen Eindruck, garantieren hierfür könne er selbstverständlich nicht.

[...][16] Er und seine Kollegen, die die Möglichkeiten der Sowjetunion kennten, träten für eine kühne und ehrliche, groß angelegte wirtschaftliche Zusammenarbeit ein, für gemeinsame und modernste Verarbeitung von Holz, Kupfer, Erdgas, Erdöl, Aluminium etc. mit einer Zielausrichtung von Jahrzehnten. Die sowjetische Seite sei für Zusammenarbeit zu beiderseitigem Nutzen. Die Geschäftskreise der Bundesrepublik hätten begonnen, in solch großen Kategorien zu denken, vorerst jedoch nur schüchtern. Manchmal werde ein halbes Prozent zu einem Hindernis, wobei es oft doch so sei, daß der Gesamtwert unberechenbar sei. Er selbst, als Hütteningenieur, habe darauf gedrungen, daß das Hüttenwerk[17] auf der Basis der Direktreduktion gebaut werde. Alles sei gut verlaufen, aber am Vortag dieses Gesprächs habe ihn eine schlechte Nachricht erreicht. Vielleicht sei das nur eine vorübergehende Enttäuschung, oder vielleicht hätten die USA etwas eingeflüstert, vielleicht seien sie mit irgendetwas unzufrieden. Kein Land in der Welt habe so viel Erdgas und Erdöl wie die Sowjetunion. Auf der Basis dieser Rohstoffe könne man doch etwas machen, und dann verrechnen. Er sei für Vereinbarungen auf 30, 40 oder 50 Jahre. Kein Land in der Welt verfüge über so reiche Holzvorkommen wie die Sowjetunion. Wäre es denn schlecht, wenn die Sowjetunion und die Bundesrepublik ein Gebiet auswählten, gemeinsam ein Werk, etwa für Zellstoff, errichteten und gemeinsam die Früchte ernteten, und dies auf der Grundlage von 30, 40 und mehr

Jahren? Man lebe im Jahrhundert des technologischen Fortschritts, das geprägt sei vom Wettbewerb, der USA mit Japan, der EWG mit anderen, dieses Element bestehe im Leben jedes Staates. Dabei bedeute die Zusammenarbeit mit der Sowjetunion keinerlei Gegengewicht oder keinerlei Wettbewerb im Verhältnis zu den USA oder der EWG. Die Möglichkeiten für die Zusammenarbeit mit der Sowjetunion seien riesig. Vielleicht seien die Geschäftsleute, geprägt durch den Krieg und [die] Zeit des Kalten Krieges, gewohnt, in anderen Richtungen zu denken, und noch nicht zu Vorhaben von so großem Umfang bereit. Oder etwas anderes, und das solle nicht etwa bedeuten, daß man eine Vereinbarung schließe: Die Sowjetunion habe als erstes Land ein, wenn auch kleines, Atomkraftwerk gebaut, dann habe sie, unter Ausnutzung ihrer großen Wasserreserven, damit begonnen, Kraftwerke zu bauen, ohne dabei die Absicht zu verfolgen, etwa den ersten Platz in Europa einnehmen zu wollen. Aber wie sehe die Zukunft aus? Die USA hätten gewisse Schwierigkeiten, die europäischen Staaten hätten sie, und die Bundesrepublik brauche ebenfalls Elektroenergie, um von den Ländern der Dritten Welt überhaupt nicht zu sprechen. Sollte es denn nicht möglich sein, eine Form der Zusammenarbeit und der Kooperation auf dem Gebiet der Ausrüstung für Atomkraftwerke zu finden und dann auf Drittmärkte zu gehen? Es gebe unzählige Beispiele dafür, wo die Bundesrepublik und die Sowjetunion ihr großes wirtschaftliches Potential besser nutzen könnten. Natürlich seien die Systeme verschieden, aber das könne man berücksichtigen. In der Sowjetunion könne man Befehle erteilen, hier sei es etwas anders. Aber trotzdem, wenn die führenden Persönlichkeiten die Impulse gäben, dann würden auch die Geschäftsleute damit beginnen, in anderen Kategorien zu denken. Er sei in diesen Dingen für Elan. An die Zusammenarbeit mit deutschen Firmen in der Vergangenheit habe er die beste Erinnerung. Viele seiner Kollegen seien bei deutschen Firmen, wie etwa Krupp und Mannesmann, ausgebildet worden. [...][18] Was behindere zur Zeit noch die Ausweitung der Zusammenarbeit in größeren Kategorien? Übermäßige Vorsicht, [ein] gewisses Maß an Misstrauen, Zweifel, Mangel an Elan, begrenzte Dimensionen. Man habe wohl zu lange in den

Kategorien wie „Ich verkaufe ein Jackett gegen zehn Krawatten" gedacht. Heute lägen die Dinge jedoch anders. Man müsse nach den progressivsten Formen suchen und neue Impulse geben. Sicherlich brauchten manche Dinge eine gewisse Zeit. Aber die Bundesrepublik würde verdienen, und die Sowjetunion würde verdienen, auch wenn dies erst in fünf Jahren der Fall sein würde. Gegenseitiger Nutzen, das sei hier das wichtigste Wort. Trotzdem stünden an erster Stelle nach wie vor die politischen Beziehungen. Die Treffen in Moskau und in Oreanda[19] hätten eine ganz bedeutende Rolle gespielt in den vergangenen zwei Jahren. Die Tatsache, daß er in Bonn sei, daß die Gespräche gerade hier stattfänden, daß die Impulse gerade von hier ausgingen, würde sehr, sehr viel bedeuten. Was die politische Zusammenarbeit angehe, so wolle er betonen, daß die Sowjetunion keine neuen Verbündeten suche, schon gleich keine militärischen. Es sollte nicht neues Misstrauen geschaffen werden. Die Sowjetunion trete für den Frieden ein. Aber man brauche eine gemeinsame Sprache, man brauche Einvernehmen in den bilateralen Beziehungen und in der internationalen Politik, um die Anstrengungen auf dem Gebiet der Beseitigung von Krisenherden, der Entspannung, der Friedenssicherung, der Truppenreduzierung vereinigen zu können, oder zumindest brauche man positive Zusammenarbeit. Auf diesem Weg werde man [auf] gewisse Schwierigkeiten treffen, aber man müsse davon ausgehen, daß 32 Staaten, unter ihnen die USA und Kanada, in Helsinki in dieser Richtung verhandelten, d. h. über die Frage der Sicherheit und Zusammenarbeit in Europa berieten.[20] Natürlich gebe es verschiedene Meinungen und verschiedene Positionen. Aber man sei sich darin einig, daß die Konferenz einberufen werden müsse. In seinen Gesprächen mit Kissinger und in seinem letzten Austausch von Botschaften mit Nixon sei bestätigt worden, daß die USA die Einberufung der Konferenz für eine Notwendigkeit hielten.[21] Auf der ersten Etappe hätten alle große Ansprüche. Aber was wäre schon Schlechtes daran, wenn man sich nicht 100-prozentig einige? Wichtig sei eine Deklaration, damit die Menschen Ruhe fänden, mit ihnen die politisch führenden Personen, und daß man sich dann mit friedlichen Dingen beschäftigen könne, ohne befürchten zu müssen, daß in den nächsten Tagen etwas passiere. So etwas habe es in der Geschichte noch niemals gegeben. Deshalb sei hier die Position der Bundesrepublik und der Sowjetunion von Wichtigkeit.

Bei den Besprechungen in Oreanda sei davon die Rede gewesen, daß eine Verbindung der KSZE mit der Truppenreduzierung die Dinge nur komplizieren würde. Er erinnere sich an die Gespräche in Oreanda, bei denen B[undes]K[anzler] unzweideutig erklärt habe, daß die Bundesrepublik für die Reduzierung nationaler und ausländischer Truppen eintrete.[22] Einzelheiten habe man nicht besprochen, sondern nur im Prinzipiellen. Aber auch das sei von großer Bedeutung gewesen. Vor kurzem habe er nun die Übersetzung eines Interviews des B[undes]K[anzlers] gelesen, vielleicht sei die Interpretation nicht präzise gewesen.[23] Jedenfalls habe man entnehmen können, daß diese Frage noch auf 5 Jahre hinausgeschoben werden könne. Er habe dieses Thema nicht angeschnitten, um eine Antwort zu erhalten, sondern nur um die Aufmerksamkeit darauf zu lenken. Vielleicht gebe es gewisse Vorstellungen, nicht nur in der Bundesrepublik, sondern auch in Frankreich, in den USA, in Italien. Eines sei jedoch wichtig, alle seien sich anscheinend einig, und er rechne, daß auch B[undes]K[anzler] dem zustimme, daß die zwei Probleme, KSZE und Truppenreduzierung, nicht miteinander verknüpft werden dürften. Vielleicht sei diese Frage für den gegenwärtigen Zeitpunkt noch delikat. Vielleicht brauche man etwas Geduld, obwohl die sowjetische Seite ihren Standpunkt beibehalte: Ja zur Truppenreduktion in Europa. Ob 3, 5, 10, 15 %, das sei eine Frage, die die Militärs zu prüfen hätten. Zur Zeit spreche man über den Teilnehmerkreis. Würde man einen link herstellen, so würde man nur die Sache der Beruhigung der europäischen Völker und der Festigung der Sicherheit in Europa bremsen. Er erinnere an diese Problematik, da er das Interview gelesen habe und ihm der Gedanke gekommen sei, daß es sich hier um gewisse Abweichungen in den gemeinsamen Gesprächen handeln könne.

In Europa gebe es viele schwierige Probleme. Er wolle sich nicht in die Angelegenheiten anderer einmischen, etwa der EG oder in der Sache der Dollar-Abwertung. Die Propagandisten schrieben alles

Mögliche über Unruhe, aber das bestimme nicht die sowjetische Politik, obwohl, vielleicht werde er sich nicht exakt ausdrücken, die allgemeine sowjetische Politik in Wirtschaftsfragen eine No-Block-Politik sei. Die Sowjetunion sei für Zusammenarbeit mit jedem Staat auf der Grundlage der Gleichberechtigung. Er kenne vielleicht den Mechanismus nicht so genau, aber wenn die Sowjetunion, um etwas bei Krupp zu kaufen, zu entsprechenden Verhandlungen nach Brüssel fahren müsse, so würde das die Dinge nur komplizieren. Deshalb trete die Sowjetunion für eine No-Block-Politik, für eine Politik der Gleichberechtigung ein, obwohl sie die Augen nicht vor der Tatsache verschließe, daß die EWG existiere, wovon er bereits in seinen Reden gesprochen habe.

Die viertägigen Gespräche mit Kissinger[24] hätten insgesamt zu positiven Ergebnissen geführt. Über seine Absicht, nach Washington zu fahren, werde er B[undes]K[anzler] noch informieren.

Das Wichtigste sei der richtige Anfang und nunmehr, diesen Beginn mit Inhalt zu erfüllen. Wahrscheinlich werde man nicht auf einmal alles erfinden können. Zunächst lägen drei Abkommen zur Unterzeichnung vor, wobei er und B[undes]K[anzler] wohl das Kooperationsabkommen und vielleicht eine gemeinsame Erklärung am Montag vor dem Empfang der sowjetischen Seite unterschreiben würden. Diese vier Dokumente seien die Fortsetzung der gemeinsamen Beziehungen.[25] [. . .][26] Die Sowjetunion verfüge glücklicherweise über Naturschätze, die kaum erschöpflich seien. Zur Zeit quäle man sich etwas, die Erdgasleitungen aus Sibirien in den europäischen Teil der Sowjetunion zu verlegen. Man habe 8500 km Leitungen gebaut. Es gebe einen Vertrag mit Italien.[27] Alle sozialistischen Länder warteten auf Erdgas. Es bestünden Verträge mit der Bundesrepublik. Ganz Europa wartet. Die Rohre hierfür würden in der Bundesrepublik gekauft.[28] Wenn dies alles einmal fertig sei, dann sei die Zusammenarbeit für 30, ja 50 Jahre garantiert. Die sowjetischen Erfahrungen bei Saratow und Kiew hätten gezeigt, daß die Leitungen 30, 40 Jahre hielten. Allein die bei Tjumen registrierten Erdgasvorräte beliefen sich auf 12 Trillionen cbm. Wenn die Bundesrepublik davon jährlich 250 Milliarden bezöge, würde das für 40 Jahre reichen. Wobei die genannte Zahl nur 3 % der vermuteten Vorräte ausmache, das heiße, man müsse in großen Maßstäben denken. Ehrlich gesagt brauche die Sowjetunion die Kooperation für die Ausrüstungen. Das sei so wie bei einem Hausbau, zuerst habe man Unkosten und dann lebe man im eigenen Haus.

Was die Beziehungen zu Frankreich angehe, so sei hier alles normal. Es bestünden gute Grundlagen. Nur bei der Frage der Teilnahme Frankreichs an den Explorationen zur Truppenreduzierung sei man nicht ganz einig gewesen. Er habe damals zu Pompidou gesagt, wenn die Zeit in Saslawi nicht ausreiche, vielleicht seien die Voraussetzungen in Paris besser.[29]

Mit den Vereinigten Staaten führe man Verhandlungen über die wirtschaftliche Zusammenarbeit. Im letzten Jahr habe man sich über die Meistbegünstigung geeinigt. Nixon habe jedoch gewisse Schwierigkeiten, obwohl dieser ihn habe wissen lassen, dass er sein Versprechen halten werde. Bisher seien Kredite in Höhe von 500 Millionen Dollar gewährt worden. Es gebe viele Verträge. Zur Zeit verhandle man über höhere Kredite, wobei ein Teil für Konsumgüter verwendet werden solle. Hauptproblem bei den Gesprächen mit Kissinger sei jedoch gewesen, wie man Massnahmen zur Verringerung der Gefahr eines Atomkrieges ausarbeiten könne, sowie das besonders akute Problem in Nah-Ost, wo es besondere Faktoren zu berücksichtigen gebe: Israel zeige sich widerspenstig, das Problem des Zionismus, das arabische Temperament und die Tatsache, daß es sich hier um eine diffizile Region handle. Zur Zeit habe Nixon mit einer Affäre zu tun, das sei jedoch eine innere Angelegenheit, deshalb gebe es dazu keine Kommentare von sowjetischer Seite. Viel Lärm werde zur Zeit von manchen im Zusammenhang mit dem sogenannten „Jackson-Amendment"[30] gemacht. Einige hätten unterzeichnet, wollten sich jedoch jetzt von ihrer Unterschrift lossagen. Wenn es jedoch keine Meistbegünstigung gebe, so würden auch andere Abkommen, wie die Lend-Lease-Regelung[31], ungültig. Er sei sicher, daß Nixon für die KSZE sei. Noch ungelöst sei die Frage der dritten Etappe auf höchster Ebene. Er glaube, daß Nixon nichts gegen eine derartige dritte Etappe habe. Man werde sehen, wie sich die Dinge entwickelten. Er glaube, daß in einer so wichtigen Angelegenheit es nicht schlecht sei, wenn die Prinzipien auf höchster Ebene verabschiedet und Einvernehmen gezeigt würde, da dies die Völker beruhigen würde.[32] Wenn man einen Entschluß fasse, müsse man dies mit Entschlossenheit tun. Während der Gespräche mit Pompidou[33] habe er gesagt, wenn die Sowjetunion Manöver abhalte, werde sie alle einladen, die dies wünschten, wenn sie bedeutende Truppenbewegungen in Mitteleuropa plane, werde sie einladen, wer kommen wolle. Die Sowjetunion gehe hier von ihrem grundsätzlichen Standpunkt aus: Sie veranstalte keine Manöver, um den Beginn eines Krieges zu verhüllen. Derartige Massnahmen würden das Vertrauen stabilisieren. Was die Frage des Mechanismus angehe, so wolle die Sowjetunion dadurch nicht die Vereinten Nationen ersetzen, sie wolle, dass diese universell seien. Die Sowjetunion sei für konsultative, informatorische Funktionen, da auch dies Vertrauen aufbauen helfe.

Der Herr Bundeskanzler dankte Breschnew für die sehr interessanten Ausführungen. Es sei doch ein großer Unterschied, ob man Dokumente lese, oder ob man im persönlichen Gespräch den jeweiligen Standpunkt erläutere. Man habe in den bilateralen Beziehungen in wenigen Jahren einen bedeutenden Weg zurückgelegt, und er sei der Ansicht, daß noch eine bedeutende Wegstrecke bevorstehe. Breschnew habe einige Beispiele genannt, wie der Vertrag mit Leben erfüllt werden könne. Er stimme dessen Feststellung zu, daß der Moskauer Vertrag positiven Einfluß auf die Beziehungen zu anderen und zwischen anderen Ländern gehabt habe, nicht nur in Europa, sondern zum Teil auch über Europa hinaus. Es sei nun wichtig, beharrlich an der weiteren Entwicklung zu arbeiten. Er teile die Ansicht Breschnews, daß es große Möglichkeiten für die Kooperation gebe. Gewiss gebe es auch einige Probleme und Schwierigkeiten, man werde jedoch offen darüber sprechen. Allgemein könne man jedoch feststellen, daß für die bilateralen [Beziehungen] beider Länder sich große Möglichkeiten böten. Er teile die Ansicht, daß man hierbei in größeren Zeiträumen denken müsse. Wichtig sei, daß die beiderseitige Zusammenarbeit weiter verbessert werde, ohne daß woanders

Misstrauen erweckt werde, sondern daß diese Zusammenarbeit in den Dienst der Verbesserung der Lage in Europa und über Europa hinaus gestellt werde. Dabei werde man die Vergangenheit nicht vergessen dürfen, sondern vielmehr aus ihr Lehren für die Zukunft ziehen müssen. An Bereitschaft hierzu werde es nicht fehlen.

Für das nächste Treffen wolle er vorschlagen, daß er systematisch alle Themen durchgehe. Dabei werde er in einer Reihe von Punkten nur feststellen können: einig, zu einer Reihe von Punkten, wo man durchaus nicht uneinig sei, werde er seine eigenen Erwägungen darlegen. Er sehe keine Punkte, wo es grundsätzliche Widersprüche gebe.

Nr. 74
Interview des Bundeskanzlers, Brandt, für *Der Spiegel*
28. Mai 1973

Der Spiegel, Nr. 22 vom 28. Mai 1973, S. 28–34.

„Ich hoffe, wir bekommen mehr Erdgas und Öl"

SPIEGEL: Herr Bundeskanzler, Ihr Ost-Besuch ist abgereist, der Überschwang der Breschnew-Tage verflogen. Was bleibt nach dem demonstrativen Besuch des Generalsekretärs der KPdSU?[1] Haben – wie phantasievolle Beobachter meinen – Germanen und Slawen einen Ansatz gesucht, Europa zu dominieren?
BRANDT: Das ist ein Bild, eine Konstruktion, ein Denkmodell aus dem vorigen Jahrhundert. Wir sind gar nicht vergleichbare Größen – die Sowjet-Union und die Bundesrepublik Deutschland. Aber es ist schon etwas, daß nach dem Zweiten Weltkrieg zum erstenmal der führende Mann der Sowjet-Union, der jetzt amtierende – man muß ja in Wirklichkeit sagen – erste Mann der Partei und des Staates Sowjet-Union, nicht nur zu Besuch war, sondern es für möglich hielt, mit

uns zusammen über eine ganze Reihe von Dingen zu sprechen, die die beiden Staaten unmittelbar angehen und ihre Rolle in dem Bemühen um europäische Sicherheit betreffen, hier und da sogar ein bißchen über Europa hinausgehende Sicherheitsbemühungen. Aber es besteht überhaupt keine Veranlassung zu befürchten, daß irgendwo irgendwann sich dieser Tage etwas abgespielt hätte, was zu Lasten Dritter gehen könnte.

SPIEGEL: Der Generalsekretär hat der deutschen Industrie eine visionäre Offerte gemacht. Russen und Deutsche sollen gemeinsam die Bodenschätze und Energiequellen der UdSSR ausbeuten. Die Russen erwarten dafür von uns zinsgünstige Kredite und versprechen uns Öl-, Gas- und Stromlieferungen für eine Zeit, in der bei uns die allgemein erwartete Energielücke besonders fühlbar wird. Was läßt sich von dieser Breschnew-Vision realisieren?

BRANDT: Es ist zwischen Breschnew und mir über Zinskonditionen überhaupt nicht gesprochen worden. Wir haben, nebenbei gesagt, auch nicht die Absicht, in einen Wettbewerb mit unseren westlichen Nachbarn einzutreten. Einige von ihnen bieten günstigere Bedingungen. Damit werden wir leben. Die Amerikaner werden noch günstigere Bedingungen bieten. Damit werden wir auch leben.

SPIEGEL: Warum sollen wir hinter den Zinskonditionen unserer West-Verbündeten zurückbleiben?

BRANDT: Wir sind nicht darauf aus, unseren Export um jeden Preis zu steigern. Die Struktur unserer Wirtschaft – dabei denke ich jetzt nicht nur an die augenblickliche konjunkturelle Lage – spricht nicht für eine wahllose Steigerung unserer Exporte. Dabei bin ich beim zweiten Element der Frage: Nicht nur wir, sondern alle Industriestaaten, nicht zuletzt die USA, haben es viel früher, als man geglaubt hatte, mit einer Energiekrise zu tun. Und auf diesem Gebiet werden die Amerikaner nach allem, was ich überblicken kann, sehr, sehr viel stärker einsteigen, Herr Breschnew redet ja nicht nur mit uns. Er hat schon mit den Amerikanern geredet, und er redet neu mit ihnen. Und die Größenordnungen, um die es sich handeln wird zwischen Rußland und Amerika, werden vermutlich in den Schatten stellen, was einzelne westeuropäische Staaten mit der Sowjet-Union in den vor

uns liegenden Jahren machen werden. Die Japaner werden einsteigen. Und was man noch vor ein, zwei Jahren für unmöglich gehalten haben würde: Es dürfte Dreiecksgeschäfte geben, nach dem, was ich mir ausrechne: Amerikaner und Japaner mit den Russen in Teilen der Sowjet-Union, die, von uns aus gesehen, ein bißchen weiter weg liegen. Trotzdem, uninteressant ist die Wirtschaft der Bundesrepublik Deutschland nicht. Wenn wir die 1,3 Prozent Anteile an unserem Außenhandel, die der Rußland-Handel heute ausmacht, im Laufe der nächsten Jahre verdoppeln auf 2,6 Prozent, dann ist das was.
SPIEGEL: Aber was ist das schon im Vergleich zu dem 21-Prozent-Anteil Frankreichs an unserem Außenhandel!
BRANDT: Ich hatte gesagt, wir werden nicht in den Wettbewerb mit anderen eintreten, wir werden nicht Zinsen herunterschleusen, um auf jeden Fall den Export zu fördern. Wenn es um die Energiezufuhr geht, könnte der Staat assistieren – wobei ich mich nicht auf Zinskonditionen festlegen will. Auch wird zu überlegen sein, mit welchen Mitteln der Staat sein Interesse zeigt, wenn es darum geht, durch den Export von Kapital und Kapitalgütern einen Teil des Zuwachses unserer Produktion außerhalb unserer Grenzen zu verlegen, so daß wir nicht immer mehr unter Druck geraten, zusätzliche Arbeitskräfte von außen hineinnehmen zu müssen.
SPIEGEL: Ihr ehemaliger Staatssekretär im Verteidigungsministerium, der jetzige Krupp-Vorsitzer Ernst-Wolf Mommsen, hält es für realistisch, daß die Bundesrepublik in absehbarer Zeit zehn Prozent ihres Energiebedarfs aus sowjetischen Quellen deckt. Ist dieser Vorteil nicht angesichts unserer Energiesorgen schon Zugeständnis beim Zins wert?
BRANDT: Wenn mir die Frage von meinem sowjetischen Gesprächspartner vergangener Tage nicht gestellt worden ist, warum muß ich sie dann überhaupt beantworten? Wir haben ja schon ein interessantes Erdgasgeschäft gemacht. Dessen Start habe ich noch mit beeinflußt, als ich Außenminister war.[2] Jetzt beginnen bald die Lieferungen. Und Sie wissen, daß der Zins niedriger gehalten werden konnte, weil die Firmen mit dem Preis für die Röhren ein bißchen

raufgegangen sind. So wird es in der Regel sein, irgendwoher muß es ja kommen. Ich hoffe, wir können mehr Erdgas-Lieferungen bekommen. Ich hoffe, wir können mehr Öl bekommen. Ich glaube, Italien kriegt im Augenblick viermal soviel Öl aus der Sowjet-Union wie wir. Und wir können auch an der Entwicklung der sowjetischen Energie-Produktion mitwirken und zu einem Energieverbund kommen, an dem – so stelle ich mir das vor – auch West-Berlin beteiligt sein kann.
SPIEGEL: Sind Sie so vorsichtig nur mit Rücksicht auf die derzeitige Konjunktur-Entwicklung?
BRANDT: Mindestens noch aus einem zweiten Grunde: daß ich nicht einsehe, wieso in unserer Art von Wirtschaftsordnung der Staat auf Gebieten, auf denen er nicht effektiv interessiert ist, einspringen soll. Ich bin für die Marktwirtschaft überall dort, wo sie aus gutem Grund sich entfalten kann und entfalten soll.
SPIEGEL: Grundsätzliche Bedenken, daß eine Abhängigkeit von Energie-Lieferungen aus dem Ostblock der Bundesrepublik politisch oder strategisch schaden könnte, haben Sie nicht?
BRANDT: Wissen Sie, wenn ich mir aussuchen könnte, aus welchen ruhigen Gegenden der Welt wir Energie beziehen können, also wenn ich, was weiß ich – nein, ich will jetzt keine Beispiele nennen.
SPIEGEL: Sie finden keine ruhige Gegend?
BRANDT: Doch, aus der Schweiz, aus Norwegen ...
SPIEGEL: ... eine schöne, ruhige Gegend ...
BRANDT: ... oder aus anderen Ländern. Aber so schön ist die Welt nicht, und wir haben nicht die Wahl. Es wird alles nicht reichen in den kommenden Jahren, weder bei uns noch bei den Amerikanern. Wir werden froh sein über alles, was wir an Energie bekommen können. Sie haben vorhin von zehn Prozent Energie aus der Sowjet-Union gesprochen. Ich will nicht sagen, ob es ein bißchen mehr oder ein bißchen weniger sein könnte, aber es wird keine besondere Abhängigkeit dadurch entstehen.
SPIEGEL: Essentiell für Sie, Herr Bundeskanzler, war die Aufnahme einer gemeinsamen Berlin-Formel in die gemeinsame Schlußerklärung mit Breschnew. Die „New York Times" meint nun, Sie hätten

mehr herausholen können. Andererseits: Ein Ihrer Ostpolitik nicht wohlgesonnener Kritiker in der „Frankfurter Allgemeinen Zeitung" meint, Sie hätten beherzter gestritten, als man es Ihnen vorher zugetraut hätte.[3] Sind Sie enttäuscht über das, was als Berlin-Formel Eingang gefunden hat in das Abschluß-Kommuniqué?
BRANDT: Nein, die „New York Times" ist eine prima Zeitung. Aber in Kommentaren ist es eine Glückssache, mal ist man nahe genug dran am Thema, manchmal nicht. In diesem Fall war die „New York Times" nicht genügend dran am Thema und hat sich aufgehalten mit einer Äußerlichkeit wie der, daß das Abkommen in der Schlußerklärung nicht ausdrücklich als ein auf Berlin bezogenes gekennzeichnet war. Da kann ich nur sagen: Die könnten in New York doch wohl auch nicht glauben, daß ich stärker bin als Washington; denn es steht nicht einmal in der Überschrift des Abkommens der Vier Mächte, daß es sich auf Berlin bezieht. Wieso soll ich mehr aufbieten können zur Klärung der alliierten Position in Berlin als die Vereinigten Staaten, die ja der eigentliche weltpolitische Gegenspieler sind und – wie wir sehen werden – zunehmend Gegenspieler und Partner der Sowjet-Union sein werden.
SPIEGEL: Wie hart war Ihre Auseinandersetzung mit Breschnew über die Berlin-Formulierung?
BRANDT: Wir haben offen über die Schwierigkeiten gesprochen, die es gegeben hat. Aber es gibt ja nicht nur Schwierigkeiten. Es gibt ja auch weniger bedrückende Erfahrungen mit dem Abkommen von 1971. Auf manchen Gebieten hat es sich durchaus bewährt. Wir vergessen zu leicht, was allein es bedeutet, daß Millionen Menschen hin- und herfahren auf der Autobahn zwischen Berlin und Westdeutschland. Oder daß viele, viele Hunderttausende von West-Berlinern Ost-Berlin und die umliegenden Gebiete besuchen. Wie gesagt, wir haben offen über die Dinge gesprochen.
SPIEGEL: Und was ist dabei für das Kommuniqué herausgekommen?
BRANDT: Wir haben als gemeinsame Überzeugung festgehalten, was ja so wenig gar nicht ist, daß dieses Viermächte-Abkommen, zu dessen Signataren wir nicht gehören, aber an dem wir nun mal sehr interessiert sind, strikt eingehalten und voll angewendet werden soll.

Uns kam es besonders auf die Formulierung „volle Anwendung" an. Denn darin steckt der Teil, der vergessen worden war in dem Kommuniqué über den Besuch von Herrn Breschnew in Ost-Berlin eine Woche vor seinem Besuch bei uns. Und außerdem steht in unserem Kommuniqé-Passus drin, daß diese „strikte Einhaltung" und „volle Anwendung" eine Voraussetzung ist für die Entspannung im Zentrum Europas, für das Verhältnis zwischen den entsprechenden Staaten und insbesondere für das Verhältnis zwischen der UdSSR und der Bundesrepublik Deutschland.[4] Das bilaterale Verhältnis wird also nicht besser sein als die Lage in Berlin.
SPIEGEL: Sind „strikte Einhaltung" und „volle Anwendung" nicht einfach bare Selbstverständlichkeiten bei einem Abkommen, das die Sowjet-Union mit ihrer Unterschrift besiegelt hat?
BRANDT: Nein, das ist es nicht. Die Erfahrung zeigt, daß es dies nicht ist. Die Erfahrung zeigt auch, daß es nicht automatisch andere gibt, die stellvertretend für uns dafür sorgen, daß ein solches Abkommen voll angewendet oder ausgeschöpft wird, sondern daß wir uns selbst darum kümmern müssen. Ich muß das noch mal etwas deutlicher sagen. Bei dem Besuch Breschnews in Ost-Berlin wurde in dem Kommuniqué zwischen Sowjet-Union und DDR-Führung festgehalten, daß West-Berlin nicht Bestandteil der Bundesrepublik Deutschland sei.[5] In dem Viermächte-Abkommen aber – in dem Teil, in dem die drei Mächte erklären, daß West-Berlin kein konstitutiver Teil der Bundesrepublik Deutschland sei – wird festgehalten, die Bindungen zwischen der Bundesrepublik und West-Berlin müssen ‚maintained and developed', aufrechterhalten und entwickelt werden. Was wir jetzt vereinbart haben, entspricht dem genau.
SPIEGEL: Breschnews Besuch galt als Ouvertüre zur zweiten Phase der deutschen Ostpolitik. Wie sieht Ihre Vorstellung für diese zweite Phase aus?
BRANDT: Die erste müssen wir doch noch abrunden. Vor uns haben wir noch die Verhandlungen über den Vertrag mit der Tschechoslowakei. Dem schließt sich die Aufnahme der Beziehungen mit Ungarn und Bulgarien an. Dann kann man sagen – jetzt immer vorausgesetzt, daß das Inkrafttreten des Grundvertrages mit der DDR

und der Beitritt zu den Vereinten Nationen nicht auf sich warten lassen –, daß die bilaterale Phase im wesentlichen abgeschlossen sein wird.[6]

SPIEGEL: Was würde denn passieren, wenn das Verfassungsgericht dem Petitum des Landes Bayern stattgeben und den Grundvertrag für verfassungswidrig erklären würde?[7]

BRANDT: Das ist so unwahrscheinlich, daß ich glaube, mir darüber jetzt nicht den Kopf zerbrechen zu müssen. Zurück zur zweiten Phase: Wir konzentrieren uns jetzt auf die beiden Städtenamen Helsinki und Wien. In Helsinki wird – vermutlich in weniger als einer Woche von dem Tag ab, an dem wir miteinander reden – festgestellt werden, daß die Außenministerkonferenz aller europäischen und der nordamerikanischen Staaten – also der USA und Kanadas – um die Monatswende Juni/Juli beginnen kann. Danach kommen die Kommissionen, und dann wird es einen dritten Abschnitt geben, an dem wieder die Außenminister oder die Regierungschefs zusammenkommen.[8] Die Russen und andere sind wohl dafür, daß es die Regierungschefs sind. Zugleich läuft in Wien die Vorbereitung für das Gespräch über Truppenreduktion an – das, was man im Nato-Slang MBFR nennt. Das allerdings ist ein Programm für Jahre.[9]

SPIEGEL: Rechnen Sie damit, daß der Präsident der Vereinigten Staaten oder auch Breschnew für den Fall, daß die Regierungschefs nach Helsinki kommen, mit dabeisein werden?

BRANDT: Diese zweite Konferenz würde nach dem, was sich jetzt abzeichnet, vielleicht in einer anderen Stadt als Helsinki stattfinden.

SPIEGEL: Voraussetzung eines erfolgreichen Taktierens bei KSZE und MBFR ist doch, daß Europa mit einer Stimme spricht. Soll das eine sozialdemokratische Stimme sein?

BRANDT: Das mit der einen Stimme, das Kennedy seinerzeit besonders zugespitzt formuliert hat, wird noch eine ganze Weile dauern.[10] Ob die Amerikaner das übrigens trotz der schönen Formulierung von Kennedy so gern sehen, weiß ich gar nicht. Sie sind wohl hin- und hergerissen. Ich kann mir nicht vorstellen, daß noch zu unseren Lebzeiten statt der Einzelstaaten einer für alle spricht. Das wird es vermutlich auch in der nächsten Generation nicht geben.

Kurz und gut, ob ich recht habe oder nicht: Für KSZE und MBFR müssen wir – was die Stimme Europas betrifft – mit dem leben, was heute ist. Und da zeigt sich, daß teils die Neun der erweiterten Europäischen Gemeinschaft, teils die Staaten der Nato, teils aber auch Westliche zusammen mit Neutralen eine ganze Menge gemeinschaftlicher oder kollektiver Vorbereitungen treffen. Wenn aber schon mit einer Stimme, dann sollte das nicht im Sinne einer bestimmten parteipolitischen Ideologie sein. Das westliche Europa muß Raum lassen für alle relevanten Kräfte der westlichen Demokratie. Wir haben erlebt, wie der Versuch der europäischen Einigung in den 50er Jahren dadurch geschwächt worden ist, daß der Geschichte das einseitige christdemokratische Etikett aufgeklebt wurde. Ich habe mir nie vorgenommen, dasselbe nun sozialdemokratisch zu machen.

SPIEGEL: Seit Ihrem Parteitag in Hannover[11] besteht der Eindruck, daß der Sozialdemokrat Brandt durchaus eine Vision von einem sozialdemokratisch geprägten Europa hat.

BRANDT: Also – sozial wäre ja auch schon was.

SPIEGEL: Ihre vorsichtige Andeutung einer europäischen Atomstreitmacht – war das Teil Ihrer Vorstellung von einem selbständigeren und mit größerem Gewicht verhandelnden Europa?[12]

BRANDT: Nein. Ich habe inzwischen selbst gesehen, daß man mit solchen Äußerungen gar nicht vorsichtig genug sein kann. Als ich damals gefragt wurde, wie es denn mit der Möglichkeit stehe, das Nuklearpotential Frankreichs und Englands zusammenzufassen, da habe ich gesagt: Erstens sehe ich nicht, wie das – wenn überhaupt – auf kurze Sicht geschehen kann, denn die Stellung der beiden Staaten im Bündnis ist qualitativ unterschiedlich. Zweitens, wenn sie dennoch dazu kämen, würden sie ganz gewiß mit uns darüber sprechen. Die Amerikaner reden ja auch mit uns darüber, wie es mit ihren auf Europa bezogenen nuklearen Dispositionen bestellt ist. Und drittens – das müßte eigentlich an erster Stelle stehen: Wir haben keinen nuklearen Ehrgeiz, und dies bedeutet nicht nur, daß wir selbst keine Atomwaffen und keine eigene Verfügungsmacht über sie erstreben, sondern daß der deutsche Bundeskanzler auch bei der Erörterung dieses Themas ein noch höheres Maß an Selbstdisziplin aufzubringen hat.

SPIEGEL: Ein auf größere wirtschaftliche und politische Macht abzielendes Europa wird an den nuklearen Problemen nicht vorbeikommen und auch nicht an der Frage, ob die amerikanische Auffassung nicht doch logisch ist, den Europäern einen größeren Teil der Bürden zuzuschieben.

BRANDT: Gegen eine Art von Ausgleich der Lasten innerhalb des Bündnisses habe ich nichts. Ich wünsche den Vereinigten Staaten sogar viel Glück bei der Suche nach Zahlern, wenn sie noch welche finden. Ich will hier nicht Adressen nennen. Wir sind in den letzten Jahren daran gewöhnt, die Fragen des Devisenausgleichs bilateral zu lösen.

SPIEGEL: Richtig bleibt doch, daß die Amerikaner weiterhin sagen werden: Wie ihr Europäer eure Probleme der zusätzlichen Beteiligung löst, ist eure Sache; daß wir sie auf die Dauer nicht im bisherigen Umfang tragen werden, ist unsere Sache.

BRANDT: Die Gefahr schrecklicher Mißverständnisse zwischen den verschiedenen Teilen der Welt könnte ich nur dann sehen, wenn ich glaubte, davon ausgehen zu müssen, daß die Amerikaner nicht ihrer eigenen Interessen wegen in Europa sind. Die Tatsache, daß es zwischen West und Ost nicht zunehmende Spannungen, sondern mehr Berührungen gibt, wird nicht dazu führen, daß der Prozeß des Sich-Loslösens Amerikas von Europa rascher voranschreitet – das hört sich nur in den Äußerungen einiger Senatoren so an. Deren Reden kenne ich noch vom Kalten Krieg her, es sind dieselben Reden, es sind dieselben von mir sehr respektierten Herren. Im übrigen sind Amerikaner wie Russen bei ihren Entspannungsbemühungen – und das wird sich für manche komisch anhören – mehr und nicht weniger auf ihre Bündnisse angewiesen.

SPIEGEL: Herr Bundeskanzler, schadet es Ihrer Ostpolitik, daß sich viele Menschen in der DDR und im übrigen Ostblock von dem Sozialdemokraten Brandt und seiner sozialdemokratischen Politik angezogen fühlen? Oder sehen Sie das gar als eine erwünschte Nebenwirkung?

BRANDT: Nein, ich kann daran nichts ändern. Mich bedrückt nur, daß es im eigenen Land, im Bereich unserer Verbündeten, im anderen Staat auf deutschem Boden und in Osteuropa viele gibt, die von einem mehr erwarten, als man geben kann.
SPIEGEL: Herr Bundeskanzler, wir danken Ihnen für dieses Gespräch.

Nr. 75
Schreiben des Bundeskanzlers, Brandt, an den Präsidenten der Vereinigten Staaten von Amerika, Nixon
13. Juni 1973[1]

NARA, Nixon Presidential Materials Staff, NSC, 1969–1974, Presidential Correspondence 1969–1974, Box 754.

Sehr geehrter Herr Präsident,
da Sie bei Ihrer bevorstehenden Begegnung mit Generalsekretär ‹Breschnew›[2] auch das Nahost-Problem besprechen werden[3], möchte ich Ihnen unmittelbar nach meiner Rückkehr einige der Eindrücke schildern, die ich während meines Besuches in Israel[4] gewonnen habe.

Ich fühle mich durch die zahlreichen und ernsthaften Versicherungen des israelischen Friedenswillens ermutigt. Die israelischen Verantwortlichen sprechen sich auch weiterhin mit Nachdruck für ein direktes Verhandeln mit ihren arabischen Nachbarn aus. Meine zahlreichen Hinweise darauf, daß die Aufnahme eines Dialogs zwischen den Konfliktparteien durch andere Staaten – insbesondere die USA und die UdSSR – erleichtert werden könnte, wurden entgegengenommen und werden, so hoffe ich, auch ein Echo finden. Ein von beiden Großmächten unterstütztes Prozedere, für das sich als äußerer Rahmen die Vereinten Nationen anbieten würden, sollte es auch der arabischen Seite erleichtern, das Gespräch mit Israel aufzunehmen.

Für bedeutsam halte ich mehrere Äußerungen israelischer Gesprächspartner, insbesondere auch der Premierministerin Frau Golda Meir[5], daß Israel sich bei einer Friedenslösung an dem Aufbau einer regionalen Wirtschaftsordnung im Nahen Osten, zu der dieses Land sicherlich viel beizusteuern wüßte, beteiligen würde. Ich sehe darin den Ausdruck einer für die Zukunft entscheidenden Bereitschaft, sich als Teil des Nahen Ostens in eine befriedete und organisierte Region einzugliedern. Sicherlich ist der Weg bis zu einer solchen Friedensordnung im Nahen Osten sehr weit. Ich bin aber seit meiner Reise noch überzeugter als zuvor, daß wir nur mit dem Blick auf dieses Ziel zu Fortschritten gelangen können. Ich denke in diesem Zusammenhang auch an kürzliche Äußerungen Präsident Sadats[6], man solle unter Beiseitelassen der territorialen Fragen zunächst erörtern, wie man sich allgemein die Zukunft der Region für die nächsten Jahrzehnte vorzustellen habe.

Ich habe während meiner Gespräche deutlich gemacht, daß die Bundesregierung keine Vermittleraufgabe anstrebt. Im Rahmen der in Ausarbeitung befindlichen ausgewogenen Mittelmeerpolitik kann die Europäische Gemeinschaft, dessen bin ich gewiß, bei der wirtschaftlichen Stabilisierung der Region konstruktiv mitwirken.

Im Hinblick auf die Bedeutung, die ich neben dem unmittelbaren Gespräch der Konfliktparteien der Rolle der beiden Großmächte bei den Bemühungen um eine friedliche Lösung des Konflikts beimesse, hoffe ich, daß Ihnen während der Begegnung in Washington[7] eine volle Abstimmung Ihrer Ansichten gelingt. Für die weitere Entwicklung würde es sicher von großem Nutzen sein, wenn Sie in Ihren Kontakten auch auf eine baldige Einleitung des Verhandlungsprozesses hinwirken könnten.

Ich schreibe in diesem Sinne auch an Generalsekretär Breschnew.[8]
Mit freundlichen Grüßen
‹Ihr Willy Brandt›[9]

Nr. 76
Aus der Erklärung des Bundeskanzlers, Brandt, vor dem Deutschen Bundestag zu seinem Israel-Besuch
18. Juni 1973

Verhandlungen des Deutschen Bundestages, Stenographische Berichte, 7. Wahlperiode, Bd. 83, S. 2496 f.

[. . .]¹

Meine Damen und Herren, erlauben Sie mir jetzt noch einige Bemerkungen zu jenem Israel-Besuch, von dem ich heute vor einer Woche zurückkehrte.² Ich zögere nicht, hier zu wiederholen, daß ich diese Reise zu den entscheidenden Erfahrungen meines politischen Lebens zähle. Zur Bewertung möchte ich folgendes feststellen.

Erstens. Die Tatsache, daß Israel den amtierenden Bundeskanzler empfangen hat, daß es ihn überdies in so freundlicher Weise aufnahm, drückte ein Vertrauen in die demokratische Staatlichkeit eines erneuerten Deutschland aus, das ich mit Ihnen über alle Parteigrenzen hinweg als eine ernste Pflicht betrachten möchte.

(Beifall bei den Regierungsparteien.)

Zweitens. Mir wurde durch die Begegnung mit der Realität Israels von neuem deutlich, daß unsere beiden Völker neben den weiterwirkenden Schatten leben müssen. Es wurde freilich mit gleicher Klarheit sichtbar, daß uns gerade die Ehrfurcht von [sic] der Macht der Geschichte erlaubt, einander in neuer Freiheit zu begegnen.

Drittens. Diese Einsicht prägte die Formel von den normalen diplomatischen Beziehungen mit einem besonderen Charakter, und zwar einem solchen, der sich nicht vom Hintergrund der Geschichte lösen läßt. Diplomatische Beziehungen haben – wenn ich das gefühllos sagen darf – normal zu sein. Zugleich läßt sich das Spezifische im Verhältnis zwischen – nein: im Verhältnis der Deutschen zu Israel und den Juden durch keine Macht der Welt auslöschen. Wenn die Premierministerin den bewundernswerten Mut hatte, unserem Volk auf diesem Hintergrund die Freundschaft Israels anzubieten³, so hoffe ich, viele Mitglieder dieses Hauses empfinden mit mir, daß sich hier ein Ereignis von geistiger und moralischer Dramatik vollzogen hat. (Beifall bei den Regierungsparteien.)

Viertens. Zur ausgewogenen Nahostpolitik unserer Regierung gehört die Bereitschaft, zum Frieden zwischen Israel und seinen arabischen Nachbarn beizutragen. So hat es der Bundesaußenminister kürzlich in drei arabischen Hauptstädten dargelegt und erörtert.[4] Aber wir können – ich sagte es wieder und wieder – nicht die Aufgaben eines Vermittlers übernehmen; denn wir überschätzten damit unsere Kraft. Aber unsere guten Dienste, zum Beispiel für die Methodik von Friedensbemühungen, zur Verfügung zu stellen, sofern dies gewünscht wird, daran braucht es nicht zu fehlen. Dies setzt voraus, daß wir zuhören können, daß wir jedes Wort ernst nehmen, das zum Frieden hinführen kann. Daß Israel den Frieden will und zu Kompromissen bereit ist, dies wurde uns mit großer Eindringlichkeit gesagt.

Fünftens. Selbstverständlich gibt es Möglichkeiten, die guten Beziehungen zwischen den beiden Staaten, über die ich spreche, auszubauen; dies gilt auch für die Europäische Gemeinschaft. Dort werden wir uns für eine gerechte und realistische Mittelmeerpolitik zu verwenden haben, weiterhin zu verwenden haben für eine Politik, die sich nicht in der Wiederholung substanzleerer Formeln erschöpft. Es darf nicht der kleinste gemeinsame Nenner sein, mit dem die Gemeinschaft der Friedlosigkeit in dieser Nachbarregion begegnet. Die Gemeinschaft muß fähig sein, ihre Interessen zu definieren, einen Willen zu bilden und nach ihm zu handeln.

Schließlich bitte ich um Ihr Verständnis, meine sehr verehrten Damen und Herren, wenn ich diesen Augenblick nutze, um vor dem Deutschen Bundestag mit der Adresse an die Premierminister Golda Meir und ihren Außenminister Abba Eban zu sagen, wie dankbar ich für die Tage in Israel bin. Nichts von dem, was uns an Freundschaft begegnete, war selbstverständlich. Alles, was wir zu beeinflussen vermögen, soll die Lehren der Vergangenheit beherzigen und dem organisierten, dem gesicherten Frieden zugute kommen.

(Anhaltender lebhafter Beifall bei den Regierungsparteien.)

Nr. 77
Fernschreiben des Präsidenten der Vereinigten Staaten von Amerika, Nixon, an den Bundeskanzler, Brandt
30. Juli 1973[1]

NARA, Nixon Presidential Materials Staff, NSC, 1969–1974, Presidential Correspondence 1969–1974, Box 754 (Übersetzung aus dem Englischen: Wolfgang Schmidt).

Sehr geehrter Herr Bundeskanzler,
vielen Dank für Ihre Nachricht vom 18. Juli mit Ihren Anmerkungen zum Treffen der Außenminister der Neun in Kopenhagen.[2] Ich stimme mit Ihnen überein, dass ein gewisser Fortschritt in dem Sinne erzielt worden ist, dass die Europäer nun bereit zu sein scheinen, sich mit einigen der wesentlichen Aspekte der atlantischen Beziehungen zu befassen.

Gleichzeitig muss ich in aller Offenheit meine Überraschung über die Vorgehensweise zum Ausdruck bringen, die sich nach den europäischen Beratungen abzeichnet. Drei Monate nach unserer Initiative[3] und nach zahlreichen Diskussionen, die wir auf europäische Bitte auf bilateraler Ebene geführt haben, stellen wir jetzt fest, dass die Europäer nicht gewillt sind, wesentliche Themen mit uns bis Mitte September zu erörtern.[4] Nachdem eine Reihe europäischer Regierungen, auch die Ihre, uns versichert hatten, ihre grundlegenden Ansichten als Antwort auf unsere Vorstellungen vorzulegen, haben die Europäer nun beschlossen, diese Ansichten zurückzuhalten, bis sie untereinander eine gemeinsame Position in Besprechungen ausgearbeitet haben, von denen wir ausgeschlossen sind. Wie ich es sehe, ist beabsichtigt, uns dann diese gemeinsame Position vorzulegen und danach den Meinungsaustausch auf eine Art durchzuführen, bei der von uns verlangt wird, mit beauftragten europäischen Vertretern zu verkehren. Ich muss Ihnen ehrlich sagen, dass ich es verwunderlich finde, dass ein Unternehmen, dessen Ziel darin bestand, einen neuen Geist Atlantischer Solidarität zu schaffen, und dessen Kern sein sollte, in jedem Stadium zusammenzuarbeiten, nun beinahe in eine europäisch-amerikanische Konfrontation verwandelt werden soll.

Unter diesen Umständen sollten Sie wissen, dass wir keine weitere Initiative in bilateralen oder multilateralen Foren ergreifen, sondern auf das Ergebnis der Neun im September[5] warten werden und dann entscheiden, ob und wie wir weiter vorgehen werden. Unsere Entscheidung wird erstens durch die Art des Dokuments beeinflusst werden, das entsteht, und zweitens dadurch, ob das Verfahren für den nachfolgenden europäisch-amerikanischen Dialog in Einklang steht mit einer kooperativen statt einer gegeneinander gerichteten Vorgehensweise bei den amerikanisch-europäischen Beziehungen.

Lassen Sie mich nun jedoch sagen, dass ich zu den folgenden Schlussfolgerungen in Bezug auf meine beabsichtigte Reise nach Europa[6] gekommen bin: Ich werde nicht nach Europa kommen, außer wenn es ein Ergebnis gibt, das der Notwendigkeit entspricht, die atlantischen Beziehungen zu stärken. Ich kann keine Treffen in multilateralen Foren in Betracht ziehen, an denen meine europäischen Kollegen ihre Teilnahme nicht für möglich halten. Ich glaube nicht, dass es dem in unserer Initiative ins Auge gefassten und – wie ich dachte – zwischen uns bei Ihrem Besuch im Mai hier vereinbarten Zweck dienen würde, in Europa Kommuniqués zu unterzeichnen, die nicht auch von anderen Regierungschefs unterzeichnet werden.

Mir lag daran, dass Sie Kenntnis von diesen Ansichten haben, so dass es zu keinen Missverständnissen zwischen uns kommt. Es würde mich natürlich freuen, Ihre weiteren Ansichten zu dieser Angelegenheit zu erfahren.

Hochachtungsvoll
Richard Nixon

Nr. 78
Fernschreiben des Bundeskanzlers, Brandt, an den Präsidenten der Vereinigten Staaten von Amerika, Nixon
4. August 1973

AdsD, WBA, A 9, 20.

Sehr geehrter Herr Präsident,
ich danke Ihnen für Ihr Fernschreiben vom 30. Juli.[1]

Es ist bei allen Schwierigkeiten, die uns noch begegnen, doch ein Vorteil, daß wir uns heute in einem Stadium von Konsultationen über eine Bekräftigung der Allianz und eine Skizzierung des Verhältnisses zwischen den Vereinigten Staaten und dem sich einigenden Westeuropa befinden. Als die Vereinigten Staaten die Initiative ergriffen haben, das Jahr 1973 zum Jahr Europas zu erklären und das neue Verhältnis zwischen Amerikanern und Westeuropäern zu definieren[2], hatte es darüber ja keine vorbereitenden Konsultationen gegeben.

Ich sehe einen Zusammenhang zwischen der – von mir geteilten – Auffassung, daß eine Atlantische Erklärung Substanz haben muß, und der Notwendigkeit, allen Beteiligten ausreichend Zeit für Überlegungen, Konsultationen und Entscheidungen zu lassen.

In den Gesprächen, die wir zur Monatswende April/Mai[3] miteinander führten, bin ich dafür eingetreten, daß die Vereinigten Staaten sich im gemeinsamen Interesse so verhalten sollten, als ob die Europäische Gemeinschaft schon eine festere Struktur gewonnen hätte. Die Neun befinden sich in einem sehr schwierigen Stadium eines Lernprozesses, wie sie trotz der vorhandenen nationalen Interessen zu einer gemeinsamen Linie in wichtigen politischen Fragen finden können.

Ich kann verstehen, daß Sie bestimmte Aspekte dieses Lernprozesses, z. B. den damit verbundenen Zeitaufwand, lästig finden. Aber ich glaube nicht, daß die Vereinigten Staaten, die sich so lange dafür eingesetzt haben, daß Europa mit einer Stimme spricht, ein falsches Gefühl des Ausgeschlossenseins haben sollten, wenn die Neun versuchen, sich untereinander einig zu werden.

Ich bin überzeugt, und möchte das stark unterstreichen, daß sich durch diesen Prozeß nichts an dem Gefühl der Verbundenheit und den gleichgearteten Interessen auf dem Gebiet der Sicherheit zwischen europäischen und den amerikanischen Partnern im Atlantischen Bündnis ändert.

Im übrigen bin ich der Auffassung, daß die Zeit bis Mitte September keineswegs verloren ist. Die Vereinigten Staaten werden nach einem erfolgreichen Abschluß der Diskussion unter den Neun nicht mit instructed representatives[4] und schon gar nicht im Sinne einer Konfrontation sprechen müssen. Es geht vielmehr jetzt darum, im Sinne früherer amerikanischer Wünsche zu definieren, was die Europäer eigentlich wollen. Mit anderen Worten, den von Ihrer Regierung entworfenen Arbeitspapieren soll ein von den europäischen Regierungen entworfenes Arbeitspapier zur Seite gestellt werden.

Volles Verständnis habe ich für Ihre Haltung, daß Sie das Ergebnis der europäischen Meinungsbildung erst kennen wollen, ehe Sie sich über Ihr weiteres Vorgehen äußern. Ich bin aber nach wie vor der Meinung, daß angesichts der bevorstehenden großen Ost-West-Konferenzen und nach dem historischen Breschnew-Besuch in den USA[5] ein Gipfeltreffen der NATO-Staaten noch in diesem Jahr angezeigt wäre. Ein offizieller Schritt des amerikanischen Präsidenten, mit dem er dem Bündnis ein Gipfeltreffen vorschlägt, würde meine eindeutige Unterstützung finden. Das Ergebnis eines solchen Treffens sollte über ein Kommuniqué hinausgehen, es sollte der Verabschiedung einer Atlantischen Erklärung dienen.

Im übrigen möchte ich noch einmal betonen, daß Sie, Herr Präsident, völlig unabhängig von dem Rahmen anderer Begegnungen, in Bonn und Berlin immer willkommen sind.

In welchem Rahmen ein Treffen mit den Neun stattfinden kann, läßt sich gegenwärtig kaum übersehen. Über die verschiedenen möglichen Konstruktionen ist schon gesprochen worden, in Washington und in Kopenhagen. Ausgeschlossen scheint mir bisher nur ein gemeinsames Treffen von NATO- und EG-Staaten, da mindestens Irland dies aus verständlichen Gründen ablehnen wird.[6]

Auch die Frage, mit welcher Art von Verlautbarung ein Treffen zwischen der Gemeinschaft und dem amerikanischen Präsidenten enden soll, läßt sich heute noch nicht entscheiden. Ich würde aber – bei Vorliegen einer ausführlichen Atlantischen Erklärung, einem Kommuniqué den Vorzug geben. Dabei habe ich auch im Auge, daß die Probleme EG/USA mindestens zum Teil sehr kompliziert sind, so daß mit Entscheidungen über Lösungen wohl kaum noch in diesem Jahr zu rechnen ist. Was wir am wenigsten wollen können, ist ein an die Öffentlichkeit dringender europäisch-amerikanischer Streit. Deshalb ziehe ich einen bescheideneren gemeinsamen Nenner einem ehrgeizigen, aber kontroversen Projekt vor.

Ich teile Ihre Auffassung, daß es zwischen uns keine Mißverständnisse geben soll, und habe Ihnen deshalb ausführlich geantwortet.
Mit freundlichen Grüßen
Ihr Willy Brandt

Nr. 79
Aus dem Gespräch des Bundeskanzlers, Brandt, mit dem französischen Historiker Rovan
22. August 1973[1]

AdsD, WBA, A 3, 507.

[...][2]
R[ovan]: [...][3] Welche Möglichkeiten sehen Sie in den kommunistischen Ländern, daß die Hoffnungen, die wir seit 30 Jahren an eine innere Entwicklung dieser Gesellschaften richten, daß die Gewalt, die Erstickung sich allmählich auflockert, daß sich das in den nächsten Jahren und Jahrzehnten doch realisieren kann? Es werden viele Hoffnungen immer wieder an Humanisierung und Détente geknüpft, die sich bislang noch nicht bestätigt haben.

B[undeskanzler]: Es gibt ganz sicher keinen notwendigen Zusammenhang zwischen Détente und innerer Freiheit in kommunistisch regierten Ländern. Auf der anderen Seite ist der Kommunismus anders als der Faschismus etwas, was zum eigenen Denken – nicht alle, aber nicht die Schlechtesten – anregt. Kommunismus ist ja eine sich vom Verstand her begründende Auffassung. Er wird dadurch auch immer wieder unbequeme Regungen zustande bringen. Das haben wir hier und da gesehen, ich will keine Beispiele groß nennen. So etwas wird sich wiederholen.

Wenn wir uns zurückerinnern: Sie sprachen von 30 Jahren. Gehen wir noch etwas weiter zurück. Ich erinnere mich an ein Wort von Trotzki. Ich weiß nicht, in welchem Zusammenhang er oder jemand über ihn es geschrieben hat. Die Fragestellung war: Warum müßt ihr dieses Maß an Gewalt ausüben? Da hat er gesagt: Wenn nicht genug Brot da ist, dann braucht man die Gendarmen, die dafür sorgen, daß das Brot, das da ist, halbwegs vernünftig verteilt wird. Der Gedanke war: Wenn die Produktion weit genug sein wird, daß sie den Bedürfnissen des Volkes in etwa gerecht werden kann, dann braucht man in diesem Sinne die Gendarmen vor den Läden nicht mehr, die sowohl die Schlange in Ordnung halten wie drinnen aufpassen, daß sich niemand mehr nimmt, als seiner Ration entspricht.

Das war, glaube ich, eine zu einfache Fragestellung. Ich glaube, wir können heute sagen, ohne zu wissen, was in den nächsten 30 Jahren passiert, daß es – wie soll man es nennen in Anlehnung an eine andere Formulierung – kein natürliches Absterben der Einparteienregime gibt. Es gab einmal bei Lenin in Anlehnung an die vorhin schon erwähnten Anarcho-Syndikalisten die Formulierung vom Absterben des Staates. Es gibt nach dem, was man jetzt übersieht, keine natürliche Ablösung der Einparteienherrschaft.

Auf der anderen Seite schließe ich nicht aus, daß es in der Weiterentwicklung anders als durch eine Revolution einen Übergang zu anderem geben kann. Ich [bin mir] immer noch nicht sicher, ob das, was in der Tschechoslowakei im Jahre 1968[4] war, sich woanders – weniger peripher, mit anderen Worten, und vielleicht auch weniger impulsiv – mit Aussicht auf partielle Durchsetzung wiederholen

könnte. Interessant ist die Erfahrung insofern, weil ich eben sagte, es gibt kein natürliches Absterben. Dort schien es das zu geben aus der kommunistischen Führungsschicht heraus, das Suchen nach einem freiheitlichen Sozialismus, einem sich demokratisierenden Sozialismus.
R[ovan]: In einem Teil der Schicht.
B[undeskanzler]: Das ist etwas, was auf die eine oder andere Weise wieder auftauchen kann.
R[ovan]: Würden Sie es, wenn man optimistisch sein sollte, als ein günstiges Zeichen ansehen, daß Leute wie mißliebige Intellektuelle nicht mehr erschossen werden, sondern nach dem Westen abgeschoben werden?
B[undeskanzler]: Ich habe es doch als einen Vorgang von beträchtlicher Bedeutung schon gehalten, daß, als Malenkow beiseite geschoben wurde, er E[lektrizitäts]-Werksdirektor in Kasachstan, glaube ich, wurde.[5] Das ist für die Betroffenen ein großer Unterschied, ob sie einen Kopf kürzer gemacht werden oder Kraftwerksdirektor sind oder sonst einer geregelten Tätigkeit nachgehen können.

Bei den Intellektuellen bin ich sehr im Zweifel, was sich nun weiter tut. In Jugoslawien, das man nicht einfach gleichstellen kann mit den Ländern des Warschauer Pakts, habe ich gerade dieser Tage in einer amerikanischen Zeitschrift wieder ein hochinteressantes Interview mit Milovan Djilas gesehen, der lange gesessen hat, der stattdessen im Cafe sitzt und hoffentlich dies lange tun kann, aber auch noch zum Schreiben kommt.[6]

In der Sowjetunion selbst äußern sich manche so, daß sie dabei Kopf und Kragen riskieren, wie wir sehen. Andere kriegen die Chance wegzugehen.
R[ovan]: Meinen Sie, daß auf lange Sicht die Politik, die Sie seit vielen Jahren führen, irgendwie eher zu einer inneren Deblockierung in der Sowjetunion und in den übrigen Ländern führen kann als zum Gegenteil?
B[undeskanzler]: Das wäre nicht eine Frage meiner Politik. Was meine Politik angeht, die hat den Sinn gehabt, mein Land nicht in

eine hoffnungslose Isolierung geraten zu lassen. In die wäre es spätestens zu dem Zeitpunkt geraten, wo die Amerikaner und die Russen, und nicht nur die Franzosen und die Russen, sich mehr oder weniger normalisiert miteinander eingerichtet hätten. Das, was man deutsche Ostpolitik genannt hat, ist ein Gleichziehen der Bundesrepublik mit ihren westlichen Verbündeten. Freilich, da wir nicht irgendwo liegen, sondern in einem interessanten Gebiet, ist dies nicht nur ein äußerlicher Vorgang, sondern er hat eine eigene Qualität.

Aber Ihre Frage ist nicht eine an mich, sondern an uns alle im Westen. Da sage ich: Alles, was sich aus der Détente ergibt an nicht nur Handel, sondern wissenschaftlichem Austausch und auch etwas mehr Tourismus, auch etwas mehr kultureller Begegnung – alles dies muß nicht nützen, was die großen Veränderungen angeht, es kann auf keinen Fall schaden, was die angeht. Es kann nützen.

Ich will gleich einen Einwand aufgreifen. Wenn mein Freund Heinrich Böll dabeisäße, vielleicht sogar wenn Grass dabeisäße, der sich neulich in Florenz bei einer Kommission des Europarates dazu geäußert hat[7], dann würden die möglicherweise sagen: Was ihr da in Helsinki macht, die Konferenz für Sicherheit und Zusammenarbeit[8] – Zusammenarbeit, auf das kulturelle Gebiet bezogen –, das ist doch eher das nicht ganz Lebendige, was gefördert wird. Dort, wo es aktuelle geistige Produktionen und Auseinandersetzungen betrifft, passiert ganz wenig.

Ich sage, selbst wenn dies so wäre, dann ist auch der Austausch im eher konventionell-kulturellen Bereich plus Wissenschaft – auf die komme ich gleich mit einem Satz – auf jeden Fall nützlich. Es ist auch nützlich in diesem ganz primitiven Sinne, als nicht nur wir Interessantes zu bieten haben, sondern zunehmend auch die Sowjetunion für unsere Wissenschaftler, um die mal zu nehmen, etwas zu geben hat.

Ich komme jetzt auf eine Nebenlinie, die ist folgende: Ohne daß ich Opfer der Zukunftsgläubigkeit werde, von der ich in anderem Zusammenhang mich abgegrenzt habe: Ich meine, daß die moderne Industriegesellschaft – manche spielen mit dem Gedanken der „postindustrial society"; es ist mir gleich –, die hochtechnisierte Gesellschaft ist wohl in ganz anderem Maße als früher darauf angewiesen, daß die, die sie tragen, ihre Techniker, ihre technischen Wissenschaftler, in ganz anderem Maße als früher mit dem in Kontakt sind, was in anderen Ländern gedacht und experimentiert und produziert wird.

Dies wird wiederum nicht notwendigerweise zur Freiheit für unsere Form von Freiheit führen. Es ist auch denkbar, daß das, wovon wir sprechen, in einem Kondominium von Technokratien möglich ist. Aber es ist jedenfalls nichts, was eine Entwicklung hin zu mehr Freiheit stoppen könnte, was ihr entgegenstünde.

[. . .][9]

R[ovan]: Liegt darin nicht eine gewisse Gefahr, nämlich in der Einseitigkeit, daß unsere Gesellschaften sich im Vergleich zu [vor] 15 oder 20 Jahren geöffneter für die kommunistischen Einflüsse zeigen? [. . .][10] Ist diese Anfälligkeit unserer Gesellschaft nicht etwas Gefährliches, wenn wir sehen, wie wenig anfällig die andere Seite ist?

B[undeskanzler]: Erstens wissen wir nicht, mit welchen Problemen die es wirklich zu tun haben. Es wird nicht so sichtbar. Zum anderen, wenn wir in die Zeit des Kalten Krieges zurückgehen, hat es nicht Zeiten gegeben, in denen in unseren Ländern das Sich-Absperren, die im übertragenen Sinne Maginot-Linie gegenüber dem Osten, keineswegs bedeutet hat, daß der Kommunismus zu Hause still und ungefährlich war?

R[ovan]: Nur war er in sich isolierter in der Gesellschaft. Das Phänomen der Permeabilität hat sich in den letzten Jahren verstärkt. Ich würde sagen, je mehr wir in die Détente eintreten, um so sicherer müßten wir unserer Werte sein. Das ist nicht der Fall. Das liegt in der Art und Weise, wie wir sie darstellen. Hier liegt für mich ein Problem. Ich war sehr begierig zu hören, wie Sie es sehen. – Darf ich den Europa-Komplex anschneiden. Ich stelle Ihnen keine Fragen zur Tagespolitik; es sind mehr Grundsatzströme. Ich gehe davon aus, weil es auch meine Überzeugung ist, daß der Wunsch Ihrer Regierung, auf dem Wege des europäischen Zusammenschlusses weiterzukommen, nicht in Frage zu stellen ist. Ich bin nicht der Meinung von Herrn Chirac.[11]

Aber kann man sagen, daß für Sie und Ihre Partei und Ihre Regierung das Ziel der Europapolitik weiter die Idee eines, sagen wir, europäischen Bundesstaates ist mit einer gemeinsamen Regierung, einem gemeinsamen Parlament, mit natürlich enorm viel Dezentralisation auf den verschiedenen Ebenen? Aber das ist weiterhin das Ziel Ihrer Politik, wie es das Ziel der Regierung vor Ihnen, zumindest offiziell, gewesen ist?

B[undeskanzler]: Am Tage, bevor wir unser erstes Gespräch führten, waren die Herren der Europa-Union bei mir, also der privaten Organisation in unserem Lande, die sich mit großem Elan dieser Sachen annimmt.[12] Die Herren haben wert gelegt auf die Feststellung, daß sie nicht nur eine Europa-Union (West) seien, sondern sie stünden voll hinter meiner Regierung, wenn es sich darum handelte, die Weiterentwicklung der EG zur Politischen Union[13] zu betreiben, aber immer auch offen zu sein, wenn es möglich ist, größere europäische Lösungen außerdem zu finden.

Heute ist es die Kombination zwischen dem Bemühen um ein organisiertes Westeuropa plus solche Dinge, über die wir gesprochen haben, gesamteuropäische Kooperation trotz der gesellschaftlichen Unterschiede. Dies muß nicht das letzte Wort der Geschichte sein.

Ich sage es ganz bewußt auch deswegen, weil man manchmal gefragt wird: Wie hältst du es eigentlich mit den deutschen Dingen? Hast du da eine Alternative? Ist es etwa so, daß du Europa nur machst, weil du Deutschland nicht zusammenfügen kannst? Würdest du, wenn du Deutschland zusammenfügen könntest, diesem den Vorrang geben? Das ist eine gekünstelte Fragestellung, denn ich bin nicht in der Situation, in der ich mir unter lauter schönen Dingen das schönste aussuchen kann. Die Erfahrung zeigt vielmehr, daß, wenn nicht ein Wunder passiert, die Deutschen gar nicht in die Verlegenheit kommen, über die Frage ihrer nationalen Einheit im staatlichen Sinne nachzudenken, wenn sich zwischen den Teilen Europas nicht etwas Grundlegendes verändert, nicht nur eine Zusammenarbeit. Wenn Zusammenarbeit zwischen West und Ost in Europa auf bestimmten Gebieten möglich ist, dann auch zwischen den Teilen Deutschlands, wie sich jetzt zeigt.

Sollte eines Tages, weil die Voraussetzungen andere sind als heute, zwischen den Teilen Europas mehr möglich sein, dann kann man auch nicht ausschließen, daß zwischen den Teilen Deutschlands mehr möglich sein könnte. Dies sage ich in aller Unbefangenheit, weil ich mich nicht einfach nur hinter Verfassungsgebote verstecke. Die sind auch wichtig, jedenfalls habe ich sie nicht vergessen.

Aber es ist, um die praktische Politik zu nehmen, von entscheidender Bedeutung für die Europäer selbst, die Westeuropäer konkret, für die Relation Europa–Amerika, für das West-Ost-Verhältnis, für die Organisierung des Friedens, um einen Terminus von Jean Monnet aufzunehmen, daß aus der Europäischen Gemeinschaft mehr wird als der Gemeinsame Markt und die sich daraus – wenn auch mühsam – entwickelnde Wirtschafts- und Währungsunion; also die Europäische Union, von der Präsident Pompidou mit unser aller Zustimmung im Oktober vergangenen Jahres auf der Gipfelkonferenz in Paris[14] gesprochen hat und die wir nicht erst, wie einige polemisch jetzt meinen, 1980 in Angriff nehmen wollen, sondern die wir, wenn wir Glück haben, bis 1980 auf den Weg gebracht haben wollen.

Dazu wollen wir bis Ende 1975 – ich hoffe, wir schaffen es – skizzieren, welche Maßnahmen im einzelnen dazu gehören. Ich habe in die Erörterungen mit der französischen Regierung und mit anderen den Versuch der Formulierung hineingebracht: eine Regierung der Europäischen Union auf den Gebieten der gemeinsamen Verantwortung. Nicht mit dem Mißverständnis verbunden, als könne dieses Europa ein Schmelztiegel werden, wie es die Vereinigten Staaten gewesen sind. Das ist der große Unterschied. Dort Schmelztiegel – hier das Zusammenfügen der kulturell und in anderen Strukturen eigenständigen Glieder Europas. Die Welt würde ärmer, nicht nur Europa selbst, wenn dies eingeebnet würde. Die Landkarte muß die Erhebungen im Gelände weiter deutlich machen und die verschiedenen Physiognomien.

Aber auf den Gebieten, auf denen es vernünftigerweise gemeinsame Aufgaben gibt, da muß es auch die Strukturen einer übergeordneten Regierung geben. Und die muß demokratisch gebildet werden. Sie muß sich demokratisch verantworten. Das heißt, es muß nicht nur irgendwann ein Parlament kommen, sondern es muß die Parlamentarische Versammlung, die es heute gibt, entwickelt werden. So wie nebeneinander her die Organe der Wirtschaftsgemeinschaft und das langsam sich bildende Organ der politischen Zusammenarbeit entwickelt werden müssen, aneinander herangeführt werden müssen, so muß die Assemblée mehr Befugnisse bekommen, und man darf nicht nur darüber reden, ob und wann einmal direkt gewählt wird. Das ist auch ein interessantes Thema; ich glaube, nicht einmal das wichtigste.

Der Senat der Vereinigten Staaten war schon eine sehr potente Körperschaft, auch als er von denjenigen Herren beschickt wurde, die aus den Körperschaften gewählt wurden. Wenn jemand vom Deutschen Bundestag, der frei gewählt ist, entsandt wird, dann wird der nicht von einem Kaninchenzüchterverein geschickt, sondern von den gewählten Vertretern des Volkes. Damit sage ich nicht, daß nicht eines Tages auch direkte Wahlen kommen können.

Aber wichtiger ist, die Befugnisse zu verstärken, das Zusammenspiel zwischen Verwaltung und dieser Körperschaft. Jetzt finden übrigens schon viermal im Jahr zusätzlich zu den Kommissionskontakten zwischen den Außenministern auch in außenpolitischen Fragen Kolloquien mit der Gemeinschaft statt. Es wird ein Rechnungshof kommen, der, wenn er wirkt, der Assemblée wichtige Hinweise gibt. Der Wirtschafts- und Sozialrat kann ausgebaut werden. Aber ich hätte natürlich auch nur „ja" sagen können auf Ihre Frage.

[...]¹⁵

Nr. 80
Rede des Bundeskanzlers, Brandt, vor der Vollversammlung der Vereinten Nationen
26. September 1973

Bulletin des Presse- und Informationsamtes der Bundesregierung, Nr. 119 vom 27. September 1973, S. 7–23.

I.

Ich spreche zu Ihnen als Deutscher und als Europäer. Genauer: mein Volk lebt in zwei Staaten und hört doch nicht auf, sich als eine Nation zu verstehen. Und zugleich: unser Teil Europas ist noch nicht viel mehr als eine Wirtschaftsgemeinschaft, aber es will noch in diesem Jahrzehnt zur Europäischen Union[1] zusammenwachsen.

Wir – die Vertreter der Bundesrepublik Deutschland – sind hier keine Fremden. In den Sonderorganisationen[2] haben wir seit langem mitgearbeitet. Mit fast allen vertretenen Staaten unterhalten wir gute Beziehungen. Hier am Sitz der Vereinten Nationen, in New York, ist uns in den zurückliegenden Jahren viel Verständnis entgegengebracht worden.

Mir liegt daran, unseren Freunden zu danken, die für uns das Wort ergriffen haben, als wir von dieser Stelle aus nicht für uns selber sprechen konnten. Wir werden nicht vergessen, auf wen wir uns verlassen konnten.

Aber ich will dies gleich hinzufügen: Wir sind n i c h t hierhergekommen, um die Vereinten Nationen als Klagemauer für die deutschen Probleme zu betrachten oder um Forderungen zu stellen, die hier ohnehin nicht erfüllt werden können. Wir sind vielmehr gekommen, um – auf der Grundlage unserer Überzeugungen und im Rahmen unserer Möglichkeiten – weltpolitische Mitverantwortung zu übernehmen.

Die Gründung der Vereinten Nationen und die tiefste Zäsur in der deutschen Geschichte waren Ereignisse, die auf eine düstere, freilich auch ermutigende Weise korrespondierten. Die jüngste Geschichte meines Volkes ist mit der Entstehungsgeschichte dieser Weltorganisation wahrhaftig eng verknüpft.

Das deutsche Volk und die beiden deutschen Staaten haben seit 1945 einen weiten Weg zurückgelegt. Und dennoch: die Genugtuung darüber, daß wir hier freundlich aufgenommen werden, ist gemindert durch die Teilung Europas, die sich auf deutschem Boden besonders hart ausprägt und auch immer wieder – bald drei Jahrzehnte nach Kriegsende – Todesopfer fordert.

Freilich, von jenem Teil Europas aus, von dem so viele Spannungen ausgegangen sind, haben wir eine Politik der Verständigung begonnen und entwickelt, deren Ziel es war und ist, die Gräben des Kalten Krieges zuzuschütten.

Ich denke, es hat sich inzwischen gezeigt: Nicht nur Spannung, sondern auch Entspannung kann ansteckend sein.

Als Bundesrepublik Deutschland werden wir – wie es unser Außenminister Scheel nach einer völkerrechtlich verbindlichen Formulierung in der letzten Woche hier betonte – auf einen Zustand des Friedens in Europa hinwirken, in dem auch das deutsche Volk in freier Selbstbestimmung seine Einheit wiedererlangen kann.[3] Ich sage dies – bei allem Respekt – wohl wissend, daß uns die Vereinten Nationen dabei nicht wirklich helfen können.

Gerade die beiden deutschen Staaten haben erfahren, daß ihre Zueinanderordnung in gegensätzlichen politischen Gruppierungen und die daraus entstehenden Probleme heute größeres Gewicht haben als das, was man „die nationale Frage" nennt. Das gilt generell in Europa.

Trotz unterschiedlicher Gesellschaftssysteme und politischer Ordnungen, durch Vertrag und Überzeugung an verschiedene Bündnisse gebunden, haben die beiden deutschen Staaten beschlossen, eine Politik der friedlichen Nachbarschaft, des Nebeneinander und – wie wir hoffen – des Miteinander zu beginnen.

Wir werden also versuchen, friedliche Koexistenz auf deutsch zu buchstabieren. Bei der Gründlichkeit, die man unserem Volkscharakter zuweilen nachsagt, kann ich nicht versprechen, daß dies immer einfach werden wird.

Doch wichtiger: Der konsequente Verzicht, Ziele, Interessen, Meinungsunterschiede mit Gewalt zu entscheiden, war das entscheidende Moment, das es brauchte, um in der Mitte Europas Entspannung zu schaffen. Die Verträge von Moskau und Warschau, der Vertrag über die Grundlagen unserer Beziehungen zur DDR, das Abkommen der Vier Mächte über Berlin und, wie ich hoffe, bald auch der – bereits ausgehandelte – Vertrag mit der ČSSR bauen auf das Fundament des Gewaltverzichts.[4]

Nicht zuletzt Berlin zeigt die konstruktiven Chancen: Es braucht nicht länger Spannungsherd im Herzen Europas zu sein. West-Berlin ist der Wahrnehmung seiner Interessen durch die Bundesrepublik Deutschland und des Schutzes durch die Drei Mächte sicher, die als oberste Gewalt für Sicherheit und Status unmittelbar verantwortlich bleiben. Was diese Veränderung bedeutet, weiß ganz gewiß der Mann zu würdigen, der während eines kritischen Zeitabschnitts in Berlin als Regierender Bürgermeister in der Verantwortung stand.[5]

Der Gewaltverzicht war das eine Moment unserer Friedenspolitik, Einsicht in die Wirklichkeit war das andere. Diese Einsicht ist manchem bitter geworden. Doch sie war notwendig, um des Friedens willen. Denn Gewaltverzicht und das rechte Verhältnis zur Wirklichkeit sind die beiden Hauptfaktoren einer konkreten Friedenssicherung.

Damit wurde das Feld für die nächsten Schritte bereitet. Sicherheit und Zusammenarbeit in Europa sollen eine neue Grundlage finden.

Der bilaterale Gewaltverzicht ermutigt uns zu einer zweiten, multilateralen Phase europäischer Diplomatie, die auf der Basis dessen, was geworden ist, eine wirkliche Veränderung des Verhältnisses der europäischen Staaten zueinander will: Durch wachsende Sicherheit vor militärischer Bedrohung; durch intensiven wirtschaftlichen und technischen Austausch; durch die Begegnung der Menschen; durch bessere Kenntnis voneinander. Mit anderen Worten: durch einen Zustand des täglichen Friedens.

Es wäre in der Tat gut, wenn die Arbeiten von Helsinki, die nun in Genf fortgesetzt werden, bald durch eine Konferenz auf der den

Ergebnissen entsprechenden Ebene abgeschlossen werden könnten.[6] Wovon ich hier spreche, wird vielleicht einmal als ein bedeutendes Experiment verstanden werden – und zwar, wie Staaten lernen können, Konflikte zu zähmen und Gewalt abzubauen. Sollte es gar gelingen, durch vertrauensbildende Schritte jene ungeheuerliche Verschwendung zu mindern, die das Ergebnis des Mißtrauens zwischen antagonistischen Systemen ist, dann würden wir damit ein historisches Beispiel gesetzt haben.

II.

Sicherheit kann nicht durch Vertrauen allein entstehen: Auch das ist eine Realität. Diese Feststellung braucht gleichzeitig Umkehrung: Vertrauen entsteht durch Sicherheit.

Ein bedeutender Amerikaner sprach in dieser Stadt vom drohenden „nuklearen Totentanz". – Nun, die beiden Weltmächte, in deren Händen sich die bei weitem stärksten Mittel der Zerstörung befinden, haben kürzlich ein Abkommen[7] geschlossen, mit dessen Deutung mancher noch beschäftigt ist, das aber ganz gewiß dem Totentanz vorbeugen soll.

Jenes Abkommen zwischen den Vereinigten Staaten und der Sowjetunion orientiert sich an dem Prinzip des Gewaltverzichts und an der Anerkennung von Realitäten. Es bedeutet – wie ich es verstehe – aktive Koexistenz und wohl auch eine Antwort auf die Forderungen, die von den nicht-nuklearen Staaten auf der Konferenz in Genf 1968 gestellt wurden.[8]

Damals wurden von den Kernwaffen-Staaten konkrete eigene Verpflichtungen gefordert. Ich meine auch heute: Wer Macht hat, zumal atomare Macht, der hat noch nicht die Moral auf seiner Seite, auch nicht die Weisheit. Die g r o ß e n Gefahren für die Menschheit gehen von den großen Mächten aus und nicht von den kleinen.

Es muß eine Definition von Pflichten geben, denen sich die Kernwaffen-Mächte zu unterwerfen haben.

Wenn jedoch die beiden Weltmächte den Frieden nicht garantieren, wer könnte es an ihrer Stelle?

Keine der beiden, die ich nannte, ist heute ersetzbar in ihrer Verantwortung, und keine von beiden kann sich aus dieser Verantwortung lösen.

So findet unsere Welt heute ihr Gleichgewicht. Aber sie kann für diese schwierige Balance auf das spezifische Gewicht der Volksrepublik China, Japans, der Europäischen Gemeinschaft nicht verzichten. In diesem System wird die unverwechselbare Rolle Lateinamerikas, der afrikanischen Staaten, des indischen Subkontinents und der anderen Partner in Asien wirksam.

Macht ist nicht beliebig qualifizierbar. Es gibt für sie eine Grenze der Expansion – eine Grenze, an der sich Macht in Ohnmacht verwandelt. Aber: Détente ist nicht gleich Disengagement, und sie darf jedenfalls nicht Desinteresse sein, wenn nicht neue Spannung geschaffen werden soll.

Am Ende des Kalten Krieges kann es, in meinem Verständnis, weder Sieger noch Besiegte geben. Der Friede darf in Wahrheit, wenn man ihn gewinnen will, nicht Sieg des einen und Niederlage des anderen verlangen, sondern nur den einen Sieg der Vernunft und der Mäßigung erstreben.

Im übrigen: Auf Gewalt oder Androhung von Gewalt sollten alle Staaten untereinander verzichten – gleichviel, ob sie Atomwaffen besitzen oder nicht. Dies kann, wenn wir entschlossen genug sind und Glück haben, durch ein geeignetes Zusammenfügen internationaler Vereinbarungen zustande gebracht werden.

Die einzige legitime Ausnahme bliebe das Recht auf individuelle und kollektive Selbstverteidigung nach Artikel 51 der UN-Satzung.[9]

Meine Regierung ist bereit – ich will dies deutlich sagen – an einem Abkommen mitzuwirken, das in der Atlantischen Allianz vorbereitet wird, um eine ausgewogene Verminderung von Streitkräften und Waffensystemen möglich zu machen.[10] Das wird nicht von heute auf morgen möglich sein, aber es muß hieran ernsthaft und beharrlich gearbeitet werden.

Dabei geht es nicht nur um die Chance Europas. Es geht um die Chance der Welt, einen Zustand zu schaffen, der es erlaubt, unsere Aufmerksamkeit und die Kraft unserer Staaten den großen Problemen von morgen zuzuwenden. Ich darf fragen: Wenn es der Welt nicht gelingt, die Gewalt zurückzudrängen und schließlich wirksam zu ächten, wie will sie dann die Friedensprobleme lösen, die – frei und fern von Gewalt – alle unsere Energien verlangen?

III.

In einer Welt, in der zunehmend jeder auf jeden angewiesen ist und jeder von jedem abhängt, darf Friedenspolitik nicht vor der eigenen Haustür haltmachen. Kleine Schritte können, wie die Erfahrung zeigt, recht weit führen.

Vermittlung und Ausgleich in Streitfällen messen wir eine besondere Bedeutung zu. Die Stärkung der internationalen Gerichtsbarkeit, die Festigung und Fortentwicklung des Völkerrechts verdienen nach unserem Urteil die engagierte Aufmerksamkeit dieser Versammlung.

Unsere Welt ist im Aufbruch und im rapiden Wandel. Viele ihrer explosiven Probleme und Konflikte übertragen sich epidemisch durch das enge Zusammenrücken von Staaten und Kontinenten. Konflikte können, wie der zur Nutzung der Mittel der Politik unwillige oder unfähige Terrorismus dieser Zeit zeigt, durch die Verletzbarkeit hochentwickelter Gesellschaften unübersehbare Folgen haben.

Das Stichwort von der „vorbeugenden Konfliktforschung", die Voraussetzung der „präventiven Diplomatie", ist von der Einsicht geprägt, daß es nicht mehr genügt, die sogenannten klassischen Motivierungen von Streitigkeiten zu untersuchen: territoriale Ansprüche – ideologischer Herrschaftswille – nationalistischer Ehrgeiz – Versuchungen imperialistischer Dominanz – Schwächen der Sicherheitssysteme – Erschütterungen des Gleichgewichts.

Ich predige kein konfliktloses, kein spannungsloses Dasein: Das wäre eine blutarme Illusion. Ich rede von den fruchtlosen und negativen Konflikten, die uns täglich bestätigen, daß der Mensch in Furcht vor dem Menschen fähig ist, sich selbst zu zerstören. Hier gibt es neue und tiefere Aufgaben der Konfliktforschung. Lassen Sie mich in gebotener Klarheit sagen: Not ist Konflikt. Wo Hunger herrscht, ist auf die Dauer k e i n Friede. Wo bittere Armut herrscht, ist k e i n Recht. Wo die Existenz in ihren einfachsten Bedürfnissen täglich bedroht bleibt, ist es n i c h t erlaubt, von Sicherheit zu reden. Gegenüber der Not darf es k e i n e R e s i g n a t i o n geben.

Dem Erwecker einer großen Mitgliednation dieser Versammlung verdanken wir das Wort vom „gewaltlosen Widerstand"[11]; es hat seine Kraft nicht verloren. Aber die Wirklichkeit fordert die Ergänzung durch ein Gegenwort, nämlich die Feststellung: Es gibt Gewalttätigkeit durch Duldung, Einschüchterung durch Indolenz, Bedrohung durch Passivität – Totschlag durch Bewegungslosigkeit. Das ist eine Grenze, an der wir nicht stehenbleiben dürfen – denn sie kann die Grenze zwischen Überleben und Untergang sein.

Ich habe den Präsidenten jenes lateinamerikanischen Landes nicht persönlich gekannt, dessen Leben vor kurzem durch einen Staatsstreich gefordert wurde.[12] Ich will hier mit allem nur möglichen Nachdruck sagen: So geht es nicht! Oder, wenn man so will: So geht es leider auch ... Aber dann wird eines Tages zu sagen sein, daß Reform erst aus der Revolution werden konnte, nachdem Veränderung durch Reform manchen als nicht akzeptabel erschien.

Mehr und mehr wird man sich der Begrenzungen unseres Weltkreises bewußt. Wir dürfen seine Vorräte – es sei denn, wir wollten uns zum langsamen Selbstmord verurteilen – nicht hemmungslos erschöpfen; wir dürfen seine biologischen Zyklen nicht weiter vergiften lassen.

Es ist wohl kein Zufall, daß der Mensch sich heute, nachdem er seinen Planeten aus der Tiefe des Weltraums gesehen hat, der materiellen und biologischen Bedingtheit der Bewohner dieses doch so kleinen „Raumschiffs" Erde bewußt wird. Nicht nur innerhalb der einzelnen Staaten, auch weltweit, wird man darum künftig um der Freiheit und Sicherheit unseres Lebens willen auf manches verzichten müssen, was zwar ökonomisch rentabel, gesellschaftlich aber fragwürdig ist. Und manches, das ökonomisch unrentabel zu sein scheint, ist für die Existenz einer modernen Gesellschaft unabdingbar geworden.

Mir ist bewußt, daß man in manchen Entwicklungsländern geneigt ist, die Rohstoffverknappung als eine politische Chance besonderer Art zu betrachten, denn sie mag in den hochindustrialisierten Ländern da und dort zu einem Umschlag vom Überfluß zur Knappheit führen. Aber ich sage: Dies ist k e i n Grund zur Genugtuung, sondern hier ergeben sich Sorgen für alle – und nicht erst für alle, die nach uns kommen.

Wir müssen nüchtern sehen, daß die Güter dieser Welt nur dann ausreichen werden, unseren Nachkommen eine Existenz zu sichern, die modernen Vorstellungen von der Qualität des Lebens entspricht, wenn wir das Bevölkerungswachstum in verantwortbaren Grenzen halten und wenn wir der sozialen Gerechtigkeit in der Welt näherrücken.

Die bedrückende Ernährungssituation in vielen Teilen der Welt verlangt, daß wir einen Welternährungsplan entwerfen, um – wenn es irgend geht – durch eine integrierende Strategie der Nahrungsmittelproduktion und ihrer Verteilung Katastrophen zu verhindern.

Lassen Sie mich hervorheben: Wir müssen Klarheit gewinnen – und zwar rasch – nicht nur darüber, was an Nahrungsmitteln gebraucht wird, um große Teile der Menschheit vor dem Hunger zu schützen, sondern auch darüber, ob die Staaten die dafür notwendigen Regeln anzunehmen bereit sind.

Und, auf der anderen Seite: Was an Rohstoffen gebraucht wird, um die Qualität unserer Zivilisation zu garantieren und nach Möglichkeit zu steigern.

Lassen Sie mich in aller Offenheit auch dies sagen: Ob ein Mensch in kriegerischer Auseinandersetzung getötet oder durch Gleichgültigkeit zum Hungertod verurteilt wird, das macht moralisch keinen Unterschied. Wir werden uns entschließen müssen, mit ritualisierten Traditionen zu brechen: Wer den Krieg ächten will, muß auch den Hunger ächten.

IV.

Die Vereinten Nationen – unter der Herausforderung eines nahezu totalen Weltkrieges geschaffen – sind der Spiegel eines uralten

Traums der Menschheit. Er wohnt nahe an den Erwartungen des ewigen Friedens der Völker.

Aber die seit fast drei Jahrzehnten UN-trainierten Mitglieder hier wissen mindestens so gut wie wir „Neulinge": Das Millenium ist 1945 nicht angebrochen; die Vereinten Nationen sind leider nicht – jedenfalls noch nicht – zum Kristallisationskern einer Weltregierung geworden.

Und dennoch: Die Menschheit hat in diese Versammlung der Völker nicht allein ihren guten Willen, sondern auch viele ihrer Sorgen eingebracht. Keine Mitgliedsnation, die ihre Geschichte zu Hause gelassen hätte, als sie hierher kam, ja, die ihre Identität nicht in diesem schwierigen Entwurf einer universellen Repräsentanz der Völker in gewisser Hinsicht bestätigt fände!

Ich erkenne hier einen Zusammenstrom der Perspektiven aller Kontinente. Die Vielgestalt des Lebens und seiner Ordnungen zu begreifen und zu respektieren, ihr den Weg zur freien Darstellung ihrer selbst zu öffnen, dafür Normen zu schaffen, die für alle verbindlich sind – dies scheint mir der zivilisatorische Auftrag der Vereinten Nationen zu sein. Dies ist unsere Hoffnung.

Erst die Vielfalt gibt uns den Anspruch, von einer „Weltgesellschaft" zu reden. Sie steht in der Spannung zwischen gleichberechtigter Souveränität und gegenseitiger Abhängigkeit in dieser einen, unheilen Welt.

Manche Kritik an den Vereinten Nationen klingt bitter, zynisch, ist von fast jubilierendem Pessimismus – so als hoffe man heimlich, daß die Schwächen der Organisation Idee und Ziel widerlegten. Doch Rückschläge auf dem Weg zu einem Ideal beweisen nicht notwendig, daß jenes Ideal falsch ist, sondern oft nur, daß der Weg besser sein könnte.

Hier ist vieles nicht erreicht worden, was man sich vorgenommen hatte. Dies will ich mit allem Freimut sagen. Aber wir wissen auch, daß viel Elend, Unglück, Tod abgewendet werden konnte.

Hier in dieser Institution wurden immer wieder und unermüdlich Argumente der Vernunft und der Moralität proklamiert, die den Schritt in den Abgrund verbieten. Die Vereinten Nationen sind keine

Klinik der Völker, in der unsere Nationen von ihren Neurosen durch geduldige Weltärzte geheilt werden können. Doch was sie schaffen können, ist mehr Solidarität der Völker gegenüber ihren Mitvölkern.

Sie, die Solidarität, ist die Grundforderung, die an die Weltgesellschaft gestellt ist, und sie ist die Voraussetzung ihres Überlebens.

Ich spreche nicht vom utopischen Reich der Gleichheit aller Völker und aller Menschen. Aber: Wer diesen Traum von der Gleichheit niemals geträumt hat, weiß wenig vom Willen zur Gerechtigkeit, der über alle Schranken der Kontinente, der Rassen und der Religionen hinweg womöglich die eigentlich bindende Macht unter uns Menschen ist.

Es g i b t Solidarität, doch es gibt sie nicht genug. Ich bitte um mehr Mit-Leidenschaft, wo es um die Opfer der kriegerischen Konflikte geht, die jeden Tag in diesem oder jenem Winkel der Welt aufs neue aufzubrechen drohen. Ich bitte, die Opfer des – zuweilen gleichfalls grausamen – Nichtkrieges dabei nicht zu vergessen.

Auf dem Wege zur Weltbürgerschaft müssen wir Solidarität praktizieren. Von einer humanen Ordnung der Welt wird man erst dann reden können, wenn das Leitwort von der Gerechtigkeit universell verstanden wird.

Lassen Sie mich für die Bundesrepublik Deutschland sagen: Wir werden die Beschlüsse der Vereinten Nationen zur Liquidierung anachronistischen Rest-Kolonialismus unterstützen. Dies gilt nicht zuletzt für den uns benachbarten afrikanischen Kontinent.

Ohne Zusatz und ohne Vorbehalt erkläre ich weiter: Wir verdammen Rassismus als eine unmenschliche Gesinnung und als Ursache schrecklichster Verbrechen. Die eigene Geschichte ist uns hier zur bittersten Erfahrung geworden.

Im übrigen: Wer in dieser Versammlung seinen Sitz einnimmt, muß zu den moralischen Fragen des internationalen Zusammenlebens auch dann Stellung nehmen, wenn die eigenen staatlichen Interessen nicht unmittelbar betroffen sind. Er begegnet dabei zwei anerkannten Grundsätzen, die beide dem Friedenswillen dienen:

Das eine ist der Grundsatz der Nichteinmischung in die inneren Angelegenheiten anderer Staaten. Das andere ist der Grundsatz der Universalität der Menschenrechte.

Auf die Grundrechte der Charta der Vereinten Nationen dürfen sich nicht nur Staaten, sondern auch Bürger berufen. Dem Frieden kommt es zugute, wenn sich Menschen und Informationen über die Grenzen hinweg möglichst frei bewegen können.

Ich sage weiter: Wenn wir uns zur Verletzung individueller Menschenrechte, über die Unterdrückung der Freiheit kritischer Meinungsäußerung, über die künstlichen Schranken für Menschen und Informationen an den Staatsgrenzen äußern, so ist das entscheidende Kriterium nicht, ob es sich um eine verbündete oder um eine vertraglich befreundete oder um eine weniger befreundete Macht handelt; entscheidend ist, daß wir in diesen Fragen nicht teilnahmslos bleiben – selbst dann nicht, wenn manche Einzelheit undurchschaubar sein sollte.

Eine Politik des Friedens, der Solidarität und der Ablehnung von Gewalt ist unteilbar. Der Konflikt in Südostasien ist noch nicht ausgebrannt, der schwelende Konflikt im Mittleren Osten noch nicht gelöst.[13] Hier wie dort kommt es darauf an, daß gesprochen, daß nicht geschossen wird.

Mir liegt daran, unser Interesse an einem friedlichen Ausgleich im Nahen Osten besonders hervorzuheben. Meine Regierung teilt die Hoffnung, daß die internationale Gemeinschaft vor den Möglichkeiten einer Vermittlung nicht resigniert. Sie meint zugleich, daß vor allem das unmittelbare Friedensgespräch zwischen der beteiligten arabischen Welt und Israel den Ausgleich elementarer Interessen beider Seiten zu sichern vermag.

Der Kampf um den Frieden, der Kampf gegen die Not fordern das Bewußtsein, daß wir in der „einen Welt" zuletzt einem unteilbaren Schicksal unterliegen. Die Menschheit steht darum gerade hier unter dem Zwang zur Solidarität. Wo anders als in dieser Organisation der Vereinten Nationen sollten wir über die neuen Formen der lebensnotwendigen Zusammenarbeit offen reden können!

Kein Volk darf auf Kosten eines anderen leben. Wer sich diesem Prinzip verweigert, trägt dazu bei, daß wir alle teuer dafür zu bezahlen haben.

Nationaler Egoismus ist kein Schutz. Im Gegenteil: er steht jener Solidarität im Wege, bei der zuletzt auch die natürlichen und legitimen nationalen Interessen am besten gewahrt sind.

Man sollte nicht von „jungen" oder „alten Völkern" reden. Es ist realistischer, zwischen jungen und alten Nationalismen zu unterscheiden.

Die unseren – in Europa – sind alt, obwohl ein paar hundert Jahre nur ein paar Atemzüge der Geschichte bedeuten. Doch glauben Sie mir: Der wilde Traum, das Geschick eines Volkes könne sich nur in ungezügeltem Nationalismus erfüllen, ist uns gründlich zerronnen. Wir wurden auf schmerzhafte Weise gewahr, daß es vernünftigere, zuverlässigere Formen des Lebens der Völker geben muß – und daß es sie tatsächlich gibt: nämlich die Ordnung der guten Nachbarschaft.

Die Staaten des europäischen Westens haben sich entschlossen, die erste regionale Gemeinschaft zu begründen, die mehr ist als eine klassische Allianz und die auch keine Unterordnung unter ein ideologisches Reglement bedeutet. Es ist unser Ziel, in diesem Jahrzehnt zu einer Union der Wirtschaft und der Währung, der Sozialordnung und der Außenpolitik und – die Zeichen der Zeit befehlen es – auch der Sicherheit zu gelangen.[14]

Die Mitgliedschaft der Bundesrepublik, die ich vertrete, stärkt hier in den Vereinten Nationen auch die Präsenz Europas. Wir sind überzeugt, daß dies auch anderen zugute kommt.

Die westeuropäische Gemeinschaft kann ein Beispiel für wirtschaftliche Leistung und sozialen Ausgleich werden. Sie begründet sich als Macht ohne imperiale Ansprüche. Die Europäische Union wird eine Macht des Friedens und zur Welt hin offen sein.

Die Bundesrepublik Deutschland hat sich in ihrer Verfassung bereit erklärt, Hoheitsrechte auf übernationale Organisationen zu übertragen, und sie hat Völkerrecht als unmittelbar gültiges Recht dem nationalen übergeordnet.[15] Dies war die Formulierung der Einsicht, daß die Souveränität des Einzelnen wie der Völker nur in größeren Gemeinschaften gesichert werden kann, daß dem Nationalstaat in dieser Welt nicht mehr Sinn und Erfüllung der Geschichte zuzumessen ist.

So will ich am Ende dieser Rede eine Bitte zurücklassen: Seien Sie, seien wir auf der Hut vor der Tabuisierung eines Begriffes, den ich als die vielleicht fragwürdigste Hinterlassenschaft europäischer Geschichte empfinde. Ich meine den Begriff „Nationalismus", der die Opfer von Millionen und Millionen Menschenleben forderte, in dessen Namen fruchtbare Landschaften verheert, blühende Städte zerstört, Völker ausgerottet und fast eine Zivilisation – unsere eigene – vernichtet wurde.

Europa hat es sich abgewöhnt, der Welt das Maß der Dinge zu sein. Aber es hat Anlaß, die Völker vor dem großen Irrtum zu warnen, an dem es beinahe zugrunde ging: dem negativen Nationalismus. Wir haben uns weithin von dieser Hypnose befreit.

Die Nation findet ihre Sicherung nicht mehr in der isolierten Souveränität. Isolation schafft in Wahrheit Abhängigkeiten, die mit wohlverstandener Souveränität nichts mehr zu tun haben. Wir brauchen den anderen und die anderen; wir brauchen die größere Gemeinschaft, die uns den Frieden, Sicherheit und damit Freiheit gewährt.

Das ist vielleicht noch nicht „die Welt frei von Kriegen", noch nicht „the world-wide rule of reason", ‹die›[16] der Präsident der Vereinigten Staaten am 26. Juni 1945 nach der Verkündung der Konvention der Vereinten Nationen im Opernhaus von San Francisco proklamierte[17]: Aber die Menschheit darf sich nicht von der scheinbaren Unlösbarkeit ihrer riesenhaften und komplizierten Probleme lähmen lassen. Was wir jetzt brauchen, ist ein P r o g r a m m   d e s   n e u e n   M u t e s der Menschen zu ihren eigenen Fähigkeiten.

Deshalb bitte ich:

1. Laßt uns mutig und miteinander einen neuen Anfang wagen für große Ziele: Konflikte ausräumen, Rüstungen unter Kontrolle bringen, den Frieden sicherer machen.

2. Laßt uns mutig und miteinander dafür kämpfen, daß der Gewaltverzicht allgemein anerkannt wird als Grundsatz für die Lösung politischer Fragen.
3. Laßt uns mutig und miteinander – möglichst viele von uns, wie ich hoffe – und ohne Ermüdung dafür arbeiten, daß die Menschenrechte und Grundfreiheiten in der ganzen Welt Geltung und Respekt finden.
4. Laßt uns mutig und miteinander – möglichst viele von uns, wie ich hoffe – darum ringen, daß die Völker frei über ihr eigenes Schicksal verfügen können, daß die Reste des Kolonialismus überwunden werden und jeder Rassismus geächtet wird.
5. Laßt uns mutig und miteinander darauf achten, daß das Völkerrecht weiterentwickelt wird – auch durch eine wirksame Konvention gegen den Terrorismus.
6. Laßt uns mutig und miteinander das Notwendige tun, um die Welt, in der wir leben, durch Schutz der natürlichen Bedingungen lebensfähig zu erhalten und – auch durch mehr wissenschaftlichen Austausch – der Menschheit die Qualität eines lebenswerten Lebens zu sichern.
7. Laßt uns mutig und miteinander – neben der weiteren Entfaltung des Welthandels – neue Anstrengungen unternehmen für wirtschaftliche Zusammenarbeit und Entwicklung, und vor allem: Laßt uns so in der Sammlung aller Kräfte dem Hunger in der Welt unwiderruflich den Kampf ansagen!

Verehrte Delegierte, meine Kollegen und Freunde!

Die Fähigkeit des Menschen zur Vernunft hat die Vereinten Nationen möglich gemacht. Der Hang des Menschen zur Unvernunft macht sie notwendig. Der Sieg der Vernunft wird es sein, wenn eines Tages alle Staaten und Regionen in einer Weltnachbarschaft nach den Prinzipien der Vereinten Nationen zusammen leben und zusammen arbeiten.

Ich werde das nicht mehr erleben. Aber ich möchte dazu noch beitragen. Und ich bitte um jede mögliche Unterstützung, die wir – im Sinne der kleinen Schritte – den uns Nachfolgenden gewähren können.

Nr. 81
Schreiben des Bundeskanzlers, Brandt, an den Präsidenten der Vereinigten Staaten von Amerika, Nixon[1]
28. Oktober 1973

NARA, Nixon Presidential Materials Staff, NSC, 1969–1974, Presidential Correspondence 1969–1974, Henry A. Kissinger Office Files, Box 61.

Sehr geehrter Herr Präsident,
ich bin besorgt wegen der sich amtlich und öffentlich andeutenden Reaktionen, die mit unzureichenden Informationen während des jüngsten Nahostkrieges zusammenhängen.[2]

Im Interesse unserer ungetrübten und vertrauensvollen Beziehungen sowie zum Nutzen des Zusammenhalts in der Atlantischen Allianz möchte ich Ihnen unverzüglich meine Überlegungen mitteilen, um zu verhindern, daß es zu schwerwiegenden Mißverständnissen zwischen uns oder innerhalb des Bündnisses kommt.

Ohne Aktionen oder Argumente im einzelnen zu kennen, die Ihre Regierung geleitet haben, um die Dinge im Nahen Osten unter Kontrolle zu bringen, so war und bin ich der Ansicht, daß allein die USA im Zusammenwirken mit der Sowjetunion dazu imstande waren. Wie es scheint, waren Ihre Bemühungen erfolgreich.[3] Wer wollte dies nicht zu würdigen wissen! Meine Regierung hat die daran gemessen sehr geringen Möglichkeiten friedenssichernder Maßnahmen auf ihre Weise zu nutzen gesucht.

Es wäre also ein ernster Irrtum zu vermuten, meine Regierung hätte für die Notwendigkeiten des Gleichgewichts im Nahen Osten und für die Ihnen aufgebürdete Verantwortung nicht genügend Verständnis gehabt.

Gleichzeitig gilt es, sich klar zu machen, daß es sich – wie bei früheren Krisen – nicht um eine gemeinsame Verantwortung der Allianz handelte.

Daß wir nicht gleichgültig waren und daß wir wissen, wer unser Hauptverbündeter ist, haben wir mehr als einmal bewiesen. Aber es ist ein anderes Thema, wenn vom Boden der Bundesrepublik Deutschland aus – ohne daß man die Bundesregierung auch nur vollständig informiert, geschweige denn vorher fragt – über amerikanische Materialien verfügt wird, zu Zwecken, die eben nicht Teil der Bündnisverantwortung sind.[4] Hier hat die Bundesregierung im Prinzip nicht anders reagieren können, als mein Amtsvorgänger es 1958 getan hat.[5] Damals wie heute braucht und soll das nicht zu Spannungen führen, weder bilateral noch im Bündnis; denn unsere gemeinsamen Interessen können und dürfen nicht berührt werden, wenn wir Mängel an Kommunikation und Abstimmung entdecken.

Wenn es erforderlich sein sollte, will ich dies gern im einzelnen erläutern. Heute geht es mir darum, jeder Vermutung, die Bundesrepublik Deutschland könnte es an Bündnissolidarität fehlen lassen, mit Nachdruck zu widersprechen.

Ich bin überzeugt, daß die aufgetretenen Mißverständnisse und Reibungen zu einem besseren Durchdenken der Bündnisproblematik führen werden mit dem Ziel, das wir alle verfolgen, nämlich der Stärkung und Vertiefung des Bündnisses in einer schwierigen Zeit.

Diese Vorgänge haben gezeigt, wie notwendig die Arbeiten sind, die Ihre Europareise[6] vorbereiten sollen. Dabei werden die Inhalte noch wichtiger sein als die Worte.

Mit freundlichen Grüßen
Ihr ‹Willy Brandt›[7]

Nr. 82
Fernschreiben des Präsidenten der Vereinigten Staaten von Amerika, Nixon, an den Bundeskanzler, Brandt
30. Oktober 1973

AdsD, WBA, A 9, 20 (Übersetzung aus dem Englischen: Wolfgang Schmidt).

Sehr geehrter Herr Bundeskanzler,
vielen Dank für Ihren Brief[1] und die Offenheit, mit der Sie Ihre Ansichten zu den Problemen darlegen, die die Krise im Nahen Osten[2] innerhalb der Allianz hervorgerufen hat. Es gibt zwei Aspekte, die ich klarstellen möchte.

Ich verstehe, dass es keine Verpflichtung gibt, eine gemeinsame Haltung der Allianz zu den Kernfragen des Konfliktes zwischen Israel und den arabischen Regierungen zu erzielen. Unsere europäischen Verbündeten haben wirtschaftliche Interessen in der Region, die zu Positionen geführt haben, die von unserer eigenen abweichen. Angesichts dieser Tatsache erwarteten die Vereinigten Staaten keine Unterstützung für ihre Politik.

Ich verstehe auch, dass die Europäer, einschließlich der Bundesrepublik, unter großem Druck der arabischen Regierungen standen. Ich war veranlasst zu glauben, unsere beiden Regierungen seien sich trotzdem einig gewesen, dass die Vereinigten Staaten einen Teil ihrer militärischen Bestände in der Bundesrepublik für Nachschublieferungen an Israel in Anspruch nehmen würden. Es war niemals die Rede davon, dies gegen den Willen Ihrer Regierung zu tun. Deshalb war es ein Schock, als unserem Botschafter mitgeteilt wurde, dass diese Aktivitäten beendet werden sollten, obwohl die Krise noch lange nicht vorbei war. Es war noch überraschender, dass diese Demarche an die Presse weitergegeben wurde, bevor wir reagieren konnten.[3]

Es ist in jedem Falle das Beste, wenn wir diesen Vorfall hinter uns lassen und als abgeschlossen betrachten.

Der zweite Punkt bezieht sich jedoch auf das grundlegendere Problem der Interessen der Allianz als Ganzes. Sie merken an, dass diese Krise kein Fall gemeinsamer Verantwortung für die Allianz gewesen sei und dass militärische Lieferungen an Israel Zwecken dienten, die nicht Teil der Bündnisverantwortung seien.[4]

Ich glaube nicht, dass wir solch eine feine Linie ziehen können, während die UdSSR so tief verstrickt war und immer noch ist und während die Krise sich auf das gesamte Spektrum der Ost-West-Beziehungen auszuweiten drohte. Mir scheint, dass die Allianz nicht mit doppelter Moral handeln kann, wobei die Beziehungen der Vereinigten Staaten zur UdSSR von der Politik getrennt werden, die unsere Alliierten gegenüber der Sowjetunion verfolgen. Unsere Alliierten mögen denken, mit einer Loslösung von den Vereinigten Staaten im Nahen Osten würden sie ihre unmittelbaren wirtschaftlichen Interessen schützen, das jedoch nur zu enormen langfristigen Kosten. Eine differenzierte Entspannungspolitik, mit der die Alliierten hoffen, ihre Beziehungen zur UdSSR abzuschirmen, kann die Allianz nur spalten und letzten Endes zu verheerenden Konsequenzen für Europa führen. Wenn die UdSSR erkennt, dass sie den Nahen Osten ausnutzen kann, um die Vereinigten Staaten von ihren europäischen Alliierten zu trennen, dann ist es nur eine Frage der Zeit, bis die Sowjetunion anderswo eine aggressivere Politik einschlägt.

Ich hoffe zutiefst, dass das, was in den vergangenen Wochen geschehen ist, nur den Mangel an angemessener und rechtzeitiger Kommunikation widerspiegelt, der durch die sich überstürzenden Ereignisse verursacht wurde. Ich stimme darin überein, dass wir uns ernsthaft Gedanken über die Bedeutung der jüngsten Ereignisse für die Allianz machen müssen. Die Arbeit, die wir bereits zur Formulierung einer Grundsatzerklärung begonnen haben, erlaubt uns, einige dieser fundamentalen Probleme zu untersuchen, und zeigt die Prinzipien und Mechanismen für den Umgang mit wie auch immer gearteten Problemen auf. Sie haben vollkommen Recht, dass Substanz das Wichtigste ist, und, wie Sie wissen, hoffen wir, beim Treffen mit der Europäischen Gemeinschaft und der

NATO zügig Fortschritte zu erzielen. Die Sorgen, die ich in diesem Brief ausgedrückt habe, werden jedoch nicht gelindert durch die Weigerung der Neun, den Begriff „Partnerschaft" in einem gemeinsamen Dokument mit den Vereinigten Staaten auch nur zu erwähnen.[5]

Hochachtungsvoll
Richard Nixon

Nr. 83
Schreiben des Bundeskanzlers, Brandt, an den Vorsitzenden der SPD-Bundestagsfraktion, Wehner
18. Dezember 1973[1]

AdsD, WBA, A 8, 75.

Lieber Herbert,

wir sprachen vorgestern über Deinen Brief an mich vom 9. d[iese]s sowie über Deine ausführliche Aufzeichnung vom 2. d[iese]s [Monats].[2]

Zur Aufzeichnung füge ich einen Vermerk bei, der – bei Erwiderung der Grüsse – auch für eine Übermittlung geeignet sein könnte.[3] Die grundsätzliche Übereinstimmung mit Deinen Punkten wird dadurch nicht berührt. Besonderes Gewicht haben, wie wir besprachen, die Fragen der Vertretungen und des Mindestaustauschs (zumal für Rentner).[4]

Die Sicht der Dinge durch die Führung der DDR ist nicht nur verständlich einseitig, sondern an einer Reihe von Stellen objektiv falsch. Es gibt zudem gesicherte Erkenntnisse, sogar von Partnern des Warschauer Vertrages, nach denen es sich bei der heute feststellbaren Haltung der DDR um eine seit den ersten Monaten dieses Jahres vorbereitete und genau kalkulierte, wenngleich nicht in allen Punkten abgestimmte Politik handelt. Dabei ist zu sehen, dass die DDR gegenüber der Sowjetunion durchweg um den Nachweis bemüht ist, dass ihre Haltung gegenüber der BRD konstruktiv bleibt.

Es ist nicht auszuschliessen, dass die Führung der DDR die ihr zur Verfügung stehenden Verbindungen gegenwärtig benutzt, um einen gewissen Druck auszuüben und die Kontaktebene gegen die Verhandlungsebene auszuspielen.[5] Deshalb ist eine Koordinierung um so erforderlicher, je mehr Einzelheiten auf der Kontaktebene behandelt werden.

Im übrigen habe ich veranlasst, dass Kriele um ein Gutachten gebeten wird und dass der Kardinal verständigt wurde (während Du die Benachrichtigung des Bischofs selbst übernehmen wolltest).[6] Bestätigen wird sich noch, dass die Bundesregierung bestrebt bleibt, sich für die erwähnten und andere Verfolgte in Chile zu verwenden.[7]

Mit den besten Grüssen – zugleich Dir und den Deinen mit allen guten Wünschen zum Fest!
‹Br[andt]›[8]
PS.: Du hattest noch die Frage gestellt, ob die Einladung durch die Sejm-Fraktion der VAP Polen[s] jetzt angenommen werden sollte. Vielleicht können wir, was den geeigneten Zeitpunkt angeht, im Januar noch einmal miteinander sprechen?

Nr. 83 A
Vermerk des Bundeskanzlers, Brandt, zu seinem Schreiben an den Vorsitzenden der SPD-Bundestagsfraktion, Wehner, vom 18. Dezember 1973
18. Dezember 1973[1]

AdsD, WBA, A 8, 75.

Vermerk
zum Brief
an H[erbert] W[ehner] vom 18. 12. [19]73[2]

Die Politik der Bundesregierung, die von Moskau und Warschau über das Vier-Mächte-Abkommen bis zum Grundlagenvertrag führt[3], hat sich <u>nicht</u> verändert. Die Verträge müssen <u>in ihrer Gesamtheit</u> mit Leben erfüllt werden. Dabei ist der Grundlagenvertrag notleidend geworden.

Hier besteht der Eindruck, dass die Haltung der DDR sich versteift hat. Jedenfalls ist festzustellen, dass Erklärungen, die früher [ab]gegeben wurden – und zwar auf der Arbeitsebene wie auf der politischen Ebene, einschliesslich des Gesprächs am 31. 5. [1973][4] –, wonach nach dem Eintritt der beiden deutschen Staaten in die Vereinten Nationen vieles leichter werden würde, in keiner Weise konkretisiert und bestätigt worden sind.

Die Bundesregierung mißt nach wie vor der konsequenten Entwicklung des Nebeneinander der beiden deutschen Staaten für die Entspannung in Europa grosse Bedeutung zu. Aber diese Politik ist in jeder Bedeutung des Wortes erfolgreich nur fortzusetzen, wenn <u>beide</u> Seiten ihren Teil dazu leisten.

Zu humanitären Fragen braucht im Augenblick nichts Detailliertes gesagt zu werden. Wenn die DDR innerhalb eines Jahres ihre Auffassung zur Behandlung dieser Fragen mindestens zweimal ändert, so kann das jedenfalls nicht unserer Seite angelastet werden.[5] Im übrigen kommt es aus unserer Sicht natürlich darauf an, dass im

Rahmen des jeweils Möglichen humanitäre Lösungen gefunden werden.

Auch wenn es der anderen Seite schwer fällt, sollte sie u[nseres] E[rachtens] zur Kenntnis nehmen, dass die Argumentation im Hinblick auf das Grundgesetz nicht nur nötig, sondern auch vernünftig gewesen ist. Es wäre nicht seriös, Vereinbarungen zu schliessen, von denen man weiss, dass sie den verfassungsrechtlichen und politischen Gegebenheiten in der BRD nicht standhalten.

Das gilt auch für die jetzt zu lösenden Fragen der Einrichtung der Ständigen Vertretungen.[6] Die Bundesregierung kann dazu nur eine Vereinbarung schliessen, wenn sie der erforderlichen Zustimmung durch den Bundesrat gewiss ist. Ihre Bereitschaft zum Entgegenkommen muss – bei allem sonstigen Verständnis für die Haltung der DDR – enden, wenn die Zuordnung der DDR-Vertretung an das Bundeskanzleramt anders als im gegenseitigen Einvernehmen geändert werden soll.

Was die Verdopplung des Mindestumtauschs angeht[7], so dürfte der DDR bekannt sein, dass die bestehende Rechtslage der Bundesregierung verbietet, Wechselstuben zu schliessen oder den Banken den Handel mit Mark der DDR zu untersagen. Die ökonomischen Argumente der DDR sind schwer verständlich, nachdem während der Verhandlungen viel höhere Besucherziffern erwartet worden waren. Unter dem Gesichtspunkt, dass die eigentlich politischen Fragen vor denen der Ökonomie zu rangieren haben, ist festzustellen, dass die faktische Halbierung des Besucherverkehrs unsere Politik im Kern trifft.

Unsere Möglichkeiten werden eingeengt, wenn es nicht gelingt, gerade auf diesem Gebiet die getroffenen Entscheidungen noch einmal zu überdenken. Unsere Seite ist bereit, an zweckdienlichen Überlegungen mitzuwirken.

Bei der Bedeutung, die der Sport hat, würde es ein positives Zeichen sein, wenn die DDR – entsprechend der prinzipiell gegebenen Zusage – nun auch praktisch bereit wäre, die Rahmenvereinbarung zu schliessen, in der Berlin (West) seinen Platz findet.

Zu einzelnen Punkten wäre manches zu sagen. Massgebend ist jedoch unser Interesse an dem Versuch, Schritt für Schritt den Din-

gen wieder eine positivere Wendung zu geben. Dazu können die genannten drei Punkte (Ständige Vertretungen, Mindestumtausch, Sportverkehr) dienen.
‹Br[andt]›[8]

Nr. 84
Schreiben des Bundeskanzlers, Brandt, an den Generalsekretär des ZK der KPdSU, Breschnew
30. Dezember 1973[1]

AdsD, WBA, A 8, 58.

Sehr geehrter Herr Generalsekretär,
für die guten Wünsche, die Sie mir zu meinem runden Geburtstag aussprechen ließen, darf ich Ihnen noch einmal meinen Dank sagen.[2]

Nun habe ich die relative Ruhe der Zeit zwischen den Jahren genutzt, um mir den Stand der Beziehungen zwischen unseren beiden Ländern und die möglichen Entwicklungen zu überlegen.

Wir haben bei Ihrem Besuch im Mai als Ergebnis unserer Gespräche, an die ich gerne zurückdenke, eine Gemeinsame Erklärung unterzeichnet.[3] Der größere Teil der Maßnahmen, die wir ins Auge gefaßt haben, ist inzwischen verwirklicht oder doch eingeleitet worden. Drei Abkommen sind in Kraft getreten.[4] Das Handelsvolumen hat sich um mehr als ein Drittel gesteigert. Die Kooperation zwischen dem Staatskomitee für Wissenschaft und Technik und großen Unternehmen aus der Bundesrepublik Deutschland nimmt an Umfang zu. Der Austausch von Fachdelegationen wurde vereinbart. Zahlreiche Besuche von offiziellen Persönlichkeiten, Parlamentariern und gesellschaftlichen Gruppen haben stattgefunden.

Dies darf nicht darüber hinwegtäuschen, daß wir in wesentlichen Punkten noch nicht den Stand der Beziehungen erreicht haben, den wir beide, davon bin ich überzeugt, als notwendig ansehen, wenn die Politik der Entspannung in Europa und in der Welt dauerhaften Erfolg haben soll.

Auf dem Gebiet der wirtschaftlichen Beziehungen stehen wir in der entscheidenden Phase der Verhandlungen über das große Projekt des Hüttenwerks in Kursk.[5] Die Bundesregierung bemüht sich, zu einem positiven Ergebnis beizutragen. Sie ist aber der Auffassung, daß es nicht möglich ist, die Entscheidung ausschließlich von den – so oder so beeinflußten – Kreditbedingungen abhängig zu machen. Für die Konkurrenzfähigkeit eines Angebots sind sowohl die Qualität wie der Preis wie die Kreditbedingungen von Bedeutung. – Jedenfalls gibt es, dessen bin ich sicher, eine gute Perspektive für eine zunehmende Dichte der wirtschaftlichen Beziehungen. Dieses freilich unter der Voraussetzung, daß nicht die Ölkrise zu einem allgemeinen Rückschlag in den Bereichen des internationalen Austausches führt.

Der zweite Punkt, in dem die praktischen Ergebnisse unserer Übereinstimmung vom Mai 1973 wesentlich verbessert werden müssen, sind die mit Berlin (West) zusammenhängenden Fragen. Zwar konnte in Gesprächen, die Bundesaußenminister Scheel Ende Oktober/Anfang November in Moskau geführt hat, in einem Punkt eine weiterführende Absichtserklärung erreicht werden.[6] Sie bedarf jedoch der baldigen Konkretisierung, damit die Beziehungen, die wir inzwischen mit Prag, Budapest und Sofia aufgenommen haben, nicht unnötigen Belastungen ausgesetzt sind. Darüber hinaus gibt es auch noch andere Fragen im Zusammenhang mit Berlin (West), die dringend einer Regelung bedürfen. Ich empfinde es als bedauerlich, daß eine Einigung über das technisch-wissenschaftliche Abkommen bisher nicht erreicht wurde und daß die sowjetische Seite jetzt sogar ihr Desinteresse am Abschluß eines Abkommens über Fragen des Umweltschutzes zu bekunden scheint. Meine Regierung hat sich für die baldige Aufnahme weiterer Expertengespräche eingesetzt. Ich wäre Ihnen dankbar, wenn Sie Einfluß nehmen würden, daß diese Gespräche noch im Januar begonnen und möglichst zügig geführt werden.

Schließlich gibt es einen Punkt, der mir besondere Sorgen macht. Es ist die Entwicklung des Verhältnisses zwischen der Deutschen Demokratischen Republik und der Bundesrepublik Deutschland seit Abschluß des Grundlagenvertrages von vor einem Jahr. Wir stehen unter dem Eindruck, daß die DDR seit ihrem Beitritt zu den Vereinten Nationen kaum noch geneigt ist, irgendwelche Anstrengungen zu machen, um zu einer Normalisierung mit der Bundesrepublik Deutschland zu kommen.[7] Bei uns hat man vielmehr das Gefühl, daß sie sogar gegebene Zusagen nicht einhält und damit die unter Schwierigkeiten erreichte Balance des Grundvertrages und der dazu gehörenden Instrumente infrage stellt. Als Beispiel weise ich auf die Verdoppelung der Quoten für den Mindestumtausch bei Besuchen hin. Diese Maßnahme verletzt zwar nicht direkt den Buchstaben der im Zusammenhang mit dem Abschluß des Verkehrsvertrages gegebenen Information über Reiseerleichterungen, aber sie wirkt sich praktisch so aus, daß die Anzahl der Einreisen aus der Bundesrepublik und Berlin (West) in die DDR halbiert wurde. Und zwar geht dies ganz überwiegend zu Lasten von Personen im Rentenalter.[8]

Der sowjetischen Seite mag nicht bewußt sein, wie negativ der Eindruck ist, den diese und andere Maßnahmen der DDR auf unsere Öffentlichkeit gemacht haben. Die Situation, die sich ergeben hat, zwingt mich, Sie auf die Gefahr hinzuweisen, daß eine derart negative Entwicklung die Bemühungen meiner Regierung um die Erweiterung der Politik der Entspannung erheblich gefährden könnte. Ich wäre Ihnen dankbar, sehr geehrter Herr Generalsekretär, wenn Sie auch diesem Problem Ihre Aufmerksamkeit widmen würden. Es müßte beispielsweise möglich sein, daß die DDR einen Weg findet, der die negative Wirkung ihrer Anordnung über den Mindestumtausch ausgleicht.

Vielleicht darf ich noch darauf zurückkommen, daß Sie mich im Mai 1973 freundlicherweise zu einem Besuch in die Sowjetunion eingeladen hatten.[9] Ich freue mich auf eine solche Reise und auf die Gelegenheit, erneut mit Ihnen ausführliche Gespräche führen zu können. Aus mehreren Gründen wäre es mir angenehm, nicht zu früh im Jahr reisen zu müssen, jedoch sollte die Begegnung wohl noch vor der Sommerpause stattfinden. Ich dachte an Ende Juni, falls

das in Ihren Zeitplan paßt, und ich würde hierzu gern bei Gelegenheit Ihre Meinung erfahren. Inzwischen sollte es möglich sein, einen erheblichen Fortschritt bei der Lösung der Probleme zu erzielen, die ich in diesem Brief angesprochen habe.
Mit guten Wünschen zum neuen Jahr und
mit freundlichen Grüßen
⟨Br[andt]⟩[10]

Nr. 85
Schreiben des Bundeskanzlers, Brandt, an den Präsidenten der Vereinigten Staaten von Amerika, Nixon
28. Januar 1974[1]

NARA, Nixon Presidential Materials Staff, NSC, 1969–1974, Presidential Correspondence 1969–1974, Box 754.

Sehr geehrter Herr Präsident,
über den Stellenwert, den das Vier-Mächte-Abkommen nicht nur für Berlin, das Verhältnis zwischen den Vereinigten Staaten und der Sowjet-Union und die Entspannung in Europa hat, konnte es kaum Meinungsverschiedenheiten geben. Dabei hat der ungehinderte Transitverkehr besondere Bedeutung.[2]

In der letzten Woche hat die DDR gedroht, die Durchreise für die Angehörigen des Umweltbundesamtes zu verweigern, dessen Errichtung in Berlin die Bundesregierung in Übereinstimmung mit den Drei Mächten beschlossen hat.[3]

Die Bundesregierung folgt dabei der Rechtsauffassung der Drei Mächte, daß die Errichtung eines derartigen Amtes dem Vier-Mächte-Abkommen nicht widerspricht, was sowohl von der Sowjet-Union als auch von der DDR bestritten wird.

Es hat im Laufe des letzten Jahres einige Meinungsverschiedenheiten mit Staaten des Warschauer Paktes über eine Reihe von

Punkten im Zusammenhang mit Berlin gegeben; der Transitverkehr hat gleichwohl reibungslos funktioniert. Seine Gefährdung würde das Vier-Mächte-Abkommen gefährden.

Eine Krise des Vier-Mächte-Abkommens würde nicht ohne Folgen für das Verhältnis zwischen Ost und West überhaupt bleiben können.

Wenn Sie diese Auffassung teilen, so würde ich es für nützlich halten, wenn Sie dies die sowjetische Seite wissen ließen. Ich halte es für möglich, dass ein derartiger Schritt die Sowjetunion dazu veranlassen würde, der DDR nahezulegen, den Transitverkehr weiterhin reibungslos ablaufen zu lassen.

Andernfalls halte ich es für unumgänglich, den Konsultationsmechanismus in Gang zu setzen, den das Vier-Mächte-Abkommen vorgesehen hat. Ich hoffe aber, dass ein Schritt von Ihnen es nicht zu dieser Zuspitzung kommen lässt. Ich habe meinerseits die sowjetische Seite nicht im unklaren gelassen, [für] wie ernst ich eine Zuspitzung auf den Transitwegen halten würde.

Für die Vorbereitung der Konferenz, die am 11. Februar in Washington beginnt[4] – und zu der Aussenminister Scheel sowohl für die Europäische Gemeinschaft wie für die Bundesrepublik kommen wird – würde es mich interessieren, wie wir zusammenwirken können, um einen möglichst deutlichen Fortschritt zu erreichen. Ich würde mich freuen, auch in anderen Punkten zu hören, wie wir das vertrauensvolle Zusammenwirken noch enger gestalten können.
Mit den besten Grüssen
Ihr
⟨Willy Brandt⟩[5]

Nr. 86
Schreiben des Bundeskanzlers, Brandt, an den Vorsitzenden der SPD-Bundestagsfraktion, Wehner
12. Februar 1974[1]

AdsD, WBA, A 8, 75.

Lieber Herbert,
wie verabredet möchte ich Dir auf die gestellten Fragen und Hinweise meine Antworten geben; Du wirst einen geeigneten Weg finden, sie zu übermitteln.[2]

Jeder Zweifel an unserer Entschlossenheit, die Vertragspolitik fortzusetzen, die der Entspannung, der Sicherheit und dem Frieden in Europa dient, ist unbegründet. Die Basis dieser Politik gegenüber der DDR ist für uns, dass die DDR ein unabhängiger, souveräner Staat ist, und dass wir entsprechende Verträge mit ihr schliessen und so zwischenstaatlich mit ihr verkehren wollen. Dabei muss die DDR-Führung wissen, dass wir nicht ausserhalb unserer Verfassung handeln können und wollen. (Das Karlsruher Urteil[3] dient uns nicht als Vorwand, von der erwähnten Basis abzurücken. Bei „Karlsruhe" geht es um eine Realität, die gerade die DDR-Führung sehen sollte, die so lange bestimmten Kräften anderswo vorgeworfen hat, Realitäten nicht zu erkennen. Manchmal habe ich den Eindruck, dass die Betonung, die die DDR „Karlsruhe" gibt, höhere Barrieren schafft, als sie in unserer Praxis existieren müssen.)

Ich begrüsse, dass die andere Seite die Rolle unserer gesetzgebenden Körperschaften – und dazu gehört der Faktor Bundesrat – zutreffend einzuschätzen beginnt. Unsere Verhandlungsposition ergibt sich aus diesen Faktoren und nicht aus dem Versuch, neue Positionen zu gewinnen.

Zu den Vertretungen: Ich sehe keine Möglichkeit, über unsere Bereitschaft hinauszugehen, die Zuordnung der Vertretungen nur im beiderseitigen Einvernehmen zu ändern. Das Setzen von Fristen da-

für – auch in der allgemeinen Form, wie sie das Wort „zeitweilige" Anbindung ausdrückt – ist für uns nicht möglich.[4]
 – Zur Wiener Konvention[5]:
Die Verwendung des übermittelten Wortes „analog" ermöglicht akzeptable Formulierungen, ohne dass dadurch in der Praxis der normale zwischenstaatliche Verkehr und eine entsprechende Arbeitsweise der Vertretungen verhindert würden.[6]
 – Zu Berlin (West):
Beide Seiten sollten nicht zurückfallen hinter die gemeinsame Erklärung, die sie beim Abschluss des Grundlagenvertrages abgegeben haben.[7] Hier sollte sich eine Formel finden lassen, die von dem schon verbrieften Text und dem darin einvernehmlich ausgedrückten Inhalt ausgeht. Unser Verhandlungsführer[8] kennt genau die Grenzen des für uns Möglichen.

Zu den Prioritäten: Die Tatsache, dass ich mich an erster Stelle zu den Vertretungen geäussert habe, ändert nichts an der vorrangigen Bedeutung, die wir inhaltlich der Wiederherstellung und – auf Sicht – der zugesagten Erweiterung von Besuchsmöglichkeiten beimessen.

Die Regelung des Sportverkehrs würde einem breiten Interesse gerecht werden.

Die Führung der DDR sollte wissen, dass uns weiterhin daran gelegen ist, zu einem vernünftigen, normalen zwischenstaatlichen Verhältnis zu gelangen. Aber man muss auch wissen, dass uns Grenzen vorgegeben sind, die tatsächlich häufig nicht durch uns gezogen werden. Die öffentliche Polemik, die in den letzten Tagen zu hören war (und an der ich mich nicht beteiligt habe), dient nicht dem weiteren Abbau von Spannungen.[9]

Darüber hinaus frage ich mich, was es bedeutet, wenn statt der drei Folgeverträge zum Grundvertrag, von denen in den letzten Gesprächsrunden die Rede war, jetzt nur zwei über den Zahlungsverkehr und die Post zu Ende gebracht werden sollen, wo finanzielle Regelungen im Spiel sind. Warum soll es beim Gesundheitsabkommen nun Verzögerungen geben?[10]

Auch hierbei geht man davon aus, dass es keine Generalklausel für die Einbeziehung West-Berlins in die Folgeverträge geben kann. Aber eine prinzipielle Einigung auf der Ebene Gaus/Nier[11], die dann auf den jetzt fast abschlussreifen Fachebenen angewendet wird, wäre für uns ein ermutigendes Zeichen.

Ich muss auch auf diesem Wege betonen: Kein Fortschritt in allen diesen Fragen könnte die schwere Belastung des Vier-Mächte-Abkommens ausgleichen, die durch eine Aushöhlung des Transit-Abkommens[12] entstünde – gleichgültig, wie sie begründet würde.

Wir wollen das Vier-Mächte-Abkommen über Berlin (West) weder „ausdehnen" noch strapazieren; in allen damit zusammenhängenden Fragen wird und muss die Bundesregierung eine Haltung einnehmen, die der umfassenden Verantwortung der Drei Mächte Rechnung trägt. Wer sich an das Zustandekommen des Vier-Mächte-Abkommens erinnert, wird die Interpretation des Abkommens durch die Vier Mächte nicht streitig machen.[13]

Über Gangarten der Entwicklung sollte man nachdenken und lässt sich, was uns angeht, reden. Die Normalisierung wird kaum zu entwickeln sein, wenn es nicht gelingt, an einem gewissen Mass von Vertrauen in die Absichten der jeweils anderen Seite festzuhalten.
Mit freundlichen Grüssen
‹Br[andt]›[7]

Nr. 87
Schreiben des Präsidenten der Vereinigten Staaten von Amerika, Nixon, an den Bundeskanzler, Brandt
19. Februar 1974[1]

NARA, Nixon Presidential Materials Staff, NSC, 1969–1974, Presidential Correspondence 1969–1974, Box 754 (Übersetzung aus dem Englischen: Wolfgang Schmidt).

Sehr geehrter Herr Bundeskanzler,
ich danke Ihnen sehr für Ihr Schreiben vom 28. Januar[2] mit der Analyse der jüngsten Schwierigkeiten um Berlin, und ich möchte Ihnen versichern, ich teile Ihre Sorge, dass es keinerlei Behinderungen beim Zugang nach Berlin geben darf.

Sicherlich hat Sie Minister Bahr, der bei seinem kürzlichen Besuch in Washington[3] voll über unsere Aktionen informiert wurde, bereits darüber unterrichtet, dass die Vereinigten Staaten sofort Maßnahmen ergriffen haben, als wir von der durch Vertreter der Deutschen Demokratischen Republik geäußerten Drohung erfuhren.[4] Am 25. Januar sprach der stellvertretende Außenminister Kenneth Rush mit dem sowjetischen Botschafter in Washington, um unserer Sorge über die Drohungen, den Zugang nach Berlin zu behindern, Ausdruck zu verleihen. Vier Tage später überbrachte unser Geschäftsträger in Moskau gemeinsam mit seinen britischen und französischen Kollegen der sowjetischen Regierung eine mündliche Mitteilung im gleichen Sinne.

Im Gespräch mit Außenminister Kissinger am 4. Februar[5] warf der sowjetische Außenminister Gromyko die Berlinfrage auf und betonte die Ansicht der Sowjetunion, dass die Errichtung des Umweltbundesamtes in Berlin eine Verletzung des Vierseitigen Abkommens sei. Er fügte hinzu, dass die DDR dieser Entwicklung nicht gleichgültig zuschauen könne. Außenminister Kissinger legte unsere festen Ansichten in dieser Frage dar und forderte Herrn Gromyko auf, die DDR zu drängen, den Zugang nach Berlin nicht zu behindern.

Zusätzliche Aktivitäten können sicherlich in Betracht gezogen werden, falls es sich als notwendig erweisen sollte, aber es scheint mir nun das Beste zu sein abzuwarten, wie die Sowjetunion auf die Darlegungen reagiert, die wir bereits gemacht haben. Deshalb befürworte ich jetzt nicht, formelle oder informelle Vier-Mächte-Konsultationen mit der Sowjetunion anzusteuern, wie sie im vierseitigen Schlussprotokoll des Berlin-Abkommens[6] vorgesehen sind. Nach meiner Ansicht könnten solche Konsultationen die Sowjets in Versuchung führen, die Diskussion um die Rolle der Bundesrepublik in Berlin wieder zu eröffnen mit dem Ziel, eine direkte Mitsprache und eine restriktivere Definition der Tätigkeit der Bundesrepublik in der Stadt zu erreichen. Gerade dies wollen wir sicherlich beide vermeiden.

Auf meine Bitte hin hat Außenminister Kissinger das Berlin-Thema unmittelbar mit Außenminister Scheel bei dessen Besuch in Washington anlässlich der Energiekonferenz[7] besprochen. Ich habe zusätzlich Botschafter Hillenbrand angewiesen, in dieser Angelegenheit mit Ihrer Regierung in engem Kontakt zu bleiben. Diesbezüglich möchte ich die Bedeutung betonen, die wir frühzeitigen Beratungen unter den Alliierten über geplante Aktivitäten und Initiativen der Bundesrepublik in Berlin beimessen, um volles Einvernehmen unter uns zu erzielen, während sich der Planungsprozess auf endgültige Entscheidungen zubewegt.

Ich möchte Ihnen auch meinen Dank aussprechen für die konstruktive Rolle, die Außenminister Scheel und Finanzminister Schmidt bei der Energiekonferenz in Washington gespielt haben.[8] Ich glaube, die Konferenz – und insbesondere das Abkommen[9], das erzielt wurde, um einen Rahmen der Zusammenarbeit für die Behandlung dieses Problems zu schaffen – stellt einen wichtigen und erfolgreichen ersten Schritt in Richtung einer Lösung der weltweiten Energiekrise dar. Die Vereinigten Staaten sind der Ansicht, dass es für uns alle – Verbraucherländer, produzierende Länder und Entwicklungsländer – unbedingt notwendig ist, zusammenzuarbeiten, wenn wir diese Herausforderung bewältigen sollen. Mit der Energiekonferenz haben wir einen guten Anfang gemacht und ich freue

mich, mit Ihnen die Arbeit an diesem für alle Nationen so wichtigen Thema fortzusetzen.
Hochachtungsvoll
‹Richard Nixon›¹⁰

Nr. 88
Schreibens des Bundeskanzlers und Vorsitzenden der SPD, Brandt, an den Präsidenten der Regierungsjunta der Republik Chile, General Augusto Pinochet Ugarte
28. Februar 1974¹

AdsD, WBA, A 8, 15.

Exzellenz,
die Reise meiner Freunde, Hans-Jürgen Wischnewski, Vorsitzender des Ausschusses für Internationale Beziehungen beim Parteivorstand der Sozialdemokratischen Partei Deutschlands und Mitglied des Deutschen Bundestages, und Alwin Brück, Vorsitzender des Ausschusses für wirtschaftliche Zusammenarbeit des Deutschen Bundestages, im vergangenen September nach Santiago de Chile zum Anlass nehmend, möchte ich mit diesem Schreiben ein persönliches Anliegen an Sie herantragen.²

Wie Sie wissen, bin ich zugleich Vorsitzender der Sozialdemokratischen Partei Deutschlands und besonders in dieser Eigenschaft einer Reihe von chilenischen Bürgern, in ihrer Mehrzahl Mitglieder der Radikalen Partei Chiles, persönlich verbunden, deren Schicksal mich in besonderer Weise berührt.

Es gehören dazu:
    Anselmo Sule Candia,
    Hugo Miranda Ramirez,
    Camilo Salvo,
    Carlos Morales Abarzua,

Anibal Palma,
Jorge³ Tapia Valdes,
Orlando Cantuarias Zepeda,
Benjamin Teplizky⁴,
Miguel Muñoz,
Clodomiro Almeyda,
Edgardo Enriquez Froden und
Kurt Dreckmann.

Mir ist bekannt, dass die genannten chilenischen Bürger von den Behörden inhaftiert worden sind und sie gerichtliche Verfahren zu erwarten haben.⁵

Ich darf Sie darum bitten, meinen Wunsch, von Ihnen Auskunft über das Schicksal meiner langjährigen Freunde zu erhalten, nicht als unzulässige Einmischung in die Angelegenheiten Ihres Landes zu betrachten. Ich wäre Ihnen sehr dankbar, informierten Sie meine Freunde, Hans-Jürgen Wischnewski und Alwin Brück, anlässlich ihrer Reise nach Chile⁶ darüber, welches Schicksal die genannten Bürger zu erwarten haben, und gestatteten Sie ihnen, meine chilenischen Freunde an ihrem gegenwärtigen Aufenthaltsort zu besuchen. In der Hoffnung, dass Sie meiner Bitte entsprechen werden,
begrüsse [sic] ich Sie mit dem Ausdruck meiner vorzüglichsten Hochachtung
‹Willy Brandt›⁷

Nr. 89
Fernschreiben des Präsidenten der Vereinigten Staaten von Amerika, Nixon, an den Bundeskanzler, Brandt
6. März 1974

AdsD, WBA, A 9, 20 (Übersetzung aus dem Englischen: Wolfgang Schmidt).

Sehr geehrter Herr Bundeskanzler,
Außenminister Kissinger hat mich über seine Gespräche mit Außenminister Scheel, in dessen Eigenschaft als amtierender Ratspräsident der Europäischen Gemeinschaft, hinsichtlich der Entscheidung der Neun unterrichtet, mit einem Programm für eine ausgedehnte Zusammenarbeit mit der arabischen Welt voranzugehen.[1]

Ich möchte Ihnen freimütig meine Reaktion auf diese neue Entwicklung in einer Frage von beträchtlicher Bedeutung für die Vereinigten Staaten mitteilen.

Zunächst veranschaulicht die Vorgehensweise, mit der die Neun eine bedeutende Entscheidung herbeigeführt haben, wieder einmal die Unzulänglichkeiten in den Beratungen zwischen den Vereinigten Staaten und Europa. Bei einer Angelegenheit von solcher Tragweite, die nicht nur die Aussichten auf Frieden im Nahen Osten, sondern auch die wirtschaftliche Zukunft Europas wie auch der Vereinigten Staaten betrifft, hätten wir vorherige enge Beratungen erwartet. Statt dessen gab es bestenfalls wenig Informationen und ungenügende Diskussionen; die Vereinigten Staaten hatten praktisch keine Gelegenheit, ihre Ansichten ihren engsten Verbündeten mitzuteilen. Erneut scheint es so, dass wir in die Richtung driften, eher als Widersacher denn als Partner miteinander umzugehen.[2] Dies entspricht kaum den Beziehungen in einem Bündnis.

Angesichts dieses neuesten Beispiels unseres Unvermögens, sinnvolle beratende Beziehungen mit den Neun zustande zu bringen, habe ich den Außenminister angewiesen, den Stand unserer Diskussionen über eine Erklärung mit den neun Mitgliedern der Europäischen Gemeinschaft zu überprüfen, einschließlich des Entwurfs[3], der Außenminister Kissinger in Brüssel übergeben wurde. Auf diese Weise soll entschieden werden, ob unsere dazu gemachten Überlegungen genutzt werden können, dieses Hauptproblem in unseren Beziehungen anzugehen.

Diese Überprüfung macht es erforderlich, das in der nächsten Woche vorgesehene Treffen zwischen den politischen Direktoren [der EG] und den Herren Sonnenfeldt und Hartman[4] zu verschieben. Außenminister Kissinger wird mit Minister Scheel in Kontakt treten, sobald unsere internen Diskussionen weiter fortgeschritten sind.

Was den Kern des Programms der Europäischen Gemeinschaft angeht, so haben die Vereinigten Staaten im Prinzip natürlich nichts gegen das Konzept zur Entwicklung einer langfristigen Beziehung zwischen den Neun und der arabischen Welt einzuwenden. Aber wir können nicht die Tatsache ignorieren, dass diese Initiative in einer äußerst heiklen Phase der Verhandlungen für eine friedliche Regelung im Nahen Osten ergriffen wird. Man kann nur spekulieren, ob die Entscheidung der Neun diesem Prozess weitere Schwierigkeiten hinzufügen wird. Wie Außenminister Kissinger in Bonn[5] zu erklären versuchte, müssen die Europäer zumindest erkennen, dass sie in ihren Treffen mit den arabischen Staaten mit politischen Vorschlägen konfrontiert werden, die Position der Europäischen Gemeinschaft zu Fragen und Problemen der Friedensregelung zu definieren.

Außerdem wäre es wahrscheinlich, dass die Europäer, wenn sie eine solche Initiative zu diesem Zeitpunkt eigenständig verfolgen, unausweichlich in eine Konkurrenzsituation gegenüber den Vereinigten Staaten geraten werden. Es ist genau dieser Konkurrenzkampf, den wir durch die Zusammenarbeit in der Energiekoordinierungsgruppe[6] zu vermeiden versucht haben. Wenn die Regierungen der Neun entschlossen sind weiterzumachen, dann scheint es mir das Allermindeste, ein System enger Konsultation und Abstimmung aufzubauen, um zu versuchen, die Fallstricke zu vermeiden, die ich bei unserem Vorangehen auf getrennten Wegen sehe.

Ich glaube, indem wir solche Vorkehrungen in einer praktischen und wichtigen politischen Frage treffen, könnten wir die Bedeutung und den Wert der Prinzipien zeigen, die wir in der gemeinsamen Erklärung der Vereinigten Staaten und der Europäischen Gemeinschaft zu artikulieren versuchen.

Ich dachte, es ist das Beste, Ihnen meine Ansichten so offen wie möglich mitzuteilen, und ich würde eine Reaktion Ihrerseits in gleichem Sinne begrüßen. Natürlich steht es Ihnen frei, diese Ansichten an Ihre Kollegen zu übermitteln. Mit herzlichen Grüßen, hochachtungsvoll
Richard Nixon

Nr. 90
Schreiben des Bundeskanzlers, Brandt, an den Präsidenten der Vereinigten Staaten von Amerika, Nixon[1]
8. März 1974

NARA, Nixon Presidential Materials Staff, NSC, 1969–1974, Presidential Correspondence 1969–1974, Henry A. Kissinger Office Files Box 61.

Sehr geehrter Herr Präsident,
ich danke Ihnen für Ihr Schreiben vom 6. März, in dem Sie mir Ihre Reaktion auf die Unterrichtung mitteilen, die Außenminister Scheel am 4. März in Brüssel Außenminister Kissinger über die Ergebnisse des 12. EPZ-Ministertreffens gegeben hat.[2] Ich habe meine acht Kollegen mit der Bitte um besonders vertrauliche Behandlung von Ihrem Schreiben in Kenntnis gesetzt.

Ich bedaure es, daß sich die amerikanische Regierung nicht in der Lage sieht, in der nächsten Woche der Einladung der Neun zur Fortsetzung der Direktorengespräche über eine gemeinsame europäisch-amerikanische Grundsatzerklärung Folge zu leisten. Mir liegt außerordentlich viel an der Fortführung dieser Gespräche und an ihrem baldigen positiven Abschluß. Ich verspreche mir von den beiden geplanten Erklärungen im Rahmen der NATO und zwischen den Neun und den USA eine Beruhigung der Diskussion über das europäisch-amerikanische Verhältnis, die den atlantischen Beziehungen nur zugutekommen kann. Daher hat auch Außenminister Scheel im Auftrag der Neun über Außenminister Kissinger bereits informell fragen lassen, ob es Ihnen möglich sein werde, zur Unterzeichnung der geplanten Grundsatzerklärung in der zweiten Hälfte April nach Brüssel zu kommen.[3] Ich hoffe sehr, daß Ihre Regierung nach der angekündigten Überprüfung der Lage ebenso wie wir zu dem Schluß kommen wird, daß ein baldiger positiver Abschluß der Arbeiten an einer gemeinsamen Grundsatzerklärung im Interesse beider Seiten liegt.

Über Ihre Reaktion auf die europäische Initiative für einen europäisch-arabischen Dialog[4] bin ich, um mit demselben Freimut zu sprechen, wie Sie es taten, überrascht. Wie die Bundesregierung in einem ständigen Gespräch mit Vertretern Ihrer Regierung betont hat, handelt es sich bei diesem Dialog um Fragen des Gesamtverhältnisses zwischen Westeuropa und den arabischen Staaten, das wir als notwendigen Beitrag zur Stabilisierung der Lage im Nahen Osten und im ganzen Mittelmeerraum betrachten. Wir sehen diesen Dialog daher als flankierende Unterstützung und keinesfalls als ein Konkurrenzunternehmen Ihrer laufenden Friedensbemühungen und der Gespräche über eine vernünftige weltweite Lösung der Energiefrage. Diese Auffassung wird, wie Bundesminister Scheel Herrn Außenminister Kissinger mitgeteilt hat, von den anderen Partnerstaaten der EG in vollem Umfang geteilt. Wie Sie ja sicher erfahren haben, hatten die Neun sich ja auch darauf geeinigt, den Text ihrer geplanten Demarche in arabischen Staaten so zu fassen, daß amerikanischen Bedenken gegen eine möglicherweise für später in Aussicht genommene Außenministerkonferenz Rechnung getragen wurde.[5]

Selbstverständlich sollten Europa und Amerika in diesen Fragen ihr Vorgehen miteinander abstimmen. Über die Notwendigkeit rechtzeitiger, vollständiger und gegenseitiger Unterrichtung waren

sich die Neun beim Ministertreffen am 4. März 1974 in Brüssel ja auch einig. Die Bundesregierung wird sich im Kreise der Neun darum bemühen, geeignete Verfahren zu entwickeln, durch die wichtige Fragen gemeinsamen Interesses rechtzeitig abgestimmt werden können.
Mit freundlichen Grüßen Ihr
gez[eichnet] Willy Brandt

Nr. 91
Schreiben des Präsidenten der Vereinigten Staaten von Amerika, Nixon, an den Bundeskanzler, Brandt
14. März 1974[1]

NARA, Nixon Presidential Materials Staff, NSC, 1969–1974, Presidential Correspondence 1969–1974, Box 754 (Übersetzung aus dem Englischen: Wolfgang Schmidt).

Sehr geehrter Herr Bundeskanzler,
herzlichen Dank für Ihr Schreiben vom 8. März.[2] Ich stelle fest, dass die Neun bei ihrem Treffen am 4. März in Brüssel[3] hinsichtlich des Dialoges mit den arabischen Staaten, den zu führen die Neun beschlossen hatten, die Notwendigkeit des rechtzeitigen und vollständigen Informationsaustausches zwischen uns erkannt haben. Wie ich Ihnen bereits in meinem Schreiben vom 6. März[4] zu erkennen gab, sind wir besorgt, dass der Vorschlag zur Entwicklung einer langfristigen Beziehung zwischen den Neun und der arabischen Welt zu einer Konkurrenzsituation mit uns führen könnte. Die Chancen für eine friedliche Regelung und somit für einen stabileren Nahen Osten sind heute größer als zu irgendeinem Zeitpunkt während der vergangenen 25 Jahre. Ich bin sicher, dass Sie und Ihre Kollegen der Neun zustimmen werden, dass es in unser aller Interesse im

Westen liegt, keine Maßnahmen zu ergreifen, die diesen Prozess gefährden könnten.

Es hat offensichtlich einige Verwirrung im Konsultationsprozess gegeben, der der Entscheidung der Neun vorausging. Ich glaube den Versicherungen, die Sie in Ihrem Schreiben bezüglich der Konsultationen gegeben haben, aber ich muss betonen, dass nach meiner eigenen Überzeugung der Konsultationsprozess nicht von der Person, die gerade die EG-Präsidentschaft innehat[5], abhängig gemacht werden sollte, sondern einer besser organisierten Beziehung zwischen den Neun und den Vereinigten Staaten entspringen sollte.

Wir haben uns eingehend Gedanken über die Situation gemacht, in der wir uns als Ergebnis der unzulänglichen Konsultationen zwischen den Vereinigten Staaten und den Neun befinden, die stattfanden, bevor die Neun beim Brüsseler Treffen am 4. März eine Entscheidung getroffen haben. Wir haben auch andere politische Aktivitäten der Neun aus den vergangenen Monaten sowie den Verlauf der Beratungen über eine gemeinsame Erklärung noch einmal durchdacht.

Nach unserer Ansicht wäre ein Verhältnis mit wirklichen Konsultationen der natürlichste und normalste Ausdruck der Partnerschaft, die schon so lange zwischen den Vereinigten Staaten und den Neun im atlantischen Rahmen existiert. Aber nach den Erfahrungen der letzten Monate scheint es klar zu sein, dass die Neun Vorbehalte in dieser Sache haben und dass deshalb das Bemühen, Formulierungen auszuarbeiten, von denen wir glauben, dass sie notwendig sind, nur zu weiteren Auseinandersetzungen oder sogar zu Bitterkeit führen würde. Andererseits würde das Beschönigen der offensichtlichen Meinungsverschiedenheiten durch eine Kompromisssprache das verschleiern, was ich für einen grundsätzlichen Streitpunkt halte, dem sich früher oder später beide Seiten des Atlantiks zuwenden müssen und der sogar dazu führen könnte, dass die Beziehungen zwischen uns in ein Muster fallen, das wir für die Zukunft nicht wollen. Folglich bin ich zu dem Schluss gekommen, dass es wünschenswert wäre, die Situation weiter reifen zu lassen in der Hoffnung, dass spätere Ereignisse den gemeinsamen Nutzen demonstrieren werden, den wir alle aus der Verwirklichung besser organisierter Konsultationsmechanismen ziehen werden. Unter diesen Umständen sollte die Frage meiner möglichen Teilnahme an der Unterzeichnung der Erklärung, die Sie freundlicherweise in Ihrem Schreiben angesprochen haben[6], natürlich auch auf einen späteren Zeitpunkt vertagt werden.[7]

Ich habe Ihnen in aller Offenheit geschrieben, weil ich meine, es ist unbedingt erforderlich, dass es keine Missverständnisse zwischen den Vereinigten Staaten und den Neun gibt bezüglich unserer Auffassungen vom Charakter der Beziehungen, die zwischen uns bestehen sollen. Sie werden zweifellos diese Stellungnahme an Ihre Kollegen übermitteln wollen.

Es gibt natürlich eine Beziehung zwischen der gemeinsamen Erklärung der Vereinigten Staaten und der EG der Neun und dem NATO-Text. Wir werden bald weitere Stellungnahmen zur NATO-Deklaration an die Alliierten zu übermitteln haben.

Ich möchte, dass Sie wissen, dass ich mich weiterhin persönlich und tief verpflichtet fühle, die Beziehungen zwischen den Alliierten fortwährend zu stärken. Es ist meine Hoffnung und Überzeugung, dass die Staaten der NATO diesen Wunsch teilen und dass wir zusammen eine Neuformulierung der Prinzipien erarbeiten werden, die unsere fundamentale Partnerschaft bestimmen.

Mit herzlichen Grüßen,
hochachtungsvoll
‹Richard Nixon›[8]

Nr. 92
Schreiben des Bundeskanzlers, Brandt, an den König der Belgier, Baudouin
10. April 1974[1]

AdsD, WBA, A 8, 50.

Eure Majestät,
Bundespräsident Heinemann hat mir von Ihrem Gespräch über den Stillstand der Europäischen Einigung berichtet und mir Ihre Überlegung, ich möchte angesichts der kritischen Situation die Initiative zu ihrer Überwindung ergreifen, übermittelt. Ihrer großen Besorgnis haben Sie auch in der Rede Ausdruck gegeben, die Sie bei dem Essen für den Bundespräsidenten in Brüssel gehalten haben.[2]
 Ihr eindringlicher Appell hat mich tief bewegt.

 Ich teile Ihr Urteil über den Ernst der Lage, in der sich die Europäische Einigung gegenwärtig befindet, und ich betrachte wie Sie die Schwierigkeiten mit großer Sorge. Ich glaube indes, daß der geeignete Zeitpunkt für eine Initiative sehr sorgfältig überlegt werden muß. Vieles wird zunächst von der Entwicklung der Haltung Großbritanniens abhängen, vieles sicherlich auch von der Situation, die sich in Frankreich nach dem so plötzlichen Tod von Präsident Pompidou ergeben wird.[3]

 In den Gesprächen, die ich anläßlich der Trauerfeier für den verstorbenen Präsidenten in Paris[4] führen konnte, habe ich mit Genugtuung festgestellt, daß der Wunsch nach einer Weiterentwicklung der Gemeinschaft allenthalben geteilt wird.

 Sie können, Majestät, versichert sein, daß ich das in meiner Macht liegende tun werde, um die dringendsten Probleme noch in diesem Jahr lösen zu helfen. Es darf in der europäischen Einigung nicht bei dem Stillstand bleiben.

 Genehmigen Sie, Majestät, den Ausdruck meiner ausgezeichneten Hochachtung
 ⟨Br[andt]⟩[5]

Nr. 93
Fernschreiben des Präsidenten der Vereinigten Staaten von Amerika, Nixon, an den Bundeskanzler, Brandt
8. Mai 1974

AdsD, WBA, A 9, 20 (Übersetzung aus dem Englischen: Wolfgang Schmidt).

Sehr geehrter Herr Bundeskanzler,
ich habe Ihren Rücktritt als Bundeskanzler mit Bedauern zur Kenntnis genommen.[1] Es steht mir natürlich nicht zu, die innenpolitische Lage in der Bundesrepublik zu kommentieren. Ich möchte jedoch, dass Sie wissen, Sie werden weiterhin, was auch immer die Zukunft für Sie bereithält, wie in der Vergangenheit meine aufrichtige persönliche Freundschaft besitzen.
Hochachtungsvoll
Richard Nixon

Anmerkungen

Einleitung

1 So Brandt in seiner Rede in der Freien Universität Berlin anlässlich der Feier des 100. Geburtstages von Walther Rathenau am 6. Oktober 1967, in: *Brandt, Willy:* Außenpolitik, Deutschlandpolitik, Europapolitik. Grundsätzliche Erklärungen während des ersten Jahres im Auswärtigen Amt, Berlin ²1970, S. 112.

2 Vgl. dazu und insgesamt *Winkler, Heinrich August:* Der lange Weg nach Westen. Bd. 2: Deutsche Geschichte vom „Dritten Reich" bis zur Wiedervereinigung, München 2000, S. 228 ff., *Görtemaker, Manfred:* Geschichte der Bundesrepublik Deutschland. Von der Gründung bis zur Gegenwart, München 1999, S. 391 ff., *Hildebrand, Klaus:* Von Erhard zur Großen Koalition 1963–1969, Stuttgart 1984, S. 170 ff.

3 *Brandt, Willy:* Erinnerungen. Mit den „Notizen zum Fall G.", Berlin und Frankfurt/Main 1994, S. 168.

4 Protokoll der Fraktionssitzung vom Samstag, dem 26. Oktober 1966, in: AdsD, SPD-Bundestagsfraktion, 5. Wahlperiode, Fraktionssitzungen 9.–26. November 1966, Mappe 43. Vgl. auch *Schönhoven, Klaus:* Entscheidung für die Große Koalition. Die Sozialdemokratie in der Regierungskrise im Spätherbst 1966, in: *Pyta, Wolfram/Richter, Ludwig* (Hrsg.): Gestaltungskraft des Politischen. Festschrift für Eberhard Kolb, Berlin 1998, S. 379–397.

5 Protokoll der Fraktionssitzung vom 26. Oktober 1966.

6 *Bahr, Egon:* Zu meiner Zeit, München 1996, S. 432.

7 Brandt 1994, S. 263.

8 Nr. 2.

9 Nr. 1.

10 Vgl. Berliner Ausgabe, Bd. 3, S. 30, sowie Nr. 23. Vgl. dazu insbesondere *Schmidt, Wolfgang:* Die Wurzeln der Entspannung – Der konzeptionelle Ursprung der Ost- und Deutschlandpolitik Willy Brandts in den fünfziger Jahren, in: VfZ 51 (2003) 4, S. 521–563.

11 *Schwarz, Hans-Peter:* Das Gesicht des Jahrhunderts. Monster, Retter und Mediokritäten, Berlin 1998, S. 673.

12 *Garton Ash, Timothy:* Im Namen Europas. Deutschland und der geteilte Kontinent, München 1993, S. 103.

13 *Brandt, Willy:* Die Lage der Nation, in: Protokoll der Verhandlungen des Parteitages der Sozialdemokratischen Partei Deutschlands vom 1. bis 5. Juni 1966 in Dortmund, Hannover-Bonn 1966, S. 60 ff.

14 Alle Zitate in: Nr. 1.

15 Nr. 9.

16 EA 21 (1966) 7, S. D 171–D 175. Vgl. *Hacke, Christian:* Weltmacht wider Willen. Die Außenpolitik der Bundesrepublik Deutschland, Frankfurt/Main 1993, S. 127 ff.

17 Verhandlungen des Deutschen Bundestages, Stenographische Berichte, 5. Wahlperiode, Bd. 63, S. 3662.

18 Ebd., S. 3664.

19 *Strauß, Franz Josef:* Die Erinnerungen, Berlin 1989, S. 42.

20 *Der Spiegel*, Nr. 50 vom 5. Dezember 1966, S. 37.

21 So Kiesinger Anfang Oktober 1967, zitiert in: *Kroegel, Dirk:* Einen Anfang finden! Kurt Georg Kiesinger in der Außen- und Deutschlandpolitik der Großen Koalition, München 1997, S. 169.

22 Brandt 1994, S. 169.

23 Ebd.

24 AdG 36 (1966), S. 12881.

25 Ebd., S. 12882.

26 Nr. 5. Siehe auch Nr. 7.

27 AdG 37 (1967), S. 13243.

28 Brandt 1994, S. 240.

29 Nr. 23.
30 *Brandt* 1994, S. 170. Vgl. insgesamt *Schöllgen, Gregor:* Geschichte der Weltpolitik von Hitler bis Gorbatschow 1941–1991, München 1996, S. 151 ff.
31 EA 21 (1966) 20, S. D 519.
32 *Brandt* 1994, S. 170.
33 Vgl. *Löwenthal, Richard:* Vom Kalten Krieg zur Ostpolitik, Stuttgart 1974, S. 2. Vgl. dazu insgesamt *Bender, Peter:* Die „Neue Ostpolitik" und ihre Folgen. Vom Mauerbau bis zur Vereinigung, München ³1995, S. 155 ff.
34 EA 21 (1966) 16, S. D 414 – D 424 und EA 22 (1967) 11, S. D 259 D 266.
35 Akten zur Auswärtigen Politik der Bundesrepublik Deutschland 1967, hrsg. im Auftrag des Auswärtigen Amtes vom Institut für Zeitgeschichte, 3 Bde., bearb. von *Ilse Dorothee Pautsch, Jürgen Klöckler, Matthias Peter* und *Harald Rosenbach*, München 1998, I, S. 126.
36 *Brandt* 1994, S. 172.
37 Zitiert in: *Hildebrand* 1984, S. 310.
38 Nr. 1.
39 Nr. 3.
40 Nr. 13.
41 Der Wortlaut ist abgedruckt in: AdG 38 (1968), S. 14060 f.
42 *Brandt, Willy:* Begegnungen und Einsichten. Die Jahre 1960–1975, Hamburg 1976, S. 182.
43 Nr. 12.
44 Nr. 5.
45 Nr. 6.
46 Der deutsch-sowjetische Dialog zur Frage des Austausches von Gewaltverzichtserklärungen ist dokumentiert in: AdG 38 (1968), S. 14049–14059.
47 EA 23 (1968) 3, S. D 73 – D 77.
48 EA 23 (1968) 15, S. D 360.
49 Nr. 14.
50 Nr. 16.
51 *Brandt* 1976, S. 285.
52 Vgl. Nr. 21.
53 Ebd.
54 „Die SPD wird sich nicht billig machen". Spiegel-Gespräch mit Willy Brandt, in: *Der Spiegel*, Nr. 38 vom 15. September 1969, S. 39–52, Zitat S. 50.
55 Vgl. *Der Spiegel*, Nr. 39 vom 22. September 1969, S. 36. Siehe auch: AAPD 1969, 2 Bde., bearb. von *Franz Eibl* und *Hubert Zimmermann*, München 2000, II, S. 1058.
56 *Baring, Arnulf:* Machtwechsel. Die Ära Brandt-Scheel, Stuttgart 1982, S. 268.
57 AdG 37 (1967), S. 13274.
58 Ebd., S. 13341.
59 *Brandt* 1976, S. 230.
60 Schreiben Bundeskanzler Kiesingers an Brandt vom 22. August 1967, in: AAPD 1967, II, S. 1213 f.
61 Nr. 8.
62 Protokoll der Verhandlungen des Parteitages der Sozialdemokratischen Partei Deutschlands vom 17. bis 21. März 1968 in Nürnberg, Hannover/Bonn o. J., S. 110 f.
63 Protokoll der Sitzung des SPD-Präsidiums am 26. März 1968, in: AdsD, SPD-PV, Protokolle der Sitzungen des Präsidiums, Januar – April 1968.
64 Nr. 25.
65 Protokoll der Sitzung des SPD-Parteirates am 27. Juni 1969, in: AdsD, SPD-PV, Protokolle der Sitzungen des Parteivorstandes und des Parteirates, Mai – August 1969.
66 Vgl. *Brandt* 1994, S. 184.
67 Vermerk über das Koalitionsgespräch im Großen Kabinettssaal des Bundeskanzleramtes am 2. Juni 1969, 3. Juni 1969, in: Archiv für christlich-demokratische Politik, NL Kurt Georg Kiesinger, I-226-A 010.
68 Nr. 7.
69 Nr. 1.
70 AdG 37 (1967), S. 13104 f. Siehe auch Nr. 6.
71 Ebd., S. 13105.
72 Verhandlungen, Bd. 65, S. 6360.

73 Vermerk über das Gespräch des Herrn Bundesministers des Auswärtigen mit Botschafter Abrassimow am 18. Juni 1968 in Berlin, in: AdsD, WBA, A 7, 18.

74 Nr. 22.

75 *Brandt* 1976, S. 222.

76 Bundeskanzler Kiesinger im Gespräch mit Präsident Nixon in Washington am 7. August 1969, in: AAPD 1969, II, S. 887–898, Zitat S. 896.

77 Anm. 54.

78 *Bahr* 1996, S. 247.

79 Die beiden Planungsstudien sind abgedruckt in: AAPD 1968, 2 Bde., bearb. von *Mechthild Lindemann* und *Matthias Peter*, München 1999, I, S. 796–814, und AAPD 1969, II, S. 1030–1057. Vgl. *Vogtmeier, Andreas:* Egon Bahr und die deutsche Frage – Zur Entwicklung der sozialdemokratischen Ost- und Deutschlandpolitik vom Kriegsende bis zur Vereinigung, Bonn 1996, S. 102 ff., und *Bahr* 1996, S. 224 ff.

80 *Bahr*, S. 194.

81 Anm. 54, Zitat S. 52.

82 Protokoll der Verhandlungen des Außerordentlichen Parteitages der Sozialdemokratischen Partei Deutschlands vom 16. bis 18. April 1969 in Bad Godesberg, Bonn o. J., S. 444.

83 Anm. 65.

84 Hs. Schreiben Brandts an Bundeskanzler Kiesinger vom 9. Oktober 1969, in: AdsD, WBA, A 7, 13.

85 *Kempski, Hans Ulrich:* Um die Macht. Sternstunden und sonstige Abenteuer mit den Bonner Bundeskanzlern 1949 bis 1999, Berlin 1999, S. 145. Vgl. *Baring* 1982, S. 176.

86 *Bahr* 1996, S. 270.

87 Ergebnisprotokoll über die Sitzung der SPD-Bundestagsfraktion am 3. Oktober 1969, in: AdsD, SPD-Bundestagsfraktion, 5. Wahlperiode, Fraktionssitzungen 3.–14. Oktober 1969, Mappe 137.

88 Nr. 27.

89 Ebd.

90 Protokoll der Sitzung des Parteivorstandes am 20. November 1969, in: AdsD, SPD-PV, Protokolle der Sitzungen des Parteivorstandes und des Parteirates, September–Dezember 1969.

91 Nr. 27.

92 Ebd.

93 *Bahr* 1996, S. 278.

94 EA 24 (1969) 3, S. D 67.

95 Memorandum Kissingers für Präsident Nixon, 14. Oktober 1969, in: NARA, Nixon Presidential Materials Staff, NSC, 1969–1974, Vip Visits, Box 917. Ähnlich Egon Bahr in einem persönlichen Gespräch mit dem Bearbeiter am 9. Juni 2004.

96 *Bahr* 1996, S. 271.

97 Nr. 26.

98 AdG 39 (1969), S. 15107.

99 Memorandum Kissingers für Präsident Nixon, Juli 1970, in: NARA, Nixon Presidential Materials Staff, NSC, 1969–1974, Country Files, Box 683.

100 Protokoll der Sitzung des Parteivorstandes am 20. Februar 1970, in: AdsD, SPD-PV, Protokolle der Sitzungen des Parteivorstandes und des Parteirates, Januar–April 1970.

101 Ebd.

102 *Stuttgarter Zeitung*, 4. April 1970, S. 2. Vgl. Nr. 43 und 46.

103 Schreiben Botschafter Allardts an Bundesminister Scheel vom 8. Dezember 1969, in: AAPD 1969, II, S. 1386–1388, Zitat S. 1388.

104 Vgl. dazu *Schmidt* 2003, S. 521–563. Vgl. ferner Berliner Ausgabe, Bd. 3, S. 57 ff. und Nr. 92.

105 Vgl. AAPD 1970, 3 Bde., bearb. von *Ilse Dorothee Pautsch, Daniela Taschler, Franz Eibl,*

Frank Heinlein, Mechthild Lindemann und *Matthias Peter*, München 2001, I, S. 105 ff. Vgl. auch *Bahr* 1996, S. 286 ff.
106 AAPD 1970, I, S. 112.
107 So Walter Scheel im persönlichen Gespräch mit dem Bearbeiter am 21. Mai 2004.
108 Nr. 36. Vgl. *Brandt* 1994, S. 189 ff.
109 Memorandum of Conversation, 11. April 1970, in: NARA, Nixon Presidential Materials Staff, NSC, 1969–1974, Vip Visits, Box 917.
110 *Brandt* 1976, S. 384, sowie AdG 40 (1970) S. 15413.
111 Schreiben Brandts an Präsident Nixon vom 25. Juni 1970, in: AdsD, WBA, A 8, 44.
112 *Brandt* 1994, S. 287.
113 Schreiben von Premierminister Wilson an Brandt vom 27. April 1970, in: AdsD, WBA, A 9, 21. Zur Haltung des Staatspräsidenten Pompidou vgl. Nr. 30.
114 Die „Leitsätze für einen Vertrag mit der UdSSR" sind abgedruckt in: AAPD 1970, II, S. 822–824.
115 AAPD 1970, I, S. 113.
116 Vgl. Nr. 39–41.
117 *Brandt* 1994, S. 205 f.
118 Nr. 45.
119 Vgl. Gespräch zwischen Brandt und Kossygin am 12. August 1970, in: AAPD 1970, II, S. 1438–1449.
120 Gespräch zwischen Brandt und Breschnew am 12. August 1970, in: ebd., S. 1449–1464, Zitat S. 1453. Vgl. auch Nr. 41.
121 AdG 40 (1970), S. 15652.
122 EA 25 (1970) 8, S. D 190–D 193.
123 Ebd., S. D 205.
124 Nr. 29.
125 *Brandt* 1994, S. 226. Vgl. Nr. 33, 34 und 37. Zur internen Vorgeschichte des Erfurter Treffens vgl. *Sahm, Ulrich:* Vorbereitung und Ablauf der Begegnungen Brandt-Stoph in Erfurt und Kassel, in: Bundesarchiv N 1474/114, fol. 1.
126 Nr. 34.
127 Nr. 38. Vgl. auch *Brandt* 1976, S. 484 ff., und *Brandt* 1994, S. 224 ff.
128 Nr. 38.
129 *Brandt* 1976, S. 242.
130 Schreiben Brandts an Ministerpräsident Cyrankiewicz vom 27. Oktober 1970, in: AAPD 1970, III, S. 1846–1848, Zitat S. 1847.
131 Nr. 50.
132 Der Vertragstext ist abgedruckt in: AdG 40 (1970), S. 15872 f.
133 Schreiben Marion Gräfin Dönhoffs an Brandt vom 1. Dezember 1970, in: AdsD, WBA, A 8, 58. Vgl. auch deren Artikel „Ein Kreuz auf Preußens Grab. Zum deutschpolnischen Vertrag über die Oder-Neiße-Grenze", in: *Die Zeit*, Nr. 47 vom 20. November 1970, S. 1.
134 Nr. 47.
135 Brandts Fernsehansprache aus Warschau vom 7. Dezember 1970 ist abgedruckt in: Bundeskanzler Brandt. Reden und Interviews, Vorwort von *Conrad Ahlers*, Hamburg 1971, S. 250 f.
136 *Brandt* 1976, S. 525. Vgl. auch Nr. 48.
137 Nr. 58. Hervorhebung im Original.
138 Ebd.
139 Nr. 59. Vgl. auch *Brandt* 1976, S. 464 f.
140 Nr. 60.
141 Zitiert in: *Baring* 1982, S. 332.
142 Schreiben Brandts an Präsident Nixon vom 25. Februar 1970, in: AAPD 1970, I, S. 311–313, Zitat S. 312.
143 Vgl. Nr. 32.
144 Nr. 37.
145 Der Wortlaut des Vier-Mächte-Abkommens ist abgedruckt in: AdG 41 (1971), S. 16499 ff.
146 Nr. 55.
147 *Bahr* 1996, S. 371.
148 Der Wortlaut des Grundlagenvertrages ist abgedruckt in: AdG 42 (1972), S. 17452 f.

149 So Bundesaußenminister Scheel in seiner Erklärung zum Grundlagenvertrag am 7. November 1972, in: AdG 42 (1972), S. 17452.
150 Ebd.
151 Verhandlungen, Bd. 79, S. 10711.
152 *Brandt, Willy:* Mehr Demokratie wagen. Innen- und Gesellschaftspolitik 1966–1974, bearb. von *Wolther von Kieseritzky*, Bonn 2001 (Berliner Ausgabe, Bd. 7), S. 60.
153 *Barzel, Rainer:* Die Tür blieb offen. Mein persönlicher Bericht über Ostverträge, Mißtrauensvotum, Kanzlersturz, Bonn 1998, S. 67.
154 Der Wortlaut der Entschließung ist abgedruckt in: EA 27 (1972) 13, S. D 318 f.
155 Zitiert in: *Brandt* 1994, S. 299.
156 *Baring* 1982, S. 447.
157 *Brandt, Willy:* Friedenspolitik in unserer Zeit, in: EA 27 (1972) 2, S. D 25–D 35, Zitat S. D 25.
158 Vgl. *Der Spiegel*, Nr. 47 vom 13. November 1972, Titel.
159 EA 27 (1972) 5, S. D 134.
160 Nr. 40.
161 *Bahr* 1996, S. 427.
162 *Brandt* 1994, S. 314.
163 *Ehmke, Horst:* Mittendrin. Von der Großen Koalition zur Deutschen Einheit, Berlin 1994, S. 222. Ähnlich äußerte sich Horst Ehmke im persönlichen Gespräch mit dem Bearbeiter am 8. Juni 2004.
164 Vgl. Nr. 69.
165 Alle Zitate in: Ebd.
166 Alle Zitate in: Nr. 68.
167 Schreiben Brandts an Präsident Nixon vom 9. Februar 1973, in: AAPD 1973, 3 Bde., bearb. von *Matthias Peter, Michael Kieninger, Michael Ploetz, Mechthild Lindemann* und *Fabian Hilfrich*, München 2004, I, S. 218–220, Zitat S. 219 f.
168 AdG 43 (1973), S. 17835.
169 *Brandt* 1976, S. 370.
170 AdG 43 (1973), S. 17863.

171 Nr. 72.
172 EA 27 (1972) 12, S. D 290.
173 Nr. 70.
174 Nr. 73.
175 So in der Gemeinsamen Erklärung über den Besuch Breschnews in der Bundesrepublik vom 22. Mai 1973, in: EA 28 (1973) 12, S. D 334–D 338, Zitat S. D 337.
176 Nr. 37.
177 Vgl. dazu *Potthoff, Heinrich:* Bonn und Ost-Berlin 1969–1982. Dialog auf höchster Ebene und vertrauliche Kanäle. Darstellung und Dokumente, Bonn 1997, S. 38 ff., und *Wiegrefe, Klaus/Tessmer, Carsten:* Deutschlandpolitik in der Krise. Herbert Wehners Besuch in der DDR 1973, in: DA 27 (1994) 6, S. 600–627.
178 SAPMO DY 30/J IV 2/2A/1688. Der Gesprächsvermerk ist abgedruckt in: *Potthoff* 1997, S. 280–291, Zitat S. 283. Honecker hatte sich insbesondere an Brandts Formulierungen von „einem Volk, das in zwei Staaten lebe" und über die Möglichkeit, die „Einheit Deutschlands unter Verwirklichung des Selbstbestimmungsrechts des deutschen Volkes" anzustreben, gestoßen. Vgl. ebd., S. 283.
179 AdG 43 (1973), S. 18374.
180 Nr. 83 A.
181 Nr. 84.
182 Nr. 85.
183 Vgl. Nr. 87.
184 *Der Spiegel*, Nr. 41 vom 8. Oktober 1973, S. 27.
185 Nr. 76.
186 Der Vermerk über das Gespräch zwischen Brandt und Staatspräsident Tito am 18. April 1973 ist abgedruckt in: AAPD 1973, I, S. 539–553, Zitat S. 541.
187 AAPD 1973, II, S. 960.
188 Nr. 77.
189 Alle Zitate in: Nr. 81.
190 Nr. 82. Vgl. dazu auch *Bracher, Karl Dietrich/Jäger, Wolfgang/Link, Werner:* Repu-

blik im Wandel 1969–1974: Die Ära Brandt, Stuttgart 1986, S. 254 f.
191 So Willy Brandt vor dem Deutschen Bundestag am 14. März 1974, in: Verhandlungen, Bd. 87, S. 5583.
192 Nr. 89.
193 Vgl. dazu Berliner Ausgabe, Bd. 7, S. 71 ff. und Nr. 103–106.
194 Nr. 93.
195 *Bahr* 1996, S. 274.
196 Vgl. Anm. 107. Vgl. Grundgesetz für die Bundesrepublik Deutschland vom 23. Mai 1949.
197 Außerordentlicher Parteitag der SPD vom 18. bis 20. November 1971 in Bonn, Bonn o. J., S. 44.
198 Nr. 79.
199 *Brandt* 1994, S. 155.
200 *Der Spiegel*, Nr. 38 vom 15. September 1969, S. 36.
201 AAPD 1969, II, S. 1115.
202 Anm. 157, Zitat S. D 26.
203 Berliner Ausgabe, Bd. 7, S. 77.
204 *Bracher/Jäger/Link* 1986, S. 169.
205 *Brandt* 1994, S. 500.

Nr. 1

1 Am Dokumentenanfang hs. vermerkt „6.12.1966" und ms. vermerkt „Notizen zur Regierungserklärung". Die erste Regierungserklärung der Großen Koalition gab Bundeskanzler Kiesinger am 13. Dezember 1966 vor dem Deutschen Bundestag ab. Verhandlungen des Deutschen Bundestages, Stenographische Berichte, 5. Wahlperiode, Bd. 63, S. 3656–3665.
2 Hs. von Brandt einfügt.
3 Gemeint sind die Verhandlungen zwischen der Bundesrepublik, Großbritannien und den USA über amerikanische und britische Truppen in der Bundesrepublik, die am 20./21. Oktober 1966 begannen. Vgl. AAPD 1966, 2 Bde., bearb. von *Matthias Peter* und *Harald Rosenbach*, München 1997, II, S. 1427–1429.
4 Der so genannte Elysée-Vertrag – der Vertrag über die deutsch-französische Zusammenarbeit – den Konrad Adenauer und Charles de Gaulle am 22. Januar 1963 in Paris unterzeichnet hatten.
5 Nach dem Scheitern der französischen Vorstellungen über eine NATO-Reform am Widerspruch der Bündnispartner hatte Frankreich am 1. Juli 1966 seinen Austritt aus der militärischen Integration erklärt. Die in der Bundesrepublik Deutschland stationierten Truppen wurden damit dem NATO-Oberbefehl entzogen. Die Frage des Verbleibs dieser Truppen in der Bundesrepublik machte Regierungsverhandlungen zwischen Bonn und Paris erforderlich.
6 Dies waren die Europäische Gesellschaft für Kohle und Stahl (EGKS), die Europäische Atomgemeinschaft (EURATOM) und die Europäische Wirtschaftsgemeinschaft (EWG), deren Fusion am 1. Juli 1967 vollzogen wurde.
7 Die European Free Trade Association (EFTA) wurde 1960 gegründet, nachdem der Plan einer großen Europäischen Freihandelszone, die anders als die EWG die Souveränität der Mitglieder unberührt lassen sollte, gescheitert war. Der EFTA gehörten 1966 Großbritannien, Dänemark, Norwegen, Schweden, Österreich, Portugal und die Schweiz an.
8 Der sowjetische Ministerpräsident Kossygin stattete Frankreich vom 1. bis 9. Dezember 1966 einen offiziellen Besuch ab. In einer Rede vor dem Pariser Stadtrat am 2. Dezember warf er der Bundesrepublik vor, sie erhebe „Forderungen nach Revision der Nachkriegsgrenzen", verquicke diese mit „Ansprüchen auf Kernaufrüstung" und halte damit die „Gefahr der Störung des Nachkriegsgleichgewichts und des Friedens in Europa" aufrecht. Die „Kräfte des Fa-

schismus und des Krieges, die auf dem Schlachtfeld zerschlagen worden" seien, kämen „aufs neue ans Tageslicht, wobei sie immer dreister und ungenierter" agierten. AdG 36 (1966), S. 12857.

9 Am 25. März 1966 hatte die Bundesregierung in einer so genannten Friedensnote an nahezu alle Regierungen der Welt Vorschläge zur Abrüstung und zur Sicherung des Friedens unterbreitet. Damit einher ging das Angebot, mit den Staaten Osteuropas Gewaltverzichtserklärungen auszutauschen – die DDR blieb unerwähnt. Vgl. AdG 36 (1966), S. 12402 ff.

10 Es geht um den Dissens um die Gültigkeit des Münchener Abkommens vom 29. September 1938 zwischen dem Deutschen Reich, Frankreich, Großbritannien und Italien, der die Beziehungen zwischen Bonn und Prag belastete. Vgl. dazu auch das Schreiben von Günter Grass an Willy Brandt vom 28. September 1967 und die Antwort Bahrs im Auftrag Brandts vom 16. Januar 1968, in: AdsD, WBA, A 7, 4.

11 Der Beschluss des Bundestages vom 25. März 1958, die Bundeswehr mit Trägersystemen für taktische Nuklearwaffen auszurüsten, hatte im In- und Ausland den Verdacht aktualisiert, die Bundesrepublik strebe nach der Verfügungsgewalt über Atomwaffen – ein Verdacht, der durch das deutsche Interesse an einer atomaren Multilateral Force (MLF) der NATO neue Nahrung erhielt. Die Friedensnote vom 25. März 1966 erteilte – verbunden mit einer einstimmigen Resolution des Bundestages – den vermeintlichen atomaren Ambitionen der Bundesrepublik eine Absage und bekräftigte den bereits 1954 ausgesprochenen Verzicht auf die Herstellung nuklearer Waffen. Den Schlusspunkt setzte die Unterschrift der Bundesrepublik unter den Atomwaffensperrvertrag am 28. November 1969.

12 Offiziell „Treaty on the Non-Proliferation of Nuclear Weapons". Ausgehandelt 1965–68 von den USA, der UdSSR und Großbritannien, wurde der Vertrag am 1. Juli 1968 unterzeichnet und trat – nach der Ratifizierung durch die Supermächte am 24. November 1969 sowie durch 40 weitere Unterzeichnerstaaten – 1970 in Kraft. Das Ziel des Vertrages ist es, die Verbreitung von Kernwaffen, ihren Ankauf und ihre Herstellung durch bisher kernwaffenlose Staaten zu verhindern. Die Bundesrepublik Deutschland erklärte ihren Beitritt am 28. November 1969. Am 11. Mai 1995 wurde der Vertrag von mittlerweile 178 Staaten unbefristet verlängert.

13 Nach der Aufnahme diplomatischer Beziehungen zwischen der Bundesrepublik und Israel am 12. Mai 1965 brachen am selben Tag der Irak, tags darauf Ägypten, Syrien, Libanon, Algerien, Jordanien, Jemen und Saudi-Arabien sowie am 16. Mai 1965 der Sudan ihre diplomatischen Beziehungen zu Bonn ab. Kuwait widerrief am 13. Mai 1965 seine Zusage, diplomatische Beziehungen mit der Bundesrepublik aufzunehmen, Jordanien machte Ende Februar 1967 diesen Schritt wieder rückgängig.

Nr. 2

1 Die Rede beruht auf einem von Brandt korrigierten und ergänzten Entwurf, in: AdsD, WBA, A 3, 244. Sie ist auch abgedruckt in: *Brandt* 1970, S. 9–11.

2 Von 1957 bis 1966. Vgl. dazu *Brandt, Willy:* „Berlin bleibt frei". Politik in und für Berlin 1947–1966, bearb. von *Siegfried Heimann*, Bonn 2004 (Berliner Ausgabe, Bd. 3).

3 Im Redemanuskript hieß es stattdessen: „Sozialdemokrat". Siehe AdsD, WBA, A 3, 244.

4 Brandt war der erste Sozialdemokrat an der Spitze des Auswärtigen Amtes der Bundesrepublik.
5 Die Rede Schröders ist abgedruckt in: Bulletin des Presse- und Informationsamtes der Bundesregierung, Nr. 155 vom 9. Dezember 1966, S. 1253 f.
6 Vgl. Nr. 1.
7 Brandt bezieht sich hierbei auf ein acht Punkte umfassendes Positionspapier, das die SPD-Bundestagsfraktion am 8. November 1966 vorlegte. Die ersten vier Punkte bezogen sich auf die Außenpolitik: Es gelte, „das Verhältnis zu Washington und Paris wieder in Ordnung" zu bringen, den „Ehrgeiz auf atomaren Mitbesitz" aufzugeben, für die „Normalisierung unseres Verhältnisses zu den östlichen Nachbarvölkern und für die Versöhnung mit ihnen" einzutreten und den „eigenen Handlungsspielraum gegenüber den Ostberliner Machthabern" zu erkennen und auszufüllen. AdG 36 (1966), S. 12801. Zu den Verhandlungen, die den Weg zur Großen Koalition ebneten, vgl. insgesamt *Brandt, Willy:* Auf dem Weg nach vorn. Willy Brandt und die SPD 1947– 1972, bearb. von *Daniela Münkel*, Bonn 2000 (Berliner Ausgabe, Bd. 4), S. 52–54, und Nr. 68, 70–71, sowie Bd. 7, S. 20 f., und Nr. 4–5. Vgl. auch *Schneider, Andrea H.:* Die Kunst des Kompromisses: Helmut Schmidt und die Große Koalition 1966–1969, Paderborn u. a. 1999, S. 27 ff.
8 Gustav Stresemann (DVP) wurde am 13. August 1923 Reichskanzler und Außenminister einer Regierung der „großen Koalition" aus DVP, SPD, Zentrum und DDP. Nach dem Sturz seiner Regierung im November 1923 gehörte er bis zu seinem Tod am 3. Oktober 1929 den folgenden Reichsregierungen als Außenminister an. Vgl. auch *Brandt, Willy:* Friedenssicherung in Europa. Rede anläßlich der Gedenkfeier zum 90. Geburtstag von Gustav Stresemann in Mainz am 10. Mai 1968, in: Ders.: Der Wille zum Frieden. Perspektiven der Politik, Hamburg 1972, S. 309–314.

Nr. 3
1 Vgl. Nr. 1, Anm. 12.
2 „Zur Berichterstattung".
3 Der Bonner Botschafter der Vereinigten Staaten von Amerika war George McGhee.
4 Die in bilateralen Gesprächen zwischen den Vereinigten Staaten von Amerika und der Sowjetunion vereinbarte und von der UN-Vollversammlung gebilligte Abrüstungskonferenz der 18 Mächte hatte am 14. März 1962 in Genf ihre Arbeit aufgenommen. Frankreich nahm daran nicht teil. Vgl. EA 17 (1962) 7, S. Z 72. Am 12. Februar 1967 trat der 18-Mächte-Abrüstungsausschuss zu seiner 287. Sitzung zusammen. Vgl. EA 22 (1967) 6, S. Z 67 f.
5 Brandt besuchte die Vereinigten Staaten von Amerika vom 7. bis 11. Februar 1967 und führte in Washington u. a. Gespräche mit Präsident Johnson, Außenminister Rusk, Verteidigungsminister McNamara und Vizepräsident Humphrey. Vgl. dazu AAPD 1967, I, S. 249 ff.
6 „Zusammenrotten". Gemeint ist ein etwaiger informeller Zusammenschluss der nichtnuklearen Staaten unter Führung der Bundesrepublik Deutschland.
7 Als so genannte nukleare Schwellenmacht hegte Indien beträchtliche Vorbehalte gegenüber dem Atomwaffensperrvertrag. Botschafter der Bundesrepublik Deutschland in Neu Delhi war Freiherr von Mirbach.
8 Die deutschen Interessen im Zusammenhang mit dem Atomwaffensperrvertrag bestanden für Brandt vornehmlich in der Wahrung des Rechts der zivilen Nutzung der Kernenergie sowie in der Herstellung eines Zusammenhangs zu Abrüstungs- und

Friedenssicherungsmaßnahmen. Vgl. *Brandt* 1970, S. 198.

9   Gemeint ist das in der ersten Hälfte der sechziger Jahre erwogene, letztlich nicht realisierte Projekt einer mit Atomwaffen ausgestatteten, auf Überwasserschiffen operierenden Multilateral Nuclear Force (MLF) der NATO, dem die Bundesrepublik Deutschland durchaus aufgeschlossen gegenüberstand.

10   Brandt spielt an auf den kriegerischen Konflikt in Korea (1950–1953) sowie den amerikanisch-vietnamesischen Krieg (1964–1975).

11   Die Internationale Atomenergie-Organisation (IAEO) mit rund 130 Mitgliedsstaaten wurde 1956 zur Förderung der friedlichen Nutzung der Kernenergie in Wien gegründet. Die Bundesrepublik gehört dem Gremium seit 1957 an.

12   Schriftlich niederlegen, zu Protokoll geben.

13   Sowjetische Besatzungszone.

14   Gemeint ist das am 5. August 1963 in Moskau von der Sowjetunion, den USA und Großbritannien unterzeichnete Atomteststoppabkommen über ein Verbot von Kernwaffenversuchen in der Atmosphäre, im Weltraum und unter Wasser. Der Weltraumvertrag vom 27. Januar 1967 wurde von der UN ausgearbeitet und regelte die Erforschung und Nutzung des Weltraums und untersagte nationale Aneignung sowie militärische Nutzung. Die DDR trat beiden Verträgen bei, die Bundesregierung argumentierte, dass die Hinnahme der Unterzeichnung durch die DDR nicht die Aufgabe des Alleinvertretungsanspruches bedeute. AdG 37 (1967), S. 12978 f.

Nr. 4

1   Der Leiter der amerikanischen Abrüstungsbehörde, Botschafter Foster, traf am 9. und 10. März 1967 in Bonn zu Gesprächen mit Bundeskanzler Kiesinger und Außenminister Brandt zusammen. Foster sicherte Brandt insbesondere zu, dass die US-Regierung erst nach Abschluss der Konsultationen über ein Nichtverbreitungsabkommen mit den westlichen Verbündeten zu einer entsprechenden Übereinkunft mit der UdSSR kommen wolle. Vgl. AAPD 1967, I, S. 432 ff. und S. 448 ff.

2   Vgl. Nr. 3.

3   Gemeint ist der Botschafter der Vereinigten Staaten von Amerika in Bonn, McGhee.

4   Ausgelassen wurde eine Partie Brandts zur diplomatischen Bedeutung einer Verbalnote und ihrer Unterscheidung von einem so genannten „Non-paper".

5   Brandt hielt sich vom 7. – 11. Februar 1967 in den USA auf und führte u. a. zwei insgesamt dreistündige Gespräche mit Außenminister Rusk. Zu seiner eigenen, ausführlichen Einschätzung des Ergebnisses vgl. AAPD 1967, I, S. 249 ff.

6   Anm. 1.

7   Ausgelassen wurde eine Partie zur Arbeitsweise und zu den Ergebnissen des interministeriellen Arbeitsstabes, den der Bundesverteidigungsrat am 3. Februar 1967 unter der Maßgabe einberufen hatte, mögliche Auswirkungen eines atomaren Nichtverbreitungsvertrages im zivilen und militärischen Bereich zu prüfen.

8   Nr. 3.

9   So wurde der Technologietransfer aus der Kernforschung in andere Technikbereiche und der damit verbundene indirekte wirtschaftliche Nutzen bezeichnet.

10   Gemeint ist der Vertrag über das Verbot von Kernwaffen in Lateinamerika, den am 14. Februar 1967 14 von 21 lateinamerikanischen Staaten in Mexiko City unterzeichneten. Vgl. AdG 37 (1967), S. 13035 ff.

11 Wie Anm. 7.

12 Gemeint ist die Genfer Konferenz des 18-Mächte-Abrüstungsausschusses, der seit Februar 1967 über den geplanten Vertrag über die Nichtverbreitung von Kernwaffen beriet. Vgl. AdG 37 (1967), S. 13016 ff.

13 Die Botschaft Präsident Johnsons vom 21. Februar 1967 ist auszugsweise abgedruckt in: EA 22 (1967) 20, S. D 456 f.

14 Die Rede des sowjetischen Chefdelegierten Roschtschin ist abgedruckt in: EA 22 (1967) 20, S. D 468 – D 471.

15 Die Rede der schwedischen Delegationsleiterin Myrdal ist abgedruckt in: EA 22 (1967) 14, S. D 346 ff.

16 Ausgelassen wurden Partien zu den Vorstellungen weiterer Konferenzteilnehmer und allgemeine Erwägungen.

17 Ausgelassen wurden Erläuterungen zur Vorbereitung des Besuches von Botschafter Foster in Bonn. Vgl. Anm. 1.

18 Ausgelassen wurde eine Partie, in der Brandt erneut vor der Gefahr warnt, dass eine weitere Verschleppung des atomaren Nichtverbreitungsvertrages die deutsche Position sowohl dem Westen wie dem Osten gegenüber schwächen könnte.

19 Ausgelassen wurden die Diskussionsbeiträge von Mitgliedern des Auswärtigen Ausschusses sowie Äußerungen Brandts zur Verifikation des Nichtverbreitungsvertrages, zur Rolle der zivilen Atommächte sowie zur Beschaffenheit eines ABM-Vertrages.

20 Die Bundesrepublik Deutschland und die Sozialistische Republik Rumänien nahmen am 31. Januar 1967 diplomatische Beziehungen auf.

21 Die Konferenz der Außenminister der Mitgliedstaaten des Warschauer Vertrages fand vom 8. – 10. Februar 1967 in Warschau statt. EA 22 (1967) 6, S. D 123 f.

22 Ebd.

23 Die Bukarester Erklärung vom 6. Juli 1966 ist abgedruckt in: EA 21 (1966) 16, S. D 414 – D 424.

24 Die DDR und Polen schlossen am 15. März 1967 einen Vertrag über Freundschaft, Zusammenarbeit und gegenseitigen Beistand ab, die DDR und die ČSSR am 17. März 1967. Die Texte sind abgedruckt in: EA 22 (1967) 8, S. D 191 ff.

25 Der sowjetische Ministerpräsident Kossygin hielt sich vom 6. – 13. Februar 1967 in Großbritannien auf und unterzog die Außenpolitik der Bundesregierung scharfer Kritik. AdG 37 (1967), S. 12991 ff.

26 Der polnische Außenminister Rapacki besuchte vom 26. – 30. Januar 1967 Frankreich und vom 21. – 27. Februar 1967 Großbritannien.

27 Brandt bezieht sich auf die Wahlrede des sowjetischen Ministerpräsidenten Kossygin am 6. März 1967 in Moskau. Auszugsweise abgedruckt in: EA 22 (1967) 9, S. D 212 f.

28 Staatssekretär Lahr hielt sich vom 23. – 25. Januar 1967 zu Gesprächen mit dem ungarischen Außenminister Péter und Außenhandelsminister Biró in Ungarn auf und erklärte im Anschluss, beide Seiten hätten ihre grundsätzliche Bereitschaft zur Aufnahme diplomatischer Beziehungen geäußert.

29 Der bulgarische Außenminister Baschew besuchte vom 3. – 7. März 1967 Dänemark und führte dort Gespräche mit Ministerpräsident Krag.

30 Jens Otto Krag.

31 Der bulgarische Außenminister Baschew hatte erklärt, Bulgarien sei zur Aufnahme von diplomatischen Beziehungen mit allen Staaten bereit, welche die im Gefolge des Zweiten Weltkrieges entstandenen Realitäten anerkennten. Dies gelte auch für die Bundesrepublik Deutschland. EA 22 (1967) 7, S. Z 69.

32 Gemeint ist – nach dem Abbruch vom 19. Oktober 1957 – die Wiederaufnahme der diplomatischen Beziehungen zu Belgrad, die am 31. Januar 1968 bekannt gegeben werden konnte.

33 Brandt übermittelte Bundeskanzler Kiesinger seine Auffassungen in dieser Angelegenheit am 6. März 1967. Das Dokument ist abgedruckt in: AAPD 1967, I, S. 412–415.

34 Der britische Premierminister Wilson besuchte am 15./16. Februar 1967 Bonn und führte Gespräche mit Bundeskanzler Kiesinger und Außenminister Brandt.

35 Verhandlungen, Bd. 65, S. 4381 f.

36 Ausgelassen wurden Partien zu Einzelheiten des europäischen Einigungsprozesses sowie zur Offset-Frage.

Nr. 5

1 Ausgelassen wurden Partien zur Innenpolitik, zur Zusammenarbeit in der Großen Koalition, zum Zustand der FDP, zum Wahlkampf in Rheinland-Pfalz sowie zu den Aufgaben der SPD-Bundestagsfraktion.

2 Vgl. dazu *Merseburger, Peter:* Willy Brandt 1913–1992. Visionär und Realist, Stuttgart und München 2002, S. 472 ff.

3 Ausgelassen wurden Brandts Ausführungen zu den Punkten 1 und 2.

4 Der Dortmunder Bundesparteitag der SPD fand vom 1.–5. Juni 1966 statt. Vgl. dazu v.a. Brandts Grundsatzreferat „Die Lage der Nation", in: Protokoll der Verhandlungen, S. 60 ff.

5 Ausgelassen wurde eine Bezugnahme Brandts zu den Ausführungen eines Vorredners.

6 Vgl. Nr. 3 und 4.

7 Ausgelassen wurde ein Abschnitt, in dem Brandt auf die Verhandlungen des NATO-Ministerrats in Brüssel vorausblickte.

8 Am 4./5. April 1967 nahm Brandt an einer Ministerratstagung der WEU in Rom teil. Am 10. April 1967 gab er auf einer Tagung der Räte der EWG und der EAG in Brüssel eine Erklärung ab, vom 12.–14. April 1967 stattete er Großbritannien einen offiziellen Besuch ab. Am 27. April 1967 empfing er den französischen Außenminister Couve de Murville zu Konsultationsgesprächen in Bonn.

9 Vgl. *Paasikivi, Juho K.:* Meine Moskauer Mission 1939–41, Hamburg 1966.

10 Ausgelassen wurden Einzelheiten zur Situation im Kabinett der Großen Koalition und im Auswärtigen Amt.

11 Ausgelassen wurden Bemerkungen zur Arbeitsweise der Bundesregierung.

12 Ausgelassen wurden weitere Erwägungen im Hinblick auf den für 1969 zu erwartenden Bundestagswahlkampf.

Nr. 6

1 Das vollständige Zitat lautet: „Die stillsten Worte sind es, welche den Sturm bringen. Gedanken, die mit Taubenfüßen kommen, lenken die Welt." *Nietzsche, Friedrich:* Kritische Studienausgabe, Bd. 4. Hrsg. von *Giorgio Colli* und *Mazzino Montinari,* Berlin und New York ²1999, S. 189.

2 Am 5. Juni 1967 eröffnete Israel nach ägyptischen Angriffsdrohungen den Dritten Nahostkrieg („Sechstagekrieg") gegen seine arabischen Nachbarn Ägypten, Syrien und Jordanien, der mit deren raschen und völligen Niederlage endete. Die Sowjetunion bezog auf Seiten der arabischen Staaten Position. Ministerpräsident Kossygin plädierte für einen umgehenden Beschluss der UN-Vollversammlung, demzufolge die israelische Aggression zu verurteilen sei, Israel seine Truppen zurückzuziehen und Kriegsentschädigung zu zahlen habe. Vor allem aber versprach die Sowjetunion

Ägypten umfassende militärische Zusammenarbeit sowie die großzügige Lieferung modernen Kriegsmaterials und entsandte ein Marinegeschwader ins Mittelmeer. Vgl. AdG 37 (1967), S. 13310 ff.

3 Gemeint ist die Konferenz der kommunistischen Parteien aus 24 Ländern vom 24. – 26. April 1967 über Fragen der europäischen Sicherheit in Karlsbad, in deren Erklärung die Grundzüge und Bedingungen der östlichen Europa- und Deutschlandpolitik formuliert wurden, insbesondere die „Anerkennung der Unantastbarkeit der bestehenden Grenzen in Europa" einschließlich der Oder-Neiße-Grenze sowie die „Anerkennung der Existenz zweier souveräner und gleichberechtigter deutscher Staaten". Siehe EA 22 (1967) 11, S. D 259 – D 266, vor allem S. D 262 f.

4 Bundeskanzler Kiesinger ließ am 16. Juni 1967 sein auf den 13. Juni 1967 datiertes Antwortschreiben auf ein Schreiben des DDR-Ministerpräsidenten Stoph in Ost-Berlin überbringen. Der Wortlaut ist abgedruckt in: AdG 37 (1967), S. 13237.

5 Vgl. Anm. 3.

6 Die Ministertagung des Nordatlantikrats fand am 13./14. Juni 1967 in Luxemburg statt. Vgl. EA 22 (1967) 13, S. Z 151.

7 Vgl. Anm. 3.

8 Am 4. April 1969 jährte sich die Gründung der NATO zum zwanzigsten Mal; nach dem Vertragstext bestand nun für die Mitgliedstaaten erstmals die Möglichkeit, das Bündnis zu verlassen. Das Ausscheiden Frankreichs aus der militärischen Integration der NATO zum 1. Juli 1966 mochte die sowjetische Führung in ihrer Hoffnung auf die Erosion des westlichen Bündnisses bestärkt haben.

9 Die Rede Bundeskanzler Kiesingers vor der Jahresversammlung der Deutschen Gesellschaft für Auswärtige Politik in Bad Godesberg am 23. Juni 1967 ist auszugsweise abgedruckt in: AdG 37 (1967), S. 13250, und Dokumente zur Deutschlandpolitik, V. Reihe, Bd. 1: 1. Dezember 1966 bis 31. Dezember 1967, bearb. von Gisela Oberländer, Frankfurt/Main 1984, S. 1366 – 1372.

10 Brandt bezieht sich auf sein Interview mit dem Deutschlandfunk am 2. Juli 1967. Auszugsweise abgedruckt in: AdG 37 (1967), S. 13274 f.

11 So Bundeskanzler Kiesinger in seiner Rede anlässlich des Staatsaktes zum „Tag der deutschen Einheit" am 17. Juni 1967, in: DzD V/1 (1966/67), S. 1321 – 1324, Zitat S. 1323.

12 Vgl. dazu Einleitung, passim, und EA 22 (1967) 14, S. D 325 ff.

13 Brandt bezieht sich vor allem auf die Reden Breschnews am 10. März 1967 auf einer Wahlversammlung in Moskau, auszugsweise abgedruckt in: EA 22 (1967) 8, S. D 188 – D 191, am 22. April 1967 auf dem VIII. Parteitag der SED in Ost-Berlin, auszugsweise abgedruckt in: AdG 37 (1967), S. 13125 f., sowie auf die Erklärung der Karlsbader Konferenz vom 26. April 1967, vgl. EA 22 (1967) 11, S. D 259 ff. Vgl. auch *Brandt* 1976, S. 226.

14 Dieses Bild prägte Generalsekretär Breschnew während seines Besuches in Ost-Berlin im April 1967. Vgl. *Brandt* 1976, S. 226.

Nr. 7

1 Am 2. Mai 1967 hatte der britische Premierminister Wilson dem Unterhaus den Beschluss seiner Regierung bekanntgegeben, sich erneut um die Mitgliedschaft bei der EWG, der EGKS und der EURATOM zu bewerben. Nach der Zustimmung des Unterhauses wurde am 11. Mai 1967 das formelle Beitrittsersuchen überreicht. Das erste Beitrittsgesuch war im August 1961 in Brüssel übergeben worden. Entsprechende Verhandlungen scheiterten am 29. Januar

1963 an der ablehnenden Position Frankreichs. Vgl. AdG 37 (1967), S. 13156 f.

2 Premierminister Wilson hatte bereits am 2. Mai 1967 im Unterhaus seiner Hoffnung Ausdruck verliehen, „daß die Verhandlungen rasch abgewickelt werden können und sich nur mit der kleinen Zahl wirklich wichtiger Fragen befassen". So genannten Vorgesprächen stand die britische Regierung daher ablehnend gegenüber. Vgl. AdG 37 (1967), S. 13157.

3 Am 23. und 24. Oktober 1967.

4 Der Rat der Europäischen Gemeinschaften vertagte nach seiner Zusammenkunft in Luxemburg die Beschlussfassung über die Aufnahme von Beitrittsverhandlungen mit Großbritannien, Norwegen, Dänemark und Irland auf November 1967. Vgl. AdG 37 (1967), S. 13492 ff.

5 Schreiben Brandts an Außenminister Rusk vom 13. Oktober 1967, in dem Brandt die Verhandlungs- und Kompromissbereitschaft der Bundesrepublik Deutschland bezüglich der Verhandlungen über ein Nichtverbreitungsabkommen betont, insbesondere im Hinblick auf die Frage eines Kontrollartikels: „Der Vorwurf mangelnder Bereitschaft zum ‚give and take'", so Brandt, könne „gegen die deutsche Regierung und die übrigen nichtnuklearen EURATOM-Staaten ernsthaft nicht erhoben werden". AAPD 1967, III, S. 1383.

6 Die Präsidentschaftswahlen in den Vereinigten Staaten fanden am 5. November 1968 statt.

7 Vgl. Verhandlungen, Bd. 65, S. 6331 – 6390.

8 Vgl. Vertrag über die Nichtverbreitung von Kernwaffen vom 1. Juli 1968, in: EA 23 (1968) 14, S. D 321 – D 328, v.a. D 323 f.

9 Im Umfeld der Ministerratssitzung des Rates der Europäischen Gemeinschaften am 23./24. Oktober 1967 in Luxemburg.

10 Maurice Couve de Murville.

11 Kiesingers Antwortschreiben vom 29. September 1967 auf das Schreiben Stophs vom 18. September 1967: Der Bundeskanzler hatte darin konkrete Anstrengungen vorgeschlagen, „um wenigstens die Not der Spaltung zu mildern und die Beziehungen der Deutschen in ihrem geteilten Vaterland zu erleichtern". Die Bundesregierung sei zu derartigen Verhandlungen bereit, der Staatssekretär des Bundeskanzleramtes, Werner Knieper, stehe dazu „jederzeit in Bonn oder Berlin zur Verfügung". AdG 37 (1967), S. 13436.

12 Gemeint ist Kiesingers Schreiben an Stoph vom 13. Juni 1967.

13 Vgl. *Stern* vom 22. Oktober 1967, S. 17 – 23.

14 Regierungserklärung Kiesingers für die Große Koalition vom 13. Dezember 1966. Vgl. AdG 36 (1966), S. 12862 – 12866.

15 Die Bundesregierung, so Kiesinger am 13. Dezember 1966, wiederhole dieses neben der Sowjetunion „auch an die anderen osteuropäischen Staaten gerichtete Angebot" des Austausches von Gewaltverzichtserklärungen, wie es bereits in der so genannten Friedensnote vom März 1966 zum Ausdruck gebracht wurde und sei „bereit, das ungelöste Problem der deutschen Teilung in dieses Angebot einzubeziehen", in: Ebd., S. 12865.

16 Schreiben Kiesingers an Stoph vom 13. Juni 1967. Siehe AdG 37 (1967), S. 13237.

Nr. 8

1 Am Dokumentenanfang hs. vermerkt: „ab 6/11.". Das Original findet sich in: Archiv für christlich-demokratische Politik, Nachlass Kurt Georg Kiesinger, I-226-A 001.

2 Bundeskanzler Kiesinger hatte auf der Bundespressekonferenz am 3. November 1967 auf die Frage, wie er die Möglichkeiten

für ein direktes Gespräch mit Moskau einschätze, geantwortet: „Möglichkeiten sind immer gegeben. Die Frage ist, ob ich Chancen für den Erfolg eines solchen Gesprächs sehe. Im Augenblick sehe ich solche Chancen nicht." AdG 37 (1967), S. 13516.
3 Gemeint ist die Erklärung der sowjetischen Regierung, die Botschafter Zarapkin am 12. Oktober 1967 an Brandt übergeben hatte. Sie brachte die sowjetische Bereitschaft zum Ausdruck, mit der Bundesrepublik über den von ihr vorgeschlagenen Austausch von Gewaltverzichtserklärungen zu verhandeln, allerdings unter der Bedingung, dass die Bundesregierung auch der DDR und anderen Staaten des Warschauer Paktes solche Gewaltverzichtserklärungen anböte – „und zwar zu den gleichen Bedingungen wie mit anderen sozialistischen Staaten". DzD V/1 (1966/67), S. 1800 f.
4 Im ms. Entwurf hieß es an dieser Stelle ursprünglich: „werde die entsprechenden Vorbereitungen treffen".
5 Stempel.

Nr. 9

1 Ausgelassen wurde die Begrüßungsformel.
2 Brandt bezieht sich auf die 26. Tagung des Rates der Europäischen Gemeinschaft am 9. März 1968 in Brüssel, die im Zeichen des Gedankenaustausches über Beitrittsanträge Großbritanniens und der anderen aufnahmewilligen Länder stand. Die Bundesregierung legte dazu eigene Vorschläge zur handelspolitischen und technologischen Zusammenarbeit vor. Vgl. EA 23 (1968) 6, S. D 141–D 145.
3 Bundespräsident Lübkes Asienreise dauerte vom 28. Februar – 19. März 1967. Vgl. AdG 37 (1967), S. 13065 ff.
4 In der Rückschau betrachtete Brandt die während seiner Außenministerzeit abgehaltenen regionalen Botschafterkonferenzen in Bonn, Japan, an der Elfenbeinküste und in Chile als „großen Gewinn". *Brandt* 1994, S. 184.
5 Brandt hielt sich vom 9.–19. Mai 1967 in Tokio auf. Vgl. AdG 37 (1967), S. 13183 f.
6 Bundeskanzler Kiesinger besuchte zwischen dem 20. und 28. November 1967 als erster Regierungschef der Bundesrepublik Indien, Burma, Ceylon und Pakistan. Vgl. AdG 37 (1967), S. 13557 f.
7 Die Bundesrepublik Deutschland und Jugoslawien gaben am 31. Januar 1968 in einer gemeinsamen Erklärung die Wiederaufnahme der diplomatischen Beziehungen bekannt. Vgl. Einleitung.
8 Am 3. August 1967 vereinbarten die Bundesrepublik Deutschland und die Tschechoslowakei die Errichtung von Handelsvertretungen.
9 Ausgelassen wurde eine Partie zu Einzelheiten der deutsch-asiatischen Wirtschaftsbeziehungen.
10 Ausgelassen wurden Erläuterungen zu Einzelheiten des deutschen China-Handels.
11 Am 11. Oktober 1972 veröffentlichten die Bundesrepublik Deutschland und die Volksrepublik China – anlässlich des Besuches von Bundesaußenminister Scheel in Peking – ein gemeinsames Kommuniqué, in dem sie die Aufnahme diplomatischer Beziehungen und den Austausch von Botschaftern mitteilten. Vgl. Einleitung.
12 Ausgelassen wurden Bemerkungen Brandts zu Fragen des Welthandels, der Rohstoffpolitik sowie zur Kulturpolitik.

Nr. 10

1 Bei der Vorlage handelt es sich um die Kopie des Schreibens. Das Original findet sich in: Archiv für christlich-demokratische Politik, Nachlass Kurt Georg Kiesinger, I-226-A 001.

2   Die fünfte Legislaturperiode begann im Dezember 1966 und endete mit den Wahlen zum 6. Deutschen Bundestag am 28. September 1969.
3   Ausgelassen wurden Forderungen Brandts zu den innenpolitischen Reformvorhaben der Großen Koalition.
4   Die Bundesregierung veröffentlichte am 25. Januar 1968 erstmalig einen Jahreswirtschaftsbericht für das laufende Jahr. Darin wurde auch der Ausbau des innerdeutschen Handelsvolumens angestrebt. Vgl. AdG 38 (1968), S. 13709 ff.
5   Gemeint ist der zinsfreie Überziehungskredit, den die DDR im innerdeutschen Handel in Anspruch nehmen durfte.
6   Brandt bezieht sich auf die Regierungserklärung, die Bundeskanzler Kiesinger am 13. Dezember 1966 für die Regierung der Großen Koalition vorgetragen hatte: „Die Bundesregierung", so hieß es, werde „alles tun, um die Zugehörigkeit Berlins zur Bundesrepublik zu erhalten, und gemeinsam mit dem Senat und den Schutzmächten prüfen, wie die Wirtschaft Berlins und seine Stellung in unserem Rechtsgefüge gefestigt werden können." Verhandlungen, Bd. 63, S. 3656–3664, Zitat S. 3664.
7   Ausgelassen wurden Vorschläge Brandts zur Wirtschafts- und zur Innenpolitik.
8   Hs. unterzeichnet.

Nr. 11

1   Am 11. Juni 1968 hatte die DDR-Führung eine Reihe von Restriktionen im Reise- und Transitbereich beschlossen, darunter die Einführung des Pass- und Visumzwanges für Westdeutsche und die Erhöhung des Mindestumtausches für Besucher aus der Bundesrepublik Deutschland und aus anderen nichtsozialistischen Staaten. Vgl. AdG 38 (1968), S. 13980 ff. Am 20. Juni 1968 gab Bundeskanzler Kiesinger eine Regierungserklärung vor dem Deutschen Bundestag ab, in der er „auf die Rücknahme der rechtswidrigen Maßnahmen der SED" drängte. AdG 38 (1968), S. 13993.
2   Der NATO-Ministerrat tagte am 24./25. Juni 1968 in Reykjavik. Dort protestierte Brandt gegen die Behinderung des Berlin-Verkehrs durch die DDR und unterbreitete einen Plan für innerdeutschen Gewaltverzicht. Vgl. AdG 38 (1968), S. 14001 ff.
3   Gemeint ist die Bundestagsdebatte vom 20. Juni 1968, welche in die mehrheitliche Annahme eines Entschließungsantrages der Koalitionsfraktionen von CDU/CSU und SPD mündete. Darin hieß es u. a.: „Der Bundestag billigt die von der Bundesregierung auf der Grundlage ihrer Regierungserklärung vom 13. Dezember 1966 geführte Politik des Friedens und damit auch der Verständigung mit allen Mitgliedern des Warschauer Paktes." AdG 38 (1968), S. 13998.
4   Zu Brandts Vorschlägen vgl. AdG 38 (1968), S. 14002.
5   Zu den Vorbehalten in den Reihen der CDU/CSU gegen Brandts Verlangen nach einer ostpolitischen Neuorientierung vgl. *Winkler* 2000, S. 257 ff.
6   Vgl. dazu Berliner Ausgabe, Bd. 3.
7   Zu den deutschlandpolitischen Positionen Schmidts während der Großen Koalition 1966–1969 siehe *Schneider* 1999, S. 195 ff., und *Soell, Hartmut:* Helmut Schmidt 1918–1969. Vernunft und Leidenschaft, München 2003, S. 555 ff.

Nr. 12

1   Bei der Vorlage handelt es sich um den Durchschlag des Schreibens. Am Dokumentenanfang hs. vermerkt „(pers[önlich]) überreicht durch BM am 17.7.)". Das Original findet sich in: Archiv für christlich-de-

mokratische Politik, Nachlass Kurt Georg Kiesinger, I-226-A 001. Das Dokument ist ebenfalls abgedruckt in: AAPD 1968, II, S. 869–872.

2   9. Juli 1968.

3   Vgl. Nr. 1, Anm. 12.

4   Mit ihrer Unterschrift unter die Pariser Verträge vom 23. Oktober 1954 unterwarf sich die Bundesrepublik bestimmten Rüstungsbeschränkungen und verzichtete auf die Herstellung von atomaren, biologischen und chemischen Waffen. Vgl. *Hanrieder, Wolfram F.:* Deutschland, Europa, Amerika. Die Außenpolitik der Bundesrepublik Deutschland, 1949–1994. 2., völlig überarbeitete und erweiterte Auflage, Paderborn 1995, S. 45 und 265.

5   Gemeint sind die diesbezüglichen Ausführungen des amerikanischen Außenministers Rusk am 10. Juli 1968 vor dem Außenpolitischen Ausschuss des amerikanischen Senats, wonach das Nichtverbreitungsabkommen sich nur mit dem befasse, „was untersagt, nicht mit dem, was erlaubt ist." EA 25 (1970) 1, S. D 5–7, Zitat S. D 5. Vgl. auch die Erklärung des stellvertretenden amerikanischen Verteidigungsministers, Nitze, vom 11. Juli 1968, in: Ebd., S. D 9 f.

6   Konferenz der Nichtnuklearstaaten vom 29. August bis 28. September 1968 in Genf.

7   Ausgelassen wurden Erläuterungen Brandts zur Vereinbarkeit des NV-Vertrages mit den Zielen der Europäischen Atomgemeinschaft.

8   Ministerratstagung der WEU am 8./9. Juli 1968 in Bonn.

9   Die Präsidentschaftswahlen in den Vereinigten Staaten fanden am 5. November 1968 statt.

10   Gemeint sind die Wahlen zum 6. Deutschen Bundestag am 28. September 1969.

11   In der Präambel des Nichtverbreitungsvertrages findet sich ein entsprechender Verweis auf die UN-Charta im Absatz 13. Der Wortlaut des Vertrages in: EA 23 (1968) 14, S. D 321–D 328. Die offizielle Position der Sowjetunion beinhaltete die volle Gültigkeit der fraglichen Artikel aus der Charta der Vereinten Nationen. Intern freilich bedeutete der sowjetische Außenminister Gromyko seinem deutschen Amtskollegen Brandt am 8. Oktober 1968 bei einem Treffen in New York, dass die „Realität" eine andere sei.

12   Pressekonferenz Brandts am 12. Juli 1968: Der Außenminister wies die Ansprüche der Sowjetunion – „auf Grund längst überholter Bestimmungen der Charta der Vereinten Nationen über das Verhältnis von Siegern und Besiegten aus dem Zweiten Weltkrieg" – entschieden zurück. Vgl. DzD V, Bd. 2: 1. Januar bis 31. Dezember 1968, bearb. von Gisela Oberländer, Frankfurt/Main 1987, S. 1005 f.

13   In diesem Punkt hatte die sowjetische Seite heftige Vorwürfe gegen die Bundesrepublik erhoben und eine „systematische Kampagne" unterstellt, „die bestimmte Kreise der BRD offensichtlich in der Hoffnung, Zugang zu Kernwaffen zu erlangen, gegen den Vertrag über die Nichtweiterverbreitung von Kernwaffen" betrieben. DzD V/2, S. 971.

14   Stempel.

Nr. 13

1   Bei der Vorlage handelt es sich um die Kopie des Durchschlags. Mit Stempel: „WILLY BRANDT BUNDESMINISTER DES AUSWÄRTIGEN". Hs. vermerkt: „ab 24/7". Das Original findet sich in: Archiv für christlich-demokratische Politik, Nachlass Kurt Georg Kiesinger, I-226-A 001.

2   17. Juli 1968.

3   Ausgelassen wurden Passagen zu untergeordneten Personal- und Organisationsfragen.

4   Brandt hatte sich anlässlich der EG-Ministerratstagung am 20. Juli 1968 in Brüssel aufgehalten.

5   Gemeint ist das Bestreben der Bundesregierung, sich gemeinsam mit den anderen EURATOM-Staaten im Vorfeld der Unterzeichnung des Nichtverbreitungsvertrages auf eine Formel zu einigen, wonach dieser Vertrag den Prozess der europäischen Einigung nicht behindern oder beeinträchtigen sollte und einem vereinigten Europa nicht von vornherein eine nukleare Option verwehren dürfe, etwa – so Brandt – ein „künftiges westeuropäisches Antiraketenverteidigungssystem". Vgl. Nr. 3.

6   Die Niederschrift über das Gespräch zwischen Brandt und dem französischen Außenminister Debré ist abgedruckt in: AAPD 1968, II, S. 893–902.

7   Bundeskanzler Kiesinger hatte bei Verteidigungsminister Schröder im Juli 1968 durchgesetzt, daß im Rahmen des Manövers Truppenkonzentrationen an der Westgrenze der ČSSR vermieden werden sollten. Vgl. *Kroegel* 1997, S. 257.

8   Ausgelassen wurde ein Hinweis Brandts auf seine schriftliche Stellungnahme zur Auseinandersetzung mit der NPD.

Nr. 14

1   Die militärische Intervention der Sowjetunion und drei weiterer Staaten des Warschauer Paktes (Polen, Bulgarien und Ungarn) in der ČSSR erfolgte in der Nacht vom 20. zum 21. August 1968, um den unter dem Reformkommunisten Alexander Dubček seit Anfang 1968 unternommenen Liberalisierungs- und Demokratisierungsprozess niederzuschlagen. Vgl. EA 23 (1968) 18, S. D 419 ff.

2   Ulbricht wirkte zwar als treibende Kraft im Vorfeld der Intervention, die mobilisierten Truppen der Nationalen Volksarmee der DDR in Stärke von zwei Divisionen verblieben jedoch auf DDR-Territorium in Grenznähe. Vgl. *Winkler* 2000, S. 265.

3   Vgl. dazu die Erklärung des jugoslawischen Staatspräsidenten Tito vom 21. August 1968, in: EA 23 (1968) 18, S. D 436.

4   Die Erklärung der sowjetischen Nachrichtenagentur TASS vom 21. August 1968 rechtfertigte die Intervention als Entscheidung „zum Schutz des europäischen Friedens gegen die Kräfte des Militarismus, der Aggression und des Revanchismus, die die Völker Europas schon des öfteren in Kriege stürzten." EA 23 (1968) 18, S. D 428.

5   Das Münchener Abkommen wurde am 29. September 1938 zwischen dem Deutschen Reich, Großbritannien, Italien und Frankreich abgeschlossen und tags darauf unterzeichnet. Es kam ohne Beteiligung der ČSR zustande und verfügte, dass die mehrheitlich von Deutschen bewohnten Grenzgebiete Böhmens an das Deutsche Reich abgetreten werden mussten. Es enthielt eine Bestands- und Sicherheitsgarantie der Unterzeichnerstaaten für die Rest-ČSR.

6   Gemeint ist der ungarische Volksaufstand im Oktober und November 1956 unter der Führung von Imre Nagy, der am 1. November 1956 die Mitgliedschaft seines Landes im Warschauer Pakt aufkündigte und Ungarns Neutralität proklamierte. Es folgte die gewaltsame Niederschlagung des Volksaufstandes durch sowjetische Truppen.

7   Zur Kubakrise vgl. *Hacke, Christian:* Zur Weltmacht verdammt. Die amerikanische Außenpolitik von Kennedy bis Clinton, München 1997, S. 69 ff.

8   Die amerikanischen Präsidentschaftswahlen fanden am 5. November 1968 statt.

9 Die dritte Weltkonferenz von kommunistischen und Arbeiterparteien fand unter Beteiligung von 75 Parteien vom 5. - 17. Juni 1969 in Moskau statt.
10 Siehe Anm. 2 und 5.

Nr. 15
1 Brandt bezieht sich auf Bundeskanzler Kiesingers Fernseh-Interview vom 21. August 1968, vgl. AdG 38 (1968), S. 14154 f., sowie auf dessen Bericht zur außenpolitischen Lage in der gemeinsamen Sitzung des Auswärtigen Ausschusses und des Ausschusses für gesamtdeutsche und Berliner Fragen des Deutschen Bundestages am 27. August 1968. Vgl. Stenographisches Protokoll des Auswärtigen Ausschusses des Deutschen Bundestages, 68. Sitzung vom 27. August 1968.
2 Vgl. Nr. 14, Anm. 1.
3 Im so genannten „Moskauer Protokoll" vom 27. August 1968 war das in die Sowjetunion verbrachte Politbüro der KPČ genötigt worden, der Zurücknahme der Reformen zuzustimmen: „Es wurden Maßnahmen vereinbart, die zum Ziel haben, die Lage in der ČSSR möglichst schnell zu normalisieren." EA 23 (1968) 18, S. D 451 f.
4 Parteizeitung der KPČ.
5 Vgl. Anm. 3.
6 Ebd.
7 Auslassung im Original.
8 Vgl. Anm. 3.
9 Brandt bezieht sich auf den ungarischen Volksaufstand von 1956. Vgl. Nr. 14, Anm. 6.
10 In Čierna nad Tisou und in Bratislava (Preßburg) war es im Vorfeld der Intervention zu einem sowjetisch-tschechoslowakischen Treffen bzw. zu Beratungen der kommunistischen und Arbeiterparteien gekommen.
11 Gemeint ist der französische Marschall und Politiker Henri Philippe Pétain, der nach der französischen Niederlage gegen die deutschen Truppen vom Juni 1940 die Zusammenarbeit mit dem Deutschen Reich suchte, um in einem von Berlin dominierten Europa für Frankreich die Rolle eines Juniorpartners zu reklamieren.
12 Anm. 1.
13 Brandt spielt auf die Kubakrise zwischen den USA und der Sowjetunion 1962 an, welche durch die unvermutete Stationierung sowjetischer Mittelstreckenraketen auf Kuba ausgelöst wurde und die Welt an den Rand einer nuklearen Katastrophe führte.
14 Hier irrt Brandt. Einheiten der DDR-Volksarmee waren an der Intervention der ČSSR nicht unmittelbar beteiligt, sondern sicherten das Hinterland und den Nachschub. Vgl. *Winkler* 2000, S. 265.
15 Die militärische Intervention der Warschauer-Pakt-Staaten in der ČSSR forderte etwa 100 Todesopfer.
16 Beispielsweise in einem Artikel der Parteizeitung der KPdSU, *Prawda*, vom 22. August 1968: „Partei- und Staatsführer der Tschechoslowakischen Sozialistischen Republik" hätten sich „an die Sowjetunion und andere verbündete Staaten mit der Bitte gewandt, dem tschechoslowakischen Brudervolk unverzüglich Hilfe zu leisten, einschließlich der Hilfe mit Streitkräften", in: EA 23 (1968) 18, S. D 440.
17 Gemeint ist der norwegische Offizier und Politiker Vidkun Quisling, der während des Zweiten Weltkrieges mit den deutschen Besatzungstruppen zusammen-

wirkte und dessen Name zum Synonym für einen Kollaborateur wurde.

18 Ausgelassen wurde ein Vergleich der Ereignisse in der ČSSR mit dem ungarischen Volksaufstand von 1956.

19 Gemeint ist der Rat für gegenseitige Wirtschaftshilfe, eine Wirtschaftsorganisation kommunistischer Staaten mit Sitz in Moskau.

20 Vgl. Nr. 14, Anm. 9.

21 Zu den Ereignissen im Vorfeld der sowjetischen Intervention in der ČSSR vgl. EA 23 (1968) 18, S. D 419 ff.

22 Ein Treffen zwischen dem sowjetischen Ministerpräsidenten, Kossygin, und dem Präsidenten der Vereinigten Staaten von Amerika, Johnson, kam 1968 nicht zustande.

23 Anm. 10.

24 Am 14. und 15. Juli 1968 trafen Partei- und Regierungsdelegationen aus Bulgarien, Ungarn, Polen und der Sowjetunion in Warschau zusammen, um über die Entwicklung in der ČSSR zu beraten. Dabei wurde der „Warschauer Brief" an die KP der Tschechoslowakei verfasst. Die Vertreter aus fünf sozialistischen Ländern erklärten das einheitliche System ihrer Staaten gegenüber allen Angriffen von innen und außen zu einem unantastbaren Tabu des Sozialismus.

25 Zu den Stellungnahmen der betreffenden sozialistischen Staaten vgl. AdG 38 (1968) S. 14146 f.

26 Ausgelassen wurden Mutmaßungen Brandts, wer in der sowjetischen Führung letztlich die Intervention zu verantworten habe.

27 Ausgelassen wurden Ausführungen zu den internationalen Reaktionen auf die Intervention.

28 Ausgelassen wurde eine Äußerung Brandts zu einer Zeitungsmeldung.

29 Am 1. Juli 1966 war Frankreich aus der militärischen Integration der NATO ausgetreten.

30 Erneuern, aktualisieren.

31 Brandt traf am 7. September 1968 mit dem französischen Außenminister Debré in Paris zu einem Gespräch zusammen, in dem er seine Entschlossenheit betonte, die Entspannungspolitik trotz der sowjetischen Intervention in der ČSSR fortzusetzen. Vgl. dazu AAPD 1968, II, S. 1103–1108.

32 Was kann ich mir dafür kaufen?

33 In der Stellungnahme der französischen Regierung vom 21. August 1968 hieß es: „Frankreich wünscht, daß die Sowjetunion [...] ihre Truppen von dem Hoheitsgebiet der Tschechoslowakei abzieht und dem tschechoslowakischen Volk die Möglichkeit verschafft, wieder selbst über sein Schicksal zu bestimmen." AdG 38 (1968), S. 14152.

34 Ausgelassen wurde eine Partie zum Bürgerkrieg in Nigeria (Biafra). Vgl. Nr. 18 Anm. 6.

Nr. 16

1 Vgl. Nr. 14, Anm. 1.

2 Gemeint ist die Reaktion von Radio Moskau vom 29. August auf Erklärungen des deutschen Bundeskanzlers vom 21. und 25. August 1968 zur sowjetischen Intervention in der ČSSR. In der Stellungnahme von Radio Moskau hieß es u. a.: „Was die herrschenden Kreise Westdeutschlands betrifft, so hat Kanzler Kiesinger ihren Standpunkt dargelegt [...], daß dem sowjetischen Bestreben, den Status quo in Europa zu erhalten, die Entschlossenheit des Westens [...] entgegengesetzt werden muß. Hier ist

die Frage angebracht, ob sich die Politiker in Bayern und am Rhein keine Gedanken darüber gemacht haben, daß diese Erklärung des Kanzlers als eine Kriegserklärung aufgenommen werden kann". Vgl. AdG 38 (1968), S. 14155.

3 Vgl. dazu EA 23 (1968) 18, S. D 419 ff.

4 So in einem Interview für den Südwestfunk am 25. August 1968: „Entspannung", so Kiesinger, bedeute für die Sowjetunion „die Annahme ihrer Bedingungen, wenn man so will: Unterwerfung, Kapitulation". Vgl. AdG 38 (1968), S. 14155.

5 Ebd.

6 Brandt spielt hier auf die Führungsriege der SED um Walter Ulbricht an.

7 Vgl. zur Haltung Chinas in der Kubakrise AdG 32 (1968), S. 10273.

8 Der chinesische Ministerpräsident Chou En-lai nahm am 23. August 1968 zur sowjetischen Intervention in der ČSSR Stellung und führte u. a. aus: „Die chinesische Regierung und das chinesische Volk verurteilen scharf das Aggressionsverbrechen der sowjetrevisionistischen Führungsclique und das Verbrechen ihrer Anhänger – die militärische Besetzung der Tschechoslowakei – und unterstützen entschlossen den heldenhaften Kampf des tschechoslowakischen Volkes zum Widerstand gegen die Okkupation durch die Sowjetarmee." EA 23 (1968) 18, S. D 447 f.

9 Am 14. Oktober 1964 wurde Chruschtschow durch das ZK der KPdSU als Partei- und Regierungschef abgesetzt.

10 Zarapkin übergab die Note an Bundeskanzler Kiesinger während des Treffens am 2. September 1968. Vgl. AdG 38 (1968), S. 14167 f.

11 Am 22. Juni 1941 überfiel die deutsche Wehrmacht die Sowjetunion.

12 Vgl. *Ehrenburg, Ilja:* Menschen, Jahre, Leben. Memoiren. Bd. 3, Berlin ²1982, S. 292.

13 Zum Wortlaut der Artikel 53 und 107 der UN-Charta vgl. EA 1 (1946/47) 7, S. 345–352.

14 Gemeint ist Brandts Pressekonferenz am 12. Juli 1968. Vgl. AdG 38 (1968), S. 14058 f.

15 Gemeint ist die Konferenz der Nichtkernwaffenstaaten in Genf vom 29. August bis 28. September 1968. Vgl. dazu EA 23 (1968) 21, S. D 495 – D 546.

16 Vgl. *Kroegel* 1997, S. 262.

17 Brandt gab am 3. September 1968 – als erster deutscher Außenminister an einer UN-Konferenz teilnehmend – in der Generaldebatte der Konferenz der Nichtkernwaffenstaaten in Genf seine Erklärung ab. Vgl. EA 23 (1968) 21, S. D 502 – D 506.

18 Nach den sowjetisch-tschechoslowakischen Verhandlungen in Moskau vom 23. bis 26. August 1968 war Dubček sichtlich angeschlagen nach Prag zurückgekehrt.

Nr. 17

1 Bei der Vorlage handelt es sich um das Original. Das Dokument ist vollständig abgedruckt in: AAPD 1968, II, S. 1119–1121.

2 Ausgelassen wurde eine Partie zum vorangegangenen Briefwechsel und Meinungsaustausch zwischen Brandt und Außenminister Rusk.

3 Vgl. Nr. 14–16.

4 Vgl. Nr. 1, Anm. 4.

5 Vgl. Nr. 15, Anm. 31.

6 Frankreich war mit Wirkung vom 1. Juli 1966 aus der militärischen Integration der NATO ausgetreten.

7 Das Gespräch der Außenminister der NATO-Staaten fand am 7. Oktober 1968 in New York statt.

8 Hs. unterzeichnet.

Nr. 18

1 Der gemeinsame Entschließungsantrag der CDU/CSU und der SPD zur Außenpolitik der Bundesrepublik Deutschland nach der sowjetischen Intervention in der ČSSR umfasste 15 Punkte. Die Ziffern 1 bis 5 und 7 bis 15 fanden einstimmige Billigung, die Ziffer 6 des Antrages wurde gegen die Stimmen der FDP angenommen. Darin hieß es u. a.: „Die Anerkennung des anderen Teils Deutschlands als Ausland oder als zweiter souveräner Staat deutscher Nation kommt nicht in Betracht." In der Schlussabstimmung wurde der Antrag gegen die Stimmen der FDP angenommen. Vgl. AdG 38 (1968), S. 14212.

2 Am 25. September 1968 gab Bundeskanzler Kiesinger eine Erklärung zur außenpolitischen Lage ab, worin es u. a. hieß, die „Invasion und Okkupation der Tschechoslowakei stellte einen eklatanten Bruch des Völkerrechts dar." Vgl. Verhandlungen des Deutschen Bundestages, Stenographische Berichte, 5. Wahlperiode, Bd. 67, S. 10049–10056, Zitat S. 10049.

3 Vgl. Nr. 14, Anm. 1.

4 Gemeint sind die Artikel 53 und 107 der UN-Charta, aus denen die Sowjetunion Interventionsrechte in der Bundesrepublik Deutschland ableiten zu können glaubte.

5 Vgl. Einleitung.

6 Unter dem Namen Biafra bildete 1967 die Ostregion Nigerias einen selbstständigen Staat. Nach einem blutigen Bürgerkrieg (1967–1970) wurde Biafra wieder dem nigerianischen Staat eingegliedert.

7 Vor dem Hintergrund der sowjetischen Intervention in der ČSSR vom 21. August 1968 spielt Brandt auf das Münchener Abkommen zwischen dem Deutschen Reich, Großbritannien, Italien und Frankreich vom 29. September 1938 an, das die Tschechoslowakei zur Abtretung des Sudetengebietes an Deutschland zwang.

8 Brandt bezieht sich auf Rumänien. Vgl. Nr. 15.

9 Der senegalesische Staatspräsident Senghor hielt sich im September 1968 in der Bundesrepublik Deutschland auf. Von Demonstranten wurden ihm Menschenrechtsverletzungen im Senegal vorgeworfen. In Frankfurt/Main kam es zu einer Straßenschlacht zwischen der Polizei und Demonstranten. Vgl. *Brandt 1976*, S. 269 f.

10 Gemeint ist der Untergang der Weimarer Republik, den Brandt als knapp Zwanzigjähriger erlebte.

11 Der japanische Außenminister Takeo Miki hielt sich am 16. und 17. September in der Bundesrepublik auf. Vgl. AdG 38 (1968), S. 14188.

12 Vgl. Einleitung.

13 Vgl. Anm. 6.

14 Der Staatspräsident der Republik Niger, Hamani Diori, hielt sich vom 18. bis 22. September 1968 in der Bundesrepublik auf. Der ghanaische Außenminister Anin weilte ebenfalls in Bonn.

15 Gemeint ist Haile Selassi I., der 1963 entscheidend zur Gründung der OAU beitrug und sich als Vermittler in innerafrikanischen Konflikten internationales Ansehen erwarb.

16 Ausgelassen wurde eine Partie zur Lage im nigerianischen Krisengebiet.

17 Gemeint sind die Reden von Rainer Barzel (CDU), Helmut Schmidt (SPD) und Walter Scheel (FDP). Vgl. Verhandlungen, Bd. 67, S. 10079–10109.

18 Vgl. Nr. 15, Anm. 10.

19 Vgl. Verhandlungen, Bd. 67, S. 10088–10098.

20 Der Erste Sekretär des ZK der PVAP, Władysław Gomułka, begründete am 8. September 1968 die Intervention des Warschauer Paktes in der ČSSR mit der Notwendigkeit, das sozialistische Lager vor einer Aggression der Bundesrepublik

Deutschland zu schützen. Vgl. AdG 38 (1968), S. 14174.

21 Gemeint ist der Aufruf des ZK der SED, des Staatsrats und des Ministerrats der DDR an die Bevölkerung der DDR vom 21. August 1968. Darin hieß es u. a., in der ČSSR hätten „antisozialistische Gruppierungen" den „Sturz des Sozialismus" unter der „sozialdemokratischen Losung eines ‚demokratischen Sozialismus'" betrieben. Vgl. EA 23 (1968) 18, D 439 f.

22 Vgl. *Neues Deutschland*, Nr. 252 vom 11. September 1968, S. 1.

23 Zu den Stellungnahmen kommunistischer Parteien vgl. AdG 38 (1968), S. 14143 ff. Besonders scharf urteilten die kommunistischen Parteien Rumäniens, Jugoslawiens und Chinas.

24 Vgl. Anm. 7.

25 Vgl. Anm. 2.

26 So Willy Brandt in seiner Rede vor der Konferenz der Nichtkernwaffenstaaten am 3. September 1968 in Genf. Darin hieß es u. a.: „Für die Beziehungen zwischen den Staaten kann nur das im übrigen ausnahmslose generelle Gewaltverbot, wie es in den Grundsätzen der Charta der Vereinten Nationen enthalten ist, friedensfördernde Wirkung haben. Es ist daher nicht zulässig, den Gewaltverzicht selektiv auf gewisse Staaten zu beschränken. Auf uns bezogen füge ich außerdem hinzu: Wir billigen niemandem ein Interventionsrecht zu!" Vgl. AdG 38 (1968), S. 14168 f.

27 Gerhard Schröder (CDU).

28 Leiter der NASA war bis zum 7. Oktober 1968 James Webb, der bereits am 16. September 1968 seinen Rücktritt bekannt gegeben hatte.

29 Gemeint ist der Wahlkampf im Vorfeld der amerikanischen Präsidentschaftswahlen vom 5. November 1968.

30 Vgl. dazu die Stellungnahme der französischen Regierung zu den Vorgängen in der ČSSR vom 21. August 1968, in: AdG 38 (1968), S. 14151 f.

31 Brandt bezieht sich auf Adenauers Formulierung vor dem CDU-Bundesparteitag am 14. März 1966, derzufolge die „Sowjetunion in die Reihe der Völker eingetreten" sei, die „den Frieden wollen." Vgl. dazu Schwarz, Hans-Peter: Adenauer. Der Staatsmann: 1952–1967, Stuttgart 1991, S. 923.

32 Vgl. die Ausführungen des Fraktionsvorsitzenden Barzel in: Verhandlungen, Bd. 67, S. 10079 f.

33 Vgl. die Ausführungen Walter Scheels in: ebd., S. 10104.

34 Am 31. Januar 1967 vereinbarten die Bundesrepublik Deutschland und Rumänien die Aufnahme diplomatischer Beziehungen.

35 Der Austausch von Handelsvertretungen zwischen Bonn und Prag erfolgte im August 1967.

36 Am 31. Januar 1968 nahm die Bundesrepublik die diplomatischen Beziehungen zu Belgrad wieder auf, die im Oktober 1957 abgebrochen worden waren, weil Jugoslawien diplomatische Beziehungen zur DDR aufgenommen hatte.

37 Walter Ulbricht.

38 Am 11. September 1967 erklärte Gomułka anlässlich des Besuches von Staatspräsident de Gaulle in Polen die Bereitschaft, „normale Beziehungen auch zum zweiten deutschen Staat, der Deutschen Bundesrepublik, aufzunehmen, sofern deren Staatspolitik auf neuen realistischen Voraussetzungen basiert". EA 22 (1967) 19, S. D 451.

39 Die sowjetische Regierung hatte im Juli 1968 begonnen, vertrauliche Dokumente über den deutsch-sowjetischen Gewaltverzichtsdialog zu veröffentlichen. Daraufhin gab die Bundesregierung ihrerseits die Dokumente zum Gewaltverzicht

der Öffentlichkeit bekannt. Vgl. die Erklärung Brandts, in: AdG 38 (1968), S. 14058, und Einleitung.

40 Vgl. Anm. 4.

41 Im April 1966 unterstützte die sowjetische Regierung das Aufnahmegesuch der DDR bei den UN. Vgl. AdG 36 (1966), S. 12460 f.

42 Vgl. Charta der Vereinten Nationen vom 26. Juni 1945, in: AdG 15 (1945), S. 289–295.

43 Brandt bezieht sich auf das deutsche Aide-mémoire zur Frage des Austausches von Gewaltverzichterklärungen, das Staatssekretär Duckwitz am 9. April 1968 dem sowjetischen Botschafter in der Bundesrepublik, Zarapkin, übergab. Vgl. AdG 38 (1968), S. 13857.

44 Vgl. EA 23 (1968) 21, S. D 502–D 506.

45 Das Potsdamer Abkommen vom 2. August 1945 zwischen den USA, der UdSSR und Großbritannien legte die politischen und wirtschaftlichen Grundsätze für die Behandlung des besiegten Deutschen Reiches fest.

46 Tagung des EWG-Ministerrates in Brüssel am 27. September 1968.

47 Vgl. dazu Brandts Vorschlag zur Überwindung der Stagnation der Europäischen Einigung vom 27. September 1968, in: AdG 38 (1968), S. 14215 ff.

48 Schmidt hatte u. a. eine „gemeinsame, eine bilaterale deutsch-französische Anstrengung zur Analyse der neuen Sicherheitslage, zur Überprüfung der bisherigen Pläne und Absichten" gefordert. Verhandlungen, Bd. 67, S. 10093.

49 Gemeint ist die Konferenz der Nichtkernwaffenstaaten in Genf vom 29. August – 28. September 1968. Vgl. EA 23 (1968) 21, S. D 495–D 546.

50 Vgl. AdG 38 (1968), S. 14168 ff.

Nr. 19

1 Bei der Vorlage handelt es sich um die Tonbandabschrift der Rede Brandts. Die Abschrift wurde mit dem Tonmitschnitt verglichen.

2 Am 31. Oktober 1968 gab Präsident Johnson in einer Fernsehansprache die Einstellung aller Bombardierungen Nord-Vietnams aus der Luft, von See her und durch Artillerie vom 1. November 1968 an bekannt. EA 24 (1969) 2, S. D 46–D 50.

3 Zu den vietnamesischen Reaktionen auf Präsident Johnsons Ankündigung vgl. EA 24 (1969) 2, S. D 50 ff.

4 Ausgelassen wurden Partien zu den amerikanisch-sowjetischen Beziehungen, zur Genfer Konferenz der Nichtkernwaffenstaaten im Herbst 1968 sowie zur sowjetischen Intervention in der ČSSR am 21. August 1968.

5 Korrigiert aus: weltweite häufig gleich Entwicklungspolitik.

6 Ausgelassen wurde eine Passage zur Genfer Konferenz der Nichtkernwaffenstaaten.

7 Gemeint ist die so genannte Breschnew-Doktrin, welche die eingeschränkte außenpolitische Souveränität der Staaten des „sozialistischen Lagers" postulierte und damit der nachträglichen Rechtfertigung der militärischen Intervention in der ČSSR dienen sollte. Der betreffende Artikel der „Prawda" vom 22. August 1968 ist auszugsweise abgedruckt in: EA 23 (1968) 18, S. D 440–446. Die Rede des sowjetischen Außenministers Gromyko vor der Vollversammlung der Vereinten Nationen am 3. Oktober 1968 findet sich auszugsweise in: EA 23 (1968) 22, S. D 555–D 560.

8 Ausgelassen wurde eine Reaktion Brandts auf einen Zuruf aus dem Auditorium.

9 Gemeint ist die Sitzung des Nordatlantikrates in Brüssel vom 15. – 17. No-

vember 1968, die sich mit der Lage nach der sowjetischen Intervention in der Tschechoslowakei auseinandersetzte.

10 Brandt bezieht sich auf den am 14. Dezember 1967 von den Ministern des Nordatlantikrates gebilligten „Bericht über die künftigen Aufgaben der Allianz", der auf Initiative des belgischen Außenministers Harmel ausgearbeitet worden war und zwei Hauptfunktionen der NATO definierte, nämlich „militärische Sicherheit und eine Politik der Entspannung", welche „keinen Widerspruch, sondern eine gegenseitige Ergänzung" darstellen sollten. EA 23 (1968) 3, S. D 76.

11 Ausgelassen wurde eine Partie zu den Ereignissen in der Tschechoslowakei und deren Resonanz in der Vollversammlung der Vereinten Nationen.

12 Ausgelassen wurde Brandts Reaktion auf einen Zwischenruf aus dem Auditorium.

13 Brandt bezieht sich auf die Sitzung des Auswärtigen Ausschusses am 29. Juli 1968, in der er u. a. betont hatte, dass die „Gefahr einer sowjetischen militärischen Intervention" in der ČSSR zwar „nicht ausgeschlossen werden" könne, er und das Auswärtige Amt jedoch der Meinung seien, dass „beim Abwägen der Gründe dafür und dagegen weiterhin mehr dagegen spricht, daß es zu einer offenen militärischen Intervention kommt." Stenographisches Protokoll des Auswärtigen Ausschusses des Deutschen Bundestages, 66. Sitzung vom 9. Juli 1968.

14 Brandt war am 8. Oktober 1968 mit dem sowjetischen Außenminister Gromyko im Gebäude der sowjetischen UNO-Mission in New York zu einem eineinhalbstündigen Gespräch zusammengetroffen. Brandts Gesprächsvermerk ist abgedruckt in: AAPD 1968, II, S. 1290–1293.

15 Brandt bezieht sich auf die deutsch-französischen Konsultationen am 27./28. September 1968 in Bonn. Vgl. AAPD 1968, II, S. 1200 ff.

16 Die Errichtung von Handelsvertretungen war zwischen der Bundesrepublik Deutschland und der ČSSR bereits am 3. August 1967 vereinbart worden.

17 Ausgelassen wurde ein Abschnitt zu einer Erklärung Bundeskanzler Kiesingers vor dem Deutschen Bundestag sowie zum schleppenden Fortgang der westeuropäischen Integration.

Nr. 20

1 Bei der Vorlage handelt es sich um den Durchschlag des Schreibens Brandts. Am Dokumentenanfang Stempel „WILLY BRANDT BUNDESMINISTER DES AUSWÄRTIGEN". Ms. vermerkt: „Vertraulich!". Doppel gingen am selben Tag an Duckwitz, Jahn, Wehner und Schmidt.

2 Gemeint ist die NATO-Ratstagung in Brüssel am 15. und 16. November 1968 auf der Ebene der Außen-, Verteidigungs- und Finanzminister. Der amerikanische Außenminister Rusk unterbreitete am 15. November zudem der Sowjetunion das Angebot, neue Verhandlungen über Fragen der Abrüstung und Friedenssicherung aufzunehmen. Vgl. AdG 38 (1968), S. 14328.

3 Am 5. November 1968 war der Republikaner Richard M. Nixon zum 37. Präsidenten der Vereinigten Staaten gewählt worden. Er löste Präsident Johnson ab und trat sein Amt am 20. Januar 1969 an.

4 Staatssekretär Duckwitz hielt sich am 15. und 16. November 1968 in Brüssel auf.

5 Der US-Senat ratifizierte den Nichtverbreitungsvertrag am 13. März 1969 mit 83 gegen 13 Stimmen und übertraf damit die nötige Zweidrittelmehrheit. Präsident

Nixon unterzeichnete die Ratifikationsurkunde am 24. November 1969.
6 Vgl. Anm. 5.
7 Das Bundeskabinett befasste sich auf seiner Sitzung am 18. Dezember 1968 mit dem NV-Vertrag, ohne sich auf eine gemeinsame Haltung verständigen zu können. Im Gegensatz zu Brandt hielt es Kiesinger für möglich, im Vorfeld der Ratifizierungsdebatte im US-Senat Washington gegenüber mit Aussicht auf Erfolg „unsere Probleme noch einmal vor[zu]bringen". So in einem Schreiben Guttenbergs an Duckwitz vom 8. Januar 1969, in: AdsD, WBA, A 7, 13.
8 Stempel.

Nr. 21
1 Bei der Vorlage handelt es sich um den Durchschlag des Originals. Brandt übermittelte das Schreiben an Außenminister Nilsson am 21. November 1968 über den schwedischen Botschafter in Bonn, Montan.
2 Außenminister Nilsson berichtete im Schreiben an Brandt vom 5. November 1968 über sein Treffen mit dem stellvertretenden sowjetischen Außenminister Semjonow am 24. Oktober 1968. Das Schreiben findet sich in: AdsD, WBA, A 7, 7.
3 Brandt war am 8. Oktober 1968 mit dem sowjetischen Außenminister Gromyko im Gebäude der sowjetischen UNO-Mission in New York zu einem eineinhalbstündigen Gespräch zusammengetroffen. Brandts Gesprächsvermerk ist abgedruckt in: AAPD 1968, II, S. 1290–1293.
4 Vgl. Berliner Ausgabe, Bd. 3, Nr. 117.
5 Brandt empfing den sowjetischen Botschafter Zarapkin am 8. Dezember 1968 in Bonn und erwähnte dabei seine vorausgegangenen Gespräche mit dem sowjetischen Botschafter in der DDR, Abrassimow, im Juni und Oktober 1966. „Dabei", so Brandt zu Zarapkin, „sei auch die Frage einer eventuellen Reise Brandts in die Sowjetunion berührt worden. Durch seinen Amtswechsel sei nun eine neue Lage entstanden. Dies solle jedoch nicht heißen, daß er an einem Besuch in der Sowjetunion und an Gesprächen mit führenden sowjetischen Persönlichkeiten nicht mehr interessiert sei." In: AAPD 1966, II, S. 1615–1618, Zitat S. 1618.
6 Vgl. Einleitung.
7 Anm. 3.
8 Ein erster Meinungsaustausch über das Thema Gewaltverzicht war von Staatssekretär Carstens und Botschafter Zarapkin bereits am 10. Oktober und am 21. November 1966 begonnen worden. Am 8. Februar 1967 hatten Staatssekretär Schütz und Bundeskanzler Kiesinger gegenüber Zarapkin angeregt, zwischen beiden Staaten förmliche Gewaltverzichtserklärungen auszutauschen. Nachdem die Sowjetunion im Juli 1968 den deutsch-sowjetischen Notenwechsel über Gewaltverzicht einseitig veröffentlicht hatte, erfolgte die Wiederaufnahme des Notenwechsels – nach einjähriger Pause – am 4. Juli 1969.
9 Gemeint ist die Ministertagung des Nordatlantikrats in Brüssel am 15./16. November 1968. EA 24 (1968), S. D 23–D 28.
10 Ausgelassen wurde eine Partie zur Terminabsprache für ein Treffen zwischen Brandt und Außenminister Nilsson.

Nr. 22
1 Die Bundesversammlung trat am 5. März 1969 in West-Berlin zur Wahl des Bundespräsidenten zusammen. Im dritten Wahlgang wurde der Kandidat der SPD, Bundesjustizminister Gustav Heinemann, mit 6 Stimmen Vorsprung vor dem Kandidaten der CDU/CSU, Gerhard Schröder, gewählt. Im Vorfeld hatte es scharfe Proteste

seitens der Ostblockstaaten gegeben. Neben der Sowjetunion und der DDR verurteilten auch Polen und die ČSSR die Einberufung der Bundesversammlung nach West-Berlin mit dem Argument, dass die Bundesrepublik rechtlich und faktisch für West-Berlin, das eine selbstständige politische Einheit darstelle, unzuständig sei.

2   Ulbricht hatte Brandt am 21. Februar 1969 in einem Schreiben an den „Vorsitzenden der SPD W. Brandt" eine Passierscheinregelung für die Ostertage angeboten, wenn die Bundesversammlung auf das Territorium der Bundesrepublik verlegt werde. Am 4. März, als sich keine Verlegung der Versammlung abzeichnete, erklärte die DDR die Passierscheinverhandlungen für gescheitert. Vgl. AdG 39 (1969), S. 14524 und 14530.

3   Gemeint ist Ulbrichts Schreiben vom 21. Februar 1969. Der Sprecher der Bundesregierung, Diehl, erklärte zudem am 24. Februar im Hinblick auf die Berlin-Gespräche zwischen Bundeskanzler Kiesinger und Botschafter Zarapkin, die Bundesregierung erwarte von der Sowjetunion ein „sichtbares und klares Zeichen für eine Verständigungsbereitschaft, für eine Regelung in Hinsicht auf die Freizügigkeit Berlins auf lange Sicht und, was die Substanz angeht, auch auf wesentlich bessere Bedingungen. Es ist Eile geboten." AdG 38 (1968), S. 14525.

4   Vgl. dazu Bundeskanzler Kiesingers Vorschläge zur Erleichterung des täglichen Lebens im geteilten Deutschland vom 12. April 1967 und das Schreiben Brandts an die Delegierten des VII. SED-Parteitages vom selben Tag. AdG 37 (1967), S. 13104 f.

5   Die Ermächtigung des DDR-Ministerrats durch die Volkskammer vom 9. August 1968, einen Staatssekretär für die Vorbereitung innerdeutscher Verhandlungen zu bestimmen, erfolgte auf Vorschlag Ulbrichts und sollte für den Fall der Aufgabe der Hallstein-Doktrin durch die Bundesrepublik gelten. EA 23 (1968) 17, S. Z 167 f.

6   So Brandt in seinem Gespräch mit Botschafter Zarapkin am 11. Februar 1969.

7   Vgl. *Spiegel*, Nr. 10 vom 3. März 1969, S. 23–29.

8   Dies sind die in Berlin abgehaltenen Bundesversammlungen am 1. Juli 1959 und am 1. Juli 1964 zur Wahl bzw. Wiederwahl Heinrich Lübkes zum Bundespräsidenten. Den entsprechenden Protest der Sowjetunion gegen den Wahlort Berlin hatten die drei Westmächte seinerzeit in gleichlautenden Noten am 17. August 1964 zurückgewiesen. AdG 34 (1964), S. 11378.

9   Präsident Nixon besuchte im Rahmen seiner Europareise am 26. Februar 1969 Bonn und am 27. Februar Berlin, wo er in einer Rede vor Arbeitern und Angestellten der Siemens-Werke die amerikanischen Garantien für die Sicherheit West-Berlins bekräftigte. EA 24 (1969) 6, S. D 129 f.

10   Gemeint sind die amerikanisch-sowjetischen SALT-Verhandlungen, auf deren Zustandekommen sich die beiden Mächte am 19. August 1968 geeinigt hatten und die am 15. Oktober 1968 begannen. Seit Dezember 1968 verhandelten die Vereinigten Staaten und die Sowjetunion über die Lage im Nahen Osten. Vgl. *Hacke* 1997, S. 107 und 111 ff.

11   Am 11. Februar 1969 traf Botschafter Zarapkin mit Brandt zusammen, am 22. Februar und am 1. März 1968 mit Bundeskanzler Kiesinger. Vgl. AdG 39 (1969), S. 14523 f. und 14528.

12   Brandt bezieht sich auf das von ihm und Bahr erwirkte erste, vom 19. Dezember 1963 bis 5. Januar 1964 befristete Passierscheinabkommen, das am 17. Dezember 1963 unterzeichnet wurde und den Bürgern von West-Berlin die Einreise in die DDR und nach Ost-Berlin gestattete. Vgl. Berliner Ausgabe, Bd. 3, Nr. 93.

13   Vgl. Anm. 9.

Nr. 23

1 Der französische Staatspräsident de Gaulle trat am 28. April 1969 von seinem Amt zurück.

2 Durch die Unterzeichnung der Römischen Verträge am 25. März 1957 wurden die Europäische Wirtschaftsgemeinschaft (EWG) und die Europäische Atomgemeinschaft (EURATOM) gegründet. Als Ziel wurde ein Gemeinsamer Markt und die Vereinheitlichung der Wirtschaftspolitik anvisiert.

3 Vgl. dazu die Stellungnahme Brandts vom 12. Januar 1968 zu den Vorschlägen des Beauftragten der britischen Regierung für die Beitrittsverhandlungen mit den Sechs, Lord Chalfont. Letzterer hatte für Großbritannien einen stufenweisen Beitritt zu den Europäischen Gemeinschaften abgelehnt. Brandt interpretierte die französische Haltung dahingehend, dass Paris „nichts Grundlegendes gegen den Beitritt einzuwenden habe", vielmehr in einer „Zwischenzeit ein ‚Arrangement' in der Perspektive des Beitritts in Betracht gezogen werden könne". Vgl. AdG 38 (1968), S. 13658. Während der deutsch-französischen Konsultationen am 15. und 16. Februar 1968 in Paris zeigte sich de Gaulle entsprechenden Arrangements gegenüber aufgeschlossen. Vgl. AdG 38 (1968), S. 13737.

4 Nicht ermittelbar.

5 Darin hatte Bundeskanzler Kiesinger ausgeführt: „Die Gemeinschaft der Sechs soll allen europäischen Staaten offenstehen, die sich zu ihren Zielen bekennen. Besonders würden wir die Teilnahme Großbritanniens und anderer EFTA-Länder an den Europäischen Gemeinschaften begrüßen." Vgl. Verhandlungen, Bd. 63, S. 3663.

6 Nach dem Rücktritt Staatspräsident de Gaulles am 28. April 1969 übernahm der Präsident des Senats, Poher, verfassungsgemäß als interimistischer Nachfolger das Amt des Staatspräsidenten. Außenminister Debré blieb bis zum 22. Juni 1969 im Amt und übernahm danach das Verteidigungsministerium. Sein Nachfolger wurde Maurice Schumann.

7 Karl Theodor Freiherr von und zu Guttenberg und Karl Carstens waren 1967–1969 bzw. 1968–1969 Parlamentarischer Staatssekretär bzw. Staatssekretär im Bundeskanzleramt und damit im nächsten Umfeld Kiesingers tätig.

8 Vgl. Nr. 20, Anm. 3.

9 Gemeint ist Walter Hallstein, der von 1958–1967 als Präsident der EWG-Kommission amtierte.

10 Am 4. Februar 1969 hatte Staatspräsident de Gaulle dem britischen Botschafter in Paris, Soames, einen neuen Europaplan vorgetragen, der einen 4-Mächte-Rat vorsah: unabhängig von der NATO und den USA und unter Beteiligung von Großbritannien, Frankreich, Italien, Deutschland. Großbritannien reagierte ablehnend, Frankreich dementierte nachträglich de Gaulles Vorschlag. Vgl. AdG 39 (1969), S. 14514 ff.

11 Vgl. Anm. 10.

12 Gemeint ist das aus der Verständigung über nordafrikanische Kolonialfragen hervorgegangene britisch-französische Bündnis von 1904, das sich durch die Einbeziehung Russlands (1907) zur Tripleentente entwickelte.

13 1968/1969 kam es, vor allem in Frankreich, zu Inflationstendenzen, die eine Krise auf den Währungsmärkten und eine starke Kapitalflucht in die Bundesrepublik zur Folge hatten. Die Bundesregierung widersetzte sich dennoch – auf der Bonner Währungskonferenz am 20. November 1968 – einer Aufwertung der DM. Die *BILD*-Zeitung vom 23. Nov. 1968 kommentierte dies

mit der Schlagzeile „Jetzt sind die Deutschen Nr. I in Europa".

14 „Der Gang der Beratungen", so Bundesfinanzminister Strauß mit Blick auf die Bonner Währungskonferenz, habe deutlich werden lassen, „daß nicht die D-Mark auf der Anklagebank sitzt, weil die Schuld für die internationalen Währungsschwierigkeiten nicht bei der deutschen Währung liegt". Vgl. *Schmoeckel, Reinhard/Kaiser, Bruno:* Die vergessene Regierung. Die große Koalition 1966 bis 1969 und ihre langfristigen Wirkungen, Bonn 1991, S. 335.

15 Gemeint sind der Bundeswirtschaftsminister Karl Schiller (SPD) und der Bundesfinanzminister Franz Josef Strauß (CSU).

Nr. 24

1 Bei der Vorlage handelt es sich um den Durchschlag des Originals. Am Dokumentenanfang hs. vermerkt: „ab 20/5". Das Original findet sich in: Archiv für christlich-demokratische Politik, Nachlass Kurt Georg Kiesinger, I-226-A 001. Das Dokument ist ebenfalls abgedruckt in: AAPD 1969, I, S. 612.

2 Gemeint sind Abänderungsvorschläge des Bundeskanzleramtes.

3 Am 9. April 1969 übergab Staatssekretär Duckwitz das Aide-mémoire der Bundesregierung zur Frage des Austausches von Gewaltverzichtserklärungen an den sowjetischen Botschafter in der Bundesrepublik, Zarapkin. Vgl. AdG 38 (1968), S. 13857.

4 Stempel.

Nr. 25

1 Bei der Vorlage handelt es sich um die Ablichtung des Originals. Die Bundeskanzler-Willy-Brandt-Stiftung, der Bearbeiter und die Herausgeber sind Herrn Professor Dr. h.c. Berthold Beitz für die Überlassung einer Kopie des Dokuments zu großem Dank verpflichtet. Ein Durchschlag befindet sich in: WBA, A 7, 2.

2 Der Erste Sekretär des ZK der PVAP, Gomułka, hatte in einer Rede am 17. Mai 1969 den Vorschlag gemacht, ein Abkommen zwischen der Volksrepublik Polen und der Bundesrepublik zu schließen, um die Anerkennung der polnischen Westgrenze vertraglich zu regeln. Gomułka distanzierte sich damit von der „Ulbricht-Doktrin", die derartige Verhandlungen ohne vorherige Anerkennung der DDR durch die Bundesrepublik Deutschland ausschließen wollte. Der polnische Außenminister Jędrychowski bewertete auf einer Kundgebung am 26. Mai 1969 in Stettin die von Brandt in Reaktion auf die Rede Gomułkas signalisierte Gesprächsbereitschaft zurückhaltend. Vermutlich bezog sich Brandt nur irrtümlicherweise auf Cyrankiewicz. Vgl. AdG 39 (1969), S. 14704 ff.

3 Brandt versuchte auch auf anderem Wege, die polnische Regierung von der Ernsthaftigkeit der deutschen Verhandlungsbereitschaft zu überzeugen und zugleich die Positionen der Warschauer Führung zu sondieren. Am 18. Mai 1969 traf Egon Bahr in Berlin mit dem Chef der dortigen polnischen Mission zusammen. Vgl. *Die Zeit,* Nr. 50 vom 7. Dezember 1990.

4 Hs. unterzeichnet.

Nr. 26

1 Am Textanfang vermerkt: „ES FOLGT EINE NACHRICHT VON BAHR FÜR DR. HENRY KISSINGER" und „23 OKT[OBER 1969] 21[.]30[Uhr] ORTSZEIT". Vermerkt: „TOP SECRET" (STRENG GEHEIM). Diese Nachricht wurde wie die vorangegangene Nixons an Brandt (vgl. Anm. 2) über einen geheimen Kanal zwischen Kanzleramt und Weißem Haus, einem so genannten *back*

channel, übermittelt, den Bahr und Kissinger bei ihrer Begegnung am 13. Oktober 1969 eingerichtet hatten. Memorandum des Gespräches zwischen Kissinger und Bahr am 13. Oktober 1969, in: NARA, RG 59, Box 2130 (POL 15–1 GER W 5/1/69). Vgl. *Bahr 1996*, S. 271.

2 Präsident Nixon hatte Brandt über den *back channel* zwischen Kissinger und Bahr wissen lassen, dass die amerikanisch-sowjetischen Gespräche über die Begrenzung strategischer Waffen (Strategic Arms Limitation Talks [SALT]) am 17. November 1969 in Helsinki beginnen würden. Er versicherte zudem, dass die Verbündeten vollständig auf dem Laufenden gehalten und konsultiert würden. Präsident Nixon bot an, dass Brandt ihm seine diesbezüglichen Ansichten über diesen vertraulichen Kanal mitteilen könne, wovon der Bundeskanzler in der Folge auch Gebrauch machte. Die SALT-Gespräche mündeten schließlich in einem Paket von Abkommen zur Begrenzung der strategischen Rüstung, welches Nixon und Breschnew am 26. Mai 1972 in Moskau unterzeichneten.

Nr. 27

1 Der innenpolitische Teil der Regierungserklärung ist dokumentiert in: Berliner Ausgabe, Bd. 7, Nr. 36. Die komplette Rede des Bundeskanzlers, ergänzt um Erinnerungen von Zeitzeugen, wurde anlässlich des 30. Jahrestages der Regierungserklärung veröffentlicht in: Auftakt zur Ära Brandt, Berlin 1999 (Schriftenreihe der Bundeskanzler-Willy-Brandt-Stiftung, H. 5). Vgl. zum außen- und deutschlandpolitischen Teil der Regierungserklärung auch *Brandt 1976*, S. 312–317, *Bahr 1996*, S. 273, 277, *Baring 1982*, S. 244 ff.

2 Ausgelassen wurden Partien zur Innen- und Gesellschaftspolitik.

3 Bundeskanzler Kiesinger hatte in der ersten Regierungserklärung der Großen Koalition am 13. Dezember 1966 die Bereitschaft bekundet, „die menschlichen, wirtschaftlichen und geistigen Beziehungen mit unseren Landsleuten im anderen Teil Deutschlands mit allen Kräften fördern" zu wollen und zu diesem Zweck die „Aufnahme von Kontakten zwischen Behörden der Bundesrepublik und solchen im anderen Teil Deutschlands" vorgeschlagen, was freilich „keine Anerkennung eines zweiten deutschen Staates" impliziere. Vgl. Verhandlungen, Bd. 63, S. 3664. Wenige Monate später konkretisierte Bundeskanzler Kiesinger, bestärkt durch Bundesminister Wehner, vor dem Deutschen Bundestag dies in dem Vorschlag, Vereinbarungen zwischen beiden Staaten über Reise- und Zahlungsverkehr, Zusammenarbeit in Wirtschaft, Sport, Verkehr, Kultur und Wissenschaft auszuhandeln. Zu Verhandlungen oder gar zu dem von Ost-Berliner Seite gewünschten deutsch-deutschen Gipfeltreffen kam es trotz des daraufhin einsetzenden Briefwechsels zwischen den Regierungschefs beider deutscher Staaten nicht. Beides scheiterte an den Maximalforderungen der DDR nach Anerkennung der innerdeutschen Grenze und Herstellung „normaler", sprich völkerrechtlicher Beziehungen.

4 Die Westmächte hatten am 7. August 1969 entsprechende Aide-mémoires an die Sowjetunion gerichtet und damit einen neuen Vorstoß zur Regelung der Berlin-Frage unternommen. Am 12. September 1969 hatte sich die sowjetische Regierung zu einem Meinungsaustausch in dieser Angelegenheit bereit erklärt.

5 Gemeint ist der Austausch von Briefen zwischen dem Leiter der Treuhandstelle Interzonenhandel der Bundesrepublik Deutschland und dem Stellvertretenden

Minister für Außenwirtschaft der DDR am 6. Dezember 1968, durch den zusätzliche Vereinbarungen für den innerdeutschen Handel bis 1975 getroffen worden waren.

6 Ausgelassen wurde ein Abschnitt zu Reformen in der Wirtschafts- und Finanzpolitik sowie in der Innenpolitik.

7 Bundespräsident Heinemann hatte in einer Rundfunk- und Fernsehansprache am 1. September 1969 aus Anlass des 30. Jahrestags des deutschen Überfalls auf Polen, mit dem der Zweite Weltkrieg begonnen hatte, angeregt, „die wissenschaftliche Erforschung des Friedens – d. h. seiner Voraussetzungen einschließlich der sozialen und wirtschaftlichen Strukturen sowie der psychologischen Faktoren – [als] Grundlage aller Grundlagenforschung" zu betreiben und entsprechend zu fördern. Vgl. AdG 39 (1969), S. 14884 f.

8 Im Auftrag der Weltbank hatte eine Gruppe internationaler Fachleute unter Vorsitz von Lester B. Pearson im Oktober 1969 einen Bericht über die globale Entwicklungsstrategie vorgelegt. Dieser gelangte u. a. zum Ergebnis, dass die meisten Entwicklungsländer selbst nach optimistischer Ansicht einer Unterstützung durch den Norden in ständig wachsendem Ausmaß bedürften. Die Kommission forderte daher, die Geberländer sollten ihre Hilfe erhöhen, die Konditionen verbessern und gleichzeitig die internationalen Hilfsorganisationen finanziell stärker unterstützen.

9 Vgl. Nr. 1, Anm. 9.

10 Die Rede Brandts ist abgedruckt in: EA 23 (1968) 21, S. D 502–506.

11 Die Gründung der NATO erfolgte am 4. April 1949.

12 Brandt hatte am 16. September 1969 über den Leiter der bundesdeutschen Handelsmission in Helsinki der finnischen Regierung formlos durch schriftliche Niederlegung mitteilen lassen, dass die Bundesrepublik grundsätzlich bereit sei, an einer Europäischen Sicherheitskonferenz teilzunehmen, wie sie im finnischen Aide-mémoire vom 7. Mai 1969 vorgeschlagen worden war. Dabei sei nach Auffassung der Bundesregierung die Teilnehme auch der USA und Kanadas unbedingt notwendig.

13 Der UN-Sicherheitsrat hatte am 22. November 1967 einen von Großbritannien eingebrachten Resolutionsentwurf zur Lage im Nahen Osten einstimmig verabschiedet, in dem entsprechend der Charta der Vereinten Nationen zur Wiederherstellung eines gerechten und dauerhaften Friedens in der Region der Rückzug der israelischen Streitkräfte aus von ihnen besetzten Gebieten, die Einstellung jeglicher kriegerischer Handlungen sowie die „Anerkennung der Souveränität, der territorialen Integrität und der politischen Unabhängigkeit jeglichen Staates der Region und dessen Rechtes, in Frieden innerhalb der sicheren und anerkannten Grenzen frei von Drohungen oder von Gewaltakten zu leben", gefordert wurde.

14 Gemeint ist die Konferenz der Staats- und Regierungschefs der EG-Mitgliedsländer Belgien, Frankreich, Italien, Luxemburg, der Niederlande und der Bundesrepublik am 1./2. Dezember 1969 in Den Haag. Vgl. Einleitung.

15 Neben Großbritannien bemühten sich auch die Regierungen Dänemarks, Irlands und Norwegens um eine Aufnahme ihrer Länder in die EG.

16 Vgl. Anm. 14.

17 Während der Gespräche zwischen Bundeskanzler Kiesinger und Präsident Nixon am 7./8. August 1969 in Washington kam man überein, die mit dem gemeinsamen Helios-Projekt begonnene technologische Zusammenarbeit im Bereich der Weltraumforschung fortzusetzen und auszuweiten. Anfang Februar 1970 konkreti-

sierte die NASA diese Übereinkunft im Angebot zur Mitarbeit am Post-Apollo-Programm.

18 Der Ausschuss für Aufgaben der modernen Gesellschaft wurde auf Anregung von Präsident Nixon vom NATO-Rat im November 1969 eingerichtet. Auf seiner ersten Sitzung vom 8. bis zum 10. Dezember 1969 schlug der Ausschuss dem NATO-Rat vor, länderbezogene Muster-Studien zu sieben Themengebieten zu erarbeiten. Das Problem der Weitergabe wissenschaftlicher Erkenntnisse an Regierungsstellen als Entscheidungshilfe für die politische Führung sollte am Beispiel der Bundesrepublik dargestellt werden.

19 In ihrem noch an die Regierung der Großen Koalition gerichteten Aide-mémoire vom 12. September 1969 schlug die sowjetische Regierung vor, die Gespräche über ein Gewaltverzichtsabkommen zwischen beiden Staaten fortzusetzen, und lud dazu nach Moskau ein. Vgl. Einleitung.

20 Gemeint ist die Rede des Ersten Sekretärs des ZK der PVAP, Gomułka, am 17. Mai 1969.

21 Die Bundesrepublik unterzeichnete den Atomwaffensperrvertrag am 28. November 1969.

22 Die Gespräche in Washington begannen erst am 30. Oktober 1969. Wie noch vom Kabinett der Großen Koalition beschlossen, erörterte eine Delegation unter Leitung des Abrüstungsbeauftragten der Bundesregierung, Roth, die damit verbundenen Probleme.

23 Ausgelassen wurde ein Abschnitt über die Stärkung des demokratischen Engagements der Bürger.

Nr. 28

1 Bei der Vorlage handelt es sich um die von der bundesdeutschen Botschaft in Washington an Präsident Nixon übermittelte Fassung des Telegramms.

2 Die Gespräche zwischen den USA und der Sowjetunion über die Begrenzung strategischer Rüstung (SALT) begannen am 17. November 1969.

3 In seiner Rede auf der Konferenz der Nichtkernwaffenstaaten am 3. September 1968 in Genf hatte Brandt entsprechende Rüstungsbegrenzungs- bzw. Abrüstungsfortschritte – auch im konventionellen Bereich – angemahnt: „Die Kernwaffenmächte sind aufgerufen, konkrete Schritte zu tun." EA 23 (1968) 21, S. D 505.

Nr. 29

1 Ausgelassen wurden Partien zur Innen-, Wirtschafts- und Gesellschaftspolitik der sozial-liberalen Koalition.

2 Am 7./8. Mai 1945 kapitulierte die deutsche Wehrmacht in Reims und Berlin-Karlshorst.

3 Brandt bezieht sich auf die neue Verfassung, die nach einem so genannten Volksentscheid am 8. April 1968 in Kraft trat. Artikel 1 definierte die DDR als „sozialistischer Staat deutscher Nation". AdG 38 (1968), S. 13849.

4 Vgl. dazu Nixons Antrittsrede als Präsident der Vereinigten Staaten vom 20. Januar 1969: „Nach einer Periode der Konfrontation treten wir nun in eine Ära der Verhandlungen ein." EA 24 (1969) 3, S. D 67.

5 Die Materialien sind abgedruckt in: Anlagen zu den stenographischen Berichten des 6. Deutschen Bundestages, Bd. 135, S. 2 – 22.

6 Die in den fünfziger Jahren entstandene Konvergenztheorie postulierte einen ökonomisch und strukturell bedingten Angleichungsprozess zwischen Industriegesellschaften unterschiedlicher bzw. gegensätzlicher politischer und wirt-

schaftlicher Systeme, so auch zwischen Plan- und Marktwirtschaft.

7   Vgl. Nr. 27. Der innenpolitische Teil der Regierungserklärung ist abgedruckt in: Berliner Ausgabe, Bd. 7, S. 218 ff.

8   Am 22. Januar 1970 wiederholte Brandt in einem Schreiben an den DDR-Ministerpräsidenten Stoph diesen Vorstoß und unterbreitete den Vorschlag, „daß unsere Regierungen Verhandlungen über den Austausch von Gewaltverzichtserklärungen aufnehmen. Diese nach dem Grundsatz der Nichtdiskriminierung zu führenden Verhandlungen sollen Gelegenheit zu einem breit angelegten Meinungsaustausch über die Regelung aller zwischen unseren beiden Staaten anstehenden Fragen, darunter denen gleichberechtigter Beziehungen, geben." AdG 40 (1970), S. 15225 f.

9   Brandt bezog sich auf eine im SED-Blatt „Neues Deutschland" seit dem 10. Januar 1970 abgedruckte Kampagne gegen die „völkerrechtswidrige Alleinvertretungsanmaßung und revanchistische Grenzforderungen" der Bundesregierung gegenüber der DDR. Vgl. AdG 40 (1970), S. 15220 ff.

10 Am 18. Dezember 1969 erhielt Bundespräsident Heinemann ein Schreiben Ulbrichts vom Vortage, dem der Entwurf zu einem „Vertrag über die Aufnahme gleichberechtigter Beziehungen zwischen der DDR und der BRD" beigefügt war. AdG 39 (1969), S. 15163 f. Auf einer Pressekonferenz am 19. Januar 1970 nahm Ulbricht Stellung zu der geforderten Volksabstimmung über den DDR-Entwurf in der Bundesrepublik: „Wir hätten dagegen selbstverständlich keine Einwendungen ..." AdG 40 (1970), S. 15225.

11 Das SED-Blatt „Neues Deutschland" veröffentlichte am 27. Dezember 1969 einen Kommentar „Die Pariser Verträge dürfen völkerrechtlichen Beziehungen nicht im Wege stehen". AdG 39 (1969), S. 15164.

12 Gemeint ist das Görlitzer Abkommen zwischen der DDR und der Volksrepublik Polen vom 6. Juli 1950, das die Oder-Neiße-Linie als „unantastbare Friedens- und Freundschaftsgrenze" beider Staaten anerkannte.

13 Anm. 5.

14 Brandt spielt auf das Potsdamer Abkommen zwischen den Vereinigten Staaten von Amerika, der Sowjetunion und Großbritannien vom 2. August 1945 an, das die politischen und wirtschaftlichen Grundsätze für die Behandlung des besiegten Deutschen Reiches legte, Grenzregelungen traf und die Vertreibung der deutschen Bevölkerung aus den deutschen Ostgebieten, Polen, der Tschechoslowakei und Ungarn regelte. Frankreich trat dem Abkommen am 7. August 1945 unter Vorbehalt bei.

15 Heimpel hatte gemahnt: „Glaube niemand, daß es so etwas gäbe wie ein in den Sternen geschriebenes Naturrecht auf die Einheit der Nation." *Heimpel, Hermann:* Kapitulation vor der Geschichte? Gedanken zur Zeit, Göttingen 1956, S. 29.

16 Vgl. Verhandlungen, Bd. 71, S. 59.

17 Nr. 27.

18 Gemeint sind die Ausschuss- und Ministerratstagung der NATO in Brüssel vom 3. bis 5. Dezember 1969, die USA-Reise des Verteidigungsministers Helmut Schmidt und die Gipfelkonferenz der Staats- bzw. Regierungschefs der EG-Mitgliedsstaaten der Sechs in Den Haag am 1./2. Dezember 1969.

19 Gemeint sind die von der Bundesregierung aus ihrem starken Interesse an der friedlichen Nutzung der Kernenergie heraus betriebene Förderung der Europäischen Atomgemeinschaft und die Tagung des WEU-Ministerrats in Brüssel am 9./10. Januar 1970, die ohne Beteiligung Frankreichs stattfand. Scheel gab u. a. einen Überblick über die Grundzüge der Ostpolitik der so-

zial-liberalen Bundesregierung. Vgl. AdG 40 (1970), S. 15242.
20 Vgl. Einleitung.
21 Am 8. Dezember 1969 waren die deutsch-sowjetischen Sondierungsgespräche über einen Gewaltverzicht zwischen dem deutschen Botschafter Allardt und dem sowjetischen Außenminister Gromyko in Moskau aufgenommen worden. Als die Gespräche ihren toten Punkt erreicht hatten, löste Staatssekretär Bahr am 30. Januar 1970 Botschafter Allardt ab. Vgl. Einleitung.
22 Der „Meinungsaustausch" zwischen der Bundesrepublik Deutschland und der Volksrepublik Polen zum Thema Gewaltverzicht begann am 5. Februar 1970.
23 Ein entsprechendes Gespräch fand am 13. Januar 1970 statt.
24 Am 30./31. Januar 1970 hielt sich Brandt zu den turnusmäßigen deutsch-französischen Konsultationsgesprächen mit Staatspräsident Pompidou in Paris auf, vom 2. – 4. März 1970 besuchte er Großbritannien zu offiziellen Gesprächen mit Premierminister Wilson, vom 4. – 11. April 1970 weilte er in den USA und traf mit Präsident Nixon zusammen. Vgl. Nr. 30, 36.
25 Bereits am 12. September 1969 hatte die Sowjetunion – in Beantwortung entsprechender Noten der drei Westmächte vom 7. August 1969 – ihre Bereitschaft erklärt, in einen Meinungsaustausch über Berlin-Fragen einzutreten. Am 26. März 1970 nahmen die Botschafter der drei Westmächte in der Bundesrepublik und der sowjetische Botschafter in der DDR Verhandlungen zu einem Viermächte-Abkommen über Berlin auf. Vgl. *Baring* 1982, S. 242, und Einleitung.
26 Das ARD-Interview mit dem ungarischen Außenminister Peter wurde am 5. Januar 1970 gesendet. Vgl. AdG 40 (1970), S. 15180f.

27 Vgl. *Brandt, Willy:* Koexistenz – Zwang zum Wagnis, Stuttgart 1963, und *Brandt* 1972, S. 80 – 89.
28 Vgl. Anm. 9.
29 Vgl. Anm. 21.
30 Vgl. Anm. 10.
31 Vgl. Anm. 21.
32 Vgl. Anm. 8.

Nr. 30
1 Bei der Vorlage handelt es sich um die Kopie des Originals. Die Aufzeichnung fertigte der Legationsrat Merten. Das Dokument ist vollständig abgedruckt in: AAPD 1970, I, S. 119 – 226.
2 Auf den letzten Stand der Dinge bringen.
3 Gemeint ist der deutsch-französische Krieg 1870/71.
4 Die deutsch-französische Zusammenarbeit koordinierte auf französischer Seite Pierre-Olivier Lapie.
5 Vgl. Nr. 29, Anm. 21, und Einleitung.
6 Anfang November 1969 hatte die Sowjetunion ihre Bereitschaft signalisiert, mit der Bundesrepublik Deutschland ein Abkommen über wissenschaftlich-technische und wirtschaftliche Zusammenarbeit zu schließen.
7 Am 5. Februar 1970 trafen Staatssekretär Duckwitz und der polnische Ministerpräsident Cyrankiewicz zum Auftakt der bilateralen Gespräche in Warschau zusammen.
8 Am 17. Dezember 1969 hatte der DDR-Staatsratsvorsitzende und SED-Chef Ulbricht in einem Schreiben an Bundespräsident Heinemann vorgeschlagen, anhand eines beigefügten Vertragsentwurfes Verhandlungen über die Aufnahme „gleichberechtigter Beziehungen" aufzunehmen und erneut die bekannten Maximalforderungen – von völkerrechtlicher Anerkennung der DDR bis

zur Behandlung West-Berlins als selbstständige politische Einheit – erhoben. Bundeskanzler Brandt antwortete darauf am 22. Januar 1970 mit einem Schreiben an den DDR-Ministerpräsidenten Stoph, in dem er Verhandlungen über den Austausch von Gewaltverzichtserklärungen vorschlug.
9 Nr. 29.
10 Vom 22. bis 27. Januar 1970 hatten die DDR-Behörden Störungen und Behinderungen auf den Transitwegen von und nach West-Berlin verursacht.
11 Gemeint ist die Intervention der sowjetischen Armee in der ČSSR am 21. August 1968. Vgl. Nr. 14–16 und Einleitung.
12 Vgl. Einleitung.
13 Der sowjetische Außenminister Gromyko hielt sich vom 1.–5. Juni 1970 in Frankreich auf.
14 Der polnische Außenminister Rapacki trug am 2. Oktober 1957 vor der UNO-Generalversammlung in New York den Vorschlag vor, eine kernwaffenfreie Zone zu schaffen, die aus Polen, der ČSSR sowie den beiden deutschen Staaten bestehen sollte. Am 14. Februar 1958 fasste er seine Überlegungen in einem ausführlichen Konzept zusammen. Zu weiteren Modifizierungen des Planes kam es im November 1958 und im März 1962, wobei der Gedanke einer Verminderung der konventionellen Streitkräfte in Europa aufgenommen wurde.
15 Bundesminister Schmidt traf am 20. Januar 1970 zu Gesprächen mit seinem französischen Amtskollegen Debré in Paris zusammen.
16 Staatspräsident Pompidou besuchte die USA vom 23. Februar bis 3. März 1970, Bundeskanzler Brandt vom 9. bis 11. April 1970.
17 Am 9. Juli 1969 hatten sich die USA und die Bundesrepublik Deutschland auf eine Regelung des Devisenausgleichs bis Ende Juni 1971 geeinigt. Das Abkommen sah einen Devisenzufluss in Höhe von 6,08 Mrd. DM in die USA vor. AdG (39) 1969, S. 14792.
18 Die Einrichtung des Gremiums war am 14. Januar 1967 zwischen Präsident de Gaulle und Bundeskanzler Kiesinger vereinbart worden.
19 Vgl. dazu *Neues Deutschland*, 26. Jan. 1970, S. 1.
20 Vgl. Einleitung.
21 Ausgelassen wurde eine Partie zur Planung eines weiteren Gesprächs am 31. Januar 1970. AAPD 1970, I, S. 127–135.

Nr. 31
1 Bei der Vorlage handelt es sich um den Durchschlag des Originals.
2 Vgl. Nr. 30, Anm. 7.
3 Die Vorlage trägt keine Unterschrift.

Nr. 32
1 Bei der Vorlage handelt es sich um das Original.
2 Das Schreiben Brandts an Präsident Nixon vom 25. Februar 1970 ist abgedruckt in: AAPD 1970, I, S. 311–313.
3 Die Verhandlungen zu einem Viermächte-Abkommen über Berlin zwischen den Botschaftern der drei Westmächte in der Bundesrepublik und dem sowjetischen Botschafter in der DDR begannen am 26. März 1970 in West-Berlin.
4 Das Arbeitspapier der Bundesregierung für die „Behandlung der Berlinfrage" ist abgedruckt in: AAPD 1970, I, S. 308–313.
5 Gemeint ist die so genannte Bonner „Vierer-Gruppe", ein informell arbeitendes Gremium, dem neben Vertretern der Botschaften der drei Westmächte in Bonn auch Vertreter der Bundesregierung angehörten. Vgl. dazu *Bracher/Jäger/Link* 1986, S. 168 ff.

6 Gemeint ist das Treffen Brandts mit dem DDR-Ministerpräsidenten Stoph am 19. März 1970 in Erfurt. Vgl. Nr. 33.

7 Hs. unterzeichnet.

Nr. 33

1 Am Textanfang vermerkt „VERTRAULICH". Bei der Vorlage handelt es sich um das Original des ms. Vermerks mit zahlreichen, teils nur stilistischen, hs. Korrekturen und hs. Einfügungen Brandts. Das Dokument ist ebenfalls abgedruckt in: AAPD 1970, I, S. 489–495. Im Unterschied zur dortigen Wiedergabe dokumentieren wir inhaltlich relevante Korrekturen Brandts.

2 Hs. ergänzt.

3 Hs. ergänzt.

4 Gemeint sind Michael Kohl und Günter Kohrt.

5 Das von der SED als „Handschellengesetz" diskriminierte Gesetz über die befristete Freistellung von der Gerichtsbarkeit der Bundesrepublik Deutschland wurde am 23. Juni 1966 vom Deutschen Bundestag beschlossen. Es erlaubte, außerhalb des Geltungsbereiches des Grundgesetzes ansässige Deutsche von der Gerichtsbarkeit der Bundesrepublik Deutschland freizustellen.

6 Das Treffen fand am 21. Mai 1970 in Kassel statt. Vgl. Nr. 38.

7 Das Freistellungsgesetz wurde am 15. Mai 1970 aufgehoben.

8 Die Initiative zu den Strafanträgen gegen Ministerpräsident Stoph stammte aus rechtsextremen Kreisen. Vgl. AdG 40 (1970), S. 15485.

9 Hs. eingefügt.

10 Im Besitz eines TTD (Temporary Travel Document) mussten alle Staatsangehörigen der DDR sein, wenn sie in NATO-Staaten einreisen wollten. Die Drei Mächte suspendierten diese Regelung am 26. März 1970, um die am diesem Tage beginnenden Viermächte-Gespräche über Berlin zu erleichtern.

11 Das Bundeskabinett hatte am 12. März 1970 beschlossen, die Bundes- und Länderrichtlinie vom 4. November 1959 aufzuheben, welche das Zeigen der DDR-Flagge im Bundesgebiet untersagte.

12 Die Rede Stophs ist abgedruckt in: *Potthoff* 1997, S. 136–146.

13 Hs. eingefügt.

14 Das Bundesministerium für Gesamtdeutsche Fragen war am 5. November 1969 in Bundesministerium für innerdeutsche Beziehungen umbenannt worden.

15 Hs. in doppelte Anführungszeichen gesetzt.

16 Hs. eingefügt.

17 Vgl. Nr. 29, Anm. 6.

18 Vgl. Einleitung.

19 Hs. eingefügt. Die Erklärung des Bundeskanzlers Brandt am Nachmittag des 19. März 1970 ist abgedruckt in: *Potthoff* 1997, S. 146–156.

20 Der Runderlass des Bundesministers Scheel vom 30. Oktober 1969 ist abgedruckt in: AAPD 1969, II, S. 1195 f.

21 Hs. korrigiert aus „sei".

22 Hs. korrigiert aus „besonders aktiv gewesen".

23 Hs. korrigiert aus „einer".

24 Hs. eingefügt.

25 Vgl. Einleitung.

26 Die DDR hatte am 17. März 1970 die Aufnahme in die WHO beantragt. Die 23. Konferenz der WHO vertagte am 14. Mai 1970 die Abstimmung über die Vollmitgliedschaft der DDR bis zur nächstjährigen Tagung. Vgl. AdG 40 (1970), S. 15465.

27 Der Antrag der DDR auf Mitgliedschaft in der ECE (Economic Commission for Europe) wurde am 13. Juli 1970 vom Wirtschafts- und Sozialrat der Vereinten Nationen zum wiederholten Male abgelehnt. Vgl. AdG 40 (1970), S. 15592.

28 Gemeint sind internationale Konventionen für den Eisenbahnreiseverkehr sowie für den Schienentransport von Gepäck und Handelswaren.

29 Gemeint ist das Abkommen vom 5. September 1969, das die Bundesrepublik nicht unterzeichnet hatte, weil sie die gleichberechtigte Teilnahme der DDR an der diesbezüglichen internationalen Konferenz beanstandete.

30 Vom 1. Oktober bis 14. November 1969 fand in Tokio der XVI. Weltpostkongress statt. Der Bundesregierung ging es auch in diesem Fall darum, der gleichberechtigten Beteiligung der DDR einen Riegel vorzuschieben.

31 Die Eröffnungsrede Brandts vom 19. März 1970 ist abgedruckt in: Zehn Jahre Deutschlandpolitik. Die Entwicklung der Beziehungen zwischen der Bundesrepublik Deutschland und der Deutschen Demokratischen Republik 1969–1979. Hrsg. vom Bundesministerium für innerdeutsche Beziehungen, Bonn 1980, S. 130–134.

32 Gemeint ist die Sitzung des Wirtschaftsausschusses des Deutschen Bundestages am 19. März 1970 in West-Berlin.

33 Bundesminister Ehmke hatte am 14. März 1970 eine Rede gehalten, in der er die Bindungen West-Berlins an die Bundesrepublik unterstrich.

34 Hs. eingefügt.
35 Hs. korrigiert aus „Ost".
36 Hs. eingefügt.
37 Hs. eingefügt.
38 Hs. in Anführungszeichen gesetzt.
39 Hs. eingefügt.
40 Gemeint ist Helmut Dietrich.
41 Hs. eingefügt.
42 Hs. eingefügt.
43 Hs. korrigiert aus „angegebene".
44 Hs. eingefügt.
45 Hs. eingefügt.
46 Hs. eingefügt.
47 Hs. eingefügt.
48 Hs. eingefügt.
49 Hs. eingefügt.
50 Hs. eingefügt.
51 Vgl. Nr. 38.
52 Vgl. Bulletin des Presse- und Informationsamtes der Bundesregierung, 1970, S. 386.
53 Hs. eingefügt.
54 Hs. korrigiert aus „daß eine solche persönliche Fühlungnahme nützlich gewesen sei".
55 Hs. eingefügt.
56 Hs. eingefügt.
57 Hs. eingefügt.
58 Hs. paraphiert.

Nr. 34

1 Bei der Vorlage handelt es sich um das Original. Das Dokument ist ebenfalls abgedruckt in: AAPD 1970, I, S. 507 f.

2 Staatssekretär Bahr hielt sich im Zuge seiner Vorverhandlungen mit Außenminister Gromyko, die am 30. Januar 1970 begannen, am 20./21. März in Moskau auf. Die Botschafter der drei Westmächte in der Bundesrepublik Deutschland waren Kenneth Rush (USA), François Seydoux (Frankreich) und Roger Jackling (Großbritannien).

3 Die Vier-Mächte-Gespräche über Berlin begannen am 26. März 1970.

4 Nr. 33.

5 Die zweite Begegnung Brandts mit Ministerpräsident Stoph fand am 21. Mai 1970 in Kassel statt. Vgl. Nr. 38.

6 Gleichlautende Schreiben sandte Brandt Staatspräsident Pompidou und Premierminister Wilson.

7 Brandt besuchte vom 4.–11. April 1970 die USA. Vgl. Nr. 36.

8 Hs. unterzeichnet.

Nr. 35

1 Bei der Vorlage handelt es sich um die Ablichtung des Originals.
2 Nr. 34.
3 Brandt besuchte die Vereinigten Staaten von Amerika vom 9. bis 11. April 1970. Vgl. dazu Nr. 36.
4 Nr. 34.
5 Der Bericht des amerikanischen Präsidenten Nixon an den Kongress vom 18. Februar 1970 über die amerikanische Außenpolitik für die 1970er Jahre ist auszugsweise abgedruckt in: EA 25 (1970) 7, S. D 150 – D 174. Zu den diesbezüglichen Bemerkungen Brandts im Deutschen Bundestag vgl. Verhandlungen, Bd. 72, S. 1602 f.
6 Hs. unterzeichnet.

Nr. 36

1 Bei der Vorlage handelt es sich um die Ablichtung des Originals. Das Dokument ist vollständig abgedruckt in: AAPD 1970, I, S. 591 – 595.
2 Hinter diesem Begriff verbarg sich eine strategische Erwägung, derzufolge zahlenmäßig geringe NATO-Landstreitkräfte mit konventionellen Mitteln einem Angriff des Warschauer Paktes hinhaltend begegnen sollten, bevor der entscheidende atomare Gegenschlag ausgelöst würde.
3 Vgl. Einleitung.
4 In einem Interview für die *Stuttgarter Zeitung* vom 4. April 1970 hatte Brandt erklärt: „Die wirtschaftliche Zusammenarbeit zwischen den USA und einer sich erweiternden europäischen Gemeinschaft ist genauso wichtig wie die politische und militärische Zusammenarbeit" und die These vertreten, dass die amerikanische Wirtschaft von einer Erstarkung des Gemeinsamen Marktes profitieren werde. In: *Stuttgarter Zeitung*, 4. April 1970, S. 2.
5 Konferenz der Staats- und Regierungschefs der EG-Mitgliedsstaaten am 1./2. Dezember 1969 in Den Haag. Der Wortlaut des Kommuniqués ist abgedruckt in: EA 25 (1970) 2, S. D 42 – D 44.
6 Ausgelassen wurde eine Partie über etwaige französische Vorbehalte im Zusammenhang der EG und Ausführungen Präsident Nixons über das amerikanisch-französische Verhältnis.
7 Gemeint sind die Gespräche über die Begrenzung der strategischen Raketenrüstung zwischen den USA und der Sowjetunion vom 17. November – 22. Dezember 1969 in Helsinki. AdG 39 (1969), S. 15156 f.
8 Die Kubakrise 1962/63 wurde ausgelöst durch die Stationierung sowjetischer Mittelstreckenraketen auf der Insel, deren Präsenz die US-Regierung am 14. Oktober 1962 feststellte. Nach entsprechenden Forderungen Präsident Kennedys sowie einer amerikanischen Seeblockade gegen Kuba erklärte sich die Sowjetunion am 27. Oktober 1962 zum Abzug der Raketen bereit. Mit einem gemeinsamen Schreiben an den UN-Generalsekretär im Januar 1963 legten die beiden Mächte den Konflikt bei.
9 Vgl. Einleitung.
10 NATO-Ministerratstagung am 26./27. Mai 1970. EA 25 (1970) 13, S. D 315 – D 319.
11 Vgl. Einleitung.
12 Vgl. Einleitung und Nr. 33.
13 Die Offset-Abkommen zwischen Washington und Bonn regelten seit 1961 die Devisenausgleichszahlungen der Bundesrepublik Deutschland an die USA, mit denen die durch die Stationierung amerikanischer Truppen auf deutschem Boden verbundenen Devisenverluste in der amerikanischen Zahlungsbilanz ausgeglichen werden sollten.
14 Ausgelassen wurden Partien zum Diskussionsprozess im Rahmen des NATO-Rates, Erörterungen Präsident Nixons zur Lage

in Asien sowie Ausführungen zur Nahostkrise, zur Lage im Mittelmeerraum und insbesondere in Griechenland, ferner Brandts Aufzeichnungen zum Tisch-Gespräch mit Präsident Nixon am Abend des 10. April 1970.

15 Nicht abgedruckt wird eine diesbezügliche Äußerung John McCloys.

16 Hier folgen weitere Ausführungen Präsident Nixons zur EG, zum Nahen Osten, zu Japan sowie zum Schutz von Diplomaten gegen Überfälle und Repressalien.

17 Hs. paraphiert.

Nr. 37

1 Die SED-Zeitung *Neues Deutschland* war im Gefolge des Erfurter Treffens geradezu gespickt mit polemischen Attacken gegen die Bundesrepublik Deutschland im Allgemeinen und die SPD im Besonderen, vor allem gegen Willy Brandt und Herbert Wehner. Vgl. etwa *Neues Deutschland*, Nr. 90 vom 2. April 1970, S. 2, und Nr. 91 vom 3. April 1970, S. 2. Vgl. zudem Nr. 33.

2 Auf der Festveranstaltung zum 50. Jahrestag der Oktoberrevolution in Moskau am 3./4. November 1967 hielt Michail Suslow eine entsprechende Rede.

3 Vgl. dazu Einleitung, Nr. 33 und *Brandt* 1976, S. 490 ff.

4 Am 23. Juni 1966 beschloss der Bundestag das Gesetz über die befristete Freistellung von der Gerichtsbarkeit der Bundesrepublik Deutschland, um die Einreise von SED-Vertretern zu ermöglichen, die, etwa wegen der Todesopfer an der innerdeutschen Grenze, mit strafrechtlichen Konsequenzen zu rechnen hatten. Vgl. *Winkler* 2000, S. 235.

5 Vgl. Nr. 33.

6 Die genaue Zahl der Verhaftungen ist nicht ermittelbar.

7 Eine Anspielung auf den 1924 gegründeten überparteilichen politischen Kampfverband „Reichsbanner Schwarz-Rot-Gold" zur Verteidigung der krisengeschüttelten Weimarer Republik.

8 Vgl. Einleitung.

9 Eine Anspielung auf die amerikanisch-chinesischen Botschaftergespräche in Warschau, die im Januar 1970 wieder aufgenommen worden waren. Vgl. *Hacke* 1997, S. 133 ff.

10 Ort des fruchtlosen Meinungsaustausches zwischen Süd- und Nordkorea.

11 Gemeint ist der von Ulbricht bereits am 18. Dezember 1969 an Heinemann übersandte Entwurf zu einem „Vertrag über die Aufnahme gleichberechtigter Beziehungen zwischen der DDR und der BRD". AdG 39 (1969), S. 15163. Vgl. *Baring* 1982, S. 256 ff.

12 Vgl. Nr. 27.

13 Die Vorverhandlungen mit Moskau zum Thema des Gewaltverzichts begannen am 8. Dezember 1969, die mit Warschau am 5. Februar 1970.

14 Gemeint ist das Görlitzer Abkommen zwischen der DDR und der Volksrepublik Polen vom 6. Juni 1950, in dem die Oder-Neiße-Linie als „unantastbare Friedens- und Freundschaftsgrenze" beider Staaten anerkannt wurde.

15 Brandt spielt auf das Potsdamer Abkommen zwischen den Vereinigten Staaten von Amerika, der Sowjetunion und Großbritannien vom 2. August 1945 an, das die politischen und wirtschaftlichen Grundsätze für die Behandlung des besiegten Deutschen Reiches legte, Grenzregelungen traf und die Vertreibung der deutschen Bevölkerung aus den deutschen Ostgebieten, Polen, der Tschechoslowakei und Ungarn regelte. Frankreich trat dem Abkommen am 7. August 1945 unter Vorbehalten bei.

16 Vgl. Einleitung.

17 Vgl. Anm. 13.

18 In seiner Rede vom 17. Mai 1969 hatte Gomułka Verhandlungen über eine Grenzregelung angeboten und war damit von der bisherigen Position Warschaus abgewichen, derzufolge die Anerkennung der Oder-Neiße-Linie die Vorbedingung jeglicher Gespräche darstelle. Vgl. *Spiegel*, Nr. 19 vom 4. Mai 1970, S. 28.

19 Vgl. Nr. 36.

20 Bahr verhandelte seit dem 30. Januar 1970 mit Gromyko in Moskau. Vgl. *Bahr* 1996, S. 284 ff., *Baring* 1982, S. 278 ff.

21 Im Artikel 2, Absatz 3 der UN-Charta vom 26. Juni 1945 heißt es: „Alle Mitglieder sollen ihre zwischenstaatlichen Streitigkeiten auf friedlichem Wege auf eine solche Weise schlichten, daß internationaler Friede und internationale Sicherheit und Gerechtigkeit nicht gefährdet werden." AdG 15 (1945), S. 289.

22 Vgl. Einleitung.

23 Vgl. Nr. 36.

24 Vgl. Nr. 36, Anm. 2.

25 Vgl. Einleitung und Nr. 14–16.

26 Das Treffen fand am 21. Mai 1970 statt. Vgl. Nr. 38.

Nr. 38

1 Bei der Vorlage handelt es sich um die Ablichtung des Originals. Unvollständige Fassungen des Vermerks aus den Beständen des Privatarchivs Helmut Schmidt bzw. des Bundeskanzleramtes sind abgedruckt in: *Potthoff* 1997, S. 170–172 und S. 186–188, sowie in: AAPD 1970, II, S. 843–845.

2 Gemeint sind die Gespräche, die Staatssekretär Bahr seit dem 30. Januar 1970 in Moskau mit dem sowjetischen Außenminister Gromyko führte. Vgl. Einleitung.

3 Frankreich, Großbritannien, die Sowjetunion und die USA gehörten dem UNO-Sicherheitsrat seit dem 26. Juni 1945 als ständige Mitglieder an.

4 Gemeint ist die generelle Frage der Vertretung zweier Staaten einer Nation in den Gremien der UNO, welche sich auch im Falle der Volksrepublik China und dem Taiwan Chiang Kai-sheks stellte. Am 26. Oktober 1971 billigte die UN-Vollversammlung eine von Albanien eingebrachte Resolution, durch welche Taiwan seinen Sitz in der Generalversammlung und im Sicherheitsrat der UNO an die Volksrepublik China verlor, die damit zur alleinigen Vertreterin Chinas bei den UN wurde. Vgl. AdG 41 (1971), S. 16639 ff.

5 Brandt spielt auf die am 6. Dezember 1968 erfolgte grundsätzliche innerdeutsche Einigung im Interzonenhandel an, z. B. über einen Ausgleich der Mineralölsteuer sowie über die jährlichen Bezugsmengen von Treibstoffen aus der DDR. Weiterhin wurden die Verlängerung der Ausgleichsfrist für den innerdeutschen Schuldensaldo bis zum 31. Dezember 1975 sowie die jährliche Neufestsetzung des zinsfreien Überziehungskredits („Swing") vereinbart. Vgl. dazu AdG 38 (1968), S. 14359.

6 Stoph bezieht sich auf das im Umfeld der Messe in Hannover Ende April 1970 bekannt gegebene Projekt der Salzgitter AG, in der DDR – in Hennigsdorf sowie in Riesa – jeweils ein Elektrostahlwerk zu errichten. Die Kosten für das Hennigsdorfer Werk wurden auf 70 Millionen DM veranschlagt. Vgl. AdG 40 (1970), S. 15438.

7 Es handelt sich um Konventionen der so genannten Berner Union, die Standards für das europäische Eisenbahnwesen festlegte.

8 Stoph nahm Anstoß daran, dass der DDR die Mitgliedschaft in den genannten Organisationen bislang verwehrt worden war. Der Beitritt der DDR zur ECE wurde

am 4. Januar 1973, der zur WHO am 8. Mai 1973 vollzogen.

9 SPD-Bundesgeschäftsführer Wischnewski („Ben Wisch") war im Januar 1970 mit dem algerischen Außenminister Bouteflika in Tunis zusammengetroffen, um die Wiederaufnahme diplomatischer Beziehungen zu sondieren.

10 Stoph bezog sich v.a. auf einschlägige Artikel in der rechtsgerichteten „Deutschen National- und Soldatenzeitung". Vgl. dazu Stophs Ausführungen gegenüber Brandt am Vormittag des 20. Mai 1970, in: *Potthoff* 1997, S. 166.

11 Nicht ermittelbar.

12 Vgl. Nr. 33, Anm. 10, 11.

13 Brandt besuchte vom 4. – 11. April 1970 die USA und traf am 10./11. April 1970 zu Gesprächen mit Präsident Nixon zusammen. Vgl. Nr. 36.

14 Der Bundesparteitag der SPD fand vom 11. bis 14. Mai 1970 in Saarbrücken statt. Am 13. Mai 1970 führte Brandt aus: „Daß wir bereit sind, in der DDR einen gleichberechtigten Staat zu sehen, heißt doch natürlich nicht, daß wir in ihr einen gleichartigen Staat sehen wollten oder könnten." Protokoll 1970, S. 450 ff., vgl. auch *Brandt* 1976, S. 501 f.

15 Vgl. Nr. 29, Anm. 6.

16 Vgl. Anm. 10.

Nr. 39

1 Bei der Vorlage handelt es sich um das Original.

2 Gemeint ist das – nicht zuletzt militärische – Engagement der Vereinigten Staaten in Westeuropa und insbesondere in der Bundesrepublik.

3 Brandt spielt hier auf den Konflikt zwischen der Sowjetunion und der Volksrepublik China an, den die Nixon-Administration auszunutzen suchte, indem sie sich demonstrativ an Peking annäherte. Die Aufnahme diplomatischer Beziehungen zwischen der Bundesrepublik Deutschland und China rückte erst gegen Ende der Kanzlerschaft Brandts auf die Agenda bundesdeutscher Außenpolitik.

4 Unleserlich.

5 Der Ministerrat der NATO hatte auf seiner Tagung am 26./27. Mai 1970 in Rom in einer „Erklärung über eine beiderseitige Truppenverminderung" bekräftigt, bei der „fortdauernden Suche nach einem gerechten und dauerhaften Frieden" weiterhin „eine wirksame Politik" verfolgen zu wollen, „die auf einen größeren Abbau der Spannungen gerichtet ist". In diesem Zusammenhang erneuerte er sein Angebot an die UdSSR und ihre Verbündeten, „gemeinsam [...] die Möglichkeit beiderseitiger ausgewogener Truppenverminderung zu erörtern". Insgesamt unterstrich der Rat, dass die „ungelösten, Europa teilenden Probleme" nur „durch Verhandlungen zu lösen" seien. In diesem Kontext beurteilte er – so das Abschluss-Kommuniqué – auch die Bemühungen der Bundesregierung „um die Lösung offener Probleme und um einen Modus vivendi in Deutschland, der den besonderen Verhältnissen der deutschen Lage Rechnung tragen würde," als „einen wichtigen Beitrag zur Sicherheit und Zusammenarbeit in Europa". AdG 40 (1970), S. 15516 ff.

6 Korrigiert aus: „sie können".

7 Gemeint sind die Artikel 53 und 107 der UN-Charta vom 26. Juni 1945. Artikel 53, die so genannte Feindstaatenklausel, gestattete in Verbindung mit Art. 107 Zwangsmaßnahmen ohne Ermächtigung des Sicherheitsrats gegen einen Staat, der „während des zweiten Weltkriegs ein Feind irgendeines Signatars dieses Paktes war". AdG 15 (1945), S. 293.

8 Kommentar Schmidts. Gemeint ist vermutlich Artikel 2 der UN-Charta, der in

seinen Nummern 3 und 4 alle UN-Mitglieder darauf verpflichtet, ihre internationalen Streitigkeiten durch friedliche Mittel beizulegen und in ihren zwischenstaatlichen Beziehungen die Androhung oder Anwendung von Gewalt zu unterlassen (ebd.). Möglicherweise ist mit dem Hinweis auf Artikel 2 aber auch der zweite Leitsatz des so genannten Bahr-Papiers, des Entwurfs des mit der Sowjetunion zu schließenden Vertrags (Leitsätze 1–4) und der gemeinsamen Absichtserklärung (Leitsätze 5–10), gemeint, der ebenfalls – zudem unter Berufung auf Art. 2 der UN-Charta – die Bundesrepublik und die Sowjetunion in die Pflicht nimmt, bilaterale Konflikte ausschließlich friedlich zu lösen und in ihren gegenseitigen Beziehungen weder mit Gewalt zu drohen noch sie anzuwenden.

9   Art. 7, Abs. 1 des so genannten Deutschlandvertrags (Vertrag über die Beziehungen der Bundesrepublik Deutschland mit den drei Westmächten), der am 26. Mai 1952 von Acheson, Eden, Schuman und Adenauer unterzeichnet worden war, besagte, die Vertragspartner seien sich darin einig, dass „ein wesentliches Ziel ihrer gemeinsamen Politik eine zwischen Deutschland und seinen ehemaligen Gegnern frei vereinbarte friedensvertragliche Regelung für ganz Deutschland ist, welche die Grundlage für einen dauerhaften Frieden bilden soll". Als gemeinsames Ziel wurde dort weiter fixiert, dass „die endgültige Festlegung der Grenzen Deutschlands bis zu dieser Regelung aufgeschoben werden muß". Mit dem „einseitigen Brief" ist der spätere „Brief zur deutschen Einheit" gemeint, den die Bundesregierung am 12. August 1970 anlässlich der Unterzeichnung des Moskauer Vertrags im sowjetischen Außenministerium übergab.

10   Kommentar Schmidts. In der Tat ist nicht völlig eindeutig, welche Vereinbarungen Brandt unter dem „3-Verträge-Paket" subsummiert, strebte die Bundesregierung doch neben einer Gewaltverzichtsregelung mit der UdSSR Abkommen mit Polen, der ČSSR und der DDR an, die alle vier als „einheitliches Ganzes", als Paket, angesehen wurden.

11   Eckige Klammern in der Vorlage: vermutlich, um einen Brandts Ausführungen ergänzenden Einschub Schmidts zu kennzeichnen.

12   Eckige Klammern in der Vorlage: vermutlich, um einen Brandts Ausführungen ergänzenden Einschub Schmidts zu kennzeichnen. Schmidt bezieht sich auf die „Charta der Heimatvertriebenen" vom 5. August 1950. Vgl. Dokumente zur Deutschlandpolitik, II. Reihe, Bd. 3: 1. Januar bis 31. Dezember 1950, bearbeitet von Hanns Jürgen Küsters und Daniel Hofmann, München 1997, S. 272 f.

13   Gemeint ist das so genannte Münchener Abkommen. Vgl. Nr. 1, Anm. 10.

14   Lateinisch für „aus dem Damals", von Anfang an.

15   Gemeint ist die „20-Punkte-Erklärung", die Brandt bei seinem zweiten Treffen mit Stoph am 22. Mai 1970 in Kassel abgab. Vgl. Einleitung.

16   Vgl. dazu Nr. 29.

17   Kommentar Schmidts.

18   Gemeint ist die sich seit der zweiten Hälfte der sechziger Jahre abzeichnende Tendenz, dass zunehmend mehr Staaten die DDR völkerrechtlich anerkannten. Zu diesem Zeitpunkt waren es 27, Ende 1972 58, vier Wochen später bereits 71, im März 1976 schließlich 118 Länder, die diplomatische Beziehungen zur DDR unterhielten.

Nr. 40

1   Bei der Vorlage handelt es sich um das Original.

2   Brandt war mit Ministerpräsident (Staatsminister) Palme bei dessen offiziel-

lem Besuch in der Bundesrepublik vom 12. bis 14. März 1970 zusammengetroffen. Vom 16. bis 19. Juni 1970 hielt sich Palme zu offiziellen Gesprächen in Moskau auf und stand vor und nach seinem Besuch, bei dem auch über die deutsche Frage gesprochen wurde, in regelmäßigem Kontakt mit Bonn. Auf einer Pressekonferenz am 24. August 1970 attestierte Brandt Palme einen positiven Einfluss auf die Gewaltverzichtsgespräche: Schwedens Ausgleichsbemühungen hätten die gegenseitige Annäherung erleichtert. Vgl. AdG 40 (1970), S. 15632, 15668.

3 Die Gespräche dauerten insgesamt über 50 Stunden. Vgl. Einleitung.

4 Brandt meinte das so genannte „Bahr-Papier". Unter diesem Namen wurden die von Staatssekretär Bahr und dem sowjetischen Außenminister Gromyko am 20. Mai 1970 festgehaltenen „Leitsätze für einen Vertrag mit der UdSSR" durch Indiskretion am 12. Juni 1970 bekannt. AAPD 1970, II, S. 822 – 824.

5 Gemeint ist die von sowjetischer Seite immer wieder versuchte Ableitung eines vermeintlichen Interventionsrechtes in der Bundesrepublik Deutschland aus den Artikeln 53 und 107 der UN-Charta vom 26. Juni 1945, den so genannten „Feindstaatenklauseln". AdG 15 (1945), S. 289 – 295.

6 Der enge Zusammenhang zwischen einer befriedigenden Berlin-Lösung und der Ratifizierung des Moskauer Vertrages war am 7. Juni 1970 in den Verhandlungsrichtlinien des Bundeskabinetts nochmals betont worden. Vgl. *Bracher/Jäger/Link* 1986, S. 188.

7 Das Bundeskabinett beauftragte am 23. Juli 1970 formell Außenminister Scheel, mit der sowjetischen Regierung Verhandlungen über den Abschluss eines gegenseitigen Gewaltverzichtsabkommens zu führen.

8 Hs. unterzeichnet.

Nr. 41

1 Bei der Vorlage handelt es sich um die Ablichtung des Originals. Das Dokument ist ebenfalls abgedruckt in: AAPD 1970, II, S. 1504 – 1508.

2 Vgl. ebd. S. 1449 – 1464.

3 Die Regierungschefs und Außenminister beider Staaten, Brandt und Scheel sowie Kossygin und Gromyko, unterzeichneten am 12. August 1970 den Moskauer Vertrag zwischen der Bundesrepublik Deutschland und der Sowjetunion.

4 Vgl. das Gespräch zwischen Brandt und Kossygin am 12. August 1970, in: AAPD 1970, II, S. 1438 – 1449.

5 Das zweite Gespräch zwischen Brandt und Kossygin fand am 13. August 1970 von 10.00 Uhr bis 11.30 Uhr statt. Vgl. ebd., S. 1467 – 1472.

6 Gemeint ist die Erklärung des Außenministers Scheel an seinen sowjetischen Amtskollegen Gromyko vom 6. August 1970, die Bestandteil der Note der deutschen Bundesregierung an die Regierungen der drei Westmächte vom 7. August 1970 war. Vgl. EA 25 (1970) 17, S. D 396.

7 Vgl. AdG 40 (1970), S. 15634. Die Koppelung von Ratifizierung des Moskauer Vertrages mit einem aus bundesdeutscher Sicht befriedigenden Ergebnis der Viermächte-Verhandlungen über Berlin war bereits am 7. Juni 1970 im Bundeskabinett in Absprache mit den Westalliierten beschlossen worden. Vgl. *Bracher/Jäger/Link* 1986, S. 188.

8 Zu den Gesprächen zwischen Bundeskanzler Brandt und Ministerpräsident Stoph in Kassel am 21. Mai 1970 vgl. Nr. 38 und Einleitung.

9 Vgl. dazu z. B. *Neues Deutschland*, Nr. 138 vom 21. Mai 1970, S. 4 f.: Die Mitglieder der Bundesregierung wurden im Zusammenhang mit dem Kasseler Treffen

als „Exponenten der westdeutschen imperialistischen Revanchepolitik" bezeichnet.
10 Hs. eingefügt.
11 Die „Leitsätze für einen Vertrag mit der UdSSR" sind abgedruckt in: AAPD 1970, II, S. 822–824. Brandt bezieht sich hier auf den Leitsatz 5, demzufolge der Moskauer Vertrag und die entsprechenden Abkommen mit den anderen sozialistischen Ländern „ein einheitliches Ganzes" bilden sollten.
12 Anm. 7.
13 Der Oberste Sowjet der UdSSR ratifizierte den Moskauer Vertrag vor dem Bundestag, der diesen Akt am 17. Mai 1972 vollzog.
14 Offizielle Sondierungen der Bundesregierung in Prag – nach ersten Kontakten im Januar 1967 und dem Austausch von Handelsmissionen im selben Jahr – fanden am 13./14. Oktober 1970 statt. Vgl. AdG 40 (1970), S. 15790 f.
15 Die KPD war am 17. August 1956 verboten worden. 1968 begründeten ehemalige KPD-Funktionäre die DKP.
16 Vgl. Anm. 15.
17 Hs. eingefügt.
18 Die Firma Daimler-Benz AG plante eine Beteiligung am Bau einer LKW-Fabrik in der UdSSR.
19 Brandt hatte beide Themenkreise – Reparationen und Familienzusammenführung – in seinen Gesprächen mit Ministerpräsident Kossygin am 12. und 13. August 1970 zur Sprache gebracht. Bezüglich etwaiger Reparationsforderungen der Sowjetunion aus dem Zweiten Weltkrieg, so Brandt, sei es für die weitere wirtschaftliche Zusammenarbeit wichtig, wenn er „zu Hause" sagen könne, dass „dieses Problem vom Tisch" sei. Was die Familienzusammenführung anging, so erwähnte Brandt gegenüber Kossygin eine Zahl von „40 000 ungelösten Fällen" und regte an, „daß die beiden Rotkreuzgesellschaften sich zusammensetzen und Lösungen suchen sollen". Vgl. AAPD 1970, II, S. 1445 und 1468 ff.
20 Hs. paraphiert.

Nr. 42
1 Bei der Vorlage handelt es sich um das Original. Am Dokumentenanfang hs. von Brandt in grün vermerkt: „handschr[iftlich] beantw[ortet] 14/8[.1970]. Schmidt schrieb den Brief aus seinem Urlaubsort Langwedel.
2 Schmidt bezieht sich auf die Unterzeichnung des Moskauer Vertrages am 12. August 1970.
3 Zum Wortlaut der Fernsehansprache – „Mit diesem Vertrag geht nichts verloren, was nicht längst verspielt worden war" – vgl. AdG 40 (1970), S. 15651 f.
4 Gemeint sind Karl Wilhelm Berkhan und dessen Frau Willfriede sowie Helmut Schmidt und Ehefrau Hannelore.
5 Am 10. August 1970 hatte Barzel Brandt schriftlich mitgeteilt, dass der Entwurf des Moskauer Vertrages „entscheidende Bedenken fortbestehen" lasse. *Barzel, Rainer:* Die Tür blieb offen. Mein persönlicher Bericht über Ostverträge, Mißtrauensvotum und Kanzlersturz, Bonn 1998, S. 63. Zu den ersten Reaktionen der Opposition auf die Unterzeichnung des Moskauer Vertrages vgl. AdG 40 (1970), S. 15643 f.
6 Gemeint ist die Veröffentlichung des so genannten Bahr-Papiers in der Springerpresse.
7 Noch ehe Brandt seine gleichlautenden Schreiben an Premierminister Heath, Präsident Nixon und Staatspräsident Pompidou auf den Weg brachte, in denen er die Einberufung einer Gipfelkonferenz der drei Westmächte anregte, hatte Regierungssprecher Ahlers diese Initiative ohne Rücksprache mit dem Kanzler in die Öffentlichkeit getragen. AAPD 1970, II, S. 1473–1475.

8 Staatssekretär Bahr reiste am 17. August 1970 nach Washington, um die US-Regierung über die Schlussverhandlungen mit der Sowjetunion und über den Moskauer Vertrag zu unterrichten. Memorandum des Gesprächs zwischen Bahr und Kissinger, 17. August 1970, in: NARA, Nixon Presidential Materials Staff, National Security Council, 1969–1974, Country Files, Box 684; vgl. auch Bahr 1996, S. 336; *Kissinger, Henry A.*: Memoiren 1968–1973, München 1979, S. 569.
9 Korrigiert aus: „Ruth".

Nr. 43
1 Vgl. AdG 40 (1970), S. 15648.
2 Vgl. dazu das Schreiben des Bundesministers Schmidt an Brandt vom 13. August 1970 (Nr. 42), in dem Schmidt warnte: „Euphorie würde gegenüber Ost-Berlin schaden, gegenüber dem Westen und auch innenpolitisch."
3 Der Vertrag, so Ministerpräsident Kossygin in seiner Tischrede, sei „vom Leben selbst diktiert." Vgl. EA 25 (1970) 17, S. D 399 f., Zitat S. D 400.
4 Anspielung auf das am 16. April 1922 zwischen dem Deutschen Reich und der Sowjetunion unterzeichnete Abkommen, den Vertrag von Rapallo. In der Wahrnehmung der Westmächte wurde „Rapallo" in der Folge zu einer Chiffre für deutsch-sowjetische Sondervereinbarungen zu Lasten des Westens.
5 Vgl. Einleitung.
6 Vgl. Nr. 41.
7 Vgl. Anm. 4.
8 Vgl. Nr. 28 und Einleitung.
9 In seinen Schreiben an Premierminister Heath, Präsident Nixon und Staatspräsident Pompidou vom 9. August 1970 hatte Brandt den Vorschlag eines Gipfeltreffens der drei Westmächte mit der Bundesrepublik angeregt. Pompidou hatte öffentlich dazu bemerkt: „Es ist immer gut, sich zu begegnen; aber man muß sich etwas zu sagen haben. Gegenwärtig gibt es keinen besonderen Grund, uns zu sehen." Vgl. AdG 40 (1970), S. 15645.
10 Vgl. dazu Nr. 42, Anm. 7.
11 Vgl. Nr. 36.
12 Vgl. Einleitung und Nr. 41.
13 „Weder wir noch Sie", so Ministerpräsident Kossygin am 12. August 1970 zu Brandt, „sind Wohlfahrtsorganisationen, die Zusammenarbeit muß für beide Seiten Nutzen bringen. Wir erwarten von Ihnen kein Manna vom Himmel. Wir sind sachliche Leute." Vgl. AAPD 1970, II, S. 1443.
14 Ministerpräsident Kossygin erläuterte Brandt das Projekt als „ein neues großes Werk für schwere LKW mit einer Jahresproduktion von 200 000 Stück." Vgl. ebd., S. 1442.
15 Staatspräsident Pompidou besuchte Bonn am 3./4. Juli 1970. Das Gespräch zwischen Brandt und Pompidou fand am 3. Juli 1970 statt. Vgl. AAPD 1970, II, S. 1069–1080.
16 Vgl. Einleitung.
17 Der Wortlaut der 20 Punkte, die Brandt zu Beginn des Treffens mit Stoph in Kassel vortrug, findet sich in: Zehn Jahre Deutschlandpolitik 1980, S. 138.
18 Vgl. Nr. 42, Anm. 5.

Nr. 44
1 Bei der Vorlage handelt es sich um die Ablichtung des Originals.
2 Beide Schreiben Brandts – zugleich an den französischen Staatspräsidenten Pompidou und den britischen Premierminister Edward Heath – sind abgedruckt in: AAPD 1970, II, S. 1428 f. und 1473 ff.
3 Gemeint ist der Moskauer Vertrag vom 12. August 1970. Vgl. Einleitung und Nr. 41.

4 „Mein Gesamteindruck", so Brandt, „läßt sich dahingehend zusammenfassen, daß die Sowjetunion eine allgemeine Beruhigung der internationalen Lage anstrebt, um auf dieser Basis ihre langfristigen Wirtschaftsplanungen realisieren zu können." AAPD 1970, II, S. 1474.

5 Diesen Vorschlag hatte Brandt bereits in seinem Schreiben vom 8. August 1970 unterbreitet und am 14. August 1970 erneuert. Vgl. Nr. 42, Anm. 7.

6 Hs. unterzeichnet.

Nr. 45

1 Bei der Vorlage handelt es sich um die Kopie des Originals.

2 Ausgelassen wurden Partien zur Nahostpolitik der SPD.

3 Ausgelassen wurde eine Passage zu organisatorischen und formalen Einzelheiten.

4 Vgl. dazu Nr. 41.

5 Brandt vermutete, dass die sowjetische Seite „an der Passage über den 13. August und den Mauerbau Anstoß" nehmen könnte und hatte daraufhin seinen Gastgebern bedeutet, „daß ich für Flugtransport sorgen würde, wenn die Überspielung nicht zustande komme." Zum Wortlaut der Fernsehansprache vgl. AdG 40 (1970), S. 15651 f., und Brandt 1976, S. 435 f.

6 Die Bundesminister Leussink (Bildung und Wissenschaft) und Schiller (Wirtschaft) hielten sich vom 17. – 29. September 1970 bzw. vom 23. – 26. September 1970 in der Sowjetunion auf. Vgl. AdG 40 (1970), S. 15825 ff.

7 In den hs. Notizen Brandts für die Sitzung des Parteivorstands am 14. September 1970 hieß es dazu ausführlicher: „9) Berlin a) Versuch B[reschnew]s – unter Hinweis auf Scheel – das Junktim abzuklopfen[;] kein Zweifel, dass Russen sich vorbehalten, auf rasche Ratifizierung zu drängen b) Koss[ygin]: auch über Berlin reden c) B[reschnew] offiziell – inoffiziell – nicht zur BRD – keine polit[ische] Präsenz im strengen Sinne d) Führung ist an Vertrag interessiert, weiss um Zus[ammen]hang", in: AdsD, WBA, A 11.3, 2.

8 Vgl. Einleitung.

9 Vgl. ebd.

10 Mit der Unterzeichnung des Moskauer Vertrages war die Frage von Reparationszahlungen an die Sowjetunion durch die Bundesrepublik Deutschland praktisch vom Tisch.

11 Vgl. Nr. 41.

12 Ausgelassen wurden Partien zu formalen Einzelheiten, die sich anschließende Diskussion sowie die übrigen Tagesordnungspunkte.

Nr. 46

1 Das Interview, das im Kanzleramt in Bonn geführt wurde, erschien am 7. Dezember 1970 unter dem Titel „M. Willy Brandt déclare à L'Express" (Willy Brandt spricht mit L'Express). Die Fragen stellte der Sonderkorrespondent der Zeitung, Marc Ullmann.

2 Brandt flog am 6. Dezember nach Warschau, der Vertrag mit der Volksrepublik Polen wurde am 7. Dezember unterschrieben. Die DDR-Regierung signalisierte mit der Behinderung des Berlin-Verkehrs seit dem 28. November 1970 und einer entsprechenden Erklärung ihren Protest gegen eine geplante Sitzung der CDU/CSU-Bundestagsfraktion in West-Berlin. Der sowjetische Botschafter in der DDR, Pjotr Abrassimow, wandte sich ebenfalls mit einer Protestnote an die Botschafter der drei Westmächte. Vgl. EA 25 (1970) 24, S. Z 250 f. Am 8. Dezember 1970 fand in Brüssel die dritte Verhandlungskonferenz zwischen der EG und Großbritannien statt, bei der die

Einbindung Großbritanniens in die Finanz- und Währungspolitik der Gemeinschaft auf der Tagesordnung stand, am 14./15. Dezember 1970 tagte der Rat der Europäischen Gemeinschaft, wo es zudem um die stufenweise Verwirklichung der Wirtschafts- und Währungsunion ging.

3   Gemeint sind die MBFR-Verhandlungen zwischen den Staaten der NATO und des Warschauer Paktes, die am 30. Oktober 1973 in Wien begannen.

4   Die sowjetische Blockade der Zugangswege in die drei westlichen Sektoren Berlins auf den Land- und Wasserwegen begann am 24. Juni 1948 und wurde am 12. Mai 1949 – nach Vier-Mächte-Verhandlungen in Paris – wieder aufgehoben. Am 26. März 1970 nahmen auf Vorschlag Brandts die Botschafter der Vier Mächte Verhandlungen mit dem Ziel auf, ein endgültiges Abkommen über Berlin abzuschließen.

5   Vgl. Brandt 1976, S. 550.

6   Die diplomatische Anerkennung der Volksrepublik China durch Frankreich erfolgte am 27. Januar 1964. Man kam überein, innerhalb von drei Monaten Botschafter auszutauschen. Vgl. AdG 34 (1964), S. 11034.

7   Anspielung auf die blutige Niederschlagung des „Prager Frühlings" im August 1968 durch die Intervention von Streitkräften des Warschauer Paktes unter Führung der Sowjetunion. Vgl. hierzu Einleitung und Nr. 14–16.

8   Vgl. Nr. 41.

9   Vgl. Berliner Ausgabe, Bd. 3.

10 Vgl. Anm. 2.

11 Bereits am 13./14. Oktober 1970 hatte es offizielle Kontakte zwischen Bonn und Prag gegeben, im Juni 1973 wurde der Prager Vertrag paraphiert. Am 11. Dezember 1973 unterzeichneten Brandt und Außenminister Scheel für die Bundesrepublik, Ministerpräsident Strougal und Außenminister Chnoupek für die ČSSR.

12 Das Vier-Mächte-Abkommen über Berlin wurde am 3. September 1971 unterzeichnet und trat am 3. Juni 1972 in Kraft.

13 Gemeint ist der Gipfel der Staats- und Regierungschefs der sechs EG-Staaten am 1./2. Dezember 1969 in Den Haag, wo die Weichen für die Aufnahme Großbritanniens in die EG gestellt wurden und eine Wirtschafts- und Währungsunion als Ziel formuliert wurde. Vgl. Brandt 1976, S. 316, und Brandt 1994, S. 285.

14 Gemeint ist die Sitzung des Europäischen Rats der Außen-, Wirtschafts- und Finanzminister in Brüssel am 14./15. Dezember 1970. In der Frage der Wirtschafts- und Währungsunion konnte keine Einigung in allen Punkten erreicht werden. Die Verhandlungen wurden auf Januar 1971 vertagt. Vgl. EA 26 (1970) 1, S. Z 10 f.

15 Am 19. November 1970 waren die Außenminister der sechs Mitgliedsstaaten der EG zu ihrer ersten außenpolitischen Konsultation zusammengekommen. Themen waren der Nahost-Konflikt, der Vorschlag einer europäischen Sicherheitskonferenz sowie die bundesdeutsche Ostpolitik und die Lage in und um Berlin.

16 Vgl. dazu Brandts Rede in der Europa-Debatte des Deutschen Bundestages, in: Verhandlungen, Bd. 74, S. 4269 und 4270.

17 Ausgelassen wurden Partien zu innenpolitischen Themen.

Nr. 47

1   Bei der Vorlage handelt es sich um die Kopie des Originals.

2   In ihrem Schreiben vom 1. Dezember 1970 hatte Gräfin Dönhoff die Begleitung Brandts nach Warschau mit Bedauern abgelehnt, denn, so die in Ostpreußen geborene Journalistin, bereits die Arbeit an

einem einschlägigen Artikel gerate ihr zum „moralische[n] Kraftakt – ich schäme mich zu sagen, daß ich ein ganze Woche lang darüber geheult habe." Siehe AdsD, WBA, A 8, 58. Vgl. dazu *Dönhoff, Gräfin Marion:* Ein Kreuz auf Preußens Grab. Zum deutschpolnischen Vertrag über die Oder-Neiße-Grenze, in: *Die Zeit,* Nr. 47 vom 20. November 1970, S. 1. Vgl. auch *Bahr* 1996, S. 338 f.

3   Hs. unterzeichnet.

Nr. 48

1   Am 7. Dezember 1970 traf Brandt zu einem Gespräch mit Ministerpräsident Cyrankiewicz zusammen, in dem die Intensivierung der wirtschaftlichen und kulturellen Zusammenarbeit sowie Probleme der Familienzusammenführung erörtert wurden. Vgl. AAPD 1970, III, S. 2195–2201. Am selben Tag führte Brandt ein Gespräch mit dem Ersten Sekretär des ZK der PVAP, Gomułka, in dem auch die Gewährung eines Kredits an Polen sowie die Vier-Mächte-Gespräche über Berlin behandelt wurden. Vgl. ebd., S. 2201–2221 f.

2   Gemeint ist der Warschauer Vertrag vom 7. Dezember 1970, vgl. Einleitung. Zum Wortlaut vgl. AdG 40 (1970), S. 15872 f.

3   Rapacki legte den nach ihm benannten Plan einer kernwaffenfreien Zone in Mitteleuropa erstmals 1957 der UN-Vollversammlung dar. Vgl. Nr. 30, Anm. 14.

4   Auf der Ministertagung des Nordatlantikrates in Brüssel am 3./4. Dezember 1970 hatten die Außen-, Verteidigungs- und Finanzminister der NATO u. a. ihre Bereitschaft erneuert, in Gespräche mit den Staaten des Warschauer Paktes über ausgewogene Truppenverminderungen (MBFR) einzutreten.

5   In der Bundestagsabstimmung über die Verträge von Moskau und Warschau am 17. Mai 1972 enthielt sich die Mehrzahl der Unionsabgeordneten der Stimme. Beim Moskauer Vertrag gab es 10, beim Warschauer Vertrag 17 Gegenstimmen. Vgl. *Bender* 1995, S. 203 f.

6   Vgl. Einleitung und Anm. 5.

7   Vgl. dazu auch die *Spiegel*-Umfrage „Durfte Brandt knien?", die zu folgendem Ergebnis kam: „Für angemessen halten das Verhalten Brandts am Getto-Ehrenmal 41 Prozent der Befragten, als übertrieben bezeichnen es 48 Prozent", in: *Der Spiegel,* Nr. 51 vom 14. Dezember 1970, S. 27. Vgl. Einleitung.

Nr. 49

1   Bei der Vorlage handelt es sich um das Original. Ein Schreiben gleichen Wortlauts und Datums richtete Brandt an den französischen Staatspräsidenten Pompidou und den britischen Premierminister Heath. Vgl. AAPD 1970, III, S. 2273–2275. Vgl. auch *Bahr* 1996, S. 354.

2   Gemeint ist der Warschauer Vertrag vom 7. Dezember 1970, den Brandt und Außenminister Scheel für die Bundesrepublik Deutschland, Ministerpräsident Cyrankiewicz und Außenminister Jędrychowski für die Volksrepublik Polen unterzeichneten.

3   Vgl. Nr. 48, Anm. 1.

4   Vgl. Nr. 41.

5   Brandt bezieht sich auf die Konferenz des Politischen Beratenden Ausschusses des Warschauer Paktes am 2. Dezember 1970 in Ost-Berlin. Vgl. EA 26 (1971) 1, S. D 22–D 24.

6   Gemeint ist das zwölfte Vier-Mächte-Gespräch über Berlin, das am 10. Dezember 1970 stattfand. Vgl. AAPD 1970, III, S. 2265–2270; vgl. auch *Brandt* 1976, S. 512 f.

7   Vgl. Anm. 1.

8   In seinem Schreiben an Ministerpräsident Kossygin vom 15. Dezember 1970 stellte Brandt den Warschauer Vertrag als Fortsetzung des mit dem Moskauer Vertrag

vom 12. August 1970 eingeschlagenen Weges dar. Ministerpräsident Kossygin antwortete am 22. Dezember 1970. In seinem Schreiben hieß es u. a.: „Die in Moskau und Warschau unterzeichneten Verträge werden in der Nachkriegsgeschichte Europas einen wichtigen Platz einnehmen." Siehe AdsD, WBA, A 8, 58.
9   Hs.

Nr. 50
1   Bei der Vorlage handelt es sich um die Ablichtung des Originals.
2   Vgl. Nr. 48, Anm. 1, und Einleitung.
3   Eine vertragliche Verständigung in dieser Frage scheiterte am Widerstand der polnischen Führung, die sich lediglich zu einer einseitigen „Information" über beabsichtigte Maßnahmen bereit erklärte. Die deutsche und die polnische Rote-Kreuz-Gesellschaft sollten demzufolge die Umsiedlungsanträge bearbeiten. Vgl. *Brandt* 1976, S. 530 f.
4   Brandts Hoffnungen sollten sich nicht in vollem Ausmaß erfüllen. Eine Regulierung des Aussiedlerproblems gelang erst 1975 zwischen Gierek und Bundeskanzler Schmidt am Rande des KSZE-Gipfels von Helsinki.
5   Hs. unterzeichnet.

Nr. 51
1   Bei der Vorlage handelt es sich um die Kopie des Originals.
2   Das Schreiben Brandts an Präsident Nixon vom 15. Dezember 1970 – gleichlautende Schreiben gingen an den französischen Staatspräsidenten Pompidou und den britischen Premierminister Heath – ist abgedruckt in: AAPD 1970, III, S. 2273–2275.
3   Vgl. Nr. 49, Anm. 2.
4   Präsident Nixon spielt auf die Volksunruhen und Massenproteste in Polen an. In Reaktion auf drastische Preiserhöhungen für Konsumgüter und Lebensmittel, welche die polnische Regierung am 12. Dezember 1970 verfügt hatte, kam es am 16. Dezember 1970 zuerst in Gdańsk/Danzig zu heftigen Protesten der Bevölkerung, die sich rasch über das ganze Land ausbreiteten und Todesopfer und Verletzte forderten. Streiks und Demonstrationen wurden vielerorts mit Waffengewalt beendet. Am 20. Dezember 1970 erklärte Parteichef Gomułka seinen Rücktritt, drei Tage später trat Ministerpräsident Cyrankiewicz zurück. Nachfolger Gomułkas wurde Edward Gierek, neuer Ministerpräsident Piotr Jaroszewicz. Vgl. *Brandt* 1976, S. 541.
5   Gemeint sind die Verhandlungen der Vertreter der drei Westmächte und der Sowjetunion über ein Berlin-Abkommen. Vgl. Einleitung.
6   Hs. unterzeichnet.

Nr. 52
1   Als Vorlage konnten sowohl das Original als auch die Kopie des Originals herangezogen werden. Das Dokument aus dem WBA trägt am Textanfang den hs. Vermerk „ab: 25/3 [1971]" und „Luftpost Einschreiben". Am Textende hs. vermerkt und paraphiert: „Kopie St[aats]S[ekretär] Bahr m[it] d[er] Anregung, Abt[eilung] II zu unterrichten 3. W[ieder]v[orlage] 15/4 Schi[l]ling] 25/3".
2   McCloy, 1949 bis 1952 amerikanischer Hoher Kommissar in Deutschland, zählte zu den Deutschland-Experten in den USA, die der Bonner Ostpolitik mit Skepsis begegneten. Vgl. *Brandt* 1976, S. 386.
3   Brandt dachte dabei vor allem an den so genannten Harmel-Bericht vom Dezember 1967, mit dem sich die NATO auf eine ostpolitische Doppelstrategie von Sicher-

heit *und* Entspannung festgelegt hatte. Vgl. Einleitung.

4 Gemeint ist die EG-Gipfelkonferenz am 1./2. Dezember 1969 in Den Haag. Vgl. *Brandt* 1976, S. 320–323.

5 Nach dem erfolgreichen Abschluss der Beitrittsverhandlungen trat Großbritannien – gemeinsam mit Irland und Dänemark – am 1. Januar 1973 der Europäischen Gemeinschaft bei. Brandt hatte sich, seit ein entsprechender Antrag der britischen Regierung (Mai 1967) vorlag, für Beitrittsverhandlungen mit dem Ziel einer Aufnahme Großbritanniens stark gemacht.

6 Der britische Premierminister Heath hielt sich vom 4. bis 6. April 1971 in der Bundesrepublik auf. Gespräche mit Brandt, in denen es in erster Linie um den britischen EG-Beitritt ging, fanden am 5./6. April 1971 statt. AAPD 1971, 3 Bde., bearb. von *Martin Koopmann, Matthias Peter* und *Daniela Taschler*, München 2002, I, S. 577–582. Vgl. auch ebd., S. 583–590.

7 Am 11. Juni 1968 führte die Regierung der DDR die Pass- und Visumpflicht im Reise- und Transitverkehr von und nach der Bundesrepublik Deutschland und West-Berlin ein. Vgl. *Hildebrand* 1984, S. 333.

8 Gemeint ist das Vier-Mächte-Abkommen über Berlin, das am 3. September 1971 unterzeichnet wurde. Vgl. Nr. 55 und Einleitung.

9 Brandt besuchte die Sowjetunion erstmals vom 11. bis 13. August 1970. Vgl. Nr. 41.

10 Brandt hielt sich vom 14. bis 18. Juni 1971 in den USA auf. Vgl. Nr. 53.

11 Hs. paraphiert.

Nr. 53

1 Bei der Vorlage handelt es sich um die Kopie des Originals. Das Dokument ist ebenfalls abgedruckt in: AAPD 1971, II, S. 966–972.

2 Brandt stattete den USA vom 14. bis 18. Juni 1971 einen informellen Besuch ab. Er hielt sich zunächst in Washington (14.–16. Juni), danach in New York (17./18. Juni) auf. Vgl. *Brandt* 1976, S. 389 ff., und *Brandt* 1994, S. 191.

3 Gemeint ist die Genfer Außenministerkonferenz der Vier Mächte vom 11. Mai bis 20. Juni und vom 13. Juli bis 5. August 1959, die sich unter Beteiligung von Vertretern beider deutscher Staaten mit der deutschen Frage auseinandersetzte, in der Sache jedoch ohne konkretes Ergebnis blieb. Vgl. *Schöllgen* 1996, S. 141 f.

4 Am 25. Juli 1961 hatte der amerikanische Präsident Kennedy in einer Fernsehrede die drei so genannten „essentials" seiner Regierung in der Berlin-Politik formuliert: Das Recht auf Anwesenheit in Berlin, das Recht auf freien Zugang nach Berlin und die Verpflichtung, das Recht der West-Berliner auf Selbstbestimmung und freie Wahl ihrer Lebensform zu gewährleisten. Vgl. Department of State (Ed.): Documents on Germany 1944–1985, Washington o.J (1985), S. 762 ff.

5 Zur Errichtung eines sowjetischen Generalkonsulats in West-Berlin kam es im Gefolge des Vier-Mächte-Abkommens vom 3. September 1971.

6 „Über die Ostpolitik", so Brandt in der Rückschau, „brauchte kaum gesprochen zu werden; die Zustimmung war unverkennbar noch stärker als im Jahr zuvor." *Brandt* 1976, S. 390.

7 Gemeint ist die Tagung des NATO-Ministerrates vom 3./4. Juni 1971, bei der Fragen der europäischen Sicherheits- und Abrüstungspolitik auf der Tagesordnung standen. Vgl. EA 26 (1970) 14, S. D 350–D 354.

8 Vgl. EA 26 (1970) 14, S. D 352 f.

9 Gemeint ist der US-Verteidigungsminister Laird. Der Beauftragte der Bundesregierung für Fragen der Abrüstung und Rüstungskontrolle, Ministerialdirigent Roth, hielt sich am 30. Juni und 1. Juli 1971 zu entsprechenden Konsultationen in Washington auf.
10 Das Gespräch zwischen Brandt und Rogers fand am 15. Juni 1971 statt.
11 Die fünfte Runde der SALT-Gespräche zwischen den USA und der UdSSR begann am 8. Juli 1971 in Helsinki.
12 Brandt bezieht sich auf seine Gespräche mit Nixon am 10./11. April 1970 in Washington. Vgl. Nr. 36.
13 Gemeint ist das European Defense Improvement Program, das 1970 auf Bestreben der Bundesrepublik Deutschland verabschiedet wurde und fast zur Hälfte aus dem Bundesetat finanziert wurde. Vgl. *Bracher/Jäger/Link* 1986, S. 234.
14 Am 28. Oktober 1971 stimmte das britische Parlament dem Beitritt zur Europäischen Gemeinschaft mit 356 zu 244 Stimmen zu. Vgl. AdG 41 (1971), S. 16647 f.
15 Hs. eingefügt.
16 NPT meint die Nichtweiterverbreitung von Atomwaffen.
17 Im Vorfeld seines USA-Besuches hatte sich Brandt am 12./13. Juni 1971 in Jamaika aufgehalten. Sein Gespräch mit dem neuseeländischen Premierminister Holyoake fand am 30. April 1971 statt.
18 Frankreich war am 1. Juli 1966 aus der militärischen Integration der NATO ausgeschieden.
19 Am 6. Mai 1971 hatte der demokratische Fraktionsführer im Senat, Mike Mansfield, die Reduzierung der amerikanischen Streitkräfte in Europa um rund 150 000 Mann gefordert. Am 11. Mai 1971 beantragte er im US-Senat die Sperrung aller Kredite für die Hälfte der in Europa stationierten US-Truppen ab 31. Dezember 1971.

20 Entsprechende Verhandlungen über einen Devisenausgleich zwischen der Bundesrepublik Deutschland und den USA fanden am 28./29. Juni 1971 statt.
21 Über eine entsprechende Vereinbarung bis Mitte 1973 wurde bis Dezember 1971 verhandelt. Brandt in der Rückschau: „Neben 1,2 Milliarden Mark für Rüstungskäufe, in erster Linie Phantom-Jäger, wurden knapp 200 Millionen für die Modernisierung der Kasernen und anderer Anlagen angesetzt; für 600 Millionen übernahmen wir US-Schatzanleihen." *Brandt* 1976, S. 392.
22 Gemeint war die Entwicklung eines Überschallverkehrsflugzeuges („Supersonic Transport Program"), deren weitere Finanzierung der US-Senat Anfang Dezember 1970 abgelehnt hatte.
23 Am 9. Mai 1971 hatte die Bundesregierung aus konjunkturpolitischen Gründen die Freigabe des Wechselkurses der D-Mark beschlossen. In einer Fernseherklärung führte Brandt aus: „Erneut ist deutlich geworden, daß es für uns keine Insel der Stabilität gibt." AdG 41 (1971), S. 16249.
24 Am 7. April 1971 hatte Präsident Nixon in einer Fernseherklärung den Abzug von weiteren 100 000 US-Soldaten aus Süd-Vietnam bis zum 1. Dezember 1971 angekündigt.
25 Das Schreiben Premierministerin Gandhis an Brandt vom 13. Mai 1971 findet sich in: AdsD, WBA, A 8, 53. Der indische Außenminister Swaran Singh besuchte am 9./10. Juni 1971 Bonn und hielt sich vom 15. bis 17. Juni 1971 in Washington auf.
26 Dem Pakistan-Konsortium zur Vergabe von Finanz- und Kapitalhilfe sowie Lieferantenkrediten an Pakistan gehörten neben der Bundesrepublik Deutschland Belgien, Frankreich, Großbritannien, Italien, Japan, Kanada und die Niederlande an.

27 Gemeint ist der Vertrag über Freundschaft und Zusammenarbeit zwischen der UdSSR und der VAR vom 27. Mai 1971. Vgl. AdG 41 (1971), S. 16283 f.

28 Am 5. Juni 1947 hatte der amerikanische Außenminister Marshall in einer Rede an der Harvard-Universität die Schaffung eines umfangreichen Hilfsprogramms für den Wiederaufbau Europas nach dem Zweiten Weltkrieg (ERP) vorgeschlagen. Im Zuge des daraufhin erarbeiteten Planes flossen etwa 13 Mrd. Dollar nach Westeuropa. Die osteuropäischen Staaten hatten sich unter dem Druck Moskaus dem Marshallplan verweigert.

29 Das Bundeskabinett stimmte der Errichtung einer entsprechenden Stiftung am 21. Juli 1971 zu.

30 Hs. paraphiert.

Nr. 54

1 Bei der Vorlage handelt es sich um das Original.

2 Die abschließenden Verhandlungen der Vier Mächte über Berlin fanden am 30. Juli 1971 sowie vom 10. bis 12. und 16. bis 18. August 1971 statt. Am 23. August einigten sich die Vier Mächte auf den Textentwurf eines Gesamtabkommens, das den Regierungen zur Prüfung vorgelegt werden sollte. Vgl. AdG 41 (1971), S. 16498 ff. Um in dieser Phase leichter erreichbar zu sein, hatte Brandt im Sommer 1971 seinen Urlaubsort von Norwegen auf die Insel Sylt verlegt. Vgl. *Brandt* 1976, S. 514 ff.

3 Das Bundeskabinett stimmte dem Entwurf am 25. August 1971 zu, nachdem es die Wahrung der Interessen der Bundesrepublik Deutschland und Berlins als gegeben festgestellt hatte. Am selben Tag erklärte auch der Berliner Senat sein Einverständnis.

4 Am 27. Februar 1969 hatte Präsident Nixon in seiner Rede in den Berliner Siemens-Werken die Grundzüge seiner Entspannungs-, Deutschland- und Berlinpolitik dargelegt. Wortlaut in: EA 24 (1969) 6, S. D 129 f.

5 „Ohne die Energie des Amerikaners", so Brandt in der Rückschau über Botschafter Rush, „wäre das Berlin-Abkommen vermutlich nicht zustandegekommen." *Brandt* 1976, S. 514.

6 Hs. unterzeichnet.

Nr. 55

1 Der Wortlaut des Vier-Mächte-Abkommens vom 3. September 1971 ist abgedruckt in: AdG 40 (1970), S. 16499. Vgl. auch Nr. 56.

2 Die entsprechenden deutsch-deutschen Ausfüllungs- bzw. Ergänzungsvereinbarungen waren: Das Transitabkommen vom 17. Dezember 1971 und der Verkehrsvertrag vom 26. Mai 1972. Hinzu kam eine Vereinbarung zwischen dem Berliner Senat und der DDR-Regierung vom 20. Dezember 1971 über erste Besuchsregelungen und einen Gebietsaustausch. Mit der Unterzeichnung des Schlussprotokolls des Vier-Mächte-Abkommens am 3. Juni 1972 und der Ratifizierung des Verkehrsvertrages am 17. Oktober 1972 traten die Regelungen in Kraft.

3 Gemeint sind die Botschafter Abrassimow (Sowjetunion), Jackling (Großbritannien), Rush (USA) und Sauvagnargues (Frankreich).

Nr. 56

1 Bei der Vorlage handelt es sich um die Kopie des Originals.

2 Vgl. Nr. 54.

3 Nr. 55.

4 Hs. unterzeichnet.

Nr. 57

1 Bei der Vorlage handelt es sich um die Kopie des Originals, das am 17. September 1971 in Oreanda niedergeschrieben wurde. Das Dokument ist vollständig abgedruckt in: AAPD 1971, II, S. 1383 f.

2 Ausgelassen wurde eine Partie zum weiteren organisatorischen Ablauf der Begegnung.

3 Gemeint ist das Treffen der Parteiführer Bulgariens, Ungarns, der DDR, Polens, der ČSSR und der Mongolischen Volksrepublik auf der Krim am 2. August 1971. Vgl. EA 26 (1971) 17, S. Z 179.

4 Brandt spielt hier auf den 200. Geburtstag des österreichischen Politikers Fürst Metternich am 15. Mai 1973 an. Ein politischer Umbruch im Stile Metternichscher Restauration, so die angedeutete historische Parallele, schien bevorzustehen, falls die Regierung Brandt/Scheel durch die Unionsparteien gestürzt würde.

5 Der sowjetische Außenminister Gromyko besuchte Washington am 30. September 1971. Gemeinsam mit dem amerikanischen Außenminister Rogers unterzeichnete er die Abkommen zur Verringerung der Gefahr eines Atomkrieges und über die Verbesserung der direkten Fernmeldeverbindung. Vgl. AdG 41 (1971), S. 16580 f.

6 Brandt besuchte die USA vom 14. bis 18. Juni 1971. Vgl. Nr. 53.

7 Für den Wortlaut des deutsch-polnischen Vertrages vom 7. Dezember 1970 vgl. AdG 40 (1970), S. 15872 f. Vgl. auch Einleitung.

8 Hs. paraphiert.

Nr. 58

1 Bei der Vorlage handelt es sich um die Kopie des vom deutschen Dolmetscher, Eggert Hartmann, verfassten Originals mit hs. Einfügungen und Korrekturen Brandts, die im Folgenden kenntlich gemacht werden. Auf sowjetischer Seite war ebenfalls ein Dolmetscher, Smirnow, sowie ein namentlich nicht erwähnter Protokollführer anwesend. Das Dokument ist vollständig abgedruckt in: AAPD 1971, II, S. 1385–1399.

2 Ausgelassen wurden die Begrüßung sowie allgemeine Bemerkungen zum verbesserten politischen Klima in den bilateralen Beziehungen und in der europäischen Politik.

3 Der Moskauer Vertrag wurde am 12. August 1970 unterschrieben. Vgl. Einleitung.

4 Vgl. dazu Nr. 55 und Einleitung.

5 Der Deutsche Bundestag ratifizierte den Moskauer Vertrag am 17. Mai 1972 mit 248 gegen 10 Stimmen bei 238 Enthaltungen.

6 Hs. korrigiert aus: „Die Bundesrepublik werde".

7 Hs. eingefügt.

8 Hs. korrigiert aus: „unserer".

9 Hs. eingefügt.

10 Das Gespräch Brandts mit Ministerpräsident Kossygin ist abgedruckt in: AAPD 1970, II, S. 1438–1449.

11 Vgl. Nr. 41.

12 Für den Wortlaut des Vier-Mächte-Abkommens vgl. AdG 41 (1971), S. 16499. Vgl. dazu ferner Nr. 55.

13 Der deutsch-sowjetische Handelsvertrag konnte am 5. Juli 1972 unterzeichnet werden, das Luftverkehrsabkommen bereits am 11. November 1971; am 5. Februar 1972 wurde der planmäßige Luftverkehr zwischen beiden Ländern aufgenommen. Ein Kulturabkommen wurde während Breschnews Besuch in der Bundesrepublik im Mai 1973 unterzeichnet, wohingegen der Vertrag über die wirtschaftlich-technische Zusammenarbeit erst im Mai 1978 unterschriftsreif war.

14 Ausgelassen wurden Äußerungen Breschnews zum weiteren Fortgang der Verhandlungen und zum Inhalt des Kommuniqués.

15 Hs. korrigiert aus: „austauschs".

16 Ausgelassen wurden Bemerkungen Breschnews zur geplanten Errichtung einer deutschen Bank in der Sowjetunion.

17 Hs. korrigiert aus: „Inkrafttretens".

18 Gemeint sind die aus den Punkten 5 bis 10 des Bahr-Papiers hervorgegangenen Absichtserklärungen (Leitsätze) der Bundesrepublik Deutschland und der Sowjetunion für ihre künftige Politik, die nicht mehr Gegenstand der Verhandlungen zum Moskauer Vertrag waren. Leitsatz 3 beinhaltete den Beitritt beider deutscher Staaten zur UNO. Im Leitsatz 5 hieß es, dass die „Bundesrepublik und die Sowjetunion den Plan einer Konferenz über Fragen der Festigung der Sicherheit und Zusammenarbeit in Europa begrüßen und für ihre Vorbereitung und Durchführung alles tun werden." AAPD 1970, II, S. 822–824; AdG 40 (1970), S. 15651.

19 Gemeint sind die Schwierigkeiten im Zusammenhang mit den deutsch-deutschen Ausfüllungsvereinbarungen zum Vier-Mächte-Abkommen. So gelang es nicht, eine von den Regierungen in Bonn und in Ost-Berlin gleichermaßen akzeptierte deutsche Fassung des Abkommens zu erstellen. Beispielsweise bestand die DDR-Führung darauf, die von der Sowjetunion erstmals anerkannten staatlichen „Bindungen" („ties") zwischen West-Berlin und der Bundesrepublik abschwächend als „Verbindungen" zu übersetzen. Vgl. dazu EA 26 (1971) 19, S. Z 193 ff.

20 Ausgelassen wurde eine Partie, in der Brandt zum Inhalt des gemeinsamen Kommuniqués sowie zur Frage der Vertretung einer deutschen Bank in der Sowjetunion und einer sowjetischen Bank in der Bundesrepublik Deutschland Stellung nimmt.

21 Der Rechenschaftsbericht Breschnews auf dem XXIV. Parteitag der KPdSU ist auszugsweise abgedruckt in: EA 26 (1971) 10, S. D 232–D 248.

22 Brandt besuchte die USA vom 14. bis 18. Juni 1971. Zu seinem Gespräch mit Präsident Nixon am 15. Juni 1971 vgl. Nr. 53.

23 Die Stellvertreter der NATO-Außenminister trafen am 5./6. Oktober 1971 in Brüssel zusammen und beauftragten den ehemaligen Generalsekretär Manlio Brosio, Sondierungsverhandlungen mit den Regierungen der Sowjetunion und weiterer interessierter Staaten des Ostblocks zu führen. Vgl. AdG 41 (1971), S. 16593.

24 Hs. eingefügt.

25 Die Präsidentschaftswahlen in den USA fanden am 7. November 1972 statt.

26 Vgl. Anm. 21.

27 Hs. korrigiert aus: „in".

28 Hs. korrigiert aus: „zeigten".

29 Vgl. Einleitung.

30 Der finnische Staatspräsident Urho Kekkonen hatte Helsinki als Tagungsort einer europäischen Sicherheitskonferenz vorgeschlagen.

31 Breschnew besuchte Jugoslawien vom 22. bis 25. September 1971.

32 Breschnew besuchte Frankreich vom 25. bis 30. Oktober 1971.

33 Vgl. Anm. 22.

34 Ms. eingefügt. Gemeint sind der Moskauer Vertrag vom 12. August 1970 und Warschauer Vertrag vom 7. Dezember 1970. Zum Wortlaut vgl. AdG 40 (1970), S. 15649 und S. 15872.

35 Die Gespräche mit der Regierung der ČSSR wurden am 27./28. September 1971 fortgesetzt.

36 Hs. eingefügt.

37 Brandt bezieht sich hierbei auf den Leitsatz 8 der Absichtserklärungen der Regie-

rungen der Bundesrepublik Deutschland und der Sowjetunion zum Moskauer Vertrag. Vgl. AAPD 1970, II, S. 822–824, hier S. 823 f.

38 Hs. eingefügt.

39 Das Treffen zwischen Bundesminister Scheel und dem sowjetischen Außenminister Gromyko fand am 27. September 1971 in New York statt.

40 Eine Delegation des Deutschen Bundestages besuchte vom 24. September bis 1. Oktober 1973 Moskau. Die geplante längere Reise Brandts durch die Sowjetunion fand vom 2. bis 9. Juli 1975 statt. Vgl. *Brandt, Willy*: Die Entspannung unzerstörbar machen. Internationale Beziehungen und deutsche Frage 1974–1982, bearb. von *Frank Fischer*, Bonn 2003 (Berliner Ausgabe Bd. 9), Nr. 13–15. Staatspräsident Podgornys Besuch in der Bundesrepublik Deutschland kam nicht zustande.

41 Ausgelassen wurden Mitteilungen Breschnews hinsichtlich der Weiterleitung der Gesprächsergebnisse an die Staatspräsidenten Jugoslawiens und Frankreichs.

42 Hs. unterzeichnet.

Nr. 59

1 Bei der Vorlage handelt es sich um die Kopie der ersten von drei Ausfertigungen der Aufzeichnung, die vom deutschen Dolmetscher Hartmann angefertigt wurde. Das Gespräch, bei dem auf sowjetischer Seite die Herren Smirnow als Dolmetscher und Terechow als Protokollführer anwesend waren, dauerte insgesamt zwei Stunden und fünfzehn Minuten. Auf der Vorlage von Brandt hs. angebrachte Korrekturen und Einfügungen sind in den Anmerkungen kenntlich gemacht. Das Dokument ist vollständig abgedruckt in: AAPD 1970, II, S. 1408–1419.

2 Ausgelassen wurden Passagen zu technisch-organisatorischen Fragen wie zum Inhalt des Kommuniqués sowie zu wechselseitigen Besuchseinladungen in die Bundesrepublik Deutschland bzw. die Sowjetunion.

3 Der Erste Sekretär des ZK der SED, Honecker, besuchte die Volksrepublik Polen vom 18. bis 20. September 1971.

4 Das Schlussprotokoll zum Vier-Mächte-Abkommen wurde von den Außenministern der USA, der Sowjetunion, Großbritanniens und Frankreichs am 3. September 1971 paraphiert und am 3. Juni 1972 unterzeichnet, womit das Vier-Mächte-Abkommen in Kraft trat.

5 Vgl. Einleitung.

6 Vgl. Nr. 58.

7 Gemeint ist die NATO-Ministerratstagung am 9./10. Dezember 1971 in Brüssel. Vgl. EA 27 (1972) 1, S. Z 12 f.

8 Gemeint sind die Botschafter Abrassimow (Sowjetunion), Jackling (Großbritannien), Rush (USA) und Sauvagnargues (Frankreich).

9 Das Gespräch hatte am 12. August 1970 in Moskau stattgefunden. Vgl. Nr. 41.

10 Ausgelassen wurde eine Äußerung Breschnews zum Vorschlag Finnlands vom 10. September 1971 zur Aufnahme diplomatischer Beziehungen mit der Bundesrepublik Deutschland bzw. der DDR.

11 Vgl. Einleitung.

12 Hs. eingefügt. Vgl. Nr. 27.

13 Hs. gestrichen wurde der angehängte Nebensatz „aber dies sei keine aktuelle Frage."

14 Hs. korrigiert aus: „besserung".

15 Der sowjetische Ministerpräsident Kossygin traf mit seinem Amtskollegen Chou En-lai am 10./11. September 1969 in Peking zusammen.

16 Ausgelassen wurden Beispiele Breschnews.

17 Am 15. Juli 1971 hatte Präsident Nixon bekanntgegeben, demnächst China besuchen zu wollen. Vom 21. bis 28. Februar

1972 stattete er China einen offiziellen Staatsbesuch ab.

18 Ausgelassen wurde eine Partie Breschnews zu den amerikanisch-chinesischen Beziehungen.

19 Ausgelassen wurden längere Ausführungen Breschnews zur sowjetischen China-Politik, zu den chinesisch-japanischen Beziehungen, zu den Leitlinien der sowjetischen Außenpolitik sowie zur Tätigkeit der DKP in der Bundesrepublik. Weiterhin wurden ausgelassen die Erwiderung Brandts sowie die gegenseitigen Dankesbekundungen und Schlussformeln.

Nr. 60
1 Bei der Vorlage handelt es sich um das Original.
2 Brandt besuchte vom 16. bis 18. September 1971 den sowjetischen Generalsekretär Breschnew in dessen Feriendomizil in Oreanda auf der Krim. Vgl. Nr. 57–59 und Brandt 1976, S. 459 ff.
3 Gemeint ist die Tagung der stellvertretenden Außenminister des Atlantikrats in Brüssel über die Frage beiderseitiger und ausgewogener Truppenreduzierungen in Brüssel am 5./6. Oktober 1971. Der ehemalige NATO-Generalsekretär Manlio Brosio wurde beauftragt, in diesem Zusammenhang Sondierungsverhandlungen bei den Staaten des Warschauer Paktes zu führen. Vgl. AdG 41 (1971), S. 16593.
4 Vgl. Einleitung.
5 Vgl. 57–59 und Einleitung.
6 Vgl. Nr. 55.
7 Vgl. Nr. 57–59 und Einleitung.
8 Das Treffen zwischen Bundesaußenminister Scheel und dem amerikanischen Außenminister Rogers war nicht ermittelbar.
9 Das Schreiben Nixons an Brandt vom 3. August 1971, in dem der amerikanische Präsident die Beweggründe schildert, die ihn zur Annahme der Einladung des chinesischen Ministerpräsidenten Chou En-lai bewogen haben, findet sich in: AdSD, WBA, A 9, 20.
10 Hs. unterzeichnet.

Nr. 61
1 Vgl. Einleitung.
2 Das Schlagwort von der „Finnlandisierung" spielt auf die finnische Außenpolitik nach dem Zweiten Weltkrieg an, die mit Erfolg versucht hatte, die Selbstständigkeit des Landes durch die Bereitschaft zu erhalten, sowjetische Interessen zu beachten, und zu diesem Zweck 1948 einen Freundschaftsvertrag mit Moskau schloss.
3 Gemeint ist die Gipfelkonferenz der Staats- bzw. Regierungschefs der sechs Mitgliedsstaaten der EG am 1./2. Dezember 1969 in Den Haag.
4 Brandt bezieht sich auf den „Bericht über die künftigen Aufgaben der Allianz" vom 14. Dezember 1967, der auf Initiative des belgischen Außenministers Harmel erarbeitet worden war und der NATO „zwei Hauptfunktionen" vorgab: „Militärische Sicherheit und eine Politik der Entspannung". EA 23 (1968) 3, S. D 75–D 77, Zitat S. D 75 f.
5 Vgl. Einleitung.
6 Vgl. Nr. 55.
7 Am 30. September 1971 unterzeichneten der sowjetische Außenminister Gromyko und sein amerikanischer Amtskollege Rogers in Washington zwei Abkommen über Maßnahmen zur Verhinderung eines unbeabsichtigten Atomkrieges zwischen den USA und der Sowjetunion.
8 Vgl. Nr. 28 und Einleitung.
9 Generalsekretär Breschnew hielt sich vom 25. bis 30. Oktober 1971 in Frankreich

auf und führte mehrere Vieraugengespräche mit Staatspräsident Pompidou.
10 Vgl. Nr. 43, Anm. 4.
11 Vgl. Nr. 57–59.
12 Brandt bezieht sich auf Irritationen in den westlichen Hauptstädten, die ihre Ursache in den vermeintlich unzulänglichen Informationen der Bundesregierung im Vorfeld von Brandts Krimbesuch vom 16. bis 18. September 1971 hatten.
13 „Einen wichtigen Platz", so hieß es im Kommuniqué, „nahmen in den Gesprächen die Fragen der Vorbereitung der Konferenz über Fragen der Sicherheit und Zusammenarbeit in Europa ein. Es wurde festgestellt, daß die Entwicklung in Europa eine solche Konferenz unter Teilnahme der USA und Kanadas fördert." EA 26 (1971) 20, S. D 471 ff., Zitat S. D 472.
14 Vgl. Einleitung.
15 Vgl. Nr. 38 und Nr. 43, Anm. 17.
16 Vgl. Nr. 38.
17 Englisch für „Lippenbekenntnisse".
18 Vgl. Einleitung.
19 Vgl. Nr. 57–59.
20 Gemeint ist die massive Krise des Weltwährungssystems nach dem so genannten Nixon-Schock vom 15. August 1971: Präsident Nixon hatte unvermittelt und einseitig die Goldkonvertibilität des US-Dollars aufgekündigt und damit erhebliche Währungsturbulenzen insbesondere zwischen den USA und den Mitgliedsstaaten der EG ausgelöst.
21 Vgl. Einleitung.
22 Vgl. Nr. 1 und Einleitung.

Nr. 62
1 Ausgelassen wurde ein Hinweis Brandts zu Präsident Nixons Bericht zur Lage der Nation vom 22. Januar 1971. AdG 41 (1971), S. 16011 ff.

2 Brandt und Außenminister Scheel besuchten Präsident Nixon am 28./29. Dezember 1971 auf dessen Feriensitz in Key Biscayne (Florida). Die Gesprächsvermerke sind abgedruckt in: AAPD 1971, III, S. 1980–2021.
3 *Acheson, Dean:* Present at the Creation. My years in the State Department, New York 1969.
4 Gespräch des Bundeskanzlers Brandt mit Präsident Nixon in Key Biscayne am 29. Dezember 1971, in: AAPD 1971, III, S. 2015.
5 Brandt und Staatspräsident Pompidou trafen am 3./4. Dezember 1971 in Paris zusammen. Die Gesprächsvermerke sind abgedruckt in: AAPD 1971, III, S. 1871–1887 und S. 1893–1911.
6 Am 10./11. Februar 1972 trafen Bundeskanzler Brandt, Außenminister Scheel sowie Wirtschafts- und Finanzminister Schiller in Paris mit Staatspräsident Pompidou und Mitgliedern der französischen Regierung zu den im deutsch-französischen Vertrag vorgesehenen Konsultationsgesprächen zusammen. Vgl. AAPD 1972, 3 Bde., bearb. von *Mechthild Lindemann, Daniela Taschler* und *Fabian Hilfrich*, München 2003, I, S. 112–138 und S. 141–150.
7 Vgl. das Gespräch des Bundeskanzlers Brandt mit Präsident Nixon in Key Biscayne am 29. Dezember 1971, in: AAPD 1971, III, S. 2015.
8 Ausgelassen wurde Brandts Wiedergabe der Positionen Präsident Nixons zur amerikanischen China- und Sowjetunionpolitik.
9 Vgl. EA 23 (1968) 3, S. D 73–D 77.
10 Vgl. das Gespräch des Bundeskanzlers Brandt mit Präsident Nixon in Key Biscayne am 28. Dezember 1971, in: AAPD 1971, III, S. 1980 f.
11 Die so genannten Offset-Abkommen zwischen der Bundesrepublik Deutschland und den USA existierten seit 1961 und sa-

hen Devisenausgleichszahlungen Bonns als Gegenleistung für die Stationierungskosten amerikanischer Truppen in der Bundesrepublik vor. Das Offset-Abkommen für die Haushaltsjahre 1971/72 und 1972/73 war am 10. Dezember 1971, dank großzügigen Entgegenkommens der Bundesrepublik, erfolgreich abgeschlossen worden. Vgl. *Bracher/Jäger/Link* 1986, S. 234, und *Brandt* 1976, S. 195.

12 Das Europäische Verteidigungs-Verstärkungsprogramm (EDIP) wurde 1970 verabschiedet und fast zur Hälfte aus dem Bundesetat bestritten. Vgl. *Bracher/Jäger/ Link* 1986, S. 234.

13 Ausgelassen wurden Erläuterungen Brandts zu währungs- und wirtschaftspolitischen Fragen sowie zur Lage in Asien und China.

14 Vgl. Anm. 6.

15 Brandt besuchte Großbritannien vom 20. bis 22. April 1972 und führte dabei u. a. Gespräche mit Premierminister Heath. Vgl. EA 27 (1972) 10, S. Z 100 f.

16 Vgl. Anm. 5.

17 Die Konferenz der Finanz- und Wirtschaftsminister der Zehnergruppe war vom 30. November bis 1. Dezember 1971 in Rom sowie am 17./18. Dezember 1971 in Washington zusammengekommen und hatte sich dabei auf eine umfassende Neuordnung der Wechselkurse geeinigt. Vgl. EA 27 (1972) 1, S. Z 14 und Z 24.

18 Am 13./14. Dezember 1971 waren Präsident Nixon und Staatspräsident Pompidou auf der portugiesischen Azoreninsel Terceira zu Gesprächen über wirtschafts- und währungspolitische Fragen zusammengetroffen. Vgl. EA 27 (1972) 1, S. D 22 f.

19 Vgl. Anm. 17.

20 Am 8./9. Dezember 1971 hatte eine amerikanische Delegation in Sondierungsgesprächen mit Mitgliedern der Kommission der Europäischen Gemeinschaft in Brüssel die handelspolitischen Vorstellungen der USA dargelegt. Vgl. EA 27 (1972) 1, S. Z 12.

21 Vgl. Anm. 17.

22 Vgl. Anm. 6.

23 Die Gipfelkonferenz der erweiterten Europäischen Gemeinschaft – die Sechs und Großbritannien, Dänemark und Irland – fand am 19./20. Oktober 1972 in Paris statt. EA 27 (1972) 21, S. D 501 – D 508.

24 Ausgelassen wurden Erörterungen Brandts zur Frage des Konferenztermins sowie zum abgestimmten Auftreten der sechs EG-Staaten in Fragen der Außenpolitik.

25 Ausgelassen wurde eine Bemerkung Brandts zur Rolle Frankreichs im Mittelmeer.

26 Ausgelassen wurden Erläuterungen zur Wahrnehmung Frankreichs durch die Staaten des Ostblocks sowie allgemeine Betrachtungen zu Brandts Gesprächen mit Präsident Nixon und Präsident Pompidou.

27 Brandt bezieht sich auf das Fernsehinterview Präsident Nixons vom 2. Januar 1972. EA 27 (1972) 3, S. Z 30.

28 Ausgelassen wurden Einlassungen Brandts zur Taiwan-Frage und zum Verhältnis China-Sowjetunion.

29 Nicht ermittelt.

30 Brandt bezieht sich auf die Niederschlagung des „Prager Frühlings" 1968. Vgl. Einleitung.

31 Pjotr J. Schelest und Alexander N. Schelepin zählten zu den Gegnern von Breschnews Entspannungspolitik gegenüber dem Westen.

32 Vgl. *Brandt, Willy:* Auf dem Weg nach vorn. Willy Brandt und die SPD 1947 – 1972, bearb. von *Daniela Münkel*, Bonn 2000 (Berliner Ausgabe, Bd. 4), Nr. 86.

Nr. 63
1 Ausgelassen wurde die Frage und Brandts Antwort zu möglichen Auswirkungen der bevorstehenden Landtagswahl in Baden-Württemberg auf die sozialliberale Koalition und die Ratifizierung der Ostverträge.
2 Am 17. Mai 1972 stimmte der Deutsche Bundestag bei Enthaltung der CDU/CSU und wenigen Gegenstimmen in zweiter Lesung mit einfacher Mehrheit den Ratifizierungsgesetzen zu den Verträgen mit Moskau und Warschau zu.
3 Vgl. Anm. 2.
4 Bei der Abstimmung über den Kanzleretat am 28. April 1972 ergab sich erstmals ein Patt zwischen Koalition und Opposition, womit der Etat mit 247 zu 247 Stimmen abgelehnt wurde.
5 Ausgelassen wurden spekulative Erörterungen über ein Misstrauensvotum durch den Oppositionsführer Rainer Barzel.
6 Gemeint ist die Gipfelkonferenz der erweiterten Europäischen Gemeinschaft – die Sechs und Großbritannien, Dänemark und Irland – vom 19./20. Oktober 1972 in Paris. EA 27 (1972) 21, S. D 501 – D 508. Die Erweiterung der Europäischen Gemeinschaft um die genannten drei Staaten trat am 1. Januar 1973 in Kraft.
7 Vgl. Einleitung, passim.
8 Ausgelassen wurden Fragen und Antworten vornehmlich zu innenpolitischen Themen.

Nr. 64
1 Bei der Vorlage handelt es sich um eine Ablichtung des Originals. Auf der Kopie des Schreibens, die den Stempelaufdruck „Konzept" trägt, vermerkte der persönliche Referent Brandts, Schilling, hs.: „1) Brief wurde heute 16.20 h dem fr[an]z[ösischen] Botschafter übergeben". Auf einem angehängtem Zettel wurde zudem hs. vermerkt: „verschlossen". Ein Auszug aus dem Schreiben Brandts an Pompidou ist abgedruckt in: *Bracher/Jäger/Link* 1986, S. 245.
2 Gemeint sind die währungs- und finanzpolitischen Turbulenzen im Gefolge des so genannten Nixon-Schocks vom 15. August 1971. Die Aufkündigung der Goldkonvertibilität des US-Dollars durch Präsident Nixon hatte die zehn führenden Wirtschaftsländer im Dezember 1971 zu einer Neuordnung der Wechselkurse veranlasst, welche die Abwertung des Dollars und die Aufwertung der westeuropäischen Währungen beinhaltete. Im März 1972 einigten sich die EG-Mitgliedsstaaten auf eine so genannte „Währungsschlange", was bedeutete, dass ihre Wechselkurse untereinander nicht mehr als 2,25 % voneinander abweichen durften. Der durch den Wertverfall des Dollars ausgelöste spekulative Zustrom von Auslandskapital nach Europa stellte die EG-Staaten und insbesondere die Bundesrepublik Deutschland im Sommer 1972 vor schwere Probleme und hatte seinen Anteil am Rücktritt von Bundeswirtschafts- und -finanzminister Schiller im Juli 1972.
3 Die Unterredung zwischen Botschafter Ruete und Staatspräsident Pompidou fand am 16. Juni 1972 in Paris statt, wobei Pompidou, so Ruete, „vor allem seine skeptischen Gedanken zur europäischen Gipfelkonferenz entwickelte". Die Aufzeichnung Ruetes ist abgedruckt in: AAPD 1972, II, S. 736 – 742, Zitat S. 736.
4 Staatspräsident Pompidou hielt sich am 5./6. Juli 1971 zu den deutsch-französischen Konsultationsgesprächen in der Bundesrepublik auf.
5 Die erste Gipfelkonferenz der Staats- und Regierungschefs der erweiterten Europäischen Gemeinschaft fand am 19./20. Oktober 1972 in Paris statt. Vgl. EA 27 (1972) 21, S. D 501 – D 508.

6 Die Entschließungen des Rats der Europäischen Gemeinschaft hatten die stufenweise Verwirklichung der Wirtschafts- und Währungsunion in der Gemeinschaft zum Inhalt. Vgl. EA 27 (1972) 14, S. D 337 – D 343.
7 Anm. 5.
8 Vgl. dazu Einleitung, passim.
9 Die vorgezogene Wahl zum Deutschen Bundestag fand am 19. November 1972 statt.
10 Staatspräsident Pompidou besuchte am 3./4. Juli 1972 die Bundesrepublik zu den deutsch-französischen Konsultationsgesprächen.
11 Hs. paraphiert.

Nr. 65
1 Vorlage für den Abdruck ist die Kopie des Schreibens, die den Stempelaufdruck „Konzept" trägt. Zusätzlich hs. vermerkt: „VS 30101 – B[elgien]".
2 Premierminister Eyskens wollte Brandt vor dessen Konsultationen mit Präsident Pompidou am 3./4. Juli 1972 in Bonn über seine vorangegangenen Gespräche mit dem französischen Politiker am 2. Juni 1972 in Paris unterrichten. AdsD, WBA, A 8, 50.
3 Vgl. dazu AdG 42 (1972), S. 17192 ff. Die Außenminister der Mitgliedsstaaten und der beitretenden Staaten berieten am 19. Juni 1972 in Brüssel über die Vorbereitungen der anstehenden Gipfelkonferenz, zu der sich die Staats- bzw. Regierungschefs der erweiterten Gemeinschaft am 19./20. Oktober 1972 in Paris trafen. Vgl. EA 27 (1972) 21, S. D 501 ff., sowie Brandt 1974, S. 155, und Brandt 1994, S. 360.
4 Gemeint ist Artikel 235 der Römischen Verträge.
5 Der belgische Premierminister hatte angeregt, eine gemeinsame Position gegenüber der Sowjetunion zu finden, den Dialog der EG mit den USA zu verbessern, gemeinsam die „besondere Verantwortung" Europas gegenüber den Ländern der südlichen Hemisphäre wahrzunehmen und die diplomatische Zusammenarbeit zu vertiefen. Vgl. Anm. 2.
6 Hs. paraphiert.

Nr. 66
1 Bei der Vorlage handelt es sich um die Abschrift des Originals.
2 Das Fernschreiben Präsident Nixons an Brandt vom 8. Juni 1972, in dem er über seinen Staatsbesuch in der Sowjetunion vom 22. bis 29. Mai 1972 berichtet, findet sich in: NARA, Nixon Presidential Materials Staff, NSC, 1969 – 1974, Presidential Correspondence 1969 – 1974, Box 754.
3 Präsident Pompidou besuchte aus Anlass der deutsch-französischen Konsultationen am 3./4. Juli 1972 Bonn. Vgl. AdG 42 (1972), S. 17192 ff., und AAPD 1972, II, S. 883 – 910.
4 Der US-Botschafter in Bonn, Hillenbrand, amtierte seit dem 27. Juni 1972 und traf am 6. Juli 1972 mit Brandt zusammen.
5 Am 17./18. Dezember 1971 waren die Finanz- bzw. Wirtschaftsminister der Zehnergruppe in Washington zusammengetroffen, um eine Neuordnung der Wechselkursbeziehungen zu beschließen und eine Reform des internationalen Währungssystems in Angriff zu nehmen. Vgl. EA 27 (1972) 1, D 23 f.
6 Gemeint ist die Freigabe der europäischen Wechselkurse gegenüber dem Dollar bei Beibehaltung der Paritäten – innerhalb enger Bandbreiten – zwischen den europäischen Währungen, auf die sich die fünf wichtigsten Industrieländer im März 1973 verständigten, um den spekulationsbedingten Dollarzufluss nach Europa einzudämmen.

7 Vgl. Nr. 65, Anm. 3.
8 Anm. 2.
9 Vgl. Einleitung.
10 Vgl. Nr. 33 und 38 sowie Einleitung.
11 Brandt hatte am 25. Juni 1972 erklärt, Neuwahlen noch im November des laufenden Jahres anzustreben. Vgl. Einleitung.
12 Hs.

Nr. 67

1 Bei der Vorlage handelt es sich um die Kopie des Originals.
2 Nr. 66.
3 Die Gespräche Brandts mit dem französischen Staatspräsidenten Georges Pompidou fanden am 3./4. Juli 1972 im Rahmen der deutsch-französischen Konsultationen in Bonn statt. Aufzeichnungen der Gespräche sind abgedruckt in: AAPD 1970, II, S. 883–910.
4 Vgl. Einleitung.
5 Gemeint ist die Gipfelkonferenz der erweiterten Europäischen Gemeinschaft am 19./20. Oktober 1972 in Paris. Vgl. EA 27 (1972) 21, S. D 501 ff.
6 Korrigiert aus: „Schultz".
7 Nach dem Rücktritt des Bundeswirtschafts- und -finanzministers Karl Schiller am 7. Juli 1972 hatte Helmut Schmidt das Amt übernommen.
8 Vgl. Nr. 38 und Einleitung.
9 Vgl. Einleitung.
10 Hs. unterzeichnet.

Nr. 68

1 Bei der Vorlage handelt es sich um die Kopie des Originals. Grundlage der Punkte 4) bis 7) der Notizen war ein ms. Entwurf Bahrs vom 15. Januar 1973, der von Brandt jedoch hs. stark überarbeitet und um ganze Passagen ergänzt wurde. Siehe den Entwurf in: AdsD, WBA, A 11.14, 8.
2 Vgl. Nr. 69.

3 Vgl. Einleitung.
4 Brandt bezieht sich auf eine Mitteilung des Auswärtigen Amtes, in der die Bundesregierung sich besorgt zeigte, dass es bislang nicht gelungen sei, einen Waffenstillstand in Vietnam abzuschließen. Ferner bedauerte sie die Leiden des vietnamesischen Volkes und befürwortete eine politische Lösung des Konflikts. Vgl. EA 28 (1973) 2, S. Z 15. Bundesminister Bahr hielt sich im Dezember 1972 zu Gesprächen in Washington auf. Zu Schmidts USA-Aufenthalten vgl. *Schmidt, Helmut*: Menschen und Mächte, Berlin 1987, S. 179 ff.
5 Die Ansprache des Bundespräsidenten Heinemann vom 24. Dezember 1972 ist abgedruckt in: *Heinemann, Gustav W.*: Reden und Interviews (IV.), 1. Juli 1972–30. Juni 1973, Bonn 1973, S. 90–94. Die Ansprache der Bundestagspräsidentin Renger vom 1. Januar 1973 war nicht ermittelbar.
6 Gemeint ist der Kongress der SI vom 26. bis 29. Juni 1972 in Wien. Rund 200 Delegierte aus 26 Ländern verabschiedeten u. a. eine Resolution zum Vietnam-Konflikt, in der sie die Einstellung aller Bombardements und jeglicher Massenvernichtung forderten. Vgl. EA 27 (1972) 14, S. Z 150. Zur Sitzung des SPD-Präsidiums vgl. *SPD Pressemitteilungen und Informationen*, Nr. 13 vom 15. Januar 1973, S. 1.
7 Am 13. und 14. Januar 1973 hatte auf Einladung Pittermanns und Mitterrands ein inoffizielles Treffen der SI in Paris stattgefunden, an dem Delegierte 19 sozialistischer Parteien aus 18 Ländern, darunter die Regierungschefs Jörgensen (Dänemark), Kreisky (Österreich), Meir (Israel), Palme (Schweden) und Sorsa (Finnland) teilnahmen. In der Vietnam-Frage bekräftigte die Zusammenkunft die im Juni 1972 gefasste Resolution (vgl. Anm. 6).
8 Vgl. Einleitung.

9   Der Krieg in Vietnam schien Anfang 1973 nach dem Ende amerikanischer Bombardements und der Wiederaufnahme der Waffenstillstandsverhandlungen, die im Dezember 1972 unterbrochen worden waren, kurz vor seiner Beendigung zu stehen. Tatsächlich wurde am 23. Januar 1973 in Paris ein Waffenstillstandsvertrag unterzeichnet. Die Kampfhandlungen gingen jedoch weiter und endeten erst durch die Kapitulation Süd-Vietnams am 30. April 1975. Vgl. zu den Waffenstillstandsverhandlungen vor allem *Kissinger* 1979, S. 246–337, S. 464–480, S. 1026–1109, S. 1233–1256, S. 1378–1566.

10   Vgl. Protokoll des SPD-Parteitags 1972.
11   Vgl. Protokoll des SPD-Parteitags 1973.

Nr. 69
1   Der innenpolitische Teil der Regierungserklärung ist dokumentiert in: Berliner Ausgabe, Bd. 7, Nr. 85. Zur Entstehungsgeschichte der Rede vgl. *Harpprecht, Klaus:* Im Kanzleramt. Tagebuch der Jahre mit Willy Brandt, Reinbek 2000, S. 19–38.
2   Vgl. Nr. 27.
3   Vgl. Einleitung.
4   Brandt hatte am 15. Dezember 1972, noch geschwächt von einer Kehlkopferkrankung und einem Krankenhausaufenthalt, nach seiner Vereidigung zum Bundeskanzler vor dem Bundestag eine Erklärung abgegeben, in der er knapp die politischen Vorhaben der neuen Regierung und die Neuordnung des Kabinetts skizzierte. Vgl. Verhandlungen, Bd. 81, S. 27–30.
5   Vgl. Nr. 27.
6   Auslassung in der Vorlage.
7   Ausgelassen wurde eine Passage zur Wirtschafts- und Sozialpolitik.
8   Vgl. Nr. 68 und Einleitung.
9   Am 30. Januar 1933 war Adolf Hitler zum Reichskanzler ernannt worden.

10   Der Vertrag über die Grundlagen der Beziehungen war am 21. Dezember 1972 von Egon Bahr und Michael Kohl unterzeichnet worden. Zu den Verhandlungen und der Bedeutung des Vertrags aus Sicht der westdeutschen Akteure vgl. insbes. *Bahr* 1996, S. 381–409, S. 411–413, S. 416–425; *Brandt* 1976, S. 519–521.
11   Gemeint ist die Gipfelkonferenz der Staats- bzw. Regierungschefs der um die drei neuen Mitgliedsstaaten Großbritannien, Dänemark und Irland erweiterten Europäischen Gemeinschaft am 19./20. Oktober 1972 in Paris. Vgl. EA 27 (1972) 21, S. D 501 ff. und *Brandt* 1976, S. 360.
12   Gemeint ist der Vertrag zwischen der Französischen Republik und der Bundesrepublik Deutschland über die deutsch-französische Zusammenarbeit, den Bundeskanzler Adenauer und Staatspräsident de Gaulle am 22. Januar 1963 in Paris unterzeichneten. Vgl. EA 18 (1963) 4, S. D 83 ff.
13   Vgl. Einleitung, passim.
14   Der Vertrag über die gegenseitigen Beziehungen zwischen der Bundesrepublik Deutschland und der Tschechoslowakischen Sozialistischen Republik wurde am 11. Dezember 1973 in Prag unterzeichnet. Das Münchener Abkommen vom 29. September 1938 wurde darin als „nichtig" bezeichnet. Vgl. EA 29 (1974) 3, S. D 57 ff.
15   Die Aufnahme diplomatischer Beziehungen zwischen der Bundesrepublik Deutschland und der Volksrepublik Ungarn bzw. Bulgarien erfolgte am 21. Dezember 1973.
16   Vgl. Einleitung, passim.
17   Am 15. Juni 1973 beantragte die Bundesregierung bei der UNO den Beitritt der Bundesrepublik Deutschland, der am 18. September 1973 – gemeinsam mit der DDR – vollzogen wurde.
18   Die deutsch-chinesischen Verhandlungen über die Aufnahme diplomatischer

Beziehungen begannen am 14. August 1972 und wurden am 29. September 1972 erfolgreich abgeschlossen.

19 Die Verteidigungsminister der Euro-Gruppe der NATO hatten am 5. Dezember 1972 in Brüssel Maßnahmen zur Verbesserung der Streitkräfte angekündigt und die Erhöhung der Verteidigungsausgaben gegenüber 1972 um mindestens 1,5 Milliarden Dollar bekanntgegeben. Vgl. EA 28 (1973) 1, S. Z 10 f., und AdG 42 (1972), S. 17514 ff.

20 Der Bericht der Wehrstruktur-Kommission wurde am 28. November 1972 veröffentlicht. Vgl. AdG 42 (1972), S. 17522 f.

21 Vgl. Einleitung. Die MBFR-Vorgespräche begannen am 31. Januar 1973 in Wien, die offiziellen Verhandlungen am 30. Oktober 1973.

22 Vgl. Einleitung.

23 Vgl. Nr. 27.

24 Vgl. Einleitung und Nr. 55.

25 Vgl. Einleitung sowie Nr. 27 und 38.

26 Vgl. Einleitung und Nr. 55.

27 Vgl. Verhandlungen, Bd. 81.

28 Im folgenden ausgelassenen Abschnitt äußert sich Brandt zur Wirtschafts- und Innenpolitik.

29 Vgl. Anm. 11.

30 Ausgelassen wurden Erläuterungen Brandts zur Devisen- und Kreditpolitik.

31 Im hier nicht abgedruckten Teil seiner Regierungserklärung nimmt Brandt ausführlich Stellung zur Haushalts-, Sozial-, Energie-, Steuer-, Agrarstruktur-, Wohnungsbau-, Verkehrs-, Bildungs- und Umweltpolitik.

32 Ausgelassen wurden Partien zur Sozial- und Gesundheitspolitik sowie zur Innen- und Gesellschaftspolitik.

Nr. 70

1 Bei der Vorlage handelt es sich um die Kopie des Originals.

2 Generalsekretär Breschnew besuchte die Bundesrepublik vom 18. bis 22. Mai 1973.

3 Vgl. Nr. 41 und Nr. 57 – 59.

4 Vgl. Einleitung und Nr. 55.

5 Die Abkommen lagen unterschriftsreif vor.

6 Vgl. Nr. 57 – 59.

7 Hs. paraphiert.

Nr. 71

1 Bei der Vorlage handelt es sich um die Kopie der inoffiziellen Übersetzung des Schreibens.

2 Ausgelassen wurden einleitende Bemerkungen zu formalen Einzelheiten.

3 Generalsekretär Breschnew besuchte vom 18. bis 22. Mai 1973 die Bundesrepublik Deutschland. Vgl. Nr. 73.

4 Vgl. Nr. 70.

5 Korrigiert aus: „Breshnew".

Nr. 72

1 Bei der Vorlage handelt es sich um die Kopie des Originals. Das Dokument ist ebenfalls abgedruckt in: AAPD 1973, II, S. 615 – 617.

2 Bundeskanzler Brandt besuchte die USA vom 29. April bis 3. Mai 1973.

3 Ein entsprechender Meinungsaustausch über ein neues Devisenausgleichsabkommen für die Zeit nach dem 1. Juli 1973 begann am 1. Mai 1973 in Washington.

4 Der amerikanische Finanzminister Shultz und Bundesfinanzminister Schmidt erörterten die Offset-Materie während des Besuches von Shultz in der Bundesrepublik Deutschland am 4./5. Oktober 1973.

5 Nixons Europa-Reise kam 1973 nicht mehr zustande.
6 Gemeint ist die Rede Brandts am 2. Mai 1973 vor dem National Press Club in Washington. Auszugweise abgedruckt in: AdG 43 (1973), S. 17863 f.
7 Gemeint ist Kissingers programmatische Rede zur Europa-Politik der USA vom 23. April 1973. Vgl. AdG 43 (1973), S. 17834 ff.
8 Hier und im Folgenden korrigiert aus: „Breschnjew".
9 Generalsekretär Breschnew besuchte die Bundesrepublik vom 18. bis 22. Mai 1973. Vgl. Nr. 73.
10 Gemeint sind ein Kulturabkommen, ein Abkommen über wissenschaftlich-technische Zusammenarbeit und ein Zusatzprotokoll zum Luftverkehrsabkommen vom 11. November 1971.
11 Die dritte Phase der KSZE, das Treffen auf der Ebene der 35 Staats- und Regierungschefs, begann am 30. Juli 1975 und endete am 1. August 1975 mit der Verabschiedung der KSZE-Schlussakte.
12 Vgl. Einleitung.
13 Gemeint ist der amerikanische Vorschlag vom 16. April 1973. Zum weiteren Fortgang der MBFR-Konsultationsgespräche vgl. AdG 43 (1973), S. 18008 f.
14 Brandt bezieht sich hier auf seinen Staatsbesuch in Jugoslawien vom 16. bis 19. April 1973 und die Eindrücke, die er in seinen Gesprächen mit Staatspräsident Tito gewonnen hatte. Vgl. *Brandt* 1976, S. 606 ff., und AAPD 1973, I, S. 539–560.
15 Vgl. Einleitung.

Nr. 73
1 Bei der Vorlage handelt es sich um die Kopie der fünften von insgesamt fünf Ausfertigungen des Originals, das am 19. Mai 1973 angefertigt wurde. Das Dokument ist vollständig abgedruckt in: AAPD 1973, II, S. 710–724.
2 Durchgängig korrigiert aus: „Breschnjew".
3 Vgl. Einleitung, passim.
4 Vgl. Nr. 41 und Nr. 57–59.
5 Ausgelassen wurden Ausführungen Breschnews zum innerparteilichen Meinungsbildungsprozess im ZK der KPdSU.
6 Die Plenartagung des ZK der KPdSU fand am 26./27. April 1973 in Moskau statt. Der Wortlaut des Beschlusses ist abgedruckt in: EA 28 (1973) 12, S. D 321 f.
7 Vgl. Einleitung.
8 Breschnew bezieht sich hier auf die Vereinbarungen eines im Vorfeld des „Hitler-Stalin-Paktes" vom 23. August 1939 abgeschlossenen deutsch-sowjetischen Kredit- und Wirtschaftsabkommens, das bereits am 20. August 1939 unterzeichnet wurde und es dem Deutschen Reich erlaubte, alle strategisch wichtigen Rohstoffe und Lebensmittel über die Sowjetunion zu beziehen.
9 Ebd.
10 Breschnew spielt auf die Todesopfer des Zweiten Weltkrieges an.
11 Ausgelassen wurden Ausführungen Breschnews zu den Folgen des Zweiten Weltkrieges und zur sowjetischen Außenpolitik.
12 Ausgelassen wurden Passagen, in denen Breschnew bereits Gesagtes wiederholt.
13 Vgl. Einleitung.
14 Breschnew und der Generalsekretär des ZK der KPČ, Gustav Husák, trafen am Rande der Feierlichkeiten zum 50. Jahrestag der Gründung der Sowjetunion am 21./22. Dezember 1972 zusammen.
15 Beide deutsche Staaten wurden am 18. September 1973 – die DDR als 133., die Bundesrepublik als 134. Staat – in die Vereinten Nationen aufgenommen.
16 Ausgelassen wurden Ausführungen Breschnews zu dem geplanten Besuch

Brandts in der Sowjetunion, der erst nach dem Rücktritt Brandts zustande kam, sowie allgemeine Erörterungen zur wirtschaftlichen Zusammenarbeit.

17 Gemeint ist das Hüttenwerk in Kursk, das unter Beteiligung bundesdeutscher Investoren errichtet wurde.

18 Ausgelassen wurden weitere Erläuterungen Breschnews zu den Möglichkeiten wirtschaftlicher Kooperation.

19 Vgl. Nr. 41 und Nr. 57–59.

20 Vgl. Einleitung.

21 Der Sicherheitsberater des US-Präsidenten, Kissinger, besuchte vom 4. bis 9. Mai 1973 die Sowjetunion, um den Besuch Breschnews in den USA vorzubereiten, der vom 18. bis 25. Juni 1973 stattfand.

22 Vgl. Nr. 57–59.

23 Breschnew bezieht sich hierbei offensichtlich auf das *Spiegel*-Interview Brandts vom 27. September 1971. Vgl. Nr. 61.

24 Vgl. Anm. 21.

25 Vgl. Einleitung.

26 Ausgelassen wurden Äußerungen Breschnews zum geplanten Besuch Brandts in der Sowjetunion sowie allgemeiner Natur.

27 Mit der Fertigstellung der zweiten Erdgasleitung zur Belieferung mittel- und westeuropäischer Länder lieferte die Sowjetunion seit Juli 1970 Erdgas nicht nur in die DDR und ČSSR, sondern auch nach Italien und Österreich. Vgl. AdG 40 (1970), S. 15575

28 Drei diesbezügliche Abkommen wurden am 1. Februar 1970 in Essen unterzeichnet. Vgl. AdG 40 (1970), S. 15260 f.

29 Der französische Staatspräsident Georges Pompidou besuchte die Sowjetunion am 11./12. Januar 1973. Dabei hatte Pompidou die ablehnende Haltung Frankreichs gegenüber einer Teilnahme an der MBFR-Konferenz erklärt, Breschnew dagegen seiner Hoffnung auf Frankreichs Beteiligung Ausdruck verliehen. Vgl. AdG 40 (1970), S. 17592.

30 Der demokratische Senator Jackson hatte im Oktober 1972 einen Antrag eingebracht, demzufolge die Meistbegünstigungsklausel kommunistischen Ländern nur eingeräumt werden sollte, wenn sie die Auswanderung nicht behinderten. Den Hintergrund bildeten sowjetische Repressalien gegen auswanderungswillige Juden. Vgl. *Hacke* 1997, S. 136.

31 Breschnew bezieht sich hier auf das so genannte „Pacht-Leih-System", das es ermöglichte, Güter ohne direkte Bezahlung zu beziehen.

32 Gemeint war die Schlussrunde der KSZE unter Beteiligung der Staats- und Regierungschefs der 32 Teilnehmerstaaten, die mit der Unterzeichnung der KSZE-Schlussakte am 1. August 1975 zu Ende ging.

33 Vgl. Anm. 29.

Nr. 74

1 Vgl. Nr. 73.

2 Brandt bezieht sich auf die am 1. Februar 1970 unterzeichneten drei deutsch-sowjetischen Abkommen über die Lieferung sowjetischen Erdgases gegen deutsche Großröhren. Entsprechende Verhandlungen hatten bereits während der Großen Koalition begonnen.

3 Vgl. dazu *Maetzke, Ernst-Otto*: Breschnews Kontinent des Friedens, in: *Frankfurter Allgemeine Zeitung*, Nr. 119 vom 23. Mai 1973, S. 1.

4 Der betreffende Satz lautete: „Willy Brandt und L. I. Breshnew sind übereinstimmend der Auffassung, dass die strikte Einhaltung und volle Anwendung dieses Abkommens eine wesentliche Voraussetzung für eine dauerhafte Entspannung im Zentrum Europas und für eine Verbesserung der Beziehungen zwischen den

entsprechenden Staaten, insbesondere zwischen der Bundesrepublik Deutschland und der Sowjetunion, sind." Der Wortlaut der Gemeinsamen Erklärung vom 22. Mai 1973 ist abgedruckt in: EA 28 (1973) 12, S. D 334 – D 338.

5 Breschnew besuchte die DDR am 12./13. Mai 1973. Der von Brandt erwähnte Passus im Kommuniqué enthielt die Aussage, dass „West-Berlin nicht zur BRD gehört und auch künftig von ihr nicht regiert wird". Der Wortlaut ist abgedruckt in: EA 28 (1973) 12, S. D 325 – D 328.

6 Vgl. Einleitung.

7 Am 31. Juli 1973 entschied das Bundesverfassungsgericht, dass der deutsch-deutsche Grundlagenvertrag mit dem Grundgesetz vereinbar ist.

8 Vgl. Einleitung.

9 Vgl. Einleitung.

10 Brandt spielt auf Präsident Kennedys Rede vom 25. Juni 1963 in der Frankfurter Paulskirche an, in der es hieß: „Setzen wir unsere Hoffnungen auf ein einiges und starkes Europa – das eine gemeinsame Sprache spricht und mit einem gemeinsamen Willen handelt –, in eine Weltmacht, die imstande ist, die Weltprobleme als vollgültiger und gleichberechtigter Partner anzupacken." Abgedruckt in: EA 18 (1963) 14, S. D 352 – D 359, Zitat S. D 354.

11 Gemeint ist der Hannoveraner Bundesparteitag der SPD vom 10. bis 14. April 1973.

12 Vgl. *Der Spiegel*, Nr. 18 vom 30. April 1973, S. 23 – 25.

Nr. 75

1 Bei der Vorlage handelt es sich um das Original.

2 Durchgängig korrigiert aus: „Breschnjew".

3 Generalsekretär Breschnew besuchte die USA vom 18. bis 25. Juni 1973. AdG 43 (1973), S. 17992 ff.

4 Brandt besuchte Israel vom 7. bis 11. Juni 1973. Vgl. Nr. 76.

5 Aufzeichnungen zu den deutsch-israelischen Regierungsgesprächen am 7./8. Juni 1973 in Tel Aviv sind abgedruckt in: AAPD 1973, II, S. 956 – 965.

6 Brandt bezieht sich auf ein Interview des ägyptischen Präsidenten Sadat mit dem amerikanischen Nachrichtenmagazin *Newsweek* am 29. März 1973. Sadat plädierte u. a. dafür, „nach einer vollständigen Lösung und einer Vision für die Zukunft dieser Region zu suchen". Das Interview ist auszugsweise abgedruckt in: AdG 43 (1973), S. 17789 f.

7 Vgl. Anm. 3.

8 Das mit Ausnahme der Anrede inhaltsgleiche Schreiben an Generalsekretär Breschnew vom 13. Juni 1973 findet sich in: AdsD, WBA, A 8, 58. Ein drittes Schreiben dieser Art richtete Brandt am 14. Juni 1973 an den britischen Premierminister Heath und bezog sich dabei auf „unser gemeinsames Gespräch über die Lage im Nahen Osten am 29. Mai [1973]" in Bonn. Siehe AdsD, WBA, A 8, 52. Die Aufzeichnung des Gesprächs zwischen Brandt und Premierminister Heath am 29. Mai 1973 ist abgedruckt in: AAPD 1973, II, S. 854 – 858. Vgl. auch *Bracher/Jäger/Link* 1986, S. 253.

9 Hs.

Nr. 76

1 Ausgelassen wurden Erklärungen Brandts zur Haushaltspolitik, zum Stand der deutsch-deutschen Beziehungen sowie zu weiteren innenpolitischen Problemen.

2 Brandt besuchte Israel vom 7. bis 11. Juni 1973. Zu den deutsch-israelischen Regierungsgesprächen am 7./8. Juni 1973 vgl. AAPD 1973, II, S. 956 – 965.

3 Vgl. dazu Brandts Erklärung nach seiner Rückkehr aus Israel vom 11. Juni 1973, in: EA 28 (1973) 14, S. D 392.
4 Bundesaußenminister Scheel besuchte vom 20. bis 22. Mai 1973 Ägypten, vom 22. bis 24. Mai 1973 Jordanien und am 24./25. Mai 1973 als erster deutscher Außenminister den Libanon. Vgl. dazu AdG 43 (1973), S. 17984 f.

Nr. 77
1 Bei der Vorlage handelt es sich um die Kopie des Originals. Das Dokument ist auszugsweise zitiert in: *Bracher/Jäger/Link* 1986, S. 249.
2 Gemeint ist die Tagung der Außenminister der Neun im Rahmen der EPZ am 23. Juli 1973 in Kopenhagen, auf der keine gemeinsame Position gegenüber den USA und ihren Vorschlägen zur Ausarbeitung einer neuen Atlantikcharta zustande kam. Vgl. AdG 43 (1973), S. 18062.
3 Gemeint ist die von Sicherheitsberater Kissinger in seiner europapolitischen Rede am 23. April 1973 vorgeschlagene Ausarbeitung einer neuen Atlantik-Charta. Die Rede ist auszugsweise abgedruckt in: AdG 43 (1973), S. 17834 ff.
4 In Kopenhagen konnten sich die Außenminister lediglich darauf verständigen, bis zum 10. September 1973 eine Definition der Identität Europas zu formulieren und Themen zu überprüfen, welche mit den USA im Herbst besprochen werden könnten.
5 Ebd.
6 Nixons Europa-Reise kam 1973 nicht mehr zustande, da die transatlantische Kontroverse über die geplante Atlantische Deklaration vorerst nicht beigelegt werden konnte. Vgl. dazu Nr. 78, 81, 82, 89 und 90.

Nr. 78
1 Vgl. Nr. 77.
2 Vgl. ebd., Anm. 3.

3 Brandt besuchte die USA vom 29. April bis 3. Mai 1973. Vgl. Nr. 72.
4 Vgl. Nr. 77.
5 Gemeint sind die Eröffnungssitzung der KSZE auf Außenministerebene vom 3. bis 8. Juli 1973 in Helsinki sowie der Beginn der MBFR-Verhandlungen in Wien am 30. Oktober 1973. Breschnew besuchte die USA vom 18. bis 25. Juni 1973. Vgl. AdG 43 (1973), S. 17992 ff.
6 Das EG-Mitglied Irland gehörte nicht der NATO an.

Nr. 79
1 Bei der Vorlage handelt es sich um die stenographische Niederschrift des Gesprächs, die Brandt am 3. September 1973 vorgelegt wurde. Anlass des Hintergrundgespräches, das am 22. August 1973 von 15.30 bis 17 Uhr im Bundeskanzleramt stattfand, waren Recherchen Rovans für ein Buch über die SPD. Vgl. *Rovan, Joseph:* Histoire de la Social-Démocratie Allemande, Paris 1978. Die vornehmlich innenpolitischen Themen behandelnden Passagen des Gespräches sind abgedruckt in: Berliner Ausgabe, Bd. 7, S. 428–443.
2 Ausgelassen wurden Partien zu formalen und innenpolitischen Fragen.
3 Ausgelassen wurde eine Bemerkung Rovans zur Algerienfrage.
4 Vgl. dazu Einleitung und Nr. 14–16.
5 Georgi M. Malenkow, ein enger Vertrauter Stalins, hatte nach dessen Tod kurzzeitig die Führung der KPdSU inne und war 1955 bis 1957 sowjetischer Ministerpräsident, bis er 1957 als „Parteifeind" seiner Ämter enthoben wurde.
6 Wegen seiner kritischen Haltung zum Kommunismus hatte der Politiker und Schriftsteller Djilas von 1955 bis zu seiner Begnadigung 1966 fast ununterbrochen in Haft gesessen.

7 Gemeint ist die Rede von Grass am 29. Juni 1973 in Florenz, in: *Grass, Günter:* Der Bürger und seine Stimme. Reden, Aufsätze, Kommentare, Darmstadt 1974, S. 164–172.

8 Vgl. Einleitung.

9 Ausgelassen wurden Fragen und Antworten zur kommunistischen Bewegung in Westeuropa.

10 Ausgelassen wurden einige Beispiele, die Rovan zur Illustrierung seiner Frage anführte.

11 Rovan spielt hier auf die zurückhaltende Rolle des gaullistischen Politikers Chirac bei der Unterstützung des europäischen Integrationsprozesses an.

12 Die Europa-Union, die deutsche Sektion der Union Europäischer Föderalisten, wurde am 9. Dezember 1946 als überparteilicher und unabhängiger politischer Verband gegründet, der sich für die europäische Einigung auf demokratischer und föderalistischer Grundlage einsetzt und die Schaffung einer europäischen Föderation anstrebt.

13 Das „Ziel einer Europäischen Union" hatte Brandt an die erste Stelle des außen- und sicherheitspolitischen Programms seiner Regierungserklärung vom 18. Januar 1973 gestellt. Vgl. Nr. 69.

14 Gemeint ist die Pariser Gipfelkonferenz der erweiterten Europäischen Gemeinschaft vom 19./20. Oktober 1972. Vgl. EA 27 (1972) 21, S. D 501–D 508, und *Brandt* 1976, S. 360.

15 Ausgelassen wurde eine Partie Rovans sowie Aussagen Brandts, die sich vornehmlich mit innen- und gesellschaftspolitischen Themen auseinandersetzen.

Nr. 80

1 Vgl. Nr. 69.

2 Brandt bezieht sich hierbei vor allem auf die langjährige Mitarbeit der Bundesrepublik in UN-Sonderorganisationen wie der für Weltgesundheit (WHO), für Bildung, Wissenschaft, Kultur und Kommunikation (UNESCO), für industrielle Entwicklung (UNIDO) oder dem Kinderhilfswerk (UNICEF).

3 Die Rede Bundesaußenminister Scheels vom 19. September 1973 enthielt – in Anknüpfung an die Präambel des Grundgesetzes sowie an den „Brief zur deutschen Einheit", welcher den Ostverträgen beigegeben worden war – die Passage: „Unser Ziel bleibt klar: Die Bundesrepublik Deutschland wird weiter auf einen Zustand des Friedens in Europa hinwirken, in dem das deutsche Volk seine Einheit in freier Selbstbestimmung wiedererlangt." EA 28 (1973) 24, S. D 673–D 677, Zitat S. D 674.

4 Vgl. Einleitung, passim.

5 Vgl. Berliner Ausgabe, Bd. 3.

6 Vgl. Einleitung, passim.

7 Gemeint ist das SALT I-Abkommen zur Begrenzung strategischer Rüstungen vom 26. Mai 1972.

8 Gemeint ist die Konferenz der Nichtkernwaffenstaaten vom 29. August bis 28. September 1968 in Genf, die in ihrer Schlusserklärung eine Reihe von Forderungen, vor allem zur Sicherheit der Nichtkernwaffenstaaten und zur friedlichen Nutzung der Kernenergie, formulierte. Vgl. EA 23 (1968) 20, S. D 495–D 546.

9 Vgl. dazu die UN-Charta vom 26. Juni 1945, in: AdG 15 (1945), S. 289–295, hier S. 291.

10 Gemeint ist ein Abkommen über eine gleichgewichtige Verringerung von Truppen und Rüstungen in Europa (MBFR). Vgl. Einleitung.

11 Der Begriff „gewaltloser Widerstand" geht auf den indischen Freiheitskämpfer Mahatma Gandhi zurück.

12 Brandt spielt auf die Ermordung des chilenischen Politikers und Staatspräsidenten Salvador Allende im Zuge des Militärputsches unter General Pinochet am 11. September 1973 an.
13 Vgl. Nr. 68 und Einleitung.
14 Vgl. Nr. 69.
15 Vgl. Grundgesetz der Bundesrepublik Deutschland vom 23. Mai 1949, Artikel 24 und 25.
16 Korrigiert aus: „das".
17 Die Rede des amerikanischen Präsidenten Truman ist auszugsweise abgedruckt in: AdG 15 (1945), S. 298.

Nr. 81
1 Bei der Vorlage handelt es sich um das Original des Schreibens, das den Vermerk „Geheim" trägt. Das Schreiben ist auch abgedruckt in: AAPD 1973, III, S. 1668–1670.
2 Die Bundesregierung hatte am 24. Oktober 1973 erfahren, dass israelische Schiffe in Bremerhaven mit amerikanischem Kriegsmaterial für Israel beladen worden waren und teilte daraufhin am 25. Oktober 1973 dem US-Botschafter in Bonn mit, ein derartiges Vorgehen sei mit der strikten Neutralität der Bundesrepublik Deutschland im Nahost-Konflikt nicht vereinbar. Vgl. Einleitung.
3 Am 22. Oktober 1973 hatte sich der amerikanische Außenminister Kissinger nach seinem Moskau-Besuch zu Gesprächen mit der israelischen Regierung in Tel Aviv aufgehalten.
4 Vgl. Anm. 2.
5 Brandt bezieht sich auf das Verhalten Bundeskanzler Adenauers während der Nahost-Krise im Juli 1958 und der amerikanischen Intervention im Libanon, von der die Bundesrepublik Deutschland im Vorfeld keine Information erhalten hatte. Vgl. dazu AdG 28 (1958), S. 7190 und 7204.
6 Vgl. Nr. 77, Anm. 6.
7 Hs. unterzeichnet.

Nr. 82
1 Nr. 81.
2 Vgl. Einleitung.
3 Gemeint ist die Verbalnote der deutschen Regierung vom 24. Oktober 1973, die einen Tag später aufgrund einer Verwaltungspanne in einer verschärften, nur für den internen Gebrauch bestimmten Fassung in die Presse gelangte. Vgl. dazu *Bracher/Jäger/Link* 1986, S. 254.
4 Wie Anm. 1.
5 Präsident Nixon bezieht sich auf die Schwierigkeiten der Neun, sich in Reaktion auf Kissingers Vorschlag vom 23. April 1973 zur Ausarbeitung einer neuen Atlantik-Charta bis Ende 1973 auf einen gemeinsamen Entwurf zu einigen.

Nr. 83
1 Bei der Vorlage handelt es sich um die Kopie des Originals.
2 Die beiden längeren Schreiben Herbert Wehners vom 2. und 9. Dezember 1973 beschäftigten sich – ausgehend von mündlichen Mitteilungen, die Erich Honecker indirekt über Wolfgang Vogel an Herbert Wehner weiterleiten ließ – in teils kryptischer Diktion mit den problematischen innerdeutschen Beziehungen sowie deren Möglichkeiten und Grenzen nach der Unterzeichnung des Grundlagenvertrages. Siehe AdsD, WBA, A 8, 75.
3 Nr. 83 A.
4 Die bereits am 5. November 1973 vom Finanzministerium der DDR angekündigte Verdoppelung des Mindestumtausches für Besucher der DDR war am 15. November 1973 in Kraft getreten. Vgl. Einleitung.

5 „Kontaktebene" meint den geheimen Kanal Herbert Wehners zu Erich Honecker, „Verhandlungsebene" die offizielle Schiene der Deutschlandpolitik, auf der die Verhandlungen Egon Bahrs seit Frühjahr 1973 weitgehend stagnierten. Vgl. dazu *Potthoff* 1997, S. 38 f., und *Wiegrefe/Tessmer* 1994.

6 Der evangelische Bischof Kurt Scharf und der katholische Kardinal Julius Döpfner hatten keine Einreiseerlaubnis in die DDR erhalten. Wehner war dazu über seinen geheimen Kanal seitens der DDR-Führung mitgeteilt worden, dass beide künftig eine solche Erlaubnis auf Antrag erhalten könnten. Siehe das Schreiben Herbert Wehners an Willy Brandt vom 9. Dezember 1973, in: WBA, AdsD, A 8, 75.

7 Siehe ebd. Honecker hatte indirekt bei Wehner anfragen lassen, ob sich die Bundesrepublik für die Freilassung von politischen Gefangenen in Chile einsetzen wolle.

8 Hs. paraphiert.

Nr. 83 A

1 Bei der Vorlage handelt es sich um die Kopie des Originals.
2 Nr. 83.
3 Vgl. Einleitung.
4 Gemeint ist das Treffen Wehners mit Honecker im Beisein des Vorsitzenden der FDP-Bundestagsfraktion, Mischnick, am 31. Mai 1973 in der Schorfheide. Vgl. dazu *Wiegrefe/Tessmer* 1994 sowie *Potthoff* 1997, S. 38 ff. und S. 280–291.
5 Vgl. Einleitung.
6 Die „Ständige Vertretung" der DDR in der Bundesrepublik Deutschland in Bonn und diejenige der Bundesrepublik in Ost-Berlin wurden am 2. Mai 1974 eröffnet.
7 Die Verdoppelung des Mindestumtausches für Besucher der DDR war am 5. November 1973 vom Finanzministerium der DDR angekündigt worden und trat am 15. November in Kraft. Vgl. Einleitung.
8 Hs. paraphiert.

Nr. 84

1 Bei der Vorlage handelt es sich um die Kopie des Originals. Das Schreiben ist auch abgedruckt in: AAPD 1973, III, S. 2076–2078.
2 Brandt beging am 18. Dezember 1973 seinen 60. Geburtstag.
3 Breschnew besuchte die Bundesrepublik vom 18. bis 22. Mai 1973. Vgl. Nr. 73–74 und Einleitung.
4 Vgl. ebd.
5 Vgl. ebd.
6 Außenminister Scheel besuchte die Sowjetunion vom 31. Oktober bis 3. November 1973. Brandt bezieht sich auf die so genannte Moskauer Formel über die Rechtsvertretung West-Berlins durch die Bundesrepublik. Vgl. AdG 43 (1973), S. 18296 f.
7 Vgl. Einleitung.
8 Vgl. Nr. 83 A, Anm. 7.
9 Vgl. Nr. 73–74. Brandt folgte dieser Einladung erst im Sommer 1975. Vgl. Berliner Ausgabe, Bd. 9, Nr. 13–16.
10 Hs. paraphiert.

Nr. 85

1 Bei der Vorlage handelt es sich um das Original, das Egon Bahr am 30. Januar 1974 Helmut Sonnenfeldt, einem der engsten Mitarbeiter von Außenminister Kissinger, bei einem Essen in der deutschen Botschaft in Washington übergab. Siehe dazu das Memorandum Sonnenfeldts für Kissinger vom 30. Januar 1974, in: NARA, Nixon Presidential Materials Staff, NSC, 1969–1974, Henry A. Kissinger Office Files, Country Files, Box 61. Das Schreiben ist auch abgedruckt in: AAPD 1974, 2 Bde., bearb. von

Daniela Taschler, Fabian Hilfrich und Michael Ploetz, München 2005, I, S. 100 f.
2 Vgl. Nr. 55.
3 Am 23. Januar 1974 hatte die DDR-Führung die geplante Errichtung des Umweltbundesamtes in West-Berlin als grobe Verletzung des Vier-Mächte-Abkommens bezeichnet und gedroht, den Angehörigen des Amtes die Durchreise über das Territorium der DDR zu verweigern.
4 Gemeint ist die Energiekonferenz der Außenminister der neun EG-Staaten sowie der USA, Kanadas, Japans und Norwegens vom 11. bis 13. Februar 1974 in Washington. Vgl. AdG 44 (1974), S. 18512 ff.
5 Hs. unterzeichnet.

Nr. 86
1 Bei der Vorlage handelt es sich um die Kopie des Originals.
2 Der Ost-Berliner Rechtsanwalt Wolfgang Vogel hatte am 1. Februar 1974 Wehner eine schriftliche Botschaft Honeckers, datiert unter dem 30. Januar 1974, überbracht, die der SPD-Fraktionsvorsitzende in einer eigenen Aufzeichnung vom 2. Februar 1974 „im Wortlaut" an den Bundeskanzler weiterreichte. Siehe AdsD, WBA, A 8, 75, und vgl. *Potthoff* 1997, S. 292–296. Honecker erklärte sich bereit, „eine solche Gestaltung unserer Kontakte" zu verfolgen, „die es beiden Seiten möglich macht, sich (in Fragen, die die Sicherung des Friedens, der Entspannung und Normalisierungsprozesse der Beziehungen zwischen unseren beiden Staaten betreffen) vor ausstehenden Entscheidungen zu konsultieren, um Lösungen zu finden, die für beide Seiten vorteilhaft bzw. für die eine oder andere Seite nicht nachteilig sind". Zudem benannte er Fragen und konkrete Probleme, die im Verhältnis zwischen beiden deutschen Staaten zu lösen seien, um „den Dingen eine positive Wendung zu geben". Dabei nahm Honecker immer wieder Bezug auf die Ausführungen Brandts, die dieser in seinem Vermerk vom 18. Dezember 1973 an Wehner niedergelegt hatte. Vgl. Nr. 83 und 83 A. Bereits am 13. Februar 1974 leitete Wehner die Stellungnahme Brandts zu den Bemerkungen und Fragen Honeckers vom 1. Februar 1974 mit einer einleitenden Bemerkung – vermutlich über Wolfgang Vogel – an den SED-Chef weiter. Dass der Vorsitzende der SPD-Bundestagsfraktion an keiner Stelle ausdrücklich den Kanzler als Urheber der Mitteilung nannte, dürfte auch erfolgt sein, um im Falle einer undichten Stelle des „back channels" Brandt nicht zu kompromittieren.
3 Gemeint ist das Urteil des Bundesverfassungsgerichtes in Karlsruhe vom 31. Juli 1973, das die Verfassungskonformität des Grundlagenvertrages feststellte und eine Reihe von verfassungsrechtlichen Interpretationsgrundsätzen formulierte. So wurde erneut unterstrichen, dass die DDR zu Deutschland gehöre und nicht als Ausland anzusehen sei, woraus z. B. folgte, dass beide Staaten nicht Botschaften, sondern lediglich Ständige Vertretungen am Sitz der jeweiligen Regierung einrichten konnten. Vgl. dazu AdG 43 (1973), S. 18070 ff.
4 Ebd.
5 Vgl. dazu *Bracher/Jäger/Link* 1986, S. 211 und S. 231.
6 Vgl. Anm. 3.
7 Vgl. EA 28 (1973) 1, S. D 1 – D 24.
8 Gemeint ist der designierte Leiter der Ständigen Vertretung der Bundesrepublik Deutschland in der DDR, Gaus.
9 Brandt bezieht sich auf die Diskussionen über die Behinderung des Transitverkehrs durch die DDR-Führung in Reaktion auf die Errichtung des Umweltbundesamtes in West-Berlin.
10 Der Artikel 7 des Grundlagenvertrages sah vor, weitere Abkommen auf dem Gebiet

der "Wirtschaft, der Wissenschaft und der Technik, des Verkehrs, des Rechtsverkehrs, des Post- und Fernmeldewesens, des Gesundheitswesens, der Kultur, des Sports, des Umweltschutzes und auf anderen Gebieten zu entwickeln und zu fördern." EA 28 (1973) 1, S. D 15. Im Frühjahr 1974 kamen erste Folgeverträge zustande: So wurden am 25. April 1974 das Gesundheitsabkommen und Vereinbarungen über den Transfer von Unterhaltszahlungen sowie am 8. Mai 1974 ein Protokoll über Sportfragen zwischen dem DSB der Bundesrepublik und dem DTSB der DDR unterzeichnet. Vgl. *Potthoff* 1997, S. 39 f.

11 Die Verhandlungen zwischen Günter Gaus und dem stellvertretenden DDR-Außenminister Kurt Nier über die Einrichtung der Ständigen Vertretungen laut Artikel 8 des Grundlagenvertrages begannen im November 1973 und endeten mit der Unterzeichnung des diesbezüglichen Protokolls am 14. März 1974.

12 Vgl. Einleitung.

13 Vgl. Nr. 55 und Einleitung.

Nr. 87

1 Bei der Vorlage handelt es sich um die Kopie des Originals.

2 Nr. 85.

3 Am 30. Januar 1974 hatte Egon Bahr das Schreiben Brandts an Nixon vom 28. Januar 1974 in Washington übergeben. Vgl. Nr. 85, Anm. 1.

4 Die DDR-Führung bezeichnete am 23. Januar 1974 die geplante Errichtung des Umweltbundesamtes in West-Berlin als grobe Verletzung des Vier-Mächte-Abkommens und drohte, den Angehörigen des Amtes die Durchreise über das Territorium der DDR zu verweigern.

5 Der sowjetische Außenminister Gromyko hielt sich vom 3. bis 5. Februar 1974 zu Gesprächen in Washington auf. Vgl. dazu AdG 44 (1974), S. 18487.

6 Der Wortlaut des Schlussprotokolls zum Vier-Mächte-Abkommen ist abgedruckt in: AdG 41 (1971), S. 16501 f.

7 Die Energiekonferenz der Außenminister der neun EG-Staaten sowie der USA, Kanadas, Japans und Norwegens fand vom 11. bis 13. Februar 1974 in Washington statt. Vgl. AdG 44 (1974), S. 18512 ff.

8 Ebd.

9 Gemeint ist ein Aktionsprogramm zur, wie es im Kommuniqué hieß, "Behandlung aller Aspekte der internationalen Energiesituation im Wege kooperativer Maßnahmen". AdG 44 (1974), S. 18515.

10 Hs. unterzeichnet.

Nr. 88

1 Bei der Vorlage handelt es sich um die Kopie des Originals.

2 Hans-Jürgen Wischnewski und Alwin Brück waren die ersten ausländischen Parlamentarier, die nach dem Militärputsch vom 11. September 1973 Chile besuchten. Sie erwirkten die Freilassung aller dort inhaftierten Deutschen und kehrten mit diesen Ende September 1973 in die Bundesrepublik zurück. Vgl. dazu das Interview Wischnewskis für den *Kölner Stadt-Anzeiger* vom 30. September 1973, in: *SPD Pressemitteilungen und Informationen*, Nr. 319 vom 30. September 1973, S. 1–3.

3 Korrigiert aus: Jorhe.

4 Korrigiert aus: Teplitzki.

5 Nach und nach kamen alle von Brandt genannten Personen frei. Anselmo Sule Candia hielt auf dem Parteitag der SPD in Mannheim Mitte November 1975 eine Rede, in der er sich für das Engagement der SPD bedankte. Vgl. Protokoll der Verhandlungen des Parteitages der Sozialdemokratischen Partei Deutschlands in Mannheim vom 11.

bis 15. November 1975, Bonn o. J., S. 733–736.
6 Wischnewski und Brück besuchten Chile erneut im März 1974.
7 Hs. unterzeichnet.

Nr. 89

1 Am 4. März 1974 kamen die Außenminister der neun EG-Staaten zu einem Konsultationstreffen im Rahmen der Europäischen Politischen Zusammenarbeit in Brüssel zusammen, um über die Aufnahme eines Dialoges mit den arabischen Ländern zu beraten. Demnach sollte zunächst Bundesaußenminister Walter Scheel als amtierender Ratspräsident der EG das Terrain sondieren, bevor in einer zweiten Phase gemischte europäisch-arabische Expertengruppen ihre Arbeit aufnehmen sollten, um die Vorbereitungen für eine europäisch-arabische Außenministerkonferenz zu treffen. Der Entwurf über die Grundsätze der europäisch-amerikanischen Zusammenarbeit wurde zwar erörtert, aber kein konkreter Beschluss zur Umsetzung gefasst. Im Anschluss an die Konferenz traf Außenminister Scheel mit seinem amerikanischen Amtskollegen Kissinger zusammen. Vgl. EA 29 (1974) 7, S. Z 84 f.
2 Vgl. dazu Nr. 82.
3 Zum Entwurf siehe Anm. 1.
4 Gemeint sind der Mitarbeiter im Nationalen Sicherheitsrat der USA und spätere Staatssekretär im amerikanischen Finanzministerium, Sonnenfeldt, und einer seiner Mitarbeiter.
5 Außenminister Kissinger hielt sich am 3./4. März 1974 in Bonn auf, wo er zu Gesprächen mit Brandt und Außenminister Scheel über die Lage im Nahen Osten, die westeuropäisch-amerikanischen Beziehungen, Ost-West-Fragen, bilaterale Beziehungen und Berlin zusammentraf.

6 Auf der Energiekonferenz von Washington vom 11. bis 13. Dezember 1973 beschlossen die Außenminister der neun EG-Staaten, der USA, Kanadas, Japans und Norwegens die Bildung einer Koordinationsgruppe für Energiefragen, die am 25. Februar 1974 unter Nichtteilnahme Frankreichs in Washington erstmals zusammentrat. AdG 44 (1974), S. 18512 und 18530.

Nr. 90

1 Bei der Vorlage handelt es sich um die von der Deutschen Botschaft in Washington D.C. erstellte Abschrift der telegrafisch übermittelten Fassung. Das Schreiben ist auch abgedruckt in: AAPD 1974, I, S. 335 f.
2 Nr. 89. Am 4. März 1974 hatten die EG-Außenminister beschlossen, einen europäisch-arabischen Dialog in Gang zu setzen, der in einer gemeinsamen Außenministerkonferenz gipfeln sollte. Zudem legten sie einen neuen Entwurf für die amerikanisch-europäische Grundsatzerklärung vor.
3 Die Unterzeichnung der „Atlantischen Deklaration" durch die europäischen Regierungschefs und Präsident Nixon kam erst am 26. Juni 1974 in Brüssel zustande.
4 Anm. 2.
5 Die amerikanische Regierung, voran Außenminister Kissinger, kritisierte insbesondere, daß die europäischen Staaten die USA im Vorfeld ihrer diplomatischen Initiative im Nahen Osten nicht oder unzureichend konsultiert hätten. AdG 44 (1974), S. 18553 ff.

Nr. 91

1 Bei der Vorlage handelt es sich um die Kopie des Originals.
2 Nr. 90.
3 Gemeint ist das Außenministertreffen der neun EG-Staaten im Rahmen der EPZ am 4. März 1974 in Brüssel, in dem über die

Modalitäten der Beratungen der EG mit den arabischen Staaten gesprochen wurde. Vgl. EA 29 (1974) 7, S. Z 84 f.
4   Nr. 89.
5   Die EG-Präsidentschaft zum fraglichen Zeitpunkt hatte der deutsche Außenminister Scheel inne.
6   Nr. 90.
7   Gemeint ist die gemeinsame Erklärung der USA und der Staaten der EG über die Prinzipien der Zusammenarbeit. Der amerikanische Präsident unterzeichnete die so genannte „Atlantische Deklaration", welche den Schlussstrich unter die transatlantische Kontroverse zog, gemeinsam mit den europäischen Regierungschefs am 26. Juni 1974 in Brüssel.
8   Hs. unterzeichnet.

Nr. 92
1   Vorlage ist eine Kopie des Schreibens, die den Stempelaufdruck „Konzept" trägt. Zusätzlich ist hs. vermerkt: „30101-B[elgien] (VS-Schr[eiben])". Der Entwurf des Schreibens wurde auf Anforderung Brandts in der Abteilung II des Bundeskanzleramts gefertigt und dem Kanzler am 9. April 1974 zugeleitet.
2   Baudouin hatte in seiner Tischrede während eines Fest-Diners zu Ehren des Bundespräsidenten am 26. März 1974 in Brüssel u. a. darauf hingewiesen, dass sich seit einigen Monaten „im Leben der [Europäischen] Gemeinschaft beunruhigende Symptome" häuften, und vor diesem Hintergrund von „Stillstand – um nicht zu sagen Rückschritt –" gesprochen, der „auf einem unleugbaren Mangel an politischem Mut" beruhe. Er verknüpfte dies mit dem Appell an die Bundesregierung, beim Nachdenken über „die gegenwärtige Lage und Zukunft Europas" eine „hervorragende Rolle [zu] spielen, indem sie den unersetzlichen Wert ihres eigenen Beitrags zu Europa durch das Gewicht ergänzt, das ihr aus der vorübergehenden Präsidentschaft in den Gemeinschaften erwächst". In: *Bulletin des Presse- und Informationsamtes der Bundesregierung*, Nr. 43 vom 1. April 1974, S. 414–416, Zitat S. 414 f. Der König hatte auch den deutschen EG-Kommissar Ralf Dahrendorf „eindringlich gebeten", Brandt „davon zu überzeugen, das Gewicht Ihrer Person und Ihres Rufs in aller Welt in die Waagschale der europäischen Sache zu werfen". Vorlage Fischers, 9. April 1974, in: AdsD, WBA, A 8, 50.
3   Der französische Staatspräsident Pompidou war am 2. April 1974 verstorben.
4   Die Trauerfeier fand am 6. April 1974 in Paris unter Beteiligung von 50 Staats- und Regierungschefs aus aller Welt statt.
5   Hs. paraphiert.

Nr. 93
1   Vgl. Einleitung.

Anhang

Quellen- und Literaturverzeichnis

Archivalische Quellen

Willy-Brandt-Archiv im Archiv der sozialen Demokratie der Friedrich-Ebert-Stiftung, Bonn

Persönliche Unterlagen/biographische Materialien (A 1)

Publizistische Äußerungen Willy Brandts 1933–1992 (A 3)

Allgemeine Korrespondenz (A 4)

Bundesminister des Auswärtigen und Vizekanzler in der Regierung der Großen Koalition 1966–1969 (A 7)

Bundeskanzler und Bundesregierung 1969–1974 (A 8)

Schriftwechsel/Aufzeichnungen geheim/vertraulich (A 9)

Sozialdemokratische Partei Deutschlands: Parteiführung 1964–1987 (A 11)

    Persönliche Korrespondenz A-Z 1968–1980 (A 11.1)

    Präsidium, Bundesminister, Staatssekretäre A–Z (A 11.3)

    Erich-Ollenhauer-Haus, zentrale Arbeitsgemeinschaften und Verbände (A 11.4)

    Landesverbände und Bezirke A–Z 1964–1986 (A 11.5)

    Regionale Parteigliederungen A–Z 1964–1986 (A 11.6)

    SPD-Gruppierungen und nahestehende Einrichtungen A–Z 1964–1986 (A 11.7)

    Mitgliedschaften in Gremien beim Parteivorstand A–Z 1964–1986 (A 11.8)

    Allgemeine Korrespondenz A–Z 1965–1982 (A 11.10)

Wahlen (A 18)

Fotoarchiv (Alben und Boxen) (A 23)

Archiv der sozialen Demokratie der Friedrich-Ebert-Stiftung, Bonn
Depositum Egon Bahr
Depositum Horst Ehmke
Depositum Helmut Schmidt
Depositum Hans-Jochen Vogel
SPD-Bundestagsfraktion
SPD-Parteivorstand
Archiv Helmut Schmidt, Hamburg
Archiv für Christlich-Demokratische Politik in der Konrad-Adenauer-Stiftung, St. Augustin
Nachlass Kurt Georg Kiesinger (I-226)
Bundesarchiv, Koblenz
Depositum Ulrich Sahm
National Archives, Washington
Arbetarrörelsens Arkiv och Bibliotek, Olof-Palme-Archiv, Stockholm

Veröffentlichte Quellen

I. Veröffentlichungen Willy Brandts

Brandt, Willy: Koexistenz – Zwang zum Wagnis, Stuttgart 1963.

Brandt, Willy: Reden und Interviews 1968/69, Bonn o. J.

Brandt, Willy: Außenpolitik, Deutschlandpolitik, Europapolitik. Grundsätzliche Erklärungen während des ersten Jahres im Auswärtigen Amt, Berlin ²1970.

Brandt, Willy: Der Wille zum Frieden. Perspektiven der Politik. Mit einem Vorwort von *Golo Mann*, Hamburg 1972.

Brandt, Willy: Plädoyer für die Zukunft. Beiträge zur deutschen Politik. Mit einem Vorwort von *Herbert Wehner*, Frankfurt/Main 1972.

Brandt, Willy: Begegnungen und Einsichten. Die Jahre 1960–1975, Hamburg 1976.

Brandt, Willy: Links und frei. Mein Weg 1930–1950, Hamburg 1982.

Brandt, Willy: Erinnerungen. Mit den „Notizen zum Fall G.", Berlin und Frankfurt/Main 1994.

Brandt, Willy: Auf dem Weg nach vorn. Willy Brandt und die SPD 1947–1972, bearb. von *Daniela Münkel*, Bonn 2000 (Berliner Ausgabe, Bd. 4).

Brandt, Willy: Mehr Demokratie wagen. Innen- und Gesellschaftspolitik 1966–1974, bearb. von *Wolther von Kieseritzky*, Bonn 2001 (Berliner Ausgabe, Bd. 7).

Brandt, Willy: Die Entspannung unzerstörbar machen. Internationale Beziehungen und deutsche Frage 1974–1982, bearb. von *Frank Fischer*, Bonn 2003 (Berliner Ausgabe, Bd. 9).

Brandt, Willy: Berlin bleibt frei. Politik in und für Berlin 1947–1966, bearb. von *Siegfried Heimann*, Bonn 2004 (Berliner Ausgabe, Bd. 3).

Bundeskanzler Brandt. Reden und Interviews, Vorwort von *Conrad Ahlers*, Hamburg 1971

II. Editionen, zeitgenössische Dokumente, Erinnerungen

Abrassimow, Pjotr A.: 300 Meter vom Brandenburger Tor – Erinnerungen eines Botschafters, Berlin (Ost) 1985.

Acheson, Dean: Present at the Creation. My Years in the State Department, New York 1969.

Akten zur Auswärtigen Politik der Bundesrepublik Deutschland, hrsg. im Auftrag des Auswärtigen Amtes vom Institut für Zeitgeschichte,
- AAPD 1966, 2 Bde., bearb. von *Matthias Peter* und *Harald Rosenbach*, München 1997.
- AAPD 1967, 3 Bde., bearb. von *Ilse Dorothee Pautsch, Jürgen Klöckler, Matthias Peter* und *Harald Rosenbach*, München 1998.
- AAPD 1968, 2 Bde., bearb. von *Mechthild Lindemann* und *Matthias Peter*, München 1999.
- AAPD 1969, 2 Bde., bearb. von *Franz Eibl* und *Hubert Zimmermann*, München 2000.
- AAPD 1970, 3 Bde., bearb. von *Ilse Dorothee Pautsch, Daniela Taschler, Franz Eibl, Frank Heinlein, Mechthild Lindemann* und *Matthias Peter*, München 2001.
- AAPD 1971, 3 Bde., bearb. von *Martin Koopmann, Matthias Peter* und *Daniela Taschler*, München 2002.
- AAPD 1972, 3 Bde., bearb. von *Mechthild Lindemann, Daniela Taschler* und *Fabian Hilfrich*, München 2003.

- AAPD 1973, 3 Bde., bearb. von *Matthias Peter, Michael Kieninger, Michael Ploetz, Mechthild Lindemann* und *Fabian Hilfrich*, München 2004.
- AAPD 1974, 2 Bde., bearb. von *Daniela Taschler, Fabian Hilfrich* und *Michael Ploetz*, München 2005.

Allardt, Helmut: Moskauer Tagebuch. Beobachtungen, Notizen, Erlebnisse, Düsseldorf und Wien 1974.

Allardt, Helmut: Politik vor und hinter den Kulissen. Erfahrungen eines Diplomaten zwischen Ost und West, Düsseldorf und Wien 1979.

Bahr, Egon: Zu meiner Zeit, München 1996.

Barzel, Rainer: Im Streit und umstritten. Anmerkungen zu Konrad Adenauer, Ludwig Erhard und den Ostverträgen, Frankfurt/Main 1986.

Barzel, Rainer: Die Tür blieb offen. Mein persönlicher Bericht über Ostverträge, Mißtrauensvotum und Kanzlersturz, Bonn 1998.

Barzel, Rainer: Ein gewagtes Leben. Erinnerungen, Stuttgart 2001.

Department of State (Hrsg.): Documents on Germany 1944–1985, Washington o. J. (1985).

Dobrynin, Anatoly: In Confidence. Moscow's Ambassador to America's Six Cold War Presidents (1962–1986), New York 1995.

Dokumente zur Deutschlandpolitik, II. Reihe, Bd. 3: 1. Januar bis 31. Dezember 1950, bearbeitet von *Hanns Jürgen Küsters* und *Daniel Hofmann*, München 1997.

Dokumente zur Deutschlandpolitik, V. Reihe, Bd. 1: 1. Dezember 1966 bis 31. Dezember 1967, bearbeitet von *Gisela Oberländer*, Frankfurt/Main 1984.

Dokumente zur Deutschlandpolitik, V. Reihe, Bd. 2: 1. Januar bis 31. Dezember 1968, bearbeitet von *Gisela Oberländer*, Frankfurt/Main 1987.

Ehmke, Horst: Mittendrin. Von der Großen Koalition zur Deutschen Einheit, Berlin 1994.

Ehrenburg, Ilja: Menschen, Jahre, Leben. Memoiren. Bd. 3, Berlin ²1982, S. 292

Falin, Valentin: Politische Erinnerungen, München 1993.

Frank, Paul: „Entschlüsselte Botschaft". Ein Diplomat macht Inventur, Stuttgart 1981.
Genscher, Hans-Dietrich: Erinnerungen, Berlin 1995.
Grass, Günter: Der Bürger und seine Stimme. Reden, Aufsätze, Kommentare, Darmstadt 1974.
Gromyko, Andrej: Erinnerungen, Düsseldorf 1989.
Harpprecht, Klaus: Im Kanzleramt. Tagebuch der Jahre mit Willy Brandt, Reinbek 2000.
Heinemann, Gustav W.: Reden und Interviews (IV.), 1. Juli 1972–30. Juni 1973, Bonn 1973.
Herwarth, Hans von: Von Adenauer zu Brandt. Erinnerungen, Berlin 1990.
Keworkow, Wjatscheslaw: Der geheime Kanal. Moskau, der KGB und die Bonner Ostpolitik, Berlin 1995.
Kiesinger, Kurt Georg: Die Große Koalition 1966–1969. Reden und Erklärungen des Bundeskanzlers, hrsg. von *Dieter Oberndörfer,* Stuttgart 1979.
Kissinger, Henry A.: Memoiren 1968–1973, München 1979.
Kissinger, Henry A.: Memoiren 1973–1974, München 1982.
Krone, Heinrich: „Aufzeichnungen zur Ost- und Deutschlandpolitik 1954–1969" (Tagebuch), in: *Morsey, Rudolf/Repgen, Konrad* (Hrsg.): Adenauer-Studien III, Mainz 1974.
Kwizinskij, Julij A.: Vor dem Sturm. Erinnerungen eines Diplomaten, Berlin 1993.
Lahr, Rolf: Zeuge von Fall und Aufstieg. Private Briefe 1934–1974, Hamburg 1981.
McGhee, George: Botschafter in Deutschland. 1963–1968, München 1989.
Möller, Alex: Genosse Generaldirektor, München und Zürich 1978.
Nietzsche, Friedrich: Kritische Studienausgabe, Bd. 4. Hrsg. von *Giorgio Colli* und *Mazzino Montinari*, Berlin und New York ²1999.
Nixon, Richard: Memoiren, Köln 1978.
Paasikivi, Juho K.: Meine Moskauer Mission 1939–41, Hamburg 1966.
Protokoll der Verhandlungen des Parteitages der Sozialdemokratischen Partei Deutschlands vom 1. bis 5. Juni 1966 in Dortmund, Hannover-Bonn 1966.

Protokoll der Verhandlungen des Parteitages der Sozialdemokratischen Partei Deutschlands vom 17. bis 21. März 1968 in Nürnberg, Hannover-Bonn o. J.

Protokoll der Verhandlungen des Außerordentlichen Parteitages der Sozialdemokratischen Partei Deutschlands vom 16. bis 18. April 1969 in Bad Godesberg, Bonn o. J.

Protokoll der Verhandlungen des Parteitages der Sozialdemokratischen Partei Deutschlands vom 11. bis 14. Mai 1970 in Saarbrücken, Hannover-Bonn o. J.

Protokoll der Verhandlungen des Außerordentlichen Parteitages der Sozialdemokratischen Partei Deutschlands vom 18. bis 20. November 1971 in Bonn, Bonn o. J.

Protokoll der Verhandlungen des Parteitages der Sozialdemokratischen Partei Deutschlands vom 10. bis 14. April 1973 in Hannover, Hannover-Bonn o. J.

Sahm, Ulrich: „Diplomaten taugen nichts" – Aus dem Leben eines Staatsdieners, Düsseldorf 1994.

Schmid, Carlo: Erinnerungen, Bern, München und Wien 1979.

Schmidt, Helmut: Menschen und Mächte, Berlin 1987.

Schmidt, Helmut: Die Deutschen und ihre Nachbarn, Berlin 1990.

Semjonow, Wladimir S.: Von Stalin bis Gorbatschow – Ein halbes Jahrhundert in diplomatischer Mission 1939–1991, Berlin 1995.

Seydoux Fornier de Clausonne, François: Botschafter in Deutschland. Meine zweite Mission 1965 bis 1970, Frankfurt/Main 1978.

Strauß, Franz Josef: Erinnerungen, München 1989.

Wechmar, Rüdiger von: Akteur in der Loge. Weltläufige Erinnerungen, o. O. 2000

Wolf, Markus: Spionagechef im geheimen Krieg. Erinnerungen, Düsseldorf und München 1997.

Verhandlungen des Deutschen Bundestages, Stenographische Berichte, 5.–7. Wahlperiode, 1965–1976.

Vogel, Hans-Jochen: Nachsichten. Meine Bonner und Berliner Jahre, München 1996.

Zehn Jahre Deutschlandpolitik. Die Entwicklung der Beziehungen zwischen der Bundesrepublik Deutschland und der Deutschen

Demokratischen Republik 1969–1979. Hrsg. vom Bundesministerium für innerdeutsche Beziehungen, Bonn 1980.

III. Pressedienste, Zeitungen, Zeitschriften

Archiv der Gegenwart, Königswinter
Bild-Zeitung, Hamburg
Bulletin des Presse- und Informationsamtes der Bundesregierung, Bonn
Deutschland Archiv
Europa-Archiv
L'Express, Paris
Frankfurter Allgemeine Zeitung, Frankfurt/Main
Frankfurter Rundschau, Frankfurt/Main
Die Neue Gesellschaft, Bonn-Bad Godesberg
Sozialdemokratischer Pressedienst, Bonn
SPD Pressemitteilungen und Informationen, Bonn
Der Spiegel, Hamburg
Stern, Hamburg
Stuttgarter Zeitung, Stuttgart
Süddeutsche Zeitung, München
Vorwärts, Bonn
Washington Post, Washington D.C.
Die Welt, Hamburg
Die Zeit, Hamburg

Darstellungen

Ashkenasi, Abraham: Reformpartei und Außenpolitik. Die Außenpolitik der SPD Berlin-Bonn, Köln und Opladen 1968.
Baring, Arnulf: Machtwechsel. Die Ära Brandt-Scheel, Stuttgart 1982.
Bender, Peter: Die „Neue Ostpolitik" und ihre Folgen. Vom Mauerbau bis zur Vereinigung, München ³1995.
Booz, Rüdiger Marco: „Hallsteinzeit" – Deutsche Außenpolitik 1955–1972, Bonn 1995.

Bouvier, Beatrix: Zwischen Godesberg und Großer Koalition. Der Weg der SPD in die Regierungsverantwortung. Außen-, sicherheits- und deutschlandpolitische Umorientierung und gesellschaftliche Öffnung der SPD 1960–1966, Bonn 1990.

Bracher, Karl Dietrich/Jäger, Wolfgang/Link, Werner: Republik im Wandel 1969–1974: Die Ära Brandt, Stuttgart 1986.

Braunmühl, Claudia von: Kalter Krieg und friedliche Koexistenz. Die Außenpolitik der SPD in der Großen Koalition, Frankfurt/Main 1973.

Conze, Eckart: Abschied von der Diplomatiegeschichte? Neuere Forschungen zur Rolle der Bundesrepublik Deutschland in den internationalen Beziehungen 1949–1969, in: Historisches Jahrbuch 116 (1996), S. 137–154.

Fischer, Frank: „Im deutschen Interesse". Die Ostpolitik der SPD von 1969 bis 1989, Husum 2001.

Garton Ash, Timothy: Im Namen Europas. Deutschland und der geteilte Kontinent, München 1993.

Görtemaker, Manfred: Geschichte der Bundesrepublik Deutschland. Von der Gründung bis zur Gegenwart, München 1999.

Gray, William G.: Germany's Cold War. The Global Campaign to Isolate East Germany, 1949–1969, Chapel Hill 2003.

Hacke, Christian: Die Ost- und Deutschlandpolitik der CDU/CSU. Wege und Irrwege der Opposition seit 1969, Köln 1975.

Hacke, Christian: Die Ära Nixon/Kissinger. Konservative Reform der Weltpolitik, Stuttgart 1983.

Hacke, Christian: Weltmacht wider Willen. Die Außenpolitik der Bundesrepublik Deutschland, Frankfurt/Main 1993.

Hacke, Christian: Zur Weltmacht verdammt. Die amerikanische Außenpolitik von Kennedy bis Clinton, München 1997.

Hanrieder, Wolfram F.: Deutschland, Europa, Amerika. Die Außenpolitik der Bundesrepublik Deutschland, 1949–1994, 2., völlig überarbeitete und erweiterte Auflage, Paderborn 1995.

Heimpel, Hermann: Kapitulation vor der Geschichte? Gedanken zur Zeit, Göttingen 1956.

Hildebrand, Klaus: Von Erhard zur Großen Koalition 1963–1969, Stuttgart 1984.

Kempski, Hans Ulrich: Um die Macht. Sternstunden und sonstige Abenteuer mit den Bonner Bundeskanzlern 1949 bis 1999, Berlin 1999.

Kilian, Werner: Die Hallstein-Doktrin. Der diplomatische Krieg zwischen der BRD und der DDR 1955–1973. Aus den Akten der beiden deutschen Außenministerien, Berlin 2001.

Koch, Peter: Willy Brandt. Eine politische Biographie, Frankfurt/Main 1988.

Kroegel, Dirk: Einen Anfang finden! Kurt Georg Kiesinger in der Außen- und Deutschlandpolitik der Großen Koalition, München 1997.

Löwenthal, Richard: Vom Kalten Krieg zur Ostpolitik, Stuttgart 1974.

Merseburger, Peter: Willy Brandt 1913–1992. Visionär und Realist, Stuttgart und München 2002.

Metzler, Gabriele: Am Ende aller Krisen? Politisches Denken und Handeln in der Bundesrepublik der sechziger Jahre, in: HZ 275/1 (2002), S. 57–103.

Nakath, Detlef: Erfurt und Kassel. Zu den Gesprächen zwischen dem BRD-Bundeskanzler Willy Brandt und dem DDR-Ministerratsvorsitzenden Willi Stoph im Frühjahr 1970. Vorbereitung, Verlauf, Ergebnisse, Berlin 1995 (= Hefte zur DDR-Geschichte, Nr. 24).

Nakath, Detlef: Gewaltverzicht und Gleichberechtigung. Zur Parallelität der deutsch-sowjetischen Gespräche und der deutsch-deutschen Gipfeltreffen in Erfurt und Kassel im Frühjahr 1970, in: DA 31 (1998) 2, S. 196–213.

Potthoff, Heinrich: Bonn und Ost-Berlin 1969–1982. Dialog auf höchster Ebene und vertrauliche Kanäle. Darstellung und Dokumente, Bonn 1997.

Potthoff, Heinrich: Im Schatten der Mauer. Deutschlandpolitik 1961 bis 1990, Berlin 1999.

Rovan, Joseph: Histoire de la Social-Démocratie Allemande, Paris 1978.

Schmidt, Wolfgang: Die Wurzeln der Entspannung – Der konzeptionelle Ursprung der Ost- und Deutschlandpolitik Willy Brandts in den fünfziger Jahren, in: VfZ 51 (2003) 4, S. 521–563.

Schmoeckel, Reinhard/Kaiser, Bruno: Die vergessene Regierung. Die große Koalition 1966 bis 1969 und ihre langfristigen Wirkungen, Bonn 1991.

Schneider, Andrea H.: Die Kunst des Kompromisses: Helmut Schmidt und die Große Koalition 1966–1969, Paderborn u. a. 1999.

Schöllgen, Gregor: Geschichte der Weltpolitik von Hitler bis Gorbatschow 1941–1991, München 1996.

Schöllgen, Gregor: Willy Brandt. Die Biographie, Berlin 2001.

Schönhoven, Klaus: Entscheidung für die Große Koalition. Die Sozialdemokratie in der Regierungskrise im Spätherbst 1966, in: *Pyta, Wolfram/Richter, Ludwig* (Hrsg.): Gestaltungskraft des Politischen. Festschrift für Eberhard Kolb, Berlin 1998, S. 379–397.

Schwarz, Hans-Peter: Das Gesicht des Jahrhunderts. Monster, Retter und Mediokritäten, Berlin 1998.

Schwarz, Hans-Peter: Adenauer. Der Staatsmann: 1952–1967, Stuttgart 1991.

Soell, Hartmut: Helmut Schmidt 1918–1969. Vernunft und Leidenschaft, München 2003.

Stern, Carola: Willy Brandt, überarbeitete und erweiterte Neuausgabe, Reinbek bei Hamburg 2002.

Vogtmeier, Andreas: Egon Bahr und die deutsche Frage – Zur Entwicklung der sozialdemokratischen Ost- und Deutschlandpolitik vom Kriegsende bis zur Vereinigung, Bonn 1996.

Wiegrefe, Klaus/Tessmer, Carsten: Deutschlandpolitik in der Krise. Herbert Wehners Besuch in der DDR, in: DA 27 (1994) 6, S. 600–627.

Winkler, Heinrich August: Der lange Weg nach Westen. Band 2: Deutsche Geschichte vom „Dritten Reich" bis zur Wiedervereinigung, München 2000.

Zündorf, Benno: Die Ostverträge, München 1979.

Abkürzungsverzeichnis

AA	Auswärtiges Amt
AAB	Arbetarrörelsens Arkiv och Bibliotek (Archiv und Bibliothek der Arbeiterbewegung), Stockholm
AAPD	Akten zur Auswärtigen Politik der Bundesrepublik Deutschland
ABM	Anti-Ballistic Missile (Raketenabwehr)
ACDP	Archiv für Christlich-Demokratische Politik
AdG	Archiv der Gegenwart
ADN/Adn	Allgemeiner Deutscher Nachrichtendienst
AdsD	Archiv der sozialen Demokratie
a. o.	außerordentlich
BArch	Bundesarchiv
betr.	betreffend
BK	Bundeskanzler
BK, BKA	Bundeskanzleramt
BM	Bundesminister, Bundesministerium
BND	Bundesnachrichtendienst
BPA	Presse- und Informationsamt der Bundesregierung
BRD	Bundesrepublik Deutschland
BstU	Bundesbeauftragter für die Unterlagen des Staatssicherheitsdienstes der ehemaligen DDR
BVerfG	Bundesverfassungsgericht
CDU	Christlich-Demokratische Union
CIM	Convention internationale concernant le transport des marchandises par chemins de fer (Internationales Übereinkommen über den Eisenbahngüterverkehr)
CIV	Convention internationale concernant le transport des voyageurs et des bagages par chemins de fer (Internationales Übereinkommen über den Eisenbahn-Personen- und Gepäckverkehr)
ČSSR	Tschechoslowakische Sozialistische Republik
CSU	Christlich-Soziale Union

DA	Deutschland Archiv
DDP	Deutsche Demokratische Partei
DDR	Deutsche Demokratische Republik
DKP	Deutsche Kommunistische Partei
d. M.	des Monats
DM	Deutsche Mark
DSB	Deutscher Sportbund
DTSB	Deutscher Turn- und Sportbund
DVP	Deutsche Volkspartei
DzD	Dokumente zur Deutschlandpolitik
EA	Europa-Archiv
EAG	Europäische Atomgemeinschaft
ECE	Economic Commission for Europe (Europäische Wirtschaftskommission)
EDIP	European Defense Improvement Program (Europäisches Verteidigungsverstärkungsprogramm)
EFTA	European Free Trade Association (Europäische Freihandelsvereinigung)
EG	Europäische Gemeinschaft(en)
EGKS	Europäische Gemeinschaft für Kohle und Stahl
EPZ	Europäische Politische Zusammenarbeit
ERP	European Recovery Program (Europäisches Wiederaufbauprogramm)
EURATOM	Europäische Atomgemeinschaft
EWG	Europäische Wirtschaftsgemeinschaft
FAZ	Frankfurter Allgemeine Zeitung
FDP	Freie Demokratische Partei
GATT	General Agreement on Tariffs and Trade (Allgemeines Zoll- und Handelsabkommen)
geh.	geheim
GG	Grundgesetz
GVP	Gesamtdeutsche Volkspartei
Hs./hs.	Handschriftlich, handschriftlich
HZ	Historische Zeitschrift
IAEO	Internationale Atomenergieorganisation

KK	Kontrollkommission
KPČ	Kommunistische Partei der Tschechoslowakei
KPD	Kommunistische Partei Deutschlands
KPdSU	Kommunistische Partei der Sowjetunion
KSE	Konferenz für Sicherheit in Europa
KSZE	Konferenz für Sicherheit und Zusammenarbeit in Europa
MBFR	Mutual Balanced Force Reductions (Gegenseitig ausgewogene Truppenreduzierung)
MdA	Mitglied des Abgeordnetenhauses
MdB	Mitglied des Bundestages
MdPR	Mitglied des Parlamentarischen Rats
MdR	Mitglied des Reichstags
Mio.	Million(en)
MLF	Multilateral Nuclear Force (Multilaterale Atomstreitmacht)
MRP	Mouvement Républicain Populaire (Republikanische Volksbewegung)
NARA	National Archives and Records Administration (Nationalarchiv der USA)
NASA	National Aeronautics and Space Administration (Nationale Luft- und Raumfahrtbehörde)
NATO, Nato	North Atlantic Treaty Organization (Organisation des Nordatlantikpakts)
NG	Die Neue Gesellschaft
NPD	Nationaldemokratische Partei Deutschlands
NPT	Non-Proliferation Treaty (Vertrag über die Nichtverbreitung von Kernwaffen)
NSC	National Security Council (Nationaler Sicherheitsrat)
NSDAP	Nationalsozialistische Deutsche Arbeiterpartei
NV	Nichtverbreitung (Vertrag über die Nichtverbreitung von Kernwaffen)
NVA	Nationale Volksarmee (der DDR)
OAU	Organization for African Unity (Organisation für Afrikanische Einheit)

OECD	Organization for economic cooperation and development (Organisation für wirtschaftliche Zusammenarbeit und Entwicklung)
PR	Parteirat
PV	Parteivorstand
PVAP	Polnische Vereinigte Arbeiterpartei
SALT	Strategic Arms Limitation Talks (Gespräche über die Begrenzung nuklearstrategischer Waffen)
SAPMO	Stiftung Archiv der Parteien und Massenorganisationen der DDR im Bundesarchiv
SBZ	Sowjetisch Besetzte Zone / Sowjetische Besatzungszone
SED	Sozialistische Einheitspartei Deutschlands
SI	Sozialistische Internationale
SMAD	Sowjetische Militäradministration in Deutschland
SPD	Sozialdemokratische Partei Deutschlands
Stenogr.	Stenographisch
StS	Staatssekretär
SU	Sowjetunion
SWI	Sozialdemokratische Wählerinitiative
SZ	Süddeutsche Zeitung
TTD	Temporary Travel Document (Befristetes Reisedokument)
UdSSR	Union der Sozialistischen Sowjetrepubliken
UN, UNO	United Nations Organization (Organisation der Vereinten Nationen)
US, USA	United States of America (Vereinigte Staaten von Amerika)
TASS	Telegraph Agency of the Soviet Union (Sowjetische Presseagentur)
VAP	d. i. PVAP
VAR	Vereinigte Arabische Republik [Zusammenschluss Ägyptens und Syriens mit lockerer staatlicher Verbindung zum Jemen 1958–1961, 1961–1972 nur Ägypten]

Verh.	Verhandlungen
VfZ	Vierteljahrshefte für Zeitgeschichte
VR	Volksrepublik
WBA	Willy-Brandt-Archiv
WEU	Westeuropäische Union
WHO	World Health Organization (Weltgesundheitsorganisation)
ZDF	Zweites Deutsches Fernsehen
ZK	Zentralkomitee

Editionsgrundsätze

Die Berliner Ausgabe zeichnet anhand von Quellen, die nach wissenschaftlichen Kriterien ausgewählt werden, das politische Wirken Willy Brandts nach. Dabei werden die unterschiedlichen Funktionen und Ämter Brandts und thematisch abgrenzbare Tätigkeitsfelder jeweils gesondert behandelt. Die vorliegenden Dokumentenbände stützen sich vorwiegend auf Materialien aus dem Willy-Brandt-Archiv (WBA) im Archiv der sozialen Demokratie der Friedrich-Ebert-Stiftung. Veröffentlichte Dokumente und Schriftstücke aus anderen Archiven werden übernommen, wenn sie ursprünglicher oder vollständiger sind als Schriftstücke aus dem WBA, wenn sie Lücken im Brandt-Nachlass schließen oder ihr Inhalt eine Aufnahme in die Edition nahe legt.

In beschränktem Umfang werden in die Edition auch Quellen aufgenommen, deren Verfasser nicht Willy Brandt selbst ist, die aber in unmittelbarem Bezug zu seinem politischen Denken und Tun stehen. So finden sich in den Bänden sowohl Briefe oder sonstige Mitteilungen an Willy Brandt als auch Vorlagen seiner Mitarbeiter.

Die Edition richtet sich in Übereinstimmung mit dem gesetzlich festgelegten politischen Bildungsauftrag der Bundeskanzler-Willy-Brandt-Stiftung (BWBS) an eine breite historisch-politisch interessierte Öffentlichkeit. Dies war sowohl bei der Auswahl der zu publizierenden Dokumente als auch bei ihrer Aufbereitung und Kommentierung zu beachten. Deshalb finden vereinzelt auch Materialien Berücksichtigung, die z. B. Einblick in den Alltag eines Spitzenpolitikers und Staatsmannes gewähren. Sämtliche fremdsprachigen Texte wurden ins Deutsche übertragen und sind als Übersetzungen kenntlich gemacht.

Die durchnummerierten Dokumente sind grundsätzlich chronologisch angeordnet. Ausschlaggebend dafür ist das Datum des betreffenden Ereignisses, bei zeitgenössischen Veröffentlichungen das Datum der Publikation. Einzelne Bände der Berliner Ausgabe verbinden aus inhaltlichen Gründen eine themenbezogene systematische Gliederung mit dem chronologischen Ordnungsprinzip. Ein Dokument, das als Anlage kenntlich gemacht oder aus dem Textzusammenhang als Anlage erkennbar ist, gilt mit Blick auf die Reihenfolge und die Nummerierung nicht als eigenständig, wenn das Hauptdokument, dem es beigegeben ist, ebenfalls abgedruckt wird. In diesem Fall trägt es die Nummer des Hauptdokuments zuzüglich eines Großbuchstabens (in alphabetischer Reihenfolge) und wird im Dokumentenkopf ausdrücklich als Anlage ausgewiesen. Das Datum der Anlage ist für die Einordnung unerheblich.

Der Dokumentenkopf umfasst Dokumentennummer, Dokumentenüberschrift und Quellenangabe. Die Dokumentenüberschrift vermittelt auf einen Blick Informationen zum Datum, zur Art des Dokuments und zu den jeweils unmittelbar angesprochenen handelnden Personen. Die Quellenangaben weisen in der Regel nur den Fundort des Originals nach, nach dem das Dokument abgedruckt wird. Fremdsprachige Archivnamen und Bestandsbezeichnungen sind in den Angaben des Dokumentenkopfes ins Deutsche übersetzt.

Wird das Dokument unvollständig wiedergegeben, wird es in der Dokumentenüberschrift als Auszug bezeichnet.

Zum Dokument gehören sämtliche im Originaltext enthaltenen Angaben. Dazu zählen im einzelnen: Datum und Uhrzeiten, Klassifizierung, Anrede, Anwesenheits- oder Teilnehmerlisten, Überschriften und Zwischenüberschriften, Schlussformeln, Unterschriften, Namenskürzel, hand- oder maschinenschriftliche Zusätze, Kommentare und Korrekturen, sofern sie nicht einen deutlich späteren Zeitbezug haben. Auf eine Reihe dieser Angaben wird beim Abdruck verzichtet, wenn sie inhaltlich unerheblich oder schon im Dokumentenkopf enthalten sind. Dies gilt insbesondere für Datumsangaben, Absenderanschriften, Adressen und ebenso für Überschriften, sofern diese dem Dokumentenkopf weitestgehend entsprechen. Hand- bzw. maschinenschriftliche Vermerke oder Kommentare, die sich auf das Dokument insgesamt beziehen, werden unabhängig von ihrer Aussagekraft immer in der Anmerkung wiedergegeben, wenn sie von Brandt selbst stammen; dies gilt ebenso für die Paraphe oder andere Kürzel Brandts sowie Stempel bzw. Vermerke, mit denen bestätigt wird, dass Brandt Kenntnis von dem Schriftstück genommen hat. Übrige Vermerke, Paraphen oder Stempel werden nur dann in eine Anmerkung aufgenommen, wenn dies aus Sicht des jeweiligen Bearbeiters aus inhaltlichen Gründen geboten ist.

Streichungen im Original erscheinen nicht im Dokumententext, alle hand- bzw. maschinenschriftlichen Zusätze oder Korrekturen werden in der Regel *unkommentiert* in den Dokumententext übernommen, da sie allesamt als vom jeweiligen Verfasser genehmigt gelten können. Wird solchen Ergänzungen, Verbesserungen oder Streichungen jedoch eine wichtige inhaltliche Aussagekraft zugeschrieben, wird dies insoweit in textkritischen Anmerkungen erläutert. Im Text selbst werden solche Passagen in spitze Klammern „‹ ›" gesetzt. Unterschriften und Paraphen des Verfassers eines Dokuments werden in der Regel kommentiert, Unterstreichungen, Bemerkungen und Notizen am Rand nur dann, wenn dies inhaltlich geboten erscheint.

Bei der Wiedergabe der Dokumente wird ein Höchstmaß an Authentizität angestrebt. Die im jeweiligen Original gebräuchliche Schreibweise sowie Hervorhebungen werden unverändert übernommen. Dies gilt ebenso für die Wiedergabe von Eigennamen aus slawischen Sprachen, die im übrigen Text grundsätzlich in der transkribierten Form erscheinen. Das Layout folgt weitgehend dem Original, sofern Absätze, Zeilenausrichtung und Aufzählungen betroffen sind. Offensichtliche „Verschreibfehler" werden hingegen ohne weiteren Hinweis verbessert, es sei denn, sie besitzen inhaltliche Aussagekraft. Sinnentstellende Passagen und Zusätze werden im Dokumententext belassen, Streichungen solcher Art nicht rückgängig gemacht und in textkritischen Anmerkungen mit der gebotenen Zurückhaltung erläutert. Ebenso wird mit schwer verständlichen oder heute nicht mehr gebräuchlichen Ausdrücken verfahren. Sachlich falsche Angaben in der Vorlage werden im Anmerkungsapparat korrigiert. Tarnnamen und -bezeichnungen sowie sonstige „Codes" oder schwer zu deutende Formulierungen werden in eckigen Klammern im Dokumententext aufgeschlüsselt. Abkürzungen im Originaltext werden in der Regel im Abkürzungsverzeichnis aufgelöst. Im

Dokumententext selbst werden sie – in eckigen Klammern – nur dann entschlüsselt, wenn es sich um ungewöhnliche Kurzschreibformen handelt.

Die Berliner Ausgabe enthält einen bewusst knapp gehaltenen Anmerkungsteil, der als separater Abschnitt dem Dokumententeil angehängt ist. Die Zählung der Anmerkungen erfolgt durchgehend für die Einleitung und für jedes einzelne Dokument. Der Kommentar soll in erster Linie Hilfe für die Leserin und den Leser sein. Er ergänzt die im Dokumentenkopf enthaltenen formalen Informationen, gibt textkritische Hinweise, erläutert knapp Ereignisse oder Sachverhalte, die aus dem Textzusammenhang heraus nicht verständlich werden oder der heutigen Erfahrungswelt fremd sind, weist in den Dokumenten erwähntes veröffentlichtes Schriftgut nach und liefert Querverweise auf andere Quellentexte innerhalb der Edition, sofern sie in einem engeren Bezug zueinander stehen. Es ist nicht Aufgabe des Kommentars, Ereignisse oder Sachverhalte, die in den edierten Schriftstücken angesprochen sind, *detailliert* zu rekonstruieren. Ebenso wenig sollen weitere nicht abgedruckte Aktenstücke oder anderes Schriftgut mit dem Ziel nachgewiesen werden, den geschichtlichen Kontext der abgedruckten Quellentexte in ihrer chronologischen und inhaltlichen Abfolge sichtbar zu machen und damit Entscheidungsprozesse näher zu beleuchten.

Es bleibt der Einführung zu den einzelnen Bänden vorbehalten, das edierte Material in den historischen Zusammenhang einzuordnen, die einzelnen Dokumente in Bezug zueinander zu setzen sowie zentrale Begriffe ausführlich zu klären. Darüber hinaus unterzieht sie das politische Wirken Brandts und die jeweiligen historischen Rahmenbedingungen seiner Politik einer kritischen Bewertung. Aufgabe der Einführung ist es auch, die Auswahl der Dokumente zu begründen, in der gebotenen Kürze den Forschungsstand zu referieren und auf einschlägige Sekundärliteratur hinzuweisen.

Eine erste Orientierung in jedem Band bietet dem Leser das durchnummerierte Dokumentenverzeichnis mit Angabe der Seitenzahlen, über das sich jedes Dokument nach Datum, Bezeichnung des Vorgangs und der daran beteiligten Personen erschließen lässt.

Das Personenregister listet die Namen aller in der Einführung, im Dokumententeil einschließlich Dokumentenverzeichnis und im Anmerkungsapparat genannten Personen mit Ausnahme des Namens von Willy Brandt auf, sofern sie nicht im Rahmen selbständiger bibliographischer Angaben ausgewiesen sind; es enthält zusätzlich biographische Angaben, insbesondere zu den maßgeblichen Funktionen, die die angesprochenen Personen während der vom jeweiligen Band erfassten Zeitspanne ausübten. Die alphanumerisch geordneten Schlagwörter des Sachregisters, denen weitere Unterbegriffe zugeordnet sein können, ermöglichen einen gezielten, thematisch differenzierten Zugriff. Das Quellen- und Literaturverzeichnis vermittelt – mit Ausnahme von Artikeln in Tages-, Wochen- oder monatlich erscheinenden Zeitungen bzw. Pressediensten – einen Überblick über die im Rahmen der Bearbeitung des jeweiligen Bandes der Berliner Ausgabe eingesehenen Archivbestände und die benutzte Literatur.

Carsten Tessmer

Personenregister

Abrassimow, Pjotr Andrejewitsch (geb. 1912), sowjetischer Politiker und Diplomat, 1940 Eintritt in die KPdSU, 1961 Mitglied des ZK, 1962–1971 und 1975–1983 Botschafter in der DDR   36, 218, 276, 369, 389, 397 f., 565, 585, 591, 594

Acheson, Dean G. (1893–1971), amerikanischer Jurist und Politiker, 1949–1953 Außenminister   416, 581

Adenauer, Konrad (1876–1967), Politiker, 1917–1933 und 1945 Oberbürgermeister von Köln, 1946–1950 Vorsitzender der CDU in der britischen Besatzungszone, 1949–1967 MdB (CDU), 1949–1963 Bundeskanzler, 1950–1966 Bundesvorsitzender der CDU, 1951–1955 Bundesminister des Auswärtigen   21, 27, 78, 110, 200, 411, 562, 581, 601, 608

Ahlers, Conrad (1922–1980), 1962–1966 stellv. Chefredakteur des Nachrichtenmagazins *Der Spiegel*, 1966–1968 stellv. Leiter, 1969–1972 Leiter des BPA und StS, 1972–1980 MdB (SPD)   281, 286, 326, 583

Allardt, Helmut (1907–1987), Jurist und Diplomat, 1958–1960 Generaldirektor der EWG, 1963–1968 Botschafter in Madrid, 1968–1972 in Moskau   47, 219, 573

Allende Gossens, Salvador (1908–1973), chilenischer Arzt und Politiker, ab 1943 Generalsekretär der Sozialistischen Partei, 1952 erstmals Präsidentschaftskandidat, 1970 Staatspräsident, 1973 durch eine Militärjunta unter General → Pinochet gestürzt und ermordet   504, 608

Almeyda, Clodomiro (1923–1997), chilenischer Jurist, Politiker und Diplomat, 1941 Mitglied der Sozialistischen Partei, 1970–1973 Außenminister, nach dem Militärputsch 1973 verhaftet, 1975–1987 Exil (ab 1976 in der DDR), 1990–1992 Botschafter in Moskau   531

Anin, Patrick D. (1928–1999), 1969 Außenminister Ghanas   194, 561

Appel, Reinhard (geb. 1927), Fernsehjournalist und Publizist, 1975–1988 Chefredakteur des ZDF   138

Bahr, Egon (geb. 1922), Journalist und Politiker, seit 1956 Mitglied der SPD, 1960–1966 Leiter des Presse- und Informationsamtes des Landes Berlin, 1966–1967 Sonderbotschafter und 1967–1969 Leiter des Planungsstabs im AA, 1969–1972 StS im Bundeskanzleramt und Bundesbevollmächtigter für Berlin, 1972–1974 Bundesminister für besondere Aufgaben, 1974–1976 Bundesminister für wirtschaftliche Zusammenarbeit, 1976–1981 Bundesgeschäftsführer der SPD, 1972–1990 MdB (SPD)   38, 40, 43 f., 47 f., 50 f., 53, 56, 60–63, 67, 74, 83, 87, 90, 92, 269, 279, 306, 318, 326, 442, 528, 543, 547, 566, 568 f., 573, 576, 579, 581 f., 584, 601, 609, 611

Baring, Arnulf (geb. 1932), Politologe und Historiker, 1952–1983 Mitglied der SPD, 1969–1998 Professor für Politikwissenschaft (bis 1976) und Zeitgeschichte an der Freien Universität Berlin   65

Barzel, Rainer (geb. 1924), Politiker, 1957–1987 MdB (CDU), 1960–1973 Mitglied des CDU-Parteivorstandes, 1962–1963

Bundesminister für gesamtdeutsche Fragen, 1963–1973 Vorsitzender der CDU/CSU-Bundestagsfraktion, 1971–1973 Bundesvorsitzender der CDU, 1972 Kanzlerkandidat der CDU/CSU, 1982–1983 Bundesminister für innerdeutsche Beziehungen, 1983–1984 Bundestagspräsident 64, 74, 92, 191, 195, 200 f., 245 f., 259, 326, 333 f., 406, 430, 561 f., 583, 598

Baschew, Iwan (1916–1971), 1962–1971 bulgarischer Außenminister 125, 550

Baudouin I., Albert Charles Leopold Axel Marie-Gustave Herzog von Brabant (1930–1993), 1951–1993 König der Belgier 102, 539, 613

Beitz, Berthold (geb. 1913), Unternehmer, 1953–1967 Generalbevollmächtiger, 1970–1989 Aufsichtsratsvorsitzender bei Krupp 33, 92, 95, 235, 568

Berg, Hermann von (geb. 1933), enger Vertrauter von → Willi Stoph, 1972–1978 Professor für Wirtschaftswissenschaften an der Ostberliner Humboldt-Universität, 1978 wegen „landesverräterischer Beziehungen" inhaftiert, 1986 Übersiedelung in die Bundesrepublik 286

Berkhan, Karl Wilhelm (1915–1994), 1945 Eintritt in die SPD, 1957–1975 MdB (SPD), 1967–1969 Vorsitzender des Arbeitskreises Sicherheitsfragen der SPD-Bundestagsfraktion, 1969–1975 PStS im Bundesministerium der Verteidigung, 1975–1985 Wehrbeauftragter des Bundestags 326

Berkhan, Willfriede (1915–1994), Ehefrau von → Karl Wilhelm Berkhan 326

Biró, József (geb. 1921), ungarischer Politiker, seit 1966 Mitglied des ZK der KP, 1963–1979 Minister für Außenhandel 550

Bismarck, Otto Fürst von (1815–1898), 1862–1890 preußischer Ministerpräsident, 1871–1890 Reichskanzler 221

Böll, Heinrich (1917–1985), Schriftsteller, 1970–1972 Präsident des P.E.N.-Zentrums der Bundesrepublik Deutschland, 1971–1974 Präsident des Internationalen P.E.N.-Clubs, 1972 aktiver Einsatz für die SWI, 1972 Literaturnobelpreis 493

Brandt, Rut (geb. 1920), geb. Hansen, 1947 Sekretärin Willy Brandts an der norwegischen Militärmission in Berlin, ab 1947 freie Journalistin für skandinavische Zeitungen, 1948–1980 verheiratet mit Willy Brandt 327, 356

Braun, Sigismund von (1911–1998), Diplomat, 1962–1968 Beobachter der Bundesrepublik Deutschland bei den Vereinten Nationen, 1968–1970 Botschafter in Paris, 1970–1972 Staatssekretär im Auswärtigen Amt, 1972–1976 erneut Botschafter in Paris 326

Brentano, Heinrich von (1904–1964), Politiker, seit 1949 MdB (CDU), 1949–1955 und 1961–1964 Vorsitzender der CDU-Bundestagsfraktion, 1955–1961 Bundesaußenminister 110

Breschnew, Leonid Iljitsch (1906–1982), sowjetischer Politiker, 1957–1982 Mitglied des Präsidiums bzw. Politbüros der KPdSU, 1964–1982 Erster Sekretär bzw. Generalsekretär des ZK der KPdSU 51 f., 59 f., 69, 73 f., 77, 79, 86, 89, 97–101, 136, 320–325, 328 f., 336 f., 372–403, 407 f., 413 f., 439, 444, 455–460, 462–479, 482 f., 489, 520–523, 552, 563, 569, 585, 593 ff., 602–605, 609

Brosio, Manlio (1897–1980), italienischer Jurist und Diplomat, 1944–1945 Generalsekretär der Liberalen Partei, 1954–1961 Botschafter in Washington, 1964–1971 NATO-Generalsekretär 593, 595

Brown, George Alfred, ab 1970 **Lord George-Brown** (1914–1985), britischer Politiker und Gewerkschaftsfunktionär, ab 1945 im Unterhaus, 1951 Minister für öffentliche Bauten, 1964–1966 stellv. Premierminister und Wirtschaftsminister, 1966–1968 Außenminister 138 f.

Brück, Alwin (geb. 1931), seit 1952 Mitglied der SPD, 1965–1990 MdB (SPD), 1969–1974 Vorsitzender des Bundestagsausschusses für wirtschaftliche Zusammenarbeit, 1974–1982 PStS im Bundesministerium für wirtschaftliche Zusammenarbeit 530 f., 611, 622

Cantuarias Zepeda, Orlando (geb. 1929), chilenischer Politiker (Radikale Partei), 1970–1972 Bergbauminister, 1972 Wohnungsbauminister, nach dem Militärputsch 1973 verhaftet, 1975 Ausweisung nach Rumänien, 1981 erneut aus Chile ausgewiesen 531

Carstens, Karl (1914–1992), 1955 Eintritt in die CDU, 1960–1966 StS im Auswärtigen Amt, 1966–1967 im Bundesministerium der Verteidigung, 1968–1969 StS im Bundeskanzleramt, 1972–1979 MdB (CDU), 1973–1976 Vorsitzender der CDU/CSU-Bundestagsfraktion, 1976–1979 Bundestagspräsident, 1979–1984 Bundespräsident 107 f., 110, 230, 565, 567

Castro Ruz, Fidel (geb. 1927), kubanischer Revolutionär und Politiker, seit 1959 Ministerpräsident, seit 1976 auch Staatsratsvorsitzender Kubas 174

Chalfont, Lord (eigentlich: **Alun Arthur Gwynne Jones**) (geb. 1919), britischer Politiker, 1964–1967 und 1969–1970 Minister für Abrüstungsfragen, 1967–1969 Leiter der Verhandlungen über einen Beitritt Großbritanniens zur EG, 1974 Austritt aus der Labour Party 121, 567

Chiang Kai-shek (1887–1975), chinesischer Offizier und Politiker, ab 1928 Vorsitzender der Zentralregierung in Nanjing, 1950–1975 Präsident der Republik China (Taiwan) 579

Chirac, Jacques (geb. 1932), französischer Politiker, 1974–1975 Generalsekretär der Union des Démocrates pour la République, 1974–1976 und 1986–1988 Premierminister, 1976–1995 Vorsitzender der Rassemblement pour la République, seit 1995 Präsident der Französischen Republik 494, 607

Chnoupek, Bohuslav (1925–2004), tschechoslowakischer Politiker, 1970–1971 Botschafter in der UdSSR, 1971–1988 Außenminister 586

Chou En-lai (1898–1976), chinesischer Politiker, seit 1927 Mitglied des Zentralkomitees, seit 1928 Mitglied des Politbüros der Kommunistischen Partei Chinas, 1949–1976 Ministerpräsident, bis 1958 zugleich Außenminister 400, 560, 594 f.

Chruschtschow, Nikita Sergejewitsch (1894–1971), sowjetischer Politiker, 1934–1966 Vollmitglied des ZK der KPdSU, 1939–1964 Mitglied des Politbüros, 1949 Sekretär des ZK der KPdSU, 1953–1964 Erster Sekretär des ZK der KPdSU, 1958–1964 Ministerpräsident 169, 183, 213, 560

Couve de Murville, Maurice (1907–1999), französischer Diplomat und Politiker, 1958–1968 Außenminister, 1968–1969 Ministerpräsident   23, 128, 140, 551, 553

Cyrankiewicz, Józef (1911–1989), polnischer Politiker, 1947–1952 und 1954–1970 Ministerpräsident, 1948–1971 Mitglied des Politbüros, 1948–1975 Mitglied des ZK der PVAP, 1970–1972 Vorsitzender des Staatsrats   57, 235, 348 f., 351 f., 568, 573

Dahrendorf, Ralf (geb. 1929), Professor für Soziologie, 1947 Beitritt zur SPD, 1967 Wechsel zur FDP, 1968–1969 MdL (FDP) von Baden-Württemberg, 1968–1974 Mitglied des FDP-Bundesvorstandes, 1969–1970 PStS im Auswärtigen Amt, 1970–1974 Mitglied der Europäischen Kommission in verschiedenen Ressorts, 1974–1984 Rektor der London School of Economics   613

Debré, Michel (1912–1996), französischer Jurist, Literat und Politiker, 1958–1959 Justizminister, 1959–1962 Ministerpräsident, 1966–1968 Finanz- und Wirtschaftsminister, 1968–1969 Außenminister, 1969–1973 Verteidigungsminister, 1981 Kandidatur für die Präsidentschaftswahlen   159, 177, 188 f., 557, 559, 567, 574

Diehl, Günter (1916–1999), Diplomat, 1952–1956 Pressesprecher, 1966–1967 Leiter des Planungsstabes im Auswärtigen Amt, 1967–1969 Leiter des Presse- und Informationsamtes der Bundesregierung, 1970–1977 Botschafter in Indien, 1977–1981 in Japan   220, 566

Dietrich, Helmut (1921–1986), 1964–1967 Präsident der DDR-Staatsbank, 1967–1971 deren Vizepräsident, 1971–1977 Präsident der Außenhandelsbank der DDR   576

Diori, Hamani (1916–1989), 1946 Gründer der Parti Progressiste Nigérien, 1951 Generalsekretär, 1957–1958 Vizepräsident der französischen Nationalversammlung, 1959–1974 Regierungschef und Staatspräsident der Republik Niger (seit 1960 unabhängig), 1974 bei einem Militärputsch gestürzt, 1974–1980 inhaftiert   194, 561

Djilas, Milovan (1911–1995), jugoslawischer Politiker (Kommunist) und Schriftsteller, bis 1954 Mitglied des Politbüros, 1955–1961 und 1962–1966 inhaftiert   492, 606

Dobrynin, Anatolji Federovič (geb. 1919), sowjetischer Diplomat und Politiker, 1961–1986 Botschafter in den USA, 1971–1988 Mitglied des ZK der KPdSU, 1986–1988 Sekretär des ZK und Leiter der Abteilung für Internationale Beziehungen   361, 528

Dönhoff, Marion Gräfin (1909–2002), Publizistin und Journalistin, ab 1961 stellv., 1968–1972 Chefredakteurin und 1972–2002 Mitherausgeberin der Wochenzeitung *Die Zeit*, 1971 Friedenspreis des Deutschen Buchhandels   57, 97, 345 ff., 586 f.

Döpfner, Julius (1913–1976), katholischer Theologe, Kardinal, 1961–1976 Erzbischof von München-Freising   609

Dreckman, Kurt, chilenischer Rechtsanwalt und Politiker (Radikale Partei), nach dem Militärputsch 1973 verhaftet   531

Dubček, Alexander (1921–1992), tschechoslowakischer Politiker, ab 1958 Mitglied, 1968 Erster Sekretär des ZK der KPČ, Entmachtung nach dem Einmarsch der Truppen des Warschauer Paktes im August 1968, bis 1970 Verlust aller Ämter, im November 1989 rehabilitiert, 1989–1992 Präsident des Bundesparlaments   30, 172, 179 f., 182, 187, 195, 214, 216, 557, 560

Duckwitz, Georg Ferdinand (1904–1973), Diplomat, 1958–1961 Leiter der Ostabteilung des Auswärtigen Amtes, 1961–1965 Botschafter in Indien, 1967–1970 Staatssekretär im Auswärtigen Amt   56, 61, 217, 305, 563 ff., 568, 573

Eban, Abba (1915–2002), israelischer Politiker, Diplomat und Schriftsteller, 1949–1959 ständiger UN-Botschafter Israels, 1950–1959 Botschafter in Washington, 1959–1963 zunächst Minister ohne Portefeuille, dann Erziehungsminister, 1963–1966 stellv. Ministerpräsident, 1966–1974 Außenminister   485

Eden, Sir Robert Anthony, Earl of Avon (1897–1977), konservativer britischer Politiker, 1935–1938, 1940–1945 und 1951–1955 Außenminister, 1940 auch Kriegsminister, 1955–1957 Premierminister   581

Ehmke, Horst (geb. 1927), Jurist und Politiker, 1969 Bundesminister der Justiz, 1969–1972 Bundesminister für besondere Aufgaben und Chef des Bundeskanzleramtes, 1972–1974 Bundesminister für Forschung, Technologie und das Post- und Fernmeldewesen, 1969–1994 MdB (SPD)   67, 90, 92, 284, 286, 314, 545, 576

Ehrenburg, Ilja Grigorjewitsch (1891–1967), sowjetrussischer Schriftsteller und Publizist   184

Einstein, Albert (1879–1955), Physiker, 1909–1913 Professor in Zürich und Prag, 1914–1933 Leiter des Kaiser-Wilhelm-Instituts für Physik in Berlin und ordentliches Mitglied der Preußischen Akademie der Wissenschaften, 1921 Nobelpreis für Physik, seit 1933 in den USA, Professor in Princeton   184 f.

Enríquez Froden, Edgardo (1912–1996), chilenischer Politiker (Radikale Partei), 1973 Erziehungsminister, nach dem Militärputsch 1973 verhaftet, 1974 nach Mexiko ausgewiesen   531

Erhard, Ludwig (1897–1977), Nationalökonom und Politiker, 1949–1977 MdB (CDU), 1949–1963 Bundesminister für Wirtschaft, 1957–1963 Vizekanzler, 1963–1966 Bundeskanzler, 1966–1967 Bundesvorsitzender der CDU   15 f., 18, 20, 29, 411

Ertl, Josef (1925–2000), 1952 Eintritt in die FDP, 1961–1987 MdB (FDP), 1969–1983 Bundesminister für Ernährung, Landwirtschaft und Forsten, 1971–1983 Landesvorsitzender der FDP in Bayern   42

Eyskens, Gaston (1905–1988), belgischer Politiker, 1949–1950, 1958–1961 und 1968–1972 Regierungschef   435 f., 599

Falin, Valentin Michailowitsch (geb. 1926), sowjetischer Diplomat und Politiker, 1971–1978 sowjetischer Botschafter in Bonn, 1978–1983 stellv. Leiter der Abteilung für internationale Information beim ZK der KPdSU, 1988 Leiter der Internationalen Abteilung beim ZK der KPdSU, 1989 Vollmitglied des ZK der KPdSU, 1991 Betätigungsverbot und Ausreise nach Deutschland   60, 320, 389, 458

Foster, William C. (1897–1984), amerikanischer Politiker, 1946–1948 Unterstaatssekretär im US-Handelsministerium, 1951–1953 stellv. Verteidigungsminister, 1961–1969 Leiter des Amtes für Abrüstung und Rüstungskontrolle 118 f., 121, 549 f.

Frank, Paul (geb. 1918), Diplomat, 1970–1973 Staatssekretär des Auswärtigen Amtes 326

Franke, Egon (1913–1995), Politiker, 1945 Mitbegründer der Nachkriegs-SPD in Hannover, 1947–1952 und 1958–1973 Mitglied des SPD-PV, 1951–1987 MdB (SPD), 1964–1973 Mitglied des SPD-Präsidiums, 1969–1982 Bundesminister für Innerdeutsche Beziehungen 42, 281 f.

Gandhi, Mahatma (1869–1948), indischer Politiker, geistiger Führer der Allindischen Kongresspartei, Verfechter des Prinzips der Gewaltlosigkeit durch passiven Widerstand, 1948 Ermordung 504, 607

Gandhi, Shrimati Indira (1917–1984), indische Politikerin, 1966–1977 und 1980–1984 Premierministerin, 1984 Ermordung 366, 590

Garton Ash, Timothy (geb. 1955), britischer Historiker und Publizist, 1984–1986 Europakorrespondent der *Times*, seit 1990 Inhaber des Lehrstuhls für zeitgenössische Geschichte am St. Antonys College Oxford 18

Gaulle, Charles de (1890–1970), französischer General und Politiker, 1944–1945 Chef der „Provisorischen Regierung der Republik Frankreich", 1945–1946 und 1958 Ministerpräsident, 1958–1969 Staatspräsident 23 f., 114, 215, 228–233, 322, 340, 411, 415, 417, 421, 562, 567, 574, 601

Gaus, Günter (1929–2004), Journalist und Politiker, 1969–1973 Chefredakteur des Nachrichtenmagazins *Der Spiegel*, 1973–1981 StS und 1974–1981 Leiter der Ständigen Vertretung der Bundesrepublik in der DDR, 1981 Wirtschaftssenator in Berlin, 1976–2002 Mitglied der SPD 526 f., 610 f.

Genscher, Hans-Dietrich (geb. 1927), Politiker, 1965–1998 MdB (FDP), 1969–1974 Bundesminister des Innern, 1974–1985 Bundesvorsitzender der FDP, 1974 bis September 1982 und Oktober 1982 bis April 1992 Bundesminister des Auswärtigen 42, 311

Gierek, Edward (1913–2001), polnischer Politiker, 1954–1980 Mitglied des ZK der PVAP, 1956 und 1959–1980 Mitglied des Politbüros, 1970–1980 Erster ZK-Sekretär, 1979 Erster Vorsitzender des ZK, September 1980 von allen Ämtern entbunden, 1981 Ausschluss aus der Partei, 1981–1983 in Haft 374, 392, 588

Gomułka, Władysław (1905–1982), polnischer Politiker, 1942 Erster Sekretär der (illegalen) Polnischen Arbeiterpartei, Mitglied des ZK, 1943–1948 Generalsekretär, 1948 auf Betreiben Stalins aller Ämter enthoben, 1951–1955 inhaftiert, 1956 rehabilitiert, 1956–1970 Erster Sekretär der Polnischen Vereinigten Arbeiterpartei, Rücktritt nach den Arbeiterunruhen Ende 1970 33, 43, 124, 235, 245, 305, 348, 352, 374, 561 f., 568, 571, 579, 587 f.

Gorbatschow, Michail Sergejewitsch (geb. 1931), sowjetischer Politiker, 1971–1991 Mitglied des ZK, ab 1978 ZK-Sekretär, ab 1980 Mitglied des Politbüros, 1985–1991 Generalsekretär der KPdSU, 1988–1990 Vorsitzender des Präsidiums des Obersten Sowjets (Staatsoberhaupt), 1990–1991 Staatspräsident der Sowjetunion 73

Grass, Günter (geb. 1927), Schriftsteller, Bildhauer, Grafiker, Mitglied der „Gruppe 47", Begründer und Mitglied der SWI, 1965–1972 Beteiligung an SPD-Wahlkämpfen, 1982–1993 Mitglied der SPD, 1999 Literaturnobelpreis 493, 547, 607

Gromyko, Andrej Andrejewitsch (1909–1989), sowjetischer Politiker und Diplomat, 1957–1985 Außenminister, 1973–1988 Vollmitglied des Politbüros der KPdSU, 1985–1988 Staatsoberhaupt der UdSSR 26, 30 f., 47 f., 50 f., 53, 74, 77, 215, 218 f., 274, 318, 320–325, 389, 391, 394, 407, 459, 528, 556, 563 ff., 573 f., 576, 579, 582, 592, 594 f., 611

Guttenberg, Karl Theodor Freiherr von und zu (1921–1972), 1957–1972 MdB (CSU), 1961–1972 Mitglied des CSU-Landesvorstandes, 1967–1969 PStS im Bundeskanzleramt 230, 565, 567

Hahn, Karl (1901–1982), 1953–1969 MdB (CDU) 176

Haile Selassi I., urspr. Ras (Fürst) **Tafari Makonnen** (1892–1975), 1916–1930 Regent unter Kaiserin Zauditu, Kaiser (Negus) von Äthiopien 1930–1974, 1936–1941 Exil in Großbritannien 194, 561

Hájek, Jiří (1913–1993), tschechoslowakischer Politiker und Bürgerrechtler, April-September 1968 Außenminister, 1970 Ausschluss aus der KPČ, 1973 Zwangspensionierung, 1977 Mitglied und einer der Sprecher der Bürgerrechtsgruppe Charta 77, 1981 und 1989 kurzzeitig in Haft 167

Hallstein, Walter (1901–1982), 1950–1951 StS im Bundeskanzleramt und 1951–1957 im Auswärtigen Amt, 1958–1967 Präsident der EWG-Kommission, 1969–1972 MdB (CDU) 231, 567

Harmel, Pierre (geb. 1911), belgischer Rechtswissenschaftler und Politiker, 1965–1966 Ministerpräsident, 1966–1973 Außenminister, ab 1971 Mitglied des Senats (Christlich-Soziale Volkspartei) und 1973–1977 dessen Präsident 564, 595

Harriman, W. Averell (1891–1986), amerikanischer Unternehmer und Diplomat, 1943–1945 Botschafter in Moskau, 1946 in London, 1946–1951 Handelsminister, 1955–1958 Gouverneur des Staates New York, 1961–1965 Unterstaatssekretär für Fernostfragen, später für politische Angelegenheiten im State Department, 1965–1968 Vietnam-Unterhändler 209

Hartman, Arthur Adair (geb. 1926), US-Diplomat, 1973–1977 Assistant Secretary for European Affairs, 1977–1981 Botschafter in Frankreich, anschließend Botschafter in der Sowjetunion 533, 612

Hartmann, Eggert (geb. 1941), seit Mai 1970 Konferenzdolmetscher im Sprachendienst im AA 392, 592, 594

Hassel, Kai-Uwe von (1913–1997), 1953–1954 und 1965–1980 MdB (CDU), 1954–1963 Ministerpräsident von Schleswig-Holstein, 1956–1964 stellv. Vorsitzender der CDU, 1963–1966 Bundesverteidigungsminister, 1966–1969 Bundesminister für Vertriebene, 1969–1972 Bundestagspräsident 451 f.

Heath, Edward (geb. 1916), britischer Politiker, 1965–1975 Führer der Konservativen Partei, 1970–1974 Premierminister, 1977–1980 Mitglied der Unabhängigen Kommission für Internationale Entwicklungsfragen (Nord-Süd-Kommission) 61, 69, 259, 289, 353, 362, 370, 407, 420, 583 f., 587 ff., 597, 605

Heimpel, Hermann (1901–1988), Historiker, Professor für Geschichte in Freiburg, Leipzig, Straßburg und Göttingen, dort 1953–1954 Rektor 255, 572

Heinemann, Gustav (1899–1976), Politiker, 1946–1952 Mitglied der CDU, 1949–1950 Bundesminister des Innern, 1952 Austritt aus der CDU, 1952–1957 Gründer und Vorsitzender der GVP, 1957 Eintritt in die SPD, 1957–1969 MdB (SPD), 1966–1969 Bundesminister der Justiz, 1969–1974 Bundespräsident 36, 53, 83, 238, 251, 442, 459, 539, 565, 570, 572 f., 578, 600

Hesselbach, Walter (1915–1993), Gewerkschaftsmanager, Mitglied der SPD, 1961–1977 Vorstandsvorsitzender der gewerkschaftseigenen Bank für Gemeinwirtschaft AG 285

Hillenbrand, Martin J. (geb. 1915), amerikanischer Diplomat, 1963–1967 Gesandter der amerikanischen Botschaft in Bonn, 1967–1969 Botschafter in Ungarn, 1969–1972 Leiter der Europa-Abteilung des State Department, 1972–1976 Botschafter in Bonn 437, 529, 599

Hitler, Adolf (1889–1945), 1933–1945 Reichskanzler, „Führer" der NSDAP 56, 87, 198, 236, 248, 327, 340, 373, 391, 601

Holyoake, Keith (1904–1983), neuseeländischer Politiker, 1947 stellv. Ministerpräsident und Landwirtschaftsminister, 1960–1972 Ministerpräsident, zugleich Außenminister und Minister für Gesetzgebungsfragen, 1977–1980 Generalgouverneur 363, 590

Honecker, Erich (1912–1994), 1930 Eintritt in die KPD, 1946–1989 Mitglied des PV bzw. ZK der SED, 1958–1989 Mitglied des SED-Politbüros, 1949–1989 Mitglied der Volkskammer, 1971–1989 Erster Sekretär bzw. Generalsekretär des ZK der SED, 1976–1989 DDR-Staatsratsvorsitzender 62, 75, 86, 392, 545, 594, 608 ff.

Ho Tschi Minh (1890–1969), vietnamesischer Politiker, gründete 1930 die KP Indochinas im Exil, 1931–1933 inhaftiert, 1941 Gründer der „Front für den Kampf um die Unabhängigkeit Vietnams" (Viet Minh), 1946–1969 Führer der kommunistischen vietnamesischen Arbeiterpartei, nach der Teilung Vietnams (Genfer Indochinakonferenz 1954) Ministerpräsident (1954–1955) und Staatspräsident Nordvietnams (1954–1969) 174

Humphrey, Hubert H. (1911–1978), amerikanischer Politiker (Demokrat), 1948-1964 und 1971–1978 Senator, 1965–1969 Vizepräsident der USA 548

Hupka, Herbert (geb. 1915), 1954–1968 stellv., dann bis 2000 Bundesvorsitzender der schlesischen Landsmannschaft, 1955–1972 Mitglied der SPD, dann der CDU, 1969–1987 MdB (SPD, 1972 erst fraktionslos, danach CDU), 1969–1972 Vorsitzender der Arbeitsgruppe der SPD-Bundestagsfraktion für Heimatvertriebene und Flüchtlinge, 1973–1995 Mitglied des Rundfunkrats der Deutschen Welle 64

Husák, Gustav (1913–1991), tschechoslowakischer Politiker, Mitglied der Kommunistischen Partei, 1951–1960 inhaftiert, 1968 stellvertretender Ministerpräsident, nach der sowjetischen Invasion im August 1968 Sekretär der slowakischen Kommunistischen Partei, 1969–1987 Parteichef (Erster Sekretär, ab 1971 Generalsekretär) der tschechoslowakischen KP, seit 1975 Staatspräsident der ČSSR, 1989 Rücktritt, 1990 Ausschluss aus der KPČ   76, 86, 390, 466, 603

Jackling, Sir Roger (1913–1986), britischer Diplomat, 1963–1967 Gesandter und stellv. Ständiger Vertreter Großbritanniens bei der UNO in New York, 1968–1972 Botschafter in Bonn   279, 288, 369, 397 f., 576, 591, 594

Jackson, Henry M. (1912–1983), amerikanischer Politiker, Demokrat, 1953–1983 Senator, 1960–1961 Vorsitzender des Nationalkomitees der Demokraten   471, 604

Jahn, Gerhard (1927–1998), 1957–1990 MdB (SPD), 1961–1963, 1965–1967 sowie 1974–1990 Parlament. Geschäftsführer der SPD-Fraktion, 1967–1969 PStS im Auswärtigen Amt, 1969–1974 Bundesminister der Justiz   313, 564

Jaroszewicz, Piotr (1909–1992), polnischer Politiker, ab 1944 Mitglied der KP, ab 1948 Mitglied des ZK, ab 1970 des Politbüros der PVAP, ab 1952 stellv. Ministerpräsident, 1954–1956 Minister für Bergbau, 1970–1980 Ministerpräsident   588

Jędrychowski, Stefan (geb. 1910), polnischer Politiker, 1952–1957 stellv. Ministerpräsident, 1956–1971 Mitglied des Politbüros der PVAP, 1968–1971 Außenminister, 1971–1974 Finanzminister   568, 587

Johnson, Lyndon B. (1908–1973), amerikanischer Politiker (Demokratische Partei), 1949–1961 Senator, 1953–1961 Fraktionsführer im Senat, 1961–1963 Vizepräsident, 1963–1969 36. Präsident der USA   25, 121, 140, 174, 208, 230, 548, 550, 559, 563 f.

Jörgensen, Anker (geb. 1922), dänischer Politiker (Sozialdemokrat) und Gewerkschaftsfunktionär, 1972–1973 und 1975–1982 Ministerpräsident   600

Kaiser, Jakob (1888–1961), 1945 Mitbegründer der CDU in Berlin, 1945–1947 Vorsitzender der CDU in der SBZ, 1947 von der SMAD seines Amtes enthoben, Übersiedlung nach Westdeutschland, 1948–1949 MdPR, 1949–1957 MdB und Bundesminister für Gesamtdeutsche Fragen, 1949–1958 Vorsitzender der CDU-Sozialausschüsse, 1950–1958 stellv. Vorsitzender der Exil-CDU, 1958–1961 Ehrenvorsitzender der CDU   181

Kekkonen, Urho Kaleva (1900–1986), finnischer Politiker (Zentrumspartei), 1950–1953 Ministerpräsident, zeitweise auch Außenminister, 1956–1981 Staatspräsident   593

Kennedy, John Fitzgerald (1917–1963), amerikanischer Politiker (Demokratische Partei), 1953–1961 Senator von Massachusetts, 1961–1963 35. Präsident der USA   25, 213, 360, 479, 577, 589, 605

Kieseritzky, Wolther von (geb. 1960), Historiker und Publizist, Bearbeiter von Band 7 der Berliner Ausgabe   64

Kiesinger, Kurt Georg (1904–1988), 1933–1945 Mitglied der NSDAP, 1943–1945 stellv. Leiter der Rundfunkabteilung des Auswärtigen Amtes, 1948 Eintritt in die CDU, 1949–1958 und 1969–1980 MdB (CDU), 1954–1958 Vorsitzender des Bundestagsausschusses für auswärtige Angelegenheiten, 1958–1966 baden-württembergischer Ministerpräsident, 1966–1969 Bundeskanzler, 1967–1971 CDU-Bundesvorsitzender, 1971–1988 CDU-Ehrenvorsitzender 16, 18, 20 f., 27 f., 32–35, 37 ff., 51, 93 ff., 109, 119, 122, 125, 132, 135, 141 ff., 147, 151 f., 159, 165, 168 ff., 172 f., 176 ff., 182, 190, 198, 200, 217, 224, 227, 231, 237, 416, 541, 549, 551–568, 570, 574

Kissinger, Henry A. (geb. 1923), amerikanischer Politiker und Historiker, 1938 Emigration aus Deutschland, 1969–1975 Sicherheitsberater Präsident Nixons, 1973–1975 Außenminister 26, 43 f., 46, 61, 70 f., 77, 79, 87, 90, 374, 416, 418, 460, 468, 470 f., 528 f., 532–535, 568 f., 584, 603 f., 606, 608 f., 612

Knieper, Werner (1909–1977), Jurist und Industriemanager, 1966–1967 Staatssekretär im Bundeskanzleramt, 1974–1976 Mitglied des Präsidiums des Bundesverbandes der Deutschen Industrie, 1973–1976 Präsident des Bundesverbandes der Deutschen Luft- und Raumfahrtindustrie e.V. 553

Kohl, Michael (1929–1981), DDR-Diplomat, ab 1961 im Außenministerium, 1965–1973 Staatssekretär beim Ministerrat, 1970–1973 Chefunterhändler der DDR in den Verhandlungen mit der Bundesregierung um das Transit- und Verkehrsabkommen und den Grundlagenvertrag, 1974–1978 Leiter der Ständigen Vertretung der DDR in Bonn 62 f., 281 f., 286, 314, 575, 601

Kohrt, Günter (1912–1982), 1966–1973 Staatssekretär und 1. Stellvertreter Minister im Ministerium für Auswärtige Angelegenheiten der DDR 281, 575

Kossygin, Alexej N. (1904–1980), sowjetischer Politiker, 1948–1952 und 1960–1980 Mitglied des Politbüros der KPdSU, 1964–1980 Vorsitzender des Ministerrats der UdSSR 97, 106, 124 f., 174, 320 f., 323 ff., 328 f., 331, 353, 376, 400, 550 f., 559, 582 ff., 587 f., 594

Krag, Jens Otto (1914–1978), dänischer Politiker (Sozialdemokrat), 1958–1962 Außenminister, 1962–1968 Ministerpräsident 125, 550

Lahr, Rolf (1908–1985), Diplomat, 1957 Delegationsleiter bei den deutsch-sowjetischen Verhandlungen über ein Handels- und Konsularabkommen, 1961–1969 Staatssekretär im Auswärtigen Amt, 1969–1973 Botschafter in Rom 550

Laird, Melvin R. (geb. 1922), amerikanischer Politiker (Republikaner), 1969–1973 Verteidigungsminister, 1973–1974 innenpolitischer Berater Präsident Nixons 361, 591

Lapie, Pierre Olivier (1901–1994), französischer Politiker, 1959–1967 französischer Vertreter in der Hohen Behörde der Europäischen Gemeinschaft für Kohle und Stahl, 1968–1978 Beauftragter für die Zusammenarbeit zwischen Frankreich und der Bundesrepublik Deutschland 573

Lemmer, Ernst (1898–1970), 1945 Mitbegründer der CDU in Berlin, 1945–1947 2. Vorsitzender der CDU in der SBZ, 1949 Übersiedlung nach West-Berlin, 1950–1956 Mitglied und CDU-Fraktionsvorsitzender im Berliner Abgeordnetenhaus, 1952–1970 MdB (CDU),

1956–1961 CDU-Landesvorsitzender Berlin, 1956–1957 Bundesminister für das Post- und Fernmeldewesen, 1957–1962 Bundesminister für Gesamtdeutsche Fragen, 1961–1970 Vorsitzender der Exil-CDU, 1963–1964 stellv. Vorsitzender der CDU/CSU-Bundestagsfraktion, 1964–1965 Bundesminister für Vertriebene, 1965–1969 Sonderbeauftragter des Bundeskanzlers für Berlin 181

Lenin, Wladimir Iljitsch (1870–1924), russischer Politiker, Gründer und Vorsitzender der KPdSU, 1917–1924 Vorsitzender des Rats der Volkskommissare (Regierungschef) 491

Leussink, Hans (geb. 1912), 1954–1969 Professor für Bauwesen an der TH Karlsruhe, 1958–1961 Rektor der TH Karlsruhe, 1960–1962 Präsident der Westdeutschen Rektorenkonferenz, 1965–1969 Präsident des Wissenschaftsrates, 1969–1972 Bundesminister für Bildung und Wissenschaft 336, 585

Löwenthal, Richard (1908–1991), unter dem Decknamen „Paul Sering" Mitglied der sozialistischen Widerstandsgruppe *Neu Beginnen*, 1935–1949 Exil in Prag, Paris und England, 1949–1955 Korrespondent der Londoner Nachrichtenagentur *Reuters* und 1954–1958 Korrespondent des *Observer* in Westdeutschland, 1961–1975 Professor für Politikwissenschaft und Geschichte und Theorie der Auswärtigen Politik am Otto-Suhr-Institut der Freien Universität Berlin, 1971 Mitbegründer des „Bund Freiheit der Wissenschaft", Berater der SPD 26

Lübke, Heinrich (1894–1972), 1947–1952 Minister für Ernährung, Landwirtschaft und Forsten in Nordrhein-Westfalen, 1949–1950 und 1953–1959 MdB (CDU), 1953–1959 Bundesminister für Ernährung, Landwirtschaft und Forsten, 1959–1969 Bundespräsident 36, 146, 222, 554, 566

Malenkow, Georgij M. (1902–1988), sowjetischer Politiker, 1939–1953 Sekretär des ZK, 1946–1952 Mitglied des Politbüros, 1952–1957 des Präsidiums der KPdSU, 1946–1953 Stellvertretender Ministerpräsident, 1953–1955 Ministerpräsident, dann Minister für Energiewirtschaft, 1957 aller Ämter enthoben, 1961 aus der KPdSU ausgeschlossen 492, 606

Mann, Golo (1909–1994), Historiker, 1960–1964 Professor für wissenschaftliche Politik an der Technischen Hochschule Stuttgart, ab 1964 freier Publizist und Fernsehmoderator 87

Mansfield, Mike (1903–2001), amerikanischer Politiker (Demokrat) und Diplomat, 1952–1976 Senator, 1977–1988 Botschafter in Tokio 308, 364, 590

Marshall, George C. (1880–1959), amerikanischer General und Politiker, 1947–1949 Außenminister, leitete die Stärkung der wirtschaftlichen und politischen Widerstandskraft der westeuropäischen Staaten ein („Marshallplan") 367

McCloy, John Jay (1895–1989), US-amerikanischer Jurist und Politiker, 1945 Leiter der Civil Affairs Division der amerikanischen Militärregierung in Deutschland, 1947–1949 Präsident der Weltbank, 1949–1952 Hoher Kommissar und Militärgouverneur in Deutschland, 1953–1965 Vorsitzender des Aufsichtsrates der Ford Foundation, 1961–

1974 Vorsitzender des Beraterausschusses für Abrüstungsfragen des US-Präsidenten 98, 356–359, 578, 588

McGhee, George (geb. 1912), 1961–1963 Staatssekretär für politische Angelegenheiten im US-amerikanischen Außenministerium, 1963–1968 Botschafter der USA in Bonn, 1968–1969 Sonderbotschafter im US-Außenministerium, ab 1969 in der Privatwirtschaft tätig 26, 111, 119, 548 f.

McNamara, Robert S. (geb. 1916), amerikanischer Politiker (Demokrat), 1960–1961 Präsident der Ford Motor Co., 1961–1968 Verteidigungsminister, 1968–1981 Präsident der Weltbank 548

Medici, Giuseppe (1907–2000), italienischer Politiker (Christdemokrat), 1968 und 1972–1973 Außenminister 159, 176

Meir, Golda (1898–1978), israelische Politikerin, 1921 Auswanderung aus den USA nach Palästina, 1949–1974 Mitglied der Knesset, 1966–1968 Generalsekretärin der Arbeiterpartei *Mapai*, 1969–1974 israelische Ministerpräsidentin 79, 483 ff., 600

Mende, Erich (1916–1998), 1945–1970 Mitglied der FDP, danach der CDU, 1949–1980 MdB (FDP, ab 1970 CDU), 1957–1963 Vorsitzender der FDP-Bundestagsfraktion, 1960–1968 FDP-Bundesvorsitzender, 1963–1966 Bundesminister für Gesamtdeutsche Fragen und Vizekanzler 39

Merten, Nikolaus (1929–2000), 1965–1973 Tätigkeit im Sprachendienst des Auswärtigen Amtes in Bonn, dort ab August 1970 Vortragender Legationsrat 573

Metternich, Klemens Wenzel Lothar Fürst von (1773–1859), österreichischer Diplomat und Politiker, 1810–1848 Staatskanzler 373, 592

Meyer, Ernst (1908–1972), 1952–1972 Vorstandsmitglied der Allianz-Versicherung, 1966–1972 ehrenamtlicher Vorsitzender des Gesamtverbandes der deutschen Versicherungswirtschaft 96, 98, 278

Miki, Takeo (1907–1988), japanischer Politiker (Liberaldemokrat), 1965–1966 Außenhandels- und Industrieminister, 1966–1968 Außenminister, 1972–1974 Minister ohne Geschäftsbereich, 1974–1976 Premierminister 192

Miranda Ramirez, Hugo (geb. 1921), chilenischer Politiker (Radikale Partei), 1965–1973 Mitglied des chilenischen Senats, nach dem Militärputsch 1973 verhaftet, 1975 nach Venezuela ausgewiesen, anschließend Exil in Mexiko, 1990 chilenischer Botschafter in Mexiko 530

Mirbach, Dietrich Freiherr von (1907–1977), Diplomat, 1959–1963 Botschafter in Djakarta, 1965–1970 in Neu Delhi, 1970–1972 in Ottawa 113, 548

Mischnick, Wolfgang (1921–2002), 1954–1991 Mitglied des FPD-Bundesvorstandes, 1957–1994 MdB (FDP), 1961–1963 Bundesminister für Vertriebene, Flüchtlinge und Kriegsgeschädigte, 1963–1968 stellv., 1968–1990 Vorsitzender der FDP-Bundestagsfraktion, 1964–1988 stellv. FDP-Bundesvorsitzender 609

Mitterrand, François (1916–1996), französischer Politiker, 1946–1981 Mitglied der französischen Nationalversammlung, 1965, 1974 und 1981 Kandidat für die französische Präsidentschaft, 1965–1968 Vorsitzender der linken Sammlungspartei „Fédération de la gauche démocrate et socialiste", 1971–1981 Erster Sekretär der neuen Sozialistischen Partei, 1981–1995 französischer Staatspräsident   444, 600

Möller, Alex (1903–1985), 1945–1969 Vorstandsvorsitzender der Karlsruher Lebensversicherung, 1946 Eintritt in die SPD, 1961–1979 MdB (SPD), 1964–1969 und 1972–1976 stellv. Vorsitzender der SPD-Bundestagsfraktion, 1969–1971 Bundesminister der Finanzen, 1973–1979 Vorsitzender der Kontrollkommission der SPD   42

Mommsen, Ernst-Wolf (1910–1979), Jurist und Industrieller, 1965–1970 Vorstandsvorsitzender und Generaldirektor der Thyssen-Röhrenwerke AG, 1970–1972 StS im Verteidigungsministerium, später im Wirtschaftsministerium, 1973–1975 Vorstandsvorsitzender der Fried. Krupp GmbH in Essen   475

Monnet, Jean (1888–1979), französischer Politiker, 1919–1923 stellv. Generalsekretär des Völkerbundes, 1950–1952 Präsident der Pariser Schuman-Plan-Konferenz, 1952–1955 Präsident der Hohen Behörde der Montanunion, 1955 Gründer des „Aktionskomitees für die Vereinigten Staaten von Europa"   496

Montan, Nils (geb. 1916), 1967–1972 schwedischer Botschafter in Bonn   565

Morales Abarzua, Carlos (1919–1988), chilenischer Politiker, 1957–1973 Abgeordneter, 1969–1972 Vorsitzender der Radikalen Partei, 1973–1975 inhaftiert, anschließend Exil in Mexico   530

Muñoz Schultz, Miguel (geb. ca. 1933), chilenischer Politiker (Radikale Partei), nach dem Militärputsch 1973 verhaftet   531

Myrdal, Alva (1902–1986), geb. Reimer, schwedische Sozialwissenschaftlerin, 1956–1961 schwedische Botschafterin in Indien, Burma und Ceylon, 1964–1966 Ehrenvorsitzende des Schwedischen Instituts für Friedensforschung, 1966–1973 schwedische Ministerin für Abrüstungsfragen und (ab 1969) für kirchliche Angelegenheiten   121, 550

Nagy, Imre (1903–1958), ungarischer Politiker, 1930–1944 Aufenthalt in der UdSSR, 1953–1955 und 1956 Ministerpräsident, 1956 nach Niederschlagung des ungarischen Aufstands nach Rumänien verschleppt, 1958 in Ungarn zum Tode verurteilt, 1989 rehabilitiert   557

Nier, Kurt (geb. 1927), Diplomat und Politiker der DDR, 1946 Eintritt in die SED, 1973–1989 stellv. DDR-Außenminister   527, 611

Nietzsche, Friedrich (1844–1900), deutscher Philosoph   130

Nilsson, Torsten (1905–1997), schwedischer Politiker (Sozialdemokrat), 1962–1971 Außenminister   31, 95, 218, 565

Nitze, Paul H. (1907–2004), amerikanischer Bankier, Diplomat und Politiker (Demokrat), 1969–1973 Mitglied der US-Delegation bei den SALT-Verhandlungen, 1981–1984 Chefunterhändler der USA bei den INF-Verhandlungen mit der UdSSR   556

Nixon, Richard M. (1913–1994), amerikanischer Politiker (Republikaner), 1950–1953 Senator, 1953–1961 Vizepräsident, 1969–1974 37. Präsident der

USA 37, 43 f., 46, 48 f., 55, 60 f., 66, 69 ff., 77, 79–82, 87, 89 f., 95–102, 217, 223, 226, 236, 246, 248, 260, 279 f., 288, 291 ff., 305 ff., 330, 334 f., 344, 351–356, 359–372, 374, 382, 385, 388, 402 ff., 407, 416–419, 422 f., 437 f., 440 f., 459–462, 468, 472, 479, 482 f., 486–490, 512–516, 523 f., 528 ff., 532–538, 540, 564 ff., 568 f., 571, 573 f., 577 f., 580, 583, 588, 591, 593–597, 599, 603, 606, 608, 611 f.

Novotný, Antonín (1904–1975), tschechoslowakischer Politiker, seit 1951 Mitglied des Politbüros, seit 1953 Erster Sekretär des ZK der KPČ, seit 1957 zugleich Staatspräsident, legte 1968 beide Ämter nieder   202, 216

Paasikivi, Juho Kusti (1870–1956), finnischer Politiker (Fortschrittspartei), 1944–1946 Ministerpräsident, 1946–1956 Staatspräsident   128

Palma Fourcade, Anibal (geb. 1935), chilenischer Politiker (Radikale Partei), 1972–1973 Erziehungsminister, 1973 Wohnungsbauminister, nach dem Militärputsch 1973 verhaftet, 1974 nach Costa Rica ausgewiesen, Botschafter in Kolumbien, 2003 Planungsminister   531

Palme, Olof (1927–1986), schwedischer Politiker, 1969–1986 Vorsitzender der Sozialdemokratischen Partei Schwedens, 1969–1976 und 1982–1986 Ministerpräsident, 1986 bei einem Attentat ermordet   66, 97, 318 f., 444, 581 f., 600

Pearson, Lester B. (1897–1972), kanadischer Politiker (Liberale Partei), 1948–1957 Außenminister, 1957 Friedensnobelpreis, 1963–1968 Premierminister, 1968/69 Vorsitzender der von der Weltbank eingesetzten „Kommission für internationale Entwicklung"   570

Pétain, Philippe (1856–1951), französischer Militär und Politiker, 1940–1944 Staatschef des mit dem nationalsozialistischen Deutschland kollaborierenden Vichy-Regimes   558

Péter, János (1910–1999), ungarischer Politiker, 1961–1973 Außenminister, ab 1966 Mitglied des ZK der ungarischen KP   261, 550, 573

Pinochet, Augusto (geb. 1915), chilenischer Offizier und Politiker, 1973 Chef der Militärjunta, 1974–1990 (diktatorisch regierender) Präsident   102, 530 f., 608

Pittermann, Bruno (1905–1983), österreichischer Politiker (SPÖ), 1957 Vizekanzler, 1964–1976 Präsident der SI   444, 600

Podgornyj, Nikolaj Wiktorowitsch (1903–1983), sowjetischer Politiker, 1963–1965 Sekretär des ZK der KPdSU, 1960–1977 Mitglied des Präsidiums bzw. Politbüros des ZK der KPdSU, 1965–1977 Vorsitzender des Präsidiums des Obersten Sowjets, Staatsoberhaupt der Sowjetunion   391, 594

Poher, Alain (1909–1996), 1948–1950 Generalkommissar für die französischen Besatzungszonen in Deutschland und Österreich, 1957–1958 Staatssekretär für die Marine, 1968–1992 Präsident des französischen Senats   509

Pompidou, Georges (1911–1974), französischer Politiker (Gaullist), ab 1944 enger Mitarbeiter de Gaulles, 1958–1959 dessen Kabinettschef, 1959–1962 Mitglied des französischen Verfassungsrates, 1962–1969 Ministerpräsident, 1969–1974 französischer Staatspräsident   46, 49 f., 61, 69, 96, 259, 268–276, 289, 331, 353, 363, 370, 407, 420 ff., 432, 434 f., 437, 440 f., 471 f., 496,

539, 573 f., 576, 583 f., 587 f., 596–600, 604, 613

Quisling, Vidkun (1887–1945), norwegischer Politiker und Offizier, 1931–1933 Verteidigungsminister, 1933 Gründer der faschistischen Partei „Nasjonal Samling", 1942–1945 Ministerpräsident, wegen seiner Zusammenarbeit mit dem nationalsozialistischen Deutschland zum Tode verurteilt 172, 558

Rapacki, Adam (1909–1970), polnischer Politiker (Kommunist), 1948–1954 und 1956–1968 Mitglied des Politbüros der PVAP, 1956–1968 Außenminister, entwickelte 1957 vor den UN den Rapackiplan 124 f., 275, 348, 550, 574, 587

Rasner, Will (1920–1971), 1953–1971 MdB (CDU), 1955–1971 parlamentarischer Geschäftsführer der CDU/CSU 261

Rathenau, Walter (1867–1922), Industrieller und Politiker, 1915–1921 Präsident der Allgemeinen-Elektrizitäts-Gesellschaft, 1918 Mitbegründer der linksliberalen DDP, 1921–1922 Wiederaufbauminister, 1922 Reichsaußenminister und im gleichen Jahr von Rechtsextremisten ermordet 86

Renger, Annemarie (geb. 1919), Politikerin, 1945 Eintritt in die SPD, 1945–1952 Mitarbeiterin des SPD-Vorsitzenden Kurt Schumacher, 1953–1990 MdB (SPD), 1961–1973 Mitglied des SPD-PV, 1966–1973 Vorsitzende des Bundesfrauenausschusses der SPD, 1969–1972 Parlamentarische Geschäftsführerin der SPD-Bundestagsfraktion, 1970–1973 Mitglied des SPD-Präsidiums, 1972–1976 Bundestagspräsidentin 442, 445, 600

Rogers, William P. (1913–2001), amerikanischer Jurist und Politiker (Republikaner), 1967 Vertreter der USA bei der UN-Generalversammlung, 1968–1973 Außenminister 361, 363, 365, 374, 403, 419, 591 f., 595

Roschtschin, Alexej (geb. 1905), sowjetischer Diplomat, 1950–1952 Leiter der Abteilung für UN-Angelegenheiten, 1964 Leiter der 2. Europa-Abteilung im sowjetischen Außenministerium, 1966 Chefdelegierter bei der 18-Länder-Abrüstungskonferenz in Genf 121, 550

Roth, Hellmuth (1914–1987), ab August 1969 Leiter der Unterabteilung II B im AA in Bonn, November 1969–Oktober 1972 Beauftragter der Bundesregierung für Abrüstung und Rüstungskontrolle, ab Oktober 1972 Leiter der Unterabteilung 22 des AA 571, 591

Rovan, Joseph (1918–2004), französischer Journalist und Historiker, 1963–1970 Mitglied des Verwaltungsrats des Deutsch-Französischen Jugendwerks, 1968–1981 Professor für deutsche Geschichte und Politik an der Universität Paris-Vincennes und 1981–1986 an der Universität Paris III (Nouvelle Sorbonne) 101, 490–497, 606 f.

Ruete, Hans Hellmuth (1914–1987), Jurist und Diplomat, 1970–1972 Botschafter in Paris, 1972–1977 in Warschau, 1977–1979 in London 432, 598

Rush, Kenneth (1910–1994), amerikanischer Industrieller, Politiker und Diplomat, 1969–1972 Botschafter in Bonn, 1972–1974 stellv. Verteidigungsminister, 1974–1977 Botschafter in Paris 227, 279, 288, 368 f., 397 f., 528, 576, 591, 594

Rusk, Dean (1909–1994), amerikanischer Jurist und Politiker, 1961–1969 Außenminister 94, 119, 140, 188, 217, 548 f., 553, 556, 560, 564

Sadat, Mohammed Anwar as- (1918–1981), ägyptischer Politiker, 1970–1981 Staatspräsident, 1978 Friedensnobelpreis, 1981 bei einem Attentat ermordet 483, 605

Sahm, Ulrich (geb. 1917), Jurist und Diplomat, 1962–1966 stellv. Botschafter bei der deutschen NATO-Vertretung in Paris, 1966–1969 Leiter der Unterabteilung Ost-West-Beziehungen in der politischen Abteilung des AA, 1972–1977 Botschafter in Moskau, 1977–1979 in Ankara, 1979–1982 Leitung der Ständigen Vertretung der Bundesrepublik beim Büro der Vereinten Nationen in Genf 90, 92, 282, 286, 314

Salvo Inostroza, Camilo (geb. 1935), chilenischer Politiker (Radikale Partei), 1969–1973 Abgeordneter, nach dem Militärputsch 1973 verhaftet, danach Ausweisung nach Spanien 530

Sauvagnargues, Jean (1915–2002), französischer Diplomat, 1956–1960 Botschafter in Addis Abeba, 1962–1970 in Tunis, 1970–1974 in Bonn, 1974–1976 Außenminister, 1977 Botschafter in London 279, 369, 397 f., 591, 594

Scharf, Kurt (1892–1990), Theologe, 1961–1967 Vorsitzender des Rats der Evangelischen Kirche in Deutschland, 1966–1977 Bischof der Evangelischen Kirche in Berlin-Brandenburg, ab 1972 nur noch zuständig für Berlin (West), 1968–1975 Mitglied des Zentralausschusses des Ökumenischen Rats der Kirchen, 1980–1984 Vorsitzender der Aktion Sühnezeichen 609

Scheel, Walter (geb. 1919), seit 1946 Mitglied der FDP, 1953–1974 MdB (FDP), ab 1956 Mitglied des FDP-Bundesvorstandes, 1961–1966 Bundesminister für wirtschaftliche Zusammenarbeit, 1967–1969 Vizepräsident des Bundestages, 1968–1974 FDP-Bundesvorsitzender, 1969–1974 Bundesaußenminister und Vizekanzler, 1974–1979 Bundespräsident 39 f., 42 f., 45, 47 f., 51, 57, 63 f., 66 f., 69, 76, 82 f., 92, 195, 201, 283, 322 f., 391, 403, 408, 416, 485, 521, 524, 529, 532–535, 537, 543, 545, 554, 561 f., 572, 575, 582, 585 ff., 592, 594 ff., 607, 609, 612 f.

Schelepin, Alexander Nikolajewitsch (1918–1994), sowjetischer Politiker, ab 1940 Mitglied der KPdSU, ab 1952 Mitglied des ZK, 1964–1975 des Politbüros, 1967–1975 Vorsitzender des sowjetischen Gewerkschaftsbundes 426, 597

Schelest, Pjotr Jefimowitsch (1908–1996), sowjetischer Politiker, ab 1928 Mitglied der KPdSU, ab 1961 Mitglied des ZK, 1964–1971 des Politbüros 426, 597

Schiller, Karl (1911–1994), 1946–1972 und 1980–1994 Mitglied der SPD, 1947–1961 Professor für Wirtschaftstheorie, Wirtschaftspolitik und Außenwirtschaft an der Universität Hamburg, 1961–1965 Wirtschaftssenator in Berlin, 1965–1972 MdB (SPD), 1965–1966 stellv. Vorsitzender der SPD-Bundestagsfraktion, 1966–1971 Bundesminister für Wirtschaft, 1971–1972 Bundesminister für Wirtschaft und Finanzen 21, 40, 232, 336, 420, 568, 585, 598, 600

Schilling, Wolf-Dietrich (geb. 1936), 1967–1974 persönlicher Referent Willy Brandts, 1976–1983 deutscher Botschafter in Bangladesh und im Jemen 588, 598

Schmid, Carlo (1896–1979), 1947–1973 Mitglied des SPD-Parteivorstandes, 1949–1972 MdB (SPD), 1953 Professor für politische Wissenschaften an der Universität Frankfurt/Main, 1949–1966 und 1969–1972 Vizepräsident des Bundestages, 1957–1965 stellv. Vorsitzender der SPD-Bundestagsfraktion, 1966–1969 Bundesminister für Angelegenheiten des Bundesrates und der Länder 268

Schmidt, Hannelore (Loki) (geb. 1919), geb. Glaser, Ehefrau von Helmut Schmidt, 1940–1972 Lehrerin in Hamburg 326 f., 583

Schmidt, Helmut (geb. 1918), seit 1946 Mitglied der SPD, 1953–1962 und 1965–1987 MdB (SPD), 1958–1984 Mitglied des SPD-Parteivorstandes, 1965–1967 stellv., 1967–1969 Vorsitzender der SPD-Bundestagsfraktion, 1968–1984 stellv. Vorsitzender der SPD, 1969–1972 Bundesminister der Verteidigung, 1972 Bundesminister für Wirtschaft und Finanzen, 1972–1974 Bundesminister der Finanzen, 1974–1982 Bundeskanzler, seit 1983 Mitherausgeber der Wochenzeitung *Die Zeit*   16, 42, 57, 90, 92, 96 f., 153, 195 f., 258, 297, 315 ff., 325 ff., 441 f., 459, 529, 548, 555, 561, 563 f., 572, 574, 579 ff., 583 f., 588, 600, 602

Schröder, Gerhard (1910–1989), 1949–1980 MdB (CDU), 1953–1961 Bundesminister des Innern, 1961–1966 Bundesaußenminister, 1966–1969 Bundesminister der Verteidigung, 1967–1973 stellv. CDU-Bundesvorsitzender, 1969–1980 Vorsitzender des Auswärtigen Ausschusses des Bundestags   107 f., 110, 171, 198, 326, 548, 557, 562, 565

Schuman, Robert (1886–1963), französischer Politiker, 1946–1962 Mitglied der französischen Nationalversammlung (MRP), 1946–1947 Finanzminister, 1947–1948 Ministerpräsident, 1948–1953 Außenminister, 1955–1956 Justizminister   581

Schumann, Maurice (geb. 1911), französischer Journalist und Politiker, enger Mitarbeiter de Gaulles, Mitbegründer des „Mouvement Républicain Populaire" (MRP), 1962 Entwicklungsminister, 1966 Wissenschafts- und Forschungsminister, 1969–1973 Außenminister   276, 411, 567

Schüßler, Gerhard (geb. 1928), 1969–1972 stellv. Leiter des Büros des DDR-Ministerrates, 1972–1984 Rektor der Akademie für Staats- und Rechtswissenschaft der DDR   286, 314

Schütz, Klaus (geb. 1926), 1946 Eintritt in die SPD, 1954–1957 und 1963–1977 MdA (Berlin), 1957–1962 MdB, 1962–1966 Senator für Bundesangelegenheiten und für das Post- und Fernmeldewesen in Berlin, 1966–1967 Staatssekretär im AA, 1967–1977 Regierender Bürgermeister von Berlin, 1968–1977 Landesvorsitzender der Berliner SPD, 1977–1981 Botschafter in Israel   565

Semjonow, Wladimir S. (1911–1992), sowjetischer Diplomat und Politiker, 1949–1953 Berater der sowjetischen Kontrollkommission in der DDR, 1953–1954 Hochkommissar und Botschafter in Ost-Berlin, 1955 stellv. Außenminister, 1961–1963 Mitglied der sowjetischen UN-Delegation, 1969 Leiter der sowjetischen Delegation bei den SALT-Verhandlungen, 1978–1986 sowjetischer Botschafter in Bonn   181, 218, 565

Senghor, Léopold Sedar (1906–2001), senegalesischer Politiker und Dichter,

1946–1958 Abgeordneter in der französischen Nationalversammlung, 1960–1980 Präsident von Senegal, 1962–1970 auch Ministerpräsident   191, 194, 561

Seydoux, François (1905–1981), 1958–1962 und 1965–1970 Botschafter Frankreichs in der Bundesrepublik Deutschland   288, 576

Shultz, George P. (geb. 1920), amerikanischer Politiker, 1968–1970 Arbeitsminister, 1972–1974 Finanzminister, seit 1973 zugleich Sonderberater Präsident Nixons, 1974–1980 Industriemanager, 1982–1989 Außenminister   441, 459, 602

Sihanouk, Norodom Varman (geb. 1922), kambodschanischer Politiker, 1941–1955 König von Kambodscha, 1955–1970 Ministerpräsident, seit 1960 auch Staatsoberhaupt, 1970 gestürzt, 1975–1976 erneut Staatsoberhaupt, 1979 Exil, 1982–1988 und ab 1989 Präsident der „Provisorischen Regierung des Demokratischen Kampuchea", 1991 erneut Staatsoberhaupt, 1993–2004 kambodschanischer König   462

Šik, Ota (1919–2004), schweizerischer (seit 1983) Politiker und Wirtschaftstheoretiker tschechischer Herkunft, 1968 stellv. tschechoslowakischer Ministerpräsident, 1969 aus der KPČ ausgeschlossen, 1990 rehabilitiert   167

Smirnow, 1971 Mitarbeiter im sowjetischen Außenministerium   592, 594

Soames, Christopher (1920–1987), britischer Politiker (Konservative Partei), 1958–1960 Staatssekretär im Kriegsministerium, 1960–1964 Landwirtschaftsminister, 1968–1972 britischer Botschafter in Paris   231, 567

Sonnenfeldt, Helmut (geb. 1926), amerikanischer Diplomat, 1969–1974 Mitarbeiter des National Security Council   533, 609, 612

Sorsa, Kalevi (1930–2004), finnischer Politiker (Sozialdemokrat), 1972–1975, 1977–1979, 1982–1983 und 1983–1987 Ministerpräsident   600

Stalin, Josef Wissarianowitsch (1878–1953), 1922–1953 Generalsekretär der KPdSU, 1941–1953 Vorsitzender des Rates der Volkskommissare bzw. des sowjetischen Ministerrates   606

Stoph, Willi (1914–1999), 1950–1989 Mitglied des ZK der SED, 1953–1989 Mitglied des SED-Politbüros, 1950–1989 Mitglied der Volkskammer, 1964–1973 sowie 1976–1989 Vorsitzender des Ministerrats, 1973–1976 Vorsitzender des Staatsrates der DDR   35 f., 55 f., 96, 132, 141, 143, 202, 280–288, 294, 296 ff., 309–315, 552 f., 572, 574 ff., 579–582, 584

Strauß, Franz Josef (1915–1988), 1945 Mitbegründer der CSU, 1949–1978 und 1987 MdB (CSU), 1949–1953 und 1963–1966 stellv. Vorsitzender der CDU/CSU-Bundestagsfraktion, 1951–1961 stellv., 1961–1988 CSU-Vorsitzender, 1953–1955 Bundesminister für besondere Aufgaben, 1955–1956 Bundesminister für Atomfragen, 1956–1962 Bundesverteidigungsminister, 1966–1969 Bundesminister der Finanzen, 1978–1988 bayerischer Ministerpräsident   21, 27, 232, 286, 338, 406, 568

Stresemann, Gustav (1878–1929), 1907–1912 und 1914–1918 MdR (nationalliberal), 1918 Mitbegründer der Deutschen Volkspartei, 1923 Reichskanzler der großen Koalition, 1923–1929 Reichsaußenminister, 1926 Friedensnobelpreis (zusammen mit Aristide Briand) 109, 548

Štrougal, Lubomír (geb. 1924), tschechoslowakischer Politiker (KP), 1959–1961 Landwirtschaftsminister, 1961–1965 Innenminister, 1959–1961 und 1965–1968 Sekretär des ZK, 1970–1988 Ministerpräsident, 1990 aus der KP ausgeschlossen 586

Sule Candia, Anselmo (1934–2002), chilenischer Politiker, 1969–1973 und 1990–1998 Mitglied des Senats, 1972 Vorsitzender der Radikalen Partei, nach dem Militärputsch 1973 verhaftet, 1975 Ausweisung nach Venezuela, 1976–1986 Vizepräsident der Sozialistischen Internationale 530, 611

Suslow, Michail Andrejewitsch (1902–1982), sowjetischer Politiker, ab 1941 Mitglied, seit 1947 Sekretär des ZK der KPdSU, ab 1955 Mitglied des Präsidiums bzw. Politbüros des ZK 295, 578

Swaran Singh, Sardar (1907–1994), indischer Politiker, 1964–1966 Außenminister, 1966–1970 Verteidigungsminister, 1970–1974 Außenminister, 1974–1975 erneut Verteidigungsminister 366 f., 590

Tapia Valdes, Jorge (geb. 1935), chilenischer Politiker (Radikale Partei), 1972 Justizminister, 1972–1973 Erziehungsminister, nach dem Militärputsch 1973 verhaftet, 1975 nach Rumänien ausgewiesen 531

Teplizky (auch: **Teplisky, Teplitzky**), **Benjamin** (1932–1997), chilenischer Politiker (Radikale Partei), nach dem Militärputsch 1973 verhaftet, 1974 des Landes verwiesen, 1994–1997 Bergbauminister 531

Terechow, Wladislaw Petrowitsch (geb. 1933), sowjetischer Diplomat, 1990–1997 Botschafter in der Bundesrepublik Deutschland 594

Tito, eigentlich **Josip Broz** (1892–1980), 1938–1966 Generalsekretär, ab 1966 Präsident der KPJ, 1945–1953 Ministerpräsident, 1947/48 Bruch mit Stalin, 1953–1980 Staatspräsident Jugoslawiens 69, 79, 160, 461, 557, 603

Trotzki, Leo Dawidowitsch, eigentlich **Bronstein** (1879–1940), russischer Politiker und Revolutionär 491

Truman, Harry S. (1884–1972), amerikanischer Politiker (Demokratische Partei), 1944–1945 Vizepräsident und 1945–1953 33. Präsident der Vereinigten Staaten von Amerika 510, 608

Tulpanow, Sergej I. (1902–1984), sowjetischer Militär, 1945–1949 Chef der Informationsabteilung der SMAD 181

Ulbricht, Walter (1893–1973), 1929–1946 Mitglied des Politbüros der KPD, 1946–1973 Mitglied des Zentralsekretariats bzw. Politbüros der SED, 1946–1950 stellv. Vorsitzender der SED, 1949–1973 Mitglied der Volkskammer, 1949–1960 stellv. DDR-Ministerpräsident, 1950–1971 Generalsekretär bzw. Erster Sekretär des ZK der SED, 1960–1973 Staatsratsvorsitzender und Vorsitzender des Nationalen Verteidigungsrats der DDR 28, 35, 53, 62, 152, 160, 220, 249, 251, 271 f., 332, 336, 557, 560, 562, 566, 572 f., 578

Ullmann, Marc (Marcel) (geb. 1930), von 1967–1976 stellvertretender Chefredakteur von *L'Express* (Paris) 585

Vogel, Hans-Jochen (geb. 1926), seit 1950 Mitglied der SPD, 1960–1972 Oberbürgermeister von München, 1970–1991 Mitglied des SPD-Parteivorstandes, 1972–1977 bayrischer SPD-Landesvorsitzender, 1972–1981 und 1983–1994 MdB (SPD), 1972–1974 Bundesminister für Raumordnung, Bauwesen und Städtebau, 1974–1981 Bundesminister der Justiz, 1981 Regierender Bürgermeister von Berlin, 1983–1991 Vorsitzender der SPD-Bundestagsfraktion, 1987–1991 Vorsitzender der SPD 90

Vogel, Wolfgang (geb. 1925), Rechtsanwalt, ab 1969 Bevollmächtigter der DDR für humanitäre Fragen, 1982 Eintritt in die SED, ab 1985 Professor für Strafprozessrecht in Potsdam, 1990 Anwalt → Erich Honeckers 608, 610

Webb, James E. (1906–1992), amerikanischer Jurist und Manager, 1949–1952 Unterstaatssekretär im State Department und stellv. Außenminister, 1961–1968 Direktor der NASA 199, 562

Wehner, Herbert (1906–1990), 1927–1942 Mitglied der KPD, 1946 Eintritt in die SPD, 1949–1983 MdB (SPD), 1949–1967 Vorsitzender des Bundestagsausschusses für gesamtdeutsche Fragen, 1957–1958 und 1964–1966 stellv. Vorsitzender der SPD-Bundestagsfraktion, 1958–1973 stellv. Vorsitzender der SPD, 1966–1969 Bundesminister für gesamtdeutsche Fragen, 1969–1983 Vorsitzender der SPD-Bundestagsfraktion 16, 21, 33, 42, 75, 77 f., 101, 214, 256, 294, 516–519, 525, 564, 569, 578, 608 ff.

Weichert, Jürgen (1919–1981), 1969–1980 Leiter der Abteilung Politik und Öffentlichkeitsarbeit im BM für innerdeutsche Beziehungen 282

Wilson, James Harold (1916–1995), britischer Politiker, 1945–1983 Mitglied des Unterhauses (Labour Party), 1947–1951 Handelsminister, 1963–1976 Vorsitzender der Labour Party, 1964–1970 und 1974–1976 Premierminister 23, 50, 125, 342, 551 ff., 573, 576

Winzer, Otto (1902–1975), ab 1925 Mitglied der KPD, 1935–1945 Exil, ab 1947 Mitglied des ZK der SED, 1949–1956 Staatssekretär und Chef der Privatkanzlei des DDR-Präsidenten, 1956–1965 stellv. Minister, 1965–1975 Minister für Auswärtige Angelegenheiten der DDR 281 f.

Wischnewski, Hans-Jürgen (geb. 1922), 1946 Eintritt in die SPD, 1957–1990 MdB (SPD), 1966–1968 Bundesminister für wirtschaftliche Zusammenarbeit, 1968–1972 SPD-Bundesgeschäftsführer, 1970–1985 Mitglied des SPD-PV und des Präsidiums, 1974–1976 Staatsminister im Auswärtigen Amt, 1976–1979 und 1982 Staatsminister im Bundeskanzleramt, 1979–1982 stellv. SPD-Vorsitzender, 1980–1983 stellv. Fraktionsvorsitzender im Bundestag 311, 530 f., 580, 611 f.

Zarapkin, Semjon Konstantinowitsch (1906–1984), sowjetischer Diplomat, 1954 Leiter der Abteilung „Internationale Organisation" im sowjetischen Außenministerium, Leiter der sowjetischen Abrüstungsdelegation in Genf, 1966–1971 Botschafter in Bonn 29, 31, 170, 184, 218, 224, 227, 554, 560, 563, 565 f., 568

Sachregister

A bkommen und Verträge
- Atomteststoppabkommen, 5. August 1963 25, 117, 549
- Deutsch-französischer Freundschaftsvertrag, 22. Januar 1963 22, 104, 188, 448, 546, 601
- Deutsch-sowjetischer Handelsvertrag, 5. Juli 1972 378 f., 382, 520, 592
- Deutsch-sowjetischer Vertrag über wirtschaftliche Zusammenarbeit, 7. Mai 1978 72, 74, 378 f., 456, 458, 592, 603
- Deutsch-sowjetischer Vertrag von Rapallo, 16. April 1922 328, 584
- Deutsch-sowjetisches Kulturabkommen, 22. Mai 1973 72, 74, 378 f., 456, 458, 470, 520, 592, 603
- Deutsch-sowjetisches Luftverkehrsabkommen, 11. November 1971 74, 378 f., 456, 592, 603
- EWG- und EURATOM-Vertrag („Römische Verträge"), 25. März 1957 228, 436, 567, 599
- Görlitzer Abkommen zwischen der DDR und der VR Polen, 6. Juni 1950 33, 572, 578
- Grundlagenvertrag, 21. Dezember 1972 63, 74 f., 77, 83, 447, 449, 453 f., 478 f., 500, 518, 522, 526, 545, 601, 605, 608, 610 f.
- „Hitler-Stalin-Pakt", deutsch-sowjetischer Nichtangriffspakt, 23. August 1939 603
- KSZE-Schlussakte, 1. August 1975 84 f.
- Moskauer Vertrag, 12. August 1970 50 ff., 57, 59 f., 65, 84 f., 322 f., 326 ff., 330–336, 349, 352, 374–377, 380 f., 390, 393 ff., 399, 403, 409, 414, 449, 456, 463, 465, 472, 500, 518, 582 ff., 587 f., 592 ff.
- Münchener Abkommen zwischen dem Deutschen Reich, Frankreich, Großbritannien, Italien, 29. September 1938 26, 31, 50, 76, 106, 161, 165, 191, 317, 390, 450, 465, 547, 557, 561, 581, 601
- Ostverträge, *siehe auch: Abkommen und Verträge: Grundlagenvertrag, Moskauer Vertrag, Prager Vertrag, Warschauer Vertrag* 43, 64 ff., 84, 428–431, 518, 598, 607
- Pariser Verträge, 23. Oktober 1954 252, 556, 572
- Passierscheinabkommen, 17. Dezember 1963 566
- Potsdamer Abkommen zwischen den Vereinigten Staaten von Amerika, der Sowjetunion und Großbritannien, 2. August 1945 204, 255, 302 f., 563, 572, 578
- Prager Vertrag, 11. Dezember 1973 68, 76, 430, 478, 500, 586, 601
- SALT I-Vertrag, 26. Mai 1972 44, 48, 72, 236, 246, 275, 292, 361, 386, 407, 415, 417, 451, 501, 566, 569, 571, 577, 590
- Transitabkommen zwischen der Bundesrepublik Deutschland und der DDR, 17. Dezember 1971 62, 527, 591
- Verkehrsvertrag zwischen der Bundesrepublik Deutschland und der DDR, 26. Mai 1971 62 f., 77, 350, 399, 447, 522, 591
- Vertrag über das Verbot von Kernwaffen in Lateinamerika, 14. Februar 1967 120, 549
- Vertrag über die Beziehungen der Bundesrepublik Deutschland mit den drei Westmächten („Deutschlandvertrag"), 26. Mai 1952 316, 581
- Vertrag über die Nichtverbreitung von Kernwaffen (Atomwaffensperrvertrag), 1. Juli 1968 26 f., 37, 39 f., 46, 106, 111–116, 118 ff., 140 f., 155, 173, 186 f., 217,

245 f., 363, 547–550, 553, 556 f., 564 f., 571
— Viermächte-Abkommen zwischen Frankreich, Großbritannien, den Vereinigten Staaten von Amerika und der Sowjetunion über Berlin (Berlin-Abkommen), 3. September 1971   50, 62, 65, 72, 74, 76 f., 83, 98, 343, 368–372, 375 f., 378–381, 388 f., 393–396, 398 f., 403, 407, 409, 418 f., 441, 447, 449, 452 f., 456, 461, 477 f., 500, 518, 523 f., 527 ff., 574, 582, 586 f., 589, 591, 593 f., 610 f.
— Warschauer Vertrag, 7. Dezember 1970   59, 65, 302, 343, 348 f., 351–354, 374, 390, 449, 463, 465, 500, 516, 587 f., 593
— Weltraumvertrag, 27. Januar 1967   117, 549
Abrüstung   27, 98, 112, 136, 151, 240, 382, 405
Abwehrrakete   114
Afghanistan   146
Afrika   148, 174, 193, 239, 283, 344, 412, 450, 502, 507
Agrarfinanzierung   23
Agrarmarkt   138
Ägypten   24, 210, 367, 551 f.
Albanien   149, 173 f., 579
Algerien   311, 347, 606
Alleinvertretungsanspruch, *siehe auch: Hallstein-Doktrin*   26, 28, 35, 37, 42, 63, 165, 303, 549
Allgemeine Deutsche Nachrichtenagentur (ADN)   167
Allianz, *siehe auch: NATO*   32, 52, 106, 111, 115, 130–134, 137, 145, 169, 182, 199, 308, 317, 360, 362 f., 403, 405, 418 f., 422 f., 426, 428, 451, 488, 512, 514 f., 529
Allparteienpapier   65
Altes Testament   79
Amerika   104, 140, 183, 199, 230, 305, 374, 414, 460 f., 474, 493, 535
Amerikanismus   439
Amman   485

Anerkennungsfrage   33 f., 286, 300
Antiamerikanismus   162
Antiraketenverteidigungssystem, westeuropäisches   27, 117
„Ära der Verhandlungen"   44
Arabische Liga   115
Arabische Staaten   20, 78 f., 107, 447, 471, 482, 485, 508, 514, 532 f., 535 f., 551, 612
Arbeiterklasse   167
Armee
— bulgarische   169
— polnische   169
— sowjetische   30, 357
— ungarische   169
— US-amerikanische   365
Asien   145–149, 174, 239, 414, 417, 450, 597
Äthiopien   194
Atlantik   415, 440, 537
Atlantik-Charta   70, 79, 460
Atomenergie   106, 141
Atomkraftwerk   467
Atommächte   115, 117, 120
Atommine   114
Atomrüstung   27, 107
Atomverzicht   155
Atomwaffensperrvertrag, Atomsperrvertrag *siehe Abkommen und Verträge*
Außenpolitik   15 f., 18, 22, 38 ff., 47, 52, 66 f., 86, 88, 108 ff., 114, 140, 146, 149, 197, 209, 235, 240, 257, 269, 315, 322, 344, 348 f., 405, 415, 422 f., 433, 436, 438, 445, 448, 509, 548, 561, 580, 595, 597
— amerikanische   290, 365
Außenwirtschaftspolitik   239
Auswärtiges Amt   17, 31, 34, 38, 81, 87 f., 98, 107–110, 168, 234, 278, 548, 551, 600
Azoren   420, 597

„Back channel"   44, 47, 568 f.
Baden-Württemberg   598
Bad Godesberg   552
„Bahr-Papier"   50
Bayern   326, 479, 560
— bayerische Staatsregierung   74

Beirut 485
Beistandspakte, bilaterale 134
Belgien 64, 102, 570, 590
Belgrad 149, 167, 202, 551, 562
Benelux-Staaten 156, 243
Berlin, *siehe auch: Abkommen und Verträge*
15 f., 18, 46, 51, 61, 65, 75, 91, 136, 151,
153, 177, 219, 221 ff., 237, 241, 260, 266,
276 f., 280, 284, 288 f., 315, 322–325,
330, 334, 338 f., 349 f., 355, 357, 359, 361,
370 f., 378, 381, 397, 424 ff., 453, 476 f.,
489, 500, 528 f., 555, 558, 568, 573, 585 f.,
612
— Berliner Bürgermeister 107 f., 218,
223, 263, 305, 342
— Berliner Mauer 263, 357, 370
— Berlin-Hilfe-Gesetz 152
— Berlin-Karlshorst 571
— Berlinkrisen 1958 bis 1961 25, 36, 153
— Berlinpolitik 152
— Berlin-Problem 44, 225, 322, 333
— Berlin-Regelung 337, 339, 349, 359,
379, 383
— Berlin-Verhandlungen 261, 280, 352,
355, 368
— Berlin-Verkehr 36, 153, 338, 535
— Berlin-Zugang 153, 358, 360
— Freie Universität 541
— Lichtenberg 263
— Steglitz 263
— West 32, 36, 55, 60 ff., 72, 74, 76 f., 162,
226, 238, 254, 256, 261, 271, 276 f., 284,
289, 293, 306, 316, 319, 323, 333, 358,
360, 370 f., 388, 403, 426, 428, 453, 456,
476, 478, 500, 519, 521 f., 526 f., 565, 574,
576
Berlin (Ost), *siehe auch: Deutsche Demokratische Republik* 28, 35 ff., 48, 50, 52 f., 55,
61 f., 75, 77 f., 85, 123 f., 127, 131, 133,
136, 141 f., 153, 157, 162, 168, 172 f., 178,
180, 197, 201 f., 220 f., 226, 237, 250 f.,
253 f., 262 ff., 270 f., 276, 284, 288, 294,
301–304, 309, 312, 326, 332 f., 350, 352,
366, 414, 452, 477 f., 548, 552, 566, 584

Beziehungen
— deutsch-deutsche 76, 81, 85, 249, 605
— deutsch-französische 76
— deutsch-japanische 147, 198
— deutsch-polnische 46, 56 f., 235, 270
— deutsch-rumänische 137
— deutsch-sowjetische 29 f., 48, 76 f., 219,
224, 318, 327, 373, 375, 462, 520
— diplomatische 131
— diplomatische zu Jugoslawien 148
— transatlantische 67, 87, 486, 535
Biafra 191, 193 f., 561
Bielefeld 176
Bildung 56, 585
Binnenschifffahrt 284
Birma 147
Bismarck-Politik 221
Bodenschätze 391 f., 474
Böhmen 174, 557
Böhmerwald 174
Bolschewismus 214, 407
Bonn 16, 20, 23, 27, 31 ff., 36 f., 40, 44, 46 f.,
51, 53, 55 f., 59, 62, 73, 81, 91, 113, 118,
125, 136, 138, 153, 161, 179, 182, 185,
187, 218, 221, 254, 279, 316, 330 f., 348 f.,
364, 368, 381, 408, 414, 434, 458, 468,
489, 533, 546 f., 561, 564 f., 584, 599, 605
Bonner Vierergruppe 61, 279, 353, 355, 574
Brasilien 155
Bratislava/Pressburg 168, 174, 185, 558
Bremerhaven 608
„Breschnew-Doktrin" 563
Brüssel 23, 27, 43, 128, 140, 145, 211, 258,
338, 533–536, 539, 551, 554, 602, 612 f.
Budapest 29, 125, 450, 521
Bukarest 137, 149
Bukarester Erklärung der Mitgliedstaaten
des Warschauer Vertrages, 6. Juli
1966 26, 124, 550
Bulgarien 174, 431, 460, 478, 550, 557, 559,
592
Bundeskabinett 15, 27, 565, 575
Bundeskanzleramt 31, 40, 44, 47

Bundesministerium für gesamtdeutsche Fragen/innerdeutsche Beziehungen 17, 107, 282, 575
Bundespräsident 36, 53, 82 f., 222, 238, 442, 539
— Wahlen (in West-Berlin am 5. März 1969) 36, 222, 519, 525, 565
Bundesrat 65, 378
Bundesregierung 19, 24, 29, 36, 44, 60, 108, 547, 549, 551, 554 f., 566
Bundesrepublik Deutschland 17, 20 f., 25 f., 30 f., 33 f., 36, 38, 48–52, 55, 61 ff., 66, 69 ff., 72, 74 f., 77, 79, 81 f., 86 f., 104, 109–113, 115 f., 121, 123 f., 127, 133, 144, 148–151, 161–165, 167 f., 185 f., 188, 190, 192 f., 195, 197, 199, 202 f., 205, 207, 213, 215 f., 226 f., 231 ff., 235, 237, 239 f., 249 f., 253–258, 260–263, 265, 269–272, 274, 276 f., 279, 281, 287, 289, 295, 300, 302 f., 306 ff., 315, 319, 322 f., 327, 331, 340, 342, 349, 351–354, 357 f., 364, 368, 370, 378–381, 383, 387 f., 391 f., 394 f., 397 f., 400, 402, 404 ff., 411 f., 425–428, 430, 434, 439, 441, 443, 450, 454–457, 461, 463–470, 473, 475 f., 478, 498 ff., 507, 509, 512, 514, 517, 519 f., 522, 524, 529, 540, 546–550, 553 f., 561 f., 566 ff., 570 ff., 574 f., 578, 580 f., 590 f., 593 f., 602, 605, 608 ff.
Bundesstaat, europäischer 495
Bundestag siehe Deutscher Bundestag
Bundestagspräsident 442
Bundesverfassungsgericht 75, 479, 605, 610
Bundesversammlung 219 f., 223–226, 565 f.
Bundesverteidigungsrat 549
Bundeswehr 212, 241, 451, 547
— Wehrstrukturkommission 451, 602
Bündnis 257 f., 291, 404, 489, 499
— nordatlantisches 161, 176, 190, 212, 252, 259 f., 406, 412, 415, 423, 441, 489, 513, 532

— westliches 42 f., 49, 52, 81, 127, 135, 154, 162, 181, 198 f., 241, 326, 552
Bündnisgarantien 162
Bündnispartner 116, 336, 357, 417
Bündnispolitik 209
Bündnissolidarität 513
Bündnisverantwortung 515
„burden-sharing" 276, 364
Burma 554

Camp David 289
CDU 64, 129, 221, 243, 337, 561 f.
CDU/CSU 15 ff., 27, 37, 39, 42, 47, 64, 67, 74, 198, 201, 237, 241 f., 245 f., 250, 253 f., 257, 259, 261, 264, 449, 452 f., 555, 561, 565, 587, 592, 598
— Bundestagsfraktion 32, 200
— CDU/CSU–FDP-Koalition 16
Cellulose 380
Ceylon 147, 554
Charta der Vereinten Nationen siehe Vereinte Nationen (UNO)
Chile 102, 517, 530 f., 554, 609, 611
China 31, 66, 145, 149 f., 173 f., 183, 206, 298, 310, 315, 340, 365, 374, 400 f., 403, 408, 424, 450, 502, 554, 562, 579 f., 586, 594–597
Čierna nad Tisou 168, 174, 195, 558
CIM 283, 311
CIV 283, 311
Comecon, siehe auch: Rat für Gegenseitige Wirtschaftshilfe 173
Commonwealth 138, 194
Commonwealth-Bindung 138
ČSSR 30 f., 75, 161 f., 164, 167 f., 171, 180, 182, 189, 197 f., 202, 261, 324, 332, 341, 358, 460, 550, 558 ff., 562, 566, 574, 581, 592, 604
— August 1968 160

Daimler-Benz AG 331, 583
Dänemark 23, 46, 66, 448, 546, 553, 570, 589

Danzig/Gdansk 588
Demokratie 175, 195, 356
Demokratisierung 126
„Denkpause" 56, 312
Détente 86, 132, 490 f., 493
Deutsch-deutscher Dialog 37
Deutsche Demokratische Partei (DDP) 548
Deutsche Demokratische Republik (DDR), *siehe auch: Abkommen und Verträge, Berlin, Deutsch-deutscher Dialog, Warschauer Pakt* 20 f., 31–34, 36 f., 40, 42 f., 46, 48, 55, 61, 63, 76 f., 83, 90, 96, 107, 136, 142 ff., 164 f., 170 f., 201, 203, 220, 225, 237, 244, 248–253, 255, 259, 261–266, 272 f., 277, 282 f., 285 ff., 289, 293, 296, 298–301, 304 ff., 309 f., 315 ff., 323 f., 342, 348, 350, 352, 357 f., 360, 369 f., 378 f., 381, 383, 388 f., 397 ff., 408 ff., 412 f., 424, 430, 438 f., 441, 447, 453 f., 460, 466, 481, 516–519, 522–525, 528, 547, 549, 554 f., 557, 562 f., 565 f., 569 f., 572 f., 575 f., 579 ff., 592, 603 ff., 608, 611
— DDR-Flagge 55, 311, 575
— DDR-Frage 143
— Deutscher Turn- und Sportbund (DTSB) 611
— Führung 21, 34, 36, 52 f., 60, 68, 85, 313, 373, 525 f., 555, 593, 609 f.
— Ministerpräsident 552, 572
— Ministerrat 221, 237, 566
— NVA 169, 557 f.
— SBZ 34, 117, 124, 236
— SED-Regime 29, 48
— Staatsbank 285
— Staatssicherheit 64, 83, 91
— Volkskammer 221, 261
Deutsche Frage 20, 27, 37, 42, 65, 106 f., 132, 135 f., 164, 247, 249, 256, 426, 582, 589
Deutsche Gesellschaft für Auswärtige Politik 135, 552
Deutsche Kommunistische Partei (DKP) 297, 321, 324, 338, 583
Deutsche Volkspartei (DVP) 548

Deutscher Bundestag 42, 44, 60, 64 ff., 95, 100, 104, 118, 125, 127, 140, 143, 152 f., 165, 190, 236, 247, 261, 304, 349, 378, 394, 396, 416, 428 f., 450, 484 f., 497, 530, 546 f., 555, 558, 564, 569, 575 ff., 587, 592, 594, 598
— Auswärtiger Ausschuss 90, 93 f., 111, 118, 127, 214, 416, 550, 558, 564
— Neuwahlen 423, 429, 434, 600
— Wirtschaftsausschuss 576
Deutscher Sportbund (DSB) (der Bundesrepublik) 611
Deutsches Reich 547, 557 f., 561, 572, 578, 584, 603
Deutsche Teilung 18, 53, 183, 553
Deutschland 18–21, 35, 44, 52 f., 55, 84, 87 f., 112, 117, 132, 135, 143, 148, 184 f., 195, 200, 203, 210, 214, 230, 232, 237 f., 248, 266, 268, 275, 278, 289, 299, 302, 318 f., 326, 332, 334 f., 340, 342, 344, 348, 351, 356, 402, 414 f., 427, 452, 464, 484, 495, 500, 545, 561, 566 f., 569, 581, 588
Deutschland-Frage 132
Deutschlandpolitik, *siehe auch: Abkommen und Verträge, Berlin, Sowjetunion, Deutsche Teilung, Deutsche Einheit, Wiedervereinigung* 15, 18, 34, 141, 147, 151 f., 238
Devisenausgleich 364, 481
Dialog
— deutsch-sowjetischer 221, 542
— europäisch-amerikanischer 434
— europäisch-arabischer 535
D-Mark 70, 82, 149, 152, 365, 420, 567 f., 590
Dnjepropetrowsk 464
Dollar 66, 70, 365, 401, 438, 469, 471, 591, 596, 598, 602
Dortmund 551
Dreiecksgeschäfte 475
Dreier-Gespräche 104
Drei Mächte 61, 203, 226, 254, 256, 260, 276 f., 279 f., 293, 302, 306, 315, 317, 330, 350, 352, 357, 368, 370, 395, 403, 408 f.,

439, 500, 523, 527, 566, 569, 573, 575 f.,
583, 585, 588
Dritte Länder 107
Drittes Reich 21, 52, 78, 87, 447
Dritte Welt 20, 82, 148 f., 157, 174, 239,
234, 436, 446, 467

E$_{CE}$ 283, 311, 575, 579
EG (Europäische Gemeinschaft) 23, 48, 64,
66, 68, 70 ff., 79, 82, 84, 148, 152, 205,
245, 362, 412, 421, 423, 436, 440 f., 449,
454, 460, 469, 480, 485, 487–490, 495 f.,
502, 509, 515 f., 524, 532–538, 554, 577,
586, 589, 596 f., 599, 608, 612 f.
— Erweiterung 40, 128, 243, 440
— Rat 433, 532
Eger 169
Einheit
— deutsche 48, 63, 249 f., 255, 499
— europäische 19
— nationale 19, 26, 237, 254, 427, 452
Einigung, westeuropäische 161, 539
Elbe 174
Elfenbeinküste 554
Elysée-Palast 24
Energiekoordinierungsgruppe 533
Energiekrise 78, 474, 529
England, *siehe auch: Großbritannien* 46, 128,
138 f., 145, 154, 195, 199, 231 f., 294, 322,
336, 343, 410 f., 480
Entente cordiale 231, 567
„Entente Elémentaire" 448
Entspannung 17 f., 25 f., 28 ff., 35 ff., 42 f.,
46, 50, 52, 59 f., 68, 72, 74, 79, 81, 83 f.,
104, 106, 124–127, 130 ff., 134 f., 137,
146 f., 149, 151, 153, 160 f., 178, 182, 185,
188, 207, 223, 240, 244, 258, 262, 266,
291, 312, 316, 324, 332, 340 ff., 348, 351,
394, 402, 414, 418, 447, 451, 453, 461,
468, 478, 481, 499 f., 518, 521 f., 525,
559 f., 564, 589, 604, 610
Entwicklungspolitik 209
Erdgas 380, 466, 470, 473–476, 604
Erdöl 81 f., 380, 466, 473 f., 476

Erfurt 53 f., 56, 281, 286, 288, 293 ff., 297,
299, 314, 575
Erlangen 92
Euratom 24, 27, 115, 120, 141, 258, 546,
552 f., 556 f., 567
Euratom-Kommission 140
Euratom-Kontrollen 141
„Euro-Gruppe" 451
Europa 17 ff., 22 ff., 27, 29, 31 f., 39, 43, 46,
48, 53, 62, 69, 72, 74, 79, 81, 83 ff., 87 f.,
104, 106, 123, 128, 130, 148, 154, 162,
168, 171, 176, 178, 181, 184 f., 205, 207,
212 f., 233, 237, 240–244, 250, 253, 258,
260 ff., 275 f., 291, 305 ff., 316, 318, 327,
330 ff., 349, 355, 358, 362, 366, 370 f.,
375, 382, 385 f., 402, 404 f., 407 f., 410,
414 f., 417, 419, 422, 428, 432 ff., 436 f.,
445, 447–453, 460 f., 464–467, 469 f.,
472 ff., 478, 480 f., 487 f., 494 ff., 498 ff.,
502, 509, 515, 518, 521, 532, 535, 546,
557 f., 568, 588, 590, 599, 604 ff., 613
„Europa der Vaterländer" 23
Europäische Einigung 27, 71
„Europäische Friedensordnung" 20, 30, 59,
85, 129
Europäische Gesellschaft für Kohle und
Stahl (EGKS) 546, 552
Europäische Kommission 156, 344
„Europäische Option" 159
Europäische Politische Zusammenarbeit
(EPZ) 70, 534
Europäische Union 68, 428, 448, 496, 498,
509, 607
Europäisches Parlament 449
Europa-Markt 230
Europapolitik 47, 72
— sowjetische 130, 133
Europarat 493
Europa-Union 495, 607
European Defense Improvement Program
362, 419, 422, 590, 597
European Free Trade Association (EFTA)
106, 362 f., 546, 567
European Recovery Program (ERP) 591

EWG 19, 24, 106, 125 f., 176, 228, 231, 292, 310, 336, 363, 405, 412, 422, 430, 467, 470, 546, 552, 567, 570, 578
— Kern-EWG 228
EWG-Beitritt (Englands) 138, 227, 229 f., 292, 357, 406, 411, 567, 589
EWG-Kommission 138 f.
EWG-Ministerrat 138
EWG-Staaten 141, 331, 343
Experten 139

Familienzusammenführung 35, 56, 75, 85, 325, 337, 353, 449, 583, 587
Faschismus 546 f.
Feindstaatklauseln 26
Fernsehen und Rundfunk 369
Finnland 594
„Finnlandisierung" 406, 595
Floating 438
Florenz 493, 607
Florida 596
Fortschritt
— technologischer 112
— wissenschaftlicher 196
Franc 420
Frankfurt/Main 561
— Frankfurter Paulskirche 605
Frankreich 23 f., 37, 43, 49 f., 56, 65, 70, 82, 84, 104, 106, 126, 141, 150, 156, 173, 189, 195, 199, 205, 215, 229, 231 f., 237, 268, 273, 275, 288, 294, 322, 357, 363, 373, 387 f., 407, 410 ff., 420, 460, 464, 469, 471, 475, 480, 493, 539, 546 ff., 552 f., 557 ff., 561, 567, 570, 572, 574, 579, 586, 590, 594 f., 597, 604
Freie Demokratische Partei (FDP) 15 f., 36, 38 ff., 42, 67, 199, 256, 445, 551, 561, 609
Freiheit 85, 88, 132, 175, 196, 451, 491, 494, 510
Frieden 17, 25, 30, 63, 69, 83, 88, 104, 113, 132, 149, 161, 169, 176, 191, 194 f., 208, 213, 237 f., 243, 250 f., 257, 266 f., 272, 283, 286, 349, 355, 369, 371, 444, 446, 454, 457, 468, 489, 499, 501 f., 504, 506, 508 ff., 525, 532, 546, 555, 570, 580, 610
Friedensforschung 238
Friedensnobelpreis 65, 88
Friedensnote 20, 29, 106, 240, 547
Friedensordnung 29, 32, 130, 132, 134 f., 148, 160 f., 164, 169, 179, 184, 191, 207 f., 236, 248, 250, 254, 257, 308, 416, 452, 483
Friedenspolitik, aktive, siehe auch: Ostpolitik 65, 137, 188, 447
Friedensregelung, gesamteuropäische 136
Friedenssicherung 126, 146, 316
Friedensvertrag 65, 258, 391
Fünf-Prozent-Hürde 39

General Agreement on Tariffs and Trade (GATT) 434
Gaullismus 407
„Gaullisten", siehe auch: „Atlantiker" 409
Gemeinsamer Markt 24, 106, 145, 258, 341, 343, 345, 411, 454, 496, 567, 577
Genf 198, 204, 207, 500, 548, 562
„gentleman agreement" 396
Gesamteuropa 415 f.
Geschichte 17, 64, 78, 108, 130, 164, 196, 198, 242, 248, 416, 464 f., 469, 480, 484, 495, 506 f., 509 f.
— deutsche 59, 86 ff., 180, 237 f., 328, 410, 498 f.
— europäische 354, 372, 510
Geschichtsforschung 255
Gesellschaftssysteme 410, 447, 453
Gewalt 501 ff.
Gewaltverzicht 20, 30 f., 39 f., 43, 46 f., 53, 55, 57, 76, 106, 136, 142 ff., 185, 198, 202, 204 f., 207, 219, 234, 244 f., 258 ff., 264, 269, 277, 303, 306 f., 316–319, 384, 387, 450, 500, 511, 547, 555, 562 f., 565, 568, 571, 573 f., 578, 582
Gleichgewicht 59, 199, 241, 292, 384, 502, 512
Gold-Konvertierbarkeit 66, 596, 598
Grenze 20, 87

— deutsch-deutsche 53
— europäische 31, 84
— innerdeutsche 35
— polnische West- 33
Grenzverzicht 57
Griechenland 578
Großbritannien 23 ff., 27, 43, 66, 84, 125, 150, 176, 228, 237, 243, 288, 341, 407, 448, 460, 539, 546 f., 549, 553 f., 557, 561, 563, 567, 570, 572 f., 579, 586, 589 f.
— Labour-Regierung 23
Große Koalition 15 ff., 20, 27, 29 f., 33 f., 37 ff., 43, 86 f., 105, 109, 144, 146, 151, 155, 157, 178, 259, 408, 416, 546, 548, 551, 553, 555, 569, 571, 604
Grundgesetz 75, 84, 165

Hallstein-Doktrin, *siehe auch: Alleinvertretungsanspruch* 26, 28, 34, 40, 566
Hamburg 92, 263
Handel 35, 387, 440, 457, 460, 493
Handelsmissionen 29
„Handschellengesetz" 281, 296
Hannover 480, 579
— Hannover-Messe 310
Hanoi 208
Harmel-Bericht, *siehe auch: NATO* 29, 418
Harvard-Universität 263, 591
Heißer Draht 25
Helsingfors 128
Helsinki 68, 86, 242, 386, 479, 500, 569 f.
Hennigsdorf 579
Holland 464
Holocaust 26, 78, 87
Humanität 195
Hybris 86

Indien 113, 115, 147, 155, 502, 548, 554
Industriegesellschaft 196, 214, 424
Innerdeutsche Beziehungen *siehe Alleinvertretungsanspruch, Berlin, Beziehungen: deutsch-deutsche, Deutsche Demokratische*

Republik (DDR), Deutschlandpolitik, Hallstein-Doktrin
Internationale Atomenergiebehörde (IAEO) 27, 115, 119 f., 549
Intervention, sowjetische in der ČSSR 161
Irak 547
Irland 23 f., 46, 66, 448, 489, 553, 570, 589, 606
Israel 20, 69, 79 ff., 100, 447, 471, 482 ff., 508, 514 f., 547, 551, 605, 608
Italien 116, 150, 156, 159, 173, 187, 243, 373, 410, 412, 460, 469 f., 485, 547, 557, 561, 567, 570, 590, 604

„Jackson-Vanik-Amendment", *siehe auch: Beziehungen: amerikanisch-sowjetische* 471
Jahreswirtschaftsbericht 151, 555
Jamaika 363
Japan 147, 149, 155, 193, 363, 467, 475, 502, 578, 590
Jemen 547
Jerusalem 87
Jordanien 24, 547, 551
Juden 78 f., 484, 604
Jugoslawen 173
Jugoslawien 29, 37, 69, 125, 174, 202, 210, 387, 492, 562, 594, 603

Kalter Krieg 18, 25, 131, 178, 188, 399, 410, 462, 467, 481, 494, 499, 502
Kambodscha 33 f., 49, 462
„Kambodschieren" 34
Kanada 385, 408, 468, 570, 590, 596
Kapitalismus 160
Karlsbad 169
Karlsruhe 207, 525
Karpaten-Ukraine 170
Kasachstan 492
Kassel 55 f., 62, 286, 294–298, 301, 308, 311, 314, 323, 409, 575 f., 582
Kenia 356
Kernbrennstoffe 119

Kernenergie 27, 114, 118, 120, 205, 548, 572
Key Biscayne 416, 418, 596
Kiew 470
Koexistenz 210, 263, 387
— friedliche 18
Kolonialismus 507, 511
Kommunismus 195, 356, 426, 491, 494
— orthodoxer 168
Kommunisten 163, 172, 195, 295, 324, 326, 407, 417
— tschechoslowakische 30, 76, 557
Kommunistische Partei Deutschlands (KPD) 21
Konferenzen und Verhandlungen
— Außenministerkonferenz der EPZ in Kopenhagen, 23. Juli 1973 486, 606
— Außenministerkonferenz der Vier Mächte in Genf, 11. Mai bis 20. Juni und 13. Juli bis 5. August 1959 360, 589
— Außenpolitische Konsultation der EG-Außenminister, 19. November 1970 344
— Ausschuss- und Ministerratstagung der NATO in Brüssel, 3. bis 5. Dezember 1969 572
— Botschafterkonferenz Willy Brandts für den süd- und ostasiatischen Raum in Tokio, Mai 1967 147, 554
— Energiekonferenz der EG-Außenminister sowie Außenminister der USA, Kanadas, Japans und Norwegens in Washington, 11. bis 13. Februar 1974 524, 529, 610
— Gipfelkonferenz der Staats- und Regierungschefs der EG in Paris, 19./20. Oktober 1972 68, 421, 430, 432–436, 438, 440, 448, 454, 496, 597–601, 607
— Haager Gipfelkonferenz der EG, 1./2. Dezember 1969 43, 46, 242, 245, 258, 292, 343, 357, 406, 570, 572, 577, 586, 589, 595
— Konferenz der Außenminister der EPZ in Brüssel, 4. März 1974 534, 536 f., 612
— Konferenz der Außenminister der Mitgliedstaaten des Warschauer Vertrages in Warschau, 8.–10. Februar 1967 123
— Konferenz der kommunistischen Parteien aus 24 Ländern in Karlsbad, 24. bis 26. April 1967 26, 28, 131, 133 f., 552
— Konferenz der NATO-Außenminister in Lissabon, 3./4. Juni 1971 360 f., 589
— Konferenz der Nichtkernwaffenstaaten in Genf, 29. August bis 28. September 1968 118, 156, 186 f., 204 ff., 240, 501, 556, 560, 562 f., 571, 607
— Konferenz der Wirtschafts- und Finanzminister der Zehnergruppe in Rom, 30. November bis 1. Dezember 1971, und in Washington, 17./18. Dezember 1971 420, 437, 597, 599
— Konferenz des 18-Mächte-Abrüstungsausschusses in Genf, seit März 1962 111, 120 f., 140, 548, 550
— Konferenz des EG-Ministerrats in Brüssel, 27. September 1968 204, 563
— Konferenz des NATO-Ministerrats in Reykjavik, 24./25. Juni 1968 29, 46, 152, 292
— Konferenz des NATO-Ministerrats in Rom, 26./27. Mai 1970 292, 580
— KSZE in Helsinki, 3. Juli 1973 bis 1. August 1975 50, 57, 63, 68, 70, 74, 242, 408, 431, 434, 439, 445, 450, 461, 464, 468 f., 471, 479, 493, 588, 596, 603 f., 606
— MBFR-Verhandlungen in Wien, 30. Oktober 1973 bis 2. Februar 1989 29, 60, 68, 70, 74, 85, 292, 316, 360, 364, 382–388, 395 f., 403, 406, 412, 415, 437, 445, 461, 479, 500, 586 f., 602 ff., 606 f.
— Ministerratstagung der EG in Luxemburg, 23./24. Oktober 1967 138, 553
— Ministerratstagung der WEU in Bonn, 8./9. Juli 1968 156, 556
— Ministerratstagung der WEU in Brüssel, 9./10. Januar 1970 572

— Ministertagung des Nordatlantikrates in Brüssel, 15./16. November 1968 563 ff.,
— Ministertagung des Nordatlantikrates in Brüssel, 3./4. Dezember 1970 349, 587
— Ministertagung des Nordatlantikrates in Luxemburg, 13./14. Juni 1967 133 f., 552
— Ministertagung des Nordatlantikrates in Reykjavik, 24./25. Juni 1968 555
— Tagung des Rats der Europäischen Gemeinschaft in Brüssel, 14./15. Dezember 1970 586
— Verhandlungskonferenz zwischen der EG und Großbritannien in Brüssel, 8. Dezember 1970 585
— Vier-Mächte-Verhandlungen 61
— Weltkonferenz der kommunistischen und Arbeiterparteien in Moskau, 5. bis 7. Juni 1969 163, 173, 558
Konflikt 446, 501, 510
Konfliktforschung 503
Konstruktives Misstrauensvotum 64 f., 429
Konterrevolution 175
Konvergenz-Theorie 249, 283, 312 f., 571
Kopenhagen 125, 486, 489
Korea 114, 146, 549, 578
Kräftegleichgewicht 212
Kreml 25, 37, 53, 76, 128, 224, 327
Kreßbronner Kreis 34
Krieg 185, 213, 220, 238, 266, 373, 383, 401, 418, 442, 444 f., 467, 472, 505, 547, 549, 557
— arabisch-israelischer 24, 81, 84, 131, 512, 551
— deutsch-französischer/preußisch-französischer (1870) 268, 573
Krim 59, 373 f., 403, 407 ff., 592, 595 f.
Krupp 467, 470, 475
Kuba 162, 183
Kuba-Krise 25, 162, 183, 213, 292, 558, 577
Kultur 56, 106, 196

— deutsche 239, 264, 569
Kursk 521, 604
Kuwait 547

Landwirtschaft 460
Langwedel 583
Lateinamerika 120, 148, 239, 450, 502
Leipzig 263
Libanon 547, 608
Liberalisierung 72
London 23 f., 26, 49, 124, 128, 138, 228, 259, 263, 304, 326
Lübeck 21, 226
Luxemburg 341, 386, 553, 570

Macht 83, 132, 167, 501, 507, 509
Maginot-Linie 494
Mailand 263
Malaysia 146
Mannheim 611
Mannesmann 467
Maoisten 400
Marktwirtschaft 73, 476, 572
Marshallplan 367
— Marshall-Memorial-Fund 367
Marxismus 233, 341
Mauer 317
Mauerbau 34
Meistbegünstigungsklausel 72, 604
Menschenrechte 84, 508, 511
Mexico City 549
Militarismus 53, 136, 557
Mindestumtausch 36, 75 f., 608
Mineralölsteuerausgleich 152
Minsk 173
Mitteleuropa 106, 170, 188, 371, 386, 414, 452, 472, 587
Mittelmeer 210, 411 f., 483, 485, 535, 552, 578, 597
Mittlerer Osten 508
MLF (Multilateral Nuclear Force) 547, 549
Modernisierung 126
Mongolische Volksrepublik 592

Morgenthau-Plan 27
Moskau 25 f., 29, 32, 36 f., 46 ff., 52 f., 56, 60, 62, 72 f., 85, 87, 97, 117, 123, 127 f., 133, 157, 162 f., 166, 169, 174 f., 178–181, 183 ff., 187, 190, 200, 209, 218–221, 245, 269 f., 279, 292 f., 301, 304, 306, 309, 313, 316 ff., 320, 323, 325, 333, 336, 341, 352, 388, 413, 419, 438 f., 456, 458, 463, 468, 500, 516, 521, 528, 549, 554, 559 f., 571, 573, 579, 582, 591, 603
München 106, 198, 281

Nachkriegszeit 181
Naher Osten 78 f., 81, 130, 133, 210, 224, 242, 341, 367, 419, 447, 461, 471, 482 f., 508, 512, 514 f., 532 f., 535 f., 566, 570, 578, 585 f., 605, 608, 612
Nation, deutsche 237, 248, 262, 264 f., 439, 454
Nationaldemokratische Partei Deutschlands (NPD) 39, 180 f., 324, 338, 557
Nationale Frage 63, 499
Nationalismus 162, 509 f.
Nationalsozialismus 58, 87
Nationalstaat 257
NATO 19, 23, 31 f., 130, 133 f., 136, 154, 162, 170 f., 174, 176, 189, 197, 211, 215, 217, 234, 281, 292, 307, 329 f., 339, 356, 383, 385, 402, 405, 411, 459 f., 479 f., 489, 535, 538, 546, 551 f., 559, 564, 570 f., 577, 586, 588, 590, 602
— Atlantisches Bündnis 74, 240
— NATO-Rat 219, 245, 257, 360, 461
NATO-Doppelbeschluss 52
Nazis 192
Nemesis 86
Neonazismus 162
Nepal 146
Neu-Delhi 548
Neuseeland 363
Neuwahlen 66
New York 140, 215, 218, 323, 477, 498, 556, 560, 564 f., 574

Nicht-Kernwaffen-Mächte 112, 120, 198, 206, 301
Niederlande 570, 590
Niger 561
Nigeria 191, 193 f., 561
Nonproliferation 112, 415
Norwegen 23, 46, 476, 546, 553, 570, 591
NSDAP 21
Nuklearmächte, potentielle 156

Oder-Neiße-Frage 301 f.
Oder-Neiße-Grenze 31, 33, 48, 56 ff., 65, 124, 252, 293, 303 ff., 351, 358, 552, 572, 578 f.
OECD 363
Offset 276, 293, 308, 364, 419, 422, 459, 551, 577, 596 f., 602
Ölkrise 82, 521
Oreanda 59, 372, 392, 394, 463, 468 f., 592, 595
Organisation für afrikanische Einheit (OAU) 194, 561
Oslo 65
Ostasiatischer Verein 93, 145
Ostblock 25, 29, 60, 68, 124, 179 ff., 183, 276, 353, 476, 481, 566, 593
Osten 18, 25, 40, 42 f., 45, 70, 84, 87, 109, 131 f., 134–137, 151, 153 f., 157, 160, 163 f., 171, 178, 188, 196, 198, 214, 221, 224, 226, 241, 243, 249, 251, 255, 257 f., 262, 267, 269, 274, 289, 326, 335, 339, 348, 358, 370 f., 405, 410, 439, 449, 451, 460, 481, 495, 524, 550
Ostern 70, 225
Österreich 64, 546, 604
Osteuropa 19 f., 67, 106, 118, 124, 131, 136, 152, 175, 200 f., 242, 289, 308, 332, 339 f., 370, 422, 449, 482, 547
Osteuropa-Politik 123, 148 f.
Osthandel 341
Ostpolitik 20 f., 26, 28 ff., 32 f., 64 f., 68, 76, 78, 81, 86, 123, 126, 129, 145, 151, 153, 157, 161, 164, 180 f., 200 f., 218, 269, 305, 390

— deutsche 179, 202, 308, 318, 329 f., 333, 338 f., 343, 349, 356, 360, 377, 406, 408 ff., 430, 441, 460, 462 f., 477, 481, 493, 572, 588
— sozial-liberale 59, 61, 64, 75
— zweite Phase 478
Ostpreußen 278, 586
Ost-West-Beziehungen 20, 72, 81, 85, 135, 145, 155, 163, 237, 291, 355, 412, 515
Ost-West-Konflikt 38, 135, 210, 230

Pakistan 147, 366 f., 554
— Pakistan-Konsortium 367, 590
Pankow 35
Paris 22, 49, 66, 106, 124, 177, 209, 217, 227, 229, 259 f., 263, 304, 317, 326, 420 f., 425, 427, 432, 435, 444, 471, 539, 546, 548, 567, 574, 596, 601, 613
Passierscheinregelung 35, 220
Pass- und Visumzwang 36
Patriotismus 253
Pearson-Kommission 239
Peking 209, 580
Petersburg 221
Pfund 365
Phnom Penh 34
Phosphor 380
Polen 33, 43, 46, 48, 56 ff., 123, 170 f., 197, 216, 221, 235, 245 f., 252, 259, 266, 270, 272, 278, 302 f., 305, 319, 332, 338, 348, 350, 352, 354 f., 358, 392, 409, 412, 431, 517, 550, 557, 559, 566, 568, 570, 572 f., 581, 588, 592, 594
Polnische Vereinigte Arbeiterpartei (PVAP) 33, 517
Politik der aktiven Friedenssicherung *siehe* Ostpolitik
„Politik der kleinen Schritte" 18, 40
„Politik des leeren Stuhls" 22
Polystyrol 380
Portugal 546
Posen 235
Post 264, 526
— West-Berliner Post 285

Prag 29, 50, 52, 85, 124, 160 f., 166 ff., 174, 180, 183, 185 ff., 216, 263, 308, 521, 547, 562, 583
„Prager Frühling" 30, 76, 586, 597
Princeton 184

Quellen, amerikanische 49

Rapacki-Plan 348
Rapallo 328
Rapallo-Ängste 329 f., 407
Rassismus 507, 511
Rat für gegenseitige Wirtschaftshilfe (RGW) 380, 559
Redneraustausch 296
Reichsbanner 297, 578
Reims 571
Reiseerleichterungen 75
Reisen und Staatsbesuche
— Adenauer in Israel 1966 78
— Bahr in Moskau 1970 47 ff., 269, 306, 318 f.
— Bahr in Washington 1970 291 ff., 584
— Bahr in Washington 1972 442
— Bahr in Washington 1974 528
— Baschew in Dänemark 1967 125, 550
— Beitz in Polen 1969 235
— Brandt in Brüssel 1967 551
— Brandt in Brüssel 1968 145, 159, 557
— Brandt in den USA 1967 119, 548 f.
— Brandt in den USA 1970 48 ff., 260, 291–294, 305, 307, 330
— Brandt in den USA 1971 359–368, 388, 416–419
— Brandt in den USA 1973 459–462, 487 f.
— Brandt in der Sowjetunion 1970 51 f., 320–325, 341, 359
— Brandt in der Sowjetunion 1971 59 f., 372–403
— Brandt in Erfurt 1970 52 ff., 281–291, 544, 575
— Brandt in Genf 1968 240, 371

- Brandt in Großbritannien 1967   551
- Brandt in Großbritannien 1970   259
- Brandt in Israel 1960   78
- Brandt in Israel 1973   78 f., 482, 484 f.,
- Brandt in Jamaika 1971   363, 590
- Brandt in Kassel 1970   55 f., 309–315
- Brandt in Neuseeland 1971   363
- Brandt in New York 1968   215, 218, 556, 564 f.
- Brandt in Paris 1966   22
- Brandt in Paris 1968   188, 559
- Brandt in Paris 1970   259, 268 ff., 573
- Brandt in Polen 1970   57 f., 99, 345, 348 ff., 351 ff., 544
- Brandt in Prag 1973   76, 82
- Brandt in Rumänien 1967   32
- Brandt in Tokio 1967   147, 554
- Breschnew in den USA 1973   489
- Breschnew in der Bundesrepublik Deutschland 1973   73 f., 455, 460, 462–473, 478
- Breschnew in Frankreich 1971   387
- Breschnew in Jugoslawien 1971   387
- Breschnew in Ost-Berlin 1967   137
- Couve de Murville in Bonn 1967   128
- Dubček in Moskau 1968   187
- Duckwitz in Warschau 1970   56 ff.,
- Erhard in den USA 1966   16
- Foster in Bonn 1967   118 f., 549 f.
- Gromyko in den USA 1971   374, 407
- Gromyko in Frankreich 1970   274
- Heath in der Bundesrepublik Deutschland 1971   357
- Honecker in Polen 1971   392
- Kiesinger in Indien, Burma, Ceylon und Pakistan 1967   147, 554
- Kiesinger in Washington 1969   37, 570
- Kossygin in Frankreich 1966   106, 546
- Kossygin in Großbritannien 1967   124, 550
- Lahr in Ungarn 1967   550
- Leussink in der Sowjetunion 1970   336, 585
- Lübke in Asien 1967   146 f., 554
- Nixon in China 1972   403
- Nixon in der Bundesrepublik Deutschland 1969   226, 566
- Nixon in der Sowjetunion 1972   72, 438 f., 599
- Palme in der Bundesrepublik Deutschland 1970   582
- Pompidou in Bonn 1970   584
- Pompidou in den USA 1970   574
- Rapacki in Frankreich 1967   124, 550
- Rapacki in Großbritannien 1967   124, 550
- Scheel in Ägypten, Jordanien und im Libanon 1973   485, 606
- Scheel in Peking 1972   66, 554
- Schiller in der Sowjetunion 1970   336, 585
- Schmidt in den USA 1972   442
- Schmidt in Paris 1970   574
- Swaran Singh in Washington 1971   366
- Wehner in der DDR 1973   75
- Wehner in der Sowjetunion 1973   78
- Wilson in Bonn 1967   125, 551
- Wischnewski in Chile 1973   530 f.
- Wischnewski in Tunis 1970   311

Reparationen   325, 337, 390 f., 583
Revanchismus   53, 273, 340, 348, 424, 557
Revisionismus   348
Reykjavik   29, 153, 555
Rezession   16
Rhein   183, 560
Rheinland-Pfalz   551
Riesa   579
Rohstoffe   392, 425, 466, 505
Rom   23, 420
Rote-Kreuz-Gesellschaft   56, 353 f., 583, 588
Rumänien   28, 37, 123 f., 171, 173, 201, 263, 550, 562
Russland, *siehe auch: Sowjetunion*   50, 200, 214, 474, 493, 567
Rüstungsabbau   417
Rüstungsbegrenzung   151, 211, 240, 247, 329, 417

Rüstungsminderung 104, 107
Rüstungsproduktion 106
Rüstungswettlauf 247

Saarbrücken 312, 580
Saigon 209
Salzgitter AG 579
San Francisco 510
Santiago de Chile 530
Saratow 470
Saslawi 471
Saudi-Arabien 547
Schorfheide 75, 609
Schweden 64, 115, 155, 386, 546, 570, 582
Schweiz 64, 187, 476, 546
Selbstbestimmung 48, 195, 237, 316
— der Deutschen 63, 84, 248, 250, 254, 426, 452, 499, 545
Selbstbestimmungsrecht 19, 64 f., 164, 244
Selbstverteidigung 112
— individuelle 502
— kollektive 502
Senegal 191
Sibirien 470
Sicherheit 29 f., 38, 104, 106, 109, 132, 148, 151, 161, 168, 179, 189, 191, 198 f., 205, 223, 238, 247, 260, 262, 267, 272, 274, 290, 329, 334 f., 357 f., 371, 376 f., 385, 413, 426, 451 f., 457, 459, 469, 474, 489, 500 f., 504, 510, 525, 564, 579
Sicherheitsfragen 224, 384, 422
Sicherheitsinteressen 68, 449
Sicherheitskonferenz, europäische 31, 60, 252, 260, 274 f., 337, 361, 381–385, 387, 395 f., 402, 406, 413, 570, 586, 593
Sicherheitspolitik 59, 238, 240
Sicherheitssystem 135, 257, 503
— europäisches 59, 135, 164, 184
— mitteleuropäisches 32
Siegermächte 186
Siemens
— Siemens-Arbeiter 226
— Siemens-Werke 368, 566, 591
Simferopol 372

Skandinavien 285
Slowaken 168, 196
Sofia 29, 125, 450, 521
Sowjetunion 19, 25–28, 30 f., 36 f., 40, 42, 44, 46, 51 f., 61, 64 f., 72, 74, 77, 79, 106, 111, 113, 116, 119, 127, 133 f., 137, 143 f., 153, 160, 166, 168, 170, 173, 175, 177 f., 182–186, 188, 196, 200–203, 209 f., 214 ff., 220, 224, 226, 234, 237, 243, 245, 259 f., 264 f., 270–275, 279 f., 288 f., 292, 300, 302, 305–308, 310, 315, 318 ff., 324, 327, 329, 331, 334 ff., 339 ff., 350, 357 ff., 364 f., 367, 370, 373 f., 377, 379, 382 f., 391, 396, 398, 401, 403, 408 f., 412, 417, 422, 424 ff., 450 f., 457 f., 461, 463 f., 466–474, 476 ff., 482, 492, 501, 512, 515, 524, 529, 547 f., 553, 556, 558, 560, 563–566, 571 f., 579 ff., 584 ff., 591, 593 f., 599, 603, 605
— Karpaten-Ukraine 170
— KPdSU 38, 100 f., 173, 320, 328, 372, 375, 392, 455, 457, 462, 473, 520, 558, 560, 593, 603, 606
— Politbüro 320, 426
— Oberster Sowjet 379, 583
— Oktoberrevolution 1917 295, 578
Sozialdemokraten 18, 20 f., 24, 36, 42, 127, 161, 197, 214, 294 f., 324, 407, 445, 480, 547 f.
Sozialdemokratie 180
Sozialdemokratische Partei Deutschlands (SPD) 15 ff., 21, 27, 35, 39 f., 42, 64, 66, 90, 94, 97, 102, 151, 180, 197, 208, 212 f., 222, 244, 250, 256, 312, 329, 336 ff., 373, 426, 431, 439 f., 442 ff., 516, 518, 522 f., 525, 530, 548, 551, 561, 566, 578, 580, 585, 610
— Bundestagsfraktion 16, 40, 90, 93, 101, 126, 442 f., 516, 518, 525, 548, 551
— Parteitage
1966 18, 38, 127, 551
1968 33
1969 38
1970 312 f., 580

1972 445
1973 445, 480, 605
1975 611
— Präsidium 90
Sozialdemokratismus 214, 294 f., 407
Sozialismus 85, 160, 164, 175, 180, 195, 562
— „Demokratischer Sozialismus" 197
„Sozialismus mit menschlichem Antlitz" 30
Sozialistische Einheitspartei Deutschlands (SED) 28, 35, 42, 53, 85, 197, 221, 263, 295 f., 298, 555, 560, 562, 566, 572 f., 578, 594, 610
— SED-Spitze 62, 74, 76
Sozialistische Internationale (SI) 442, 600
Sozial-liberale Koalition 38 ff., 43, 45, 57, 64, 67, 69, 84, 87, 304, 571, 598
Sport 56, 264, 520, 526, 569
Sprache 295, 315
Sprengköpfe, atomare 113, 120
Ständige Vertretungen 63, 519 f., 525, 609 ff.
Stettin 568
Stiftungen
— Alfried Krupp von Bohlen und Halbach-Stiftung 95, 239
— Friedrich-Ebert-Stiftung 90
— Konrad-Adenauer-Stiftung 90
Stockholm 90
„Stolperdraht-Theorie" 291, 308
Stuttgart 159
Sudan 547
Sudetendeutsche 76, 159, 390 f.
Südostasien 49, 442, 446, 508
Südosteuropa 191, 200 f.
„Swing", *siehe auch: Beziehungen: deutsch-deutsche* 151
Sylt 591
Syrien 24, 210, 547, 551

Taiwan 579
Technologie 436
Teilung, deutsche 20, 33, 56, 290, 328
Tel Aviv 79, 605

Terceira 597
Terrorismus 503, 511
Thüringen 285
Tjumen 470
Tokio 576
Truppen
— amerikanische 49, 276, 293, 330, 357, 412, 546
— britische 546
— chinesische 31
— sowjetische 169, 188, 412
Truppenbegrenzung 291
Truppenreduktionen 29, 74, 357, 402, 459, 479
Truppenreduzierung 85, 154, 241, 252, 275, 307 f., 383, 414, 439, 468 f., 471
Tschechen 158, 168 f., 182, 196, 270
Tschechoslowakei, *siehe auch: ČSSR* 30, 50, 94, 149, 160, 163 ff., 169 f., 175, 177 ff., 187 f., 190, 195, 197, 200, 211, 216, 244, 263, 271 f., 319, 343, 390, 409, 412, 425, 430 f., 450, 478, 491, 554, 561, 564
TTD-Reisepapiere 281, 311, 575
Tunis 580

Ulbricht-Doktrin 28, 568
Ulbrichtgruppe 164
Umwelt 56, 239, 458
Umweltbundesamt 77, 523, 528, 610
UNESCO 607
Ungarn 125, 174, 210, 261, 263, 270, 272, 358, 431, 460, 478, 550, 557, 559, 572, 592
— Aufstand 1956 162, 167, 559
UNICEF 607
UNIDO 607
Union der Sozialistischen Sowjetrepubliken (UdSSR) *siehe Sowjetunion*
Ural 415
Ussuri 31

Vaterland 132, 247
Venusberg 40

Vereinigte Arabische Republik (VAR) 591
Vereinigte Staaten von Amerika (USA) 19,
    23, 25, 27, 37, 46, 48 f., 51 f., 65, 68, 70 ff.,
    79, 82, 84, 89, 94–102, 104, 111, 113,
    115, 119 f., 126, 133, 145, 154, 158, 162,
    174, 188, 199, 207 ff., 212, 217, 231, 236,
    241, 245 f., 275 f., 279, 290 f., 294, 298,
    307, 309, 322, 329 f., 334, 336, 341, 344,
    351, 354, 356, 359 f., 362 ff., 366, 368,
    371, 382, 384 f., 395 f., 402, 407 f., 413 f.,
    416–419, 421 ff., 436–439, 449, 451,
    459 ff., 464, 466–469, 471, 481 f., 486,
    488, 490, 496, 501, 510, 512, 516, 523,
    528, 532–535, 537 f., 540, 546–549,
    558 f., 563 f., 570–573, 576 f., 579 f., 596,
    599, 602, 604 ff., 612 f.
— American Council on Germany 98,
    356, 359
— Kongress 116, 290, 419, 462, 577
— NASA 199, 562, 571
— National Press Club 460, 603
— Pentagon 388
— Präsidentenwahlen 140, 157, 163, 199,
    384, 553, 556 f., 562, 593
— Senat 157, 217, 275, 364 f., 481, 497,
    556, 564 f., 590
— State Department 118
— White House 326
Vereinigte Staaten von Europa 39
Vereinte Nationen (UNO) 30, 50, 53, 74 f.,
    77, 101, 140, 194, 203, 206, 210, 240, 283,
    299 f., 306, 310, 317, 364 f., 381, 409, 439,
    441, 450, 466, 472, 479, 482, 498, 502,
    505 ff., 510 f., 518, 522, 548, 551, 562–
    565, 570, 574, 581, 587, 593, 601, 603,
    607
— Charta 158, 160, 163, 186, 204, 244,
    508, 556, 560, 570, 579 f., 582, 607
    — Artikel 2 204, 306, 579
    — Artikel 53 und 107 158, 185 f., 190,
        202 f., 316, 560 f.
— Sicherheitsrat 206, 242, 310, 579
— Sonderorganisationen 240, 607
Verkehr, innerdeutscher 569

Verkehrsverhandlungen 284
Verkehrsvertrag siehe Abkommen und Verträge
Vernunft 511
Versailles 27
Verteidigung 104, 114, 116
Vertrauensfrage 66
Vertreibung 572
Vertriebenenverband 57, 64, 297, 317, 354,
    581
Vier Mächte 48, 63, 238, 254, 256, 260, 266,
    279 f., 300, 302, 304, 310, 319, 323, 333 f.,
    339, 350 f., 357, 393 f., 439, 441, 576
Vietnam 25, 44, 49, 69, 114, 191, 193, 208,
    224, 242, 322, 366, 442, 444, 446, 600 f.
— Vietnam (Nord) 209, 563
— Vietnam (Süd) 209, 590, 601
— -krieg 25, 69, 148, 191, 193

Waffen
— ABM 361
— atomare/nukleare 106, 113 f., 120, 206,
    275, 480, 502, 547, 556, 590
— bakteriologische 121
— chemische 121, 556
— Interkontinentalraketen 358
— Kampfflugzeuge 365, 590
— Mittelstreckenraketen 558, 577
— strategische Waffen 224
Wahlen zum Bundestag in der Bundesrepublik Deutschland siehe auch: Wahlkampf
— 1961 15
— 1965 15, 126
— 1969 31, 556
— 1972 377, 599
Wahlkampf 16, 32, 126
Währung 338, 343, 440, 509, 599
Währungsfragen 365, 420, 437, 459
Währungskrise 66, 70, 455
Währungspolitik 232
Währungsschwierigkeiten 432, 568
Währungssystem 559

Warschau 29, 33, 50, 52 f., 56 f., 85, 87, 124 f., 127, 173, 235, 263, 279, 288, 298, 301, 304 f., 317, 338, 345, 348, 351, 353, 500, 559, 568, 573, 578 f., 585
Warschauer Kniefall, *siehe auch: Ostpolitik* 58 f., 78, 351
Warschauer Pakt/Warschauer Vertrag 28, 30 ff., 40, 48, 52, 57, 62, 76, 123, 131, 134, 154, 162, 164, 169–172, 190, 195, 210, 244, 251 f., 264, 271, 283, 295, 301, 309, 316, 324, 337, 339, 352, 358, 373, 383, 405, 424 f., 450 f., 492, 523, 550, 554 f., 557 f., 561, 577, 586 f., 595
Washington 25 f., 32, 43, 48, 71, 73, 81, 90, 92, 111, 118 f., 122, 140, 189, 209, 245, 260, 275, 290 f., 293, 304, 307, 326, 330, 344, 359, 366, 420, 437, 470, 483, 489, 528, 548, 565, 571, 590, 592, 595, 597, 602, 609 ff.
„Watergate-Affäre" 71
Wehrmacht, deutsche 391, 560, 571
Weimar 295
Weimarer Republik 192, 561, 578
Weißes Haus 25, 44, 46, 364, 568
Weißrussland 170, 484
Welternährungsplan 505
Weltfrieden 174
Weltgesellschaft 506
Weltgesundheits-Organisation (WHO) 283, 310, 575, 580, 607
Welthandel 362
Weltkommunismus 173
Weltkrieg 26
— Erster 109
— Zweiter (auch „Hitlerkrieg") 164 f., 182, 186, 192, 236, 250, 285, 323, 349, 415, 452, 464 f., 473, 499, 505, 550, 556, 558, 570, 580, 583, 591, 595, 603
Weltmächte 61, 114, 174
Weltpolitik 18
Weltpolizist 162
Weltpostverein 284
Weltraum 199, 504
Weltraumforschung 27, 107, 245, 570

Weltwährungssystem 70, 421, 434, 437, 454, 596
Weltwirtschaft 440
Westdeutschland 63
Westen 17, 42, 45, 70, 83, 87, 109, 126 f., 131 f., 135, 137, 149, 151, 154 f., 157, 160, 163 f., 170 f., 188, 196, 200, 214, 241, 243, 249, 251, 255, 257, 262, 267, 269, 273 f., 326, 328, 335, 349, 352, 355 ff., 359, 371, 405, 410, 424, 426, 439, 449, 460, 481, 493, 495, 509, 524, 530, 559, 584
Westeuropa 44, 47 f., 66 ff., 70, 81, 84, 207, 231 f., 242, 269, 275, 292, 308, 339, 341, 343, 355, 359, 368, 405 f., 410, 413, 415, 423 ff., 452, 488, 495, 580, 591
Westeuropäische Einigung 70
Westeuropäische Gemeinschaft 22, 106
Westeuropäische Integration 37, 43, 87
Westeuropäische Union (WEU) 22, 176, 231, 258
Westintegration *siehe Abkommen und Verträge, Deutschlandpolitik, Europa, NATO*
Westpolitik 47, 338 f.
Wettrüsten 117
Widerstand 504
— gewaltloser 504, 607
Wiedervereinigung, deutsche 18, 26, 48, 204, 255, 272, 342, 410
Wien 27, 68, 292, 442, 479, 586
Wiener Konvention 526
Wirtschaft 116, 137, 216, 264, 331, 336, 376, 379, 436, 474 f., 509, 569
Wirtschafts- und Währungsunion 46, 84, 334, 405 f., 421, 435, 496, 509, 599
Wirtschaftswunder 16
Wissenschaft 56, 106, 116, 196, 264, 436, 493, 569, 585

Y ad Vashem 78

Z wanzig-Punkte-Programm („Kasseler Punkte") 56, 333, 409, 453, 581, 584

Zeitungen, Zeitschriften
— Außenpolitik   93, 130
— Bild-Zeitung   567
— Frankfurter Allgemeine Zeitung   477
— La Nation (Paris)   409
— L'Express (Paris)   97, 338, 585
— Neues Deutschland   197, 572, 578
— Newsweek   605
— New York Times   476 f.
— Prawda (Moskau)   210, 558, 563
— Rudé Právo (Prag)   166
— Der Spiegel   94, 96 f., 100, 152, 178, 219, 227, 294, 327, 348, 404, 428, 473
— Stern   142
— Stuttgarter Zeitung   93, 138
Zentraleuropa   324
Zentrum   548
Zukunft   428, 433, 493

Bildnachweis

Seite 6 und Foto auf dem Umschlag: Willy Brandt: Foto: Helmut J. Wolf/Archiv der sozialen Demokratie der Friedrich-Ebert-Stiftung, Bonn.

Seite 17: Vereidigung Willy Brandts als Außenminister der Bundesrepublik Deutschland, 1. Dezember 1966: Foto: Bundesbildstelle Bonn/Archiv der sozialen Demokratie der Friedrich-Ebert-Stiftung, Bonn.

Seite 22: „Partnerschaft auf Zeit" – Kurt Georg Kiesinger und Willy Brandt als Kanzler und Vizekanzler der Großen Koalition, 1968: Foto: Jupp H. Darchinger/Archiv der sozialen Demokratie der Friedrich-Ebert-Stiftung, Bonn.

Seite 41: Willy Brandt leistet den Amtseid als Bundeskanzler, 21. Oktober 1969: Foto: dpa/Archiv der sozialen Demokratie der Friedrich-Ebert-Stiftung, Bonn.

Seite 45: „Zusammenarbeit und Abstimmung mit dem Westen, Verständigung mit dem Osten" – Willy Brandt und Walter Scheel begründen die sozial-liberale Koalition, September 1969: Foto: Bundesbildstelle Bonn/Archiv der sozialen Demokratie der Friedrich-Ebert-Stiftung, Bonn.

Seite 54: Willy Brandt am Fenster des Erfurter Hofes, 19. März 1970: Foto: Jupp H. Darchinger/Archiv der sozialen Demokratie der Friedrich-Ebert-Stiftung, Bonn.

Seite 58: „Wenn die Worte versagen" – Willy Brandts Kniefall vor dem Denkmal der Opfer des Warschauer Gettos, 7. Dezember 1970: Foto: Bundesbildstelle Bonn/Archiv der sozialen Demokratie der Friedrich-Ebert-Stiftung, Bonn.

Seite 71: Willy Brandt mit dem amerikanischen Präsidenten Richard Nixon, Ende April 1973: Foto: Sven Simon/Archiv der sozialen Demokratie der Friedrich-Ebert-Stiftung, Bonn.

Seite 73: Willy Brandt und Leonid Breschnew in Bonn, 18. Mai 1973: Foto: Sven Simon, Bonn/Archiv der sozialen Demokratie der Friedrich-Ebert-Stiftung, Bonn.

Seite 80: Die israelische Ministerpräsidentin Golda Meir empfängt Willy Brandt in Tel Aviv, 7. Juni 1973: Foto: dpa/Archiv der sozialen Demokratie der Friedrich-Ebert-Stiftung, Bonn.

Seite 105: Erste Seite der Notizen Willy Brandts zur Regierungserklärung der Großen Koalition vom 6. Dezember 1966: Willy-Brandt-Archiv im Archiv der sozialen Demokratie der Friedrich-Ebert-Stiftung, Bonn.

Seite 312: Die deutsch-deutsche Entspannung stagniert – zweites Gipfeltreffen in Kassel, 21. Mai 1970: Foto: Bundesbildstelle Bonn/Willy-Brandt-Archiv im Archiv der sozialen Demokratie der Friedrich-Ebert-Stiftung, Bonn.

Seiten 346 f.: Schreiben Willy Brandts an die Journalistin Dönhoff vom 13. Dezember 1970: Willy-Brandt-Archiv im Archiv der sozialen Demokratie der Friedrich-Ebert-Stiftung, Bonn.

Seite 394: Die militärische Entspannung im Blick – Willy Brandt bei Generalsekretär Leonid Breschnew in Oreanda, 18. September 1971: Foto: Bundesbildstelle Bonn/Archiv der sozialen Demokratie der Friedrich-Ebert-Stiftung, Bonn.

Seite 443: Erste Seite der Notizen Willy Brandts für die Sitzung der SPD-Bundestagsfraktion am 17. Januar 1973: Willy-Brandt-Archiv im Archiv der sozialen Demokratie der Friedrich-Ebert-Stiftung, Bonn.

Angaben zum Bearbeiter und zu den Herausgebern

Bearbeiter:

Frank Fischer, geb. 1968, Dr. phil., Studium der Geschichte, Germanistik und Sprachwissenschaft in Dresden und Erlangen; Veröffentlichungen zur Geschichte der Sozialdemokratie und der Bundesrepublik Deutschland, Lehr- und Forschungstätigkeit an der Universität Erlangen-Nürnberg; Bearbeiter des Bandes 9 der Berliner Ausgabe; z. Zt. tätig an einem Forschungsprojekt zur Geschichte der deutsch-polnischen Beziehungen.

Herausgeber:

Prof. Dr. Helga Grebing, geb. 1930 in Berlin. Studium an der Humboldt- und der Freien Universität. 1952 Promotion im Fach Geschichte. Danach Tätigkeiten im Verlagswesen und in Institutionen der Politischen Bildung. Seit 1971 Professorin für Geschichte (Schwerpunkt Sozialgeschichte des 19. und 20. Jahrhunderts) an den Universitäten Frankfurt/Main, Göttingen und Bochum, hier 1988–1995 Leiterin des Zentral-Instituts zur Erforschung der europäischen Arbeiterbewegung. 1995 emeritiert und seither als Publizistin in Göttingen lebend. Viele Veröffentlichungen zur Geschichte der Arbeiterbewegung; Autorin u. a. der „Geschichte der deutschen Arbeiterbewegung".

Prof. Dr. Gregor Schöllgen, geb. 1952 in Düsseldorf. Studium der Geschichte, Philosophie und Sozialwissenschaften in Bochum, Berlin, Marburg und Frankfurt/Main. Dort 1977 Promotion im Fach Philosophie; 1982 Habilitation für Neuere Geschichte in Münster. Seit 1985 Professor für Neuere Geschichte an der Universität Erlangen. Gastprofessor in New York, Oxford und London. Zahlreiche Veröffentlichungen, zuletzt: „Geschichte der Weltpolitik von Hitler bis Gorbatschow 1941–1991", „Die Außenpolitik der Bundesrepublik Deutschland", „Diehl. Ein Familienunternehmen in Deutschland 1902–2002" und „Willy Brandt. Die Biographie".

Prof. Dr. Heinrich August Winkler, geb. 1938 in Königsberg. Studium in Münster, Heidelberg und Tübingen. Promotion zum Dr. phil. in Tübingen 1963. Professor an der Freien Universität Berlin und an der Universität Freiburg/Br., seit 1991 an der Humboldt-Universität zu Berlin. Wichtigste Veröffentlichungen: „Arbeiter und Arbeiterbewegung in der Weimarer Republik" (3 Bde.), „Weimar 1918–1933. Die Geschichte der ersten deutschen Demokratie", „Streitfragen der deutschen Geschichte" und „Der lange Weg nach Westen" (2 Bde.). Weitere Publikationen zur deutschen, europäischen und amerikanischen Geschichte.

Klaus Schönhoven

Wendejahre
Die Sozialdemokratie in der Zeit der Großen Koalition 1966–1969

734 Seiten
Abbildungen
Euro 58,00
ISBN 3-8012-5021-0
erschienen 2004

Die drei Regierungsjahre der Großen Koalition von CDU/CSU und SPD (1966–1969) waren jenseits des »Mythos 1968« eine Phase der Neuorientierung in wichtigen Politikfeldern.

Klaus Schönhoven analysiert die Wendejahre der jungen Bundesrepublik: Während die Unionsparteien sich immer weniger als unangefochtene Regierungsmacht verstehen konnten, formulierte die Sozialdemokratie auf ihrem Weg zur linken Volkspartei bereits das Leitmotiv der sozial-liberalen Koalition: »Wir schaffen das moderne Deutschland«.

Wegen der spannungsreichen Konkurrenz beider Volksparteien und Widerständen in den eigenen Reihen konnten nicht alle Pläne verwirklicht werden. Aber es gelang doch, ambitionierte Reformprojekte umzusetzen: die Arbeits-, Ausbildungs- und Berufsbildungsförderungsgesetze, die Lohnfortzahlung im Krankheitsfall und die Reform der Finanzverfassung.

Diese Monographie basiert auf vielen bislang unbekannten Quellen. Sie beschreibt einen Paradigmenwechsel, der weitreichende Folgen für die gesamte Politik der Bundesrepublik haben sollte.

Verlag J. H. W. Dietz Nachf.
Dreizehnmorgenweg 24 | 53175 Bonn
www.dietz-verlag.de | info@dietz-verlag.de